经以院士

建校两...

贺教育部

...又向项目

...王学科

李嵘林
研山有八

教育部哲学社會科学研究重大課題攻關項目

中国和平发展的重大前沿
国际法律问题研究

STUDY ON FOREFRONT AND MAJOR INTERNATIONAL
LEGAL ISSUES IN CHINA'S PEACEFUL DEVELOPMENT

曾令良

等著

经济科学出版社
Economic Science Press

图书在版编目（CIP）数据

中国和平发展的重大前沿国际法律问题研究/曾令良等著.
—北京：经济科学出版社，2010.11
　（教育部哲学社会科学研究重大课题攻关项目）
　ISBN 978 - 7 - 5141 - 0007 - 5

　Ⅰ.①中…　Ⅱ.①曾…　Ⅲ.①国际法 - 研究
Ⅳ.①D99

中国版本图书馆 CIP 数据核字（2010）第 205447 号

责任编辑：张庆杰
责任校对：徐领柱　张长松
版式设计：代小卫
技术编辑：邱　天

中国和平发展的重大前沿国际法律问题研究
曾令良　等著
经济科学出版社出版、发行　新华书店经销
社址：北京市海淀区阜成路甲 28 号　邮编：100142
总编部电话：88191217　发行部电话：88191540
网址：www.esp.com.cn
电子邮件：esp@esp.com.cn
北京中科印刷有限公司印装
787×1092　16 开　33.5 印张　630000 字
2011 年 12 月第 1 版　2011 年 12 月第 1 次印刷
ISBN 978 - 7 - 5141 - 0007 - 5　定价：84.00 元

课题组主要成员

（按姓氏笔画排序）

邓　烈　　古祖雪　　江国青　　余敏友

杨泽伟　　邹克渊［新加坡］　　秦天宝

高树超　　黄志雄　　黄德明　　韩　龙

简基松　　Francis Snyder［美］

编审委员会成员

总　序

哲学社会科学是人们认识世界、改造世界的重要工具，是推动历史发展和社会进步的重要力量。哲学社会科学的研究能力和成果，是综合国力的重要组成部分；哲学社会科学的发展水平，体现着一个国家和民族的思维能力、精神状态和文明素质。一个民族要屹立于世界民族之林，不能没有哲学社会科学的熏陶和滋养；一个国家要在国际综合国力竞争中赢得优势，不能没有包括哲学社会科学在内的"软实力"的强大和支撑。

近年来，党和国家高度重视哲学社会科学的繁荣发展。江泽民同志多次强调哲学社会科学在建设中国特色社会主义事业中的重要作用，提出哲学社会科学与自然科学"四个同样重要"、"五个高度重视"、"两个不可替代"等重要思想论断。党的十六大以来，以胡锦涛同志为总书记的党中央始终坚持把哲学社会科学放在十分重要的战略位置，就繁荣发展哲学社会科学做出了一系列重大部署，采取了一系列重大举措。2004 年，中共中央下发《关于进一步繁荣发展哲学社会科学的意见》，明确了新世纪繁荣发展哲学社会科学的指导方针、总体目标和主要任务。党的十七大报告明确指出："繁荣发展哲学社会科学，推进学科体系、学术观点、科研方法创新，鼓励哲学社会科学界为党和人民事业发挥思想库作用，推动我国哲学社会科学优秀成果和优秀人才走向世界。"这是党中央在新的历史时期、新的历史阶段为全面建设小康社会，加快推进社会主义现代化建设，实现中华民族伟大复兴提出的重大战略目标和任务，为进一步繁荣发展哲学社会科学指明了方向，提供了根本保障和强大动力。

　　高校是我国哲学社会科学事业的主力军。改革开放以来，在党中央的坚强领导下，高校哲学社会科学抓住前所未有的发展机遇，紧紧围绕党和国家工作大局，坚持正确的政治方向，贯彻"双百"方针，以发展为主题，以改革为动力，以理论创新为主导，以方法创新为突破口，发扬理论联系实际学风，弘扬求真务实精神，立足创新、提高质量，高校哲学社会科学事业实现了跨越式发展，呈现空前繁荣的发展局面。广大高校哲学社会科学工作者以饱满的热情积极参与马克思主义理论研究和建设工程，大力推进具有中国特色、中国风格、中国气派的哲学社会科学学科体系和教材体系建设，为推进马克思主义中国化，推动理论创新，服务党和国家的政策决策，为弘扬优秀传统文化，培育民族精神，为培养社会主义合格建设者和可靠接班人，做出了不可磨灭的重要贡献。

　　自 2003 年始，教育部正式启动了哲学社会科学研究重大课题攻关项目计划。这是教育部促进高校哲学社会科学繁荣发展的一项重大举措，也是教育部实施"高校哲学社会科学繁荣计划"的一项重要内容。重大攻关项目采取招投标的组织方式，按照"公平竞争，择优立项，严格管理，铸造精品"的要求进行，每年评审立项约 40 个项目，每个项目资助 30 万 ~ 80 万元。项目研究实行首席专家负责制，鼓励跨学科、跨学校、跨地区的联合研究，鼓励吸收国内外专家共同参加课题组研究工作。几年来，重大攻关项目以解决国家经济建设和社会发展过程中具有前瞻性、战略性、全局性的重大理论和实际问题为主攻方向，以提升为党和政府咨询决策服务能力和推动哲学社会科学发展为战略目标，集合高校优秀研究团队和顶尖人才，团结协作，联合攻关，产出了一批标志性研究成果，壮大了科研人才队伍，有效提升了高校哲学社会科学整体实力。国务委员刘延东同志为此做出重要批示，指出重大攻关项目有效调动各方面的积极性，产生了一批重要成果，影响广泛，成效显著；要总结经验，再接再厉，紧密服务国家需求，更好地优化资源，突出重点，多出精品，多出人才，为经济社会发展做出新的贡献。这个重要批示，既充分肯定了重大攻关项目取得的优异成绩，又对重大攻关项目提出了明确的指导意见和殷切希望。

　　作为教育部社科研究项目的重中之重，我们始终坚持以管理创新服务学术创新的理念，坚持科学管理、民主管理、依法管理，切实增强服务意识，不断创新管理模式，健全管理制度，加强对重大攻关项目从选题遴选、评审立项、组织开题、中期检查到最终成果鉴定的全过程管理，逐渐探索并形成一套成熟的、符合学术研究规律的管理办法，努力将重大攻关项目打造成学术精品工程。我们将项目最终成果汇编成"教育部哲学社会科学研究重大课题攻关项目成果文库"统一组织出版。经济科学出版社倾全社之力，精心组织编辑力量，努力铸造出版精品。国学大师季羡林先生欣然题词："经时济世　继往开来——贺教育部重大攻关项目成果出版"；欧阳中石先生手书了"教育部哲学社会科学研究重大课题攻关项目"的书名，充分体现了他们对繁荣发展高校哲学社会科学的深切勉励和由衷期望。

创新是哲学社会科学研究的灵魂，是推动高校哲学社会科学研究不断深化的不竭动力。我们正处在一个伟大的时代，建设有中国特色的哲学社会科学是历史的呼唤、时代的强音，是推进中国特色社会主义事业的迫切要求。我们要不断增强使命感和责任感，立足新实践，适应新要求，始终坚持以马克思主义为指导，深入贯彻落实科学发展观，以构建具有中国特色社会主义哲学社会科学为己任，振奋精神，开拓进取，以改革创新精神，大力推进高校哲学社会科学繁荣发展，为全面建设小康社会，构建社会主义和谐社会，促进社会主义文化大发展大繁荣贡献更大的力量。

教育部社会科学司

3

前　言

　　本著作是我作为首席专家所主持的教育部哲学社会科学研究重大课题攻关项目"中国和平发展的重大国际法律问题研究"（项目批准号：04JZD0015）的最终成果。先后参与这一重大课题研究的，除了武汉大学的团队成员外，还有来自厦门大学、北京外交学院、对外经济贸易大学、中南财经政法大学、华中师范大学、湖南师范大学、苏州大学、西北政法大学、北京理工大学、北京外国语大学、辽宁大学、郑州大学等国内 14 所高校的国际法专家和学者。此外，加盟本课题研究的还有来自伦敦政治经济学院、马赛—埃克斯三大、新加坡国立大学、香港大学、澳门大学等国外和港澳高校的著名国际法专家。

　　本项目在近四年的研究期间，专门举办了"中国和平崛起与国际法"的学术研讨会（2005 年）；首席专家和主要研究人员先后就本项目所涉内容在国（境）内外学术会议上作专题发言和提交论文近 30 余次（篇）；向外交部提交咨询报告 2 份；在国内外重要学术出版物发表论文 52 篇（含刊用通知），其中英文 10 篇，中文 40 篇。出于突出主题、整体结构和内容涵盖等因素的考虑及篇幅字数的限制，最终出版的成果只选用了部分子项目或阶段性成果进行了编辑；被收录的论文之标题和内容都作了适当的修改，其中一些论文的内容和注释有较大幅度的删减。在此，谨向全体研究人员表示感谢和歉意！

　　本项目经教育部批准之后，党和国家领导人又提出了构建和谐世界的新理念，为中国的国际法学提出了一个更加宏大的划时代研究命题。而且，近年来中国和平发展进程中又不断地涉及一些新的重大国际法律问题。为此，首席专家对项目的研究内容和相应人员及时作出了适当调整，集中研究与中国和平发展密切相关的若干国际公法和国际经济法以及二者交叉的前沿理论与实践问题。

作为本项目最终成果的缩影，本著作分为八章。

第一章，"中国和平发展、和谐世界与国际法的交互关系问题"。从理论和实践的双重角度，论述：（1）和谐世界是中国和平发展的国际社会基础和终极目标之一，同时和谐世界又必须倚仗国际法来构建、维持和完善，从而国际法也就同样构成了中国和平发展的外部法律基础；（2）中国和平发展与国际法之间有着千丝万缕的联系，相互影响，彼此作用；（3）现代国际法在保持其国家间"和平共处法"和"合作法"的本质特征的同时，越来越呈现出人本化趋势；（4）现代国际法的价值具有多元性，其中和平价值是国际法最基本的价值，人本价值是其较高的价值，而人类共同利益是其最高的价值。

第二章，"中国和平发展中的集体安全和区域安全法律问题"。联合国的集体安全体制如何改革以及改革后能够变得更加有效，不仅一直是国际社会关注的焦点，而且也是事关中国的和平发展最重要的国际因素之一。从法律的角度分析及其安全体制的缺陷并提出改革的建议，同时从国际法理论、国家实践和国际司法裁决的三维视角阐释集体安全体制的最核心规则之———禁止使用武力及其例外，构成本章的首要内容。此外，还另辟专节从国际法的角度，审视中国和平发展的周边安全保障问题是本章另一核心主题。其主旨是：（1）立足国际法，构建新的周边安全观；（2）遵循国际法，处理传统周边安全问题；（3）运用国际法，构建和完善非传统周边安全体制。最后，本章对于事关中国周边安全的朝核问题从国际法的角度进行了专题考虑。

第三章，"中国和平发展中的海洋权益法律问题"。在中国与有关国家一直存在争议的南海问题上，首先从国际法理论和司法实践以及历史事实的角度论证中国对南海拥有主权的国际法依据，然后通过法条阐释和运用相关的国际实践专门剖析国际法上的历史性权利及其对南海的适用问题。在中国与日本一直存在分歧的东海问题上，本章着重就东海大陆架划界这一中日争端的症结进行了法律解析。

第四章，"中国和平发展中的人权、反恐和外交法律问题"。本章集中围绕"以人为本"的主题。首先论证在现代国际法人本化趋势下，尊重人权是国际法基本原则，并阐释了中国和平发展与这一新的国际法基本原则之间的交互影响。接着，阐释全球反恐不仅事关世界和平与安全，而且直接影响到人权的国际保护。最后，通过分析《维也纳外交关系公约》中的五项外交职能及其所涉及的重大法律问题，认为中国和平发展过程中外交职能应作出适当的调整，尤其要注重驻外使团及人员的安全和外交保护职能的强化。

第五章，"中国和平发展中的能源、环境、健康和企业社会责任法律问题"。能源、健康和环境无疑是中国经济社会发展进程中面临的持久挑战，而且这些与日俱增的挑战与方兴未艾的国际企业社会责任运动密切相连。本章第一节着重从国内和国际法律的双重角度评估我国能源保障措施，并就完善我国能源安全的国内法律制度和开展国际合作提出了若干建议。然后，就我国和平发展所涉及的气候变化问题及其国际影响进行考察，探讨解决该问题的国际法原则、规则和制度，并为我国提出解决这些问题的政策和法律对策。此外，专辟一节就影响中国和平发展的传染病控制进行了系统探讨，透过分析在传染病控制方面的几个主要国际法律机制，就如何完善我国相关的卫生检疫制度、公共卫生安全保障制度和相关的法律制度提出了一系列建设性的措施。最后，以国际法为视角，探讨企业社会责任这一越来越受到普遍关注的热点问题，认为我国应当积极面对企业社会责任的国际发展趋势，通过国内立法和国际对话与合作，吸收、确立适当的企业社会责任标准并加以有效实施，使之成为我国和平发展的动力。

第六章，"中国和平发展中的多边贸易体制和区域一体化法律问题"。中国和平发展势必始终与全球贸易自由化和区域一体化这两大趋势紧密联系在一起。本章选择中国与这两大趋势之间的几个前沿性法律逐一展开专题探究并得出结论：中国签署的9项区域贸易协定与WTO法保持了一致，尽管在某些方面有所偏离，或在其他方面超越了WTO的规定；无论是从一般国际法的角度来看，还是从多边贸易体制的规则及其实践来考察，中国入世文件中对中国特定产品设置的过渡性保障机制的有效性和合理性均存在疑问；日本和韩国在多边贸易体制的争端解决中所采用的"攻击型法律主义"策略值得中国借鉴。

第七章，"中国和平发展中的人民币汇率及与贸易有关的文化和知识产权法律问题"。近年来，主要西方大国（集团）对我国的人民币汇率制度指责颇多，且不断施压。本章首先通过分析国际货币体系的沿革和比较国际货币基金组织和世界贸易组织各自的章程，认为汇率问题属于国际货币基金组织的核心管辖权，由 WTO 的争端解决机制来审查和裁定人民币汇率制度，既有违两大国际组织的分工，也不符合 WTO 本身的规定；我国并没有违背国际货币基金组织的汇率义务，因为在牙买加体系下，固定汇率制与浮动汇率制可以同时并存，成员方有权选择本国（地区）的汇率制度和对汇率进行管理，有权决定本国（地区）的汇率政策。贸易自由化和文化多样性的关系是近年来国际社会关注的另一焦点，且对中国和平发展的影响日益突出。本章第二节分析中国在文化领域的立法及相关入世承诺，并就中国在 WTO 体制内加强文化产业与贸易政策措施和解决有关文化贸易的争端提出了一系列重要的建议和方案。本章第三节集中阐释后 TRIPS 时代国际知识产权法律制度发生的变革与新的趋势，建议中国基于和平发展战略，应发挥其传统文化和资源大国的优势，争取制定知识产权保护国际规则的话语权，顺应并促进国际知识产权法律制度的变革与发展。

第八章，"中国和平发展中的中欧关系、中国—东盟关系法律问题"。在中欧关系方面，首先从法律角度解剖欧盟将超国家治理、政府间治理和民间团体治理融为一体的多元治理结构及其对中国和平发展的影响，然后分别从程序和实质两个层面探讨正在谈判的《中欧伙伴合作协定》所涉及的主要法律问题，最后就中欧关系中的"非市场经济地位"问题进行了专题分析，旨在揭示这远非是欧盟方面所辩称的"纯属技术问题"。在中国与东盟关系方面，着重从宏观角度考察中国—东盟关系法律框架的特点，论述中国—东盟关系的法律文件与一般国际法和 WTO 法的高度一致性，并就完善中国—欧盟关系中的法律调整提出了若干建设性意见。

本项目首席专家负责本著作体系结构的设计，各章、节主题和内容的确定以及书稿的统一编审。为本著作各章撰稿的项目团队成员依次是（以章节先后为序）：

曾令良教授（武汉大学、澳门大学）：序言、第一章第一节、第二节、第三节，第二章第四节，第六章第二节，第八章第一节、第二节、第三节、第四节；高岚君副教授（辽宁大学）：第一章第四节；戴轶副教授（华中师范大学）：第二章第一节；余敏友教授（武汉大学）：第二章第二节；马冉博士（郑州大学）：第二章第二节，第七章第二节；邓烈副教授（中南财经政法学院）：第二章第三节；简基松副教授（中南财经政法大学）：第二章第三节；陈亚芸博士（河南大学）：第三章第一节；邹克渊教授（新加坡国立大学）：第三章第二节；江河博士（中南财经政法大学）：第三章第三节；张华博士研究生（武汉大学）：第四章第一节；江国青教授（北京外交学院）：第四章第二节；黄德明教授（武汉大学）：第四章第三节；杨泽伟教授（武汉大学）：第五章第一节；秦天宝教授（武汉大学）：第五章第二节；龚向前副教授（北京理工大学）：第五章第三节；黄志雄副教授（武汉大学）：第五章第四节；F. 斯奈德教授（伦敦政治经济学院、马赛－埃克斯三大）：第六章第一节；高树超博士（香港大学）：第六章第三节；韩龙教授（苏州大学）：第七章第一节；古祖雪教授（厦门大学）：第七章第二节；张英副教授（深圳大学）：第八章第三节。

中国和平发展是一项宏大和永恒的战略，涉及众多而又错综复杂的国际法律问题；随着时间的推移，还会不断出现各种新的前沿性国际法律问题。而且，何为"重大"或"前沿"法律问题，在很大程度上就是一个主观判断问题；不同的学者，以不同的视角，对一个法律问题"重大"或"前沿"与否的断定也就不可能一致。因此，本著作所包括的各种"重大"或"前沿"国际法律问题，难免会挂一漏万；其中有很多问题，尚无定论，争议颇多，有些观点难免有待商榷甚至是错误的。此外，本书撰稿人较多，其中还有几位国（境）外学者，文笔各异，尽管首席专家进行了系统的编审，全书写作风格的一致性难免欠缺，恳请学界同仁和有关人士批评指正。

摘　要

　　本著作着重围绕中国和平发展中的若干具有前沿性的重大国际法理论与实践问题展开论述。第一章作为先导，从宏观的角度集中阐释中国和平发展、构建和谐世界与国际法的交互关系和影响。其他七章依次探索中国和平发展进程中当前和将来在一系列特定部门、领域涉及或面临的重大国际法律问题，选择的这些部门或领域主要有集体安全、区域安全、海洋权益、人权、反恐、外交、能源、环境、健康、企业社会责任、多边贸易体制、区域一体化、人民币汇率、贸易自由化与文化多样性、知识产权、中国—欧盟关系、中国—东盟关系，等等。

　　第一章从理论和实践的双重角度，论述和谐世界是中国和平发展的国际社会基础和终极目标之一，同时和谐世界又必须倚仗国际法来构建、维持和完善，从而国际法也就同样构成了中国和平发展的外部法律基础；中国和平发展与国际法之间有着千丝万缕的联系，相互影响，彼此作用；现代国际法在保持其国家间"和平共处法"和"合作法"的本质特征的同时，越来越呈现出"以个人为本"和"以全人类利益为本"的人本化趋势；中国在和平发展中应建构自己的国际法价值理论体系，其中和平秩序是基本的国际法价值，人本秩序是更高的国际法价值，而人类共同利益秩序是最高的国际法价值。

　　第二章聚焦中国和平发展中的集体安全和区域安全法律问题。首先，从法律的角度系统剖析联合国安全体制的缺陷并提出若干改革建议。接着，从国际法理论、国家实践和国际司法裁决的三维视角阐释禁止使用武力或以武力威胁原则及其例外在冷战后时代面临的新挑战。

然后，通过探索中国和平发展中的周边安全保障问题，提出立足国际法，构建新的周边安全观；遵循国际法，处理传统周边安全问题；运用国际法，构建和完善非传统周边安全体制。最后，选择朝核问题作为典型个案，分别从条约法、习惯国际法、一般国际法、特殊国际法的多个层面考量其非法性问题。

第三章的主题是中国和平发展中的海洋权益法律问题。在中国与有关国家一直存在争议的南海问题上，首先，从国际法理论和司法实践以及历史事实的角度论证中国对南海拥有主权的国际法依据。其次，通过法条阐释和运用相关的国际实践专门剖析国际法上的历史性权利及其对南海的适用问题。最后，在中国与日本一直存在分歧的东海问题上，专门就东海大陆架划界这一中日争端的症结进行了法律解析。

中国和平发展中的人权、反恐与外交的法律问题，因彼此之间的密切关联性而一起被列为第四章的主题。首先，提出并论证在现代国际法人本化趋势下，尊重人权是国际法基本原则。接着，阐释全球反恐不仅事关世界和平与安全，而且直接影响到人权的国际保护。最后，提出中国和平发展过程中外交职能应做出适当的调整，尤其要注重强化保护驻外使团及人员和在国外的中国自然人与法人的人身和财产安全。

鉴于中国和平发展中的能源、环境、健康和企业社会责任的法律问题具有内在的密切联系，故一并在第五章中进行探讨。第一节在评估我国现行能源保障措施的基础上，提出了完善我国能源安全的国内法律制度和开展国际合作的若干建议。接下来的第二节专门考察气候变化问题，重点探讨解决该问题的国际法原则、规则和制度，并为我国解决这些问题的政策和法律对策提出了建议。然后，另辟一节系统分析中国和平发展中传染病控制这一热点问题，主要聚焦于传染病的国际法律控制和中国在这一方面的能力建设和强化。本章的最后一节专门研究中国和平发展中的另一个日益突出的法律问题——企业社会责任。

第六章在全球贸易自由化和区域一体化两大趋势下，通过几个前沿性法律问题的系统和专门探究，得出结论：中国签署的9项区域贸易协定与WTO法保持了一致，尽管在某些方面有所偏离，或在其他方面超越了 WTO 的规定；无论是从一般国际法的角度来看，还是从多边贸易体制的规则及其实践来考察，中国入世文件中对中国特定产品设置的过渡性保障机制的有效性和合理性均存在疑问；日本和韩国在多边贸易体制的争端解决中所采用的"攻击型法律主义"策略值得中国借鉴。

第七章的中心议题是人民币汇率、贸易自由化与文化多样性和知识产权法律问题。在汇率问题上，基本观点是：我国并没有违背国际货币基金组织的汇率义务，因为在牙买加体系下，固定汇率制与浮动汇率制可以同时并存。在贸易自由化和文化多样性问题上，着重就中国在 WTO 体制内加强文化产业与贸易政策措施和解决有关文化贸易的争端提出了一系列重要的建议和方案。关于知识产权问题，作者尤其建议中国作为和平发展战略，应发挥其传统文化和资源大国的优势，争取制定知识产权保护国际规则的话语权，顺应并促进国际知识产权法律制度的变革与发展。

第八章选择了中国与两个具有不同代表性的地区组织之间的热点法律问题分别展开探讨。在中欧关系方面，首先揭示了欧盟的多元治理结构及其对中国和平发展的影响，然后分别从程序和实质两个层面论述了正在谈判的《中欧伙伴合作协定》所涉及的主要法律问题，最后专门论证了中欧关系中的"非市场经济地位"问题，并明确指出这一特定问题远非欧盟方面所辩称的"纯属技术问题"。在中国与东盟关系方面，着重从宏观角度考察中国—东盟关系法律框架的特点，论述中国—东盟关系的法律文件与一般国际法和 WTO 法的高度一致性，并就完善中国—欧盟关系中的法律调整提出了若干建设性意见。

Abstract

   This monograph focuses on a large number of forefront and major international legal issues both theoretically and practically in the process of China's peaceful development. The very first part, as a preliminary discussion in the macro perspectives, concentrates on interactions between China's peaceful development and the construction of a harmonious world and international law. And the following seven chapters explores successfully selective key international legal issues confronted either currently or in the future in specific sectors or fields in China's peaceful development, such as collective security, regional safety, rights and interests of sea, human rights, anti-terrorism, diplomacy, energy, environment, health, social responsibility of enterprises, multilateral trading system, regional integration, exchange rates of Chinese money (Renminbi), trade freedom and cultural diversity, intellectual property rights, China-EU relations, China-ASEAN relations, etc.

   In the perspectives of both theory and practice, Chapter One is designed to prove that a harmonious world is the international social basis as well as one of the supreme objectives of China's peaceful development, and harmonious world could only be built, maintained and perfected based on international law, thus international law being simultaneously the external legal foundation for China's peaceful development. It further illustrates that being inextricably linked each other, China's peaceful development and international law are mutually influenced and interrelated. Contemporary international law tends to be increasingly humanized with the parallel development of "the individuals-oriented" and "the humankind-oriented", while it continues to maintain its intrinsic nature of "the law of coexistence" and "the law of cooperation" between States. Finally, this part calls for China should establish its own theory of values of international law, among which order of peace ought to be the basic value, with order of individual rights being the value of higher level and order of common human interests being the supreme value.

The theme of Chapter Two is put on the legal issues of collective security and regional safety. Firstly, a systematic legal analysis of the defects embodied in the UN security mechanism and suggestions to its reforms are made. Secondly, a specific and deepening elaboration is engaged in the challenges confronted with the principle of prohibition of using or threat of using armed forces and its exceptions in the pro-Cold War era, in terms of theory of international law, practices of States and jurisprudence of international tribunals. Thirdly, through exploring surrounding safety issues in China's peaceful development, a lengthy chapter is set to point out a new idea of building neighboring safety with international law as the basis, coping with neighboring safety issues in accordance with international law and establishing and perfecting non-traditional regional security system by means of international law. Finally, "the Korea nuclear issue" is singled out as a typical example of elaboration according to law of treaties, customary international law, general international law and special international law.

Chapter Three shifts to the legal problems of China's sea rights and interest in its peaceful development. Its first chapter is devoted to the disputed legal positions of the South China Sea and justification in international law of China's sovereignty over the South China Sea using related theory of international law and jurisprudence of international tribunals with combination of historical facts. Another chapter profoundly addresses the issues of historic rights in international law and their application to the South China Sea. The third and last chapter moves to target the East China Sea which has been in disputes between China and Japan, particularly the legal issues concerning delimitation of its continental shelf.

Legal issues of human rights, anti-terrorism and diplomacy in China's peaceful development are jointly set as the theme of Chapter Four. It first and foremost proposes and justifies that respect for human rights has been refined to be a basic principle of international law under the tendency of the latter's humanization. Then, it further proves that the globe-wide anti-terrorism is not only concerning with the maintenance of world peace and security, but also brings about directly impacts on international protection of human rights. Last but not the least, it points out that China should make appropriate adjustment for its diplomatic functions in its peaceful development, particularly the focus on the enhancement of protecting personal and property safety for its external missions as well as Chinese individuals and companies abroad.

Legal issues of energy, environment, health and social responsibility of enterprises are constantly and closely linked one after another in the peaceful development of China, thus being jointly discussed in Chapter Five. On the basis of a general assessment of the present energy security of China, proposes a number of strengthening measures to complete domestic legal system related to energy safety in this country and to widen and deepen cooperation externally in this aspect. Specifically explores the issues of climate change, with the emphasis on the elaboration of those international principles, rules and systems related to their settlement and on the suggestions that how China should cope with these problems. Then we turn to analyse systematically another relatively new topic which is of increasing importance in China's peaceful development, that is, international legal regime of infectious diseases control and the prevention capacity building in China. The last part deals with the legal issues of social responsibility of enterprises which has been growingly significant in China's peaceful development.

The main topics in Chapter Six are within the framework of global trade liberalization and regional integrations. After specific and profound discussion of each selective forefront legal issues, some important conclusions made as follows: (1) the nine RTAs so far signed by China with its trade partners are in principle consistent with the WTO law in spite of some minor departures on the one hand and surpluses on the other hand; (2) the Legal Effectiveness and Appropriateness of Transitional Product-Specific Safeguard Mechanism against China in its WTO Accession Protocol are both disputable in terms of either general international law or the WTO law; (3) the "aggressive legalism" approach adopted by Japan and Korea in the WTO dispute settlement is worthy of borrowing by China. Issues on exchange rate of Chinese money (Renminbi), trade freedom and cultural diversity and intellectual property rights protection have been increasingly concerned in the peaceful development of China, which are put as the combined theme in Chapter Seven.

So far as the exchange rate is concerned, the author believes that China does not violate its obligations under the IMF, because of the coexistence of the fixed exchange rate system and the floating exchange rate system under the current Jamaica system. In respect of the trade freedom and cultural diversity, the Chapter Seven concerned stresses the proposals for China to enhance its cultural industry and trade policy as well as its capacity to solve its culture-related trade disputes with its trade partners within the WTO. As for protection of property rights, Therein suggests particularly that China, as a kind of peacefully developing strategy, should put into a full play its advantages as a

3

big power of traditional culture and resources, gains more speaking rights in international rule-making of protecting intellectual property rights and adapts itself to as well as promote the evolution of international legal regime in this area.

Chapter Eight selects some key and debatable legal issues to be discussed in relations between China and the two differently typical regional organizations, namely, the EU and the ASEAN. In terms of China – EU relations, contributes to revealing the multiple governing structures of the EU and their impacts on China's peaceful development. Another chapter explores at both procedural and substantial levels a number of key legal issues in the current negotiations of China – EU Partnership and Cooperation Agreement (PCA). A further chapter devotes to justify that the current issue of "non-market economy" in China – EU relations is far beyond a "purely technical issue" as the EU side argues. In China – ASEAN relations, the last chapter makes a thorough investigation and assessment of the current legal framework regulating relations between the two sides and then presents some constructive suggestions to further enhance the legal regulations therein.

目　录

Contents

1

Contents

第一章

中国和平发展、和谐世界与
国际法的交互关系问题

第一节　中国和平发展与国际法的交互影响和作用*

一、中国和平发展的基础：和谐世界与国际法

自中国提出和平发展的战略以来，国内外人士纷纷对中国和平发展的内涵进行阐释和界定，并形成了基本共识：中国和平发展，就是努力争取和平的国际环境来实现中国的伟大复兴，同时又以自身的发展来维护世界和平并促进全球发展。从这一基本共识中可以推断出中国和平发展的两个重要命题：（1）和谐世界是中国和平发展的外部社会基础；（2）国际法是中国和平发展的外部法律基础。

中国和平发展之所以必须以和谐的世界作为社会基础，这是由当今和未来国际社会的基本特点所决定的。国家间相互依存和经济全球化是国际社会的发展趋势。在这种趋势下，各国同在一个"地球村"，而各国人民如同这个地球

---

* 本节作为子项目成果发表于《中国法学》2006 年第 4 期，标题和内容略有改动和删减。

1

第一章　中国和平发展、和谐世界与国际法的交互关系问题

村的"居民"。在共同生活的这个"地球村"中，国内的稳定与发展问题通常紧密地与全球性问题联系在一起，而全球性问题往往又是各国及全人类面临的问题。

因此，在当今和未来的各种纷繁复杂的事务中，纯属一个国家主权管辖或单靠一个国家独立自主解决的事项越来越少，而受国际法律机制管辖和受国际政治、经济影响的事项越来越多。在这样的国际背景下，各国唯有"同舟共济"，将本国的发展同全球和平与发展事业结合起来，才能真正实现自我发展。

中国和平发展是和谐世界的重要组成部分，而两者都离不开国际法的法律基石和保障作用。

法律社会学者一般都认为，法律具有三项基本的社会功能：（1）法律随着时间的推移承载着社会的结构和制度；（2）法律将社会的共同利益注入社会成员的行为之中；（3）法律根据社会的理论、价值和目的构建社会的未来。①

上述法律的三项基本社会功能无疑也适用于国际法。

首先，如果说国内法是一个国家的结构和制度的载体，国际法必定是国际社会基本结构和制度的体现。那么，当今和未来国际社会的结构和制度的基本特点如何呢？一方面，自20世纪以来，特别是第二次世界大战之后，国际社会的组织化程度越来越高，现如今，不仅国家行为和活动的各个领域都有相应的国际组织的存在，而且人类生活的方方面面也都建立了相应的国际组织。更引人注目的是，特定区域的国家凭借疆域相邻、政治经济制度相同和共同的宗教文化等纽带，建立了一体化程度颇高的经济货币联盟，甚至政治联盟（如欧洲联盟）。即使没有这些共同的纽带，一些国家基于共同的战略需要还建立了政治和军事同盟（如北大西洋公约组织）。另一方面，上述这些新的发展趋势并没有改变近代以来国际社会结构的基本特征：组成国际社会的各国之间的关系仍然是一种横向的关系，并没有形成如同国内社会成员之间的那种纵向关系。②

维系国际社会秩序的国际法承载着这种横向的"平行式"关系结构，并且为这种关系结构确立和完善相应的原则、规则、规章和制度。这种横向的国际社会结构导致国际法制的三个基本层面（立法、执法、司法）处于分散的状态。国际社会横向结构的另一个明显后果是：维持国际社会秩序的国际法，其制定和实施均依赖于国家自身。在国家主权平等的原则下，国家参与制定国际法、实施国际法和运用国际法解决国际争端，并不是代表国际社会行事，也并不是为了国

---

① Philip Allot, The Concept of International Law, in Michael Byers (ed.), The Role of Law in International Politics-Essays in International Relations and International Law, Oxford University Press, 2000, p. 69.

② Antonio Casses, International Law, Oxford University Press, 2001, p. 5；梁西主编：《国际法》（修订第二版），武汉大学出版社2000年版，第14页。

际社会的利益，而是为了各自的国家利益。尽管当代国际法体现国际社会整体利益的内容越来越多，但是绝大多数情况依然如此。

其次，国际法逐步地将国际社会的共同利益注入各国的行为之中。国际社会的每一成员在彼此的交往与合作中需要国际法来维护自己的利益，它们更需要国际法来维护其共同的利益，因为这种共同利益的维护必须借助有效的国际法律机制。"法治代表的是一种秩序文化。在国际事务中，虽然这种文化还没有牢固建立，国际的法治同样如此，但是正在稳定地向前发展……法治必须接受这样的理念：国际法不是任意选择的，它是作为整体适用的，适用于所有国家，特别是那些拥有物质和政治权力足以使国际法边缘化的国家，如果它们如此选择。当法律和权力结为伙伴而非相互冲突时，国际社会才能繁荣昌盛。"①

很难设想，在主权者林立又相互合作、彼此独立又相互依存的现代国际社会里，各国拒绝将国际法视为其行为准则。在国际社会中，拒绝国际法，就意味着拒绝国际法治，而拒绝国际法治就必然意味着国际事务的专横、无序，甚至动乱。可见，"国际法提供稳定的国际关系，这种稳定反过来是各国追求其国家利益的必要基础"②，同时更是构建和维系国际社会共同利益的保证。

最后，国际法不仅体现着国际社会的过去（如国际惯例、一般法律原则等）和组织国际社会的现在（如通过国际条约、国际组织和国际机制等），而且肩负着构建国际社会的未来。任何社会的法律都具有一定的前瞻性。从某种意义上讲，法律构建社会未来的重要性要比承认社会的过去和维持社会的现在要大得多，深远得多。适用于国际社会的国际法同样如此。无论是联合国的集体安全体制，还是以世界贸易组织为载体的多边贸易体制，或是以世界银行集团和国际货币基金组织为象征的国际货币金融体制，无不是从长计议，以建立永久的国际和平与安全、促进全球经济和社会可持续发展、不断提高全人类福祉为宗旨。现行的国际法，如外交与领事关系法、航空与外层空间法、海洋法、国际人权法、国际环境法、国际刑法、战争与国际人道主义法、国际争端解决法，等等，一方面旨在这些传统和新兴领域确立各国之间过去的关系和调整它们现在的关系，另一方面更重要的是，为国际社会成员在这些领域的行为举止和彼此交往与合作构建有序、稳定与和谐的未来。

---

① Sir Arthur Watts KCMG QC, The Importance of International Law, in Michael Byers (ed.), The Role of Law in International Politics, Oxford University Press, 2000, p. 7.

② Antonio Casses, International Law, Oxford University Press, 2001, p. 5；梁西主编：《国际法》（修订第二版），武汉大学出版社 2000 年版，第 14 页。

二、国际法对中国和平发展的影响：促进与制约

在经济与社会日益全球化的时代，在国家间相互依存性越来越强的国际社会，中国和平发展不仅需要一个与之相适应的国内法律秩序予以保障，而且还需要一个公平、公正的国际法律秩序予以支撑，后者与公正、公平的国际政治和经济秩序牢牢地捆绑在一起。所以，一个稳定、公正和进步的国际法必然会促进中国的和平发展。

另一方面，虽然国际法有其特殊性，但是其法律本质毋庸置疑。国际法一经制定和生效，必然对其主体发生法律约束力。中国作为国际法的基本主体之一，其和平发展进程必然要受制于国际法。

（一）国际法对中国和平发展的促进

国际法对中国和平发展的促进作用可以从如下三个方面进行阐释。

1. 国际法为中国和平发展创造和平与安全的外部环境

和平与安全的国际环境是任何一个国家实现自我发展不可或缺的外部条件。

历史的经验和教训告诉世人：运用战争和武力手段而发展起来的国家不仅自身要付出高昂的代价，更重要的是，给其他国家及其人民带来长久难以弥合的灾难。而且，这种建立在战争或武力基础上的国际和平与安全是难以持续的，因为在认为战争是国家的合法权利的时代，国际和平与安全既可以通过战争得以建立，也可以通过战争毁于一旦。

现代国际法不仅禁止战争而且还禁止使用武力或以武力相威胁来作为实现国家政策的工具，这就从法律上否定了国家发展的非和平方式。与此同时，现代国际法建立了集体安全体制，从而为各国的发展营造持久的和平与安全的国际环境。自联合国成立以来的 60 多年间，虽然局部战争、武装冲突和国际恐怖主义暴行时有发生，但是和平与发展一直是国际社会的主流。这两大主流是建立在国际法基础上的，同时也是现代国际法的根本任务。

诚然，国际法所建立和维持的国际和平与安全为各国的发展创建的只是一种外部环境，尽管必不可少，一个国家能否实现和平发展，或者能在多大程度上实现和平发展，还取决于其他诸多重要因素，如国内的社会稳定、民主与法制和各种利益关系的协调，等等。

2. 国际法为中国和平发展构建公正、公平的国际竞争秩序

21 世纪的中国和平发展，需要一个公正、公平的国际经济秩序，而公正、公平的国际经济秩序实质上就是一个公正、公平的国际竞争秩序，而这种公正、

公平的国际竞争秩序，归根结底，要依靠国际法来建立、完善和保障。

"利益竞争的存在是任何社会的一种正常现象，国际社会同样如此。但是，并不是所有国家都处于这种竞争的前沿：绝大多数国家只是需要秩序。"① 实践证明，处于国际竞争前沿的主要是如下一些类型的国家：（1）政治军事强国，它们的竞争主要表现在政治和军事利益上；（2）发达国家，它们的竞争主要体现在经济贸易领域；（3）正在发展中的国家，尤其是正在发展中的大国（如中国、印度等），它们的竞争涉及广泛的政治、军事、经济等领域。国际社会的利益竞争既可以在上述同一类型的国家之间产生，也可以在上述不同类型国家之间生成。冷战时期的美国与苏联是政治军事强国之间竞争的典型；美国、欧盟和日本等发达国家（集团）则是同类发达国家（集团）之间经贸利益竞争的代表；中国与美国、欧盟等国家（集团）则是不同类型国家（正在崛起的国家与传统强国或发达国家）之间的综合利益的竞争。

值得注意的是，国际社会中国家利益的竞争是动态的，而不是静止的。这种利益竞争的改变可以是国家的变化，如强国的消亡或衰落、新兴大国和强国的崛起；也可以是利益重心的改变，而这种利益重心的改变又可能是因时、因事或因新的技术而引起。例如，海湾战争引起的有关国家之间的政治、军事和经济利益竞争；围绕联合国安理会改革而引起的有关国家的政治利益竞争；围绕发展中国家特别是最不发达国家的发展援助而引起的利益竞争；大规模杀伤性武器的研发与扩散和恐怖主义猖獗而引起世界各国利益竞争重心的转移，等等，都是说明国家利益竞争的机动性的活生生实例。

如何使国际社会的各种利益竞争有序进行，而且使这种有序竞争是一种公平和公正的平衡，同时又促进这种平衡不断适应国际社会利益竞争的新变化，这就是现代国际法的重要使命。现行国际法上的大量条约，如有关禁止核试验和核不扩散条约；禁止研制、生产、使用和销售生物武器条约；有关贸易、投资、金融、货币、知识产权等领域的各种双边、区域和多边条约，都是为相关领域建立国际竞争秩序而确立的国际法原则、规则、规章和制度。各种政府间组织，不论是全球的还是区域的，也不论是一般性的还是专门性的；更不论是纯政府间的还是所谓"超国家"的，都是为维系公正、公平的国际竞争秩序而建立的机制。

当然，国际法所建立和维持的现行国际竞争秩序，在很多领域离公正、公平的要求还相差甚远，甚至在有些领域所建立的国际法律秩序无公正、公平可言。仅举几例，可见一斑，如核武器拥有国与无核国之间不同的权利义务；国际政治

---

① Sir Arthur Watts KCMG QC, The Importance of International Law, in Michael Byers (ed.), The Role of Law in International Politics, Oxford University Press, 2000, p. 15.

秩序中的单边主义行径；国际经济秩序中发展中国家权益的损害，特别是最不发达国家的边缘化趋势；国际人权和环境保护领域中发展中国家的发展权的漠视，等等。可见，国际法要在国际社会建立与时俱进的公平、公正的国际秩序，可谓任重道远。

3. 国际法为中国和平发展提供国际合作的法律保障

20世纪以前的国际合作基本上属于双边的，区域合作寥寥无几，几乎没有出现全球性的合作。从国际法的角度看，国家是否进行国际合作，完全是自主决定的事项，没有进行国际合作的义务，除非有条约约定。第一次世界大战以后，国际合作的重要性日益突出，《国际联盟盟约》明确规定会员国必须"增进国际合作并保证其和平安全"。第二次世界大战以后，国际社会更加强调各国主权平等的国际合作。《联合国宪章》明确地将"促成国际合作"列为联合国的宗旨之一。继《联合国宪章》之后，国家之间通过合作，在政治、军事、经济、文化、教育、科学、技术、环境、卫生、人权及其他社会领域缔结了大量的国际条约，制定了相应的国际合作原则、规则和制度，并在这些广泛的领域建立了各种各样的合作机制。

虽然国际合作的普遍性和重要性是不争的事实，国际合作是现代国际法的一项重要规则似乎也不存在争议，但是国际合作是否已经成为国际法上的一项基本原则，仍然是一个存在分歧的问题。① 笔者认为，将国际合作认定为现代国际法的一项基本原则是毋庸置疑的。首先，作为当今效力最高、影响最大、适用范围最广的《联合国宪章》在多处明确了国际合作的法律地位和重要性。例如，《联合国宪章》序言指出，为确保联合国各项宗旨的实现，各会员国"务必同心协力"；作为联合国的四项宗旨之一，《联合国宪章》规定"促成国际合作，以解决国际间属于经济、社会、文化及人类福利性质之国际问题"；作为联合国的基本原则，《联合国宪章》第2条第（5）款明确要求"各会员国对于联合国依本宪章而采取的行动，应尽力予以协助，联合国对于任何国家正在采取防止或执行行动时，各会员国对该国不得给予协助"；《联合国宪章》第九章就经济、社会、卫生、文化、教育等领域的国际合作做出了专门的、系统的规定。其次，《联合国宪章》之后的联合国重要法律文件进一步明确了国际合作的国际法基本原则的地位。例如，1970年联大通过的《国际法原则宣言》重申，各国依照《联合国宪章》进行合作是一种必须"严格遵守"的"义务"，此等合作"构成国际法之基本原则"；1974年联大通过的《建立新的国际经济秩序宣言》、《建立新的国际经济秩序的行动纲领》和《各国权利义务宪章》进一步强调"国际合作

---

① 曾令良、饶戈平主编：《国际法》，法律出版社2005年版，第88~89页。

以谋发展"的主题,其中《各国权利义务宪章》更加明确地将"国际合作以谋发展"列为国际经济关系的基本原则之一。最后,国际合作符合国际法基本原则的各项基本要件,即国际公认和接受的广泛性、法律效力的普遍性、适用于国际法各个领域的共有性和构成整个国际法律秩序基础的一般性。

国际合作成为国际法的一项基本原则,归根结底,是维护各国共同安全的需要,是促进共同发展的需要,是各种文明和谐共存的需要。[①] 当代国际合作呈现出如下主要发展势头:一是国际合作的法律形式各式各样,双边的、诸边的、区域的、多边的合作交织发展;二是合作的层次除了传统的政府间合作外,出现了超政府间的合作层次,即所谓的"超国家"层次;三是国际合作的领域迅速拓展,世间事务,几乎无所不包;四是国际组织作为国际合作的一种重要的法律形式越来越显示出其优越性和重要性,因为国际组织给国际合作奠定了稳定的、持久的和强有力的法律保障。

因此,中国实施和平发展战略,必然要在政治、军事、经济、科学技术、文化教育、环境卫生、人权等广泛的领域积极开展各种形式和层次的国际交流与合作。国际法的重要作用之一,就是为各种各样的国际合作建构可持续的法律框架、搭建协商与谈判的平台、确定行为规范、建立长效的管理机制、提供和平解决争端的方法和程序。可见,国际法的不断完善,将为中国和平发展提供越来越稳定、安全、具有可确定性和预见性的国际法制保证。

(二) 国际法对中国和平发展的约束

长期以来,国际法给人的印象是一种"弱法"。尤其是在传统国际法律秩序中,国际法的基本主体——国家享有极为广泛的行动自由。国际法的"软弱"导致国家在国际社会的行为很少受到约束,曾经为一些西方列强实现武力崛起带来了便利,但更多的是给国际社会带来了无序、混乱,甚至是惨祸。20世纪的两次世界大战的爆发及其给人类造成的史无前例的灾难,便是国家权力与行为缺乏国际法律机制制约的极端例证。

于是,国际社会的成员痛定思痛,决心加速国际法的编纂与发展,强化国际法的执行机制,增强国际司法在国际争端解决中的作用。在现代国际法的这种发展趋势下,国家的行为越来越受到国际法律的约束,国家的自由空间越来越小。根据前南法庭首任庭长的分析,恐怕是如下的三个因素导致国家愈来愈受国际法

[①] 《和平、发展、合作——李肇星外长谈中国新时期中国外交的旗帜》,http://www.fmprc.gov.cn/chn/wjdt/zyjh/t208030.htm,2005年11月6日访问。

律的制约:①

首要因素是日益膨胀的国际条约。国际条约的膨胀最直接的表现是其数量的急剧增多。当今世界上绝大多数国家都参与了大量的多边条约,至于彼此之间缔结的双边条约,更是无计其数。国际条约膨胀的另一种表现是其规范的内容不断扩展。如今的国家生活领域,从政治、军事、外交到经济、贸易、金融、投资、税收、科学技术、行政管理,等等,都有相应的国际条约。如今的人类活动,上到宇宙空间,下至海床洋底,同样存在大量的国际条约。更有甚者,不仅人类的公务活动(如谈判条约、缔结合同、出席会议、投资建厂、货物贸易、跨境服务,等等)离不开国际条约的制约,而且人类的私人行为(如观光旅游、探亲访友、结婚生育、财产继承,等等)也要接受国际条约的规制。其结果是:绝大多数国家的国内法制都要受到这些与日俱增和涵盖极广的国际条约的调整。

第二个重要原因是现代国际法对国家使用武力的权力施加了越来越多、越来越严厉的限制。在传统国际法上,国家享有诉诸战争的绝对权利,虽然那时已经产生了很多的战争法规,但是其目的和作用只不过是使战争变得更有"秩序"和比较"人道"。现代国际法,经过《国际联盟盟约》、《巴黎非战公约》和《联合国宪章》等一系列造法条约的发展,从限制战争直到废弃战争进而到禁止使用武力或以武力相威胁,"从而使和平解决争端必然成为现代国际法上的一项基本原则,从而为审判战犯制度奠定了基础,从而促进了国际社会关于侵略定义的制定,从而有助于联合国维持和平行动与集体安全制度的发展……",从而"使国家及国家公务员的国际责任发生了重大变化"。②

冷战后时代,国际法上有关国家及国家公务员的国际责任制度呈现出更加严格的趋势。从前南国际法庭和卢旺达国际法庭的设立到常设国际刑事法院的最终成立,当代国际法向世人发出了一个强有力的信号:国家公务员不仅对发动国家间的战争要承担国际刑事责任,而且很有可能对发生在一国境内的战争和武装冲突承担国际刑事责任。

第三个因素是国际法的强制力在不断地得到增强。虽然国际法的强制力恐怕永远都不可与国内法同日而语,但是现代国际法的强制力度的确在逐步加强。自20世纪60年代以来,国际法的规范体系中形成了"强行法"概念。这就意味着:在国际法中,一些原则和规则的法律效力高于其他原则和规则。其结果是,各国不得缔结与国际强行法规范相悖的国际条约,否则相关的国际条约无效。

国际法的这些纵向和横向发展趋势必然会对中国和平发展战略的实施构成愈

---

① Antonio Casses, International Law, Oxford University Press, pp. 11 - 12.
② 梁西主编:《国际法》(修订第二版),武汉大学出版社 2000 年版,第 34~35 页。

来愈多的约束。

国际法对中国和平发展的约束直接地体现在中国的对外发展战略及其实施方面。例如，扩大对外投资是中国实现和平发展战略的重要组成部分。然而，在具体实施过程中，中国的对外投资不仅要受到东道国政治、经济、法律、文化等环境的制约，而且还要受制于国际政治、经济和法律等因素的限制。仅就国际法律而言，中国投资不得违反国际法基本原则和具有强制执行性质的法律规范，而且必须在中国参加的多边投资公约和中国与有关国家缔结的双边投资协定的法律框架下进行。又如，扩大进出口贸易，尤其是出口贸易，是中国实现和平崛起的重要途径之一。但是，在扩大对外贸易的进程中，除了各种政治、经济、文化因素的影响之外，国际法律的制约作用同样十分突出。具体而言，中国的对外贸易措施，不论是国家制定的有关法律法规，还是行政措施，或是企业和公司法人的贸易经营，都必须遵循一般国际法和中国与有关国家缔结的双边经贸协定、区域贸易协定和多边贸易协定。

需要特别指出的是，中国对外发展战略的各种外部制约因素并不是孤立的，通常是交织在一起的。而且，国际法律的制约往往是其他制约因素的最终表现或最终结果。例如，中国加入 WTO 议定书和工作组报告中有关特殊保障措施、纺织品特殊限制措施和倾销与反倾销中的非市场经济条款；又如，2005 年上半年中欧关于纺织品特殊限制的协议和最近中美经过多次谈判达成的关于纺织品特殊限制协议，都是用法律形式体现政治与经济因素对中国扩大出口战略的制约。

国际法对中国和平发展的国内发展战略及其实施同样产生影响。例如，中国在大力发展经济的过程中必须比过去任何时候都要更加重视环境问题，不得以牺牲环境和生态为代价来实现高速的经济发展。因为：仅就国际法律而言，中国势必越来越多和越来越严格地要受到中国参加的各种环境保护的国际条约和国际机制的制约。同样，中国在大力发展经济的过程中必须加大人权保护的力度，因为人权保护早已超越了国家主权管辖的范畴而进入国际法。国际人权法迅速发展的趋势要求中国在和平崛起的过程中要更加重视国内社会发展。《中共中央关于制定国民经济和社会发展第十一个五年规划的建议》尤其人本化，这一方面是中国和平发展战略自身调整的需要，另一方面也是适应国际法的发展，因为人权、民主与法制是 21 世纪的一个重要趋向。在这种国际背景下，中国在大力发展经济和促进社会发展的战略中势必要加强民主与法制建设的力度。其实，近年来，中国民主与法制速度的加快，一方面是中国实行依法治国方略和依法行政举措的结果，是中国实现经济和社会高速发展的必然要求，另一方面也是履行中国在国际体制中所作出的承诺（如中国在 WTO 中作出的透明度、司法审查等承诺）和顺应国际潮流的结果。

三、中国和平发展对国际法发展的作用：意义深远

建立和完善公正、公平和进步的国际法律秩序，是构建和谐世界、促进各国发展和推动全人类进步必不可少的前提和保证。反过来，世界各国的发展，特别是包括中国在内的大国和平发展必将为公正、公平和进步的国际法律秩序的形成与完善产生重大而有深远的影响。

（一）中国和平发展对国际法的发展主题的重大意义

2000 年 9 月初，各国元首和政府首脑聚集联合国纽约总部举行联合国千年首脑会议，一致通过了《联合国千年宣言》，确立了旨在 2015 年以前完成的千年发展目标，即：（1）消灭极端贫穷和饥饿；（2）普及小学教育；（3）促进两性平等并赋予妇女权利；（4）降低儿童死亡率；（5）改善产妇保健；（6）与艾滋病毒/艾滋病、疟疾和其他疾病作斗争；（7）确保环境可持续能力；（8）全球合作促进发展。[①]《联合国千年宣言》通过之后，联合国在经济及有关领域举行了一系列专门会议和首脑会议，旨在通过地方、国家、区域、全球各级层面的行动致力于千年发展目标的实现。

2005 年 9 月中旬，各国元首和政府首脑再次聚会联合国纽约总部，审视千年发展目标进程。会议通过了《2005 年世界首脑会议成果》，重申《联合国千年宣言》确立的价值和原则，"决心确保及时、全面实现在联合国各次主要会议和首脑会议上商定的发展目标和目的，包括千年首脑会议上商定的称为千年发展目标的那些目标和目的……"[②]

发展，还远不只是一个实现上述八项经济与社会发展目标的问题，还与维持国际和平与安全休戚相关。因为"发展具有多种功能。发展有助于战胜夺去数百万人生命并威胁人类安全的贫穷、传染病和环境退化。发展有助于国家防止或扭转对国家能力的侵蚀，而国家能力是面对几乎所有级别挑战的关键。发展也是防止内战、消除恐怖主义有组织犯罪得以滋生的环境的长期战略的组成部分"[③]。2005 年 3 月，联合国秘书长向各会员国提交的报告的标题还特别将发展放在首位，报告以《大自由：实现人人共享的发展、安全和人权》为题，指出大自由

---

① 《联合国千年宣言》，http://www.un.org/chinese/millenniumgoals，2005 年 11 月 4 日访问。
② 《2005 年世界首脑会议成果》，第 17 段。
③ 联合国秘书长高级别小组报告：《一个更安全的世界：我们的共同责任》（提要），http://www.un.org/chinese/secureworld/text_summary.htm，2005 年 11 月 20 日访问。

概念包含着这样一个理念，即"发展、安全和人权密不可分"，并强调"没有发展，我们就无法享有安全；没有安全，我们就无法享有发展；不尊重人权，我们既不能享有安全，也不能享有发展"。[①]

中国是一个占世界人口五分之一的大国，其和平发展本身对于国际法所致力的全球发展事业具有特殊的意义。

首先，中国和平发展为联合国千年发展目标的消除贫困与饥饿计划作出巨大贡献。据有关资料显示，中国在 20 世纪 70 年代后期的贫困人口多达 2.5 亿人，通过 20 余年的努力，2005 年已经减到 2 600 万人。中国在不到 30 年的时间里就减少了近 2 亿贫困人口，这无疑是世界上最大的减贫行动，[②] 是迄今其他任何国家所办不到的世界奇迹。有理由相信，随着中国经济的持续增长和经济与社会协调发展战略的实施，中国必将成为实施联合国千年发展计划最为成功和贡献最大的国家之一。

其次，中国和平发展是促进全球经济增长的重要的发动机之一。30 年来，中国的经济一直保持着高速的增长。随着人民生活水平的不断提高，国内购买力日益增强，中国已经成为世界最大的购买市场之一；随着国内生产能力和出口能力的不断提升，中国为世界各国消费者提供越来越物美价廉的商品；随着国家建设规模不断扩大和速度不断加快，中国已经成为吸引外资最多的国家之一；随着改革开放的不断深化，中国的海外投资越来越多，为促进东道国的经济社会发展发挥着愈来愈重要的作用。

最后，中国的和平发展为发展中国家特别是最不发达国家提供越来越多的发展援助。中国是世界上最大的发展中国家，在自身并不富裕的情况下，长期以来一直为广大的发展中国家提供力所能及的援助。最近，中国向国际社会庄严承诺：[③]（1）给予所有同中国建交的 39 个最不发达国家部分商品零关税待遇，优惠范围将包括这些国家的多数对华出口商品；（2）进一步扩大对重债穷国和最不发达国家的援助规模，并通过双边渠道，在今后两年内免除或以其他处理方式消除所有同中国有外交关系的重债穷国 2004 年底前对华到期未还的全部无息和低息政府贷款；（3）在今后 3 年内向发展中国家提供 100 亿美元优惠贷款及优惠出口买方信贷，用以帮助发展中国家加强基础设施建设，推动双方企业开展合资合作；（4）在今后 3 年内增加对发展中国家特别是非洲国家的相关援助，为

---

① 联合国秘书长的报告：《大自由：实现人人共享的发展、安全和人权》，第 17 段，http://www.un.org/chinese/largerfreedom/report.html，2005 年 11 月 20 日访问。

② http://www.chinanews.com/news/2005/2005－11－06/8/647684.shtml，2005 年 11 月 6 日访问。

③ 胡锦涛：《促进普遍发展，实现共同繁荣——在联合国成立 60 周年首脑会议发展筹资高级别会议上的讲话》，2005 年 9 月 14 日，纽约，http://www.fmprc.gov.cn/chn/wjdt/zyjh/t212090.htm，2005 年 11 月 6 日访问。

其提供包括防疟特效药在内的药物，帮助他们建立和改善医疗设施、培训医疗人员。具体通过中非合作论坛等机制及双边渠道落实。

上述承诺，充分体现了中国作为一个负责任的发展中大国的形象，向国际社会展示了中国贯彻《联合国千年宣言》精神、切实执行联合国千年发展计划、促进各国普遍发展和实现共同繁荣的坚定决心和具体行动，在国际上产生了良好反响。

（二）中国和平发展对国际法的和平与安全事业的重大意义

联合国成立后的 60 多年来，一方面，这个地球上没有爆发世界大战，总体上一直处于一种相对和平与安全的状态。正是这种长期的和平与安全环境为各国的经济社会发展和人类的进步奠定了基础。另一方面，世界并不太平，大大小小的局部战争和地区冲突连绵不断，已经成为相关地区安全和发展的祸根，而且还影响着全球的和平与安全及经济与社会发展的进程。更值得我们重视的是，"当前和今后数十年所面临的最大安全威胁已经不仅仅是国家发动的侵略战争，而且扩大到贫穷、传染病和环境退化、国家内部战争和暴力、核武器、放射性武器、化学和生物武器扩散和可能被使用、恐怖主义，以及跨国有组织犯罪。这些威胁不仅来自国家，也来自非国家行为者，威胁的不仅是国家安全，也威胁到人类安全。"[①]

可见，在恪守国际法基本原则的前提下，形成新的安全观，加强全球、区域和国内各个层面应对新的安全威胁，维持和建设国际和地区持久和平，是 21 世纪各国共同面临的长期使命。

为此，中国一贯坚持和平外交政策，在其和平发展进程中一直以积极的实际行动来维护国际和平与安全。近几年来，我国在全球和地区一级应对安全威胁、建立区域安全机制和加强集体安全体制方面做出的贡献，越来越引起国际社会的广泛关注和赞许。

在维护国际和平与安全方面，中国在安理会充分行使一个常任理事国的职责，凡是涉及国际和平与安全的重大事项，中国始终根据《联合国宪章》的宗旨与原则及国际关系基本准则做出决定，坚决反对任何背离联合国集体安全体制的单边主义行动，旗帜鲜明地谴责那些公然践踏和粗暴违反国际法、破坏和平与制造安全威胁的行径，主张通过国际合作应对各种新的安全威胁。

在致力于国际和平与安全的过程中，中国一贯支持并积极参与联合国的维持

---

① 联合国秘书长高级别小组报告：《一个更安全的世界：我们共同的责任》（提要），http://dac-cessdds. un. org/doc/UNDOC/GEN/N04/602/30/PDF/N0460230. pdf? OpenElement, 2005 年 11 月 18 日访问。

和平行动和建设和平行动。中国自1990年首次向联合国维和行动派遣军事观察员以来，已先后向14项联合国维和行动派出维和军事人员3 362人次。在1990～2004年这14年中，中国先后有6名维和军事人员在执行任务中牺牲，数十人负伤。目前，中国有845名维和军事人员在联合国8个任务区执行维和任务。其中，军事观察员66人，赴刚果（金）工兵分队175人、医疗分队43人，赴利比里亚工兵分队275人、运输分队240人、医疗分队43人，联合国维和部参谋军官3名。①

在维护和构建地区安全方面，中国一直坚持与邻为善、与邻为伴，奉行睦邻、安邻、富邻的周边外交政策，积极推动亚太地区安全对话和合作机制的建设。近年来，中国在中亚、东亚和东南亚地区安全保障体制的建设中所作出的努力和取得的成就，举世瞩目。

首先，中国和俄罗斯共同倡议成立了上海合作组织。上海合作组织自建立以来，成员国恪守《联合国宪章》的宗旨和原则，相互尊重独立、主权和领土完整，互不干涉内政，互不使用或威胁使用武力，坚持所有成员国一律平等，通过相互协商解决所有问题，不结盟、不针对其他国家和组织，在安全、军事、经贸、司法、文化等领域的合作相继展开，并不断加强。尤其是在"9·11"事件以后，上海合作组织成员国加强了以打击本地区恐怖主义、极端主义和分裂主义"三股势力"为中心的反恐合作。

上海合作组织已经发展成为一个促进地区安全、稳定和发展的重要区域机制，其影响与日俱增。从2004年开始，上海合作组织先后赋予蒙古、巴基斯坦、伊朗、印度等四国以观察员地位。有关的外国分析人士认为，"那些在历史上相互关系并不十分友好的国家都希望加入上合组织，这一事实表明，该组织通过自己的工作，证明了自己在国际舞台上的分量和地位，展现了解决地区冲突的出色能力"。② 更有分析家预言，上海合作组织是最有前途的组织之一，并且将是世界上"人口最多的地区组织之一，其成员人口总数可能达到30亿左右"③。

其次，中国积极构建和参与东盟地区安全体系。自1997年《中华人民共和国与东盟国家领导人会议联合声明》发表以来，中国与东盟关系取得了迅速、全面、深入的发展，双方已成为重要合作伙伴。其主要标志是：④

---

① 《中国参加联合国维和行动数字和大事记》，http://jczs.sina.com.cn，2004年12月27日发布，2005年11月10日访问。

②③ 参见［俄塔斯社莫斯科10月26日电］，新华通讯社：《参考消息》2005年10月27日第一版。

④ 参见《中华人民共和国和东盟国家领导人共同宣言》，2003年9月7日，http://news.xinhuanet.com/world/2003－10/09/content_1114267.htm，2005年11月12日访问。

在政治上，双方相互尊重领土主权完整和各自选择的发展道路。中国已与东盟10国分别签署了一系列着眼于双方21世纪关系发展的政治法律文件。2003年10月，中国还加入了《东南亚友好合作条约》，这充分说明双方政治互信的进一步增强。

在经济上，2002年，双方签署《全面经济合作框架协议》，启动了中国与东盟自由贸易区建设进程，推动双方经济合作向新的广度和深度扩展。目前，双方以农业、信息通讯、人力资源开发、相互投资与湄公河流域开发为重点，合作领域不断扩大，合作层次不断加深。

在安全上，中国与东盟积极实践通过对话增进互信、通过谈判和平解决争端和通过合作实现地区安全的理念。为确保南海地区的和平与稳定，中国与东盟有关成员国签署了《南海各方行为宣言》，并同意为最终实现上述目标而努力。中国与东盟还发表《非传统安全领域合作联合宣言》，在跨国问题上积极开展合作，开辟了安全合作的新领域。

最后，中国在解决朝鲜半岛核问题上扮演着组织者、主持者、斡旋者和谈判者等多重角色，发挥着不可替代的重要作用。为维护朝鲜半岛的和平与稳定，实现半岛的无核化，和平解决朝鲜半岛核问题，中国近几年来展开了密集的外交穿梭活动，努力劝和促谈，终于在2003年4月召开了北京三方会谈，8月召开了北京六方会谈，把朝鲜半岛核问题纳入了和平解决的轨道。经过前五轮谈判，六方在解决朝核问题的目标、原则、方式、步骤和具体方案等诸多方面达成了基本共识。到2008年12月，又举行了两轮六方会谈。此后，因朝鲜2009年再次进行核试验和试射洲际导弹，以及2010年3月发生的韩国天安舰事件，六方会谈陷于停顿状态。此后，中方继续为重启六方会谈进行斡旋。2010年5月，胡锦涛主席同金正日举行非正式会晤，朝方表示愿意回到六方会谈机制中来。

虽然朝核问题的最终解决有待时日，因为它牵涉多方的政治、军事、经济、法律、意识形态、文化等错综复杂的因素，但是迄今的进展表明：围绕朝核问题的紧张局势已经明显地缓和，和平对话、平等协商的解决机制已经形成，各方已就实现朝鲜半岛无核化达成多项原则共识，而且各方均表示将采取具体行动实施这些原则共识。所有这些成就固然是各方互信和不懈努力的结果，但中国在其中的独特贡献无疑是举足轻重的。

（三）中国和平发展对国际法的人权、法治和民主价值的重大意义

人权、法治和民主是人类所追寻的基本目标，也是国际法所追寻的具有普遍性的核心价值，这已经是国际社会形成的共识。

联合国会员国在《联合国千年宣言》中明确表示，"将不遗余力，促进民主和加强法治，并尊重一切国际公认的人权和基本自由，包括发展权"。[①] 各国领导人在《2005年首脑会议成果》中强调，"和平与安全、发展与人权是联合国系统的支柱，也是集体安全和福祉的基石"，并进一步认识到"发展、和平与安全、人权彼此关联、相互加强"以及"国家和国际的良治和法治，对持续经济增长、可持续发展以及消除贫困与饥饿极为重要"，从而"重申所有人权的普遍性、不可分割性、互相依存性及相互关联性"。[②]

应该认识到，虽然国际人权保护在法律编纂、机构建设和执行与监督等方面发展迅速，但是从全球范围来看，国际人权的保护水平良莠不齐，严重践踏人权的行径不但没有绝迹，有时甚至还频繁发生。透视目前国际人权的现状，如下问题尤为突出：

第一，自冷战结束以来，因国内战争、地区冲突而引起的灭绝种族、种族清洗等大规模粗暴破坏人权的事件屡屡发生。虽然事件过后成立了专门的刑事法庭追究有关责任人的刑事责任，但是毕竟只能起到惩治肇事者和警示世人的作用，而对于已经造成的人权灾难则是亡羊补牢，为时已晚。

第二，一方面，自"9·11"事件以来，形形色色的恐怖主义、分裂主义和极端民族主义的暴力袭击不断造成大量无辜者的人身伤亡和财产损失，剥夺人的生命权、安全权和财产权；另一方面，打击三股势力的行动又不断地殃及平民百姓的生命和财产。

第三，饥饿、极端贫困和传染性疾病已经成为侵犯人权的重要甚至首要祸根之一。世界上仍有10多亿人生活在每日1美元的赤贫线以下，而每天有2 000万人死于贫穷。艾滋病毒/艾滋病已经成为当代世界的一种瘟疫，已夺去了2 000多万人的生命，而感染者人数已增至4 000多万。[③]

第四，各国在人权的内容及其重要问题上分歧较大。长期以来，由于各国在政治制度、意识形态、价值取向、经济社会发展水平、宗教文化、传统习俗等方面存在差异，对于人权的普遍性和特殊性、人权与国家主权和不干涉内政、人权的国内保护与国际保护、人权与发展和安全等相互之间的关系难以达成共识，从而在很大程度上阻碍了国际人权法律保护机制的完善进程。

第五，人权的执行、报告、监督机制相对薄弱。虽然已经制定了大量的人权

---

① 参见《联合国千年宣言》，第24段，http://www.un.org/chinese/ga/55/res/a55r2.htm，2005年11月15日访问。

② 参见《2005年世界首脑会议成果》，第9、11、13段，http://www.un.org/chinese/summit2005/outcome.htm，2005年11月15日访问。

③ 参见联合国秘书长的报告：《大自由：实现人人共享的发展、安全和人权》，第9段，http://www.un.org/chinese/largerfreedom/report.html，2005年11月15日访问。

法律文件并建立了相应的人权条约机构，但是人权条约的执行普遍存在大打折扣的现象。许多国家不根据有关条约规定及时提供报告，甚至不提供报告；许多的报告内容重复，或是报喜不报忧。对于不执行人权条约的国家和严重侵犯人权的粗暴事件，国际组织及人权条约机构不能及时、有效地作出反应。为此，联合国秘书长呼吁，"我们必须从立法时代迈入执法时代"。①

第六，国际组织缺乏保护人权所需的资源和手段。这尤其表现在帮助一些国家后战争（冲突或暴力）时期的和平建设及安全与基本人权的保护方面。对于这些国家而言，迫切需要建立法治和司法体系来保护人权。但是，联合国和其他有关国际组织并没有足够的资源和手段支持此类机构。②

由此看来，从执行人权条约层面来加强人权的国际保护是当代国际法的一项重点任务。

国际法要加大人权保护的力度，就必须首先从国际和国内层面加强法治，因为国际层面和一些国家的法治缺失是人权状况不佳的重要根源之一。因此，各国首脑们"认识到需要在国家和国际两级全面遵行和实行法治"，重申"维护以法治和国际法为基础的国际秩序，这是国家间和平共处及合作所不可或缺的"。为此，世界首脑们庄严承诺，支持联合国秘书长自2000年开始的每年参与多边公约的活动，尤其"鼓励尚未成为所有有关保护平民的条约的国家考虑批准和实施这些条约"；同时，支持在联合国"秘书处内设立一个法治支助股……以便加强联合国促进法治的活动，包括通过技术援助和能力建设促进法治"。③

国际法要加大人权保护的力度，还必须加强国际和国内两级的民主建设，因为国际和国内民主治理是保障人权的重要基础。民主是一种普遍价值，是社会进步的标志。民主是指一个社会的民众表达和决定自身的政治、经济、社会、文化制度的自由意志，意味着民众对社会生活的全面参与。因此，民主本身就是人权的重要体现。历史和现实都证明，一个社会的民主化在很大程度上决定着该社会人民的人权状况。另一方面，我们必须认识到，"虽然民主政体具有共同特点，但不存在唯一的民主模式，民主不专属于任何国家或地区"。④ 与此同时，我们

---

① 参见联合国秘书长的报告：《大自由：实现人人共享的发展、安全和人权》，第132段，http://www.un.org/chinese/largerfreedom/report.html，2005年11月15日访问。

② 参见联合国秘书长的报告：《大自由：实现人人共享的发展、安全和人权》，第137段，http://www.un.org/chinese/largerfreedom/report.html，2005年11月15日访问。

③ 参见《2005年世界首脑会议成果》，第134段，http://www.un.org/chinese/summit2005/outcome.htm，2005年11月18日访问。

④ 参见《2005年世界首脑会议成果》，第135段，http://www.un.org/chinese/summit2005/outcome.htm，2005年11月19日访问。

也必须强调，国际法在致力于民主治理的过程中必须适当尊重国家主权和民族自决权，而且必须重视人权与发展之间的相互依存性。为了支持各国民主建设，世界首脑会议决定，接受联合国秘书长的建议，在联合国设立民主基金，以加强联合国应会员国要求提供协助民主建设的能力。①

促进人权事业在国际和国内两个层面的不断发展是中国和平发展的基本目标之一。

自 1991 年以来，为了加强中国在人权领域的透明度，增进国际社会对中国人权状况的了解，中国每年都要发表人权状况白皮书。这一举措本身表明，中国和平发展战略的根本目的就是通过增强国力来促进中国和世界人权事业的发展。中国人权白皮书通过大量的事实和数据表明，随着中国经济的持续增长，法治水平的不断提高，中国的人权事业每年都取得新的进展，中国对促进世界人权保护不断做出新的贡献。根据 2004 年中国人权白皮书的记载，中国人权事业最新的显著成就主要表现在：（1）人民的生存权和发展权取得了较大的改善，中国人民健康总体水平已超过中等收入国家，平均期望寿命已上升到 71.4 岁；（2）民主政治和政治文明建设、公民权利和政治权利保障得到进一步加强；（3）执法和司法环境得到进一步改善；（4）特殊群体和特殊族群的合法权利得到重点维护；（5）一如既往地支持和参与联合国人权领域的活动，积极开展人权领域的国际合作，并积极参与国际人道主义救援行动。②

当然，我们也应该承认，中国的人权保护事业任重道远，有些人权领域存在的问题还比较突出。仅以生存权、发展权为例。2005 年，中国人均国内生产总值还排在世界 100 位之后；农村还有 2 600 万贫困人口；城镇居民享受最低生活保障的人有 2 100 万；每年需要解决就业的人口近 2 400 万；仍有 6 000 多万残疾人需要关爱和援助。因此，胡锦涛主席利用 2005 年 11 月出访西欧三国（英、德、西）的时机，向国际社会专门阐述了"中国坚持走和平发展道路，是基于中国国情的必然选择"；"是基于中国历史文化传统的必然选择"；"是基于当今世界发展潮流的必然选择"。③可见，"走和平发展道路，是中国实现国家富强、人民幸福的必由之路"，④ 是中国人权事业持续发展的必由之路。

① 参见《2005 年世界首脑会议成果》，第 136 段，http://www.un.org/chinese/summit2005/outcome.htm，2005 年 11 月 19 日访问。

② 参见国务院新闻办公室：《2004 年中国人权事业的进展》白皮书，2005 年 4 月 13 日，http://news.xinhuanet.com/newscenter/2005-04/13/content_2822246.htm，2005 年 11 月 20 日访问。

③④ 胡锦涛：《在伦敦金融城市长萨沃里举行的欢迎晚宴上的演讲》，2005 年 11 月 9 日，http://www.fmprc.gov.cn/chn/wjdt/zyjh/t220730.htm，2005 年 11 月 19 日访问。

四、结 论

综上所述，我们可以就中国和平发展与国际法的交互关系问题得出如下重要认识：

（1）中国和平发展必须建立在和谐世界这一重要的外部社会基础之上。和谐世界包含着和谐的全球环境、和谐的地区环境以及和谐的周边环境。中国和平发展之所以必须以和谐世界为其外部的社会基础，归根结底，是"地球村"、国家间相互依存和经济全球化的国际发展趋势所决定的。

（2）中国和平发展是构建和谐世界的重要组成部分，而构建和谐世界离不开国际法。这是由包括国际法在内的法的基本社会功能所决定的。国际法的基本社会功能的主要表现是：①它承载着国际社会的基本结构和制度；②它不断地将国际社会的共同利益注入各国的行为之中；③它在再现国际社会的过去和组织国际社会的现在的同时，建构和谐世界的未来。

（3）中国和平发展在国际层面需要一个公平、公正和进步的国际法律秩序予以支撑。从宏观上看，国际法为中国和平发展发挥着三个方面的积极作用：①国际法为中国和平发展创造和平与安全的外部环境；②国际法为中国和平发展构建公正、公平的竞争秩序；③国际法为中国和平发展提供国际合作的法律保障。

（4）中国作为国际社会的成员，其和平发展必然要受到国际法的约束。而且，随着国际法的"硬度"的增强和范围的扩大，国际法对中国和平发展的影响势必愈来愈大。中国和平发展受国际法的制约不仅体现在中国的对外发展战略及其实施方面，而且还渗透到中国对内发展战略及其实施。

（5）中国和平发展将为国际法的发展做出重要贡献。首先，中国是世界上最大的发展中国家，其和平发展对于国际法所致力的全球发展主题具有特别重大的意义；其次，中国作为一个负责任的政治大国，随着自身国力的增强，必将在国际法的和平与安全事业中发挥重要作用；最后，人权、法治和民主是国际法的核心价值，而促进人权事业在国内和国际两级的不断发展是中国和平发展的基本目标之一；中国走和平发展道路，不仅是实现国家富强的必由之路，也是人权事业持续发展的必然选择。

第二节　和谐世界与国际法的发展*

一、导语

中国领导人在相继提出和平发展和构建和谐社会之后，从 2005 年下半年起，在国内外多种场合又庄严地提出和谐世界的构想。如果说和谐社会是中国在新时期提出的治国安邦的新举措，和谐世界则是中国在新的国际环境下提出的全球治理的新理念。和谐社会与和谐世界分别是中国和平发展战略的两翼：前者是内政的新方针，后者是外交的新政策，二者交相呼应，缺一不可。作为调整国际关系、维护世界各国权益和全人类共同利益的当代国际法，既是构建和谐世界的法律基础，又是和谐世界构建的重要内容。当代国际法的价值取向、制定程序、规范体系、实施体制和监督机制，无不直接关系到和谐世界建设的成败、快慢和是否具有可持续性。

以下将首先阐释和谐世界呼唤当代国际法建立和维持各国和平共处的国际政治秩序，并在总结现代国际法在这一领域取得的巨大成就的同时，揭示现行国际集体安全制度面临的主要挑战。其次，笔者将展现和谐世界对国际经济与社会协调发展的期盼，在肯定国际法在建立新的国际经济秩序和越来越重视国际社会事务的同时，严肃地指出广大的发展中国家的发展问题仍然严峻，必将是和谐世界构建的一项长期而有艰巨的任务。然后，笔者论证国际民主、法治和善治是和谐世界的一种新的期待，其中特别注意到国际决策的民主和国际体制运作的法治是国际民主、法治和善治的核心，而对于各国的民主、法治和善治，国际法的作用应该是辅助性的。接着，笔者试图阐述建立尊重世界文明多样性的国际法律制度是和谐世界构建的重要前提，尤其是要尊重国际法基本主体——国家的多样性、待遇规则的多元化和文化表现形式的多样性。笔者的最后一个论点是，和谐世界的构建必然要求国际法体系自身的协调发展。国际法的碎片化势必造成国际法规范与规范之前、体制与体制之间的冲突，如果这些冲突得不到适当的解决，必然带来国际法律秩序的混乱，而混乱的法律秩序不可能为和谐世界保驾护航。

---

*　本节作为子项目成果发表于《法学评论》2008 年第 2 期，标题和内容略有改动。

二、和平共处的国际政治秩序：和谐世界寻求国际法的首要保障

和平与安全的国际环境是各国持久和谐共处的社会基础。人类历史证明，没有和平与安全保障，国际社会成员之间的关系不可能是和谐的。历史还反复证明，不仅大规模的战争，而且连绵不断的武装冲突和各种形式的武力威胁，是和谐世界最严重的祸根和最大的障碍。为此，现代国际法不仅渐进地从限制国家的战争权到否定国家运用战争作为推行其政策的合法工具，而且还禁止使用武力或以武力相威胁，确认了和平方式为解决国际争端的唯一合法方式，并以这些国际法基本原则为核心建立了以联合国为核心的集体安全体制。然而，随着国际格局的变化和全球化的不断拓展和深化，60多年前设计的集体安全体制已经不能完全适应当今构建和谐世界的新情势，国际上呼吁改革联合国的心声日益强烈。因此，完善与时俱进的国际集体安全体制，是和谐世界对国际法的现实要求和长远期盼。

当然，联合国及其安全体制的改革是一项错综复杂的浩瀚工程，涉及广泛的政治、军事、经济、法律和社会问题，不可以急于求成。迄今为止，不乏改革方案和建议，但是这些方案和建议都不能获得联合国会员国多数的通过和联合国安理会五大常任理事国的一致同意。其中一个重要原因，就是各国还没有就新的集体安全概念达成共识，而这种共识是通过协议修改《联合国宪章》相关规定的前提。另一个重要原因，就是会员国尤其是大国在集体安全体制的执行机构——联合国安理会的改革模式上存在重大分歧，其症结是常任理事国的扩大和代表性。无论联合国改革之路多么曲折，关键是要坚持正确的改革方向和正确指导改革原则，这个方向有利于《联合国宪章》各项宗旨的实现。应坚持的原则是增强集体安全体制的权威性和应对危机的能力与效率。

正如《威胁、挑战和改革问题高级别小组的报告》（以下简称《高级别小组报告》）中所指出的，有效应对各种国际安全挑战的首要措施是"确保遥远的挑战不会变得迫在眉睫，迫在眉睫的挑战不会在现实中变得具有摧毁性。这就要求建立一个预防行动框架"，"要求国家和国际各级领导及早采取果断的集体行动"。当预防措施无法阻止战争或武装冲突时，或当长远威胁变成紧迫威胁，或紧迫威胁变成实际威胁时，就必须"正确理解和应用"《联合国宪章》第51条规定的合法武力自卫或第七章授权安理会使用武力。于是，保证使用武力的自卫和强制行动的"正当性"至关重要。为此，《高级别小组报告》提出了五个标准，即"威胁的严重性、正当的目的、万不得已的办法、

相称的手段和权衡后果"。① 显然，要将这些标准变成对各国和集体安全体制的决策与执行机关具有法律约束力的军事行动守则，非国际法莫属了。

对和谐世界构成越来越严重挑战的因素，除了传统安全威胁外，还有日趋突出的非传统安全威胁。《高级别小组报告》将目前和未来几十年中国际安全威胁归纳为如下六类：（1）经济和社会威胁，包括贫穷、传染病及环境退化；（2）国家间冲突；（3）国内冲突，包括内战、种族灭绝和其他大规模暴行；（4）核武器、放射性武器、化学和生物武器；（5）恐怖主义；（6）跨国有组织犯罪。② 从上述列举中可以看出，绝大多数属于新型的非传统安全威胁。

因此，国际社会应尽快就非传统安全威胁及其应对机制达成共识，形成更加全面的新安全观。在控制核不扩散方面，我们要应对的首要挑战是双重甚至多重标准的做法。坚持这种做法无疑已经侵蚀了国际社会在不扩散领域的信心，尤其是绝大多数发展中国家的信心。双重或多重标准是摧毁国际不扩散制度的最有效武器。因此，应尽快取消不扩散的双重或多重标准，从而以具体情况自身的性质来判断，而不是给予特定国家以特权。③ 在其他非传统安全领域，应尽快在国际法上就恐怖主义做出界定，并就国内武装冲突、大规模杀伤性武器、赤贫、跨国有组织犯罪、环境退化、跨国疾病传播等新的安全威胁分别建立强有力的且行之有效的国际法律监控机制。

容忍、对话是和平与安全的重要前提和手段。《联合国宪章》作为现代国际法的核心标志，在其序言中就明确表达了国际社会决心"力行容恕，彼此以善邻之道，和睦相处"。1993 年，联大根据联合国教科文组织的提议宣布 1995 年为国际容忍年。1995 年 11 月 16 日，联合国教科文组织成员国还专门通过了《容忍原则宣言》和《容忍年后续行动计划》。次年联大通过第 51/95 号决议决定每年 11 月 16 日为国际容忍日。1998 年联大再次通过决议决定宣布 2001 年为联合国不同文明之间对话年。出席联合国 60 周年庆典的各国元首和政府首脑通过《2005 年世界首脑会议成果》，承诺"将致力于增进世界各地的人类福祉、自由和进步，鼓励不同文化、文明和人民间的包容、尊重、对话与合作"。

"容忍"和"对话"是构建和谐世界的稳固基础。人类历史反复证明，国家间的冲突和战争爆发往往最初源于有关当事国没有采取应有的克制、容忍和对

---

① 威胁、挑战和改革问题高级别小组的报告：《一个更安全的世界：我们的共同责任》（提要），第 2～3 页，http://www.un.org/chinese/secureworld/text_summary.htm。

② 威胁、挑战和改革问题高级别小组的报告：《一个更安全的世界：我们的共同责任》（提要），第 2 页，http://www.un.org/chinese/secureworld/text_summary.htm。

③ Resolving the Problem of Nuclear Proliferation by Addressing Both Symptoms and the Root causes—Statement by Ambassador SHA Zukang at the fourth IISS Global Strategic Review, 2006 - 09 - 09, http://www.chinaun.cn/eng/xwdt/t271739.htm。

21

话，同时与国际社会缺乏呼吁、鼓励和提供国家间容忍与对话的机制有着密切的关系。国际法意义上的容忍和对话，应在尊重各国主权平等的基础上，承认和重视他国和他人的人格，提高与他国、他人共存和共处的能力。只有这样，才能最大限度地避免武装冲突和战争；才能促成国际合作，携手解决国家间经济、社会、文化等领域的问题；才能在不分政治制度、意识形态、种族、性别、语言或宗教的前提下，增进人类的基本人权和自由的尊重。

三、可持续的经济社会发展：和谐世界赋予国际法的艰巨使命

20世纪60年代以前，国际法的基本任务是为不同类型的国家建立和维系和平共处的原则、规则和制度，将经济与社会进步作为国际法的必要关注是晚近的事。首次朝着这个方向发展的标志可以追溯到第二次世界大战期间同盟国之间的一些文件。例如，1943年的《大西洋宪章》在其序言和第55条中就有关于经济进步与发展的措辞。《联合国宪章》更是用两章的篇幅（第九章和第十章）专门规定经济与社会合作。后来，联大相继通过了几个著名的决议，承认"发展是和平与正义的必由之路"。① 这些决议主要有1970年第2626（XXV）号决议，题为《第二个联合国发展十年的国际法发展战略》；1974年第六届特别联大通过的《建立新的国际经济秩序宣言》和《建立新的国际经济秩序行动纲领》；1974年第3281（XXIX）号决议，题为《各国经济权利和义务宪章》。可以说，从20世纪70年代开始，经济社会发展已经成为一个被广泛接受的国际社会政策目标，并成为国际法的新的使命。②

要促进全球经济社会可持续的协调发展，关键是解决发展中国家的发展问题。为此，从20世纪60年代初期开始，一些国际组织先后采取了一系列国际法律举措，例如，联合国系统内专门成立了贸易与发展大会，并作出决议呼吁发达国家给予发展中国家贸易实行普遍优惠制度；《关贸总协定》专门增补了第四部分，特别作出了促进欠发达国家的贸易与经济发展的优惠规定；东京回合还进一步为发展中国家的贸易发展制定了"授权条款"；乌拉圭回合各多边贸易协定为发展中国家成员都规定了相应的特殊和差别待遇，直到正在进行的多哈回合确立为"发展议程"；国际货币基金和世界银行集团为发展中国家提供优惠的财政支

---

① See General Assembly Resolution 2626 (XXV), para. 6.
② Maurice Flory, Adapting International Law to the Development of the Third World, Journal of African Law, Vol. 26, NO. 1 (Spring, 1982), p. 13.

持、优惠贷款和特别提款权；联合国千年首脑会议确定的千年发展目标及其一系列行动计划和后续措施，以及各种国际组织、发达国家和一些经济增长较快的发展中大国（如中国、印度、巴西）对发展中国家，特别是最不发达国家给予债务减免、资金援助、技术援助和能力建设支持，直至 2007 年八国首脑会议做出筹资 600 亿美元援助非洲的最新方案。

然而，影响和谐世界的南北差距不仅没有缩小，反而越来越大，广大的发展中国家在全球化进程中被边缘化的现象日益突出，几十个国家变得更为贫穷，"今天，不只十亿人——每六人中就有一人——每天仍靠不足一美元维持生计，他们面临长年的饥饿、疾病和环境危害，难以为生"。[①] 造成极端贫困的原因错综复杂，如地理条件恶劣、治理不善、政府腐败、对边缘群体的忽视、种族冲突、内部战乱，等等。但是，旧的国际经济秩序总体上没有打破，新的国际经济秩序迟迟得不到完全的建立，一直是不可忽视的根本原因。因此，和谐世界的构建必须大声疾呼在经济社会领域建立公平、合理的国际法律秩序，这种促进经济社会协调发展的法律秩序的核心就是加快完善国际发展法及其作用的发挥。

此外，从国际法的角度来看，重点应该强化各种国际体制中有关发展议题和承诺的落实。当前，尤其要加强落实《联合国千年宣言》中确立的八项"千年发展目标"，即消灭极端贫穷和饥饿、普及小学教育、促进两性平等并增强妇女的力量、降低儿童死亡率、改善产妇保健、与艾滋病毒/艾滋病、疟疾和其他疾病作斗争、确保环境的可持续能力、全球合作促进发展。在世界贸易组织中，急需注入新的活力，尤其是发达国家成员应表示出更大的诚意，扭转多哈回合停滞不前的局面，力促这一多边贸易谈判中的各项发展议程早日达成协议。在发展援助方面，除了进一步加大和加快各种单边、双边、区域和多边援助项目之外，应制定国际规则禁止和防止发展援助的政治化倾向。换言之，各种发展援助应该纯属经济社会性质，不附带任何政治条件。

人类环境的可持续性是国际经济社会协调发展的关键要素之一。然而，全球变暖、土地沙漠化、森林锐减、水土流失、植被破坏、海洋污染、大气污染等全球环境退化、生态失衡等现象，不仅正在越来越严重地威胁着当代人类的生存质量，而且对后代的福祉构成潜在的负面影响。作为一个新兴的国际法分支，国际环境法迫切需要在现有的基础上，加快跨国环境损害责任法律制度的编纂，完善各种国际环境标准，强化国际环境条约的实施和执行力度。需要特别强调的是，在环境领域的国际法律规制和合作过程中，要坚持区别责任原则，即一方面发达

---

① 联合国秘书长的报告：《大自由：实现人人共享的发展、安全和人权》，第 26 段，http://www.un.org/chinese/largerfreedom/report.html，2005 年 11 月 15 日访问。

国家应担负起更大的责任，另一方面不可要求广大的发展中国家担负超出其发展
水平和能力的责任。

四、全球民主、法治与善治：和谐世界对国际法的更高价值呼唤

全球范围内的民主、法治和善治是实现世界和谐的重要手段和途径。如果国际和国内两个层面的治理没有民主、法治和善治，就必然产生独断、专横、腐败，就必然导致社会不公、个人和共同利益的损害，甚至导致经济衰退、社会动荡、武装冲突和战争。

国际社会的民主，首先是国际关系的民主，国际政治的民主，国际决策的民主，或国际法原则、规则、规章和制度形成的民主，以及国际机制运作的民主。当代国际法面临的一项长期而又巨大的挑战是，国际法早已确立的首要原则——国家主权平等在国际政治、经济和社会事务中还远没有得到充分的体现。在联合国安理会、世界银行、国际货币基金、WTO 等国际政治、经济、贸易、金融体制中，少数大国和强国一直占据支配地位，而广大的发展中国家的话语权和影响力极其有限。因此，占绝大多数的发展中国家呼吁国际政治秩序和经济秩序的变革。而此等变革必须通过国际法律来进行、承载和保证。具体地说，应通过修改现行国际组织章程和国际会议规则，或制定新的国际议事规则来体现当今世界各种政治力量在国际决策中的广泛代表性和实际参与。

国际社会的民主还意味着组成国际社会的各个国家的国内政治民主。国际法呼唤各国社会治理的民主。这是因为："民主是一种普遍价值观，基于人民决定自己的政治、经济、社会和文化制度的自由表达意志，基于人民对其生活所有方面的全面参与"。①一些领域或自足的国际法部门规定国家负有民主治理的义务（如 WTO 对各成员在贸易规章制度方面的透明度要求、联合国两个人权公约要求各缔约国定期报告其实施情况，等等）。联合国还计划设立专门的民主基金，加强联合国应成员国的要求提供协助其推行民主原则和实践的能力。

但是，民主制度的建立与完善从根本上讲是各国国内的事项，是构建国内和谐社会的重要前提和使命，国际法不应也不宜制定统一的民主标准或所谓的最低民主标准，因为："虽然民主政体具有共同特点，但不存在唯一的民主模式，民主并不专属于任何国家或区域"。②恰恰相反，国际法应该防止和明确禁止一国

---

①② 《2005 年世界首脑会议成果》，第 135 段，http://www.un.org/chinese/summit2005/outcome.htm，2005 年 11 月 19 日访问。

利用所谓的最低民主标准或民主输出来干涉别国的内政。历史和现实充分证明：允许各国致力于适合本国国情的民主政治建设以及不同民主政治制度的和睦相处，整个世界的和谐才能从根本上得到保障。

国际社会的法治同样包含着国际和国内两个层面。必须明确的是，民主既是法治的前提，也是法治的组成要素。国际层面的法治无疑是国际法的应有之义，是国际法的"本职工作"之一。必须承认，虽然现代国际社会的法治有了长足的进步（如国际法基本原则的形成、国际强行法的兴起、对一切义务概念的产生、国际人权法的迅速发展、个人国际刑事责任制度的演进、WTO中的规则取向，等等），但是总体水平不高，而且各种国际组织中普遍缺乏权力的制衡、审查与监督机制（也许只有欧盟是一个例外）。例如，20世纪90年代联合国安理会先后通过决议成立前南刑事法庭和卢旺达刑事法庭，然而其合法性一直在一些国家、国际法学者和工作者中存有疑问，其根本原因就是联合国缺乏相应的司法审查制度。可见，国际组织和国际机制中的法治任重道远。

因此，和谐世界必然呼唤各国在国际层面全面遵守和实行法治。首先，各种国际行为体必须严格遵守《联合国宪章》的宗旨和原则以及各种现行的国际法规范，并以此建立和维护彼此间的各种关系和开展各种形式的合作。其次，各国应积极响应联合国每年开展的促进普遍参与国际条约活动。各国普遍参与多边条约是促进全球法治的直接和有效的途径。但是，仍然有许多国家没有参加一些领域的重要公约，如人权、难民、恐怖主义、大规模杀伤性武器、有组织犯罪、海洋法等等，这种情况甚至使一些重要的公约至今无法生效，[①] 直接导致相关领域至今处于无法可依的境地。最后，全球性的国际组织应借鉴欧盟治理的经验，结合本组织的实际情况，建立适当的司法审查机制，以保证各种决议的合法性，从而增强国际组织决策的公信力。

构建和维护和谐世界还必须在各个国家层面遵守和实行法治。事实证明：当今国际社会的许多非传统安全威胁（如恐怖主义、国内民族冲突、赤贫、环境退化、跨国疾病传染和跨国犯罪等）的根源之一，就是一些国家实行人治或法治有其名而无其实造成的。在全球化不断深化的时代，一个国家的法治有无或水平高低不仅直接关系到本国的发展和人民的福祉，而且还影响到整个世界及全人类的和谐发展。所以，近年来，联合国在一些冲突地区和国家除了派遣维持和平部队之外，还将冲突后的建设和平作为新的维持国际和平与安全的新举措，而帮助有关地区和国家恢复法治或建设法治是建设和平行动的重要组成部分。一些国

---

① 联合国秘书长的报告：《大自由：实现人人共享的发展、安全和人权》，第136段，http://www.un.org/chinese/largerfreedom/report.html，2005年11月15日访问。

际组织（如欧盟）还将协助法治水平的提升作为对发展中国家经济社会援助的新内容。联合国秘书处拟新设立一个法治支助股，以加强联合国促进法治的活动，包括通过技术援助和能力建设促进法治。①

国际社会的良治或善治应该是国际社会的民主和法治的必然。从这个意义上讲，检验构成全球治理的两个基本社会层面的治理（各个国家的治理和各种国际体制的治理）是否为良治，或者其良治的水平，关键是要看其是否实行民主治理，是否实行法治，以及民主和法治的纵向深度和横向宽度。如同民主和法治一样，国际法的重点应该致力于各种国际组织和机制的良治，而国内社会的良治主要是各个国家国内法的使命，国际法应该发挥其鼓励、支持和扶助作用。

五、世界文明的多样性：和谐世界对国际法的永久期待

2006 年 4 月 23 日，中国国家主席胡锦涛在沙特阿拉伯王国协商会议发表的题为《促进中东和平，建设和谐世界》的演讲中指出："建立和谐世界，必须致力于实现不同文明和谐进步"。为此，"各国应该维护世界的多样性和发展模式多样化，坚持和平对话和交流，倡导开放和兼容并蓄的文明观，使不同文明在竞争比较中取长补短，在求同存异中共同发展"。② 显然，我国所倡导的"不同文明和谐进步"有着广泛和深刻的内涵，其最根本的要素就是承认各国政治体制、社会制度、发展模式、文化传统和价值观念的多样性，并通过对话、交流与合作促进世界所有文明的进步。

当代国际社会文明的多样性首先是承认和尊重国际法主体的多元性。单就国际法的基本主体——国家而言，它们可以从不同角度划分多种类型：政治制度或意识形态意义上的资本主义国家、社会主义国家；经济体制意义上的市场经济国家、计划经济或非市场经济国家、经济转型国家；经济社会发展水平意义上的发达国家、发展中国家或欠发达国家、人口规模和版图意义上的大国、中等国家、小国、微型国家；地理特征上的沿海国家、内陆国家、群岛国家，等等。

尊重各种类型国家的主权，尊重它们平等的国际法律人格，是构建和谐世界最起码的要求，一切应对全球挑战的国际合作都必须建立这一根本的基础上。在国际法上，国家间的平等是一种主权平等，是一种国际法律地位的平等，是一种

---

① 参见《2005 年世界首脑会议成果》，第 134 段，《2005 年世界首脑会议成果》，第 134 段，http://www.un.org/chinese/summit2005/outcome.htm，2005 年 11 月 19 日访问。

② 胡锦涛：《促进中东和平，建设和谐世界》，http://www.chnanews.com.cn/news/2006/2006 - 04 - 23/8/721435.shtml.

国际人格的平等。联大 1970 年通过的第 2625（XXV）号决议明确指出："所有国家享有主权平等。它们享有平等的权利和义务，是国际社会的平等成员，不论经济、社会、政治或其他性质的差异"。对于发展中国家而言，没有发展能力的主权，是一种不完整或不充分的主权。

必须指出的是，强调国家主权平等是构建和谐世界的基础，并不意味着和谐世界不认可各国在政治、经济、文化、科技、社会和价值取向等各个领域存在的差异。实际上，现代国际法上越来越多的原则、规则、规章和机制，就是在承认国际社会成员之间存在差别的基础上而确立和完善起来的，如国际贸易关系中的特殊和差别待遇原则和普遍优惠制、国家金融领域的特别提款权以及在更广泛的经济社会领域对发展中国家实行的发展援助，等等。因此，中国主张的和谐世界所包含的"和而不同"与现代国际法所追求的多样性取向是一致的。

尊重世界文明的多样性，实际上就是承认不同类型国家差异性，从而呼唤和企盼国际法的价值取向由形式正义和公平走向实质正义和公平。现代国际法和国际体制对发展中国家，尤其是最不发达国家，在经济贸易领域制定和实施一些差别和特殊待遇，包括一些减免债务、无偿援助、无息或低息贷款等特殊举措，从根本上讲，就是为实现这种国际正义和公平的升华所作出的努力和成果。

尊重世界文明的多样性的最终目标是实现不同文明和谐进步，而尊重世界文化（表现形式）的多样性便是这一最终目标的重要内容。虽然从整体上看国际法在维护和促进世界不同文明和谐进步方面还谈不上有比较完善的原则、规则和制度，但是近年来在促进世界文化多样性方面确实取得了显著成效，其中尤以联合国教科文组织的工作最为突出。

联合国教科文组织在其《组织法》中明确规定，"订立必要之国际协定，以便于运用文字与图像促进思想之自由交流"和保护、促进"丰富的文化多样性"是该组织的宗旨。为此，该组织在文化与自然遗产、可移动之文化财产、非物质文化遗产和临时创造等四个创造多样性核心领域，通过或制定了一系列国际法律文件，主要有：《世界版权公约》（1952 年制定、1971 年修订）、《保护武装冲突情况下文化财产公约》（1954 年）及其议定书（1954 年、1999 年）、《非法进口、出口和转让文化财产所有权禁止和防止手段公约》（1970 年）、《关于保护世界文化和自然遗产公约》（1972 年）、《保护水下文化遗产公约》（2001 年）、《世界文化多样性宣言》、《保护非物质文化遗产公约》（2003 年）、《保护和促进文化表现形式多样性公约》（以下简称为《文化多样性公约》）（2005 年）。

在上述诸项条约中，《保护非物质文化遗产公约》、《保护世界文化和自然遗产公约》和《文化多样性公约》是国际法上保护世界文化多样性的三个支柱。尤其是《文化多样性公约》① 对于文化多样性的概念、性质以及保护文化多样性的目标与指导原则、范围和缔约国的权利义务作出了比较系统的规定，是目前保护和促进世界文化多样性最新的一般性法律依据。特别重要的是，继《世界文化多样性宣言》之后，《文化多样性公约》再次确认世界文化多样性是"人类共同遗产"（common heritage of humanity）。这是现代国际法继国际海底、外层空间及月球、生物多样性之后，进一步将世界文化多样性纳入人类共同（继承）财产或共有物的范畴。

公约主要适用于文化表现形式的多样性，即通过各种文化活动、文化产品和文化服务等形式表现的创造、生产、销售或传播和文化表现形式的获取与享用。其主要目的是，确认各国在其境内采取保护和促进文化表现形式多样性措施和政策的主权权利，从而对抗一些文化产业大国②在全球推行文化贸易自由化；承认文化活动、产品和服务的特殊属性，价值和用途，即"无论它们是否具有商业价值，文化活动可能以自身为目的，也可以是为文化产品与服务生产提供帮助"；加强国际合作与团结，提高各国和各地区（特别是发展中国家）文化表现形式的创建能力，包括新兴和成熟的文化产业。正是考虑到《文化多样性公约》对于我国构建和谐社会、传播中华文明、提高文化实力以及构建和谐世界等具有重要意义，中国政府在公约生效以前就正式批准了《文化多样性公约》。

六、国际法规范与机制自身的协调：和谐世界对国际法的必然要求

没有法律的社会，无从谈论该社会的和谐。但是，仅此还不够。如果一个社会的法律规范充满抵触或不成体系，它仍然无法维护该社会的和谐，因为协调发展的法律是一个社会持续和谐发展的前提和保证。不仅各国的国内社会如此，由各国组成的国际社会同样如此。

---

① 该公约于2005年10月20日在联合国教科文组织大会上通过（148票赞成，4票弃权，只有美国和以色列反对），于2007年3月18日生效。2007年3月30日，中国常驻联合国教科文组织代表团代办向该组织递交了中国批准该公约的文件。http://news.sina.com.cn/w/2005-10-21/10267228337s.shtml; http://hews.qq.com/a/20070131/001714.htm。

② 美国之所以坚决反对该公约的通过，主要是认为它可能会被缔约国用来设置贸易壁垒，从而对美国的电影和流行音乐等文化产品的出口构成障碍，http://news.sina.com.cn/w/2005-10-21/10267228337s.shtml。

中国和平发展的重大前沿国际法律问题研究

当今的国际社会总体上是和平的，国际法功不可没。如前所述，现代国际法继废止了国家战争权的合法性之后，进而禁止各国在相互关系中使用武力或以武力相威胁（除非合法的自卫和经联合国安理会授权），并确立必须以和平手段解决国际争端。为此，国际社会还建立了以联合国为核心的集体安全机制。我们不能以国际社会时有违反国际法的局部战争或武装冲突的发生，而怀疑甚至否定国际法在维系世界和平中的效力和作用，就像我们不能因为一个国家时有犯罪行为的发生而怀疑甚至否定该国刑法在构建和谐社会中的效力和作用一样。

当今国际社会确立发展是与和平相随的另一世界性的主旋律，国际法的积极推动作用同样不可忽视。虽然迄今为止发展问题仍是一个世界性的难题，并没有得到有效的解决，但是建立在国际法基础上的各种南北合作、南南合作机制一直在致力于促进广大发展中国家解决发展中面临的各种挑战，并取得了一定的成效，尽管进展是缓慢的。

然而，我们必须承认，影响世界和平与发展的各种隐患依然存在，一些新的安全威胁日益突出，发展中国家被边缘化的势头没有根本性的好转。所有这些影响和谐世界的因素和现象，与国际法的不成体系或碎片化或巴尔干化的现状不无联系。

国际法的碎片化主要但不限于表现在：（1）一般国际法中的各种自足（self-contained）或自成一类（sui generis）法律体系的形成与发展，如国际环境法、外空法、极地法、国际贸易法、国际发展法、国际金融法、国际投资法，等等；（2）国际法规范的区域化，即各种不同的区域或次区域国际法体系的繁殖，如欧洲联盟法、美洲国际法、非洲国际法、自由贸易区法、关税同盟法，等等；（3）国际法规范的专门化，即不同领域或部门国际法律机制的平行发展，海洋法、空间法、国际刑法，等等；（4）相同领域、部门或事项先后不同法律形式（或渊源）的并存，如相同国家或部分相同国家先后在诸如贸易、投资、引渡、司法协助等领域缔结不同的条约；（5）国际争端解决方法、程序和机制的多样化趋势，如联合国争端解决机制、《联合国海洋法公约》争端解决机制、WTO争端解决机制、国际投资解决机制、国际人权领域争端解决机制、区域一体化组织争端解决机制；（6）国际法越来越多地关注个人的权利和义务，如国际法人权法、国际人道法、国际刑法，等等。

已有国际法学者认为：从理论上，国际法的碎片化对于国际关系的法治既有积极的影响，也有消极的作用。一方面，国际法的碎片化似乎能激励各国更加严格地遵守国际法，因为各国更加愿意遵守能更好地体现特定地区和特定领域各国的特定政治情势的那些特殊的区域性和平解决。换言之，不成体系的国际法是可以通过各种国际力量的努力得到协调发展，从而为和谐世界的构建奠定和谐的国际法治基础。其实，国际法的制定者、执行者和国际司法裁判机构一直在通过不同的方式尽可能避免国际法规范之间的冲突，或当此等冲突不可避免时，设法得到适当的解决。

近年来，联合国国际法委员会对于国际法碎片化所做的专题研究和迄今就部分议题所得出的结论，既是现行国际法及其实践在解决国际法内部冲突的系统总结，更为促进未来国际法规则的协调发展提供了颇具可操作性的指导原则。在国际法委员会最近通过并提交联大的报告①中，如下几点具有特别重要的意义：

第一，国际法委员会梳理出解决国际法规范冲突的既有原则和做法。这些原则主要有：特别法优于一般法、自足法优于一般国际法、后法优于前法。

第二，国际法委员会确立了国际法体系中存在有一定程度的规范等级关系，并重申了一些不得违反的"上位法"。鉴于国际法及其国际社会基础的性质，国际法不可能像国内法那样在其规范之间建立系统的等级结构关系。虽然《国际法院规约》第38条分别列出了条约、习惯和一般法律原则作为国际法院适用的法律渊源和司法判决、著名公法学家学说作为其确立法律规则的辅助手段，但是并没有在这些形式渊源之间或辅助渊源之间进行等级区分。尽管如此，现代国际社会已经确认国际法的一些规则要比其他规则更重要，从而在国际法体系中享有更高的地位。这些规则通常被称为"基本的"规范，或"人类的要素"或"不得侵犯的国际法原则"。它们分别是：（1）1969年《维也纳条约法公约》确立的强行法，即国际社会整体接受和承认为不得损抑的规范；（2）《联合国宪章》第103条的规定，即联合国会员国依该宪章承担的义务高于它们依其他任何国际协定而承担的义务；（3）对一切义务（obligations erga omnes），即一国对于国际社会整体承诺的义务高于其承担的其他国际法律义务。

第三，国际法委员会确立了促进国际法协调发展的原则。该委员会在其结论报告开头的概述中就明确指出："当若干规范系于一个单独的问题时，它们应尽可能被解释为产生一套单独的相一致的义务，这是一项一般接受的原则。"该委员会在结论报告中的最后更加具体地强调："国际法规则之间的冲突应按照……协调原则（principle of harmonization）来解决。在本节提到的更高一级规范之一与国际法的另一个规范发生冲突的情况下，后者应尽可能与前者相一致的方式来

---

① See International Law Commission, Conclusions of the Work of the Study Group on the Fragmentation of International Law: Difficulties arising from the Diversification of expansion of International Law, 2006, *Yearbook of the International Law Commission*, 2006, Vol. II, Part Two.

解释。如果这不可能，该高一级的规范应该优先。"

诚然，国际法委员会在促进国际法规范协调方面所取得的上述成就仍然是初步的和部分的，尚不足以解决当代国际法实践中的诸多具体冲突问题，更何况该委员会的结论报告本身并不具有法律约束力。可以预料，随着 21 世纪国际法的多样性和纵横拓展的加快，国际法体系内新的规范冲突现象势必增多。因此，当代国际法的协调发展之路必将漫长。

七、结 论

中国提出"和谐世界"的理念、内涵和精神，与当代国际法的价值取向是一致的。甚至有国外学者认为，"传统上，国际法的首要目的是建立一种和谐的而不是平等的国际关系体制"。[1] 国际法意义上的这种国际关系体制，就是在国家与国家之间、国家与国际组织之间、国家与个人之间、个人与自然之间、国际组织之间、个人与个人之间构建与维持和谐的法律关系。这种法律关系的前提是确保国际法的基本主体——国家，不论大小、强弱，应一律平等的和平共处。如果说冷战时期，和谐世界构建的主要症结是"东西关系"，那么冷战后时代的和谐世界构建则主要是如何正确处理"南北关系"，[2] 因为南方在经济社会领域面临的各种严峻挑战不仅仅是一个全球的发展问题，而且直接关系到整个世界的安全和人权。和谐世界在很大程度上还取决于全球的善治，而全球善治的关键内容就是全球的民主和法治。就国际法而言，不仅国际层面的民主和法治建设是其当然的使命，而且同样对于当代各个国家国内的民主和法治建设应有所为、有所不为。构建和谐世界并非是天下一统，而是"和"而"不同"，这就要求当代国际法致力于尊重和促进各国不同文明的和谐进步。作为和谐世界的基础和保障，当代国际法还必须注重自身规范体系的协调发展，尽量将国际法的碎片化现象给构建和谐世界产生的负面影响降到最低程度。

一言以蔽之，和谐世界呼唤当代国际法将各国和人类共享的安全、发展、人权、民主、法治、善治和文明多样性作为其核心价值和使命予以追求、维护和促进。

---

[1] Aron Mifsud-Bonnici, The Aim of Public International Law, http://www. mifsudbonnici. com/lexnet/articles/publicint. htm.

[2] Malcolm N. Shaw, International Law, Fifth Edition, Cambridge University Press, 2003, 北京大学出版社 2005 年影印版，第 41 页。

第三节 现代国际法的人本化发展趋势[*]

一、导语

国际法，无论是被界定为"共处法"（law of co-existence），还是被描绘成"合作法"（law of co-operation），或是被认定具有"共进法"（law of co-progressiveness）趋势，[①] 其"国家间"的属性从未被怀疑过。无论是政治家还是学者，都坚信各国制定、遵守和实施国际法的根本目的是维护国家利益。然而，我们在坚持和强调国际法的本质属性的同时，不可忽视国际法所体现出的人本化迹象。其实，近代国际法就含有人本因素，甚至在古代国际法中就有萌芽。不过，人本化作为国际法的一种现象主要是第二次世界大战以后的事情。冷战结束以来，随着经济全球化的影响愈来愈大，全球化的人本化（humanizing globalization）[②] 这一新的命题被提出来，并且一直成为国际社会关注的焦点。

关于国际法的人本化，迄今尚未形成一致的定义。根据最近一位有影响的西方国际法学者的观点，它主要是指国际人道法和国际人权法的产生与发展给整个国际法发展带来的影响和变化。[③] 笔者以为，所谓国际法的人本化，主要是指国际法的理念、价值、原则、规则、规章和制度越来越注重单个人和整个人类的法律地位、各种权力和利益的确立、维护和实现。从这一初步的定义中，可以看出国际法人本化的两个基本特征。首先，人本化固然表明了现代国际法的一种状

---

[*] 本节作为子项目成果发表于《中国社会科学》2007 年第 1 期，内容略有改动和删减。

[①] Sienho Yee, Toward an International Law of Co-progressiveness. In Sienho Yee and Wang Tieya (ed.), *International Law in the Post-Cold War World—Essays in Memory of Li Haopei*, Routledge, 2001, pp. 19 – 39.

[②] Pascal Lamy, Humanising Globalisation, Speech in Santiago, Chile, January 30, 2006, http://www. wto. org/english/news_ e/sppl_ e/sppl16_ e. htm; Archbishop Diarmuid Martin, Humanizing the Global Economy, Keynote Address, Pope John Paul II Cultural Center, Washington D. C., January 28, 2002, http://www. usccb. org/sdwp/international/martin. htm; Charles Burack, Humanizing Globalization: A Report on the State of the World Forum 2000, http://www. charlesburack. com/articlehuman. htm; Pirkko Kourula, International Protection of Refugees and Sanctions: Humanizing the Blunt Instrument, *International Journal of Refugee Law*, Vol. 9, No. 2, 1997, pp. 255 – 265; Obiora Chinedu Okafor and Obijiofor Aginam (ed.), *Humanizing Our Global Order: Essays in Honour of Ivan Head*, University of Toronto Press, 2003.

[③] Theodor Meron, The Humanization of International Law, Leiden: Martinus Nijhoff Publisher, 2006. Introduction by the publisher, http://www. brill. nl/m_catalogue_sub6_id25689. htm.

态，但更重要的是预示着国际法的一种动态进程或趋势：一方面，实在国际法中已经出现大量有关确立人和人类的法律地位和各种权益的原则、规则、规章和制度；另一方面，一些新的人本化的价值观在应然国际法中悄然兴起和发展。其次，国际法的人本化从主体和对象来看，并不仅仅是指个人，而且还包括整个人类，其中个人不只是自然人，还包括法人。

二、"以个人为本"的国际法发展

（一）国际人道法——人本化最早的体现

国际人道法①可以说是现代国际法人本化的源头所在。不过在传统国际法中，国际人道法只是战争法的组成部分，甚至可以说是战争法的依附规则，并没有形成一个相对独立的国际法部门。即使是在今天，绝大多数国际法学者仍然将人道法视为战争法或武装冲突法不可分割的组成部分。② 而且，传统国际法中的人道主义规范主要是限定国际性的战争手段，即发展到后来形成的"海牙公约体系"，简称为"海牙法"。在"海牙法"的基础上，现代国际法在人道主义法领域逐步形成了保护战斗人员、伤病员和受战争或武装冲突影响的人员以及非军用财产的"日内瓦公约体系"，简称为"日内瓦法"。至此，国际人道主义法作为一个相对独立的国际法部门已基本形成。而且，人道主义法适用的场合不再局限于国际性的战争，还扩展到国际性武装冲突以及非国际性的战争或武装冲突。更为重要的发展是，由于现代国际法在国家之间禁止战争、武力或以武力相威胁，国际性的战争或武装冲突爆发的可能性大大降低，这就使得全球范围内连绵不断的国内战争或武装冲突成为现代国际人道法适用的主要场合。

同时，以"日内瓦公约体系"为核心的现代人道主义法正朝着规范具体事项的方向进一步延伸和深化。例如，经 1999 年《第二海牙公约》更新的 1954 年《文化财产公约》；1972 年《禁止细菌（生物）及毒素武器的发展生产及储存以及销毁这类武器的公约》（生物武器公约）；1972 年《禁止为军事或任何其他敌对目的使用改变环境的技术的公约》（环境战公约）；1980 年联合国制定的《禁止和限制使用某些可被认为具有过分伤害力或滥杀滥伤作用的常规武器公约》

---

① 亦称之为国际人道主义法，或人道主义法。关于国际人道法本身的人本化问题，详见 Theodor Meron, The Humanization of Humanitarian Law, *American Journal of International Law*, Vol. 94, No. 2, 2000, pp. 239 – 278。

② 据笔者观察，当今中外国际法教科书似乎都将人道法与战争法或武装冲突法捆绑在一章中编写。

（常规武器公约）及其 1996 年《第二修订议定书》，等等。正如 A. 卡塞兹教授所观察的，与 1949 年日内瓦四公约不同，这些 1949 年以后缔结的、既适用于国际武装冲突又适用于国内武装冲突的条约"尚未转变为习惯法，或在一些情况下，只有其中的一些最根本的规定已成熟为一般法，而每一条约中的多数规定仅仅规范缔约方的行为"。① 可见，国际人道法不仅在历史上是国际法体现人文因素的唯一标志，而且还是现代国际法人本化发展颇为显著的领域之一。

国际人道主义法本身越来越人本化，使得这一具有悠久历史的部门法似乎变得并不必须要与武装冲突或军事挂钩，而是越来越凸显出其人权价值的取向。② 有的学者甚至断言："人权规则和武装冲突中应遵守的规则有融为一体的趋势。"③ 国际人道法的这一最新取向得到前南法庭明确的强调。该法庭的上诉庭在审理一项案件中指出："人权学说在国际共同体中的迅猛发展和普及……给国际法带来很大的变化，突出表现在解决世界共同体面临的问题之方法上。"从而，"国家主权取向方法已经逐步被人类取向方法所替代。渐渐地，一切法律为人类利益而制定（hominum causa omne jus constitutum）的罗马法格言也在国际法共同体中根深蒂固起来。"④

国际人道法之所以能成为整个国际法人本化的领头羊，是由其自身的特点所决定的。虽然人道法同样是通过国家间条约和国际惯例而形成和发展的，但是与其他国际法部门不同，人道法不仅约束国家或其政府、军队，而且直接约束交战或武装冲突各方的战斗人员。而且，人道法所保护的对象和目的是处于特定环境或情势下的特定的人群及其财产。更重要的是，确立现代人道主义规则的条约，至少是其核心规则，不仅约束作为冲突一方的缔约国，而且也约束冲突另一方或他方的非缔约国。除了个别例外（如《联合国宪章》有关联合国非会员国义务的条款），这是其他国际条约所不具备的。⑤

（二）国际人权法——人本化最系统的体现

国际人权法的兴起与发展既是现代国际法最重要的成就之一，也是现代国际法人本化最直接和最系统的体现。国际人权法半个多世纪以来的迅速发展，主要

① Antonio Cassese, *International Law*, Oxford/New York: Oxford University Press, 2001, pp. 346 - 347.
② Ibid., p. 330.
③ I. A. Shearer, *Starke's International Law*, 11th edition, Butterworths, 1994, pp. 500 - 501, 转引自曾令良、饶戈平主编：《国际法》，法律出版社 2005 年版，第 490 页。
④ Decision of October 2, 1995, para. 97, The ICTY in Tadic Case (Decision on Interlocutory Appeal), quoted from Cassese, *International Law*, p. 330.
⑤ 参见 1949 年日内瓦四公约共同第 2 条。

是源于第二次世界大战的惨痛教训。德、意、日法西斯不仅侵犯欧洲和亚洲国家的主权和领土完整，而且制造了一系列骇人听闻的大规模人权惨案，如著名的奥斯威辛集中营就有近 400 万犹太人被害致死；在中国，日本仅在南京制造的大屠杀就剥夺了 30 多万平民和放下武器的士兵的生命。因此，从盟军的角度来看，第二次世界大战不仅仅是一场维护国家主权和领土完整的正义战争，更是一场捍卫人权的正义战争。随着战争的结束，国际社会普遍认识到："在国际上承认和保护人权，不但与国际法的目标的进步概念相符合，而且是与国际和平的基本需要相符合的。"①

从《联合国宪章》② 开始，国际人权法作为国际法人本化的首要标志，成为发展最为迅速的国际法新部门。首先，国际人权法律编纂成果显著。经过 60 余年的努力，在全球和区域两个层面，由一系列综合性人权条约和专门性人权条约组成的国际人权条约体系已基本形成。其次，国际人权组织和国际组织中专门性人权机构应运而生，作用日益增强。例如，最近联合国大会通过决议成立专门的人权理事会来取代目前在经济与社会理事会中设立的人权委员会。③ 这一人权机构级别的提升预示着人权保护将在联合国的活动中占据比过去更为重要的地位。最后，国际人权条约的报告与监督制度不断完善。例如，在联合国系统内，经社理事会设立的关于审查有关指控大规模侵犯人权和基本自由的来文的"1503 号程序"和"1235 号程序"，即来文审查程序，④ 以及对所有国家的人权状况开展调查的程序；经联大第 48/141 号决议设立的联合国人权事务高级专员对联合国人权条约以及对人权条约以外人权事项实施的监督。此外，绝大多数国际人权条约都设立了实施机构，受理和审议缔约国的人权报告、国家之间的控告、个人或团体的来文，以及开展相关的人权调查活动。在一些区域，甚至建立了专门的人权法院，如根据《欧洲人权公约》而建立的欧洲人权法院、根据《美洲人权公约》而设立的美洲国家间人权法院，根据《非洲人权和民族权宪章》而设立的非洲人权和民族权法院。

---

① 詹宁斯、瓦茨修订，王铁崖等译：《奥本海国际法》第一卷第二分册，中国大百科全书出版社1995 年版，第 357 页。

② 《联合国宪章》的序言一开始就"重申基本人权、人格尊严与价值，以及男女与大小各国平等权利之信念"，而且联合国的第二项和第三项宗旨都明确地提及"尊重人民平等权利及自决原则"和"不分种族、性别、语言或宗教，增进并激励对于全体人类之人权及基本自由之尊重"。

③ 新华网联合国 2006 年 3 月 15 日电，第 60 届联合国大会通过一项决议，决定设立人权理事会。人权理事会是联大的下属机构。在选举人权理事会成员时，联大应考虑候选国在促进和保护人权领域所作出的贡献。此外，经三分之二成员国同意，联大可以中止严重违反人权国家的人权理事会成员国资格。

④ 这两个程序是联合国处理个人或团体有关指控大规模侵犯人权和基本自由的来文的程序。它们的名称从规定该程序的经社会理事会有关决议的编号而来。参见徐显明主编：《国际人权法》，法律出版社2004 年版，第 117～119 页。

近几年，在国际人权保护方面，一种新的更高层次的国际共识正在形成，即将基本人权与民主和法治并列在一起作为国际法的核心价值，并强调人权与发展、和平与安全的关联性。例如《联合国千年宣言》明确宣示："将不遗余力，促进民主和加强法治，并尊重一切国际公认的人权和基本自由，包括发展权。"[①]联合国《2005 年首脑会议成果》强调"和平与安全、发展与人权是联合国系统的支柱"，特别指出"国家和国际的良治与法治"的重要性，并进一步"重申所有人权的普遍性、不可分割性、互相依存性及相互关联性"。在 2006 年第 60 届联大会议上，通过了两个关于基本人权与自由的决议：一个是《关于个人、群体和社会机构在促进和保护普遍公认的人权和基本自由方面的权利和责任宣言》；[②] 另一个是《严重违反国际人权法和严重违反国际人道主义法行为受害人获得补救和赔偿的权利基本原则和导则》。[③] 尽管这两个联大决议并不具有法律约束力，但是它们标志着基本人权和自由国际法律保护的最新的动向：（1）特别强调国家之外的个人、群体和社会机构的权利和责任；（2）不仅确认受害人享有获得补救和赔偿的权利，而且为这种补救和赔偿确立了系统的指导原则。

国际人权法的迅速兴起和发展，在很多方面（如国际法主体、国际承认、习惯法、条约法、国际法遵守的国际监督、国际法的执行、国际刑事司法、上述人道主义法或战争法，[④] 等等）促进着整个国际法领域的人本化。

首先，人权规则对于新国家和新政府承认的理论与实践产生重要影响，特别是后冷战时代。例如，1965 年 11 月联合国安理会先后通过第 216 号和第 217 号决议，呼吁所有国家对于南罗得西亚违反民族自决而单方面宣布独立不予以承认。又如，苏联解体和东欧剧变之后，欧共体成员国立即通过一项《东欧和前苏联新国家承认准则》，其中特别将"遵守法制、民主和人权"作为正式承认的首要条件；对于从前南斯拉夫分解出的新国家的承认，欧共体甚至成立专门的仲裁委员会（Arbitration Commission）具体评估拟成立的新国家是否符合上述准则。可见，遵守人权，特别是基本人权，正在成为承认新国家和新政府的一个新的要素。[⑤]

其次，人权法的这些核心规则成为强行法的重要内容并促使国际法增强了强制力和扩大了适用范围。1969 年《维也纳条约法公约》规定的强行法概念使国

---

① 《联合国千年宣言》，第 24 段，http://www.un.org/chinese/ga/55/res/a55r2.htm.

② A/RES/60/161. 诚然，这一新决议的内容是重申 1998 年 12 月 9 日联大通过的《关于个人、群体和社会机构在促进和保护普遍公认的人权和基本自由方面的权利和义务宣言》。

③ A/RES/60/147.

④ Antonio Cassese, *International Law*, p. 372.

⑤ See *European Journal of International Law*（EJIL），Vol. 4，1993，pp. 74 – 77；also Antonio Cassese, *International Law*, p. 50.

际法规范之间等级关系得以确认。虽然到底哪些国际法规范属于强行法，迄今仍然需要经过国际社会整体的确认（在实践中，这种确认仍然依赖于国际惯例和国际条约以及国际裁判机关的裁决），但是民族自决和禁止灭绝种族、种族歧视、种族隔离以及禁止酷刑等人权规则无疑是国际社会公认的强行法。这些具有强行法性质的人权规则的一个直接效果，就是在具体案件中，当事人可以直接请求当事法院裁决有关条约（或其特定条款）因违反此等强行法规范为无效。近年来的国际司法实践还表明，属于强行法的人权规则可以直接在国内法层面产生法律效力，即此等规则可以使任何授权国际法所禁止行为的国内立法或行政法规"去合法化"（de-legitimize）。其结果是，国内措施（包括给予被禁止行为始作俑者大赦的国内法）不可以获取国际法律承认或不可与其他国家相对抗。① 前南法庭还进一步裁定，在国际或国内司法机关具有起诉资格的受害人可以请求当事法院裁决有关违反禁止种族灭绝的国内措施在国际上为非法，或者可以在外国法院提出民事赔偿诉讼，而该外国法院可以无视有关国内授权法规的法律价值。② 根据前南法庭前任院长卡塞兹教授的调查研究，瑞士、西班牙、比利时等国家的政府或法院也持同样立场。③

（三）外交保护法——人本化进一步加强的新迹象

在经济全球化的时代，不仅国家之间的政治、军事、经济、文化、教育、科技等领域的交流与合作比过去任何时候都要频繁和复杂，跨国间的各种民间交往与合作也比过去任何时候都要活跃和多元化。国际社会的这一发展趋势直接给外交法这一国际法的古老部门带来新的挑战，即外交职能重心的调整问题。具体说来，各国的外交代表机构，尤其是驻外代表机构在代表和保护本国国家利益的同时，保护本国自然人和法人在国外的权益的任务势必日趋繁重，且越来越重要。这势必使得外交法，特别是外交保护法在其固有的人本特征的基础上，更加人本化。目前，联合国国际法委员会起草并通过的《外交保护条文草案》（以下简称《草案》）似乎已经反映出这一发展态势。

首先，《草案》确定的外交保护范围或对象十分广泛。虽然《草案》第 1 条在给外交保护下定义时指的是"一国针对其国民"，但是纵观整个《草案》就不难发现：这里所指"国民"不仅仅是具有外交保护国之国籍的自然人，还包括法人；更重要的是，还包括难民、无国籍人和多重国籍的人，尽管每一类保护对

---

① See *Furundzija Case*, Judgment of the ICTY, December 10, 1998, pp. 154 – 157.

② Ibid., p. 155.

③ Antonio Cassese, *International Law*, p. 145.

象的外交保护条件不尽相同。为此，我们应邀向外交部条约和法律司提交的咨询意见中，建议对《草案》第 1 条的定义进行修改，或者将"国民"的用语另作注释，或直接将《草案》所涉及的外交保护对象在定义中进行列举式规定。

其次，《草案》第 6 条和第 7 条规定双重或多重国籍国民的任何一个国籍国可以针对非国籍为该国民单独或共同行使外交保护。这一规定，一方面从国际法的角度认可了双重国籍和多重国籍的合法性，至少在外交保护领域；另一方面进一步体现了外交保护法"以人为本"的理念。在此，我们必然要联想到中国现行国籍法的规定及其实践。因为中国现行的国籍法确立了不承认双重国籍和多重国籍原则，这显然与《草案》的立法精神和原则发生抵触，同时似乎也不利于中国利用外交保护权维护中国在国外侨民的合法权益。

再次，虽然《草案》中的"法人"概念主要是指"公司"，但是同时也规定可以"酌情适用于其他法人的外交保护"（第 13 条）。这里所指的"其他法人"包括公司、公营企业、大学、学校、基金会、教会、市政当局、非营利团体、非政府组织，等等。如此广泛的范围再次显示了《草案》在法人的外交保护方面蕴涵的人本考虑。但是，根据《草案》第 13 条评注（4）进一步的诠释，"由国家出资并最终由国家控制的大学将不具有获得外交保护的资格。但私立大学有资格获得外交保护"。显然，这一诠释在外交保护资格方面将公立大学与私立大学进行区分，无疑是歧视公立大学。这对于中国极为不利，应该据理力争，在《草案》的进一步修订中删除这一歧视性的解释。

最后，根据《草案》第 17 条的规定，国家、自然人或法人可以诉诸"外交保护以外的行动或程序"来为有关损害获取补偿。在该条的评注中，一些全球的和区域的人权公约属于"外交保护以外的行动或程序"的依据，一国甚至可以依照这些人权公约在"国家间诉讼中针对受害人国籍国或第三国保护非本国国民"（评注（2））。国际法委员会有的委员甚至认为，"按照人权条约所寻求的救济属于特殊法（lex specialis），优于按照外交保护所寻求的救济"（评注（7））。可以说，这些诠释超出了国家在外交保护领域的现行实践，这种将人权保护与外交保护挂钩的做法无疑是将外交保护的人本化推向一个新的高度。当然，其合理性是值得商榷的，因为人权条约只能约束有关的缔约国，不能约束非缔约国，除非这些条约含有强行法规则；即便如此，那也只能是条约中的具体规则，而不是整个条约。而且，在国际社会成员对于有关人权条约的地位和重要性还存在认识上的重大分歧的情况下，《草案》将人权与外交保护挂钩，恐怕最终难以获得多数国家的同意。

（四）引渡法——人本化的新考虑

国际人权的发展，尤其是人权领域的强行规则的确立，给国际引渡条约和实践注入了人本化的考虑因素。在这一领域，最典型的例子就是一些国际条约明确规定的不引渡可能遭受酷刑之罪犯的原则。例如，联大1984年通过并于1987年生效的《禁止酷刑和其他残忍、不人道或有辱人格的待遇或处罚公约》（简称《禁止酷刑公约》）第3条第1款规定"如果有充分理由相信任何人在另一国将有遭受酷刑的危险，任何缔约国不得将该人驱逐、遣返或引渡至该国"。当然，这里的"充分理由"是关键。为此，该条第2款紧接着规定："为了确定这种理由是否存在，有关当局应考虑到所有有关的因素，包括在适当情况下，考虑到在有关国家境内是否存在一贯严重、公然、大规模侵犯人权的情况"。可见，一个国家已有的人权纪录或形象在具体引渡实践中尤其重要。1990年12月联大通过的《引渡示范条约》第3条在规定拒绝引渡的强制性理由时，明确地将如下情况列入其中，即"被要求引渡者在请求国内曾受到或将会受到酷刑或其他残忍、不人道或有辱人格的待遇或处罚"，甚至还将"没有得到或不会得到《公民权利和政治权利国际盟约》第14条所载的刑事诉讼中的最低限度保障"包括在强制性拒绝引渡的理由之中。

一些国际、国内司法机关的裁决还表明，不引渡潜在遭受酷刑或不人道待遇之罪犯，不仅是一些重要（引渡）条约的规则，而且还被国际社会广泛接受的一项国际法规则，[1] 或者是禁止酷刑或非人道或有辱人格的待遇或处罚这项国际法一般原则的具体体现。因此，即使有关引渡条约没有规定这个规则，或者有关请求引渡国不是载有此等"国际法一般原则"之条约的缔约国，被请求国仍然可以此拒绝引渡。[2]

值得进一步关注的是国际法研究院（Institute of International Law）甚至将上述拒绝引渡的理由扩展到包括种族、宗教迫害在内的整个基本人权的侵犯。该研究院1983年9月1日通过的一项名为《引渡新问题》（New Problems of Extradition）的决议中指出，"在有充分证据担心在请求国领土内的被告的基本权利将遭到侵害的情况下，引渡可以被拒绝，无论是谁请求引渡该个人，也不论其所犯罪行的性质。"[3]

还有一个不可忽略的趋势是，引渡领域正在形成死刑犯不引渡原则这一人本化现象。虽然死刑犯不引渡是否已经被确立为一项国际法规则在国际法学者中尚存在争议，但是事实表明：它已经不仅仅是一种应然国际法规则，而且还是一项

---

① ICTY judgements in Delalic et al. , 16 November 1998, pp. 455 - 474；Furendzija, 2 September 1998, p. 257；Kunarac et al. , 22 February 2001, pp. 483 - 497.

② Bufano et al. , Judgement of Swiss Supreme Court of November 3, 1982, in *Arréts du Tribunal Fédéral Suisse*, *Recueil Officiel*, Vol. 108, I, pp. 408 - 413, quoted from Antonio Cassese, *International Law*, pp. 144 - 147.

③ Antonio Cassese, *International Law*, Chapter 6, note 88, p. 429.

实在国际法规则，至少是在部分地区或国家。例如，欧洲人权法院在著名的"索林格诉英国"一案中裁决，如果英国应美国请求将索林格引渡到美国，它将违反《欧洲人权公约》，因为：该公约禁止死刑的规定不仅适用于作为缔约国的英国，而且其管辖效力还及于非缔约国的行为，而作为非缔约国的美国仍然实行死刑法律。[①] 在一些废除死刑的国家中（如瑞士、德国、意大利、荷兰、爱尔兰等国），死刑犯不引渡是一种拒绝引渡的强制性理由。即使是一些尚未废除死刑的国家（如美国、泰国等），它们大都在有关的引渡条约中明确规定死刑犯不引渡原则。上述联合国大会通过的《引渡示范法》（第 45/116 号决议）第 4（4）条明确地将不引渡死刑犯列为拒绝引渡的任择性理由。

如果说政治犯不引渡和本国国民不引渡原则的确立主要是出于尊重国家主权和国家利益的考虑，而死刑犯不引渡原则的确立则旨在与人权的国际保护挂起钩来。有些国家在确立或适用死刑犯不引渡条款时通常援引有关人权公约关于"对任何人均不得施以酷刑或残忍的、不人道的或侮辱性的待遇或刑罚"的规定作为依据。[②] 可见，尽管这些人权公约并没有明确规定废除或禁止死刑，但是仍然有一些国家在引渡实践中显然将上述表述解释为包括禁止死刑。在国际组织中，联合国大会于 1989 年通过的《公民权利和政治权利国际公约》第二号任择性附加议定书，呼吁各国努力限制或废除死刑。欧洲委员会在这一方面表现得最为积极。它在 1983 年通过的《欧洲人权公约》第六号附加议定书中要求各缔约国废除死刑；在此基础上，又于 2002 年通过了关于在所有情况下一律禁止死刑的第 13 号附加议定书（2003 年正式生效）。新近签署的《欧洲宪法条约》第 II - 62 条明文规定禁止死刑。可以预见，随着越来越多的国家、国际组织、国际条约承认和接受禁止或废除死刑，死刑犯不引渡成为一项实在国际法规则为时不远，甚至在不远的将来还会成为一项强制性拒绝引渡的理由。

最后，需要引起中国重视的是，死刑犯不予引渡的趋势对于中国是一个严峻的挑战。由于中国刑法还没有废除死刑（而且死刑的适用范围还比较大），而畏罪潜逃到外国的中国罪犯中有相当一部分如果被引渡回国受审，按照中国有关法律规定很有可能判处死刑，这就给中国与那些不引渡死刑犯的国家谈判引渡条约和引渡事宜带来障碍。近些年来，中国在双边引渡条约的谈判中对"死刑犯不引渡"原则的基本做法是，尽量避免在条文中做出明确规定，而主要采用如下变通方式：（1）在正文中使用较为笼统的措辞，避免直接表述（即默认方式）；

---

① *Soreing v. UK*（1989）11 ECHR 439, also in Martin Dixon & Robert McCorquodale（eds.），*Cases & Materials on International Law*, Oxford University Press, 2003, p. 288.

② 参见《公民权利和政治权利国际盟约》第 7 条、《禁止酷刑和其他残忍、不人道或有辱人格的待遇或处罚公约》第 3 条、《欧洲人权公约》第 3 条和《美洲人权公约》第 5 条。

（2）在正文中不作规定，而在会谈纪要中做出说明；（3）在正文中作笼统规定，同时也在会谈纪要中附加说明。[1] 但是，这些变通做法在实际谈判中往往步履维艰，能接受的国家相对有限，自中国 2000 年颁布《引渡法》以来，迄今与中国达成双边引渡协议的国家还不足 30 个。因此，如何既能及时、有效地将逃往国外的罪犯缉拿归案并绳之以法，同时又适应国际引渡立法与实践的新趋势，是中国和平发展进程中急需研究和解决的重要问题。

（五）知识产权与公共健康权的国际保护——人本化的新动向

近年来，国际法人本化的另一个重要的新动向是将人权保护与知识产权保护联系起来。随着全球交通运输的便利，跨国传染病（艾滋病/艾滋病毒、呼吸传染、疟疾、结核病、禽流感等）的蔓延正在越来越严重地危害人的生命安全和健康，尤其是引起一些发展中国家特别是最不发达国家的公共健康危机。于是，如何更有效地开展跨国疾病控制的国际合作，已经成为国际法面临的一种新的挑战。造成全球公共健康危机的因素固然是多方面的，但是其中一个重要的原因是发展中国家的民众购买不起一些必需的基础药品。基础药品价格的居高不下又与高水平的知识产权保护密切相关。在以前，国际知识产权法基本上没有涉及医药产品和方法的专利授予规定。在国际知识产权保护水平相对较低的情况下，发展中国家可以采取自己制造或进口仿制药品的办法为本国民众提供廉价的药品。自WTO 的《与贸易有关的知识产权协定》（简称"TRIPS 协定"）将知识产权保护的范围扩展到所有技术领域的发明以来，受专利保护的药品价格大幅度飙升，这就造成广大的发展中国家的传染病患者难以获得急需的治疗药品。在广大发展中国家的不懈努力下，WTO 多哈部长会议专门通过《TRIPS 协定与公共健康多哈宣言》（简称《多哈健康宣言》）。该宣言明确承认 WTO 成员政府为保护公共健康而采取特殊措施的主权权利，并具体规定了为保护公共健康而对抗知识产权专有权利的所谓"弹性条款"，其核心是各政府成员有权不经专利持有人的同意而实施强制许可措施。[2]

为了将《多哈健康宣言》的"弹性条款"付诸实施，WTO 总理事会于 2003年 8 月 30 日通过《实施多哈宣言第六段关于 TRIPS 协定与公共健康的决定》。这一决定从法律上豁免 WTO 成员依照 TRIPS 协定第 31（f）条的义务。依照该条款，各成员依照强制许可生产的药品必须主要用于国内市场。该决定还规定，

---

[1]　参见黄风：《中国引渡制度研究》，中国政法大学出版社 1997 年版，第 109～112 页。

[2]　参见冯洁菡：《全球公共健康危机与〈TRIPS 协议和公共健康多哈宣言〉》，载曾令良主编：《21世纪初的国际法与中国》，武汉大学出版社 2005 年版，第 198～215 页。

这一豁免将在该条款被修订以前一直有效。① 2005 年 12 月 6 日，总理事会通过了《TRIPS 协定修订决定》，从而使 2003 年的豁免决定通过有关条文的修订在法律上取得长久的地位。②

综上阐述，一方面，国际知识产权法的形成与发展本身就是以私人或个人为取向的国际法人本化的一种表现；另一方面，公共健康权更是人权保护的组成部分，将公共健康保护纳入国际法的范畴则是以公众或集体为取向的国际法人本化的体现。值得重视的是，WTO 中的 TRIPS 协定与公共健康关系的变革表明：在国际法上，当知识产权与公共健康权之间发生抵触时，后者优先。由此可以进一步推定：在作为单个人权的知识产权与作为集体人权的公共健康权发生抵触的情况下，集体人权似乎优于单个人权或公众权利优于私人权利。

（六）核心劳工标准与贸易自由化挂钩——人本化的新挑战

现代国际法人本化的另一个颇有争议的动向是将"核心劳动标准"或"社会条款"③ 与全球贸易自由化挂钩。半个多世纪以来，国际社会两者挂钩的努力一直没有间断。WTO 成立以后，有关这个问题的争论此起彼伏。主张将劳工标准甚至人权纳入多边贸易体制的人士认为，这是一种双赢的举措：一方面，有利于保证多边贸易体制所推动的贸易自由化在公平贸易原则的轨道上行进（尤其是在产品的劳动成本方面）；另一方面，可以利用多边贸易体制促进国际人权法（尤其是核心劳工标准）的实施。而且，"当 WTO 卷入知识产权之时开始，它已经打开了潘多拉盒子（Pandora's box）。如果知识产权对 WTO 而言是一个合适的主题，为什么劳工权利或人权就不可以呢？"④ 近年来，还有相当一部分人支持将两者挂钩是为了呼吁 WTO 的"宪法化"（constitutionalization），认为这有助于克服现行 WTO 的民主缺陷。⑤

发展中国家一般都反对将劳工标准或人权纳入 WTO，还有相当一部分人士也加入到反对的行列之中，尽管反对的理由各不相同。的确，WTO 的当务之急

---

① http://www.wto.org/english/news_e/pres03_e/pr350_e.htm。

② http://www.wto.org/english/news_e/pres05_e/pr426_e.htm。

③ 系指国际劳工组织在其制定的一系列有关劳工公约的基础上所确认的最基本的劳工标准，主要包括：（1）结社自由和集体谈判权；（2）消除一切形式的强迫劳动或强制劳动；（3）废除童工；（4）消除就业和职业歧视。根据《国际劳工组织关于工作中基本原则和权利宣言》，国际劳工组织的成员国都有义务真诚地尊重、促进和实现这些核心劳工标准，即使还不是有关劳工公约的缔约国。参见李雪平：《WTO与劳工权益保护》，载曾令良主编：《21 世纪初的国际法与中国》，武汉大学出版社 2005 年版，第 286 页。

④ Quoted in Stiglitz, A Fair deal for the World: A Review of George Soros' *On Globalization*, *New York Review of Books*, May 23, 2002, at www.nybooks.com/aritcles/15403.

⑤ Philip Alston, Resisting the Merger and Acquisition of Human Rights by Trade Law: A Reply to Petersmann, p. 818. *European Journal of International Law*, Vol. 13, No. 4, 2002.

并不是其管辖领域的拓展，而是应致力于现行各多边贸易协定的实施问题，尤其是现行各协定实施中的发展问题。而且 WTO 是一个多边贸易体制，应把握自己的定位，"管好自己的事"，至于劳工标准，现行的国际劳工组织是最适合的平台；至于更广泛的人权保护，在全球和区域层面已经有大量的国际人权机构在发挥各自的作用，无需 WTO 介入。此外还有一种担忧：一旦将人权纳入多边贸易体制，就有可能"使人权从人类尊严的基础中分离，而主要被视为是实现各种经济政策目标的工具性手段。个人将可能成为人权的客体，而不是人权的持有者"。①

虽然在 WTO 中迄今没有达成一个与核心劳工标准有关的贸易协定（类似于TRIPS 协定和 TRIMs 协定），但是现行的 WTO 法律中已经包含与社会条款相关的内容或人本化的规定。例如，1994 年 GATT 第 20 条第 5 款关于监狱产品作为"一般例外"的规定。尽管当初制定这个条款的初衷也许只是出于经济的考虑，即保证公平贸易原则不因监狱产品的人为低成本而受到损害。但是，这一条款本身无疑具有保护特定人群之人权的含义，从而具有人本化的实际效果。

WTO 首次对核心劳工标准问题直接表明其官方立场是 1996 年的《新加坡部长宣言》。宣言承诺："遵守国际公认的核心劳工标准，国际劳工组织是确立和处理这些标准的权威机构，我们确认我们支持其促进这些标准的工作。我们相信，通过进一步的贸易自由化而促进经济增长和发展有助于这些标准的完善。我们拒绝将劳工标准作为保护主义的目的，有比较优势的国家，尤其是低工资的发展中国家，绝对不赞成这样做。"2001 年的《多哈部长宣言》"重申新加坡部长会议关于国际公认的劳工标准问题的宣言"，并"注意到国际劳工组织正在从事关于全球化的社会问题的工作"。2005 年的《香港部长宣言》没有明确提及这一问题。

我们从上述分析中可以得出如下几点基本认识：首先，WTO 及其各成员都明确认可核心劳工标准是国际公认的社会条款，必须予以遵守并促进其实现。其次，国际劳工组织是确立、实施和监督核心劳工标准的最适宜的权威机构，而WTO 则不适合担当此任。再次，WTO 通过推进全球贸易自由，在带动世界经济发展的同时，还促进着核心劳工标准的实施和完善。最后，要防止和反对国家以维护核心劳工标准为借口，实行贸易保护主义，为发展中国家，特别是最不发达国家的产品进口设置额外障碍。

---

① Philip Alston, Resisting the Merger and Acquisition of Human Rights by Trade Law: A Reply to Petersmann, p. 843. *European Journal of International Law*, Vol. 13, No. 4, 2002.

三、"以人类为本"的国际法发展

国际法"以人类为本"的新命题，是指现代国际法的有关原则、规则、规章和制度的建立与实施，主要不是为了国家利益或单个人的权益，而是以维护或推进全人类的共同利益为其最高宗旨。在一些情况下，国际法所确立和维护的全人类共同利益与国家利益和个人权益是一致的；在另一些情况下，国家利益和个人权益与全人类共同利益之间不尽相同，甚至存在着冲突。正是这些利益上的不同和冲突，使得现代国际法确立"以人类为本"的新命题变得必要。

现代国际法确立"以人类为本"的原则和制度的时间并不长，但发展十分迅速。迄今为止，国际法不仅在一些传统的国际法部门或制度中注入了"以人类为本"的新成分，如海洋法中的国际海底制度、普遍性管辖范围的扩展；而且创建了一些新的"以人类为本"的国际法制度和部门，如最严重国际罪行的确立与惩处制度、外层空间法、极地法、国际环境法，等等。

（一）普遍性管辖范围的扩展和最严重国际罪行的确立与惩处

受时代、认识、交通、技术等主观和客观因素的制约，以维持国家间共处为基本任务的传统国际法，不仅忽视个人权益的保护，更没有人类共同利益的理念。虽然传统习惯国际法和有关条约已开始确认国家的普遍性管辖原则，但是仅限于对在公海上谋财害命的海盗的惩处。具有历史意义的是，尽管具体的海盗行为所针对的是特定国家或个人，国际法将海盗列为国家普遍性管辖的对象，显然是将其作为一种人类公害或严重的国际犯罪而予以考虑的。从这个意义上讲，传统国际法的普遍性管辖原则已经含有"以人类为本"的因素。

人类社会进入现代以来，伴随着科学技术的不断进步和交通运输的日益便利，传统的国际犯罪（如海盗、贩卖奴隶等）越来越猖獗，对国际社会的危害越来越大；同时，一些新兴的更为严重的国际罪行不断出现（如空中劫持、国际恐怖主义、毒品走私等）。最为严重的是，一些借助国家权力而实施的国际犯罪（如战争罪、违反人道罪、违反人类罪、种族灭绝罪等）给人类造成大规模的灾难。为此，现代国际法一方面逐步对这些新兴的国际罪行予以确立，并纳入各国的普遍性管辖范畴，另一方面通过建立专门的国际军事和刑事审判机构直接惩处那些最严重的国际罪行，以作为各国普遍性管辖权的补充。

国际军事和刑事法庭的设立经历了近百年的发展。最早的尝试是第一次世界大战后的《凡尔赛和约》，它是国际社会第一次通过公约规定设立专门的国际法庭，审判德国皇帝威廉二世犯下的发动世界大战的严重罪行。该和约还规定对战争的执行者追究刑事责任。尽管这些规定并没有付诸实施（当时荷兰以政治犯不引渡为由拒绝引渡逃到该国的威廉二世），① 但是和约这些规定本身在国际法发展史上具有深远的意义。这意味着：（1）在国际法上，将不再只是普通的个人要承担刑事责任，掌控国家、政府和军队权力的高级官员，甚至国家元首、政府首脑和军队总司令都有可能承担国际刑事责任；（2）尽管当时国际法上还没有完全禁止国家的战争权，但是如果一国违反有关条约义务发动侵略战争，其军政最高领导人有可能被认定为犯有严重的国际罪行而承担国际刑事责任；（3）个人的国际刑事责任不仅可以通过各国的普遍性管辖来予以追究，而且还有可能成立专门的国际法庭来行使审判管辖权。

这些可能性在第二次世界大战结束之后很快得以实现。同盟国根据战争后期形成的共识，先后成立欧洲国际军事法庭和远东国际军事法庭，分别对法西斯德国和日本的主要战犯进行审判和惩处。至此，反和平罪、战争罪和反人道罪作为最严重的国际罪行在国际法上得以确立。紧接着，联合国 1948 年通过的《防止和惩治灭绝种族罪公约》确立灭绝种族为最严重的国际罪行，并可以通过国际刑事法庭予以审判。② 从此，设立临时的国际军事或刑事法庭审判犯下最严重国际罪行的人，而不论罪犯身份、地位，不仅仅是在国际法上有合法的依据，而且变成现实。但是，纽伦堡国际军事法庭和东京国际军事法庭的审判是以战犯为对象的，于是有人认为：这是一种战胜国对战败国的审判，从而是一种"胜利者的正义"（victors' justice）。③

20 世纪 90 年代初、中期设立的前南国际刑事法庭和卢旺达国际刑事法庭，可以说完全避开了"胜利者的正义"之嫌疑，因为它们是通过联合国安理会的有关决议而设立的，而且审判的范围是在两国国内战争与武装冲突中犯有严重违反国际人道法的个人。这两个国际刑事法庭的设立意味着：受到国际法庭审判的最严重的国际罪行不再仅仅是指发生于国际间的战争或武装冲突，而且还包括发生于一国的国内战争和武装冲突。但是，这种国际法庭具有明显的局限性。它们都是临时设立的，其管辖有明确的时间和地点的限定：只对特定地方和特定时期发生的最严重的国际罪行行使审判和惩处管辖权。于是有人认为这种临时性的国

---

① 邵沙平：《国际法上的个人刑事责任》，载曾令良、饶戈平主编：《国际法》，法律出版社 2005 年版，第 419 页。

② 该公约第 6 条规定："凡被诉犯有灭绝种族罪……者，应由行为发生地国家的主管法院，或缔约国接受其管辖权的国际刑事法庭审理之。"

③ 参见曾令良：《〈国际刑事法院规约〉与国际法的发展》，原载《中国社会科学》1999 年第 2 期，略有修改后载于邵沙平、余敏友主编：《国际法问题专论》，武汉大学出版社 2002 年版，第 226 页。

际刑事法庭实际上是一种"选择性的正义"（selective justice）。[①]

要从根本上克服临时国际法庭的"胜利者的正义"或"选择性的正义"之缺陷，就必须建立常设的国际刑事审判机构。实际上，联合国大会 1948 年通过《防止和惩治灭绝种族罪行公约》的同时，就责成国际法委员会着手研究建立常设国际刑事法院的可能性。由于受冷战格局的影响，这一工作直到 20 世纪 90 年代初才有实质性的进展。1998 年 7 月联合国在罗马召开外交会议，正式通过《国际刑事法院规约》。该规约于 2002 年 7 月 1 日正式生效，即宣告常设国际刑事法院正式设立。根据该规约的规定，灭绝种族罪、危害人类罪、战争罪和侵略罪被明确规定为最严重的国际罪行，国际刑事法院作为各缔约国刑事管辖的补充，对这四种罪行享有管辖权。[②]尽管该规约存在一些缺陷，而且国际刑事法院的实际作用还取决于规约缔约国的真诚合作，但是这一常设国际刑事审判机构的建立无疑标志着现代国际法的一个突破性的发展。突破的意义不仅是填补了国际司法机关及其管辖权的空白[③]，更重要的是，展示着国际社会保护人类核心价值所取得的新成就，并昭示着现代国际法正朝着"以人类为本"这一更高目标攀登。

（二）国家主权管辖以外区域的全人类利益

在传统国际法中，国家主权管辖以外的区域或称"国际区域"，一般视为"无主土地"，各国可以通过"先占"和"有效统治"据为己有，或者可以自由地从事各种活动。随着现代科学技术的进步，国际区域被发现具有巨大的利用价值，它们或者具有丰富的资源，或者具有广泛的科学研究用途。各国为了自身的国家利益，纷纷提出对其有利的主张。一些发达国家更是利用其经济、军事和科技的绝对优势加紧开展对国际区域的研究、勘探、开发和利用等活动。这引起广大的发展中国家的不满和反对。于是，科学、公平、公正地确立国际海底、外层空间、月球以及其他天体等国际区域的法律地位并建立相应的国际法律制度，被提上日程。

经过国际社会近半个世纪的不懈努力，绝大多数国际区域的法律地位已经通过国际组织的决议和国际条约得以确立，有的国际区域甚至已经建立了比较系统的国际法律制度。虽然不同的国际区域的法律地位不尽一致，有的国际区域法律

---

① 参见曾令良：《〈国际刑事法院规约〉与国际法的发展》，载邵沙平、余敏友主编：《国际法问题专论》，武汉大学出版社 2002 年版，第 226 页。

② 由于国际刑事法院尚未对侵略罪作出界定，迄今其管辖权只及于灭绝种族罪、危害人类罪和战争罪，参见邵沙平：《国际法上的普遍管辖权》，载曾令良、余敏友主编：《全球化时代的国籍法——基础、结构与挑战》，武汉大学出版社 2005 年版，第 128 页。

③ 参见曾令良：《〈国际刑事法院规约〉与国际法的发展》，载邵沙平、余敏友主编：《国际法问题专论》，武汉大学出版社 2002 年版，第 225 ~ 227 页。

制度还不够完善，有的缺乏实际可操作性，甚至有的法律制度本身还存有争议，但是它们有一个基本的共同点，即摒弃了传统国际法上"无主土地"、"先占"、"有效统治"等陈腐概念和原则，确立了"人类共有物"、"人类共同遗产"、"人类共同继承财产"等新的国际法概念和原则。这些新的概念和原则以及由此而建立的有关法律制度，集中凸显了国际区域必须为全人类谋福利的主旨。

1. 国际海底作为人类共同继承财产

在传统海洋法中，并没有专门的国际海底概念。自1960年开始，发达国家加紧勘探在国际海洋底部蕴藏丰富的矿物资源，这引起了广大的发展中国家的高度关切，强烈要求确立国际海洋底土区域的法律地位，使之为全人类，而不是只为发达国家谋福利。在1967年著名的"马耳他建议"① 的推动下，联合国大会先后于1969年和1970年通过有关这一国际区域的决议。其中1969年决议的核心内容是宣布在新的海洋法公约诞生之前，各国不得对国家管辖范围以外的海床洋底及其资源据为己有，而1970年决议以《联合国关于各国管辖范围以外的海床、洋底及其底土的原则宣言》为名称，明确了该国际区域及其资源为人类共同继承财产。在此基础上，1982年的《联合国海洋法公约》的第11部分系统地规定了国际海底及其资源的法律地位、开发及管理制度。其要旨有二：一是重申国际海底及其资源是人类共同继承财产原则，并明确规定任何国家不应对该区域的任何部分及其资源主张或行使主权权利，且任何国家、自然人或法人不得将该区域的任何部分据为己有；二是国际海底区域的所有资源属于全人类，由公约设立的国际海底管理局代表全人类行使有关的权利。

值得注意的是，发达国家在《联合国海洋法公约》谈判期间和签署后一直不愿意接受第11部分关于国际海底的开发制度（平行开发制），并拖延批准而使该公约迟迟不能生效。经过反复磋商，于1994年达成关于执行第11部分的协议，通称为《1994年实施协议》。尽管该协议对国际海底的平行开发制度进行了若干重大修改（主要是发展中国家对发达国家做出一系列的让步），但是国际海底及其资源作为人类共同继承财产的法律定位始终没有动摇。

2. 外层空间及其资源作为人类的"共有物"

现代科学技术不仅使国家和人类的活动深入到海底洋层，而且还上升到空气空间以外的外层空间甚至月球。于是，确立相关空间的法律地位和法律制度成为现代国际法一项新的任务。20世纪60年代以来，经过争论和协商，联合国通过和制定了一系列有关外层空间、月球和其他天体的政治和法律文件，如1961年

---

① 1967年8月17日，马耳他驻联合国代表团向联合国秘书长建议，在第22届联大议程中增补一个新议题，即"关于专为和平目的保留目前国内管辖外海洋下海床洋底及为人类利益而使用其资源的宣言和条约"。该代表团还提交了一份解释性备忘录，建议联合国宣布该区域为人类共同继承财产。

《外空使用之国际合作决议》、1963 年《关于各国探测及使用外空工作之法律原则宣言》、1967 年《关于各国探测及使用外空包括月球与其他天体之活动所应遵守原则之条约》、1974 年《关于登记射入外层空间物体的公约》、1979 年《关于各国在月球和其他天体上活动的协定》、1986 年《关于从外层空间遥感地球的原则》、1993 年《关于在外层空间使用核动力源的原则》、1996 年《关于开展探索和利用外层空间的国际合作、促进所有国家的福利和利益、并特别要考虑到发展中国家的需要的宣言》，等等。上述这些文件构成外层空间、月球和其他天体法的基本内容。虽然每一项文件都有其特定的内容，但是它们都拥有如下三项基本原则：（1）这些国际区域及其资源是人类的"共有物"，任何国家、国际组织、法人和自然人不得据为己有；（2）这些区域对全人类开放，任何国家、组织、法人和个人都可以根据国际法自由、平等地进入并开展活动；（3）这些区域的各种活动必须为全人类谋福利，而且只能用于和平目的。

（三）国际环境法蕴涵的全人类利益

国际环境法是现代国际法中迅速发展起来的一个新的分支，也是国际法"以人类为本"发展趋向的标志性领域之一。国际环境法所蕴涵的主旨由如下一些主要因素构成。

首先，从客观上分析，国际社会所面临的环境问题，是整个人类面临的挑战，是人类生存与发展面临的挑战。科学技术的进步是一把双刃剑：一方面给经济发展和社会进步不断开辟新的途径，另一方面又给人类的可持续发展产生不利的环境影响。国际社会所面临的越来越严重的环境威胁并不主要来自自然界的运动，而主要来自人类自身的活动。[①] 是人类，为扩大粮食产量和畜牧业，不惜牺牲森林和草原面积的锐减；是人类，片面追求经济发展规模和速度，不惜牺牲可枯竭的自然资源，不惜大量排放有害气体；同样是人类，为追求富丽堂皇的楼堂馆所和住宅的宽敞，不惜大兴土木和减少绿地、耕地；还是人类，为自身或短期的便利，不惜将生产废物和生活垃圾抛向湖泊、河流和海洋，甚至遗弃于极地和太空。然而，人类生存与发展的"各种环境要素是一个有机的整体，大气、水和生物都是相互作用、相互依存的。环境污染无国界。大气污染不会因为国界而停止流动，海洋的污染很重要的原因是陆源污染"。[②]

其次，从主观上分析，国际社会的行为体和公众舆论普遍认识到环境问题的

---

① 李爱年、韩广等：《人类社会的可持续发展与国际环境法》，法律出版社 2004 年版，第 4 ~ 6 页。
② 宋英：《环境的国际保护》，载曾令良、饶戈平主编：《国际法》，法律出版社 2005 年版，第 378 页。

全球性质。应该承认，人类对于环境问题的跨国性和对人类具有共同性的认识并非由来已久。在 20 世纪 60 年代以前，无论是国家还是国际社会的其他行为体，都还没有认识到需要采取国际法律方式来保护人类的环境。这首先是因为，当时的工业发展还没有造成大规模的环境污染和环境损害。其次，虽然各国已经对环境问题的跨国性有一定的认识，但仍然坚持传统的国际处理方式：将环境问题视为主权国家之间关系的事项，各国旨在维护自身的利益，不愿干预其他国家如何管理其空间和资源，更不在意整个国际社会的环境质量和气候变化。此外，公众舆论对于工业和军事进步对环境的潜在危险还不够敏感。①近 40 年来，国际社会各种行为体对于环境问题威胁全球和整个人类的共识不断地从广度和深度上拓展。

最后，正在形成和发展的国际环境法以谋求全人类福祉作为其核心价值。正是由于上述环境问题上的客观和主观因素的作用，使得旨在调整各国及其他国际法主体在利用、保护和改善环境与资源的各种法律关系的国际环境法，从一开始就确立了为全人类谋福祉的最高价值取向。例如，对于上述国际区域（国际海底、外层空间、月球及其他天体等）的环境与资源的利用、保护和改善的法律原则、规则和制度，是与这些区域在国际法上的"人类共有物"或"人类共同继承财产"的地位完全吻合的。又如，可持续发展原则经过近几十年来一系列有关国际环境的条约、宣言和决议的确认，已经成为公认的首要的国际环境法基本原则。该基本原则所体现的人类福祉不仅仅是当代的，还包括后代。根据有关学者的分析，这一基本原则至少具有四个方面的内涵："一是代际公平，即在满足当代人需要的同时不得妨碍和损害后代人的需要；二是代内公平，即本代人所有的人，不管其国籍、种族、性别、经济发展水平和文化等方面的差异，都享有平等利用自然资源和享受良好环境和清洁卫生的权利；三是要以可持续的方式开发和利用自然资源；四是环境保护与经济和其他方面的发展相互协调相互兼顾。"② 在这四个基本内涵中，前两个（代际公平和代内公平）是根本，是该原则的核心价值所在，后两者是核心价值的延伸和保证。

四、结论

我们可以就国际法的人本化趋势得出一些概括性的认识。

（1）国际法迅速朝着人本化方向发展是国际法的内外因素所促成的。在众

---

① Antonio Cassese, *International Law*, p. 375.
② 宋英：《环境的国际保护》，载曾令良、饶戈平主编：《国际法》，法律出版社 2005 年版，第 387～388 页。

多的外部因素中，战争和科学技术是最重要的两大因素：是战争对人的生命、生计和财产造成的毁灭，促使国际法的制定者越来越注重人的价值；是科学技术的不断创新给这个世界带来财富的同时，也迫使人类的生存环境和可持续发展面临新的挑战，从而促使国际法的制定者愈来愈关注后者的意义。从国际法本身（内部）来看，人道主义法和人权法可谓国际法人本化的两个"引擎"。人道主义法当初的"星星之火"引发了国际法人本化的燎原之势，而国际人权法的形成与发展，标志着人本化开始进入国际法的主流。最近半个多世纪更是表明，正是人道主义法和人权法自身的完善和交互作用及其对其他国际法领域的渗透，才形成整个国际法日趋人本化的局面。

（2）国际法的人本化代表着国际法不断进步的发展方向。虽然国际法的基本目的是为国家间的相互依存和合作建立和平与发展秩序，所维护的主要是经过协调的各国利益或共同的国家利益，但是现代国际法正在逐步树立"以个人为本"和"以人类为本"的发展理念，即越来越注重确立个人的权利与义务和全人类的整体利益。可见，现代国际法的使命不仅仅维护国家利益，而且还要维护单个人的利益和人类整体利益。在一些情况下，这三种利益之间是一致的；在另一些情况下，这三种利益之间是不同的，甚至会发生抵触，尤其是国家利益与单个人的利益或人类整体利益之间最容易产生冲突。但是，这三种利益之间的矛盾并不是不可调和的，关键取决于国际法的制定者在特定领域、部门或事项上的价值取向。实践证明：现代国际法的"人本价值"取向越来越成为国际社会成员的共同意志。

（3）国际法的人本化极大地丰富了国际法的内容。首先，国际法的人本化直接催生了现代国际法的新分支，其中国际人权法、国际刑法和国际环境法的形成与发展无疑是最具有说服力的例证。其次，国际法的人本化促进了一些经典的国际法部门与时俱进，不断增添新的法律概念、原则、规则和制度，如海洋法、空间法、外交保护法、人道主义法、引渡与庇护法，等等。此外，国际法的人本化促使国际法必须在一些相关部门和领域之间寻求有机联系与合理协调，如安全、发展、人权、民主与法治的关联性、经济发展与环境保护的平衡、知识产权保护与公共健康之间的协调、贸易自由化与核心劳工标准的联系，等等。国际法的这些纵向和横向的发展带来的结果是：纯属各国国内法管辖的部门、领域和事项逐渐减少，国际法不仅涉及国家职能的各个方面，而且已经深入到人类活动的各个方面。国际法的人本化标志着在理论和实践上绝对主权主义的衰落和相对主权主义的兴起。

（4）国际法的人本化冲击着国际法上权利与义务构建的基础——对等原则。对等或相互性是国家主权平等原则的最基本的体现。虽然它仍然是现代国际法赖以完善的基础，但是现代国际法的一些规范越来越多地偏离对等原则，即一个国家的义务不以他国承担相应的义务作为条件。换言之，一国因违反有关国际法义务而承担的责任不因他国违反相应的义务而免除。这就是现代国际法上出现的"对一切的义务"（obligations erga omnes），[①] 或称之为"共同体义务"（community obligations）。[②] 这种新兴的国际法义务具有以下基本特点：①它们是一种旨在保护基本价值的义务，如和平、人权、民族自决、环境保护，等等；②它们是一种对国际社会所有成员（或多边条约中的其他所有缔约国）或人类整体的义务；③它们是一种伴随任何其他国家（任何其他缔约国）的权利而产生的义务；④这种权利（即共同体权利）可以由任何其他国家（或任何其他缔约国）来行使，而不论它在物质上和道德上是否受到这种违反的损害；⑤这种权利是代表国际社会整体（或缔约国整体）为维护整个共同体基本价值而行使的。[③] 我们在考察现代国际法中的"对一切的义务"或"共同体义务"规范时，不难发现这些义务规范不仅根源于国际法人本化的理念和价值，而且大都体现在人本化最为集中的国际法领域。

（5）国际法的人本化并不意味着国际法的"国家间"本质属性的动摇。虽然国际法的人本化也给现代国际法带来质的变化，如国际法价值观的升华、强制性规则的增强、非对等性（对一切义务）的兴起，等等，但是，国际法的人本化主要是指现代国际法的内容（原则、规则、规章和制度）涉及自然人、法人、特殊人群和全人类的权益与日俱增。国际法的人本化不但不能改变国际法的"国家间"属性，而且归根结底还是通过"国家间"协议和认可予以确立和实现的。没有国家间的条约和各国承认的国际习惯法，不可能有国际法的人本化现象；没有国家间的合作，国际法的人本价值无论多么崇高，也不能变成现实。

---

① 一般认为，现代国际法中的"对一切的义务"概念起源于国际法院在"巴塞罗那牵引公司案"的判决，参见 Case concerning the Barcelona Traction, Light & Power, Limited（Second Phase）, Judgment of 5 February 1970, *ICJ Reports*, 1970, paras. 3, 32–34。欧洲人权法院和美洲人权法院的一系列判决都确认人权法遵守方面的非对等性。欧美学者关于"对一切的义务"概念的著述较多，其中颇为系统和新近的著作是 Andre de Hoogh, *Obligations Erga Omnes and International Crimes*, Hague: Kluwer Law International, 1996; Maurizio Ragazzi, *The Concept of International Obligations Erga Omnes*, Oxford: Clarendon Press, 1997。相比之下，中国学者关于"对一切的义务"概念的研究较少，最早比较系统的研究似乎是王曦的博士学位论文：《论人类环境问题与现代国际法的发展》（武汉大学博士学位论文，分类号：D99，编号：10486，2000 年），第 12~60 页。

② Antonio Cassese, *International Law*, p. 15.

③ Ibid. p. 16.

第四节　中国和平发展与国际法的价值*

一、中国的和平发展呼唤建构中国的国际法价值理论体系

中国和平发展在某种意义上只是中国自身的主张和谋求，事实上能否真正实现和平发展并不完全取决于中国自身的态度，它还有赖于良好的国际社会环境，中国必须为形成有利的国际秩序而努力。为此，中国须以国际法为基本准则来指导对外关系的实践，在约束自己的同时也要求其他国家履行国际义务，从而建设和推行中国能够认同的国际法律秩序。

当今的世界各国政府在国际关系中无不以实现本国利益的最大化为目的。那么，在追逐各自国家利益最大化的国际交往中，以国际法律规则作为各国家的行为准则无疑是解决国家之间必然的利益冲突的重要途径，因为法律最具有客观性和明确性。而且，众所周知，意识形态是中国与世界政治舞台上其他主要角色之间的重要不同，也是西方国家在中国和平发展进程中设置障碍的一个重要原因。彻底改变意识形态并转而追随西方是不必要的，也是我们不可能接受的。既然建设有中国特色的社会主义国家并不排斥而是追求依法治国，我们就可以也完全应该在国际层面上以国际法为基础去发展国际关系，处理国际事务。当中国在国际社会中发挥越来越重要的作用，并承受来自于国际社会的各种各样的压力时，我们就会主动和被动地越来越多地参与国际法律事务，既依国际法来维护我国国家利益，同时也依国际法要求他国履行国际义务。这是中国在和平发展的道路上无法回避且必须正视的现实。因此，中国的和平发展不仅需要与之相适应的国内法律秩序予以保障，更需要国际层面上法律秩序的保障。

国际社会首先必须是有秩序的，因为秩序是人类和谐生存的条件，是安全的、有序的、可预见的、合法的、有组织的世界得以形成的前提。对秩序的要求，是人的内在本能的欲望之一。我们不能设想一种没有秩序的人类生活。然而，正如美国法学家埃德加·博登海默所指出的那样，尽管规则（秩序）的存在有助于在处理人际关系中消灭人性与偏见的极端表现形式，但它在内容与作用方面仍然可能表现为苛刻的、非理性的、无人道的，其本身并不足以保障社会秩

---

　*　本节作为阶段性成果发表于《法学评论》2006 年第 3 期，内容略有改动。

序中的正义。通过暴力方式可以很轻易地获得秩序。对于渴望秩序的人们来说，真正的困难在于如何把握秩序本身的正义内涵。

中国的和平发展需要国际社会中有良好的国际法律秩序，而建立良好的国际法律秩序反过来也需要中国发挥重要的作用。一个公平、公正的国际法律秩序既不是现实存在的，也不会一蹴而就，它需要世界各国，特别是大国和具有影响力的国家的发展和贡献。中国在全球范围内具有越来越重要的地位，各国在处理国际政治、经济等各种关系和问题时，几乎都要认真考虑中国这一因素。作为一个负责任的大国，中国在和平发展进程中，必将为国际政治、经济和法律新秩序的建立和发展发挥应有的作用。在此情势下，中国"除了继续用行动表明中国是以维护世界和平、促进共同发展的积极力量外，还应加大增信释惑的工作力度，让国际社会心悦诚服地认识到，中国是一个负责任的大国，中国发展符合世界人民的利益。"[①] 为此，中国国际法学者应当承担起在国际法学基础理论研究的任务，努力构建和发展中国自己的国际法学理论体系，最终改变当前国际法学基础理论以西方发达国家居主导地位的现状。国际法的价值是国际法学基础理论的重要内容。建构中国的国际法价值理论体系，通过自己的国际法价值观对国际法立法发挥指引和评价等作用，中国必定会为创建公平、公正的国际法律秩序并最终实现中国的和平发展产生重大影响。

二、中国国际法价值理论体系的基本构成

既然我们已经确定和平发展是中国的基本策略和基本路线，那么在建构国际法价值理论体系时，既要以中国和平发展作为背景依托，又要为实现中国的和平发展服务。中国的国际法价值理论体系应围绕和平秩序、人本秩序和人类共同利益秩序予以构建。

（一）和平秩序——国际法的基本价值

温家宝总理指出，"中国和平发展"需要"充分利用世界和平的大好时机"，同时又"维护世界和平"，"不会妨碍任何人，也不会威胁任何人。中国现在不称霸，将来即使强大了也永远不会称霸。"表明和平是中国发展的前提，也是中国在国际关系实践中最基本的追求。法律是最具理性的规则体现。随着国际社会中各国越来越多地在国内实行法治和民主制度，国际法在国际实践中也发挥着越来越重要的作用。那么，如何使国际法律规则更好地体现中国对于和平的要求和

---

① 马振岗：《国际格局中日显重要的中国因素》，载《国际问题研究》2005 年第 3 期。

追求呢？

首先应明确中国以和平秩序为国际法的基本价值取向。作为国际法价值的和平秩序应当包括"和平"与"安全"两方面的内容。"和平"一词本身有广义和狭义之分。有西方学者指出，如果从狭义上把"和平"定义为仅仅是不存在破坏任何国家的领土完整和政治独立的使用武力或以武力相威胁之情势，那么我们也可以称之为"消极和平"。相对而言，"安全"就包含了所谓的"积极和平"的内容，即达致保持和平状态所必要的行动。① 从这个角度讲，和平与安全是一对相互联系甚至部分重叠的概念。

人类追求和平的最初现实动力因素是战争日益残酷的本质，今天的人类追求和平的另一重要动力因素则是国家间相互依赖程度的加深。由于科学技术的高度发展，世界正变得越来越小，人类世代居住的地球被越来越多的人称为"地球村"。全球化、一体化的范围也从单一的经济领域扩展到法律、政治等诸多领域。人们不得不承认，国际连带性日益加强，今天的国际社会从单纯的国家间体制转变为包含了国家间体制和国际共同体的双重因素。② 在科学技术的高度发达带来的种种进步面前，人们同样不得不承认，人类变得愈加脆弱了。

人们通常把和平理解为一种无战争状态，或者更准确地说是一种无武力冲突的状态。但这还不是真正的和平。和平的内涵应建立在和平的一般意义之上，进一步要求和平具有正义性。和平的正义性，意味着和平状态的缔造手段和目的必须具有正当性。国际社会中曾经和正在存在着一些非常脆弱的或变异的和平，如强制下的和平、两强对峙下的和平、核威慑下的恐怖和平等等，这些和平只是表面上的，表面的平静掩盖着躁动的暗流，对真正的国际和平形成潜在的威胁。

安全的内涵是不断发展变化而且日益丰富的。自主权国家出现以后，在几个世纪中安全问题的核心一直是军事安全。面对始终存在战争危险的世界，各国都不得不把军事安全放在首要地位。但是近年来国外学者提出，国家所维护的安全乃是一种"综合安全"（comprehensive security）。③ 具体地讲，它应该包括国家在国际体系中存在的政治、经济、军事、文化、科技、生态等各方面。此外，恐怖主义、各种环境上的危险、资源的枯竭等威胁，都要由国际社会中的各国共同承受。因为这些灾难一旦发生，会导致国际冲突或严重的物质损失或物质匮乏，进而都成为安全问题。再如2003年发生的非典型肺炎以及随后在欧亚一些国家和地区发生的禽流感，已成为全世界共同认识的又一个新安全课题。对于今天的

① Bruno Simma, The Charter of the United Nations: A commentary, Oxford University Press, 1995, p.50.
② 参见［韩］柳炳华著，朴国哲、朴永姬译：《国际法》（上），中国政法大学出版社1997年版，第43~47页。
③ 王逸舟主编：《全球化时代的国际安全》，上海人民出版社1999年版，第45页。

中国和平发展的重大前沿国际法律问题研究

世界各国来说，非传统安全已经成为安全的一个不容忽视的组成部分。随着人类的能力扩展和科学技术的发达，科学技术的使用也可能会偏离预定的目标，从而也许会有很多目前尚不可预期的问题出现，给世界带来安全危机。从这个意义上说，即使是最强大的国家也永远不可能得到完全的、绝对的安全。只能通过不懈的努力，尽量达到一种相对的安全状态或者无限接近于绝对安全状态。国际法本身就是人类这种努力的一个组成部分。

国家间体制的存在是短期内难以改变的客观现实，和平与安全则是这个以国家为主体的国际社会中秩序应有的最基本内容。世界和平需要共同的国际安全，没有共同的安全，则难以保证稳定、持久的和平。以和平与安全为内容的和平秩序是国际法最基本的（亦即最低限度的）也是最具有可执行性的价值取向。无论国际法发展到何种程度，和平秩序都不会被废弃，因为只要有人类存在的地方，就永远会有对于和平与安全的强烈需求，这是亘古不变、颠扑不破的真理。

长期以来，中国一直从理论和实践两个方面致力于国际社会和平秩序的建设。古代中国就有"和为贵"、"和而不同"、"求同存异"等重要思想。从20世纪50年代中期开始，和平共处五项原则成为中国对外交往中的重要原则，周恩来总理提炼的这五项原则结成一个有机体，言简意赅地概括出新型国家关系的总体特征。作为中国对外交往的基本原则，和平共处五项原则深化和发展了传统的国家主权原则，是对传统国际法的一些民主和进步的原则的坚持和发展，它全面地反映了中国对外关系中对于和平的长期诉求。在国际关系实践中，中国积极奉行和平外交政策，从50年代的万隆会议到海湾战争前安理会中的投票，再到积极倡导六方会谈以期解决朝核问题，都是很好的例证。

（二）人本秩序——国际法的更高价值

在中国和平发展进程中，还应当坚持以人本秩序为国际法的价值取向。所谓人本秩序，是指以人为本、服务于人的社会秩序。这里的"人"是指作为生命个体存在的自然人。在国内法律研究中，人本秩序理论已经建立起来。国际社会与国内社会相比所具有的"无政府状态"特点，使在国际社会中创建人本秩序变得异常艰难。

对于国际法律秩序而言，它必须是以人为本的。康德曾对国际秩序提出了自己的见解，他认为民主自由和尊重人权是公正的国际秩序的基本要求。[①] 实际上这也是从广泛意义上说明建立国际秩序与生活在国际社会之中的"人"之间具有重要关系。与传统国际法相比，现代国际法呈现出越来越重视个人的尊严和权

---

① Fernando R. Teson, A Philosophy of International Law, Westview Press, 1998, p. 9.

利的倾向。但是，由于国际社会与国内社会的明显不同，当"人本秩序"被国际法律体制作为价值取向时，这里的"人"的含义已经拓展了它的范围，从而包含作为生命个体的自然人和由个人组成的集合体两大部分。在解读国际法所意欲建立的国际秩序与"人"之间的关系时，我们必须明确，不是人为了秩序而存在，而是秩序为了人而存在。在国际法的价值理论体系中，人本秩序建立在和平秩序的基础之上，体现着更高级别的正义。

在近年来的国际实践中，对处于国家管辖范围内的人的考虑得到了超乎寻常的关注。这是人本秩序在国际实践中地位上升的重要信号。细心的人们会发现，在 2003 年初的伊拉克危机整个过程中，联合国中几乎听不到"国家主权不可侵犯"、"各国有权自主选择其政体和领导人"等传统国际法准则和国际惯例，争论的只是"如何干涉"和"何时干涉"的问题。联合国及其秘书长安南虽然不赞成美国对伊拉克发动的战争，但反对的只是美国撇开安理会的"先发制人"方式，而不是反对萨达姆政权存在必要性的质疑。这是冷战结束以后以联合国为中心的国际体系出现的一种值得注意的氛围，也是新时期国际关系的一个不以任何人的意志为转移的趋势。王逸舟对此评论道："在我看来，伊拉克危机此际给出的最重要提醒是：对于任何国家，尤其是广大相对后进的发展中国家来说，除了要在国际体系中争取权利、筹划外交和善于博弈外，更要注重国内的人权和民生问题，重视各方面关系的和谐与改进，把对本国人民权利的保障视为国家在国际体系中立足的前提。……尊重人权正在成为国家主权的要义。"①

伴随着国际社会对人权的关注，国际法越来越注重构成人类社会的基本成分——人，即有生命的人。人们已经不能满足于国际法以国家为本位的旧形象。科索沃危机后，联合国秘书长安南一再阐述他的"新主权观"，提出不容许以主权为借口践踏自己国家公民的权利，主权不能成为人道主义干预的障碍。此外，在安全的内涵上，也有学者提出，"人类安全（human security，即人的安全）——即人民的安全——逐渐成为全球安全的一个全新的衡量标准和全球性国际行动的一个刺激因素。"② 国际人权法、国际人道主义法在 20 世纪 40 年代以来得到的空前重视也证明了对以人为本的国际秩序的追求正日渐形成并日益发展起来。

在我国国内，自党的十六届三中全会首次提出"坚持以人为本，树立全面、协调、可持续的发展观，促进经济社会和人的全面发展"以来，"以人为本"已经成为党和国家政府的重要理念之一。当前，我国已经参加包括《经济社会及

---

① 王逸舟：《王逸舟谈伊拉克危机（之三）》，载《世界知识》2003 年第 13 期，第 43 页。
② 张春：《人类安全观：内涵及国际政治意义》，载《现代国际关系》2004 年第 4 期，第 12 页。

文化权利国际公约》在内的 21 项人权公约，采取一系列措施履行公约义务，并根据公约规定及时提交履行公约情况的报告，接受联合国条约机构的审议，同时积极参与人权文书谈判。① 因此，我们毋庸讳谈人本秩序在国际法上的价值取向地位。但是，中国应该明确自己在建构国际法上人本秩序方面的具体观念。

首先，中国强调的是平等人权观。平等人权观要求各国不将本国人的利益置于他国人的利益之上，不漠视其他国家的人的利益，尤其是大国、强国对此应予以足够的重视。事实上，有些国家常常不能平等地对待他国与本国的人。试以战争中的人员伤亡为例。战争向来以人员损失为其主要特点，战争中大量的人员伤亡曾经被公认为是不可避免的。然而，随着各国对作为生命个体的人的利益的日益关注，拥有强大的军事和经济实力的国家开始改变战争观念，美国推出的"零伤亡"理论便是其一。为减轻国际国内舆论压力，从海湾战争时起，美军开始追求打一种具有"完美"效果的战争，即在战争中尽量减少己方和对方平民的伤亡。美军希望通过"零伤亡"以及减少敌方平民的伤亡给自己所进行的各种战争披上"正义"的外衣，减少来自国内的阻力。从实践来看，零伤亡的确给美军士兵带来了积极的效果。1999 年的科索沃战争期间，美军自己无一人死亡，而其以轰炸机、战斗机、巡航导弹对南联盟实施密集轰炸，78 天的战斗给南联盟造成直接损失达 2 000 亿美元，使其国民经济"倒退了 20 年"。美军的无伤亡显然是尊重人权的最好例证，但是南联盟国民经济的大规模倒退却将使该国人民的利益无以保障。

其次，中国反对把维持人本秩序作为干涉他国的手段和借口。例如，美国政府无视中国人权不断进步的客观事实，不负责任地把中国的人权状况描绘得一团漆黑。在中美之间的关系中，动辄以人权问题对中国横加指责。而对于其自身的种种人权问题，如暴力泛滥、枪祸不断、人民生命安全缺乏保障；妇女、儿童和老人的生存状况令人担忧；种族歧视根深蒂固有增无减；粗暴侵犯他国人权，消极对待国际人权公约——至今拒不加入《经济、社会、文化权利国际公约》等多项重要公约，则熟视无睹，只字不提。②

（三）全人类共同利益秩序——国际法的最高价值

在从国际法价值取向的意义上来使用"全人类共同利益"概念时，我们将其特定为，人类整体的生存与发展——而不是单个人或民族、种族、国家的生存

---

① 参见刘振民：《在中国国际法学会 2005 年年会上的报告——当前的外交法律工作》（摘要），载《中国国际法学会通讯》2005 年第 2 期。

② 详见国务院新闻办公室：《2002 年美国的人权记录》，载《人民日报》2003 年 4 月 4 日第七版。

与发展——所必需的利益。"全人类共同利益"的重要意义在于把整个人类作为一个整体，以国家或其他集合体为代表的人类活动应为人类整体谋求福利，或至少应限制有碍于全人类整体利益的人类活动，以全人类整体的利益为国际法的最高价值诉求。

全人类共同利益既不是某个单一国家的利益，也不是国际社会中各国利益的简单相加。关于人类社会有高于各自国家利益的利益，关于人类社会的利益可能高于各国利益之和的信念，已得到越来越广泛的传播。[①] 有很多问题，如外层空间和海洋的和平利用、臭氧层的保护、生态的保护、穷国的发展等，如果离开了全人类共同利益这个概念，是无法得到正确的理解和解决的。

历史和现实已经表明，主权国家为了维护自己的国家利益，拥有迄今为止的所有个人、法人、机构、国际组织都不曾拥有的巨大的权力，而它们非但没有能够解决人类的所有困难，反而在当代发生了越来越多的主权国家无法独力应付的严重问题。主权者在统治、管理和建设国家中仅为当代人谋福利的指导思想、主权者所遵循的简化论的治国方式、地球完整的生态系统与政治上"国家林立"的人类社会"分而治之"的对立，导致第二次世界大战以后日益明显的环境恶化状况，使人们不得不对国家这个利益主体日益感到怀疑。[②] 这也反映出，在应对这些问题的时候，强调构成国际社会的国家的利益已经显得力不从心。

关注国际社会的整体利益，为了全人类的共同未来携手进行国际合作、协调乃至必要的让步或牺牲自我的一定利益，而不是进行"你死我活"的斗争，是处理现实国际关系时必须予以考虑的因素，因为这样可能更有利于实现各国的根本利益。欧洲一体化是实践这一理念的重要例证。虽然欧盟成员国间存在着差异、矛盾甚至冲突，但由于经济全球化趋势的发展及欧盟各国经济相互依赖程度的不断加深，特别是由于仅靠各国的力量已无法应付它们各自所面临的竞争与挑战，实行更高层次的联合或合作成为各国的共同需要，以至为此不惜作出一些让步和牺牲。[③] 国家在国际社会中常常体现出的"合群性"，是全人类共同利益得到保障的关键因素。

全人类共同利益的外延已经超过了人类利益本身，要求人类与其他生物间的共存。现行的建立在国家之间或当事方之间的关系上，并以国家间或当事方间的权利义务的平衡和对等为基础的现代国际法体系，已经不能满足国际社会对于调

---

① ［美］熊玠著，余逊达、张铁军译：《无政府状态与世界秩序》，浙江人民出版社 2001 年版，第 187 页。

② 参见王曦：《环境与主权》，载于邵沙平、余敏友主编：《国际法问题专论》，武汉大学出版社 2002 年版，第 304～305 页。

③ 郭玉军：《把握 21 世纪国际私法的发展趋势——评〈国际民商新秩序的理论建构〉》，载《法学研究》1999 年第 3 期，第 150 页。

整超越国家间或当事方间利益的更高层次的利益的需要。"我们已经进入一个国际法的时代。在这个时代，国际法不仅促进单个国家的利益，而且超越它们和它们的地方性利益，着眼于更大的人类的和行星的福利。"① 具有历史意义的改变在静悄悄地发生：国际社会逐渐向共同社会、人类社会过渡，国际法逐渐向共同体法或世界法过渡。或许我们可以猜测，《联合国宪章》中开篇即将"我联合国人民"作为主语并不是无意之功。

中国是世界的一个组成部分，中国人民是人类的一个组成部分，中国人民生存与发展的相关利益，是全人类共同利益的一个组成部分。中共十二大报告明确指出："中国民族利益的充分实现不能离开全人类的总体利益。"当今世界上，全人类共同利益日益凸显其重要性的同时，也受到了严重的挑战，日益严峻的南北贫富差距问题、人口、资源与环境问题、恐怖主义问题、跨国疾病控制问题等等，不胜枚举。作为发展中的负责任的大国，中国对维护全人类共同利益既有需求，也有义务。在国际实践中，中国政府本着"对国际社会负责任的态度"行事。例如，尽管1997年亚洲金融风暴给中国的对外贸易和国民经济的增长带来了不小的压力和影响，但中国并没有像某些国家那样采取货币贬值政策，以推动本国的国际出口贸易。中国承诺保持人民币不贬值，降低了整个国际社会面临金融危机的风险，得到了国际社会的一致好评。可以说，中国政府对国际社会负责任的态度表明中国政府处理国际问题时对全人类共同利益的尊重和维护。

（四）小结

由于秩序能表明各国在它们的相互关系中最起码的稳定性和可预见性，一直以来，和平秩序得到了各种发展形态中的人类社会的认可，即使是从事大规模对外战争或灭绝种族行为的国家，也无不对它表示赞同。但是，对于世界上各国家来说，和平秩序更似一种客观结果。在第二次世界大战后兴起的对人权的尊重和保护使国际社会关注在国内法中受到保护和尊重的自然人和自然人的集合体（如种族、民族）。可以说，人本秩序使国际法的正义色彩大为增加。然而，在新世纪里，由于人类科学技术的高度发达造成的全人类相互依赖性的增强和全人类共同面临的客观困境共同提出了新的要求：所有的国际法规则均必须受到全人类共同利益的制约，必须为全人类共同利益服务。21世纪的国际法如果没有全人类共同利益的价值追求，其正义性和时代的进步性无疑是残缺的。全人类共同利益成为国际法的最终目的性价值，对和平秩序和人本秩序的追求则很好地体现

① 《国际法院盖巴斯科夫—拉基玛洛工程案卫拉曼特雷副院长的个别意见书》，载王曦主编：《国际环境法资料选编》，民主与建设出版社1999年版，第664页。

出对全人类共同利益的维护。

三、国际法的价值在中国和平发展进程中的作用

（一） 国际法的价值是校正恶法的准则

"恶法本身就是对法的价值的反对。恶法一旦产生，人们就面临着如何认定
和对待恶法，如何校正恶法的问题。……人类究竟依靠什么来校正恶法，使法回
归其发展的正道？回答是，必须依赖法的价值来评判，依赖法的价值来校正。"①
换言之，良好的法的价值驱使法成为良法——正义之法。

国际社会中存在着大量的国际法律规则，所谓"恶法"可能是一个整体性
的法典，但更可能是一个恶行的法律条款。这样的法典或法条无论是源自于立法
的失误，还是源自于认识的错误或是真实的故意，都会带给国际社会乃至于整个
人类或大或小的灾难。法律良性发展需要以界定恶法、否定恶法、制裁以恶法为
据的恶行为手段。对于既存的国际法律规则，我们只有以国际法的价值为标准予
以衡量和评判，才能校正恶法和矫正以恶法为根据的恶行。第二次世界大战结束
后，对法西斯战犯、间谍、告密者的惩办是国际法律实践的一次创新。纽伦堡审
判、东京审判真正地否定了国家元首和国家高级官员可以以其行为符合国内法的
规定以及其享有豁免权为理由逃避国际法律责任，从而确立了个人承担国际法律
责任的先例。纽伦堡审判、东京审判都充分运用了国际法的价值来对恶法加以批
判和校正。1945 年 8 月 8 日对法的价值的关注、尊重和追求，令人们勇于承认
"恶法非法"。如果没有对体现正义的国际法价值的追求，就不会有今天仍为人
们所认同的纽伦堡审判和东京审判。② 英国学者阿库斯特说："谁要是以为正义
竟然要求在纽伦堡被定罪的人应该无罪释放，那么，这个人的正义观念实在太古

---

① 卓泽渊：《论法的价值》，载《中国法学》2000 年第 6 期，第 14 页。
② 在纽伦堡国际法庭的审判中，律师的主要辩护意见之一就是，被告们从事或参加侵略战争的时
候，纵使当时的国际法已认为其为犯罪行为，但是被告们自己并不知晓当时的国际法，所以他们主观上缺
乏"犯罪的意思"，因而不能构成犯罪。法庭对于这种诡辩的答复是：第一，人人有知晓和遵守一切现行
法（包括国际法）的义务；对于现行法的愚昧无知，绝不能作为免除罪责的辩护理由。第二，被告们在
从事侵略的时候，纵使不能精确地了解侵略在国际法上是何等严重的罪行，但是以他们的知识和地位来
说，他们在破坏条约或协定去攻占邻国的时候，绝不会不明白或者不感觉到他们的行为是错的，是有罪
的。纽伦堡判决书上说，对于这种人"加以惩罚，非但不是不公平；反之，如果让他们逍遥法外，那倒是
不公平的了。"参见梅汝璈著：《远东国际军事法庭》，法律出版社 1988 年版，第 23 页。

怪了。"①

现行国际法律制度中还存在着许多不尽如人意的地方。西方国家一直以来是国际舞台上的主角，而且以它们的经济、政治、军事等各方面的实力为依据掌握着国际法制定与修改的主导权。既然中国希望以一个"负责任大国"的形象取信于全世界，那么中国就应该通过以国际法价值为指导对国际法律规则进行的合理解释或者修改纠正来促进国际法的发展，推动国际法律秩序的建设。

（二）国际法的价值是国际法进一步发展的动因

古代分散居住在广阔地区中的人可以没有系统的成文立法，仅以习惯作为约束已经足以满足维持生存秩序的需要，而在拥挤的城市中则形成了早期的成文立法。可以说，成文的系统的立法在拥挤的城市中有着更大的需求。国际法也是这样。"人类已经进入一个高度文明与发展的时代。"② 今天的国际社会由于科学技术的进步而联系得更加紧密，国际社会中的主要主体——国家的数量也大大增加。行为体的增加，使地球上的空间变得拥挤和狭窄，国家交往和个体交往的增加进一步加剧了这种拥挤和狭窄。随着国际交往的增加，各国共同关切的事项越来越多，国际上需要新的国际成文立法对国际习惯法未能涉及的广泛事项加以规定，国际条约逐渐成为国际法的主要渊源。

和国内法与合同的关系不同，国际法与国际条约的关系相对复杂。国际法以国际条约为渊源，国际条约又以国际法为依据。正因为如此，很多国际法学者认为国际法效力的根据是各国统治阶级的意志，即体现在国际惯例和条约中的"各国的协调意志"。对国家间协议的注重使人们容易忽略国际法作为一种法律应该具有的价值追求。而且，国际条约在发挥其国际立法作用时，常常滞后于国际社会现实情况的发展，要想具有超前性则是难上加难。

回顾国际法发展历程，我们可以发现，国际成文立法除了对已经经过了长期发展历程的、较成熟的国际惯例予以法典化之外，主要是针对一些特殊领域发生的特殊事件进行的，例如针对危害民用航空安全行为等。通过分析现有的国际条约我们还可以发现，在并非所有国家都有能力从事研究、开发、利用的领域和空间范围内，成文的国际立法似乎也比较容易形成。但是，当科学技术进一步发展和普及之后，这些国际立法的可被接受性就要画一个大大的问号了。拥有强大实

---

① ［英］M. 阿库斯特著，汪瑄、朱奇武等译：《现代国际法概论》，中国社会科学出版社 1981 年版，第 317 页。

② 梁西：《国际法律秩序的呼唤——"9·11"事件后的理性反思》，载《法学评论》2002 年第 1 期，第 3 页。

力的国家更有可能利用国际立法的不完善或强行突破国际条约的束缚。①

国际法的被动立法模式将逐渐发生改变，积极主动的国际立法模式是客观世界发展的要求。法理学研究表明，"任何法在创制、实施时，乃至在创制、实施前都已经存在了价值问题，确定了相应的价值目标，并要接受一定的价值准则的指引。"② 当然，国际法具有其特殊性，但是国际法的价值仍是国际立法的指引，是国际立法的特殊的理性追求。

（三）国际法的价值对国家行为的意义

由于价值缺失、道德上不受约束，导致政府拥有以国内法上不容许的方式行事的权力，并从事各种残酷的行为。③ 国际法的价值是国际法的追求目标，是国际法的合理性与道德性的体现，它当然就是国家从事国际交往中的最高行为准则。

与具有完备的组织体系和控制体系的"宝塔式"的国内社会不同，国际社会是一个由具有平等主权的独立国家构成的平行分权结构。在这样的社会中，国家可以以其自身的行为对某个国际行为规则予以认可或否认使之逐渐发展成为具有法律确信的国际惯例或一个截然相反的结果，对国际法的发展起着重要作用。同时，国家以其自身的行为表示对国际法的尊重和执行，又是国际法得以执行的主要途径。因而，国家行为是国际法制定和实施过程中的一个非常重要的因素。

国家行为本应以国际法规则为根据，但是必须承认，国际法至今为止仍然没有得到充分发展，距离一个成熟系统的法律体制要求还很遥远。现实的国际社会中还经常会出现一些国际法律规则根本未加以规范或未能加以详细规范的情势。这时的国家行为成为国际法制的方外之物。梁西先生说过，国际社会中的各国对国家利益的谋求，使国际社会出现一种颇为复杂、敏感的微妙形势，从而使国际法必须"像一艘潜入海洋的潜艇"，"蛇形地绕过种种暗礁，才有可能到达目的地"。④ 由于国际法需要绕过由国家利益形成的种种暗礁，国际社会中尴尬的局

---

① 据报道，美国正在研制在太空巡逻的军用航天器，旨在打击和摧毁未来敌人及对手的卫星。从此以后，没有美国的同意，别的国家将不能使用太空。美国空军副部长、国家侦察局局长说："我相信武器会进入太空。这只是时间问题。因此，我们需要处在最前列。"《2001年国防部评论》还指出："美国的一个重要目的，不仅是确保美国具有为军事目的开发太空的能力，而且还要让对手没有开发太空的能力。"显然，美国希望控制太空。参见《美欲对近地太空实施军事占领》，载《参考消息》2003年6月12日第五版。

② 卓泽渊著：《法的价值论》，法律出版社1999年版，第65页。

③ See B. Simma, From Bilateralism to Community Interest in International Law, in Hague Academy of International Law, Vol. 6 (1994), p. 233.

④ 梁西主编：《国际法》，武汉大学出版社1993年版，第7页。

面是常常可以见到的。

以对恐怖主义行为的定义为例。"9·11"事件之后，美国总统布什宣布"向世界范围的恐怖主义开战"，扬言不惜一切代价铲除恐怖主义，要将支持、资助、窝藏恐怖主义的国家政权推翻。然而，自 2002 年 3 月 29 日巴勒斯坦好战分子制造"逾越节惨案"以来，自杀性爆炸事件已多次发生。这是不是恐怖主义？当天，美国总统布什措辞严厉地谴责了巴勒斯坦人的行径，并声称以色列"有权自卫"。4 月 1 日，布什的态度又发生重大改变，只将自杀性炸弹爆炸事件称为"小型恐怖行为"；对于以色列，不是重点强调它的所谓"自卫权"，转而呼吁"保持畅通的和平之路"。凯恩·波拉克认为，布什此举为将来灵活对待不同恐怖个案创了先例。但同时，其他国家或团体今后可能援引此例寻求"例外待遇"，使布什界定恐怖主义的尺度更难掌握。①

国际法的发展日益迫切，它不能再像潜水艇那样蛇形地绕过暗礁。国际法的发展需要一面高扬的旗帜作为指引。国际法的价值就是这面旗帜。与国内社会相比，国际社会中的主要成员是拥有独立主权的国家这样的集合体，它们的决策机构由国家内部具有相应的文化素质和其他素质的人构成，"经过国家知识分子精英的共同协作而产生的，与一个国家大多数民众的伦理价值判断相联系的，国家本身也肯定乐于遵守的国家意志，为国家做出明智和正确决断提供了个人意志在决断上所没有的保障。"② 对国际法价值的尊重，将避免国家之间发生类似于"无数怀有敌意和不可理喻的个人之间"发生的事情。

中国越来越多地参与国际事务，在已经毫无疑问地具有区域大国身份的前提下，正在向世界性大国方向发展。我们必须看到，在国家之间的关系中，外交手段虽然很重要，但是其作用毕竟有限，国家地位主要还是依赖于国家的实力。国家间激烈的实力竞争中，任何国家有机会取得优势都不会放弃，因此为抵消这种竞争所可能造成的不良后果，国家在增强实力的同时，还必须求助于国际法律制度，还必须重视发挥国际组织和国际规范的作用。国际法律制度可以在一定程度上为国家的正当行为提供良好的活动空间。综上所述，我们可以看到，建构一个良好的国际法价值体系，至少将为中国的和平发展提供国际事务中话语权上的支持。

① 《中国青年报》2002 年 4 月 4 日，http://news.sohu.com/86/78/news148387886.shtml2002/8/1。
② ［德］拉德布鲁赫著，米健、朱林译：《法学导论》，中国大百科全书出版社 1997 年版，第 153 页。

63

第二章

中国和平发展中的集体安全和区域安全法律问题

第一节　联合国集体安全制度改革与中国和平发展[*]

伴随着国际联盟产生的集体安全制度因未能制止第二次世界大战爆发而导致国际联盟覆亡，2003 年 3 月，伊拉克战争的爆发同样把联合国逼到了十字路口，生存还是死亡？国际社会瞩目于联合国集体安全制度。毫无疑问，改革是避免联合国重蹈国联覆辙的唯一路途。伊拉克战争的硝烟并未散尽之际，中国提出了"和平发展"战略。中国的和平发展，一方面需要一个对国际安全做出可靠预测并提供有效保障的制度性安排，使中国建设能够获得相对稳定的国际环境；另一方面意味着中国意欲通过争取世界和平来获得发展机会，并以日益增强的综合国力和一个建设者的角色来影响国际关系。因此，研究已经揭幕的联合国集体安全制度的改革，分析改革对中国实施和平发展战略的影响，进而探讨中国该如何去影响、参与国际安全法律制度的修改与制定，对中国在和平发展的进程中运用国际安全法律规则维护、捍卫自己的安全权益，具有十分重要的意义。

---

[*] 本节作为子项目成果发表于《武汉大学学报》（社会科学版）2006 年第 5 期。

一、联合国集体安全制度改革的法律问题

联合国集体安全制度"是一种在主权国家组成之国际社会中，用以控制使用武力、保障和平的组织化措施"，[①] 其法律框架规定在《联合国宪章》的第七章。由于情势变迁、制度设计不足等原因，联合国集体安全制度的运行在现实中遭遇了困境，改革是国际社会对其提出的要求。联合国集体安全制度是一个庞大的、复杂的体系，从法理的角度看，改革是联合国集体安全制度为加强其运行并促进其功能实现，在形式与效力、规则与原则、权利与义务、法律责任等方面的更新与重构，是国际安全法律制度的发展。从国际条约法的角度看，改革是《联合国宪章》这一多边条约（相关条款）的修订、解释、遵守、适用等方面的问题，由于《联合国宪章》从订立之日起就没有对条约的解释问题做出规定，实践中"宪章的含义已经由国家的行为及反应和政治家及学者的观点所决定了"，[②] 在改革中弥补这一缺憾是至关重要的。从国际组织法的角度看，改革涉及了联合国这一国际组织的宗旨与原则、组织结构、职权范围、活动程序、表决制度等国际组织法要素的重新规定的问题。本节试从这三个角度，把集体安全制度的基本法律内容和实践运行结合起来，分析其法律条款在适用中的偏差和落后于国际形势发展的弊端，并对改革提出一些相应的看法。

（一）情势认定的改革问题

《联合国宪章》第 39 条规定："安全理事会应断定任何和平之威胁、和平之破坏或侵略行为之是否发生。"该条款是联合国集体安全制度的基础性条款，是联合国进一步实施集体强制行动的前提条件。反映在这一条款中的问题对联合国集体安全行动起着决定性的影响。

根据第 39 条，安理会是集体安全制度的决策机构，享有对国际安全情势做出断定的专属权利。当前国际社会对安理会的质疑主要集中在两点：一是安理会的合法性问题，联合国的成员已经较成立之初数量大增，安理会已经呈现出代表性不足的情势。二是否决权一直为人们所诟病，"大国一致原则"（the principle of unanimity of great power）从一开始就被设想为联合国集体安全体制的建立和有

[①] 梁西：《国际组织法（总论）》（修订第五版），武汉大学出版社 2001 年版，第 179 页。

[②] ［美］路易斯·亨金等著，胡炜、徐敏译：《真理与强权——国际法与武力使用》，武汉大学出版社 2004 年版，第 12 页。

效运作的基础。① 该原则固然"相对于国联分权的决策体制来说，则是一项重大突破"，② 但"在分权为基础并形成多极的国际社会里，由于大国及各国家集团之间错综复杂的矛盾，安理会很难就某些重大问题通过决议"，"何况当问题牵涉到大国或其有关利益时，安理会更不可能作出有效的断定。"③ 随着国际情势变迁，安理会必须改革以增强、提高联合国集体安全行动的合法性和效率。在合法性问题上，联合国必须针对当前扩大安理会的多种方案做出抉择；在否决权问题上也出现了多种提议，一是能否将常任理事国的"一票否决制"改进为"2 ~ 3 票（缀连）否决制"；④ 二是限制否决权的使用范围，《威胁、挑战和改革问题高级别小组的报告》（以下简称《高级别小组报告》）即提出"只有在真正涉及重大利益时才使用否决权"。然而，联合国改革的实践证明，否决权的改革是异常艰难甚至是不可能的，原因既在于大国不愿意放弃既得的权力，也在于改革不当会动摇集体安全制度的政治基础。联合国 60 多年的实践证明，如若安理会因大国的异议就无法对国际安全情势作出及时的认定，遑论采取行动，此种情况不是个别现象，今后也难保不出现。因此，为完善集体安全制度的决策机制起见，能否重提《团结一致共策和平》决议案⑤或者设立特别程序，赋予联合国大会对集体安全制度的决策权，但此项权利只限于安理会因大国对抗而瘫痪之后使用，由大会的多数票通过。此方案在尊重安理会的同时，也剥夺安理会的专属权力，间接对否决权形成限制。

情势认定的另一个问题是，《联合国宪章》第 39 条是个抽象性的规定，并没有对情势认定的对象作出任何定义，也没有提供任何认定的指导原则和标准。虽然 1974 年联合国大会通过了《侵略定义》，使安理会有了"断定"的法律根据，但在实际运用及解释中，仍难以适应各种复杂的矛盾。⑥ 应当承认的一个事实是"安理会是一个政策定向机构"而不是一个类似于国际法院的法律机构，"由于受政治因素的影响和缺乏法律标准的制约，安理会在一些重大问题上的决策往往具有很大的摇摆性和随意性，不能以统一的标准处理所有问题，导致人们

---

① ［苏］克里洛夫：《联合国史料》第一卷，中国人民大学出版社 1955 年版，第 63 页。

② 黄惠康：《联合国宪章下的集体安全保障》，载《中国国际法年刊》（1996），法律出版社 1997 年版，第 76 页。

③ 梁西：《国际组织法（总论）》（修订第五版），武汉大学出版社 2001 年版，第 182 ~ 183 页。

④ 梁西：《国际困境：联合国安理会的改革问题——从日、德、印、巴争当常任理事国说起》，载《法学评论》2005 年第 1 期。

⑤ 1950 年 11 月 3 日大会通过 377（Ⅴ）号决议案，即《团结一致共策和平》决议案，在美苏形成否决僵局的情况下赋予了大会一定的行动权。

⑥ R. deming, *Man and the world：International Law at Work*, p.137，1974. 转引自梁西：《国际组织法（总论）》（修订第五版），武汉大学出版社 2001 年版，第 183 页。

对有关决策的合法性产生怀疑。"① 因此，集体安全制度改革必须作为政治机构的安理会制定决策的法律标准，而其中最重要的是明确界定国际和平与安全的范畴。冷战结束以来，安理会在利比亚、索马里、前南斯拉夫、海地等的一系列行动实际上构成了对《联合国宪章》第39条的扩大化解释，其合法性受到了国际社会的质疑。对于国际和平与安全概念的扩大化问题，国际社会达成共识是非常必要的，全球化的发展使现时之世界已不同于联合国建立时的世界，传统安全和非传统安全交织在一起，威胁国际社会稳定和安全的来源、主体、形式、范畴都已经在很大程度上超越了联合国集体安全制度最初设计的容量。联合国集体安全制度改革必须从更大的范畴和更深的层次上来理解新安全，并制定出较为明确的法律标准，使安理会依法行使职权，减少政治因素的干扰。高级别小组报告认为："任何事件或进程，倘若造成大规模死亡或缩短生命机会，损坏国家这个国际体系中基本单位的存在，那就是对国际安全的威胁。"并据此归纳出六组情形。② 但将人类面临的所有社会问题、经济问题和政治问题都加上"安全"一词，可能导致政策重点不突出、力量使用分散、疲于应付的局面。③ 依笔者管见，经济和社会威胁、跨国有组织犯罪暂无必要进入集体安全的范畴，除非达到一定的程度；国内冲突也应视具体情况而定。

（二） 临时措施——维持和平行动的改革

维持和平行动始于1948年联合国向第一次阿以战争派出停战监督组织（UNTSO），联合国前秘书长德奎利亚尔认为："维和行动是在国际关系尚未发展到足以使宪章表述的安理会职能充分发挥作用时所产生的一种控制有较大危害性的地区冲突的方式。"④ 可见维和行动实质是一种防止形势恶化的过渡性措施，因此国际法学界倾向于用《联合国宪章》第40条来解释维和行动的法律属性，将其纳入临时措施的范畴。以1988年为界，维持和平行动呈现出阶段性的特征：其范围由针对国际冲突的预防外交扩展到国内冲突的解决，其职能由监督停火发展到终止内战，其角色由缓冲调解人发展到国内和平重建者。⑤ 第二代维和突破了同意、中立、非自卫不得使用武力原则，从维持和平（peace-keeping）发展到

---

① 张军：《联合国采取执行和平行动的依据和方式问题》，载《中国国际法年刊》（1997），法律出版社1999年版，第307页。

② 六种威胁情形是：经济和社会威胁，包括贫穷、传染病和环境退化；国家间的冲突；国内冲突，包括内战、种族灭绝和其他大规模暴行；核武器、放射性武器、化学和生物武器；恐怖主义；跨国有组织犯罪。

③ 李东燕：《联合国的安全观与非传统安全》，载《国际政治》2005年第1期。

④ The Blue Helmets: *A Review of United Nations Peacekeeping* (2nd Edition), New York: UN Publications, 1990, "Preface".

⑤ 门洪华：《和平的纬度：联合国集体安全机制研究》，上海人民出版社2002年版，第304~305页。

67

建立和平（peace-making）乃至缔造和平（peace-building）。联合国半个多世纪的维和实践已经使之成为"集体安全机制的适度表现形式之一"，[①] 但是，维和行动在联合国宪章中并未规定，从一开始就具有明显的不规范性和不确定性，迄今为止"尚不能认为已经构成一种具有明确规范的国际制度"，[②] 随意解释和盲目扩大是导致维和行动遭受挫折的最主要原因。联合国必须对进行维和立法规制，在维和的实施程序、适用范围、职能权限、法律原则、授权制度上形成一套完整的、严密的理论体系和有约束力的规则。

在维和改革的问题上，应有的一个认识是，联合国的维和行动形成于冷战时期，演变于冷战之后，本身就存在着不适用新的国际安全局势的特征，固守原有机制是不可能的。在维和的实施程序上，应该明确安理会、大会和秘书长的决策权、指挥权、监督权，联合国维和行动的部队组成和资金来源应该建立相应的制度，目前建立的联合国"待命安排机制"（standby arrangement）得到了会员国的支持。对于维和行动适用和职能的扩大化，[③] 国际社会必须有清醒的认识，冷战后全球化猛烈发展，国内问题国际化是一个普遍的现象，并且"失败国家"（failed states）的出现，[④] 使冲突的制止并不能达致持久的和平，冲突过后，需要联合国执行缔造和平，包括军事安全、民事法律和秩序、人权、选举、地方行政、卫生、教育和建设等。这就使联合国介入传统的一国内政问题成为必要，《高级别小组报告》建议设立"和平建设委员会"是可取的。其中引发的国家主权原则问题必须从两个方面解决，一是国际社会要认识到主权原则不是恒久不变而是随着时代的发展而变化的；二是联合国在介入一国内政时必须尊重国家主权，维和的同意原则必须得到恪守。

对维和部队的法律权限应该做出明确规定，自 20 世纪 90 年代早期开始，军事力量在维和行动中得到越来越多的应用，[⑤] 对形势的变化作出大规模军事反应、提供有效的多边军事存在（multi-military presence）成为第二代维和行动的重要特征。[⑥] 1990～1995 年，安理会通过 11 项决议，授权对伊拉克、索马里、

---

① John G. Ruggie, *The False Promise of Realism*, International Security, Vol. 20, No. 1, Summer 1995, pp. 62～70.

② 梁西：《国际组织法（总论）》（修订第五版），武汉大学出版社 2001 年版，第 196～197 页。

③ 1988～1999 年的 41 次维和行动中仅有 6 次属于传统维和行动，其余均因一国内乱设置，使维和行动从一般性预防外交到介入国内冲突为主。参见 Alan James: *Peacekeeping in the Post-Cold War Era*, International Journal, Vol. 50, No. 2, Spring 1999, pp. 241－265。

④ 这些国家丧失或部分丧失了行使国家主权的职能，出现"主权欠缺或不足"现象。

⑤ Anne-Marie Smith, *Advances in Understanding International Peacekeeping*, Washington：United States Institute of Peace, 1997, p. 10.

⑥ John Mackinlay and Jarat Chopra, *Second Generation Multinational Operations*, Washington Quarterly, Vol. 15, No. 3, 1992, pp. 113－131.

卢旺达、海地、波黑等采取了军事打击行动。第二代维和行动从维持和平走向执行和平（peace enforcement），使联合国维和机制面临前所未有的挑战。许多维和行动以传统维和始，但"在执行过程中走了样，产生了非常恶劣的后果"①。联合国在索马里实施的两次强制和平行动失败，标志着第二代维和行动的终止。② 对于维和行动，联合国必须认识到他与"根据《联合国宪章》第 41 条或第 42 条所采取的实行高压政策的强制行动有原则性的区别"，③ 无限度地扩大维和的职权只可能带来适得其反的结果。因此，必须将维和行动严格定位在临时措施的范畴，不能混淆维和与强制措施的法律权限，在维和中恪守中立和非武力原则。

对于在维和出现的新变化应予以规范化，一是区域组织的维和。④ 区域组织一直主张区域性的维和不需要安理会的授权，⑤ 避开联合国宪章对其行动的限制，这在一定程度上削弱了联合国在国际和平与安全上的权威；二是授权大国维和。冷战后大国参与维和的积极性高涨，五大常任理事国都参与其中。实践证明，授权一些国家执行维和使命"可能会给联合国的地位和信誉带来负面影响，同时也存在这些国家超越联合国授权而擅自行动的危险"⑥。应该承认，区域组织参与维和"不仅能够减轻安理会的负担，而且有助于加深国际事务中的参与感、认同感和民主化"，⑦ 联合国发挥区域组织在国际安全中的潜力是未来的趋势。授权大国维和也有同等作用，但是对两者必须建立明确的授权制度，确定其法律权限，建立明确的实施、监督和报告制度，防止维和被大国及其控制的区域组织用来推行自己的利益。

（三）强制措施——制裁制度的改革

制裁措施规定于《联合国宪章》的第 41 条，是介于单纯的口头谴责和诉诸武力之间的一种强制措施。冷战时期，联合国仅在 1966 年和 1977 年分别对罗得西亚和南非实行了经济制裁和武器禁运，1992～2001 年冷战结束后的 10 年，联

---

① Richard N. Haass, Intervention: *The Use of American Military Force in the Post-Cold War World*, New York: Brookings Institution Press, 1999, p. 34.

② Joseph P. Lorenz, *Peace, Power, and the United Nations: A Security System for the Twenty-first Century*, Boulder: Westview Press, 1999, p. 88.

③ 梁西：《国际组织法（总论）》（修订第五版），武汉大学出版社 2001 年版，第 193 页。

④ 20 世纪 90 年代以来，由地区性国际组织组成的联合国家部队（如独联体国家维和部队等）开始活跃，它们也自称"维和部队"，并"接管"了联合国维和机制的部分权限。如 1990 年西非经济共同体国家向利比里亚派出自己的维和部队，欧安会在亚美尼亚和阿塞拜疆的纳卡地区建立的观察员部队，独联体在塔吉克斯坦等组建的维和部队，美洲国家组织向海地派出的人权观察团等。

⑤ Malcolm N. Shaw, *International law (Fourth Edition)*, Cambridge Press, 1997, p. 882.

⑥ 钱文荣：《〈联合国宪章〉和国家主权问题》，载《世界经济与政治》1995 年第 8 期，第 3～12 页。

⑦ 加利：《和平纲领》。

合国共对 12 个国家实施了制裁,① 制裁已经成为联合国处理国际安全事务的一种常用的强制措施,对维护国际和平与安全起到一定的作用。但是制裁制度的不完善使其未达到预想的效果,特别是经济制裁已被证明是"一种生硬的、甚至具有反作用的手段",② 制裁严重被大国操纵和利用更是广为国际社会所非议。基于国际条约之上的公正、合理的制裁才能够取得效果,第 41 条只是一个抽象性的规定,将其细化为法律规则才能发挥制裁在国际安全事务中的作用。

完善制裁的实施程序,对制裁的决策、对象、实施、目标、取消等作出明确的规定。当前就联合国制裁委员会如何作出制裁决定存在分歧,英、美主张维持现有安理会五个常任理事国表决通过的惯例,法、俄主张由联合国多数成员国投票表决,致使制裁改革陷入僵局。笔者认为,制裁作为一种强制措施应该尊重安理会的决策权,但同时要明确大会的监督权和秘书长的指挥权。在制裁的适用范围和对象上,应该作出较为明确的法律标准,安理会的制裁实践已经把恢复民选领导人地位、促进人权和惩罚恐怖主义等作为实施制裁的依据,美国更是在制裁的对象上搞双重标准,反对对以色列的制裁。在制裁的实施中,应该根据制裁的烈度实行分级进行,由于一些国家与制裁对象有着利益关系而消极承担义务,应建立监督机制。制裁的目标应在制裁实施之初就予以规定,目标一经达到,制裁即应取消,联合国对伊拉克进行了长达十年的制裁,本意是针对违禁武器却演变成为推翻萨达姆政权。应建立制裁评估制度,对制裁所产生的人道主义灾难和第三国的损失予以评估、补偿。

完善制裁的区域办法。《联合国宪章》第 53 条规定安理会可以利用区域办法开展执行行动,并禁止区域组织在没有安理会授权的情况下擅自行动,但区域组织在实践中却常常对第 53 条所指的执行行动做出狭义解释,认为执行行动不包括《联合国宪章》第 41、42 条所列举的所有行动,而仅仅只是指那些涉及武力使用军事力量的行动,区域组织实施的不涉及武力的措施不应包含其中。③ 因此,区域组织实施的此类措施不需要安理会的批准,也无需遵守安理会的监督。④ 致使在联合国之外有大量的单边制裁出现,如 1960 年美洲国家组织对多米尼加实施制裁,拒绝了对需要经过安理会批准的建议。联合国应该在制裁的区域办法上作出明确的规定,将区域组织的制裁行动置于安理会的监控之下,避免危及联合国集体安全制度的权威。

① 邱桂荣:《联合国的制裁制度》,载《国际信息资料》2002 年第 3 期。
② 安南:《我们人民:21 世纪联合国的作用》,秘书长的报告,2000 年 3 月 27 日,A/54/2000。
③ Mohammed Bedjaon General Editor, *International law: Achievements and Prospects*, Martinvy Nihoff Publishers Unesco, 1998, pp. 725 – 737.
④ Frederic L. Kirgis, *The Security Council's First Fifty Years*, 189 AJIL (1995), p. 539.

（四）强制措施——武力使用制度的改革

安理会使用武力措施的问题。为了实现第 42 条的规定，《联合国宪章》第 43 ~ 48 条规定了安理会实施武力强制行动所需遵循的程序要求，其中组建"联合国军"的第 43 条被认为是安理会武力执行行动的前提条件和基石。[①] 但受冷战的影响，第 43 条从未适用过，军事参谋团形同虚设，其"法律后果是十分严重的，它使作为联合国集体安全保障体制最有力工具的联合国部队一直付诸阙如。"[②] 因此，联合国成立至今，还没有一次完全意义上的安理会武力执行行动，朝鲜战争被一些西方学者标榜为集体安全行动的典范，但这是美国领导的反对朝鲜的行动，[③] 安理会乃至大会的决议都违反或超出了《联合国宪章》的规定和基本原则。[④] 即使是广为称道的 1991 年的海湾战争，也只是对第 42 条的"半适用"（Article42 1/2）。[⑤] "欲使安全组织具有执行集体强制措施的行动能力，各成员国需配备一支真正由安全组织直接管辖（而不是由霸权国家操纵）的军队。"[⑥] "冷战结束之后，尤其是美国'9·11'事件以来，安理会对一系列涉及国际和平与安全的重大决议表明：将《联合国宪章》第 43 条付诸实践的时机逐渐成熟起来。"[⑦] 采取措施激活第 43 条将是联合国集体安全制度改革面临的重要任务。

授权使用武力的问题。由于第 43 条停摆的原因，安理会的武力执行行动只能采取授权会员国或区域组织的方式实施。冷战期间，安理会曾经通过第 221 号决议授权英国使用武力，1990 年通过第 678 号决议，授权各会员国使用"一切必要手段"打击伊拉克侵略科威特的行径，之后，安理会又通过了诸多授权决议，对前南斯拉夫、索马里、卢旺达、海地、大湖地区、阿尔巴尼亚、中非共和国、几内亚比绍和东帝汶等实施武力执行行动。[⑧] 但授权使用武力存在的问题也

[①] Benedetto Conforti, *The Law and Practice of the United Nation*, Kluwer Law International, 1996, p. 196.

[②] 邵津主编：《国际法》，北京大学出版社、高等教育出版社 2000 年版，第 404 页。

[③] Arnold Wolfers, *Collective Scurity and the War in Korea*, in Arnold Wolfers（ed.），*Discord and Collaboration*, baltimore：Johns Hopkins University Press, 1962, p. 176.

[④] 周启朋：《集体安全与联合国宪章下的强制措施》，载陈鲁直等主编：《联合国与世界秩序》，北京语言学院出版社 1992 年版，第 143 ~ 159 页。

[⑤] Mark W. Janes and Jone E. Noyes, *International Law：Case and Commentary*, West Publishing Co., 1997, p. 471.

[⑥] 梁西：《国际组织法（总论）》（修订第五版），武汉大学出版社 2001 年版，第 192 页。

[⑦] 曾令良：《论伊拉克战争的合法性问题与国际法的困惑》，载《珞珈法学论坛》第 4 卷，武汉大学出版社 2005 年版，第 236 页。

[⑧] Niel Blokker, *Is the Authorization Authorized：Power and Practice of the UN security Council to Authorize the Use of Force by "Coalition of the Able and Willing"*, European Journal of International Law, Vol. 11, No. 3, 2000, p. 543.

是很严重的。一是授权的法律依据问题，除《联合国宪章》第 53（1）条规定可以通过区域办法采取强制行动外，联合国宪章中并无其他规定，对联合国授权实施武力的依据众说纷纭，有人认为是依据联合国的宗旨，有人认为是依据第 7 章或第 8 章，有人认为是国际组织的暗含权力。二是授权的规则更不明确，安理会将军事行动的指挥权和监督权都交给授权对象，致使联合国的武力执行行动变异成为大国推行霸权主义的工具；区域组织更是先斩后奏，事后再寻求安理会的授权。① 应该说，授权使用武力作为一种权宜之计发挥了一定的作用，随着形势的发展今后也会大量出现，因此，应该建立明确的授权制度，对授权使用武力的程序、指挥权、监督权和报告制度作出明确的规定，杜绝默示授权和事后授权② 的出现。高级别小组报告提出安理会在考虑是否批准或同意使用武力的 5 个正当性标准：威胁的严重性、正当的目的、万不得已的办法、相称的手段和权衡后果，并建议把这些授权使用武力的准则列入安理会和大会的宣告性决议。

武力使用的合法性问题。当前《联合国宪章》所规定的武力使用制度在实体上至少遇到了反恐战争、预防性自卫（先发制人）、人权和人道主义干涉等几种新情形的挑战，在程序上依然存在着历史遗留的法律解释和事实认定两方面的问题，违法者总是对《联合国宪章》第 2（4）条和第 51 条作出自己需要的解释，在事实上又作出自圆其说的认定。当前大量的文章都在论证这些单边使用武力的非法性和危害性，但不可忽视的事实则是大规模杀伤性武器带来的威胁形式的变化和大规模践踏人权行为的存在危及国际和平与安全，而国际社会却对其缺乏有效管制，并且，联合国宪章未能完全、充分地反映这些新情况，国际社会对此的界定和认识也有比较大的分歧，阻碍或无法采取集体行动。③ 致使一些单边武力在国际伦理上具有一定的存在意义。"为集体安全而设定的行动自由限制不应导致防止重大潜在威胁方面存在漏洞，只有这样，集体安全体系才是持久的，否则该体系就不会为各国接受。"④ 联合国集体安全制度要想赢得尊重就必须将其纳入法治轨道，为之提供明晰的标准和可供依靠的程序，尽量减少单边武力法外实施的可能性。在武力使用的合法性问题上，国际社会不但要认识到建立《联合国宪章》权威解释系统的迫切性，而且要认识到，随着情势变迁，对禁止

① 1990 年西非国家经济共同体派遣部队进入利比里亚维和，未得到安理会的事先授权，但国际社会未提出批评，被认为是安理会默示授权。
② 对于 1999 年北约打击南联盟的事件，安理会通过了 1244 号决议事后认可，使其取得了合法性。
③ Michael J. Glennon, *why the Security Council Failed*, Foreign Affairs, May/June 2003.
④ ［德］马蒂亚斯·海尔德根：《联合国与国际法的未来——现代国际法体系基本价值及其有效保障》，载《世界经济与政治》2004 年第 5 期。

使用武力、国家自卫权等原则和规则进行充实、调整和完善是必要的，[①] 墨守成规恐怕于事无补。

二、联合国集体安全制度改革与中国和平发展的交互影响

联合国的改革是一个缓慢的进程，集体安全制度作为联合国改革的一个主要内容也不可能一蹴而就。由于国际社会的分歧，改革最终能够达到什么程度还难以估计，但毫无疑问的是，改革是联合国集体安全制度面对新的国际安全态势做出的调整和提高，将对国际法律秩序产生积极的影响。

（1）改革后的联合国集体安全制度将会在效力和效率上得到维护和提高，使多边主义真正成为更有效、更充分、更具合法性的维护国家以及人类安全的基本行为准则，降低单边主义的吸引力，减少对多边主义的怀疑和轻视，重新树立国际社会对集体安全制度的信心，使业已抬头的单边安全重回多边安全的轨道。

（2）改革将增强国际安全法律制度的明确性和可预见性，有利于提高国家之间的政策透明度，使国家的军事战略转向以防御性为主，改善、缓和国家之间的安全困境。

（3）改革后的集体安全制度执行能力将得到提高，强制措施的实施也将得到规范，有利于国际安全法律秩序的维护。

（4）改革后的集体安全制度将对国际干涉进行规范化，随着国际安全情势变迁，国际干涉将会越来越多，其中引发的主权问题将会在集体安全的框架内得到解决。

（5）随着安理会的改革和其他安全机构的发展，联合国集体安全制度解决国际安全争端的能力将得到提高，有助于国际争端的和平解决。

（6）改革将对全球化中产生的新安全问题予以解决，特别是非传统安全将受到关注。

中国的和平发展战略，和平是发展的前提和基础，"争取和平稳定的国际环境、睦邻友好的周边环境、平等互利的合作环境和客观友善的舆论环境，为全面建设小康社会服务，是当前和今后一个时期我国外交工作的根本任务，也是基本目标。"[②] 联合国集体安全机制这样的国际多边制度在当代国际关系中发挥着服

---

① 曾令良：《论伊拉克战争的合法性问题与国际法的困惑》，载《珞珈法学论坛》第 4 卷，武汉大学出版社 2005 年版，第 235 页。

② 《胡锦涛在第十次全国驻外使节会议上的讲话》，载《人民日报》2004 年 8 月 30 日。

务、制约、规范、示范、惩罚等多重功能,[①] 一个健全、高效的多边安全法律制度将有利于我国减少、缓和、解决现有的和未来的国际冲突,为我国的和平发展提供更多的机会。

首先,联合国集体安全制度的改革所营造的国际法律秩序符合中国和平发展战略的需要。改革将加强国际安全在联合国集体安全制度内的合作,避免国家(集团)对抗和大规模军备竞赛局面的出现,从而缓和国际局势,维护世界大体上的和平稳定。在客观上为中国营造了一个和平发展需要的一个长期的相对和平稳定的国际环境,使中国能够集中精力专注于建设。

其次,联合国集体安全制度的改革有助于中国在实施和平发展战略中解决安全争端问题。在中国和平发展的进程中,统一问题(主要是台湾问题)和边界问题(有钓鱼岛、南海等问题)已经构成了严重障碍,随着联合国安全制度和平解决争端能力的提高,中国将期望能够在国际安全法律制度的框架中解决这些纠纷。

再次,联合国集体安全制度的改革有助于中国在实施和平发展战略中处理国家之间的安全关系。中国的和平发展必须避免与西方大国尤其是美国陷入对抗、遏制和冷战的循环,避免周边国家结成旨在对付中国的同盟,避免中国周边热点问题失控危及我国的安全稳定。改革后的联合国集体安全制度在传统安全问题上将会增强"增信释疑"功能[②],中国将能够更好地利用联合国集体安全的法律制度,加强与大国的协调和相互信任度,加强与邻国安全问题的和平解决,增进稳定,减少敌对。

最后,联合国集体安全制度的改革有助于中国在实施和平发展战略中解决非传统安全问题。随着中国融入全球化的程度加深,非传统安全对中国和平建设的威胁日益严峻。改革后的集体安全制度将是一个涵盖非传统安全的广义集体安全制度。虽然并不是所有的非传统安全都会进入联合国集体安全的范畴,但反恐、管制核扩散和其他大规模杀伤性武器等将有望在集体安全制度的法律框架之中进行,这将有助于我国在和平发展中所必须面对的"藏独"、"东突"等恐怖势力问题,缓解周边有核国家四起的紧张局势。

中国积极参与、维护和强化联合国集体安全制度的改革是实施和平发展战略的需要,中国必定会利用联合国改革的契机,对集体安全制度的规则提出自己的观点和要求。同时,中国作为世界上的一个大国,其和平发展本身就是国际安全环境的重要组成,反过来也将对联合国集体安全制度的改革产生影响。

---

① 门洪华:《和平的纬度:联合国集体安全机制研究》,上海人民出版社 2002 年版,第 102 ~ 105 页。

② 陈东晓等著:《联合国:新议程和新挑战》,时事出版社 2005 年版,第 7 页。

第一，中国的和平发展对联合国集体安全制度的改革起着维护和推动的作用。中国的和平建设与联合国的改革是一个并行发展的过程，一方面，中国的崛起必定会对现行的国际体系造成一定的冲击，从国际关系史上看，大国的崛起与外界的冲突是不可避免的，但是中国强调的是和平发展，中国积极参与包括联合国集体安全制度的国际多边组织及其集体行动，是国外认为改革开放以来的中国不是一个国际体系的颠覆者，而基本上是一个满足于现状者的主要标志。① 中国积极参与改革与西方国家在安全事务上边缘化联合国是对立的。另一方面，中国为实施和平发展战略，将仿效当初提出和平共处五项基本原则一样，将和平发展的理论基础上升到国际法的高度，② 使和平崛起的性质（rise of peace）、手段（rise by peace）、目的（rise for peace）等理论为国际社会所理解、认同，并受国际法的保护，从而推动联合国集体安全制度的发展。

第二，中国在和平发展的进程中所倡导的新安全观及实践将促使联合国集体安全制度的改革朝着正确的方向发展。"中国提倡国际社会应树立以互信、互利、平等、协作原则为核心的新安全观，努力营造长期稳定、安全可靠的国际环境作为实现中国自身安全的前提和保障，"③ 倡导通过多边国际安全制度促进国际安全合作，减少国际之间的安全困境。近些年来，中国参与联合国集体安全行动、维护地区和平稳定的深度和广度都有了实质性的提高，在区域问题上创造了上海合作组织，推动了 10＋3 机制的发展，与周边国家积极实施"以邻为伴、与邻为善"和"睦邻、富邻、安邻"的方针，大力提倡不针对第三方的战略伙伴关系，反对根据单个国家的利益偏好制定歧视性和单边主义的行为规则。

第三，中国的和平发展对联合国集体安全的机构改革和具体法律规则的修改、制定将产生重大影响。中国是安理会常任理事国，也是最大的发展中国家，中国的和平发展将使中国在国际事务中具有更大的发言权，联合国集体安全制度的改革没有中国的支持是难以想象的。联合国集体安全制度改革对中国的和平发展有着至关重要的影响，针对现行的改革方案，中国已经就安理会、大会和秘书长的改革，以及联合国集体安全制度一些法律规则的修改和制定，向国际社会阐明自己的意见。④ 中国的主张有利于加强改革的民主性和合法性。

---

① Alastair Iain Johnston, *Is China a Status Quo Power?* International Security, Vol. No. 4, Spring 2003, pp. 55 – 56.
② 罗国强：《"和平崛起"与新世纪国际法的理论构建》，载《国际观察》2004 年第 5 期。
③ 江泽民：《论"三个代表"》，中央文献出版社 2001 年版，第 184 页。
④ 详见《中国政府发布关于联合国改革问题的立场文件》，http://news. xinhuanet. com/newscenter/2005 – 06/08/content_3056790. htm。

第二节　联合国集体安全体制对使用武力的法律控制[*]

一、联合国集体安全实践中的法律争议

联合国集体安全体制的根本目的即消除战争、禁止武力使用；联合国成立至今几乎所有有关集体安全的实践无一不与《联合国宪章》第 2 条第 4 款禁止使用武力或武力威胁这一核心原则的解释密切相关。因此使用武力的合法性以及证明使用武力的合法性问题自然就成了关于集体安全的法律争议的焦点。

很明显，该条规定一国对另一国发动的战争以及其他武装入侵行为为非法；此外，它还禁止一国在另一国领土范围内进行的较轻微形式的武力干涉。除了《联合国宪章》第 7 章规定的联合国主持的为实现和平而进行的集体行动外，一国唯一合法的武力使用就是第 51 条规定的有限例外，即允许为反抗武装进攻进行自卫而使用武力。而最终证明，第 2 条第 4 款的规定并非没有歧义，对于允许出于"善意"目的进行武力干涉的主张而言，并非无懈可击。[①]

（一）宪章的规定与解释上的分歧

《联合国宪章》第 2 条第 4 款规定："各会员国在其国际关系上不得使用威胁或武力，或以与联合国宗旨不符之任何其他方法，侵害任何会员国或国家之领土完整或政治独立。"

歧义首先存在于第 2 条第 4 款的字面规定上。

（1）禁止使用武力破坏别国"领土完整"的规定是否仅禁止旨在夺取别国领土的武力使用？还是也禁止出于任何目的、无论短暂与否的侵犯别国领土边界的武力行为？

领土完整是一国整个领土范围的完整性和不可侵犯性。侵入他国领土的行为，不论其持续的时间多么短暂，都构成对领土完整的破坏。[②] 领土完整应当理

---

* 本节作为子项目收录于《中国和平崛起与国际法研讨会论文集》（2005 年 12 月 3~4 日，武汉），标题略有改动，内容有较大幅度的删减和改动。

① ［美］路易斯·亨金等著，胡炜、徐敏译：《真理与强权——国际法与武力的使用》，武汉大学出版社 2004 年版，第 37 页。

② 余民才主编：《国际法专论》，中信出版社 2003 年版，第 204 页。

解为领土不可侵犯，一国政府确保国家领土完整是维护主权的当然要义。在国际实践中，英国曾在科孚海峡案中辩称，其"零星行动"（1946年11月12日至13日在阿尔巴尼亚领水进行的扫雷行动）既未威胁到阿尔巴尼亚的领土完整，也没有损害其政治独立，因此没有违反《联合国宪章》第2条第4款。国际法院却一致认为，英国军舰的扫雷活动是在阿尔巴尼亚的领水内并违反其意愿的情形下进行的，这就破坏了阿尔巴尼亚人民共和国的主权，因此，英国军舰的这种行动是不能以行使自助权或其他理由而被说成是正确的。坚持对领土完整进行广义的解释有利于在实践中尽可能限制使用武力。

（2）禁止使用武力破坏别国"政治独立"的规定是否只将企图以吞并或扶植傀儡政权的方式终止别国政治独立的武力使用规定为非法？还是也禁止以武力强迫别国服从某种特定的政策或作出某一特定政策？

独立是国家自主地和排他地处理其内外事务的法律能力，政治独立也是一国行使主权的必备要件。因此应该说任何使用武力以强迫一国采取特定政策或行为都应视为是对该国政治独立的侵害。然而近些年国际社会中多次出现所谓"人道主义干涉"，国内外学者对其是否构成禁止使用武力原则的违反观点不一。

（3）什么是宪章中所说的"武力"，那些旨在破坏别国领土完整或政治独立的经济压制——石油禁运、联合封锁或其他制裁，是否属于《联合国宪章》第2条第4款禁止的"武力使用"？

国际社会一般都认为，实际的使用武力措施是对《联合国宪章》第2条第4款最严重的违反。其中，侵略是最严重和最危险的非法使用武力的形式。[1] 目前国际社会对于这一看似简单，实际却相当复杂困难的概念尚无普遍接受的精确法律定义，只有1974年联合国大会通过的《关于侵略定义的决议》对该问题以具体列举的方式给予了一定阐释，并赋予安理会认定侵略的自由裁断权。但由于联大决议法律定位的模糊性，该《侵略定义》没有法律约束力。侵略之外，武力使用还包括哪些形式也是个很有争议的问题。首先从用词上看，《联合国宪章》英文文本中的"force"虽通常对应于中文的"武力"一词，但"force"本身在语言学上具有多种词义，其中与《联合国宪章》第2条第4款有关的有"强力"，"有组织的武装团体"，"压力、压力的强度"等，争论由此产生。[2] 对此持狭义理解的观点认为，"武力"仅指"武装的力量"，不包括政治和经济胁迫，认为这种解释反映了旧金山制宪会议的初衷；相反的观点则认为，从法律上讲，"武力"的含义不应排除施加政治和经济的压力，因为《联合国宪章》并没有区

---

[1] ［美］路易斯·亨金等著：《真理与强权——国际法与武力的使用》，胡炜、徐敏译，武汉大学出版社2004年版，第37页。

[2] 黄惠康著：《国际法上的集体安全制度》，武汉大学出版社1990年版，第212页。

分武装的和其他形式的武力。禁止使用武力原则必须结合国际形势的新发展和需要来考虑。持前一种看法的多为西方国家，大多数国际法学者也支持对"武力"概念的狭义解释；苏联、东欧国家和广大亚非国家及一些拉美国家则多支持后一种观点。虽然联大通过了一系列的决议，禁止各国采取各种形式的经济和政治胁迫干涉他国内政，重申这是危害国际和平与安全的行为，但无论是大会还是安理会均没有明确表示使用这种威胁就是违反了《联合国宪章》第 2 条第 4 款。①

（4）什么是"武力威胁"？

实践中，禁止武力威胁比禁止武力使用的效果要逊色得多，因为如何判断这种威胁的存在是颇有争议的。比如在 1956 年苏伊士运河事件中，埃及指责英、法针对埃及对苏伊士运河实行国有化措施而进行的军事准备构成了武力威胁。但是联合国为了回避矛盾，避免对某个会员国的行为加以指责，只是将这种情势笼统地称为"对和平的威胁"，而没有直截了当地说是武力威胁。1970 年《国际法原则宣言》明确宣布，为在另一国境内组织动乱提供积极支持，或为入侵他国鼓励组织武装集体是违反《联合国宪章》第 2 条第 4 款的。大会和安理会也明确表示这些行动均违反联合国的宗旨和原则。但对于核大国针对他国发表核威慑的声明，或以其军事实力要挟他国改变政策的做法是否构成第 2 条第 4 款所禁止的武力威胁，各国则持不同看法。大国坚持认为使用核武器问题属于裁军范畴。广大中小国家则持反对意见，认为武力威胁应包括核威胁。目前，围绕使用核武器是否合法的辩论，将直接影响对武力威胁的解释和适用。②

（5）哪些是"与联合国宗旨不符之任何其他方法"？

阅及联合国关于禁止使用或威胁使用武力原则的所有法律文件，都没有对此进行解释，虽为适应现实发展之动态规定，但缺乏一定的判断标准，无疑还是会增加《联合国宪章》第 2 条第 4 款具体适用时的不确定性。

在《联合国宪章》通过之后的这些年里，各国政府普遍坚持对武力使用做最狭义的解释，即使是那些曾作出武力行为的国家，在为其行为寻求辩护时，也没有都竭力主张对这一禁止性规定作宽泛解释。相反，它们更愿主张那些可能使得其行为不再违法的事实和情形。③

（二）禁止使用武力或威胁使用武力原则与自卫权

《联合国宪章》对国家自卫权的规定主要体现在第 51 条："联合国任何会员

---

① 许光建主编：《联合国宪章诠释》，山西教育出版社 1999 年版，第 45 页。
② 许光建主编：《联合国宪章诠释》，山西教育出版社 1999 年版，第 45～46 页。
③ ［美］路易斯·亨金等著，胡炜、徐敏译：《真理与强权——国际法与武力的使用》，武汉大学出版社 2004 年版，第 38 页。

国受武力攻击时，在安全理事会采取必要办法，以维持国际和平及安全以前，本宪章不得认为禁止行使单独或集体自卫之自然权利。会员国因行使此项自卫权而采取之办法，应立即向安全理事会报告，此项办法于任何方面不得影响该会按照本宪章随时采取其所认为必要行动之权责，以维持或恢复国际和平及安全。"该条款中"自然权利（inherent right）"一词激起了广泛争论。自卫权是国家主权自身应有之意？还是又有了新修改的含义？基于宪章之法定权还是习惯法上的权利？有观点认为，无论条文中具体用语的含义为何，自卫权都应来源于习惯法，毕竟假定成员国仅拥有宪章所规定的法定权利是荒谬的；还有观点进一步认为第51条的目的是确认现有的这一权利，并非创设一个全新的权利，《联合国宪章》第51条的规定并没有损害国家单独或集体自卫的自然权利。① 另有观点认为，《联合国宪章》第51条并不是以保留自卫之习惯国际法的形式来规定自卫权的；相反，它使用的是限制习惯权利的方式，对于自卫权在联合国体制下的行使规定了诸项明确的条件。更为重要的是，依据《联合国宪章》第51条和第2条第4款的关系，任何关于自卫权的规定，无论是明示的还是默示的，都只能是禁止使用武力原则的一项例外，自卫权的行使必须受制于联合国集体安全体制的法律管制。② 尽管争论不一，但认为自卫权是国家固有的本质权利的观点仍得到了历史先例的支持。最关键的问题还是在于对自卫权的概念是否有一个恰当的表述。

1. 什么是正当合法的自卫行为

禁止使用武力或威胁使用武力是国际关系中的基本行为原则，作为其例外之一的国家自卫权在实践中的关键即何时、何种情况下、何种程度的武力使用才是正当合法的自卫行为，不构成对《联合国宪章》第51条的滥用。

当今世界，以自卫为使用武力理由的实例集中表现为国家或国家集团的武力反恐行为。"9·11"事件之后，美国对于恐怖主义袭击或威胁所采取的武力行动均以行使自卫权为名。对此，国际法学界意见不一，涉及的法律问题主要有：

（1）恐怖主义行为是否属于"武力攻击"？

遭受"武力攻击"是《联合国宪章》明定的行使自卫权的最重要的实质性条件，但《联合国宪章》本身并未对其作出界定。持狭义观点的人认为应对"武力攻击"作严格解释，防止国家滥用自卫权使用武力；只有在发生一国正规武装部队跨越国境，侵犯另一国领土的情况下，另一国作为受攻击国才可行使自卫权；鉴于第51条是联合国集体安全体制内对于武力使用的一种例外规定，国家则会不断为其侵略性行为寻求合法化程序，以证明其行为符合宪章规定。广义

---

① Jane A. Meyer, *Collective Self-defense and Regional Security*: *Necessary Exceptions to a Globalist Doctrine*, 11 B. U. Int'l L. J., p. 391.

② 许光建主编：《联合国宪章诠释》，山西教育出版社1999年版，第360～361页。

观点则认为上述狭义解释不符合当今的国际政治形势，自卫行为在符合必需的、成比例的标准下可以针对侵略威胁行为，因此不仅包括提前的打击行为，也包括对于非直接侵略行为的反抗措施。①

尼加拉瓜准军事行动案中，国际法院判决声称，本法院不相信"武力攻击"的概念也包括以提供武器或其他支持的方式协助叛乱，此种协助可以被看做威胁使用武力。这就限制了先发制人措施使用的程度。本案中，因为不存在迫近的武装攻击，尼加拉瓜就没有对萨尔瓦多实行真正的威胁。该判决仅依据本案特殊事实，并没有在对"武力攻击"进行宽泛解释的基础上提出疑问。可以说，国际法院判例至今也没有对武力攻击或构成武力攻击的要素作进一步的解释。

不仅"武力攻击"或"恐怖主义"至今都尚未有定论，而且判断国际恐怖主义袭击是否构成引用自卫权所依赖的武力攻击这一问题同样充满争论。在赞成者中，有人将几乎所有类型的恐怖主义行为视为可引起自卫权的武力攻击；另有人则将直接针对国家本身的恐怖主义行为包括在武力攻击内，而将直接针对个人（无论其国籍）的恐怖主义行为排除在外；② 还有人主张，国家只能对其自己领土内的恐怖主义攻击进行反击，其在海外的国民所受恐怖主义攻击不满足武力攻击的条件。③ 反对者认为，恐怖主义攻击不是武力攻击，而是国际公约上的一种刑事犯罪，一系列反恐怖主义公约建立了对违法者及其同谋提起追诉的程序。④ 自卫只能是为反击一个国家的攻击才能行使，恐怖主义组织不是一个国家的政府，而是一个非国家团体。⑤

（2）"先发制人"的反恐策略是否符合自卫权的规定？

"先发制人"，顾名思义，意即为防卫所谓的紧迫的攻击危险，在尚未受到实际的武力攻击时进行预先自卫。根据《联合国宪章》第51条，一国是否可以出于"先发制人"预先自卫的目的而使用武力，国际法学界对此进行了辩论。支持者认为传统习惯法并不要求已经存在的武力攻击为自卫的前提条件，主要基于以下两点理由：首先，《联合国宪章》第51条自卫权之规定与《联合国宪章》第2条中7项国际法基本原则采用同样的方式，是对习惯法的确认，是这一"自然权利"的法律化的再现。而自卫权之传统习惯法则来源于19世纪的国际实

---

① Jane A. Meyer, *Collective Self-defense and Regional Security: Necessary Exceptions to a Globalist Doctrine*, 11 B. U. Int'l L. J. , p. 391.

② Stanimir A. Alexandrov, Self-Defense against the Use of Force in International Law, p. 183 (1996).

③ Jack M. Beard, *Military action against terrorists under international law: America's new war on terror: the case for self-defense under international law*, 25 Harvard Journal of Law & Public Policy p. 575 (2002).

④ Sean D. Murphy, *Terrorism and the concept of "armed attack" in article 51 of the U. N. Charter*, 43 Harvard International Law Journal pp. 45 – 46 (2002).

⑤ Thomas M. Franck, *Terrorism and the right of self-defense*, 95 AJIL, p. 839 (2001).

践，尤其是 1837 年"加罗林号案"的实践和 1842 年美国国务卿韦伯斯特关于自卫问题致英国政府的外交照会中宣示的原则；其次，无论是 1837 年"加罗林号案"中的争端当事双方，还是美国国务卿韦伯斯特，都认为自卫权的行使必须是"刻不容缓的、压倒一切的和无其他手段可供选择以及无时间仔细考虑的"，并且自卫行动必须是"合理的和不过分的"。① 反对者则认为《联合国宪章》第 51 条的用语已经清楚地表明除非武力攻击实际发生，否则自卫权不能实施。即使追溯习惯国际法，也不应仅依据"加罗林号案"及美国的外交照会。

2. 集体自卫行为与安理会集体安全措施的界限在哪里

《联合国宪章》第 51 条对于自卫权的行使规定了一个明确的最后限制，即"直到安理会采取措施为止"。很显然，《联合国宪章》的缔造者不打算允许成员国在安理会采取措施解决具体情势后继续实行军事行为。一般来说，单独自卫在安理会介入后即刻就能停止；但就集体自卫而言，情况似乎有些复杂，又涉及《联合国宪章》第 8 章区域办法的相关规定。从本质上而言，集体自卫与区域办法是两个不同的法律概念，具有不同的法律地位。一方面，区域办法属于联合国集体安全体制的当然组成部分，负有维持区域和平及安全的职能；另一方面，集体自卫权与区域办法在渊源上关系密切，集体自卫属于自卫，虽独立于集体安全体制之外但从属于集体安全体制。然而从表象上来看，借由具有防御性质的区域组织展开集体自卫是集体自卫权行使的主要方式，区域办法的实施同样基于一定的区域组织。因此，现实中对于一项集体武力行为到底是集体自卫还是安理会集体安全行为往往存在广泛的争议。

1991 年开始的海湾战争中，安理会作出的 661 号决议称："确认根据《联合国宪章》第 51 条，回应伊拉克针对科威特的武装进攻的单独和集体自卫的固有权利。"这一决议明确了依据的《联合国宪章》具体条款，确认了伊拉克入侵科威特直接导致科威特行使自卫权。3 个月后，安理会通过另一项决议，明确宣称国家有不容置疑的自卫权利。在 678 号决议中，安理会指出："授权成员国和科威特政府合作，采取一切必要措施支持和执行 660 号决议和随后相关决议以恢复该地区国际和平和安全"。首先，上述决议的用语没有基于第 51 条赋予集体行为以合法性，只是重申和再次确认了第 51 条。相反，决议还在总体上涉及了《联合国宪章》第 7 章，并进行了明确授权。

然而，是否安理会一旦介入，成员国就完全丧失自主行动自由了呢？有学者主张，如果安理会措施不足以扭转危及和平与安全的情势，受害国也没有理由只静静等待而无权采取任何措施，但问题是谁来决定安理会的措施是否足够有效

---

① 许光建主编：《联合国宪章诠释》，山西教育出版社 1999 年版，第 360 页，注释②。

呢？如由安理会自行决定，则部分有损于国家基本主权的行使。而且尽管《联合国宪章》规定集体安全措施是以维护和平与安全为目的，但不意味着只可能维护受害国的利益。作为一个政治机构，安理会很可能选择牺牲单个国家的利益，以确保更广泛意义上的国际和平与安全利益；如由国家自己决定，则会偏向于采取单独行动，很明显与《联合国宪章》的集体性质不一致。《联合国宪章》第 51 条不应解释为"直到安理会采取措施为止"，而应是"直到采取为维护国际和平与安全所必需的措施时为止"，也许由安理会与有关国家客观决定其措施是否适当与足够是最好的解决办法。虽然还可能产生观点的冲突，但比以其中一方的决定为准更容易接受。正如《联合国宪章》所规定的那样，安理会的存在没有否定国家的自卫权，自卫权在安理会成功地处理情势或全体一致通过决议暂时中止之前，不受任何限制。①

（三）禁止使用武力或威胁使用武力原则与人道主义干涉

人道主义干涉的历史由来已久，20 世纪末则出现了不同于 19 世纪单方面人道主义干涉的干涉行动，即国际社会以有组织的方式（如安理会）对发生在一国国内的人道主义问题采取武力措施。然而，对于安理会以人道主义为目的采取的武力措施是否应当称为"人道主义干涉"，存在不同看法。近年来不少学者把此类行动称为人道主义干涉，甚至冠以"联合国人道主义干涉"（U. N. Humanitarian Intervention）的名称。② 有些学者则认为，人道主义干涉仅指 19 世纪式的人道主义干涉，不包括联合国安理会采取的行动。也有学者认为人道主义干涉可以分狭义、广义两种解释，前者仅指 19 世纪式的人道主义干涉，后者则还包括联合国人道主义干涉。③

1. 单方面人道主义干涉

一个国家或一些国家使用武力或以武力相威胁，干涉另一个国家内部的事务，是违反以宪章为代表的国际法的非法行为。在这一点上，国际法学界已有共识。但当干涉谓之以"人道主义"时，问题就变得复杂起来了。以人道主义为目的的武装干涉能否构成禁止使用武力原则的一项例外，成了联合国集体安全体制下使用武力的合法与非法问题的又一重大分歧点。支持单方面人道主义干涉可

---

① Jane A. Meyer, *Collective Self-Defense And Regional Security: Necessary Exceptions To A Globalist Doctrine* 11 B. U. Int'l L. J. , p. 391.

② Richard B. Lillich, *The role of the U. N. Security Council in Protecting Human Rights in Crisis Situations: U. N. Humanitarian Intervention in the Post-Cold War World*, Tulane Journal of International & Comparative Law, Vol. 3, 1994.

③ 肖凤城：《国际法对人道主义干涉的否定与再考虑》，载《西安政治学院学报》2002 年第 15 卷第 1 期，第 62 页。

作为禁止使用武力或武力威胁原则例外的学者一般基于以下两个方面来论证自己的观点：

首先，从解释禁止使用武力或武力威胁原则入手，主张为人道主义目的而使用武力并不为《联合国宪章》第 2 条第 4 款所禁止。20 世纪 70 年代，美国一些学者如赖斯曼（Reisman）、麦克杜格尔（McDougal）等在其著作中纷纷提出人道主义干涉合法的论说。他们认为对《联合国宪章》第 2 条第 4 款应作限制性解释，即禁止使用武力或武力威胁原则仅直接针对侵犯各国"领土完整"和"政治独立"的行为，对保护人权没有限制，并没有将使用武力的特殊形式——人道主义干涉的合法性排除出去。他们进而主张，出于人道主义的动机使用武力不但不与联合国宗旨相抵触，从广义上来说，对人权的国际保护也包含在联合国宗旨之中，如出现特别侵犯人权的情况，使用包括武力在内的措施符合《联合国宪章》规定。因此他们主张，在特定情况下，在冲突的最低限度化和人权的法律保护这两种目的之间必须保持适当的平衡。当人权受到严重破坏时，保护人权原则要优于禁止使用武力原则。这种主张实质上就是把人道主义干涉作为禁止使用武力或武力威胁原则的例外。[①]

其次，认为人道主义干涉是一项与《联合国宪章》规定并存的习惯国际法，至今仍然有效。认为人道主义干涉在 19 世纪已经成为习惯国际法的观点主要来自方廷（Fonteyne）发表于 1974 年的一篇学术文章，其中写道："虽然对于在何种条件下能够诉诸人道主义干涉，以及人道主义干涉应该采取何种手段，存在明显分歧，但是，人道主义干涉原则本身已被广泛地接受为习惯国际法的组成部分。"大多数法理学著作均承认："到 19 世纪末已存在着一种称为'人道主义干涉'的权利。"[②] 还有学者认为，联合国成立以来单方面人道主义干涉的实践并没有停止的事实[③]足以确认人道主义干涉作为一项习惯国际法权利的持续有效。

由于人道主义干涉是一种特殊形式的使用武力或武力威胁，因此，人道主义干涉是否合法的问题与当代国际法体系中使用武力或武力威胁是否合法的问题直接相关。除去上述对禁止使用武力或武力威胁原则的限制性解释外，国际法学界

---

① 李兆杰：《国际法上的"人道主义干涉"问题》（visited Sep. 12, 2005），http://www. lawintsing-hua. com/content/content. asp？id＝170。

② 肖凤城：《国际法对人道主义干涉的否定与再考虑》，载《西安政治学院学报》2002 年第 15 卷第 1 期，第 60 页。

③ 1945 年以来发生了若干以人道主义为理由的对他国的单方面武力干涉事件。例如，1948 年的第一次阿以战争，1964 年美国和比利时两国在刚果的军事营救行动，1965 年美国入侵多米尼加共和国，1971 年印度入侵东巴基斯坦，1975 年印度尼西亚入侵东帝汶，1976 年南非入侵安哥拉，1978 年比利时和法国在扎伊尔的军事营救行动，1983 年美国武装干涉格林纳达等。参见黄惠康著：《国际法上的集体安全制度》，武汉大学出版社 1990 年版，第 257～261 页。

对此更为普遍的看法是对于《联合国宪章》第 2 条第 4 款应当给予绝对的解释。他们认为只有根据该条款起草者的真实意图，并在同《联合国宪章》第 39、51 和 53 条规定相结合的基础上，才有可能对《联合国宪章》的这一规定作出全面和令人信服的解释。

对于人道主义干涉是否属于习惯国际法组成部分这一问题，另有不少西方学者也提出了不同的看法。贝耶林（Beyerlin）认为："由于少数学者以严格的不干涉原则为依据，坚决否定人道主义干涉的学说，因此，近代人道主义干涉是否已明显地确定为习惯国际法存在争论。尽管有许多所谓人道主义干涉的先例，但是通过更仔细的研究就能发现仅仅只有几个案例能证明是名副其实的人道主义干涉的例子。"伊恩·布朗利则直截了当地指出："从来就没有真正的人道主义干涉的实例。"英国外交部的一份政策文件对此有过一番说法："当代国际法学者中的绝大多数反对国际法中存在着一项人道主义干涉的权利，主要原因有三：一是《联合国宪章》及现代国际法制度中都未明确纳入这项权利；二是国家实践中只有为数不多的人道主义干涉先例，然而对过去两个世纪中特别是 1945 年以来的先例加以仔细评估，实际上真正为人道主义而使用武力的情形一个也没有；三是从谨慎的立场上看，对人道主义干涉的权利加以滥用的程度足可以否定这项权利的产生。"[1] 可见，人道主义干涉缺乏国际社会的一致法律认知及反复且前后一致的行为实践，无论从习惯国际法必备的"心理因素"还是"物质因素"来看，都不能成为一项习惯国际法原则。另外，从国际习惯存在的证据来看，无论是在国家间的条约、宣言、声明等各种外交文书中，还是在国际组织的判决、决议实践中都找不到支持人道主义干涉成为国际习惯的规则证据。

此外，支持单方面人道主义干涉的观点也与国际法院的判决不相一致。1949 年，国际法院在科孚海峡案中判称："法院只能把所主张的干涉权看成是武力政策的表现。这种权利在过去曾多次被严重地滥用。当今，不论国际机构有多少缺陷，这种权利都不能在国际法中有任何地位。以本案中这种特定形式进行的干涉同样是不能被接受的。因为从事情的本质来看，这种权利会保留给最强大的国家，并且可能会很容易地引起对执行国际法本身的滥用。"1986 年，国际法院又以同样的理由在尼加拉瓜案中判称："在当代国际法中，不存在一项一般的干涉权，如果一行为构成对不干涉原则的破坏，并由此引起直接或间接地使用武力，这一行为同时构成了对国际关系中不使用武力原则的破坏。"

2. 联合国集体人道主义干涉

冷战后地区冲突升级，人道主义干涉原则在一定程度上复活。1992 年安理

---

① 李兆杰：《国际法上的"人道主义干涉"问题》（visited Sep. 12, 2005），http://www. lawintsing-hua. com/content/content. asp? id = 170。

会举行特别会议并发表声明称："国家间没有战争和军事冲突本身并不能确保国际和平与安全。在经济、社会、生态和人道主义等方面的非军事的不稳定因素已构成对和平与安全的威胁。联合国成员国作为一个整体，在相关机构的工作中，需最优先解决这些问题。"就在这个声明之后不久，安理会决定在索马里采取武力行动，这一行动被公认为第一次由安理会决定采取的人道主义行动。此后，安理会又做出决议对南斯拉夫采取与在索马里类似的行动。

鉴于冷战后的新情况，国际法学界对于采用武力救济严重违反人权情势，也即人道主义干涉行为的合法性问题重新进行了广泛的争论。争论主要涉及以下两个法律问题：

（1）安理会是否有完全的自由裁断权对《联合国宪章》第 39 条进行解释，进而授权使用武力？

无论是考察安理会成立时的历史资料，还是分析安理会至今的实践，我们都可以看出安理会作为联合国系统内的一个组织机构，像其他联合国机构一样，为《联合国宪章》规定的原则、规则和标准所约束，其行为在实体与程序上都受制于一定的法律审查。安理会的自由裁断权并非绝对。尽管根据《联合国宪章》，无论是大会还是国际法院都没有原始的或充分的管辖权以审查安理会的决定，但安理会享有的这种较弱形式的裁断权无疑使其决定为国际法（尤其是宪章）约束，因此即使没有正式的审查程序，安理会的决定总体上也要受制于各国政府及国际律师对其合法性的裁断。武力使用是以《联合国宪章》为代表的当代国际法的核心内容，《联合国宪章》在其第 2 条第 4 款作出一般性原则规定的前提下，对于集体安全体制内集体使用武力的例外情形也进行了明确规定，因此安理会应和联合国其他机构一样遵守这些既有的规定。

（2）安理会如何在联合国人道主义干涉的具体情况下适用《联合国宪章》第 39 条？

解答争议问题的关键是断定对人权的违反到底是不是"和平之威胁、和平之破坏或侵略行为"，并足以促使安理会决定采取武力行为，而对该问题的解答应从《联合国宪章》文本、历史实践等方面入手。

首先，《联合国宪章》文本中存在对于人道主义干涉合法性的支持。序言"重申基本人权、人格尊严与价值"；序言还规定"创造适当环境，俾克维持正义"，此处所谓的"正义"如不包括人权将是一个非常狭窄的定义。可见，人权是联合国组织机构的支柱之一。尤其是序言宣称"保证非为公共利益，不得使用武力"，即在为保护公共利益的前提下，可以使用武力。在人权不属于一国国内专属管辖事项的今天，没有理由将人权排除于公共利益之外，因此保护人权在一定程度上可以成为集体使用武力的正当合法理由。

　　其次，反干涉者对于第 7 章和第 39 条的解释也相当狭窄，并没有得到联合国与成员国实践的支持。60 多年前《联合国宪章》订立时对于授权采取集体强制行动进行限制是可以理解的，因为以武力对抗侵略的集体行动本身，在当时"二战"结束初期，已经是一项改革性的创举。[1] 而《联合国宪章》订立后的实践则进一步廓清了《联合国宪章》文本的含义。尽管《联合国宪章》的设计者并未把促进与保护人权放在与维护国际和平与安全同等重要的位置上。但到今天，联合国的实践表明，至少严重的侵犯人权会引起联合国各种机构的关切。联合国国际法委员会在其起草的国家责任的条款草案中提出了"大规模地严重违反保障人权的最基本的国际义务，如禁止奴隶制、种族灭绝和种族隔离，是一种国际罪行"。国际法院也明显地把尊重人权作为一项普遍国际法的责任。安理会自冷战结束以来的一系列集体干涉行动似乎都在显示这样一个趋势：将严重违反人权的情势定性为对和平的违反并因此采取强制武力行动是可能的。

　　另外，安理会在一些国内侵犯人权事件中没能发挥应有的作用，维护和平与安全，也遭到了各方的强烈批评，例如 1994 年卢旺达发生的种族大屠杀。卢旺达事件成为联合国成立以来，安理会保护成员国国民免受其政府失职行为产生的危害的最为失败的案例，造成了极端恶劣的国际影响。

　　尽管相当一部分学者认为根据现行国际法，联合国安理会以人道主义目的对一国采取的强制武力行动符合国际法。但严格地说，联合国人道主义干涉并不是完全没有问题的。

　　首先，联合国人道主义干涉行动多半直接依据安理会对于各种情势已经构成对国际和平与安全的重大威胁的决议，有学者甚至认为："近几年的实践表明，安理会通过其决议已经扩大了对国际和平与安全的解释，并通过自己的实践逐渐改变着宪章。"[2]

　　其次，尽管从文本解释的角度可以为联合国人道主义干涉行动在《联合国宪章》中找到相应的条款，进行合法性解释。但《联合国宪章》中的相关条款多是原则性规定，集体使用武力为保护人权对一国采取行动在《联合国宪章》中毕竟是个没有明确规定的问题。

　　最后，必须指出，1965 年在印度尼西亚，1968 年在尼日利亚，1972 年在布隆迪，1994 年在卢旺达，都曾发生过足以构成危害人类罪的震骇人类良知的暴行，但是没有任何国家认为它们有权对上述国家实行人道主义干涉，联合国安理会也没有对其展开人道主义干涉。这不得不说是一个发人深省的现象。

---

　　① Fernando R. Teson, *Collective Humanitarian Intervention*, 17 Mich. J. Int'l L. , p. 323.
　　② 李红云：《人道主义干涉的发展与联合国》，载《北大国际法与比较法评论》第 1 卷，北京大学出版社 2002 年版，第 23 页。

二、联合国集体安全体制改革中的法律构想

尽管学界对于集体安全的概念尚存有争议，但无一不认为禁止战争、控制武力使用是"安全"的核心内涵；而以某种组织形式采取集体性措施则是"集体"的应有之义。1986 年联合国裁军事务部向秘书长提交题为《安全的概念》的报告，认为集体安全是建立在如下基础之上的：国家有法律义务为国际和平和安全提供全球性承诺；它是通过国际法治的制度化来增进所有国家安全的努力；集体安全意味着安全是不可分割的，即采用集体的方式为国际利益和主权提供保护，以增进国际安全。[①]有学者对此进行了总结，认为联合国集体安全体制主要基于两点：第一，《联合国宪章》第 2 条第 4 款，即禁止国家间使用武力或以武力相威胁的原则；第二，《联合国宪章》和会员国间其他协议中有关安理会负有维持国际和平与安全的主要责任且以安理会名义采取措施的规定，以及会员国负有执行安理会决议的法律义务的宪章条文。[②] 现存的改革建议多是围绕这两点，尤其是第一点。

（一）自卫权与反恐合作

1. 自卫权与联合国集体安全体制

自卫与集体安全的关系通过国家实践得到了澄清。不仅战后防御同盟通过在其基础条约中重复《联合国宪章》的相关规定，确认了安理会的重要地位；安理会的广泛权能也在一系列冲突中得到了肯定，突出表现在维持停火协议中。例如，英阿福克兰群岛（Falkland Islands）与马尔维纳斯群岛冲突、两伊战争、波斯尼亚与黑塞哥维纳战争、厄立特里亚（Eritrea）与埃塞俄比亚（Ethiopia）战争。在这些案例中，当事国都承认，安理会在没有确认哪一方应为冲突负责的情况下也有权为了尽快终止敌对状态而剥夺受害国的自卫权，只要各方都确实可信地宣布遵守停火协议。这也就暗示国家因此也接受安理会不必非要通过集体行动替代受害国的自卫，但也可以为维持和平这一更广泛的目标采取形式较弱的措施。

上述结论在其他案例中由国家实践进一步得到了加强，例如第二次海湾战争。冲突开始时，安理会明确表示，在其实行对伊采取经济制裁时阻止科威特行

---

① The United Nations: Concepts of Security (Department for Disarmament Affairs Report to the Secretary-General), New York: The United Nations, p. 9 (1986).

② Martti Koskenniemi, *The Place of Law in Collective Security*, 17 Mich. J. Int'l L. , p. 455.

使自卫的权利。最初的关于科威特与其同盟国是否保有单边使用武力权利的争论没有结论。但在稍后的时间里，各国同意安理会执行其1990年通过的第678号决议，授权使用武力抵制伊拉克后中止科威特自卫的权利。因此接受自卫权从属于集体安全。波斯尼亚战争的情况就不同了。开战之前，安理会就对前南斯拉夫联邦共和国的领土实行了武器禁运。除不利于波斯尼亚自卫权的行使外，武器禁运一开始就受到了国际社会的欢迎，因为有利于缓和冲突。反对意见直到波斯尼亚面临灭亡危险时才被提出，一些国家宣称安理会无权在国家处于灭绝危险时限制其自卫权的行使。就这一点没有达成任何国际协议，然而，武器禁运一直持续到战争结束。但是起初对于武器禁运的共同一致表明各国都希望在有助于快速结束战争状态的前提下，安理会对自卫权加以严格限制。

安理会因此更多地关注国际和平，而非国家安全。《联合国宪章》对此也赋予了其广泛的权力。在《联合国宪章》中，自卫与集体安全被设定为不同目标服务：自卫保护的是一国安全，集体安全则为在更广泛的意义上禁止使用武力，确保世界和平。因此，在威胁和平的情况下，安理会可以针对一国采取强制措施，不考虑其对于目前事态或冲突发生的责任。

《联合国宪章》第51条澄清了对自卫权的限制。自卫权的行使，无论是单独自卫还是集体自卫，都不能阻止安理会行为，一旦安理会采取必要措施以维护国际和平与安全，国家的自卫行为就必须停止，即使该集体措施不能维护受害国的国家安全。

2. 武力反恐与反恐合作

正如前文所述，在对"武力攻击"、"恐怖主义"、"先发制人"等核心概念没有明确其确切内涵的情况下，关于国家主张自卫权进行武力反恐行为是否合法正当的争议最终落脚于究竟以联合国为主导，通过多边国际合作将反恐纳入集体安全体制，还是采取单边主义、先发制人的办法发动"预防性战争"。尽管政治家和一些学者主张对构成武力攻击的损害范围应作扩大解释，但是到目前为止这种解释只存在个别国家的相关的反恐怖主义实践中，并没有形成习惯国际法或其他实在国际法规则。[①]

《高级别小组报告》在论述《联合国宪章》第51条时指出，"……简而言之，如果有充足的理由采取预防性军事行动，并有确凿的佐证，就应将其提交给安全理事会。安全理事会如果愿意，它可以授权采取军事行动。如果安理会不愿意，那么必然会有时间来采用其他做法，包括劝说、谈判、威慑和遏制；然后再考虑选择军事行动。一定要对那些缺乏耐心这样做的人说，当今世界到处都有被

---

① 余敏友、孙立文、汪自勇、李伯军：《武力打击国际恐怖主义的合法性问题》，载《法学研究》2003年第6期，第138页。

人视为潜在的威胁，因此，不能认为不采取集体认可的行动而采取单方面预防行动是合法的，因为这样做对全球秩序和这一秩序继续据以存在的不干涉规范的威胁实在太大。允许一国采取行动，就等于允许所有国家采取行动。我们不赞成修改或重新解释第 51 条。"

与单边的武力反恐相比，国际反恐合作具有更强的合理性与实践性。然而，由于国际社会对于恐怖主义概念认识的分歧，以及决定使用武力的有权机构安理会的固有政治性与其决策方式的限制性，国际合作使用武力打击恐怖主义面临巨大困难。纵观目前联合国体系内一系列反恐文件与决议，多从预防与惩治两个角度对国际恐怖主义进行遏制与打击；部分国际法学者有关国际反恐合作的建议，多从改革安理会组成结构与决策方式，以及建立相应国际司法机构等方面入手。综合上述具体措施与改革建议，涉及集体武力反恐的问题主要为以下几点：

第一，界定"恐怖主义"等核心概念，明确需要武力打击的特定恐怖主义的要素，制定一系列相对稳定的判断规则标准。"在 21 世纪的世界上，国际社会确实必须担心恐怖主义、大规模毁灭性武器和不负责国家以及其他许多因素结合起来可能产生的可怕情况，因而可以认为，不仅事后，而且预先，在潜在威胁变成紧迫威胁之前，都有理由使用武力。问题并不在于是否可以采取这类行动：作为国际社会在集体安全问题上的发言人的安全理事会，在任何时候认为国际和平与安全受到威胁，就可以采取这种行动。安理会很可能要愿意在这些问题上比过去更加积极主动，提早采取更加果断的行动。"[①]

第二，制裁恐怖主义行动需要及时有效的决策和执行，因此改革现有的安理会的决策机制，使其面对日益严重的恐怖主义威胁能够有效地采取措施维护国际和平与安全。

第三，反恐不仅是指在恐怖袭击发生后的反击行为，由于有组织的恐怖主义活动具有连续性和系列性的特征，因此对恐怖主义组织及其活动在恐怖袭击发生前和在特定的恐怖袭击发生后对其采取一定的军事行动措施进行控制也是非常必要的。

除此之外，其他辅助性的国际法制度与强制措施，比如国际刑法、裁军等制度的配合，也是使武力措施更加合理、有效所必需的。

（二）人道主义干涉与维持和平行动

1. 人道主义干涉与安理会改革

正如前文所述，当务之急不是寻找其他办法来取代作为授权机构的安全理事

---

① 联合国：《威胁、挑战和改革问题高级别小组的报告》A/59/565 第二部分"九、使用武力细则和准则"。

会，而是要使安理会比现在更加有效。具体至联合国人道主义干涉领域，主要涉及以下几点：

首先要解决的就是安理会是否有权力对一国境内发生的违反人权的事件采取《联合国宪章》第 7 章规定的强制措施。在传统观点中，集体安全——安理会在此方面的职权——通常被视为一种与国家间禁止使用武力，尤其是跨越边境使用武力相关联的军事实践。然而，许多当代大规模武力的使用并不涉及正规军队跨越边界的行为。"在索马里、波斯尼亚和黑塞哥维那、卢旺达、科索沃以及目前在苏丹达尔富尔相继发生的人道主义灾难使人们不再集中注意主权政府的豁免权，而注意它们对本国的人民和广大国际社会的责任。人们日益认识到，问题并不在于一个国家是否'有权干预'，而是每个国家都'有责任保护'那些身陷本来可以避免灾难的人……越来越多的人承认，虽然主权政府负有使自己的人民免受这些灾难的主要责任，但是，如果它们没有能力或不愿意这样做，广大国际社会就应承担起这一责任"。[①] 安理会在这方面的代表性与实践性不容替代。

其次，安理会对哪些人道主义灾难或称人道主义危机有权采取强制行动，并能授权使用武力？相对于联合国其他文件而言，《高级别小组报告》在此问题上的观点更加明确："各国根据《防止及惩治灭绝种族罪公约》（灭绝种族罪公约）认为，灭绝种族，不管是在和平时期还是在战争期间发生，都是国际法所列的罪行；它们承诺防止和惩处这类罪行。自此开始，人们认为任何地方发生的灭绝种族行为都是对所有人的威胁，是绝对不能允许的。不能用不干涉内政的原则来保护灭绝种族行为或其他暴行，例如大规模违反国际人道主义法行为或大规模族裔清洗行为，因为这些行为应被视为危及国际安全，因此安全理事会要对之采取行动。""那些面临大规模屠杀和强奸、采用强行驱逐和恐吓方式进行的族裔清洗、蓄意制造的饥馑和故意传播疾病的人"应当获得国际社会以安理会集体措施为代表的救助。

最后，即安理会如何在具体情势处理过程中依据相应的法律程序，一方面尽快及时地作出决议，一方面避免广受批评的选择性倾向？这主要与安理会的成员构成与决策机制有关。对此，高级别小组在其报告中提出了具体的改革方案，其基本原则是应让"对联合国贡献最大的国家"更多地参与决策；"应让更能代表广大会员国、特别是代表发展中国家的国家，参加决策进程"；"不应损害安理会的效力"及"应加强安理会的民主性和责任性"，等等。

2. 维持和平行动与集体安全

冷战时期，由于大国一致原则无法实现，《联合国宪章》设计的集体安全机

---

① 联合国：《威胁、挑战和改革问题高级别小组的报告》A/59/565 第二部分"九、使用武力细则和准则"。

制难以发挥其功用，导致联合国寻求确保国际和平与安全的其他途径，于是"一种控制冲突的非强制性措施逐渐演化出来"，① 这就是联合国维持和平行动，它是"在冷战的阴影里发现的重要任务"，② 迄今已成为联合国最为显著的行动，也是联合国集体安全行动的主要表现形式。冷战的结束促成了联合国和多边维持和平的转变。安全理事会本着新的合作精神，建立了更加庞大和更为复杂的联合国维持和平特派团，以帮助执行国内冲突各方彼此达成的全面和平协定。执行和平的作用和地位在联合国维和机制体系中凸显出来。

传统联合国维持和平概念认为，维持和平人员不携带武器或只携带轻武器，而且只能在自卫时使用武力。但在过去几年中，资源短缺、人员不足且交战规则薄弱的维持和平行动已证明不适宜遏制内战后时期生成的武装派别。在有些情况下，联合国维持和平人员本身也受到攻击，并造成伤亡。安理会根据《联合国宪章》第7章授权采取维持和平行动，使维持和平人员得以摆出强大武装态势，造成阻遏效果。适用使用武力的交战规则得到了加强，使特派团维持和平人员得以在必要时"使用一切必要手段"，保护毗邻地区平民，防止针对联合国职员和人员的暴力行径。③ 维持和平行动和执行和平行动一样，"现在的惯常做法都是授予第7章规定的任务。"④ 但正如《高级别小组报告》在"实施和平与维持和平的能力"开篇所述，"即便安全理事会认定必须批准使用武力，仍会有它是否有能力执行这一决定的问题。"

改进联合国维持和平行动，使之更加有效，是联合国集体安全体制改革中必须解决的重要问题。为此，《高级别小组报告》和联合国首脑会议《成果文件》均做出了明确的建议，主要涉及三个方面：（1）"支持建立联合国维持和平部队和民警的快速部署待命能力"，⑤ 以具备足够应对敌对行动的能力；（2）加强安理会同各区域组织的合作，相互支持对方维持和平的努力；（3）设立建设和平委员会，帮助国内各方停止敌对行动并从冲突走向恢复和发展。

联合国维持和平行动是在集体安全的思想指导下，在实践中发展起来的联合国集体安全行动。除了在联合国层面积极发挥国际组织功效，设立相应机构，凝

---

① 布特罗斯·加利：《联合国应当维持和平与促进发展》，载《现代外国哲学社会科学文摘》，1999年第6期，第41~44页。

② Kofi Annan：*We, the Peoples：The Role of the United Nations in the 21st Century*，New York：UN Publications，April 3，2000.

③ 联合国网站之维持和平专栏（visited Sep. 20，2005），http://www.un.org/chinese/peace/peacekeeping/faq/q9.htm。

④ 联合国：《威胁、挑战和改革问题高级别小组的报告》，A/59/565 第二部分"十、实施和平与维持和平的能力"。

⑤ 联合国：《2005年9月大会高级别全体会议成果文件》，A/59/HLPM/CRP.1 第38段。

聚国际力量以消除国际不安定因素；各个成员国基于对世界共同安全的深刻认识，应通过相应有效的国内措施（立法或行政），更踊跃地提供和支持联合国维和行动所需要的可供部署的军力。

（三）授权使用武力的标准

禁止战争是集体安全的核心，必然要求有一个主导力量来确保其实现，安理会责无旁贷。一方面，我们承认"《联合国宪章》中关于使用武力的相关条款足以处理所有各种安全威胁"，[①] 而且，"第51条充分涵盖了紧迫威胁的情况，并维护主权国家对武力攻击进行自卫的自然权利"。另一方面，"同其他任何法律制度一样，国际集体安全体制的效力最终不仅取决于决定是否合法，而且取决于人们是否都认为这些决定是正当的，是根据确凿的证据作出的，并有正当的道义和法律理由。"为此，安理会在考虑是否批准或同意使用武力时应遵循以下五个正当性的基本标准：（1）威胁的严重性，即要断定对国家或人类安全造成的伤害是否足够明确和严重，且按照初步证据应当使用武力；如果是国内的威胁，这种威胁是否涉及灭绝种族和其他大规模杀戮、族裔清洗或严重侵犯国际人道主义法行为，以及是否实际存在或恐怕很快会发生；（2）正当的目的，即不管有无其他目的或动机，拟议的军事行动的主要目的是制止或避免有关威胁；（3）万不得已的办法，即是否已经探讨通过非军事途径消除有关威胁的各种办法，并且有正当的理由认为其他措施不会取得成功；（4）相称的手段，即拟议的军事行动的范围、时间和强烈程度是不是应对有关威胁的起码需要；（5）权衡后果，即是否有相当的把握认为军事行动可成功消除有关威胁，而且行动的后果不会比不采取行动的后果更坏。[②]

综观上述对联合国集体安全体制改革的要求和设想，我们认为，它们主要体现的是一种法律制度方面的设计，建立一个以规则为导向的安理会，使安理会授权使用武力更加规范化、制度化。

三、结语

在充分认识到传统战争法律制度不能真正禁止战争、限制武力使用、不能实现国际社会的和平与稳定的基础上，联合国集体安全体制仍然主要关注世界范围

---

① 联合国：《2005年9月大会高级别全体会议成果文件》，A/59HLPM/CRP.1 第46段。
② 联合国：《威胁、挑战和改革问题高级别小组的报告》，A/59/565 第二部分"九、使用武力细则和准则"。

内武力的使用行为，力图更好地规范国际交往过程中使用武力的行为，寻找一种风险较小而且较为可靠的解决国家安全和国际安全的现实途径。集体安全方案是理想主义追求世界政府退而求其次的思想发展，它包含两个原则：威慑原则（Principle of Deterrence）和普遍性原则（Principle of University）。威慑原则指的是，试图使用武力者将立即遭到一个反侵略国际联盟的反击；普遍性原则指的是，所有国家对侵略者的认识一致并反对之，所有国家都有义务以适当的方式加入到反侵略行动当中。[1] 从实际目的来看，联合国集体安全体制主要是为了防范国际社会中可能的武力使用行为，以集体力量威慑或制止国家间战争行为的发生，从而保护每一个国家的国家安全。[2] 因此作为当代国际法体系的重要组成部分，联合国集体安全体制的主要规范内容就是如何判断武力使用的性质、如何合法地采取集体武力措施。

当今没有什么政策性问题比在个别情况下使用和应用武力的有关原则更为棘手，涉的风险更大了。众所周知，冷战使得适用《联合国宪章》第 7 章规定的集体安全措施成为不可能。《联合国宪章》第 39 条至第 42 条规定的集体应对措施程序被搁置一边，以满足大国在联合国体制之外寻求政治利益的平衡。安理会采取的集体强制措施被限定在非殖民化这一与大国关系关联不强的领域。大会依据《联合国宪章》体制欲启动集体安全机制的诉求成为泡影。冷战后，我们获得了再次实现《联合国宪章》所憧憬的世界，设定的伟大目标——建设一个有能力维持国际和平与安全，确保公平与人权，在更大的自由范围内促进社会进步与更好的生活标准的联合国。这次机会绝不能浪费，联合国绝不能再像过去至今这样处于瘫痪状态。当务之急不是寻找其他办法来取代作为授权机构的安全理事会，而是要使安理会比现在更加有效。

集体安全体制实践至今存在诸多规定不明，违法行为屡有发生的问题，然而无论是事件亲历国家的政府，还是学者都从来没有排斥过法律在联合国集体安全体制构建中应发挥的积极作用；无论是学界还是联合国体系内部都对相关议题进行了法律分析并提出了法律建议，主要有以下几点：

（1）对《联合国宪章》第 2 条第 4 款中使用武力或武力威胁的范围应采广义理解。从法律上讲，"武力"的含义不应排除施加政治和经济的压力，因为《联合国宪章》并没有区分武装的和其他形式的武力。禁止使用武力原则必须结合国际形势的新发展和需要来考虑。

---

[1]　Thomas Cusack and Richard Stoll, *Collective Security and State Survival in the International System*, International Studies Quarterly, Vol. 38, No. 1, March 1994, p. 36.

[2]　樊志彪：《试论现代国际法中的武装冲突法》，载《西安政治学院学报》2003 年第 16 卷第 2 期，第 66 页。

（2）自卫权的行使应进行严格的法律控制，自卫权必须受制于联合国集体安全体制的法律管制，《联合国宪章》第51条授权安理会为维护国际和平，将国家自卫权附属于国际社会更广泛的利益。

（3）联合国人道主义干涉的合法性在实践中得到了广泛认同，冷战后维和行动的新发展使得联合国维和机制成为联合国集体安全体制的重要组成部分和行动机制，充分体现了联合国对国际和平与安全的庄严承诺。

（4）安理会改革应本着"效力、效率、公平"的原则，改善其组成结构及决策机制，加强其与联合国其他机构的合作。

综上，联合国集体安全体制，应当在现有基础上进一步扩大其适用范围，将人道主义干涉和武力打击国际恐怖主义纳入其控制范围，缩小单边主义的活动空间，坚持多边主义，维护安理会依照宪章采取集体行动的权威，改进联合国安理会对区域组织行动的控制，加强联合国同其他相关国际和地区组织的合作，以实现资源共享、优势互补、责任共担。加强安理会理事国特别是常任理事国之间的合作，或可建立一支真正由安理会直接掌控的国际警察部队，提高安理会迅速有效应对威胁的能力，制定从预防到恢复和平、从维和到冲突结束后重建的全面战略。实行民主与透明原则，改进安理会决策与工作方式，使非安理会成员、地区组织和民间社会的合理意见得到充分反映。推行法治，加强建立联合国大会、国际法院等对安理会行动的监督审查机制所必需的客观公正性。

第三节　中国周边安全保障的国际法思考

一、立足国际法，塑造"新周边安全观"

依靠法律思维来构筑和谐的周边安全体制，就是要从国际法的角度来理解"和谐周边"的战略理念，将其转化为处理和建构周边关系的法律准则，在此基础上推动"新周边安全观"的形成和完善。

（一）法律公平：理解"和谐周边"理念的要径

遵循法律公平的路径，就是要尊重国际法，以国际法为准则处理与周边国家的关系、增进和划分彼此的利益。通过这种方式展开的周边外交，至少能够做到过程的合法正当和结果的"相对公平"。

（1）国际法中有大量的内容，例如外交法、条约法、争端解决制度等，都是关于国际交往的程序性规则。这些规则大多经历了数百年甚至更长时间的实践淘洗，在 19、20 世纪更是通过"主权平等原则"和"非战原则"的过滤，完成了向民主、和平的价值转向，其程序"正当性和公平性"得到了国际社会的广泛认同。人们普遍认为，依循这些程序规则，能保证区域内的国家无论大小强弱，都能平等、充分地参与区域体系的建构，其所实现的区域安全目标也才有可能超越单方安全范畴，摆脱强权政治的影响。

（2）至于国际法中的实体规范，过去曾有明显的强权政治印记和欧洲中心主义色彩。即使在今天，一些规则的利益倾向也仍然还是较有利于发达国家而不利于发展中国家。虽然存在这些缺陷和不足，但客观地讲，经过两次大战和非殖民化浪潮的涤荡，当代国际法的实体规则较之 18、19 世纪时的传统国际法，民主性和公平性得到很大加强，在整体上已有巨大的进步。[1] 此外，由于这些规则绝大多数都是可以通过约定而加以改变的"任意规范"，依据这些规则来处理周边关系，虽然难说总能得到完全公平的结果，但得到各方都能接受的"相对公平"的结果还是有相当大几率的——至少，这种结果从形式上讲具有各方都能认可的法律上的正当性。

相反，走法律之外的公平道路，其基本理念是所谓"法外衡平"。衡平的依据，是非法律的社会规范，通常具有道德、文化或伦理内容，也有可能是一些纯粹的技术性规范。这些规范，从形式上看，或者是一套具体的、操作性强的规范，或者是一般性的、有赖自由裁量的抽象原则。在一些特定的环境中，法外衡平有其实用的价值。例如在处理大陆和台湾两岸关系问题的时候，为了避免碰触敏感的"一个中国"原则，即使是技术性的国际法规则通常也都尽量回避使用，在实践中能够得到双方接受的，一般多为无明显法律意涵的规则。在周边国家之间，不时也会有法外衡平，解决特定问题的需要。

应该说，"法外衡平"的确能在特定的情形下达成公平的结果，克服法律（尤其是较具刚性的成文法）存在的某些缺陷，如不周延、滞后性、无法兼顾个别正义等。但也应该看到，"法外衡平"亦有其固有的局限：（1）在周边国家之间，由于宗教、政治制度以及历史文化等各方面的差异，通常很难在国际法之外发展出一套彼此共同接受的交往规则。（2）即使一些国家，因为有相近的文化、宗教信仰或政治制度而共享某些理念和原则，但这些理念和原则能否转化为全面规制国家间关系的准则就很值得怀疑。

---

[1]　C. Wilfred Jenks, Law in the World Community, David McKay Company, New York, 1967, pp. 134 - 161.

以中国目前所处的国际环境看，通过法律之外的公平道路去实现"和谐周边"的战略目标，是不现实也是不可取的。中国的陆海邻国共有 24 个，其中既有受儒家文化影响的日本、韩国，也有信奉佛教的泰国、缅甸等，还有伊斯兰国家巴基斯坦、印度尼西亚，东正教国家俄罗斯，周边的文化、宗教、政治环境十分复杂。在这样巨大差异的基础上，试图在国际法之外发展出一套新的、能为周边各国所共同接受的交往规则，可能性微乎其微。若是直接向周边国家大力推介中国的儒家传统规范，则更为不智：对于中国的迅速发展，一些国家本来就充满疑虑，中国若是抛开公认的国际法准则而热衷于在周边关系中输出本国的价值观或行为准则，无论这样做是出于怎样的"和谐周边"的良好动机，都会被解读为有意复活以中国为中心的华夏朝贡制度，成为"中国威胁论"的另一个注脚。

由此可见，中国走向"周边和谐"的公平之路应主要由法律来保驾护航。法律之外公平方法的使用，必须相当地谨慎，即使有必要加以利用，也应该是作为辅助的手段或者是补漏、纠偏的工具。

（二）范式的转换：从政治上的单方安全到法律上的集体安全

传统的安全范式，以实力主义为基础，追求的是本国或本国所属的国家集团的单方安全。这种范式下的安全感，需要靠假想敌的存在和对假想敌在实力上的全面压制来满足，而敌国的生存需要和安全利益则完全不被体谅和关注——这种安全范式也因而被称为"绝对安全"。在实践中，绝对安全主要通过两种方式来实现，一是扩充本国的经济、军事实力，二是与其他国家结盟，组成排他性的国家集团。

前一种方式的单方性以及实力主义的特征十分明显，人们很容易辨识其安全追求的政治性。而后一种方式则不然。在许多情况下，参与结盟的国家可能有意掩饰结盟的政治性，从形式上将国家集团装扮成某种国际组织，并宣称自己是以"集体安全"为宗旨，从而为其涂上法律的伪装。属于此类的典型例子，是冷战期间先后成立的北大西洋公约组织和华沙条约组织。尽管它们对外都宣称自己不是单纯的军事同盟，而是致力于集体安全的国际组织，但实际上它们相互以对方为假想敌，追求己方在军事上的压倒优势和绝对安全，因此仍属于政治性的单方安全范畴，与国际法意义上的集体安全存在本质上的区别。

首先，集体安全是无敌人的。它不以任何国家或国家集团为假想敌，所有国家的生存需要和正当安全利益都应得到理解和体谅。由于没有需要绝对压制的对象，也就没有单方绝对的安全需要。每一国家的安全都是相对的，都以其他国家的安全为条件，因而是共同的。

其次，集体安全必须以公力救济为基础。与单方安全不同，共同安全不是自然存在的状态，而是需要人为建构的：它必须依靠公力救济，而非私力的自助。在集体安全体制中，对任一国家的安全侵犯，不被仅仅看成是对其安全的个别破坏，而被视为对共同安全的破坏，其矫正不是依靠单个国家的力量，而是集体的力量——从这个意义上说，集体安全也可以理解为是以"实力"为基础的。

其三，集体安全本质上是法律性的。公力救济须以一定形式的公共权力的存在为前提。在主权分立的现代国际社会中，要将分散在各国手中的权力糅合起来，形成某种公权，唯有以国际法的方式才可能实现：只有通过条约、国际惯例等国际法的渊源形式，集体安全体系才有可能建立起来；也只有依靠国际法的效力，集体安全体系才有可能有效维持。

其四，集体安全具有开放性。集体安全体系可以有全球的，也可以有区域的，无论是何种层次，它们都应该是开放的——集体安全既然是无敌人的，那么它就没有排他性的安全利益，也就不该是一个封闭性的国家集团。

中国否定单方安全概念，追求区域内国家的合作共荣，这说明中国的周边安全观正在逐步摆脱冷战思维的影响，实现安全范式的转换。不过客观地讲，这种转换目前还未最终完成。在笔者看来，主要的欠缺在于，没有充分认识到共同安全其实与集体安全是同一的，实质上是一种制度化的状态，必须以国际法的方式建立和维持。

中国目前的政策设想主要是，通过加强经贸、文化交往来增进共同利益和相互间的依赖。这些举措无疑是走向共同安全非常重要的步骤，但还不足以与实力主义的单方安全拉开实质性的距离。现实的情况经常是，如果国家之间不能在共同经济利益的基础上建立法律上的共同安全，它们之间的经济关系往往无法走得更远，亦不能真正实现对实力政治的超越。因此，要想实质性地完成周边战略思维的范式转换，中国就不能将共同安全仅仅建立在经贸合作的层次上，而需要提升认识，以"法律性的集体安全体系"作为共同安全的努力方向。

（三）周边安全的"中国责任论"：以国际法为阐释框架

随着中国国力的上升，中国对于周边以及全球安全环境的影响力将越来越大。这时候中国就需要面对随崛起而来的问题，即中国将以何种方式获得和运用这种影响力？换句话说，就是如何平衡责任和地位，做一个负责任的大国。

对于中国的崛起，国外主要有三种看法。其一是"中国机遇论"，认为中国经济的迅猛发展及其国力的提升有助于世界的和平与繁荣；其二是"中国威胁论"，或"潜在敌手说"或"崩溃说"，强调中国是一个后起的共产党大国，注定要挑战现有的秩序，与西方文明的冲突不可避免；其三是"中国责任论"，认为中国的前景和战略意图具有不确定性，既可能成为建设性力量，也可能发展为现存国际秩序的破坏者，因此以美国为首的西方国家要诱导中国成为"负责任的大国"，同时遏阻中国向坏的方向发展。

客观地讲，对于中国来说，中国责任论有其正面意义：（1）是对中国改革开放以来所取得的发展成就和国际影响力的肯定，也是对中国战略崛起的事实的某种承认和接受。①（2）对于中国在国际舞台上未来可能扮演的角色，基本持积极的评价。（3）有利于中国主张自己正当的国际权利，并在国际规则的制定中争取更大的话语权。基于权利与义务相平衡的原则，要求中国承担更大的国际责任，就意味着要给予中国更大的发言权，而期待中国以更负责任的态度对待别国的权益，也意味着别国须以同样的方式对中国的利益负责——当中国以负责任的大国姿态面对国际社会时，别国就无借口逃避对中国的责任。

此外，以美欧等国的立场，中国责任论是合理和理性的对华政策定位，虽然是以西方利益和意识形态为立足点，但基调是正面和友善的。若中国不能理解和接受，则正好坐实了"中国威胁论"关于"中国战略意图可疑"、"中国无意成为负责任国家"的指责。

基于上述考虑，中国应对中国责任论给予积极回应，但也不必委曲求全、简单附和，从而使自己的崛起动向受到制约，使自己的重大利益——包括在周边安全问题上的利益——受到损害。具体来说，中国在高调宣示自己是"负责任的大国"的同时，应当如何界定"负责任"的含义，才能既照顾到美欧和周边国家的正常战略期待，又不落入别国的战略陷阱而自缚手脚、受制于人？

一个有效的解决方法，就是以国际法为框架来阐释中国的"责任"，即中国愿意承担一切国际法上的责任，以国际法为尺度"负责任"地处理各种全球和区域问题，依法对待别国的权益和自己的义务。这样做的有利之处是：

（1）以国际法为尺度，可以合理地区隔对中国的不同责任要求：美欧和周边国家要求中国承担的国际责任，如果有其国际法上的依据，则属于正当的利益期待，应予肯定和重视。②相反，任何国家的诉求，如果有违国际法的禁止性规范，中国都不应给予支持和回应，这是从"不作为"的角度展现大国的责任感。③

---

① 从2003年到2007年的四年间，中国经济总量已逼近世界第三，中国外交也已发生质的改变，中国已经从一个旁观者变为活跃的参与者。在这种背景下，国际上希望中国承担应有的"大国责任"，是一种正常的战略诉求。反之，若国际社会仍不承认中国的大国地位，不要求中国承担更多的"国际责任"，反而不正常。

② 例如，朝鲜半岛的无核化，既与东北亚的和平稳定密切相关，又是涉及核不扩散体系的重大法律问题，中国在照顾美、日、韩等国战略利益的同时，也对朝鲜的安全担忧给予关切和重视，同时还对自己的国家利益负责——在其中，国际法就是据以判断各方利益正当性的标准，也是检视中国是否正确履行大国责任的尺度。

③ 伊拉克战争是这方面的典型例证。美国对伊使用武力，缺乏国际法上的理据，构成对"禁止非法使用武力原则"的违反和对联合国集体安全体制的破坏。中国反对伊拉克战争，展现了负责任的大国形象。

至于国际法未作规定或未加禁止的事项，则可本着"善良公允"的原则处理，做到责任合理分担、利益合理分享。

（2）以国际法为尺度，可以最大限度地化解"责任"定义上的话语权之争。在佐立克的演讲中，中国的责任被表述为"作为利益相关者对国际体系的责任"，其中的"国际体系"是模糊性的概念，在不同的语境下可以指现行的国际法律体系，也可能指以美欧为主导的国际政治权力结构。美欧由于有话语权上的优势，因此刻意保持概念上的弹性和模糊，经常将权力结构下的单方利益诉求，笼统地归于"国际体系"名下，包装成法律性的国际责任，并以高道德姿态压迫中国接受。中国若不愿受制于此，唯有提出自己的"责任"表述，这就必然引起话语权的争夺。而要想化解这种争夺，就必须消除其中的模糊性，回归到一个双方都能理解和接受的临界点——分析起来，国际法正是可被接受的阐释框架：将"国际体系"明确为现行国际法律体系，这是双方都不会反对的表述。

（3）以国际法为尺度，可以有效地抵制对中国的单方责任要求，保证权利和义务的对等和均衡。在关于中国责任的论调中，一个明显的现象是，一些国家多只谈对中国的要求，而避谈或少谈自己应对中国承担何种相应的责任。之所以如此，是因为这些国家主要是从国际政治权力结构的角度来理解和解释与中国的关系，而在这种结构关系中，是没有对等的责任和权利的。相反，如果回到国际法的框架内来讨论，就不会有中国的单方责任问题：基于国际法的主权平等原则，当中国正当履行其国际责任时，其他国家也应以同样方式履行对中国的责任。

总之，中国作为当前国际体系的客观受益者，伴随自身不断满足的利益和不断提升的国力，它理应承担起对世界和对周边安全的责任，这是中国走向大国的自觉。但同时，它也必须认真界定好在崛起过程中国际责任定位的具体原则和内容，而借助国际法，中国有机会做到这一点。

二、依据国际法处理传统周边安全问题

除了需依法律思维来建构"新周边安全观"外，还应依据国际法处理好各种传统周边安全问题，塑造和谐的周边安全环境。就目前的情况看，我国需要面对的传统周边安全威胁主要包括：

（一）边界领土争端

由于复杂的历史原因，中国和周边很多国家都存在着领土纠纷。领土纠纷的存在，既关系各自重大的主权利益，又牵扯国民情感，因此往往成为制约两国关

系发展、影响周边安全稳定的重大隐患。

为了能专心致志搞建设，从营造良好周边安全环境的大局着眼，从 20 世纪 70 年代末开始，中国即择机以不同策略逐次解决各种边界领土问题：对于短期内有望谈判解决的，则谈判协商解决；对于复杂敏感、难以短时间取得成果的，则尝试以"搁置争议、共同开发"模式处理。按照这一方针，到目前为止，中国已和包括俄罗斯、哈萨克斯坦等很多国家解决了困扰已久的边界问题，为改善周边——特别是北部边疆——的安全环境奠定了基础。但是也还有一些更为棘手的领土问题仍悬而未决，主要包括与日本之间的钓鱼岛争端及东海大陆架划界问题、与东南亚国家之间关于南海岛屿及海域的争议、与印度之间关于藏南和阿克赛钦地区的陆地领土纠纷。

上述这些边界领土纠纷，有其复杂的历史原因，同时又涉及重大的主权利益，需要假以时日、付出耐心，才有可能获得满意的解决。在此之前，从稳定周边、构筑良好安全环境的大局出发，最需要做的事情，就是要建立争端管制机制，防止争端的激化，同时也为争端的解决创造有利条件。而就争端管制机制的架构设置而言，国际法无疑是可资利用的重要工具和制度资源。

具体来说，领土争端的管制须涉及的内容通常包括：交涉平台、缓冲机制、互信措施和危机处理。这其中的每一环节，都对国际法的方法和程序有不同程度和形式的借用。

1. 交涉平台

在任何为避免领土争端激化而进行的管制中，交涉平台的设立都是最为基础的，它是各种后续管制环节能够得以建构和维持的前提条件。

通常的做法是，在使馆渠道的基础上，两国根据争端管制的需要，再创设某种专门的沟通机制。以中日东海大陆架划界争端为例：由于中日双方在划界原则上的分歧短期内难以消除，双方遂以"搁置争议、共同开发"的现实态度将争端交付管制，使争端处于可控状态之下。为此，中日除以双方使馆进行交涉沟通外，还专门就东海问题设立了专门的对话机制。在解决争端的原则未获得更高层面的政治突破之前，这些谈判和磋商，主要都是围绕诸如建立缓冲机制、增进互信、处理突发事件等争端的具体管制事项而展开。此外，中日两国的政府首脑和外交首长也不时地就争端进行政治互动，涉及的事项也包括争端的管制，因此在较宽泛的意义上，这种高层会谈也可理解为双方沟通机制的一部分。

以使馆渠道、专门对话机制和高层首脑会谈构成的交涉平台，一般是以外交谅解为基础的，虽然运作过程离不开国际法的方法和程序，但自身并不具有法律性。争端一方如想单方面退出交涉，中止参与争端的管制，虽有可能引起政治上的反应，但却并不会因此承担法律上的后果。由于没有法律拘束力，这种交涉平台更易为争端方所接受，因而更容易搭建，但反过来也更容易解体——中国与东南亚国家之间为管制南海争端而创设的交涉平台就面临这样的局面：根据 2002 年中国与东盟成员国达成的《南海各方行为宣言》，中国和有关争端国之间将在"自愿和同意"的基础上，就南海争端的管制建立交涉平台，[①] 这一交涉平台将为互信措施的建立和共同开发活动奠定基础。由于《南海各方行为宣言》仅为无拘束力的文件，因此就有越南等一些国家以此为借口违背《南海各方行为宣言》精神，脱离南海争端的管制体制的情况出现。

以国际法为框架搭建交涉平台，虽然难度较大，但一旦成型，就能为有效管制争端、稳定周边安全环境提供更为可靠的支持。无论是中日东海问题、中印边界领土纠纷，还是南海问题，只要争端不至激化失控，危及周边安全与稳定，中国并不急于在不成熟的条件下解决。因此，在国际法基础上搭建稳定的交涉平台，进而对争端进行长期有效的管制，是值得深入研究、大胆尝试的事情。至于具体应采用何种有法律拘束力的方式，则可根据争端的不同特点和具体情况来确定。

2. 缓冲机制

对于争端的管制来说，最直接的目的是要将争端置于可控状态，防止争端的激化。在现实中，领土争端的存在使争端双方的神经都处于紧绷的状态，任何一些意外因素都可能使局面突然恶化。为了最大限度地避免出现这种情况，建立某种缓冲机制是十分必要和明智的。

一般来说，争端的缓冲机制可以循空间、时间两个方向来设置。空间的缓冲很常见，基本做法就是争端双方脱离接触，设置一定的"缓冲区"来保持空间的相互隔离，以此减少因接触而发生意外摩擦导致冲突扩大的可能。为了使缓冲区真正有效，实践中还有引入国际观察团和国际维和部队的做法。至于时间的缓冲，则主要是通过设置各种形式的"冷却期"来实现的——历史上著名的"布莱恩条约体系"就是此类争端缓冲机制的范例：条约规定，争端国在争端发生后六个月内不得诉诸武力。冷却期的设置，在一定程度上能够消除非理性因素的影响，让双方有冷静思考和应对的时间，使意外因素的处理能回归理性的轨道。有些时候，时间的缓冲也可借助一定的程序安排来实现，例如设置某些调查委员会或和解委员会程序，利用这些程序的进程来拉长反应期，避免双方因"过快反应"而导致"过激反应"，客观上达到冷却和缓冲的效果。

---

① 具体内容包括："在各方国防及军队官员之间开展适当的对话和交换意见"（第 5 条第 1 款）；"在全面和永久解决争议之前，有关各方可探讨或开展合作"（第 6 条）；"有关各方通过各方同意的模式，就有关问题继续进行磋商和对话，包括对遵守本宣言问题举行定期磋商，以增进睦邻友好关系和提高透明度，创造和谐、相互理解与合作，推动以和平方式解决彼此间争议"（第 7 条）。

与交涉平台的设置主要以自愿为基础的做法不同，争端缓冲机制需要具有一定的强制性，才能保证它的实质要求得到争端双方的遵守。无论是"缓冲区"的建立，还是"冷却期"的设置，如果仅仅是建立在对等自愿基础上，就很难有实际的效果。实践中，有用正式条约（包括多边条约和双边条约）来设置缓冲机制的，如第一次世界大战后设立的莱茵非军事区就是通过《凡尔赛和约》规定的。也有采用协定、互换照会等更灵活的法律方式的，如韩朝军事缓冲区的设立。由于有法律框架的支撑，破坏争端缓冲机制的行为，都会构成对条约义务的违反，从而给违反者带来法律和政治上的责任。若涉及武力的使用，该行为还可能被判定为侵略或非法使用武力而受到更严厉的国际制裁。

在中国与日本就东海争端，以及与东南亚国家就南海争端所设定的现有管制机制中，争端方没有关于空间缓冲或时间缓冲作较为明确的规定。原因之一，是海洋划界纠纷不同于陆地领土争端，双方并不容易因相互之间空间距离的靠近而发生摩擦和意外冲突。原因之二，是目前这两个争端管制机制都不够完善，只有某种宽泛的框架，除了互信措施的规定较为明确外，其他部分都比较笼统。因此，在未来的实践中，缓冲机制还有加强的空间，特别是"冷却期"或"程序冷却"这类时间缓冲手段，还是值得给予重视的。

1962年中印边界战争后，中国军队主动从1959年中方的实际控制线后撤了20公里，意在与印军脱离接触，留出缓冲区的空间。但是印度没有以同样的方式回应，而是再次抵近中方前沿，给缓冲区的设置带来重大障碍。虽然如此，1993年中印关系转暖后，双方在《关于在中印边境实际控制线地区军事领域建立信任措施的协定》（1996年11月29日）中，仍就空间缓冲做出了一定安排。例如，《协定》第5（2）条规定："战斗飞行器（包括战斗机、轰炸机、侦察机、军用教练机、武装直升机和其他武装飞行器）不得在实际控制线两侧各十公里内飞行。"第6（1）条规定："任何一方不得在实际控制线己方一侧两公里范围内鸣枪、破坏生态环境、使用危险化学品、实施爆炸作业、使用枪支或爆炸品打猎。这一禁止措施不适用于轻武器射击场内的日常射击训练。"在中印所签订的关于争端管制的现有法律文件中，对于时间缓冲手段，目前还没有给予利用。总体上讲，中印争端管制的缓冲机制还有继续充实的余地，可以在以后的协议过程中补充完善。

3. 互信措施

除了某些客观的意外因素可能引起局面的突然恶化外，争端双方因主观上缺乏互信而误判对方意图，也是导致争端激化失控最为重要的原因。正因为如此，各国在管制争端时都非常重视培养互信，尽量减少误判，同时也为合作管制争端营造良性互动环境。一般而言，互信措施通常包括降低对抗水平、增加透明度、展示善意等内容。

与缓冲机制相似，互信措施也需要具有一定的强制性，才能保证它的实质要求得到争端双方的遵守。因此在实践中，即使最初的互信措施是对等自愿和非强制性的，而就长期打算，争端国通常都会采取行动逐渐加强其法律基础，通过双边或多边协议的方式来使其具有更多的拘束力。

上述特点在中印边界领土争端的实际管制中有比较充分的体现。1962年中印边界战争后，双方即在实际对峙中采取行动逐步降低了局势的紧张度，其中的许多互信措施被固定下来，成为中印1993年《关于在中印边境实际控制线地区保持和平与安宁的协定》和1996年《关于在中印边境实际控制线地区军事领域建立信任措施的协定》的主要内容：

作为建立互信的第一步，双方须通过降低对抗水平，使紧张的局势得到缓和。为此，中印经过协商确定了在边界范围内双方可以接受的军队及装备限额，并以此为标准裁减军事力量——双方承诺："任何一方不以任何方式对另一方使用武力或以武力相威胁，不谋求单方面的军事优势。"[①] 在裁减军力的同时，双方还对边界区域内的军事活动进行了限制。譬如，1996年《关于在中印边境实际控制线地区军事领域建立信任措施的协定》第1条规定："任何一方都不将其军事能力用来针对另一方。双方部署在边境实际控制线地区的军事力量，作为双方各自军事力量的组成部分，不用于进攻对方，不进行威胁对方或损害边境地区和平、安宁与稳定的任何军事活动。"1993年《关于在中印边境实际控制线地区保持和平与安宁的协定》第3条规定："任何一方都不在双方确认的区域内进行特定规模的军事演习。"

为了使这些举措能落到实处，减少相互的猜忌和误解，中印规定了一系列提高军事透明度的办法，包括军力资料的交换核查和重大军事行动的提前通知等。1996年《关于在中印边境实际控制线地区军事领域建立信任措施的协定》规定："双方将交换裁减或限制军事力量和武器装备的资料，确定每一方在中印边境实际控制线地区共同商定的地理范围内需保留的军事力量和武器装备的最高限额。任何一方在中印边境实际控制线附近地区进行超过一个加强旅（约5 000人）的重大军事演习，须将演习的类型、规模、计划期限和区域及参加演习的部队的人数和类别提前通知对方；部队演习完毕及部队调离演习区五天内，须将演习完毕或调离日期及时通知对方。"[②]

中印还为化解敌意规定了各种亲善措施。例如，当一方人员由于自然灾害等

---

① 1996年《关于在中印边境实际控制线地区军事领域建立信任措施的协定》序言。
② 1996年《关于在中印边境实际控制线地区军事领域建立信任措施的协定》第3条、第4条。

无法避免的情况而被迫或非故意越过实际控制线，另一方应向他们提供一切可能的帮助并尽快通知对方，磋商交还。若发生有可能殃及另一方的自然灾害或传染疾病时，双方应尽早向对方提供信息。

与中印领土争端的管制相比，东海争端和南海争端管制的互信措施还明显处于初级阶段。如《南海各方行为宣言》规定："各方承诺保持自我克制，不采取使争议复杂化、扩大化和影响和平与稳定的行动，包括不在现无人居住的岛、礁、滩、沙或其他自然构造上采取居住的行动，并以建设性的方式处理它们的分歧；保证对处于危险境地的所有公民予以公正和人道的待遇；在自愿基础上向其他有关各方通报即将举行的联合军事演习；在自愿基础上相互通报有关情况。"①这些条款除了规定得比较原则、条款内容相对单薄外，拘束力不足亦是其弱点所在。

4. 危机处理

通过沟通平台、缓冲机制和互信措施的设置，可以大大降低争端恶化的几率，但并不能完全消除危机出现的可能。万一不幸出现某些危机状况，如何适当处理、有效化解，就成为对双方智慧和能力的考验。

在实践中通常的做法是，遇有可疑事态，双方应迅速沟通澄清，而当危机真正发生，首先要做的就是保持冷静和克制，其次则需尽快通过紧急沟通了解引致危机的原因，协商解决的办法。

以中印领土争端的管制为例，1996 年《关于在中印边境实际控制线地区军事领域建立信任措施的协定》规定："当边境地区发生可疑情况时，或一方对另一方遵守本协定的方式产生问题或疑问时，任何一方有权向另一方要求澄清。""如果双方边防人员因对实际控制线走向的分歧或其他原因而进入对峙状态时，双方须保持克制，采取一切必要步骤避免事态恶化。同时，双方须立即通过外交途径或其他已有渠道进行磋商，审议局势，防止紧张升级。"

比较而言，在东海争端和南海争端的现有管制机制中，危机处理明显不足，需要在后继的协议过程中加以补充完善。

（二） 周边热点的不受控爆发

除了中国与邻国之间的领土纠纷外，邻国之间的争端和冲突也是威胁周边安全的不安定因素。作为近邻，中国大多与他们有密切的往来，存在着广泛的地缘利益关系。在很多情况下，这些争端并不单单只是周边邻国之间的事，其背后往往深藏着大国复杂的对华战略企图——尤其是那些有可能酿成大规模武装冲突或

---

① 《南海各方行为宣言》第 5 条。

战争的地区争端，即所谓的"热点"，更是对中国稳定和安全的直接威胁，值得我们高度关注。

就目前的情况看，这样的周边热点主要有两个：一是朝鲜半岛问题，二是印巴争端。① 为了防止这些周边热点的不受控爆发和外溢，中国应有怎样的态度和作为？

首先可以确定的是，中国不应袖手旁观、无所作为，失去对热点问题发展方向的掌控。在很多场合中，旁观不仅不能使自己置身于矛盾之外，反而会使自己和周边邻国遭受更大的损失与伤害，这不仅与本国国家利益相悖，也未尽到维护地区稳定和世界和平的大国责任。

倘使以更积极的姿态介入上述热点问题，中国又应该以何种尺度自持，把握自己在邻国争端解决中的建设性作用呢？在我们看来，对于中国来说，国际法无疑是处理周边热点问题必须依循的规范，也是可资利用的工具和资源。

朝鲜半岛问题与印巴争端，有共同之处，也有很大差别。共同之处是两者都具有"核风险"，一旦失控后果不堪设想，同时两者都关系到区域内力量结构的基本平衡，出现任何意外都将使整个区域长期陷入不可知的战略动荡之中。两者的差别在于：（1）朝鲜半岛问题实质上是冷战的遗产，体现的是意识形态、政治制度的分歧和背后大国对地缘战略优势的争夺；而印巴争端反映的是宗教和民族冲突，是巴基斯坦对印度意图攫取南亚支配地位的抗拒。（2）朝鲜半岛问题牵扯到更复杂的大国关系，其解决或改善离不开中、美、俄、日等战略利益相关方的共同参与，因此在形式上有更明显的多边性。比较而言，印巴争端主要是双边性的，其解决或缓和并不必然依赖其他国家的参与。虽然印巴争端的走向关系南亚的战略格局，会对中国的地缘利益构成重要影响，但并不具有与朝鲜半岛问题相似的、需要中国直接介入的重大战略意义。至于南亚之外的美、俄等大国，它们也只是在更大的战略背景下才是印巴争端的关注者。

基于朝鲜半岛问题与印巴争端的上述不同特点，中国在以建设性姿态介入时，可以根据情况采取不同策略，运用不同的国际法方法和措施，推动两大地区热点向缓和与消解的方向发展。

在1990～2003年期间，围绕朝鲜弃核与美国对朝提供安全保障的问题，朝、美之间交手不断，由于双方缺乏信任，加之无有效的沟通平台，朝核危机不断升高。其间，美国曾多次威胁要将朝鲜核问题提交国际原子能机构和安理会，以制

---

① 如果以大周边的视角来观察，伊朗核问题也可以算是一个与中国安全利益密切相关的重大的周边热点问题。与朝鲜核半岛问题相比较，伊朗核问题基本只与核不扩散有关，属于所谓的"非传统安全威胁"范畴。相反，朝鲜半岛问题目前虽然在形式上表现为围绕朝鲜弃核的争端，但其实质上是冷战的遗留物，更多地与地缘政治利益的角逐有关，属于传统安全问题。

裁作为解决手段。而中国认为这是简单化的处理，无助于问题的真正解决，只有有关各方理性协商，才有可能打破僵局。为此，中国积极介入斡旋，除了代为传递信息外，还努力促成美朝间的直接对话。2003 年 4 月，中国更加大外交力度，举行中美朝三方会谈，将自己从斡旋方升级为调停方。不过，在此过程中各方都认识到还需要运用更为有效的争端解决方法，保证其他具有战略利益的国家也能加入到对话进程中，这样才有可能找到化解危机的途径。在这一思路下，韩国、日本和俄罗斯陆续加入对话，六方会谈作为解决朝核问题的有效沟通平台，开始发挥效用。

中国在朝核危机中发挥的建设性作用，很好地诠释了中国在周边安全观上的全新思维，即：以国际法为依托，追求以共赢和公平为目标的地区和平与和谐；否定单方安全概念，以建立某种"法律性的集体安全体系"作为共同安全的努力方向；以负责任的大国自觉展开灵活、开放的多边外交，既保持必要的政治弹性，亦强调对包括《不扩散核武器条约》在内的国际法律体系的尊重和坚持。

从 2003 年始，六方会谈已进行八轮，其间虽然屡有波折，但总体是朝着化解危机的方向发展。各方都认识到，要想最终和平解决朝核问题，六方会谈这一交涉平台不可缺少。进一步讲，即使朝核危机最终得以解决，朝鲜半岛的和平和稳定也仍需要某种国际机制来维持——人们有理由相信，六方会谈在未来有可能向更具法律性、更为体制化的方向发展，最终成为东北亚集体安全体系的重要基石。

对于印巴来说，克什米尔冲突并不是单纯的领土纠纷，而是关系国家生存、政权稳定的大事，任何一方都无轻易退让的余地。从前景上看，印巴争端难以在短时间内解决，而对稳定局势最为不利的，是南亚力量对比的失衡。当一方具有压倒优势时，以武力解决的意愿就会上升；而作为劣势一方，在军事重压和国家面临崩溃危机时，难免会有诉诸各种极端手段的冲动。在印巴两国都拥有核力量的今天，如果出现这种情况，将会给整个地区带来灾难性的后果，这当然也是中国最不愿意看到的局面。

因此对于中国来说，要想避免印巴冲突升级失控，既要在战略上扮演好平衡者的角色，同时也要争取在争端的缓和与化解中发挥积极的推动作用——这两种角色在某种程度上是存在抵触的，需要运用智慧方能把握其中的平衡。

考虑到印度对南亚事务的敏感态度，中国在印巴两国间的外交穿梭需要循序渐进、谨慎为之，应从易于为印巴，特别是印度所接受的方向和问题上开始。具体来说，可以首先考虑劝说印巴搁置难以解决的克什米尔问题，推动争端法律管制机制的建设。在克什米尔争议地区，印度通过三次印巴战争获得了较多的土地，处于较有利地位，因而渴望通过稳定实际控制线使自己的控制固定化；相反，巴基斯坦过去因所处地位不利，不愿承认现有的占领状态，也乐见印控区内的穆斯林武装抵抗、动摇印度的统治，不过近年来伊斯兰堡的立场趋向现实，对建立争端管制机制的设想表现出积极、灵活的态度。印巴两国目前的这种态度和需要，给中国的居间斡旋打开了大门，中国不仅可以推动、撮合两国间的相关谈判，甚至有机会将中印之间边界争端的法律管制体制——所谓的"中印模式"推介给印巴，而这将为中国以调停人身份更多地参与印巴和平进程提供先例。[①]

中国除了以稳妥的态度继续推动争端的政治解决外，还可以其他建设性的国际法方法对印巴和平进程施加影响。例如，印巴经济贸易往来的加强能够缓解紧张局势，促进经济上的相互依赖，从而给和平进程以更大的推力，同时也能给双方带来经济上的实惠。如何能实现这一愿景？印巴都想到了重新激活南亚区域合作联盟（Saarc，简称"南盟"）这一现成的区域法律框架——在过去很长时间内，南盟因为印巴的相互猜忌和疑虑而一直无法前行：巴基斯坦担心南盟成为印度用来支配南亚地区的工具，而印度则忧虑南亚小国会在巴基斯坦领导下联合起来反印。中国若能加入南盟，印巴的各种担心或许将由于某种平衡被打破而消失，同时南亚也将会从中国所提供的广阔市场中得到很多好处，而印度将会是最大的受益者。基于这种考虑，印度开始对中国加入南盟和参与南亚经济合作表示出积极姿态。中国在2005年11月成为南盟观察员国，而同年展开的伊朗、巴基斯坦、印度天然气管道项目在印度的提议下亦向中国提出了加入邀请。可以看到，随着中国更多地参与，南亚经济合作的步伐明显加快。

另一个思路，是利用上海合作组织的机制框架，搭建关于南亚稳定的战略对话平台。中亚地区不仅是印巴重要的能源渠道，也是伊斯兰极端势力的大本营，对南亚稳定具有关键意义。正因为此，印巴对上海合作组织表示了浓厚兴趣，并于2005年7月同时成为上海合作组织的观察员。除了对能源安全和反恐的关注外，吸引印度的另一个因素，就是上海合作组织有可能为印、巴、中之间的安全对话提供机会。

（三）分离倾向的抬头和蔓延

以中国目前的国力状况，领土争端和周边热点的激化和外溢虽然可能会严重恶化特定区域的安全环境，对中国的和平崛起造成干扰和阻滞，但不大可能会危及国家稳定的基础。而分离活动的危害则是根本性的，尤其对于中国这样一个多

[①] 2004年6月间在中国青岛举行的亚洲合作对话会议，为中国斡旋印巴争端提供了机会，在中国的撮合下，印巴外长就管制争端的框架进行了积极、认真的讨论。印度外长纳特瓦尔·辛格提出的两大倡议均与中国有关：一是建议巴基斯坦考虑按照中印模式与印度进行和平谈判；二是建议印度、巴基斯坦和中国考虑制定一个共同的核构想。这似乎意味着印度开始对中国在南亚问题上的作用抱有积极的态度和评价。

民族国家来说，任何一种"独立"企图都有可能带来直接或潜在的多米诺骨牌效应，造成边疆及周边安全结构的连锁塌陷，其间若再有外国势力的插手和利用，其所威胁的不单是地区的稳定和安全，而是国家的基本生存和长久安定。

无论是"台独"、"藏独"或者"疆独"，一个共同的特点就是，都会通过迎合各种外部势力的某些战略需求或利益满足，竭力寻求其或明或暗的支持。这些外部势力，有的是国家或国家集团，也有的是具有国际行动能力的非国家实体——如国际恐怖组织、极端宗教团体、国际军火集团、跨国媒体，等等。其所给予支持，既有硬性的动作，也有柔性的手段。

回顾历史我们可以看到，不管是采取何种内外勾结方式，分离组织和外国支持势力都会努力从国际法中寻找依据，① 来为其分离主张和分离手段确立正当性，也会利用各种国际法律方法来对抗北京所采取的反分离措施。因此，对于中国来说，法律领域也是反分离的战场，国际法也是反制分离的重要武器——能够从法律上动摇各种分离主张和各种外来干涉的正当性，就意味着在与分离势力的斗争中占据了政治上的制高点。

从实践角度看，围绕"分离权"的斗争，是反分离法律战中最主要的战线。

任何分离组织，要想凝聚内部共识并获得外部支持，都需要为其主张寻找法理上的依据，都需要证明其"有权"独立建国并获得国际承认。缺乏这一权利基础，其任何分离活动都将成为"无源之水"，会因非法、无理而处处碰壁，任何外部势力也都会因法律的"关卡"而不敢明目张胆地给予支持。而对于中国来说，击破各种分离活动的法理基础，具有釜底抽薪的效果，不仅赋予各种反分离措施以法律上的正当性，亦可筑起阻隔外来干涉的法律之墙。

在对其"分离权"进行法律论证时，不同的分离组织通常会有不同的角度和理据。这就需要我们的法律反制，要有的放矢、切中要害。

例如，在"台独"、"藏独"和"疆独"的分离主张中，均有关于"自决权"的论述和"全民投票"决定所谓领土未来地位的要求——所称的自决权都与国际法上的"民族自决原则"有关，② 但由于各自的历史背景和现实基础不同，其法理论证的强度和角度呈现显著差别：

"台独"分子的"自决权"主张，与民族自决原则的内在契合度最小，法理

---

① 例如，为了支持"台独"主张，"台独"分子提出要以国际法上的"公决"来决定台湾前途。而在美国，与之相呼应的，也有所谓的"台湾地位未定论"。

② 包括1960年联合国大会第1514号决议《给予殖民地国家和人民以独立的宣言》和1970年《关于各国依联合国宪章建立友好关系及合作之国际法原则之宣言》。1957年联合国大会通过决议，宣告民族自决权是人民"充分享受一切人权"的基本条件。1966年联合国大会通过的《公民权利和政治权利国际公约》和《经济、社会和文化权利国际公约》均把民族自决权作为重要内容列入其中。民族自决权是对传统人权概念的一大发展，被誉为第二代人权。

论证十分牵强，可信性最弱。按照 1960 年联合国大会 1514 号决议《给予殖民地国家和人民以独立的宣言》和 1970 年《关于各国依联合国宪章建立友好关系及合作之国际法原则之宣言》对于民族自决原则的界定，享有自决权的主体：首先应当是"显明的民族"（distinct people）；① 其次它处于殖民关系之中，是被殖民的对象，具有受压迫的特征；其三应具有民族的"实体性"（substantiality），即它不仅仅是一种"想象的共同体"，作为一个实体的存在，它由具体的成员组成，这些成员的主体（main body）比较集中地居住在特定土地空间范围内，与土地有密切的对应关系。② 依此标准，"台独"分子的"自决权"主张，只有在 1895 ~ 1945 年日本占领时期，相对于日本殖民统治才是切题的。③ 而以此来考虑两岸关系，除了具有"实体性"、与土地（台湾岛）有确切的对应这一点外，其余两点都毫不相干——"台独"分子亦明白以民族自决来论证分离权十分荒谬，故而攀附卢梭"主权在民"的理论而有意将自决权的主体泛化，抛出所谓"住民自决"、"民主正当性原则"的怪论。此外，在 2000 ~ 2008 年间，民进党当局刻意大肆推动"去中国化"，在历史、语言、文化等方面上下其手，试图通过这些手段培植所谓"台湾意识"，来修补其法理上的软档。

"疆独"的思想基础，主要是泛伊斯兰主义和泛突厥主义，其中的泛突厥主义与其主张的所谓"民族自决"有关。与"台独"相比，"疆独"诉诸民族自决原则似乎多少有点基础，因为维吾尔族至少符合"显明的民族"这一表面要件。不过在是否存在殖民关系、是否具有民族的实体性方面，"疆独"的分离主张就遇到了难题：新疆的民族分布特点是所谓"大杂居、小聚居"，包括汉族在内的多民族混居状况是千百年历史形成的，与殖民主义无关；而这种多民族混居的状况，也使得泛突厥主义的主张难以与其所要求的领土有现实的对应。为了突破这种法理困境，"疆独"组织不断在国际上渲染所谓维吾尔族人权、汉族对新疆的移民等问题，企图制造出汉族对其进行殖民统治的假象，混淆国际视听——不过这些动作难以在根本上改变"疆独"自决诉求在法理论证上的粗糙，也难

---

① 1989 年 11 月，在联合国教科文组织的支持下召开了"民族权利未来研究专家会议"。会议于 1990 年 2 月发布的报告，依据其他被广泛接受的相关标准，对如何定义"民族"的概念提出建议。根据该定义，"国际法上包括自决权在内之民族权利，其中的'民族'当有以下属性：（1）系个人组成之群体，具备如下特征之全部或部分：有共同的历史传统、相同的种族或民族、同质的文化、相同的语言、相近的宗教或意识形态、领土的关联、共同的经济生活。（2）该群体须有一定数量的成员，虽然数量不必很大（例如微型国家的人民），但较一国之内的单纯的个人组织为多。（3）作为一个整体，该群体须有被确认为一个民族的意愿或者有作为一个民族的意识——也允许群体或该群体的一些成员，尽管具备前述属性，却可能没有（作为一个民族的）意愿或意识。（4）该群体可能须有组织或其他方法表达其共同属性和认同意愿。"

② 钱雪梅：《民族自决原则的国际政治限制及其含义》，载《民族研究》2005 年第 6 期。

③ 金钟：《"台独"与民族自决权》，载香港《开放杂志》2003 年第 11 期。

以化解泛伊斯兰主义和泛突厥主义在人们意识中的极端形象。

较之"台独"和"疆独","藏独"的分离权主张与民族自决原则的表面契合度似乎相对较大。藏族无疑是"显明的民族"。藏区的民族分布特点亦与新疆不同，是"小杂居、大聚居"，虽然在四川、青海的民族杂居区与土地的对应关系比较模糊，但在现西藏自治区范围内民族与土地的对应是确切的。关键和最具争议的，是如何定义古往今来的汉藏关系——从历史和现状来看，它是不是任何一种具有压迫意味的殖民关系？我们必须通过大量的历史事实和法律真相，从法理上反驳如下三种谬论：（1）自元以来诸代王朝政府对藏地的政治统治，以所谓施主与寺僧之间的"檀越（供奉）关系"来解释皇帝与达赖之间的联系，以此证明西藏自古是独立的；（2）1911年辛亥革命之后，由于十三世达赖政府宣布独立，西藏已成为事实上的国家；（3）西藏的事实"独立"，因1951年中共军队的"入侵"而丧失，西藏人民由此处于殖民统治之下，尤其是1959年之后，西藏人民的人权受到剥夺，宗教、文化濒临灭绝。[①]

综合分析三种分离势力的活动特点，可以得出的结论是："台独"和"疆独"，法理方面的本钱不大，因此侧重于走以实力抗争为主、法理辩护为辅的"硬性"分离路线。形成对比的是，"藏独"基本没有军事和经济硬实力，而且西藏的地缘条件也不适合美欧等外部势力施展其硬实力，不过"藏独"在法理方面却比"台独"和"疆独"有更好的条件和更多的运作空间，这就决定了"藏独"更重视法理对抗、舆论施压的"软性"分离路线——这一点从"藏独"团体在西方国家长期进行的法理关说活动，以及在2008年奥运火炬传递期间的对华舆论战中可以得到印证。

三、运用国际法应对非传统周边安全威胁

相对于传统安全来说，非传统安全的内涵和影响更为多样和复杂。非传统安全威胁具有一些区别于传统安全问题的特点。[②] 第一个特点是非传统安全威胁的来源和行为主体与传统安全不同。传统安全问题中的行为主体和来源相对比较明确，一般都是来自主权国家之间的利益冲突与纷争，主要是国家和政府行为的结果，因而是典型的国际问题。非传统安全问题的行为主体和渊源则更具多样性，许多非传统安全威胁都不是国家行为直接造成的，而是各类非国家行为体活动的

---

① Michael C. van Praag, *The Status of Tibet: History, Rights, and Prospects in International Law*, Westview Press, 1987.

② 徐坚：《非传统安全问题与国际安全合作》，载《当代亚太》2003年第3期。

结果。第二个特点是非传统安全问题具有更强的社会性、跨国性和全球性。非传统安全问题同特殊社会群体的个人行为直接相关。随着特定人群活动范围的扩大，非传统安全问题就很容易超越国家之间的各种政治、地理、文化界限，从一个国家和地区向其他国家和地区蔓延，使这些问题在世界范围内繁衍和扩散，使个别国家的问题演变成全球性的问题。前两个特点也决定了非传统安全问题的第三个特点，即治理难度大、过程长、综合性强。与许多传统安全问题不同，非传统安全问题根植于各国的社会、经济、文化的深层土壤中，带来的威胁关系到整个人类的生存与发展环境，不是个别国家和地区面临的局部问题，一旦成势就具有很强的惯性，非短期内能够化解，也非靠少数国家的努力能够解决。

目前威胁中国周边的非传统安全因素很多，以下仅对恐怖主义、毒品、非法移民等非常突出的非传统安全问题进行探讨。

（一）恐怖主义与周边安全机制

恐怖主义对中国的非传统安全构成重大的威胁。这种威胁主要来自中国的西北及其中亚邻国。特别是中亚三股势力对我国非传统安全的威胁。中亚地区民族、宗教关系复杂。苏联解体后，民族分离主义、宗教极端主义和恐怖主义三股势力在中亚迅速蔓延，他们以推翻现有中亚各国世俗政权为目的，以宗教或民族主义为幌子，同跨国犯罪集团相勾结，利用恐怖手段恐吓中亚国家，对地区安全与稳定造成极大的危害。

中国的"东突"势力与中亚地区"三股势力"有着极深的渊源，而且与活跃在中亚地区的"三股势力"有相同的国际背景，是国际恐怖主义的一部分。"东突"组织在境外林立，数量众多。[①] 这些组织分布在中亚、西亚、南亚和欧美地区，从事政治、宗教渗透和培养恐怖分子、发展暴力组织的活动。中亚地区是"东突"势力进行对新疆渗透、袭扰和恐怖训练的前沿阵地，西亚是其构筑所谓"民族凝聚力"培养精神领袖和骨干分子的"大本营"，欧美及其他地区是"东突"组织进行舆论宣传、接受资助，对新疆境内"东突"势力进行指挥的重要舞台。[②] "东突"势力已成为"三股势力"的方面军。事实上，"东突"势力已经发展成为彻头彻尾的恐怖主义组织，是国际恐怖主义组织的重要组成部分。

为了解决三股势力，特别是恐怖主义对我国非传统安全的威胁，我国已经与

---

① 对"东突"组织的数量说法不一。一说 51 个，其中中亚地区 19 个，西亚地区 14 个，欧美及其他地区 18 个。见王拴乾：《辉煌新疆》，新疆人民出版社 2003 年版，第 97 页；另一说 41 个，其中中亚地区 11 个，西亚土耳其 20 个，南亚巴基斯坦 3 个，欧美有 7 个。见马大正著：《国家利益高于一切》，新疆人民出版社 2003 年版，第 193 页。

② 王建坤：《对"东突"问题的思考》，载《热点焦点》2002 年第 1 期。

周边邻国展开了积极而又富有成效的合作。上海合作组织的建立是这种合作的机制性成果，它先后确立了各种会晤机制①，建立了两个常设机构：秘书处和地区反恐机构，并通过缔结《上海合作组织宪章》、《打击恐怖主义、极端主义、分裂主义上海公约》（Shanghai Convention against Terrorism, Separatism and Extremism）（以下简称《上海公约》）② 等来建立条约机制。但严格地说，上海合作组织目前仍然处在机制建设的早期阶段，其内在的机制缺陷不可避免。2008 年 3 月 14 日，流亡印度的达赖指使"藏青会"在西藏炮制了打、砸、抢、烧暴力行动，这不但是一起分裂主义暴力事件，也是一起恐怖主义暴力事件。"3·14"事件给我们的启示是：上海合作组织"反恐机制"在未来很有必要对中印之间的"反恐"合作施加某些必要的影响；上海合作组织"反恐机制"所无法触及的范围恰恰是它未来发展的方向。"反恐机制"的缺陷绝不会导致恐怖主义脚步的停顿。"3·14"恐怖袭击事件使我们深感上海合作组织在"反恐"方面所肩负的重任，也进一步引发我们对上海合作组织"反恐机制"建设的思考。

1. 尽快建立经常性联合军事反恐法律机制

上海合作组织是在上海五国的基础上发展起来的，上海五国谈判的最初目的是要缔结条约，划定边界，避免边界纠纷，消除因边界争端而引发的战争危险。同时，缔结裁军协定，建立边境信任，最终消灭传统的安全隐患。事实上，上海五国在划界和建立边境相互信任的问题上，取得了丰硕的成果。1996 年 4 月，中、俄、哈、吉、塔 5 国元首在上海举行首次会晤，签署了《关于在边境地区加强军事领域信任的协定》③；1997 年 4 月，5 国元首在莫斯科签署了《关于在边境地区相互裁减军事力量的协定》。通过这两个协定的签署，中、俄、哈、吉、塔 5 国在边境地区的相互信任建立起来了，传统安全隐患大大降低。

5 国边境地区军事力量的削弱所带来的正面影响是大大降低了传统安全隐患，其带来的负面影响是削弱了应对非传统安全隐患的能力。特别是打击恐怖主义的军事力量也随之削弱。在上海合作组织成员国为确保传统安全而在边境地区裁军的背景下，建立"经常性联合反恐军事机制"成为必然的要求。上海合作组织成员国之间频繁进行的联合反恐军事演习，一方面说明成员国军事力量之间的信任已经实实在在地建立起来了，另一个方面也进一步佐证了：克服联合军事行动的临时性所带来的缺陷，建立"经常性联合反恐军事机制"不但是可能的

---

① 上海合作组织目前建立了元首理事会、政府首脑理事会、各部长会晤机制、协调员理事会、秘书处（北京）、地区反恐机构（乌兹别克斯坦首都塔什干）。

② 中、俄、哈、吉、塔、乌六国于 2001 年 6 月 15 在上海签署。

③ 根据该协定之规定：边境地区的军事力量互不进攻；双方不进行针对对方的军事演习；限制军事演习的规模、范围和次数；通报边境 100 公里纵深地区的重大军事活动情况；相互邀请观察实兵演习；预防危险军事活动；加强双方边境地区军事力量和边防部队之间的友好交往等。

而且是必要的。

由于这种常设的联合反恐军事机制属于上海合作组织成员国之间的一种反恐合作机制，因而可以通过缔结专门议定书的方式，也即上海合作组织应该通过一个专门的议定书来规定联合反恐军事机制的具体内容。该议定书是对《上海公约》的补充，至少应该包括如下主要内容：

（1）联合反恐军事机制的核心武装力量是"反恐联合部队"。由上海合作组织成员国依据一定的比例关系提供相应数量的军队和武器装备。

（2）在地区反恐机构设立一个由各成员国联合组建的反恐联合部队司令部，联合反恐部队的军事指挥决策权归属于地区反恐机构，而军事执行权归属于反恐联合部队司令部。

（3）联合反恐部队的官兵在执行地区反恐机构的命令时享有越过国境的特权，并在上海合作组织成员国内享有其他与执行任务所必需的特权与豁免。

（4）联合反恐部队穿着特别的制服，按照地区反恐机构反恐联合部队司令部的部署驻扎在上海合作组织成员国的边境地区。

2. 积极构建上海合作组织 6 + N 的反恐合作伙伴法律机制

国际组织扩张其影响力的最稳健方式是扩大其成员国的范围。然而，国际组织通过扩大成员国范围来扩张其影响力也是最艰难的扩张方式。因为任何一个国际组织都是建立在一种共同的理念与利益的基础上的。如果一个国际组织的理念和利益基础具有很强的普遍性，那么，这样的国际组织通过扩大其成员国范围来扩展其影响力就相对要容易得多；反之，就困难重重。

国际组织扩张其影响的最快速的方式是发展联系合作伙伴机制。东盟"10 + 3合作机制"与"10 + 1 合作机制"就是这方面的成功范例。东盟如果采取扩大东盟成员国范围的方式，来影响中、日、韩，显然困难重重，因为中、日、韩 3 国与东盟各国存在的差异太大。正如日本知名学者青木保所言：东亚各国政治体制不同，价值观多种多样，文化方面有儒教、伊斯兰教、印度教等，国情也不尽一样，有的国家很强大，有的国家很弱小。东盟在东亚各国差异很大的情况下采取务实的态度，以专门领域合作为内容，以联系伙伴机制为途径，不断地扩大东盟的影响范围。从 1997 年开始提出东盟"10 + 3 合作机制"的设想，至今发展十分迅猛，正在使东盟"10 + 3 合作机制"向着自由贸易区机制的方向发展。与此同时，东盟在建立"10 + 6 合作机制"遇到阻碍的情况下，又分别与中国、日本、韩国、印度、澳大利亚、俄罗斯等六国分别建立了多个"10 + 1 合作机制"。

上海合作组织从成立之日起，就不能不考虑扩展其影响力的问题。上海合作组织的核心合作是安全领域的合作，特别是非传统安全领域的合作，而非传统安全领域合作又主要定位在对三股势力（分裂势力、宗教极端势力、恐怖主义势力）的打击，特别是对恐怖主义势力的打击。三股势力的问题在上海合作组织成员国之外的伊朗、阿富汗、巴基斯坦、印度等国同样存在，而且相互渗透。因而如果要有效地打击三股势力，单凭上海合作组织6个成员国相对分割的行动是难以奏效的。以中国为例可以充分说明这一问题，中国如果要铲除"藏独"和"东突"势力，没有印度、巴基斯坦、伊朗等国的合作难度可想而知。因而上海合作组织必须将其打击三股势力的合作机制，特别是打击恐怖主义势力的合作机制扩展到成员国以外的周边国家。那么，上海合作组织应该采取何种方式来拓展上海合作组织框架下的反恐合作机制呢？

采取扩大成员国范围的方式显然十分艰难。从上海五国开始，到后来乌兹别克斯坦的加入，到蒙古成为上海合作组织观察员，上海合作组织发展成员国的速度十分缓慢。特别是上海合作组织将某些国家纳入其中还存在这样或那样的困难。比如阿富汗目前局势尚不稳定，伊朗在核问题上还存在许多国际纠纷，特别是与欧美国家之间的纠纷，印度外交的方向在美国。上述种种问题在短期内都很难消失，这就意味着吸纳上述国家进入上海合作组织成为其正式成员国还十分困难。那么如何扩展上海合作组织反恐机制的影响范围呢？

建立6+N的联系合作伙伴机制来扩展上海合作组织的"反恐合作机制"的影响范围是一种务实的选择。虽然上海合作组织成员国周边的国家难以在短期内成为上海合作组织正式的成员国，有的甚至没有可能成为其成员国，但这些国家在"反恐"的问题上与上海合作组织成员国有着共同的需要和利益，因而上海合作组织可以将"打击三股势力"的合作机制，特别是"反恐合作机制"抽出来，作为上海合作组织与其成员国的周边邻国，建立联系伙伴合作机制的基本内容，参考东盟"10+3"和"10+1"的模式来构建联合反恐合作伙伴机制。与东盟"10+3"和"10+1"不同的是，后者主要定位在经济领域，特别是贸易领域，而前者定位在安全领域，特别是非传统安全领域。

3. 对恐怖主义实行"不引渡则起诉"原则

区别对待恐怖主义、分裂主义、极端主义的引渡问题，对恐怖主义引渡问题适用"不引渡则起诉"的原则。

引渡罪犯是国际刑事合作最基本的方式。既然《上海公约》是在打击三类犯罪行为方面开展国际刑事合作，自然也无法回避引渡的问题。根据《上海公约》第2条第2段之规定："各方应将本公约第一条第一款所指行为视为可相互引渡的犯罪行为"，"第一条所指的行为"，就是指"恐怖主义行为"、"分裂主义行为"、"极端主义行为"。言下之意，上海合作组织成员国根据公约只是承担了一种将上述三种犯罪行为视为可引渡的犯罪这样一种国际义务。笔者通过对目前国际社会反恐立法现状的考察，认为这样的引渡条款所体现的合作水平稍有偏低之嫌，据此认为公约应该将反恐怖主义、反分裂主义、反极端主义的引渡问题区别对待，对恐怖主义犯罪的引渡应该适用更高的引渡原则，即："不引渡则起诉"原则。

虽然国际社会没有任何公约在处理分裂主义、极端主义行为的引渡问题上适用"不引渡则起诉"的原则，但在处理恐怖主义行为的引渡问题时却几乎整齐划一地适用"不引渡则起诉"原则。不论是全球性公约还是区域性公约都对恐怖主义犯罪的引渡问题做出明确的规定，纵观各种不同层面的反恐公约，不难发现存在如下两方面的共同点：一是，几乎所有的公约都明确规定恐怖主义犯罪是一种可以引渡的犯罪；二是，几乎所有的国际公约都规定缔约方对恐怖主义犯罪的引渡问题适用"不引渡则起诉"原则。

首先来看全球性反恐公约的规定。1937年在国际联盟主导下缔结的《防止和惩治恐怖主义公约》是最早规定对恐怖主义犯罪实行"不引渡则起诉"原则的公约，在该公约中"不引渡则起诉"原则还没有概括得如此精练，还只是以含蓄的内容间接地规定在公约第9条和第10条之中。1970年国际社会在海牙缔结的《关于非法劫持航空器的公约》的第7条明确规定："在其境内发现被指称的罪犯的缔约国，如不将此人引渡，则不论罪行是否在其境内发生，应无例外地将此案件提交其主管当局以便起诉。该当局应该按照本国法律以对待任何严重性质的普通罪行案件的同样方式做出决定"。1971年国际社会缔结的《关于制止危害民用航空器安全的非法行为的公约》的第7条、《反对劫持人质国际公约》第5条第2款、1973年缔结的《关于防止和惩处侵害应受国际保护人员包括外交代表的罪行的公约》第7条、1988年缔结的《制止危及海上航行安全非法行为公约》第10条、1988年缔结的《防止危及大陆架固定平台安全非法行为议定书》第3条第4款等等全球性反恐怖国际公约几乎毫不例外地规定了"不引渡则起诉"原则。

再来看区域性公约的规定。目前世界上至少建立了8大区域性的反恐机制，除独联体的反恐机制外，其他7大区域性反恐机制均在其区域性的反恐公约中明确规定了"不引渡则起诉"原则。美洲国家组织于1971年缔结的《预防与惩治以侵害受国际保护的人员的犯罪形式出现的恐怖主义的公约》① 第5条明确规定："如果引渡的被请求国因为罪犯属于本国国民的原因、或宪法和法律障碍，不能引渡公约第2条所指的罪犯（恐怖主义犯罪），则必须将此等罪犯交给其国内有权的机关加以起诉并严惩，并应将此等机关的决定告知引渡请求国。"② 在

---

① O. A. S. Doc. A/6Doc. 88 Rev. 1, corr. 1; 27 U. S. T. 3949; 10 I. L. M. 255 (2 Feb. 1971).

② Art. 5 of Convention to Prevent and Punish the Acts of Terrorism Taking the Form of Crimes against Persons and Related Extortion That are of International Significance, in: International Terrorism: Multilateral Conventions (1937 – 2001), by M. Cherif Bassiouni (ed), NY: Transnational Publishers, 2001, p. 380.

欧洲理事会主导下，欧洲国家于 1977 年缔结了《预防与惩治恐怖主义的欧洲公约》，该公约的第 7 条明确规定了对公约所指的恐怖主义犯罪适用"不引渡则起诉"原则。① 南亚地区合作联盟于 1987 年缔结的《反恐公约》的第 4 条明确规定："如果缔约当事方，作为恐怖主义犯罪的发现地国不能将罪犯引渡给作为引渡请求国的其他缔约国，则必须毫无例外并毫不拖延地将罪犯交本国有权机关，按照对待本国相同严重犯罪的方式起诉并处刑"。② 在阿盟的主导下，阿拉伯国家于 1998 年缔结了《阿拉伯反恐公约》，该公约的第 3 条规定了两种反恐机制：预防措施和打击程序，其中打击程序部分明确规定了"不引渡则起诉"原则。③ 非共同体成员国于 1999 年缔结了《预防与打击恐怖主义公约》，该公约第 6 条也有同样的规定。④ 伊斯兰会议组织成员国于 2000 年缔结的《打击国际恐怖主义伊斯兰公约》也在第 3 条第 B 款规定了"不引渡则起诉"原则。

当然，上海合作组织成员国在《上海公约》中没有规定"不引渡则起诉"原则的确是事出有因。根据公约第 1 条第 1 款第 2 段和第 3 段的规定，分裂主义行为实际上是国内刑法中规定的危害国家安全罪中的一种，公约规定的极端主义行为虽然在国内刑法中没有这样的罪名，但从公约对该行为的定义来看，极端主义行为在本质上属于危害公共安全罪中的一种。这两种罪名在国际引渡领域还没有适用"不引渡则起诉"原则，基本上只是根据互惠或相关的引渡条约来开展引渡工作。这与恐怖主义犯罪的引渡适用"不引渡则起诉"原则形成鲜明的对比。由于《上海公约》将反恐、反分裂、反极端三类措施糅在一起来规定引渡原则，就只好就低不就高了，仅仅规定这三种类型的犯罪属于可以引渡的罪行。这样的规定自然就忽视了恐怖主义犯罪的特殊性，降低成员国对恐怖主义犯罪的打击力度。因此，为了进一步完善上海合作组织反恐机制，需要对《上海公约》进行必要的修改，将打击恐怖主义、分裂主义、极端主义的引渡问题区别对待，明确规定在打击恐怖主义的引渡问题上适用"不引渡则起诉"原则。

4. 在公约中适当补充反恐人权保障条款

恐怖主义犯罪本身是一种严重践踏人权的行为。直接侵害人的生命、自由、健康、安全、财产等等基本人权。特别是 20 世纪 90 年代以来，恐怖主义袭击目

---

① E. T. S. No. 90；15 I. L. M. 1272（27 Jan. 1977）.

② Art. IV of The South Asian Association for the Regional Cooperation：Convention on Suppression of Terrorism，Reprinted in U. N. Doc. A/51/136（4 Nov. 1987）.

③ M. Cherif Bassiouni（ed），International Terrorism：Multilateral Conventions（1937 - 2001），NY：Transnational Publishers，2001，p. 393.

④ Art. 6 of Organization of African Unity：Convention on the Prevention and Combating of Terrorism（July14，1999）.

标发生了重大的转化，由传统的以政府要人为袭击目标开始转向大量的无辜平民。① 这种对平民的袭击使恐怖分子更加令人深恶痛绝，因而，各国在打击恐怖主义犯罪过程中，常常会不同程度地失去理性，反过来又从打击恐怖主义的角度构成对人权的二次侵害。

正因为如此，无论全球性的反恐公约还是区域性的反恐条约，都会或多或少地规定一些反恐人权保障的条款，或在公约的具体的条款中渗透着人权保护的思想。反恐公约对人权保护主要包括三个方面：一是对恐怖活动受害人的人权保护；二是对恐怖分子嫌疑人或被告的人权保护；三是对恐怖主义行为证人的保护。

考察《上海公约》，不难看出其存在反恐人权保障条款缺失的严重问题。公约一共有 21 条文，应该说这 21 条文对恐怖主义、分裂主义、极端主义的定义进行了精确的界定，同时对成员国就打击包括恐怖主义在内的三股势力的合作的具体制度与程序做详细规定，但遗憾的是，几乎没有一个条款涉及反恐人权保障问题。即使从广义的角度来理解，有效打击恐怖主义就是对人权的保护，也只能说公约仅仅考虑了对受害人的人权保护，而忽视了对恐怖主义行为的证人，以及对恐怖分子嫌疑人或被告的人权保护。因此上海合作组织未来反恐机制的建设应高度重视人权保障条款的添加。

（二）毒品问题及中国周边安全机制

据世界卫生组织 20 世纪 90 年代末的估计，全世界非法生产鸦片高达 5 000 万吨，制造和销售海洛因 1 000 万吨、可卡因 10 万吨。② 而这些毒品主要来自以下四个毒源地：位于东南亚的"金三角"；③ 位于中西亚的"金新月"；④ 位于南

① 伊恩·莱塞等著：《反新恐怖主义》，新华出版社 2002 年版，第 210 页。
② 陆忠伟著：《非传统安全论》，时事出版社 2003 年版，第 434 页。
③ "金三角"位于东南亚的缅甸、老挝、泰国三国的交界地带，面积约为 20 万平方公里，人口约 100 万人。这里大多是海拔 3 000 米以上的山区，气候炎热、土地肥沃、雨量充沛，非常适合罂粟种植。本身气候上的天然条件就利于罂粟的生长，再加上这一地区处于三国交界的所谓"三不管地带"，因此毒品极容易泛滥。据联合国通报，"金三角" 2003～2004 年度罂粟种植面积约 70 余万亩、鸦片产量 400 余吨。
④ "金新月"位于西南亚阿富汗、巴基斯坦和伊朗交界的月牙形狭长地带，该地区有 3 000 多公里的边界线，因其形状近似伊斯兰教的新月且又盛产鸦片，故被称为"金新月"。这里人烟稀少，气候干燥，本身就适宜鸦片的种植；此地交通闭塞，不仅便于罂粟的种植和加工，而且便于毒品的交易和运输；另外，由于该地区的地理位置不利于管理，加上民族冲突、宗教和战乱等因素的共同作用，"金新月"很快就发展成为世界上主要的毒源地之一，并逐渐取代"金三角"，成为世界最大的鸦片产区。据统计，"金新月"罂粟种植面积达 11 万公顷，鸦片年均产量 3 000～4 000 吨。

117

美洲哥伦比亚的"银三角";① 以及被称为"第四产地"的黎巴嫩贝卡谷地。②

中国处于世界四大毒源地的半包围中，其中又以西南方向的"金三角"地区和西北方向的"金新月"及中亚地区的毒品形势尤为严重。针对这一形势和特征，建立和完善应对毒品问题的安全机制，也应当着重从这两个方向着手。

1. 应对西南方向毒品问题的安全机制——以与东盟双边合作为视角

继续坚持与东盟进行双边合作，共同打击毒品犯罪。一方面，"金三角"地区的缅、老、泰三国均为东盟的成员国。另一方面，中国于2003年与东盟建立了战略协作伙伴关系，成为第一个加入《东南亚友好合作条约》的非东盟国家。这就为中国与东盟进行打击贩毒的双边合作提供了良好的前提。中国与东盟联合打击毒品犯罪，必须在现有的基础上进一步建立起司法、金融、经济、社会和卫生等多层次、全方位的合作。唯有如此，方能行之有效。就联合禁毒的具体措施而言，尤其要强化通过控制其他跨国犯罪打击毒品犯罪和继续加强对东盟国家的经济援助，从根本上控制毒品泛滥。

2. 应对西北方向毒品问题的安全机制——以上海合作组织为视角

通过上海合作组织应对我国西北方向面临的毒品问题，有以下几点需要注意：

（1）建立打击毒品犯罪常设机构。上海合作组织已经意识到毒品问题对地区安全的威胁，并已经采取了一定措施进行应对，然而该组织在应对毒品问题时存在的一个显著不足就是有关常设机构的缺失。目前上海合作组织内已有的两个常设机构都是针对"三股势力"的，在解决毒品问题上却没有一个专门的机构存在，这与中国及周边国家所面临的日益严峻的毒品问题形势是不对称的。今后，上海合作组织应当建立专门的反毒机构，以应对严峻的毒品形势。

（2）控制洗钱与打击毒品犯罪。作为洗钱犯罪的最重要的上游犯罪之一，毒品犯罪与洗钱存在千丝万缕的关系。因此，要想有效打击毒品必须与控制洗钱相结合。上海合作组织框架下，打击毒品犯罪的注意力集中在对走私、贩卖、运输、制造毒品犯罪行为的查处和打击上，没有充分发挥控制洗钱在打击毒品犯罪中的作用。包括中国在内的各成员国对毒品洗钱犯罪的认识不够，对打击毒品洗钱犯罪领域的知识了解不多，在打击毒品犯罪洗钱活动方面的实践经验和技能不

---

① "银三角"是指拉丁美洲毒品产量最多的哥伦比亚、秘鲁、玻利维亚和巴西所在的安第斯山和亚马逊地区。这一地带总面积在20万平方公里以上，是古柯及大麻的主产地，也是世界上可卡因最大的供应地，所以从20世纪70年代起，这里被人们称为"银三角"。

② 黎巴嫩贝卡谷地土地肥沃，本来号称黎巴嫩的粮仓。然而，20世纪80年代以来，随着国内动荡局势的加剧，罂粟开始大批量在此地种植。目前，黎巴嫩已由一个山地小国，跃升为毒品大国。据美国国务院称，以黎巴嫩波尔卡谷底为中心的山区，不仅已成为继"金三角"、"金新月"和"银三角"之后世界第四大毒品产地，它还是海洛因制造与转运的重要中心。

足。也缺乏机构、人员和资金等相应的执法机构提供反洗钱训练和技术支持。

此外，打击跨国涉毒洗钱的一项重要的法律措施就是没收犯罪收益，摧毁贩毒集团的经济来源和实力的必要手段。在这一点上，上海合作组织可以借鉴1988 年《联合国禁止非法贩运麻醉药品和精神药物公约》（即《联合国禁毒公约》）和 2000 年《联合国打击跨国有组织犯罪公约》的相关规定和经验。

（3）反腐败与打击毒品犯罪双管齐下。毒品能够在一些地区迅速泛滥，一般具备一些基本条件。其中，政府机构的腐败往往是非常关键的条件。尤其在中亚地区，腐败问题异常严重，打击毒品犯罪必须以打击腐败为基础。要在联合禁毒问题上取得进展，上海合作组织必须要面对腐败问题，应当对成员国提出整治腐败的要求，当然这不能同组织的不干涉内政的承诺相违背。这一点上，上海合作组织可以借鉴其他国际机构的经验。为打击毒品贸易，欧盟、北约、"和平伙伴关系计划"和"欧洲安全与合作组织"都将反腐败和政治改革列为优先目标。在这方面上海合作组织应有所借鉴，至少应使反腐败成为该组织整体禁毒战略中的关键要素。

（4）防止恐怖主义与毒品犯罪的勾结。近年来，阿富汗和中亚的毒品犯罪活动与恐怖主义活动的联系日益紧密，打击毒品犯罪必须要防止这两种势力的勾结。众所周知，中亚地区的各种极端主义势力，特别是乌兹别克伊斯兰运动（IMU），在毒品贸易当中表现得异常活跃。这同时意味着，与中亚"三股势力"有密切联系的东突厥斯坦伊斯兰运动（ETIM）也可能在从事毒品贸易。我国政府一直认为，毒品贸易是"东突"分裂势力的主要资金来源。

（三）非法移民问题与中国周边安全机制

无论是偷渡引起的非法入境行为，还是合法入境非法居留的行为，都会对当事国带来危害。但相比较而言，偷渡所引起的非法移民问题，对当事国的危害更为严重。因此，以下探讨的重点放在偷渡所导致的非法移民问题。

非法移民的形成至少涉及两个国家，即移民输出国与移民输入国。通常情况下，非法移民活动往往还会涉及输出国和输入国之外的其他国家，即移民过境国。不过，中国在非法移民形成的过程中同时扮演了移民输出国与输入国的角色。

非法移民对中国产生了非常不好的负面影响，并直接或间接地对我国国家安全造成了威胁。首先，非法移民破坏出入境管理制度，危及国家边境安全。[1] 其次，非法移民与其他相关犯罪是与生俱来的孪生兄弟，它们的结合是不可避免的

---

[1] 徐军华：《非法移民法律控制问题研究》，华中科技大学出版社 2007 年版，第四章。

现象。① 再次，非法移民破坏我国国际声誉，影响正常国际关系。

一般情况下，非法移民涉及三方当事国，即输出国与输入国及过境国。这一点不同于诸如恐怖主义犯罪、毒品犯罪等跨国犯罪。例如，毒品犯罪行为从毒品作物的种植、生产，到加工，到运输，再到销售，这其中的每一个过程都属于犯罪。也就是说，毒品犯罪可能同时涉及多个国家，即毒品生产国、毒品加工国、毒品运转国及毒品销售国。这也意味着，毒品犯罪活动的链条非常复杂，如此情况下，打击毒品犯罪采用多边合作机制是适宜并且必要的。非法移民的链条有两种：一种是输出国—输入国的方式；另一种是输出国—过境国—输入国的方式。这里，涉及的主要是这些关系：输出国与输入国、输出国与过境国、过境国与输入国之间的关系。相比较而言，非法移民的链条要简单些，它更多的是直接涉及两方当事国的关系。因此，控制非法移民更适合采用双边合作的国际机制。为此，中国先后与美国、法国、柬埔寨、欧盟、东盟、上海合作组织成员国等一系列国家和国际组织通过签署有关协定或发表联合声明等方式建立了控制非法移民的双边合作机制，并取得了较好的成效。

然而，需要承认的是，目前的双边合作机制还存在一些缺陷，主要体现在以下方面：

首先，双边合作的广度不够。从以上中国在控制非法移民方面的实践可以看出，与我国进行双边合作的国家还非常有限。而与我国在非法移民问题上存在共同利益的国家却有很多，目前的广度还远远不够。同时，目前中国主要进行的是非法移民输出国和输入国的双边合作，而忽视了与非法移民过境国的双边合作。② 今后，中国应加强同非法移民过境国的合作，这样才能彻底解决这个问题。

其次，双边合作的深度不够。一方面，现有合作的领域大多注重于边境安全防范、相互的遣返合作、信息的交流以及警务合作上，并没有就非法移民控制的其他方面展开合作，尤其是对非法移民产生经济层面上的原因并没有现实的行动，从而很难从根本上杜绝非法移民的产生。另一方面，目前的双边合作机制大部分还停留在政治协调、达成共识的层面上，确定彼此间的权利和义务、具有法律约束力的双边协议并不多。迄今为止，"还没有一项真正以非法移民为主题的双边协定"，③ 而以声明、谅解备忘录或者是某一双边协议中概括性声明的条款又不具备法律的约束力，因此，国家之间的双边合作亟须就专门的反偷渡或反非法移民、具有法律约束力的双边协议加以确定。

---

① 吴化：《全球化与中国非法移民问题的治理》，载《太平洋学报》2007 年第 12 期。
② 徐军华：《非法移民问题的国际法思考》，载《法学评论》（双月刊），2007 年第 1 期。
③ 徐军华、李新：《非法移民国际法律控制的双边合作机制——以中国的实践为例》，载《湖北社会科学》2007 年第 5 期。

第四节　朝鲜核试验问题的国际法考虑 *

2006 年 10 月 9 日，朝鲜不顾国际社会的普遍反对，悍然实施核试验，并在举行庆祝核试验群众集会之后，随即宣布自己为核武器拥有国家。2006 年 10 月 14 日，安理会通过了第 1718（2006）号决议，一方面谴责朝鲜无视先前的安理会各项有关决议而进行核试验，并责令其重返《不扩散核武器条约》和原子能机构的保障监督，另一方面根据《联合国宪章》第七章决定对朝鲜采取一系列经济制裁措施。2009 年 5 月 25 日，朝鲜宣布再次成功实施核试验，并称这次核试验在爆炸当量和控制技术方面取得进展，进一步提高了核威慑能力。对此，美国、日本、韩国、俄罗斯、中国和世界上其他许多国家先后通过不同方式予以谴责，并表示不承认朝鲜的有核国地位。与此同时，中、美、韩、日、俄通过穿梭外交，紧急磋商，力促朝鲜早日重返六方会谈。

关于朝鲜核试验对于朝鲜与六方会谈的其他五方之间关系的影响，尤其是对于朝美、朝中、朝韩关系所产生的影响，以及对东亚乃至全球和平与安全带来的挑战，中外政界、外交界、军事界、学界和媒体已有广泛的评论。但是，迄今为止，法学界还鲜有对朝鲜核试验在国际法上的非法性问题进行系统、深入探讨。

一般都会认为，既然联合国安理会已经就此通过了具有法律约束力的经济制裁决议，朝鲜进行核试验在国际法上必定是非法之举。然而，要做出令人信服的如此断定并非简单。如果认定朝鲜核试验为非法行为，那么它到底触犯了哪些国际法规定呢？它违反了有关的禁止核试验条约，还是违反了防止核武器扩散条约？如果这些专门性条约还不足以作为确立朝鲜核试验之非法性的法律依据，六方《联合声明》是否对朝鲜具有法律约束力？目前，在核裁军和核安全领域是否存在国际习惯法规则来证明朝鲜核试验的非法性？《联合国宪章》及其有关的条款能否作为确立朝鲜核试验违反国际法的依据？由朝鲜核试验引发的这一系列错综复杂的法律问题，正是本节逐一研讨的内容。

一、禁止核试验的多边条约与朝鲜核试验

在禁止核试验方面，联合国框架内先后制定和通过了两项重要的专门性多边

＊ 本节作为阶段性成果发表于《世界经济与政治》2007 年第 1 期。

条约：一是 1963 年签署的《禁止在大气层、外层空间和水下进行核武器试验条约》，通称为《部分禁止核试验条约》；二是 1996 年签署的《全面禁止核试验条约》。

《部分禁止核试验条约》① 在序言中明确宣示其目的是："（1）按照联合国的宗旨尽快达成一项在严格的国际监督下的全面彻底裁军协定，这项协定将制止军备竞赛和消除对于生产和实验各种武器，包括核武器的刺激因素；（2）谋求永远不再进行一切核武器试验爆炸，决心继续为此目的进行谈判，并希望使人类环境不再受放射性物质污染。"可见，这个在特定领域和空间禁止核试验的条约是全面禁止核试验这一更高目标的第一步骤。条约中最核心的内容是第一条。该条列举了禁止缔约国进行核试验爆炸的地方，包括：（1）国家主权管辖以外的大气层，包括外层空间；（2）水下，包括领海和公海；（3）任何其他环境，如果这种爆炸所产生的放射性尘埃出现于在其管辖或控制下进行这类爆炸的国家领土范围以外。

从上述第一条的规定可以看出，《部分禁止核试验条约》，除了领海外，所禁止的核试验地方限于缔约国主权管辖以外的区域。换句话说，该条约原则上不禁止缔约国在其领土范围内（不包括领海）从事核试验爆炸，只要这种试验爆炸所释放的放射性物质没有超出其领土范围。从朝鲜的核试验来看，它是在本国境内的地下进行的，而且尚未发现有放射性尘埃落入其领土范围以外。从这个意义上讲，朝鲜核试验尚不构成对现行的《部分禁止核试验条约》的违反。而且，即使朝鲜的核试验违反了该条约所禁止的范围，该条约对于朝鲜也难以构成法律约束力，因为迄今它还不是这一条约的缔约国。

《全面禁止核试验条约》② 与上述《部分禁止核试验条约》相比，无疑要先进得多。正如其名称和序言所宣示的，该条约旨在全球范围内裁减核武器，消除核武器，并在严格和有效的国际监督下全面、彻底进行核裁军。为此，所有缔约国承诺不进行任何核武器试验爆炸或任何其他核爆炸，以及不导致、鼓励或以任何其他方式参与核武器试验爆炸。

为了促进这一条约尽快产生法律效力，联合国先后于 1999 年 10 月、2001

---

① 该条约于 1963 年 8 月 5 日率先由苏联、英国和美国共同签署，同年 8 月 8 日在三国首都同时开放签署，三国政府为该条约的保存者。该条约于 1963 年 10 月 10 日生效，现有 108 个签署国，交存批准书的有 93 个国家，另有 23 个国家递交了加入书。http：//www. state. gov/tac/trt/4797. htm#signatory。

② 该条约最早于 1954 年由印度总理尼赫鲁首次在联合国大会提出，1963 年《部分禁止核试验条约》明确地将缔结全面禁止核试验条约列为其追求的目标。但是，直到 1994 年 3 月，日内瓦裁军谈判会议才正式启动全面禁止核试验的谈判。1996 年 9 月 10 日，联合国大会以 158 票赞成、3 票反对、5 票弃权的压倒多数通过了《全面禁止核试验条约》。截至 2006 年 10 月，已有 176 个国家签署了该条约，135 个国家批准了该条约。http：//news. xinhuanet. cm/ziliao/2003 - 09/18content_1088319. htm。

年 11 月和 2003 年 9 月连续三次召开促进《全面禁止核试验条约》生效大会。虽然这三届大会促成了越来越多的国家签署和批准了该条约（截至 2006 年 10 月，已有 176 个国家签署了该条约，135 个国家批准了该条约），但是在该条约附录二所列的 44 个与核武器有关联的国家中，仍有 12 个国家还没有履行签署或批准程序，致使该条约迄今尚未生效，因为该条约规定这 44 个国家的批准是该条约生效的必备前提。显然，一个没有生效的条约不可能对已经签署甚至批准该条约的国家产生法律上的约束力，更何况朝鲜还没有签署这一条约。

尽管如此，似乎还存在一种可能性来论证《全面禁止核试验条约》对朝鲜具有法律约束力，那就是，该条约所载明的全面禁止试验的宗旨与原则构成现代国际法的习惯规则。因为，根据 1969 年《维也纳条约法公约》第 38 条的规定，如果一项条约的义务已经成为一项习惯国际法规则，该项义务同样对非缔约方的第三国具有法律约束力。关键在于：要证明全面禁止核试验是否已经构成为习惯国际法规则。

从习惯国际法规则构成的要件来看，要断定《全面禁止核试验条约》所含的内容构成习惯法规则似乎有些牵强。虽然它曾以压倒多数的赞成票在联大获得通过，并且获得了世界上绝大多数国家的签署和批准，但是该条约诞生才 10 年时间（尽管习惯规则形成的时间长度并无一定之规），其间仍不断有国家进行或被怀疑进行核试验。更重要的是，还有一些核拥有国家或核潜在国家没有签署或批准这一条约。所有这些都表明，从国际法的角度来看，《全面禁止核试验条约》所含的准则，既缺乏国际社会长期一致的、普遍的实践，又缺乏世界各国的法律确信。[①] 因此，将禁止核试验作为习惯国际法规则来证明朝鲜核试验的非法性，似乎难以令人信服。

二、《不扩散核武器条约》与朝鲜核试验

《部分禁止核试验条约》问世之后，在《全面禁止核试验条约》的谈判条件尚不完全具备之前，联合国会员国，特别是具备有核国地位的会员国同意进行不扩散核武器问题的谈判，并以此作为所有核裁军协议的基础。1968 年 1 月，英国、美国和苏联等 59 个国家签署了《不扩散核武器条约》，并于 1970 年 3 月正式生效。[②] 虽然该条约仅由 11 个条文构成，但是它在实现全面彻底核裁军从而

---

① See Christopher Le Mon, "Did North Korea's Nuclear Test Violate International Law?", p1. http://www. opiniojuris. org/posts/1160382356. shtml.

② 该条约有效期为 25 年，其间每 5 年举行一次缔约国会议，审议该条约的执行情况。在 1995 年举行的缔约国会议上，决定无限期延长该条约。目前，该条约共有 187 个缔约国。

维护世界和平与安全的国际法制进程中具有划时代的意义。其一，它构建了全球范围内逐步实现最终全面彻底消除核武器的一个承上启下的法律基础。其二，它首次使有核缔约国负有国际法律义务不得向任何无核缔约国直接或间接转让核武器或核爆炸装置，并且不帮助无核国制造核武器。其三，它首次使无核缔约国有义务保证不研制、不接受和不谋求获取核武器。其四，它建立了监督机制，即：将和平核设施置于国际原子能机构的保障框架之内。

朝鲜曾于 1985 年成为《不扩散核武器条约》的缔约国。根据该条约的规定，作为无核缔约国，朝鲜负有义务禁止研制或获取核武器或其他核爆炸装置，并且有义务接受国际原子能机构对其核计划和设施的检查与监督。为此，朝鲜曾于 1992 年与原子能机构缔结了有关的《保障协定》，并于 1994 年与美国达成了有关的《框架协议》。然而，原子能机构与朝鲜之间在核查的地点、时间、范围和其他事项的合作问题上一直存在分歧，以至于核查中断。朝美之间则相互指责对方违反达成的《框架协议》。2003 年 1 月 10 日，朝鲜宣布立即退出《不扩散核武器条约》，但同时声明：它无意生产核武器，其核活动目前仅用于诸如发电之类的和平目的。朝鲜的这一非常举动引起了国际社会的深切关注，因为它是《不扩散核武器条约》生效 30 多年来第一个宣布退出的国家。各国普遍呼吁它撤回其退出决定，重返国际核不扩散体制。然而，朝鲜直到现在仍然没有收回其退出声明。这就在国际法上产生了如下一些有待深入探讨的问题。例如，朝鲜是否享有退出的权利？如果它的这一行动属于违法的，那么它的退出是否当然无效，从而它所进行的核试验无疑违反了一个缔约国在《不扩散核武器条约》中所承担的国际法律义务？如果朝鲜的退出举措是合法的（即符合该条约的有关退出的规定），那么是否就意味着朝鲜的核试验没有违反《不扩散核武器条约》？即使如此，是否还有其他法律依据证明朝鲜的核试验违反了该条约？

《不扩散核武器条约》第十条第一款规定："每个缔约国如果断定与本条约主题有关的非常事件已危及其国家的最高利益，为行使其国家主权，应有权退出本条约。该国应在提出前三个月将此事项通知所有其他缔约国和联合国安全理事会。这项通知应包括关于该国认为已危及其最高利益的非常事件的声明。"①

上述规定表明，一方面，退出该条约是每一个缔约国的主权权利；另一方面，打算退出的缔约国应符合一定的实质性和程序性要件。其中的实质要件是：必须有"非常事件"（extraordinary events）的存在，而且此等"非常事件"危及其"国家最高利益"（supreme interests of its country），即两者之间应具有因果关系。其中的程序要件是：必须提前三个月将其退出决定分别通知其他缔约国和联

---

① http：//www. un. org/chinese/peace/disarmament/t5. htm.

合国安理会。

从原则上讲，朝鲜退出《不扩散核武器条约》是行使其主权权利。而且，根据该条约的规定，是否发生了"非常事件"以及危及其"国家最高利益"，是其自主"断定"的事项。至此，朝鲜的退出并没有违反该条约的原则性和实质性规则。至于何为"非常事件"，何为"国家最高利益"，两者是否存在直接的因果关系，以及朝鲜的"断定"本身是否合法等问题，该条约并没有做出明确的界定，或者建立相应的审查机制。因此，即使国际社会怀疑这些实质条件的存在或朝鲜"断定"的正确性，这也不影响朝鲜的退出行为在条约法上的合法性，而只能说明该条约关于退出事项的规定本身存在明显的漏洞或缺陷。

值得商榷的是，2003 年 1 月 10 日，朝鲜宣布其退出"自动和立即生效"。这似乎违反了《不扩散核武器条约》有关退出决定必须提前三个月通知的程序要求。该程序要求说明，朝鲜的退出决定在国际法上并不能像其所宣称的那样可以"自动和立即生效"，而是要等到 2003 年 4 月 10 日之后才能生效。在此之前，朝鲜仍然是该条约的缔约国，尽管其已宣布退出。但是，我们似乎难以推定，朝鲜违反三个月的期限规定就等于其退出决定无效，因为该条约并没有如此规定。因此，自宣布退出并通知其他缔约国和安理会之日起的三个月之后，朝鲜无疑就不再是该条约的缔约国。正因为如此，国际社会一直呼吁朝鲜撤回其退出决定，重新恢复其在《不扩散核武器条约》的缔约国地位。

既然从条约法的角度很难断定朝鲜退出决定的非法性，又如何解读 2006 年 10 月 6 日联合国安理会《主席声明》及其有关措辞呢？该《主席声明》指出，"安理会对于朝鲜宣布退出《不扩散核武器条约》，并不顾该条约义务和国际原子能机构保障监督义务，声称发展核武器"，表示"痛惜"。① 虽然该《主席声明》仍然提及朝鲜在该条约下的"义务"和国际原子能机构中的"保障监督义务"，但是该声明只是对朝鲜的退出行为表示"痛惜"。更为重要的是，虽然该声明是主席代表安理会发表的，甚至可以辩解为根据《联合国宪章》第七章而发表的，但是它毕竟只是一个表明政治态度的《主席声明》（a Presidential Statement），而非安理会根据《联合国宪章》第七章以正式表决的方式而做出的具有法律约束力的"决议"（Resolution）。因此，要从该《主席声明》中得出朝鲜仍然是该条约的缔约国，从而其核试验违反其在该条约中的义务以及相关保障监督义务的结论，似乎还缺乏说服力。

---

① S/PRST/2006/41，http：//www.un.org/chinese/aboutun/prinorgs/sc/sdoc/06/sprst41.htm.

三、六方《共同声明》与朝鲜核试验

在处理朝鲜核危机的过程中，由中国、朝鲜、日本、韩国、俄罗斯和美国形成的"六方会谈"具有重要的地位和作用。2005年9月19日，六方发表的第四轮会谈通过的《共同声明》，是迄今"六方会谈"机制中达成的最重要的一个文件。因此，揭示该《共同声明》的法律性质与特点，有助于我们进一步探讨朝鲜核试验的合法性问题。

更明确的问题是，如果上述有关禁止核试验和不扩散核武器的条约及相关文件尚不足以断定朝鲜核试验在国际法上的非法性，那么六方《共同声明》能否提供替代性的法律依据呢？要解答这个问题，还是要从分析该《共同声明》的形式和内容入手。

从内容及其措辞来看，六方《共同声明》所载明的是各方的单边承诺和共同承诺。其中朝鲜的具体承诺是，"放弃一切核武器及现有核计划，早日重返《不扩散核武器条约》，并回到国际原子能机构的保障监督"。毫无疑问，《共同声明》是经过前四轮反复多次谈判而达成的政治妥协，各方作出的单边承诺和共同承诺都是各国政治态度的对外宣示。现在的关键问题是，这些明白无误的政治承诺是否同时也是一种法律承诺，也就是要论证《共同声明》的承诺不仅是一种政治上的共识和宣告，同时还对各方具有法律上的约束力。而要证明这一点，就必须证实《共同声明》是一种具有法律约束力的形式渊源。

长期以来，国际法学界对于声明的法律性质，存在着不同的认识。一种观点认为，这种声明不是严格法律意义上的国际法渊源，而只是表示一种共同的政治意愿。另一种观点认为，这种声明是国家间或政府间的一种协议，属于条约的一种形式，对有关各方的行为不仅具有政治和道义上的影响，而且还具有必须遵守的法律义务的性质。还有一种折中的观点认为，这种声明的效力要高于一般性的政治共识或承诺，但又不是一种严格法律意义上的渊源，而是一种"软法"，即：尽管它不具有法律约束力，但会产生法律效果。[①] 从实践来看，国家及其政府的单边、双边或多边声明的法律性质，要视具体情形而定，关键是要看有关国家及其政府发表声明的真实意图。在实践中，似乎多数的声明被当事方接受为具有法律约束力的文件。例如，中美建交公报和相关声明一直被中美双方认定为具

---

① See *Frontiers Dispute Case（Burkina Faso v Mali）*, ICJ Reports, 1986, p. 554; *Nuclear Test Cases（Australia v France and New Zealand v France）（Merits）*, ICJ Reports, 1974, p. 253; Antonio Cassese, *International Law*, Oxford: Oxford University Press, 2001, p. 151.

有法律约束力的书面文件，几乎每一次中美领导人会晤和会谈中双方都明确表示遵守这些公报和声明。

国家声明的法律约束力还得到了国际法院的确认。在 1973 年澳大利亚、新西兰等国诉法国"核试验案"中，国际法院曾经面对的一个法律问题是：有关法国单方面声明（核心内容是法国将停止在南太平洋的核试验）是否产生法律义务。该法院在其判决书第 46 段中裁定："当该宣言发表国应该受其条款约束原本是该国的意图时，此等意图赋予了该宣言的法律承诺特征，从而在法律上要求该国以与该宣言相一致的方式行事。这种类型的承诺，如果被公开，而且意在受其约束……就有约束力。"①

在上述推定中，国际法院实际上为国家的单方面声明确立了两个前提条件，以检验其是否创设具有约束力的国际义务：一是此等声明被公布于众，二是此等声明的约束力是声明发表国的本意。②

既然这两项前提条件适用于单边声明，就没有理由不推定其同样适用于双边、诸边或多边声明。《联合声明》是一个融单边承诺、双边承诺和诸边承诺于一体的复合文件。因此，我们可以运用国际法院的"公开"和"意图"标准来判断《联合声明》是否对朝鲜具有法律约束力。

首先，《联合声明》符合"公开"要件。尽管朝核问题的六方会谈是秘密进行的，但最终达成的共识和彼此作出的承诺不仅以声明的方式予以书面载明，而且还通过新闻媒体向全球公开发表。有一种观点认为，《联合声明》是朝鲜与其他各方私下谈判达成的，其"公开"的程度不及于"核试验案"中的法国总统声明。③ 这种观点值得商榷。实际上，任何双边、诸边或多边法律文件的谈判都是秘密进行的，不但声明或宣言如此，即使是正式的条约或协定也是如此。至于像"核试验案"中法国总统这样的单方声明，根本就不存在秘密谈判的问题，因为这完全是单方面的承诺。应该认为，国际法院这里所指的"公开"，是指有关承诺文件的最终公布于众，而不是指其形成过程。

然而，要得出《联合声明》符合"意图"要件的结论似乎要比上述"公开"要件更富有争议，从而也要困难得多。从《联合声明》的措辞来看，朝鲜的承诺应该说是明晰的，即："放弃一切核武器及现有核计划，早日重返《不扩散核武器条约》，并重新回到国际原子能机构的保障监督"。虽然这里没有直接表示放弃核试验，但是放弃核试验无疑包括在"放弃核武器及现有核计划"之

---

① http：//www. icj - cij. org/icjwww/icases/inzf/inzf_ijudgment/inzf_ijudgment_197.

② See Christopher Le Mon，"Did North Korea's Nuclear Test Violate International Law？"，p. 4. http：//www. opiniojuris. org/posts/1160382356. shtml.

③ See Christopher Le Mon，p. 4.

中。美方也确认，"美方在朝鲜半岛没有核武器，无意以核武器或常规武器攻击或入侵朝鲜"。朝方和美方还互相承诺："相互尊重主权、和平共存，根据各自双边政策，采取步骤实现关系正常化"。同样，朝方和日方承诺："……在清算不幸历史和妥善处理有关悬案基础上，采取步骤实现关系正常化"。一方面，我们从这些明白无误的庄严承诺中，似乎可以推定出各方旨在使这些承诺具有法律约束力的意图。另一方面，我们也清楚地知道朝方的承诺是以其他各方特别是美方的承诺作为交换的。其中尤其重要的交换条件有：美、日与朝鲜建立外交关系；美方保证不以核武器或常规武器攻击或入侵朝鲜；美方解冻朝鲜在境外的银行账户；其他各方共同保障朝鲜安全和提供经济发展援助，等等。值得注意的是，朝鲜正是以美方没有履行其承诺为由，先后宣布退出《不扩散核武器条约》和进行核试验的。由此可以推断，朝鲜在《联合声明》中作出放弃核计划承诺的真实意图是以换得美国和其他各方的兑现其承诺为前提的。所以，在六方会谈停滞不前和其他各方的承诺没有后续的实际行动的情况下，将朝鲜的承诺意图推定为构成一种国际法义务难免有牵强之嫌。

四、《联合国宪章》与朝鲜核试验

上述分析表明，从禁止核试验和不扩散核武器领域的国际法制水平及其与朝鲜的法律关系现状来看，要证明朝鲜核试验在国际法上的非法性似乎存在这样或那样的困难。但是，这绝不意味着朝鲜的核试验在国际法上就具有合法性，否则，联合国安理会2006年10月14日作出的对朝鲜实施经济制裁决议的合法性就存在疑问。可见，朝鲜核试验的非法性和安理会经济制裁决议的合法性在法律依据上具有同源性，这个相同的法律渊源就是《联合国宪章》。

《联合国宪章》是联合国这个当今世界上最大和最有影响的国际组织的基本法律文件。朝鲜是联合国的会员国，根据《联合国宪章》第二条，"应一秉善意，履行其依宪章所担负的义务"。在这些义务中，最重要的义务就是《联合国宪章》第一条所确立的联合国的首要宗旨："维持国际和平与安全；并为此目的，采取有效集体办法，以防止且消除对于和平的威胁"。为此，"各会员国在其国际关系上不得使用武力威胁或使用武力"（《联合国宪章》第二条第四款）。

为实现联合国"维持国际和平与安全"的首要宗旨，保证各会员国遵循"不使用武力威胁或使用武力"的原则，"各会员国将维持国际和平及安全的主要责任，授予安全理事会，并同意安全理事会于履行此项责任下之职务时，即系代表各会员国"（《联合国宪章》第二十四条）。作为在联合国维持国际和平与安全方面负主要责任的机关，安理会根据《联合国宪章》第七章，有权"断定任何和平之威

胁、和平之破坏或侵略行为之是否存在"（《联合国宪章》第三十九条），有权
"决定应采取武力以外之办法，以实施其决议，并促请联合国会员国执行此项办
法。此项办法得包括经济关系、铁路、海运、航空、邮、电、无线电及其他交通工
具之局部或全部停止，以及外交关系之断绝"（《联合国宪章》第四十一条）。

朝鲜的核试验无疑是属于违反上述《联合国宪章》首要宗旨和原则的行为，
是一种对国际和平与安全构成威胁的行为。这在安理会第 1718（2006）号决议
中得到明确的断定。该决议的序言表示"严重关切"朝鲜的核试验"对该区域
内外的和平与稳定造成的危险"，并"认定因此存在对国际和平与安全的明显威
胁"。接着，该决议明确宣示其中采取的一系列对朝鲜实行部分经济制裁，是根
据《联合国宪章》第七章采取的行动和根据第四十一条采取的措施。

还需要特别强调的是，即使朝鲜不是联合国的会员国甚至采取类似于其退出
《不扩散核武器条约》的退出联合国行动，它的核试验在国际法上的非法性照样
能得到确认。这是因为：朝鲜的核试验从根本上违反了"不以武力相威胁"这
一现代国际习惯法原则。习惯国际法规则对世界各国的行为都具有法律约束力，
而不论一国是否为特定条约的缔约国或特定组织的会员国，也不论该国是否参与
有关习惯法规则的形成或有关习惯法规则形成后的态度变化。关键的问题是，
《联合国宪章》第二条第四款所含的"禁止以武力相威胁或使用武力"规定是否
已经成为国际习惯法原则。

习惯法遵循国际法的一项基本规则，即"行为被允许，除非被明确禁止"
（acts are permitted unless expressly prohibited），而禁止的行为和肯定的行为都必
须依赖于世界各国的行为来证明。[1] 如上所述，朝鲜的核试验是一种对国际和平
与安全构成威胁的行为，当属现代国际法上的"以武力相威胁"的范畴，而以
武力相威胁又属于《联合国宪章》第二条第四款明确禁止的行为。那么，要证
明这种"禁止"已经构成现代习惯法规则，无疑还得从习惯法规则的两个基本
要素（数量要素和质量要素）入手。

数量要素又称之为客观要素或物质要素，是指一项习惯法规则首先必须是世
界各国的普遍做法，即所谓的"通例"（general practice）。禁止以武力相威胁原
则无疑是联合国成立 60 多年来国际社会通过各种形式表现的"通例"。《联合国
宪章》本身就是证明这种"通例"存在的首要权威渊源，因为它是包括朝鲜在
内的几乎所有国家都参加的国际条约。作为联合国的原则之一，《联合国宪章》
第二条第六款规定，"本组织在维持国际和平与安全之必要范围内，应保证非联
合国会员国遵行上述原则"。可见，包括"不以武力相威胁或使用武力"在内的

---

[1]　See *Lotus Case*,（*France v. Turkey*），PCIJ, Ser. A, 1927, No. 10, p. 19.

联合国诸项原则已经具有国际习惯法规则的性质。国际法院在"北海大陆架案"中就明确裁定:一项多边公约的规定,在得到广泛通过的情况下,可以作为习惯法来适用,从而对非缔约方具有约束力,如果有关的做法是统一的,而且被广泛承认为一种法律义务。[①] 联合国大会还通过了有关决议作为证明该习惯法规则存在的"后续做法"(subsequent practice),如 1965 年签署的《关于各国内政不容干涉及其独立与主权之保护宣言》、1970 年签署的《关于各国依联合国宪章建立友好关系及合作的国际法原则宣言》(通称为《国际法原则宣言》)、1974 年签署的《关于侵略定义的决议》和 1987 年签署的《加强在国际关系上不使用武力或进行武力威胁原则的效力宣言》,等等。至于包括朝鲜在内的世界各国通过声明、条约、国内立法、司法实践等方式表示这一"通例"存在的证据,更是不胜枚举。

质量要素又称之为主观要素或心理要素,是指各国的"法律确信"(opinio juris),即各国一直认为自己负有国际法律义务遵行某项"通例"。禁止以武力相威胁作为习惯国际法规则的"法律确信"得到了国际法院的确认。在"尼加拉瓜诉美国"(1986 年)一案中,国际法院指出:"当两个国家同意将一项特定的规则载入一项条约时,他们之间的协议足以使该规则成为一项法律规则,约束它们。但是,在习惯国际法领域,当事方将有关内容视为规则的共同观点还不充分。本法院必须使自己满足:该规则在各国'法律确信'中的存在得到实践的确认。"[②] 接着,国际法院裁定:"在本案中,本法院只是就不使用武力和不干涉习惯规则的适用行使其管辖权,不能忽视的事实是:当事方受这些规则的约束既作为一个条约事项,又作为一个习惯国际法事项。而且,在本案中,除了在有关规则方面有约束当事方的条约承诺之外,它们还在各种不同场合以其他方式表达承认这些规则作为习惯国际法的效力。因此,正是按照这种'主观要素'——本法院 1969 年在北海大陆架案所作判决中使用的表述(《国际法院报告》,1969年,第 44 页)——本法院不得不评价相关的实践。"[③] 国际法院在确认不使用武力或以武力相威胁的习惯国际法地位过程中所评价的各国的"实践"和"法律确信"必定包括朝鲜在内。

五、结论

虽然朝鲜核试验激起了国际社会普遍的谴责,但是这些谴责从性质上讲属于

①　See *North Sea Continental Shelf* Cases, ICJ Reports, 1969, p. 4.

②　Military and Paramilitary Activities in and Against Nicaragua (*Nicaragua v. United States*)(*Merits*), ICJ Reports, 1986, para. 184.

③　*Nicaragua v. United States* (*Merits*), ICJ Reports, 1986, para. 185.

政治、外交和道德意义上的。要断定朝鲜核试验是否违反了现行国际法，是一个极其复杂的问题，不能简单地给出肯定或否定的答案，而是要从现行的国际法现状出发，具体探究相关的特殊国际法和一般国际法与朝鲜核试验之间的关系。

从特殊法的角度来考察，在禁止核试验、不扩散核武器和核裁军这一特定领域，迄今尚未形成世界各国公认的习惯国际法规则。因此，朝鲜核试验在特殊国际法上的非法性在现阶段难以找到习惯法的根据。

从这一特定领域的条约来看，《部分禁止核试验条约》和《全面禁止核试验条约》本应是断定朝鲜核试验非法性最直接的两个法律渊源。但是，朝鲜并不受这两个条约的约束，因为它一直不是这两个条约的缔约国，而后一个条约迄今还没有生效。《不扩散核武器条约》原本是断定朝鲜核试验非法性的另一个最直接和最有力的条约。然而，朝鲜的核试验是在其退出该条约的 3 年半以后发生的，如今以该条约作为断定朝鲜核试验的非法性显然是不适宜的。相比之下，六方《联合声明》作为一种国际承诺形式似乎可以辩解为断定朝鲜核试验非法性的一个重要法律依据，因为该声明作为对各方具有法律约束力的文件似乎具备国际法院所确立的"公开"标准。但是，该《联合声明》难以满足国际法院所确立的另一个必不可少的标准，即"意图"要件。

从一般法的角度来审视，朝鲜的核试验可以被认定为既违反了《联合国宪章》，又违反了现代一般国际习惯法和强行法规范。国际社会早已将核试验、核武器扩散及核扩军视为国际和平与安全的最大威胁之一，因而将其作为《联合国宪章》第二条禁止使用武力或以武力相威胁的范围和内容。禁止使用武力或以武力相威胁不仅是联合国这个国际组织及其会员国必须遵守的原则，而且已经被公认为具有强行法性质的一般国际法基本原则。因此，朝鲜作为联合国会员国，其行为必须受到这一原则的约束。即使他不是联合国会员国或退出联合国，他同样要受这一原则的制约，因为一般国际法原则和习惯国际法规则具有普遍法律约束力，不论一国是否为载明该原则的条约之缔约国，也不论他是否曾经参与该习惯规则的形成。否则，联合国安理会作出的有关制裁朝鲜核试验的决议就缺乏法律依据，就不会具有法律约束力，也不会得到包括中国在内的所有联合国会员国和国际社会的广泛支持和遵守。

在《全面禁止核试验条约》没有生效和短期内不大可能生效的情况下，作为对世界上绝大多数国家尤其是核拥有国具有法律约束力的《不扩散核武器条约》显得尤其重要。然而，朝鲜的核试验却暴露出《不扩散核武器条约》在退出规定方面的软弱性。要实现全球核裁军目标，构建持续性的核安全，联合国应尽快启动修改《不扩散核武器条约》的退出条款。应明确界定"非常事件"和"国家最高利益"等关键概念，并且，如有可能，还应具体列举这两个核心概念各自应包括的范围和事项。不仅如此，还应建立缔约国退出该条约的审查机制。这种审查职能可以委托安理会来行使，或由国际原子能机构行使，或由《不扩散核武器条约》缔约国大会行使。只有这样，才能尽量避免类似于朝鲜退出事件的再度发生，从而保障《不扩散核武器条约》的权威性和效力的广泛性及持久性。

第三章

中国和平发展中的海洋权益法律问题

第一节 中国拥有南海主权的国际法依据

海洋是生命的摇篮，同时也蕴藏着巨大的宝藏。从历史上看，各个时期沿海国家对海洋的控制和争夺都是异常的激烈。随着 1994 年 11 月 16 日，《联合国海洋法公约》的生效，海洋再度成为举世关注的热点。中国于 1996 年 7 月 6 日正式加入该《公约》。我国拥有很长的海岸线，拥有 300 多万平方公里的海洋领土。然而，由于历史遗留等问题，中国与海上相邻或相向的国家存在着海洋权益之争。南海问题是其中之一。特别是近些年来，南海周边国家频频在该问题上挑起事端，加上区外大国势力的介入，使得南海争端问题更加的错综复杂。本节旨在从国际法理论和实践的角度评析有关周边国家对南海的主权权利主张，并论证我国拥有南海主权这一主张的合法性。

一、对周边各国主张的评析

南海周边国家对南海诸岛及其邻近水域主张主权权利的国际法依据无非是如下几点：先占、邻近和位于其大陆架或专属经济区之上。应该说，越南、菲律宾、马来西亚、印度尼西亚、文莱等国对于上述国际法原则存在一定的曲解与滥用。以下将围绕国际法上先占、邻近和陆地支配海洋原则进行分析，旨在证明南海周边国家对南海主张主权权利论据的不充分性和不合理性，从而从反面肯定我国对南海拥有主权。

（一）国际法上的发现和先占

发现和先占在国际法解决领土争端问题上具有重要的法律意义。瑞士的著名实在法法学家瓦泰尔（1714～1768）认为："对于尚未为任何人占有的东西，所有的人都具有同等的权利，这些东西属于第一个实行占有的人。因此，当一个国家发现一个杳无人迹或无主的土地时，它可以合法地占有；而在它给予其在这方面的意思的充分标志后，不得为别国所剥夺。航海者携带其主权者委任，开始发现的航程，偶尔发现岛屿或其他无人居住地，以其本国名义将它占有，这种权利通常受到尊重，假使不久后随之以实际占有。"[1] 英国国际法学者、国际法院法官詹宁斯更为明确地指出："不加占领的单纯发现在过去是可以赋予权利的"，"在16世纪以前，已不能再争辩最终带有先占意思的单纯发现足以产生权利。"[2] 18世纪后的国际法要求发现之后需要有实际占领。但发现仍然是一种提出权利的依据。

根据国际法，先占必须满足如下几个条件：首先，先占的主体必须是国家，而先占行为是一种国家行为；其次，先占的对象必须是无主地，即未经他国占领的无人荒岛和地区或者虽经占领但已被放弃的土地；再次，主观上必须有占领的意图，并做出一定的意思表示。这种意思表示可以以国家发表宣言或声明等方式做出，也可以通过国内立法做出；最后客观上必须是实行有效的占领，即适当的行使和表现主权。

上述几个要件基本上得到国际社会的承认和接受，并通过国际司法实践不断地得以论证和丰富。在国际常设法院和常设仲裁法院解决领土争端的实践中，确立了很多与发现和先占有关的司法规则，这些规则为绝大多数国家所公认成为解决领土争端的惯例。在1928年帕尔马斯岛仲裁案中，胡伯法官曾经解释，无主地就是没有居民或只有土著居民的地方。国际法院在1974年《关于西撒哈拉法律地位》的咨询意见中也认为，"凡在社会上和政治上有组织的部落或民族居住的土地就不能认为是无主地。"[3] 按照国际法院的这个标准，现在无主地基本上已经不存在了，但是在解决领土争端问题上还是有非常大的借鉴意义。而胡伯对

① Emerich de Vatel，*Law of Nations*，Le droit des gens，Washington，1906，p. 207.
② ［英］詹宁斯：《国际法上的领土取得问题》，法律出版社1980年版，第43页。转引自杨翠柏：《"承认"与中国对南沙群岛享有无可争辩的主权》，载《中国边疆史地研究》2005年第15卷第3期。
③ 张爱宁编著：《国际法与案例解析》，人民法院出版社2000年版，第256页。

于什么是有效占领也作了相应的说明，即"持续和平稳的行使国家权力……对于持续和平稳的标准应明确，对于遥远而又没有居民或只有很少土著居民的小岛来说，持续不可能是毫无间断的，只能以关键时期的状态作为标准，而且判断其有效统治的标准应当适当降低。平稳是指占领没有受到反对。"[1]

在 1934 年东格陵兰岛法律地位案中，挪威认为东格陵兰岛是无主地，而丹麦认为该岛早已归其所有，后来国际常设法院接受了帕尔马斯岛仲裁案中关于"持续和平稳的行使国家权力"的观点。在此判决中，法院特别指出：丹麦并非因任何"特定的先占行动"而获得此一领土主权；丹麦在该地的先占行动之后，于长久的历史中的"和平持续展现其国家权力才是真正取得主权的关键"。[2]

在帕马斯仲裁案中的胡伯法官，以及东格陵兰岛案中的常设国际法院，都表现出对于"长期和平展现国家权力"（peaceful display of state authority over a long period）的重视；认为此一方式实为最重要的领土取得方式，甚至在欠缺"长期历史占领"（long historic possession）证据的情况下，争执主权归属只要能证明在其他竞争者之前，本身已有"和平占领"（peaceful possession）之证据，也就足够主张自己的主权了。

结合南海争端这一具体案例，不难分析出南海周边国家利用发现和先占主张主权权利在理论和事实上的不充分性。

首先，越南声称南沙群岛就是越南历史文件中一再出现的"长沙"，以此证明越南很早就发现了南沙群岛。事实上，越南所谓的"长沙"绝不是中国的南沙群岛，而是指越南沿海的一些岛屿和沙洲。关于"长沙"的记载可参见黎圣宗（1470~1489）洪德二十一年四月六日绘制德《洪德版图》、吴士连《大越史记全书》（卷二）、潘清简《越史通鉴纲目》（卷三）、《越史略》（卷二）、潘辉《皇越地舆志》（卷一）、1910 年国史馆修《大南一统志》（卷七）、《宋史》（卷四八九）等。上述文件都极清楚地说明"大长沙"并非我南沙群岛，而是越南海边从顺化岛富荣海口一带的沿岸岛屿和沙滩。从《大南一统全图》中页可以清楚地看到，"万里长沙"根本不在南沙群岛的位置上。[3]

其次，对于菲律宾声称的"无主地"的主张更难以使人信服。1943 年 12 月 1 日，中英美三国《开罗宣言》郑重宣布，三大盟国进行此次战争的宗旨之一，是使日本所窃取于中国之领土，例如满洲、台湾、澎湖列岛等，归还中国。南沙

---

[1] Arbitral Award Rendered in Conformity with the Special Agreement Concluded on January 23, 1925, Between the United States of America and the Netherlands Relating to the Arbitration of Differences Respecting Sovereignty over the Island of Palmas, April 4, 1928, reprinted in 22 Am. J. Int' l L. pp. 893 – 894.

[2] Brierly, *The Law of Nations*, 6th ed. Oxford：Clarendon Press. 1963, pp. 167 – 171. 转引自：傅琨成著：《海洋法专题研究》，厦门大学出版社 2004 年版，第 312 页。

[3] 吴士存：《南沙争端的由来与发展》，海洋出版社 1999 年版，第 98 页。

群岛即被日本划归台湾管辖，中国要求日本归还所窃取的台湾、澎湖列岛等中国领土，当然已包括南沙群岛。菲律宾认为依照《旧金山和约》的规定，日本已经放弃其对南海诸岛的主权，但没有指出放弃给谁，所以可以依照"发现及占领无主地"取得南沙诸岛的主权。很明显，南沙群岛不是真正意义上的无主地，中国在历史上一直对其行使主权，1946 年 12 月，中国政府已从战败国日本手中收回南沙群岛，该群岛处于中国的管辖之下，并非被放弃的无主地。

（二） 邻近原则

菲律宾还以"邻近原则"为由宣称对南海部分岛屿拥有主权。但是，这一主张在国际法理论和实践上也是站不住脚的。根据一般国际法理论，传统的领土变更方式仅包括先占、添附、时效、割让和征服五种。随着人类社会文明程度的提高，一些传统的领土获取方式已经逐渐被国际社会否定，现代国际法也已不予承认。如强制割让和征服行为，因为具有明显的武力强制性而被现代国际法彻底否定。"时效原则"因含有非法和武力因素，其应用也受到限制。"先占原则"亦因现代人类知识的扩展和行为的扩张，可应用的范围也越来越少。目前看来，只有"自愿割让"（利益割让）和"自然添附"两个原则得到继续承认，并在实践中继续使用。"邻近"从来就不是国际法上领土变更方式之一。国际法学者奥本海对邻近原则也加以否定，认为对一块土地的有效占领，就使占领国的主权扩展到为维持它所实际占领的土地的完整、安全和防卫所必需的邻近土地，这些夸大主张都是没有真正法律依据的。①

虽然世界上有些国家是主张"邻近原则"的，但这并不能说明"邻近原则"就具有普遍的合理性或合法性。如 1947 年 6 月 23 日和 8 月 1 日，智利和秘鲁分别宣布其国家主权扩展到"邻近"其国家大陆和岛屿的全部大陆架，而不论其水深是多少。从条文上看，他们在强调大陆架为基础的同时，似乎更重视地理"邻近"（即地表的直线距离）这个概念。1950 年 9 月萨尔瓦多通过的新宪法第七条宣称，其领土包括自最低潮线起距离为 200 海里的邻近海域及其相应的领空、底土和大陆架。这些拉美国家之所以提出如此主张并付诸实施，一方面是因为他们几乎都是大陆架极为狭窄的国家，使用"大陆架原则"将会使他们一无所获，而 200 海里"邻近"区的划分就能体现其利益。更重要的是他们几乎都是直接连接公海的，基本不存在与相向国划界问题，也就是说基本没有与他国的领土争端问题。② 对现代

---

① ［英］詹宁斯·瓦茨修订，王铁崖等译：《奥本海国际法》第一卷第二分册，中国大百科全书出版社 1998 年版，第 76 页。

② 程爱勤：《解析菲律宾在南沙群岛主权归属上的"邻近原则"——评菲律宾对南沙群岛的主权主张》，载《中国边疆史地研究》2002 年第 12 卷第 4 期，第 89 页。

国际法理论和国际社会来说，"大陆架原则"和"邻近原则"既互有矛盾但又可以相互补充，前提是不侵犯他国利益。即便如此，现实中的国际社会对这些国家的主张仍是有争论和保留的，理由是不利于对公海利益的保护。

在国际实践中，"邻近原则"也不能作为确定领土主权的依据。1967年2月20日，国际法院在审理联邦德国、丹麦、荷兰三国北海区域主权案时认为："如果某水下区域是不构成某沿海国陆地领土的自然的延伸，那么，即使它距离这个沿海比距离其他任何邻国都近，也不能被认为是该国的一部分。"国际法院还进一步指出，显然不能将"邻近原则"与"自然延伸原则"混为一谈，否则将会导致一国领土的自然延伸区域被另一国占有。[①] 众所周知，在菲律宾群岛与南沙群岛之间有一个世界上最深的马尼拉海沟，从地质结构上将两者完全隔断，所以，从地理"自然延伸"这个角度上讲，菲律宾是没有任何主权法理基础的。

（三）陆地支配海洋原则

菲律宾、马来西亚、文莱、印度尼西亚等国都以《联合国海洋法公约》关于大陆架和专属经济区的规定，以海洋管辖权要求领土主权。这一论点与国际法上陆地支配海洋原则背道而驰，也与《联合国海洋法公约》的初衷相违背。主权的归属和变动应遵循广义国际法上的规则，在主权未确定的情况下，利用海洋法上单方面的划界是没有法律意义的。戈登·李（Lee. G. Gordner）认为，对于解决南海争端来说，"1982年《联合国海洋法公约》没有多大的帮助，因为该《公约》的一个未明说的前提就是在考虑海洋问题之前，陆地领土主权已经确立了"。[②] 普雷斯科特在评论马来西亚的要求拥有其200海里范围之内的岛礁的领土主权的主张时精辟地指出："如果属实，这是一个奇怪的管辖权。正是岛屿授予水域权利而不是水域赋予岛屿的所有权"。"马来西亚对大陆架上高出海平面的岛礁的主权要求在海洋法基础上是不能成立的。1982年《公约》没有这样的条款，而且最靠不住的是认为在起草《公约》时曾经想要或设想到这么一个颠倒和自相矛盾的解释"。[③]

专属经济区不能决定岛屿领土的归属。相反，专属经济区的划定应该以领土主权为基础，是从领土主权派生出来的权利，绝不能以某国单方面划定的200海里专属经济区来否定邻国的领土主权，更不能以此为依据将邻国的领土据为己

---

① 国际法院报告：《北海大陆案判决书》，第32页，转引自张克宁：《大陆架划分与国际习惯法》，载赵树理主编：《当代海洋法的理论与实践》，法律出版社1987年版，第142页。

②③ Lee. G. Cordner, *The Spartly Islands Dispute and the Law of the Sea*, Ocean development and international law, Volume 25, p. 68.

有。从国际法上讲，南海周边国家有权从它领海基线起向外划定 200 海里专属经济区，中国同样也有权从自己的领海基线起向外划定 200 海里的专属经济区，这包括从中国的岛屿领海基线向外划定 200 海里的专属经济区。在两国间或多国间的权利主张发生冲突、重叠的情况下，应该通过谈判、协商，依据公平合理的原则加以解决。任何单方面行动在邻国未承认、未与邻国达成协议之前，对邻国并不能产生法律效力。这种单方面主张的"200 海里专属经济区"，如果涵盖了邻国的领土（岛屿）、领海和专属经济区，则在国际法上是站不住脚的。

二、中国对南海拥有主权的法理依据

（一）国际承认与禁止反言

承认、默认在领土主权争端中均有重要的法律意义。在一项特定的领土争端中，如果当事国一方曾经在某一时间默认或承认当事国他方对争端领土拥有主权，这种承认或默认就产生了一定的效果，承认或默认方不得否认他方对争议领土享有领土主权，并在国际法上承担尊重他方权力的义务。这也引出另外一个法律原则——禁止反言。

国际承认和禁止反言得到了许多国际法权威人士的肯定。布朗利把"禁止反言"推崇为以"善意"（good faith）和一致原则（principle of constancy）为基础的一项公认的国际法规则。他认为"禁止反言原则……在国际法院受理的领土争端中占有重要地位。……在国家关系中以信守义务和反对自食其言为基础的'禁止反言'原则，可以包括要求一国政府坚守其已做出的声明，即使事实上这项声明违反其真意也罢。"①

在国际司法实践中，承认与禁止反言也一再得到确认。在 1935 年英国和挪威渔业案中，英国认为国际法要求的领海基线应是实际的低潮线，而挪威 1935 年法令中规定的划定渔区的方法违反国际法。国际法院于 1951 年 12 月 18 日对本案做出判决，认定挪威 1935 年法令中规定的划定渔区的方法和确定的直线基线都不违背国际法。其中有一条很重要的理由，即：法院认定挪威是作为对一种传统的划界制度的使用而颁布 1935 年法令——1812 年 2 月 22 日的国王赦令，特别是补充该赦令的 1869 年赦令和 1889 年赦令，都要求在"石垒"的外围各点之间划定直线基线。挪威始终能够证明，不论是 1869 年和 1889 年的划界赦令，还是这些赦令的实施，都未曾遭到外国的任何反对。从那时以来就构成了一种明确

---

① Ian Brownlie, *Principles of Public International Law*, 4th Ed. Clarendon Press. Oxford, 1990, pp. 164 – 165.

的、始终如一的制度。法院指出外国未对挪威的实践提出异议是一个毋庸置疑的事实。在长达 60 多年的时间里，英国政府也未提出任何异议，只是在 1933 年 7 月 27 日的备忘录中，英国才提出了正式的和明确的抗议。法院认为，挪威的实践，国际社会普遍的宽容，英国在北海的地位和自身利益以及长期的默认，这一切使得挪威的划界制度能够有效地对抗英国的反对。①

在 1934 年东格陵兰岛法律地位案中，国际常设法院认为，由于挪威外长伊仁于 1917 年 7 月 22 日就丹麦的主权要求发表口头声明称，挪威政府对丹麦谋求对格陵兰拥有主权将不制造困难。法院认为，挪威政府就此做出承诺，因此挪威有义务不对丹麦对整个格陵兰的主权提出争议，更不得占领格陵兰的一部分。就伊仁外长声明，国际法院声明指出："一国外长在其职权范围内以其政府名义对一个外国外交代表作出的回答对其代表的国家有约束力。"②

在 1961 年帕里维亚寺（隆端寺）案（Temple of Preah Vihear Case）中，国际法院从泰国的行为和态度上得出结论：泰国"默认"意味着"接受"，因此泰国就应该承担"禁止反言"的法律责任。泰国接受了由法国人勘测并绘制的边界图，就是接受了图上所标明的边界，这已构成了对隆端寺的主权属于柬埔寨的承认。最后，国际法院以此判决隆端寺归属柬埔寨。

中国对南海的主权得到了国际条约的承认。国际条约包括：《开罗宣言》、《波茨坦公告》和《旧金山和约》。1943 年中、美、英三国发表《开罗宣言》，明确承认："三国之宗旨……在使日本所窃取的中国领土，如满洲、台湾、澎湖列岛等，归还中华民国。"③ 1945 年 7 月中、美、英三国签署《波茨坦公告》又重申："《开罗宣言》之条件必将实施，而日本之主权必将限于本州岛、北海道、九州岛、四国及吾人所决定其他小岛之内。"④ 1951 年 9 月 8 日《旧金山和平条约》签订。该条约第二条（十）项中规定："日本国放弃对新南群岛，西沙群岛的权利、权利名义及要求。"⑤

除此之外，越南、菲律宾、印度尼西亚、马来西亚、文莱、日本等国也曾承认中国对南海的主权。越南对中国拥有南沙主权的承认广泛见于其政府声明和照会等官方文件，也见于其报刊、地图和教科书。早在 1885 年的中法越南条约和 1887 年中国与当时法国所属安南缔结的《中法续议界务专条》，均没有将南沙群岛划入越南版图，而是承认南沙群岛属于中国。越南在 20 世纪的 50～60 年代，

① 梁淑英主编：《国际法教学案例》，中国政法大学出版社 1999 年版，第 98 页。
② 常设国际法院：《东格陵兰案判决书》，常设国际法院刊物，A/B 辑，第 53 号，第 71～73 页。
③ 《国际条约集》（1945～1947 年），世界知识出版社 1959 年版，第 77 页。
④ 《国际条约集》（1950～1952 年），世界知识出版社 1959 年版，第 335 页。
⑤ 《国际条约集》（1950～1952 年），世界知识出版社 1959 年版，第 77 页。

多次承认中国对南沙群岛拥有领土主权。在 1956 年 6 月 15 日越南民主共和国副外长雍文谦和外交部亚洲司代司长黎禄会见中华人民共和国驻河内临时代办李志民时，雍文谦声明："根据越南的资料显示，西沙群岛和南沙群岛应属于中国领土。"同时，黎禄也补充说，"西沙群岛和南沙群岛早在宋朝时就已经属于中国了。"① 这是越南民主共和国关于南海诸岛归属的首次言论。1958 年 9 月 4 日，我国政府发表关于中国领海的声明，其中明确指出，中华人民共和国的领土"包括中国大陆及其沿海岛屿，和中国大陆及其沿海岛屿隔有公海的台湾和其周围各岛，澎湖列岛，东沙群岛，西沙群岛，中沙群岛，南沙群岛……"。9 月 14 日，越南总理范文同给周恩来总理的照会中表示："越南民主共和国政府尊重这一决定。"1965 年 5 月 9 日，越南政府在发表的声明中，谴责"美国总统约翰逊把整个越南及其水域——离越南海岸约一百海里的地方和中华人民共和国西沙群岛的一部分领海规定为美国武装部队的战斗区域"，重申了越南政府明确承认西沙群岛属于中国的一贯立场。与此同时，1960 年越南人民军总参谋部地图处汇编的《世界地图》，明确地用越文标为：西沙群岛（中国），南沙群岛（中国）。越南政府出版社出版的普通中学九年级地理教科书在《中国》一课中写道："从南沙、南沙群岛到海南岛、台湾岛、澎湖列岛、舟山群岛，这些岛呈弓形状，构成了保卫中国大陆的一座长城。"②

1956 年 5 月，菲律宾外长加西亚在一次记者招待会上曾宣称在南中国海上包括太平岛和南威岛在内的一些岛屿应属菲律宾所有，即遭到中国外交部和台湾的抗议。7 月 7 日，《马尼拉日报》就此发表文章，承认南沙群岛一直属于中国。总体而言，菲律宾直接承认南沙群岛属于中国的材料较少，但是却多次否认自己对南沙群岛的主权要求。③ 马来西亚政府、印度尼西亚政府、文莱政府虽然没有直接承认中国对南沙群岛拥有领土主权，但是许多资料显示，这些国家的政府间接承认中国对南沙群岛的领土主权。日本的承认主要见于上述条约和其官方地图及报刊。

越南对中国拥有南沙群岛领土主权是给予明确承认的。菲律宾、马来西亚、文莱对中国拥有南沙群岛的领土主权虽不是明确承认，但这些国家对中国派出军

---

① 陈荆和：《西沙群岛与南沙群岛——历史的回顾》，载《创大亚洲研究》1989 年版，第 53 页。转引自杨翠柏：《"承认"与中国对南沙群岛享有无可争辩的主权》，载《中国边疆史地研究》2005 年第 15 卷第 3 期，第 122 页。

② 赵理海：《海洋法的新发展》，北京大学出版社 1984 年版，第 59 页。

③ 吴士存：《南沙争端的由来与发展》，海洋出版社 1999 年版，第 41 页。

舰接收太平岛等南沙群岛、对于中国在 1947 年划出的断续国界线①、对于《开罗宣言》和《波茨坦公告》的规定等等，均未给予明确反对。这种承认或默认均属于这些国家的政府行为，从而产生了相应的国际法律效力，是不能更改的。

（二） 历史性权利

虽然历史性权利（historic rights）目前尚无公认的定义，但是有关的海洋法条约和国际实践都先后确认这一概念及其合法性。国际法院在英挪渔业案中接受了挪威的历史性所有权的主张，因为挪威以直线基线划定领海的方法持续不变地运用了 60 年，长期为其他国家所容忍。法院承认了挪威的历史性所有权主张的有效性，认为挪威划定领海的直线基线的方法不违背国际法。

1958 年，第一次联合国海洋法会议通过了《领海与毗连区公约》，其中确认了"历史性海湾"和"历史性所有权"的概念。其中第 7 条第 6 款规定："上述规定应不适用于所谓'历史性海湾'，并不适用于采用第四条所规定的直线基线办法的任何情形。"第 12 条第 1 款规定："如果两国海岸彼此相向或相邻，两国中任何一国不能达成相反协议的情况下，均无权将其领海延伸至一条其每一点都同测算两国中每一国领海宽度的基线上最近各点距离相等的中间线以外。但如因历史性所有权或其他特殊情况而有必要按照与本款规定不同的方法划定两国领海的界限，本款的规定不应适用。"1962 年联合国秘书处提出了一份题为《历史性水域，包括历史性海湾的法律制度》的文件。这份文件引述了英联邦和挪威之间的渔业法案来支持"历史性水域"不仅局限于海湾的理论，还对"历史性水域"提出了这样的概念：根据这样的历史事实，即国家历史以来宣称和保留对这些水域的主权，认为这些水域是至关重要的，而并不很关心对一般国际法所作的有关领海划界规定的争议及变化。该文件还明确提出了成为"历史性水域"的主要因素：（1）主张"历史性所有权"的国家对该海域行使权力；（2）行使这种权力应有连续性；（3）这种权力的行使获得外国的默认。②

1982 年《联合国海洋法公约》再一次肯定了"历史性所有权"的特殊性、合理性和合法性。公约第 15 条"海岸相向或相邻国家间领海界限的划定"规

---

① 中国政府于 1947 年 12 月在内政部方域司编绘出版的《南海诸岛位置图》中，以未定国界线标绘的一条由 11 段断续线组成的线。1948 年初，内政部方域司又将此图收入《中华民国行政区域图》，公开发行。此地图公布后，南海周边国家并未提出任何异议。1953 年经中华人民共和国政府批准，经政府有关部门审定出版的地图在同一位置上也标绘了这条线，同时将北部湾内的 2 条断续线去掉，变 11 段断续线为 9 段断续线，并把这条线在中华人民共和国民间或官方出版的各种地图上继续标出，以示中国南海疆域的范围，沿用至今。因其形状像英文字母"U"，所以也称其为"U"形线。

② 14U. N. GAOR，U. N. Doc. A/CN. 4/143（1962），p. 19：See generally Sherry Broder and Jon Van Dyke，*Ocean Boundaries in the South Pacific*，4 U. Haw. L. Rev. 1（1982），pp. 15–23.

定："如果两国海岸彼此相向或相邻,两国中任何一国在彼此没有相反协议的情形下,均无权将其领海延伸至一条其每一点都同测算两国中每一国领海宽度的基线上最近各点距离相等的中间线以外。但如因历史性所有权或其他特殊情况而有必要按照与上述规定不同的方法划定两国领海的界限,则不适用上述规定。"

中国南海断续国界线以内的水域,完全符合上述"历史性水域"的特征。中国人早在汉代就发现了南海诸岛,这比越南人声称的在南海的活动时间1630～1653年早1500多年。东汉著名画家杨孚所著的《异物志》中就有"涨海崎头,水浅而多磁石"的形象记载。这里"涨海"是古代中国人对南海海域的泛称,"崎头"是古代中国人对岛礁的称呼,"磁石"是形容船只行驶至由珊瑚礁组成的岛礁滩沙洲时极易搁浅,就好像被磁石吸住一般。在杨孚之后的其他一些古籍记载中,则对南沙群岛做了更为精彩的描述。这样的书籍有几十种之多。历史记载总是比事实稍晚,《异物志》的记载可以证明中国人进入南沙海域最晚的时间都应该是在公元1世纪左右。早在汉朝时期,中国政府已经开始派地方官员巡视南海一带水域。南北朝时期的南朝宋代(公元420～422年),南海诸岛已在中国海军的巡逻之内。中国设治管辖南海诸岛则始于唐代。唐朝贞观五年(公元789年)设琼州府,根据宋朝赵汝适《诸番志》记载:"贞元五年,以琼州为督府,今因之,至吉阳,乃海之极,亡复陆涂。南对占城,西望真腊,东则千里长沙,万里石塘……。四郡凡四十一县,悉隶广南西路。"这里的千里长沙,万里石塘指的就是南海诸岛。可见唐代将南海诸岛的千里长沙和万里石塘列入中国版图,划归琼州府管辖。北宋时在南海设置巡海水师营垒,南宋时南海诸岛则属广南西路琼管管辖,列入琼管四州之军之一的吉阳昌化军的巡视范围。元朝时期,版图扩大,忽必烈把渤海、黄海、东海乃至南海作为大元帝国的内海。元朝还派了著名的天文学家、同知太史院事郭守敬到南海进行测量并建立天文据点,元将史弼曾到万里石塘巡视。到了明代,海权范围超出了元代,南海诸岛归万州管辖,一直列为水师巡防范围。清朝官方的《广东通治》、《泉州府志》和《同安县志》记载,南沙群岛仍属于万州管辖。1710～1712年,康熙曾派广东水师副将吴升率水师巡海。1911年,中国广东政府将西沙群岛划归海南崖县管辖。1946年后,中国政府将日本划归台湾管辖的南沙群岛等南海岛屿重新划入广东省管辖。1959年3月,中华人民共和国海南行政区设立了"西沙、南沙、中沙群岛办事处"。1969年更名为"广东省西沙、南沙、中沙群岛革命委员会"。1984年南沙诸岛划归海南省管辖。

中国对南海诸岛历史性权利的行使也得到国际社会的承认。关于各国的声明上文已经提及,9条断续国界线公布后,国际社会从未提出任何异议,也没有哪个国家对此线提出外交交涉。相反,许多国家出版的地图均据此标绘中国疆域。

9条断续线作为国际认可并具有法律效力的历史性国界线被沿用至今。中国对线内岛礁和海域享有历史性权利。

应引起注意的是，国外有一些评论家在论及中国对南海的主权问题时，持否定态度，认为我国学者提出的历史性权利主张说服力不够强。他们认为中国古代的记录零星而不完整，不能提供强有力的证据证明中国对南海曾实行连续而有效的占领，而且直到20世纪80年代后才开始重复主权声明反对周边国家的主权主张，在此之前没有一致对外声称主权。他们列举了几个例子来支撑上述观点："第一个例子，1917年一家日本公司曾在南沙群岛捕鱼并探测海鸟粪储量，这一行为并未遭到当时中国政府的反对；第二例是，20世纪30年代法国入侵南海，日本继之，这些外国的入侵破坏了中国历史性主权的连续性；第三例是，日本战败后1951年《旧金山和约》只声明放弃南沙诸岛，并未明确表示把领土归还给中国。"[1]

上述观点仔细推敲起来很难自圆其说。首先，中国古代对南海的记录浩如烟海，官方记录和民间的论著可谓汗牛充栋；其次，中国也实施了有效的管理。当然对于何谓有效的管理，仁者见仁，智者见智。但是不可否认的一个事实是，南海诸岛及其附近海域是中国古代重要的海上交通要道，由于其地理气候条件不适宜人居住，因此有效的行政管理门槛应当降低，因为从当时来看，不可能预见到这些小岛除了海运价值外的其他经济价值，也不可能预见到如今白热化的主权争议。只要周边国家没有对中国拥有南海主权这一事实做出明确的反对，就应当推定中国实行了有效的统治。在南海问题上，关键日期应该是1933年7月25日法国以"无主地"为由占领我南沙群岛的9个岛屿和1939年4月9日日本正式宣布占领南沙群岛并将其更名为"新南群岛"。在此之前，毫无争议的是：南海诸岛是中国在行使主权。

再次，了解中国清末历史的便知，其时中国面临着外忧内患，军事力量衰弱，没有能力对南海进行巡逻和守卫，因此对于各种帝国主义主权的挑衅是无能为力的，只能听之任之。帝国主义通过战争强制手段占领南海诸岛，其行为是非法的，无效的，并不产生国际法上领土的转移，并且在战后，主权也归还给了中国。1951年的《旧金山和平条约》是没有什么含糊之处的，《旧金山和平条约》第二条（十）项中规定"日本国放弃对新南群岛，西沙群岛的权利、权利名义及要求"。《旧金山和平条约》当然应与《开罗宣言》和《波茨坦公告》一致，因为它们都是为了处理日本发动的侵略战争问题。既如此，日本放弃的对南沙群

---

[1] Mark J. Valencia, Jon M. Van Dyke and Noel A. Ludwig, *Sharing the Resources of the South China Sea*, Martinus Nijhoff Publishers, 1997, pp. 22 – 23.

岛的"权利"只能是归还中国。

最后，中国在 20 世纪 70 年代后才陆续开始频繁地发表对南海主权的声明，其中原因并不难解析：一方面，中国很晚才开始学习和了解国际法，不懂得如何利用国际法上的原则和规则捍卫自己的权利，特别是在清政府时期，没有意识到一系列的声明抗议等在国际法上的效力和证明力；另一方面，客观地说，在 20 世纪 70 年代南海尚未被探明有丰富的石油储量和很高的资源开发利用价值时，周边国家基本上还是承认或默认中国对南海的主权。对于远离大陆，无人居住，而且与周边国家摩擦不大的南海诸岛来说，中国没有理由和必要频繁地声明主权。事实上，新中国成立后，对于外国侵犯我国南海主权的言论和行径，中国政府历来都表示谴责，并声明中国对南海拥有主权。

三、结论

周边国家纷纷以先占、邻近和位于其大陆架或专属经济区之上为由，无视国际社会已有的司法实践，任意曲解国际法有关上述法律制度的规定，为其占领和瓜分南海岛礁的行为正名。事实上，中国对南海拥有无可争辩的主权，周边国家的主张在国际法上是站不住脚的。理由如下：

第一，发现和先占在国际法解决领土争端问题上具有重要的法律意义，长期以来国际公法学家对其内涵进行了阐明，国际上著名的司法判例也对其构成要件进行了进一步的解释。简言之，一项有效的先占必须是主权国家发现和占领无主地，充分表达对之享有主权的意思表示，并通过持续、和平和有效的统治最终取得该无主地的主权。在南海问题上，越南所称的其最早发现和先占的"长沙"绝不是中国的南沙群岛，而是指越南沿海的一些岛屿和沙洲。而菲律宾声称的"无主地"的主张更是无从谈起。中国在历史上一直对其行使主权，1946 年 12 月，中国政府已从战败国日军手中收回南沙群岛，处于中国的管辖之下，并非是被放弃的无主地。

第二，"邻近"从来就不是国际法上领土变更方式之一。虽然有个别国家曾以"邻近原则"作为其取得领土主权的依据，但这并不能说明"邻近原则"就具有普遍的合理性或合法性。国际司法实践也否定了"邻近原则"在领土主权变更方面的法律意义。因此菲律宾以邻近原则为由宣称对南海部分岛屿拥有主权这一做法在国际法上是没有依据的。

第三，陆地支配海洋原则是海洋法上的基本原则。菲律宾、马来西亚、文莱、印度尼西亚等国都以《联合国海洋法公约》关于大陆架和专属经济区的规定，以海洋管辖权要求领土主权。这一论点是与《联合国海洋法公约》的初衷相违背的。在主权未确定的情况下，利用海洋法上单方面的划界是没有法律意义的。

第四，中国对南海的主权得到了国际条约的承认。越南、菲律宾、印度尼西亚、马来西亚、文莱、日本等国也曾承认中国对南海的主权。根据国际法上的承认和禁止反言原则，周边国家不应再对南海主张主权。

第五，历史性权利是国际法上的一项有效权利，其也为诸多海洋法条约和国际司法判例所确认。中国南海断续国界线以内的水域，完全符合上述"历史性水域"的特征。中国对南海诸岛历史性权利的行使也得到国际社会的承认。

因此，不管是从法理上说还是从历史的角度考察，中国对南海的证据最确凿。不管周边国家出于什么样的目的来曲解现有的法律规定，中国都有充分的理由展示主权。

第二节　国际法上的历史性权利以及对南中国海的适用*

一、国际法上的历史性权利

无论何人，如需对"历史性权利"这一问题作一探讨，必然会不可避免地碰到两大难题：第一，这一问题在国际法上从未被深入地探讨过；第二，在国际法上存在着有关历史的一系列法律术语，如历史性权利（rights），历史性所有权（title），以及历史性巩固（consolidation）等，① 从而有可能使人产生混淆。当我们去探讨海洋领域中的"历史性权利"，特别是当这一概念与其他有关的概念，如"历史性水域"和"历史性海湾"相混用时，情况就变得更加复杂了。应该指出，尽管存在着上述的困难，本节所作出的努力还是值得的，可能有助于国际法的发展。同时，还应该指出的是，"历史性权利"一词不仅对海洋有意义，而且也适用于陆地区域。将它限于海洋区域加以讨论，并不影响它对陆地区域的意义。

"历史性权利"这一名词通常与国际法上领土的取得有关。在国际法上，

---

　* 本节作为子项目成果收录于《中国和平崛起与国际法研讨会论文集》（2005 年 12 月 3 ~ 4 日，武汉）。

　① 例如，在国际仲裁法庭对"厄立特里亚—也门仲裁案"的第一阶段的裁决中，法庭揭示了国际法上的历史性所有权的重要意义，以及对领土主权所适用的公平原则。Award，paras. 108 – 113. 38 ILM 1999；http：//www. pca-cpa. org/ER-YEAwardTOC. htm.

"历史性权利"一词没有确立的定义。然而,有些学者努力通过他们自己的方法去解读该词。例如,根据布拉莫(Blum)的说法,"历史性权利一词表示一个国家对某一陆地或海洋区域的占有,所依据的权利并不通常来自于国际法的一般规则,而是该国通过一个历史性巩固的过程所取得的。"① 布拉莫进一步解释道,"历史性权利是一个长期过程的产物,在该过程中包含了一系列长期的作为、不作为以及行为状态,其整体,并通过其积累性的效果,可以产生历史性权利,并进一步使它们得到巩固,使其成为国际法上有效的权利。"② 其他学者使用"历史性权利"一词来表示"一国针对一个或一个以上的其他国家通过有效行使这些权利,并得到有关国家的默示承认而所取得的那些权利。"③ 第二个定义在海域区域方面其实等同于"历史性水域"的定义。从这一观点来看,"历史性权利"的概念与海洋区域是密切相关的。

(一) 历史性权利之概念的演变

历史性权利之概念根植于海洋,特别是与海湾有关的国际法制度之中。历史性海湾被界定为"由沿海国所传统主张的并维持控制的,并为外国国家所默示承认的那些海湾。"④ 它是"历史性水域"的一种形式。诚如鲍彻茨(Bouchez)所指出的,"历史性海湾是历史性水域的一种。换言之,在历史性水域这一类别中,历史性海湾是其一部分。"⑤ 另一定义为日本驻联合国代表团所提供:"'历史性海湾'一词是指沿海国在很长时间内连续有效地行使主权权利,且其实践得到外国国家的明示或默示承认的那些海湾"⑥ 斯托洛尔(Strohl)解释道,某些海湾之所以成为历史性海湾,是"因为对它们提出所有权主张的沿海国逐渐被普遍认为其通过长期的,没有阻碍的及和平的占有,有时通过某些相对古老的没有引起争议的象征性权利主张的行为而得到了该所有权。"⑦ 尽管法律学者,学术团体和国际组织提出了若干建议,但国际社会还是不能够对历史性海湾产生

---

① Yehuda Z. Blum, Historic Rights, in Rudolf Bernhardt (ed.), *Encyclopaedia of Public International Law*, Instalment 7 (Amsterdam: North – Holland Publishing Co., 1984), p. 120.

② Yehuda Z. Blum, Historic Rights, in Rudolf Bernhardt (ed.), *Encyclopaedia of Public International Law*, Instalment 7 (Amsterdam: North – Holland Publishing Co., 1984), p. 121.

③ Sperduti, Sul Regime Giuridico dei Mari, 43 *Rivista di Diritto Internazionale*, 58, 72; cited in Andrea Gioia, "Tunisia's Claims over Adjacent Seas and the Doctrine of 'Historic Rights'", Syr. J. Int'l L. & Com., Vol. 11, 1984, p. 328.

④ *Black's Law Dictionary*, Sixth Edition (St. Paul, Minn: West Publishing Co., 1990), p. 730.

⑤ Leo J. Bouchez, *The Regime of Bays in International Law* (Leyden: A. W. Sythoff, 1964), p. 199.

⑥ UN Doc., A/CONF. 13/C. 1/L. 104, cited in UN Doc. A/CN. 4/143, 9 March 1962, Juridical Regime of Historic Waters, Including Historic Bays, *Yearbook of the International Law Commission*, Vol. 2, 1962, p. 3.

⑦ Mitchell P. Strohl, *The International Law of Bays* (The Hague: Martinus Nijhoff, 1963), p. 252.

一个可操作性的定义。① 因此，在任何有关海洋法的公约中都没有关于"历史性海湾"的定义。②

由于以下的事实，即"历史性权利不仅用来主张海湾，而且也用来主张不构成海湾的海域，如群岛水域以及位于一群岛和邻近大陆之间的水域；历史性权利也可用来主张海峡，河口湾以及其他类似水体"，③ 新的"历史性水域"一词逐渐形成，它没有取代，但包含了"历史性海湾"的概念。与"历史性海湾"的概念一样，历史性水域的概念在国际法上也是不确定的。鲍彻茨提供了一个学者的定义："历史性水域是沿海国在违背国际法的一般适用规则的情况下，明确、有效、连续地在相当一段时间内行使主权权利并得到国际社会默示承认的水域。"④ 在国际司法实践中，国际法院曾在"英－挪渔业案"中对"历史性水域"作了定义："历史性水域通常指作为内水加以对待的水域，但如果没有历史性所有权的存在，则该水域并不具有内水的性质。"⑤ 在已故的奥康奈尔（O'Connell）看来，以下三种情势可被认为是历史性水域：（1）由国家提出权利主张的海湾其范围大于标准海湾，或其形状不像标准海湾。（2）由权利主张所要求的水域通过海上的地理特点与海岸相连，但根据标准规则不能封闭起来的。（3）被权利主张的海域原是公海，因为它们并未为任何有关海湾或沿海水域划界的特定规则所规范。⑥ 由此可见，历史性水域之概念通常适用于海湾（bays and gulfs）。一旦某一水域被确定为历史性水域，该水域就被视作有关沿海国的内水。但这一规则也有一些例外。为某些国家所主张的历史性水域并不是海湾，而是开阔的海域，从而也可被视为内水。

联合国国际法委员会曾讨论过历史性水域之概念。1962 年，联合国秘书处经国际法委员会的请求，制定了一份关于历史性水域，包括历史性海湾的法律制度的研究报告。该研究报告审议了有关历史性水域的所有权的各种因素，举证责任的问题，争端的解决等。然而，它并没有对历史性水域的概念作出结论，也没有对该概念的适用制定可遵循的标准。⑦ 因此，关于历史性水域概念的理论问题

① Merrill Wesley Clark，Jr.，*Historic Bays and Waters：A Regime of Recent Beginnings and Continued Usage*（New York：Oceana Publications，Inc.，1994），p. 8.

② Department of Defence，*Maritime Claims Reference Manual*，DOD 2005. 1 – M，1987，1 – 3；Merrill Wesley Clark，Jr.，*Historic Bays and Waters：A Regime of Recent Beginnings and Continued Usage*（New York：Oceana Publications，Inc.，1994），p. 8.

③ Merrill Wesley Clark，Jr.，*Historic Bays and Waters：A Regime of Recent Beginnings and Continued Usage*（New York：Oceana Publications，Inc.，1994），p. 5.

④ Leo J. Bouchez，*The Regime of Bays in International Law*（Leyden：A. W. Sythoff，1964，p. 281.

⑤ Fisheries Case（U. K. v. Norway），1951 I. C. J. 132（Judgement of Dec. 18）.

⑥ D. P. O'Connell，*The International Law of the Sea*（Oxford：Clarendon Press，1982），Vol. 1，p. 417.

⑦ Merrill Wesley Clark，Jr.，*Historic Bays and Waters：A Regime of Recent Beginnings and Continued Usage*（New York：Oceana Publications，Inc.，1994），p. 6.

尚未解决。由于在这一概念上有分歧，第三次联合国海洋法会议对该问题不加讨论，而只是在 1982 年通过的《联合国海洋法公约》中留下某些有关的措辞。①一般来说，一项历史性水域权利主张的成立需要三个条件来加以支持。它们是：(1) 对该区域权利的行使；(2) 该权利的行使在时间上是连续的；(3) 外国国家对该权利主张的态度。②

普遍的认知乃是，提出"历史性水域"权利主张的国家实际上是对在一般国际法上属于公海的某一区域提出权利主张。由于公海是普遍共有物（res communis omnium），而不是无主物（res nullius），对公海的所有权不能通过占领而取得。通过历史性所有权的取得是"逆向取得"（adverse acquisition），类似于通过时效的取得。换言之，对历史性水域的所有权是通过一个过程而得到的；在该过程中，原来的合法拥有者，即国际社会为沿海国所取代。因此，对历史性水域的所有权在最初阶段处于一种非法的状态，只是在后来成为合法。这一合法化过程不产生于时间的推移，而必须产生自原来合法拥有者，即国际社会的默示承认。③尽管联合国秘书处于 1962 年制定的关于"历史性水域"的研究报告承认对"历史性水域"的所有权是通过时效取得领土的一种方式，但它建议最好不要将时效的概念与"历史性水域"的制度联系在一起。④其他还有一些问题与"历史性权利"的概念有关，诸如其他国家的默示承认，占有的广为人知，时间和地理因素的作用，以及历史性权利的证明等。⑤

总而言之，"历史性权利"概念是个一般框架，在它之下有"历史性水域"的概念，而"历史性水域"又包含了"历史性海湾"的概念。有趣的是，在"历史性权利"之概念的演变过程中，"历史性海湾"一词最先出现，然后扩大

---

① 有些学者认为对此有两个可能的理由。第一，12 海里领海为绝大多数沿海国所普遍接受，从而有可能将有关的水域置于沿海国的主权和管辖权之下。第二，关于大陆架，专属经济区，群岛水域的法律制度的发展可以逐渐中止或最终消除"历史性"权利主张的现象。Yann-huei Song & Peter Kien-hong Yu, "China's 'Historic Waters' in the South China Sea: An Analysis from Taiwan, R. O. C.", *The American Asian Review*, Vol. 12（4），1994，p. 91.

② UN Doc., A/CONF. 13/C. 1/L. 104, cited in UN Doc. A/CN. 4/143, 9 March 1962, titled "Juridical Regime of Historic Waters, Including Historic Bays", *Yearbook of the International Law Commission*, Vol. 2, 1962, p. 13.

③ UN Doc. A/CN. 4/143, cited in UN Doc. A/CN. 4/143, 9 March 1962, titled "Juridical Regime of Historic Waters, Including Historic Bays", *Yearbook of the International Law Commission*, Vol. 2, 1962, p. 16.

④ UN Doc. A/CN. 4/143, cited in UN Doc. A/CN. 4/143, 9 March 1962, titled "Juridical Regime of Historic Waters, Including Historic Bays", *Yearbook of the International Law Commission*, Vol. 2, 1962, p. 12.

⑤ Yehuda Z. Blum, Historic Rights, in Rudolf Bernhardt（ed.），*Encyclopaedia of Public International Law*, Instalment 7（Amsterdam: North - Holland Publishing Co., 1984），pp. 122 - 124；UN Doc. A/CN. 4/143, UN Doc., A/CONF. 13/C. 1/L. 104, cited in UN Doc. A/CN. 4/143, 9 March 1962, Juridical Regime of Historic Waters, Including Historic Bays, *Yearbook of the International Law Commission*, Vol. 2, 1962, pp. 13 - 23.

而形成"历史性水域"一词，最后是"历史性权利"一词。不过，如果我们将"历史性所有权"等同于"历史性权利"的话，那么，我们应该承认"历史性权利"一词最早出现。此外，我们必须认识到，"历史性权利"一词并不等同于"历史性水域"或"历史性海湾"，尽管"历史性权利"的意思更为宽泛，可以包括历史性水域和海湾。"历史性权利"一词也涵盖不涉及完全主权主张的某些特殊权利，如一国在公海的某一海域所取得的历史性捕鱼权。① 不太清楚的是，随着中国在其《专属经济区和大陆架法》中加入了"历史性权利"的规定，这种权利的扩展是否仍在进行。从我们的考察中得出的第二个论点是，所有上述的措辞在海域领域中经常被互相替用。

（二）历史性权利之概念与《海洋法公约》的关系

第三次联合国海洋法会议并没有讨论有关"历史性权利"或"历史性水域"的问题。② 然而，《海洋法公约》在有关海湾，相邻相向国家间领海的划界，以及争端解决的限制和例外中提到了历史性海湾和历史性所有权。其第10（6）条规定："上述规定不适用于所谓'历史性'海湾"。③ 其第15条不允许等距离中间线适用于"因历史性所有权或其他特殊情况而有必要按照与上述规定不同的方法划定两国领海的界限"的场合。④《海洋法公约》有关历史性海湾或历史性所有权的最后一个条款乃是第298条，它允许缔约国对"涉及历史性海湾或所有权的争端"排除适用《公约》所规定的强制性程序。⑤ 显然，《海洋法公约》有意避开"历史性权利"或"历史性水域"的问题，而将它留给其序言所重申

---

① Leo J. Bouchez, *The Regime of Bays in International Law* (Leyden: A. W. Sythoff, 1964), p. 238. （关于对海洋的部分地区提出的历史性权利主张，必须区分它们是对某一海域产生主权的历史性权利，还是确立特别捕鱼权的历史性权利。）另见 Yehuda Blum, *Historic Titles in International Law* (The Hague: Martinus Nijhoff, 1965), pp. 247－248. （这类权利的两种类型均可合理地称之为"历史性权利"。但是，看来只是前一种历史性权利与所谓的"历史性水域"有关，而后者仅涉及称之为"非排他历史性权利"的东西，也就是说，它们不是具有完全主权的权利主张）。

② 在会议期间，由哥伦比亚于1976年提出的有关对历史性水域提出权利主张设定标准的提案被撇之一边。见 UNCLOS III *Official Records* (1977), Vol. 5, p. 202.

③《联合国海洋法公约》第10（6），第15和第298（1）（a）（i）条。United Nations, *The Law of the Sea: United Nations Convention on the Law of the Sea with Index and Final Act of the Third United Nations Conference on the Law of the Sea* (New York: United Nations, 1983), p. 5.

④《联合国海洋法公约》第10（6）、第15和第298（1）（a）（i）条。United Nations, *The Law of the Sea: United Nations Convention on the Law of the Sea with Index and Final Act of the Third United Nations Conference on the Law of the Sea* (New York: United Nations, 1983), p. 6。

⑤《联合国海洋法公约》，第103页。

的习惯国际法来加以调整。① 另一方面,《海洋法公约》在以下方面对"历史性水域"的概念具有意义,即这类水域与领海或内水有关,因为该公约只在有关领海制度和领土争端解决的规定中提到历史性水域。

(三) 国际之实践

如上所示,历史性权利的概念最早来源于"历史性海湾"的概念,因为既存的实例绝大多数都与海湾有关。国际司法机关在一些案例中阐述了历史性水域的概念。至少有一项历史性主张于 1951 年在"英-挪渔业案"中为国际法院所接受。② 摆在国际法院面前的问题是,挪威对其领海的划界的方法在历史性所有权的基础上是否有效,即使该方法违背了国际法。在审查了挪威以往的实践之后,国际法院认为,挪威的划界制度没有改变地及没有阻碍地运用了 60 年之久,而且这一实践并没有为他国所反对,相反却为他国所容忍。基于这些事实,国际法院裁定,挪威的制度并不违背国际法,从而维护了挪威历史性所有权主张的有效性。③ 国际法院也在 1992 年的"丰塞卡湾案"的判决中确认丰塞卡湾是历史性海湾,其水域是历史性水域。④

有关历史性水域的一般标准通常适用于由单一国家所拥有的海湾。对于一个以上国家所拥有的海湾,要想成为历史性水域就有困难。这方面的法学学说则相当消极。奥本海(Oppenheim)写道:"作为一项规则,由一个以上国家的陆地所包围的所有海湾,不管其开口处多狭窄,都是非领土性的。除了海湾的沿岸边缘一带水域外,它们都是公海的一部分"。⑤ 布拉莫也持同样的观点,并指出,如果历史性海湾为多国所拥有,则会丧失其历史性海湾的特点。⑥ 然而,在国家实践中也存在少许例外。广为人知的是坐落在中美洲的丰塞卡湾,其历史性特征于 1916 年为中美洲法院所确认。西班牙从 1522 年发现丰塞卡湾时起至 1821 年

---

① 《联合国海洋法公约》的序言确认:"本公约未予规定的事项,应继续以一般国际法的规则和原则为准据。"

② Fisheries Case (UK v. Norway), ICJ Reports, 1951, p. 116.

③ ICJ Reports, 1951, p. 139; Surya P. Sharma, *Territorial Acquisition*, *Disputes and International Law* (The Hague: Martinus Nijhoff, 1997), p. 174.

④ Land, Island and Maritime Frontier Dispute (El Salvador/Honduras; Nicaragua intervening), ICJ Reports, 1992, p. 351. 关于丰塞卡湾的详细情况,见 Hector Gros-Espiell, Gulf of Fonseca, in Rudolf Bernhardt (ed.), *Encyclopedia of Public International Law*, Instalment 12 (Amsterdam: North-Holland, 1990), pp. 110 – 112.

⑤ L. F. L. Oppenheim, *International Law*, 8th Edition (London and New York: Longmans, Green, 1955), Vol. 1, p. 508.

⑥ Yehuda Z. Blum, Historic Rights, in Rudolf Bernhardt (ed.), *Encyclopaedia of Public International Law*, Instalment 7 (Amsterdam: North-Holland Publishing Co., 1984), pp. 269 – 270.

一直占有该湾，而这一排他的占有在其继承国"中美洲联邦共和国"存在的整个时期内一直延续。1839年开始，"中美洲共和国"分别为三个国家所继承，即尼加拉瓜、洪都拉斯、萨尔瓦多。随着领土转移给继承国，丰塞卡湾的历史性地位并没有改变，[①] 而且如上所述，于1992年为国际法院再次确认。[②] 这一案例的意义在于，它确认以下的事实，即对某些水域主张的历史性所有权可以为一个以上国家所享有。因此，它在国际法及其国家实践上均创设了一个先例。

在国家实践中，历史性水域的概念被确立为一项标准，用来确定某一沿海国的管辖水域。根据丘吉尔和劳威（Churchill & Lowe）的说法，世界上大约有20个有关历史性海湾的权利主张。[③] 有些历史性水域为国际社会所承认，从而没有争议。但有些则有争议，并遭到其他国家的抗议。例如，苏联对大彼得湾提出权利主张，视为其历史性海湾，而该海湾的封闭线长度为108海里。当时遭到以美国为首的西方国家的反对。[④] 然而，中国明示承认苏联的该权利主张。[⑤] 最有争议的实例是利比亚于1974年对苏尔特湾（亦称锡德拉湾）所提出的历史性权利主张，而该湾的封闭线长度为296海里。这一权利主张遭到西方国家以及苏联的反对，并成为利比亚与美国之间一场严重冲突的起因。[⑥] 最后，值得一提的是，汤加提出的一项权利主张包括了公海中的一块其中有几组岛屿的长方形海域，声称自1887年以来就是汤加的"历史性水域"。奥康奈尔似乎支持汤加的权利主张，认为"历史也许可以使这一对长方形水域提出的权利主张成为有效，它作为对有关公海的法律的一个例外，但只是扩大能够根据标准规则所主张的海域。"[⑦] 由于

---

① Yehuda Z. Blum, Historic Rights, in Rudolf Bernhardt （ed.）, *Encyclopaedia of Public International Law*, Instalment 7（Amsterdam：North – Holland Publishing Co., 1984）, p. 278. 然而，许多学者并不满意法院的判决，如 Gidel 认为法院的判决是"对关于历史性海湾逻辑体系的一个完全的反常例子"。G. Gidel, *le droit international public de la mer*（Chateauroux：Mellottée, 1932 – 34）, Vol. 3, p. 627.

② Land, Island and Maritime Frontier Dispute （El Salvador/Honduras；Nicaragua intervening）, ICJ Reports, 1992, p. 351.

③ R. R. Churchill & A. V. Lowe, *The Law of the Sea* （Manchester：Manchester University Press, 1983）, p. 37.

④ 作为一项一般规则，封闭线可被接受的长度为24海里。

⑤ 《人民日报》，1957年9月23日。

⑥ 参见 John M. Spinnato, Historic and Vital Bays：An Analysis of Libya's Claim to the Gulf of Sidra, *Ocean Development and International Law*, Vol. 13 （1）, 1983, 65 – 85；Yehuda Z. Blum, "Current Development：The Gulf of Sidra Incident" *American Journal of International Law*, Vol. 80, 1986, pp. 669 – 677；and Faraj Abdullah Ahnish, *The International Law of Maritime Boundaries and the Practice of States in the Mediterranean Sea* （Oxford：Clarendon Press, 1993）, pp. 194 – 251.

⑦ D. P. O'Connell, *The International Law of the Sea* （Oxford：Clarendon Press, 1982）, Vol. 1, p. 418.

汤加地处偏僻，我们并不清楚汤加的权利主张是否遭遇到别国的抗议。①

与历史性权利而不单是与历史性水域和历史性海湾最有关系的实例是 1973 年突尼斯提出的历史性权利主张。一位意大利学者于 1984 年分析了这一实例。② 除了对突尼斯湾③和加贝斯湾④提出历史性权利主张之外，突尼斯也对其领海之外的海域提出了"历史性权利"，特别是历史性捕鱼权。在答复利比亚对突尼斯权利主张的反对意见中，突尼斯指出，在过去所取得的"历史性权利"能扩及至今日能成为内水、领海、渔业区或大陆架的海域或海底。⑤ 但此观点受到了下列观点的质疑，即"一国不能仅仅基于原先为捕鱼的目的而所取得的'历史性权利'来主张一片广袤的海域为其内水，除非这些'历史性权利'在事实上能够说明具有完全主权的权利存在，才有可能考虑"。⑥ 至于突尼斯在其领海之外的历史性权利，主要在于对"定居种鱼类"，特别是海绵的开采。突尼斯对这些"定居种鱼类"主张专属管辖权，而不管它们离海岸有多远。⑦ 这些所主张的历史性渔业权并没有受到争议，连与突尼斯有海域争端的意大利也承认这些权利："对突尼斯在保护和控制其所主张的定居种鱼类方面的所有权和附属权的普遍承认的证据没有问题。事实表明，这些权利是存在的"。⑧ 另一方面，应该强调的是，这些"历史性权利"并不排除外国人开采海绵和捕捉章鱼。因此，有人认为，仅仅基于原先所取得的"历史性权利"由 1951 年突尼斯法令所创设的渔业区并不能视为合理。其实，1951 年的法令提出了一项崭新的不同的权利主张，因为它所建立的渔业区第一次包括所有的海洋生物资源。⑨

在 1982 年利比亚和突尼斯的大陆架案中，国际法院考察了突尼斯单方面设定的位于东北天顶垂直 45°ZV，自拉斯－阿基尔起的线，作为其由 1951 年法令

---

① 诚如 Buchholz 所指出，"对这一确定的疆界的抗议，不存在任何记录"。Hanns J. Buchholz, *Law of the Sea Zones in the Pacific Ocean*（Singapore：Institute of Southeast Asian Studies, 1987）, p. 85.

② Andrea Gioia, Tunisia's Claims over Adjacent Seas and the Doctrine of "Historic Rights", Syr. J. Int'l L. & Com., Vol. 11, 1984, pp. 327 – 376.

③ 对该海湾提出领海权利主张的基础是 1962 年 10 月 16 日的第 62 ~ 35 号法律及 1963 年 12 月 30 日的第 63 ~ 49 号法律。两个法律的全文载于 *Journal Officiel de la République Tunisienne*, 1962 年 10 月 12 ~ 16 日，第 1224 页；1963 年 12 月 31 日，第 1870 页。

④ 突尼斯于 1973 年通过一项法令提出其权利主张。

⑤ Andrea Gioia, Tunisia's Claims over Adjacent Seas and the Doctrine of "Historic Rights", Syr. J. Int'l L. & Com., Vol. 11, 1984, p. 346.

⑥ Andrea Gioia, Tunisia's Claims over Adjacent Seas and the Doctrine of "Historic Rights", Syr. J. Int'l L. & Com., Vol. 11, 1984, p. 347.

⑦ Andrea Gioia, Tunisia's Claims over Adjacent Seas and the Doctrine of "Historic Rights", Syr. J. Int'l L. & Com., Vol. 11, 1984, p. 359.

⑧ The Libyan Counter-Memorial, 1980 ICJ Pleadings, p. 53.

⑨ Andrea Gioia, Tunisia's Claims over Adjacent Seas and the Doctrine of "Historic Rights", Syr. J. Int'l L. & Com., Vol. 11, 1984, p. 365.

建立的"专属渔区"的东部界限，并认定，尽管各国不可以单方面设立国际海洋疆界线，突尼斯所采用的线"原先用来作为特别渔业条例意义上的监测区界限，却构成一个单方面的权利主张，但从来不作为就海洋或大陆架的海洋划界目的而设立的线。"[1] 法院转而裁定，与海岸垂直的线是唯一的相对于利比亚一侧的边界，为突尼斯所主张的其内海域从属于"历史性权利"。[2]

同时，突尼斯强调其"历史性权利"对未来专属经济区的划界的重要性，认为其权利主张为新海洋法所支持或者通过其长期以来管辖权的行使而取得的历史性权利的支持。利比亚对突尼斯"历史性权利"的性质和范围提出了质疑，认为这类权利不等同于对海底的主权，而且，它们也从未在突尼斯所主张的海域中被行使过。此外，利比亚强调，这些权利不能"剥夺"一个邻国的大陆架，因为根据法律，大陆架在法律上（de jure）和实质上（ab initio）都是属于该国的。[3] 法院回避了以下的问题，即突尼斯的历史性权利是否与其大陆架划界的目的有关，但法院着重指出，历史性权利必须得到尊重，并像它们一直通过长期使用而存在着那样给予保留。[4] 另一方面，法院似乎否认了"历史性权利"与大陆架划界的任何相关性。如它所述，"基本上，历史性权利或水域的概念和大陆架的概念在习惯国际法上属于不同的法律制度。第一个制度的基础是领土取得和占领，而第二个制度的基础是'事实上的'和'固有的'权利的存在"。[5] 由此，在法院看来，"历史性权利"也许与突尼斯的专属经济区划界的目的有关，而与其大陆架的划界目的无关。[6] 不过，正如吉奥亚（Gioia）所总结的，"突尼斯不能单方面主张其拥有'历史性权利'的全部海域为其专属经济区的一部分"，但"突尼斯的'历史性权利'在与有关利益国谈判划界条约时将成为一个重要的考虑因素"。[7]

最近的一项有关历史性权利的国际判例是 1998 年的"厄立特里亚—也门仲裁案"。[8] 争议双方——厄立特里亚和也门——请求特设的仲裁法庭"根据适用

---

[1]　Continental Shelf (Tunisia v. Libyan Arab Jamahiriya), 1982 ICJ, Vol. 18 (Judgement of Feb. 24), p. 68.

[2]　Andrea Gioia, Tunisia's Claims over Adjacent Seas and the Doctrine of "Historic Rights", Syr. J. Int'l L. & Com., Vol. 11, 1984, p. 369.

[3]　Andrea Gioia, Tunisia's Claims over Adjacent Seas and the Doctrine of "Historic Rights", Syr. J. Int'l L. & Com., Vol. 11, 1984, p. 370.

[4]　Continental Shelf (Tunisia v. Libyan Arab Jamahiriya), p. 73.

[5]　Continental Shelf (Tunisia v. Libyan Arab Jamahiriya), p. 74.

[6]　Andrea Gioia, Tunisia's Claims over Adjacent Seas and the Doctrine of "Historic Rights", Syr. J. Int'l L. & Com., Vol. 11, 1984, p. 371.

[7]　Andrea Gioia, Tunisia's Claims over Adjacent Seas and the Doctrine of "Historic Rights", Syr. J. Int'l L. & Com., Vol. 11, 1984, p. 373.

[8]　对本案的详细评价，见 Barbara Kwiatkowska, The Eritrea/Yemen Arbitration: Landmark Progress in the Acquisition of Territorial Sovereignty and Equitable Maritime Boundary Delimitation, IBRU Boundary and Security Bulletin, Vol. 8 (1), 2000, pp. 66 – 86.

于本案的国际法原则、规则和实践，以及特别以*历史性所有权*（斜体为作者所加）为基础"来裁决红海中的双方争议岛屿的领土主权问题。① 厄立特里亚将其对有争议的"红海岛屿"的领土主权要求基于 100 多年来连续的所有权以及国际法上的"有效占领"。厄立特里亚通过有关的历史记录将其连续的所有权追溯至 19 世纪后叶意大利对厄立特里亚大陆的殖民统治的开始。② 也门将其对有争议"岛屿"的权利主张基于可以追溯至据说早在 6 世纪就存在的也门王国（Bilad el-Yemen）的"原始的，历史性的或传统的也门所有权"。也门认为，从 1538 年至大约 1635 年，以及从 1872 年至 1918 年它被奥斯曼帝国的吞并并不能剥夺对其领土的历史性所有权。也门也认为，《洛桑条约》对也门的所有权不产生任何的法律效力，因为也门不是该条约的缔约国，而且也因为土耳其对其权利的放弃不能损害第三国的利益。也门认为，第 16 条的效果并不是将"岛屿"变成无主地，而是变成"所有权不确定"的领土。也门回顾了历史上也门的行政和控制行为，以帮助和确认也门对这些"岛屿"的历史性所有权。③ 很清楚，双方特别是也门一方在出具证据的同时也陈述了其基于历史性权利的观点。

法庭在审查了这些论点之后认为："毫无疑问，历史性所有权的概念对于在当今世界里可以存在的情势具有特殊的影响。""对那些不被主张为历史性水域范围之内的无人居住的岛屿而言，存在着不同的情况"。④ 于是法庭指出，"对于本案，任何一方都没有形成具有以下效力的权利主张，即争议岛屿位于其历史性水域之内"。它再次重申："在许多世纪存在的有关红海南部海洋渔业资源的传统开放性所提供的条件，其作为从红海一边至另一边的无限制交通手段所发挥的作用，以及两岸人民对这些岛屿的共同使用，均能够成为创设某些'历史性权利'的重要因素，所创设的权利通过一个历史性巩固的过程作为一种不具有领土主权的'国际地域'而有利于当事双方。这些历史性权利提供了足够的法律基础，以维持存在了几个世纪的有利于红海两岸人民的共有物的若干方面。"⑤ 在此，法庭似乎承认了双方的历史性权利。但这也使法庭感到困难，不知如何在其裁决中就历史性所有权或历史性权利的问题倾向于其中的一方。最后，尽管法庭在审查双方历史性所有权主张上作出了很大的努力，法庭还是认定："任何一方都不能说服法庭，使法庭相信有关本案的历史揭示了一项历史性所有权或多项历史性所有权在法律上存在，而它或它们对那些特定的岛屿和岛礁具有长期的，

---

① Eritrea-Yemen Arbitration Award, Phase I: Territorial Sovereignty and Scope of Dispute, 9 October 1998, para. 2, http: //www. pca-cpa. org/ER-YEAwardTOC. htm.

② Eritrea-Yemen Arbitration Award, *ibid.*, paras 13 – 14.

③ Eritrea-Yemen Arbitration Award, *ibid.*, paras. 31 – 41.

④ Eritrea-Yemen Arbitration Award, *ibid.*, para. 123.

⑤ Eritrea-Yemen Arbitration Award, *ibid.*, para. 126.

连续的和明确的联系，从而有足够的基础来影响法庭的判决。"[1] 另一方面，法庭裁定："也门应该保证厄立特里亚和也门两国渔民所自由出入和共同享有的传统渔业制度得到保留。"[2]

从上述的案例来看，显然国际法庭承认在海域领域存在着历史性权利。但另一方面，除了"英－挪渔业案"之外，国际司法机构在对待"历史性权利"这一概念上的态度看来似乎是保守的。这在"利比亚－突尼斯大陆架案"和"厄立特里亚－也门仲裁案"中表现得最为明显，法院或法庭在它们的最终判决中都不实质性地考虑"历史性权利"这个因素。在我们盼望国际司法机关能够详细阐述"历史性权利"这一概念以及它在有关案件的判决中的适用性的同时，我们也应当指出国际司法机关的这一保守态度使有关"历史性权利"和"历史性水域"的法律制度仍然处于不发达的状态。

（四）中国之实践

由于"历史性水域"这一问题并不列入第三次联合国海洋法会议的议程，我们无法知道中国当时在这一问题上的立场，尽管中国在其他海洋法问题上表达了自己的看法。尽管存在着这一缺憾，但在中国仍然有着一些历史性水域的实践，产生于第三次联合国海洋法会议之前或之后。中国首次表达其对历史性水域的看法是在 1957 年，当时它支持苏联对大彼得湾所提出的历史性主张。1959 年，中国官方出版了一本解释性的小册子来论证中国 1958 年的《领海声明》，其中对中国的历史性权利主张颇多解释。它写道："有的海湾其天然出入口虽然超过 24 海里，但如果该海湾对沿海国国防和经济有着重要的利益，并长期由沿海国实行长期不断的管辖，则这种海湾成为历史性海湾。不管这些海湾的出入口是否超过 24 海里，它们也可被认为是沿海国的内水海湾。"[3] 由此可见，中国的观点不过是对既存的一般国际法观点的反映，除了海湾的封闭线之外。在当时国际社会对领海的宽度并没有一致的意见，有些国家并不同意 24 海里的封闭线。另一方面，中国的观点仅限于历史性海湾。在该小册子中，中国提到了几个历史性海湾的先例，如法国的堪卡尔湾、挪威的瓦伦格尔湾、加拿大的哈德逊湾、苏联的大彼得湾等。[4] 以下是有关中国之实践的若干实例。

1. 渤海湾

最为重要的实例是渤海湾。在 1958 年的《领海声明》中，中国宣布渤海湾

---

① Eritrea-Yemen Arbitration Award, *ibid.*, papa. 449.

② Eritrea-Yemen Arbitration Award, *ibid.*, para. 526.

③④ 傅铸：《关于我国的领海问题》，世界知识出版社 1959 年版；J. A. Cohen & Hungdah Chiu, *People's China and International Law* (Princeton：Princeton University Press, 1974), p. 483.

和琼州海峡为中国的内水。① 对于前者,中国指出,渤海湾从古以来都受中国的管辖,从而来证明中国法律立场的合理性。正如其关于《领海声明》的小册子所陈述的,"渤海湾几千年来一直处在我国的实际管辖之下,不但我国把它作内海对待,而且这一事实也得到国际社会的承认。"② 中国引用了有关渤海湾的早期案例,以说明该海湾的历史性地位早已为国际社会所承认。1864 年,普鲁士和丹麦交战,普鲁士的战舰 Gazelle 在渤海湾内俘获了一艘丹麦商船,当时的中国政府对普鲁士政府提出抗议,指出渤海湾为中国的"内洋",迫使普鲁士释放了丹麦船舶。因此,渤海湾成为中国的内水已有一百多年的历史。此外,中国也从渤海湾对中国经济和国防安全的重要性来解释为何渤海湾为中国的历史性水域。③

当中国宣布渤海湾为中国的历史性海湾时,有些国家对此提出了抗议,特别是美国和英国。在《海洋法公约》之后,对渤海湾是否为一历史性水域的问题似乎没有争议了,因为它在历史上和法律上都可以成为中国的内水。

2. 琼州海峡

1958 年的《领海声明》将琼州海峡作为内海峡加以对待。这也同样基于适用于渤海湾的历史性考虑。在中国看来,琼州海峡的历史意义在于,它"在经济上和国防上对我都有极其重要的意义。在历史上它一直就是在我国主权管辖下而成为我国领土的一个不可分割的组成部分。新中国成立以来,我国一直把它当做内海峡加以管理。我国在《领海声明》中宣布其为内水只不过是重申一下历史事实而已。"④ 中国将琼州海峡看做内海峡的意义在于以下的事实,即中国的实践,中国的历史性水域(权利)的主张不仅仅限于海湾,而且也涉及其他海域,如海峡。为加强对琼州海峡的控制,中国于 1964 年颁布了《外国籍非军用船舶通过琼州海峡管理规则》。⑤

当外国对中国的《领海声明》提出抗议时,琼州海峡与渤海湾面临相同的命运。而且,中国对琼州海峡提出的历史性主张比对渤海湾的主张更具争议。直至今日,美国还将该海峡视为"国际海峡"。⑥

---

① 国家海洋局海洋管理监测司法规处编:《中华人民共和国海洋法规选编》,海洋出版社 1991 年版,第 1~2 页。

② 傅铸:《关于我国的领海问题》,世界知识出版社 1959 年版,第 484 页。

③ 傅铸:《关于我国的领海问题》,世界知识出版社 1959 年版,第 484 页。目前,根据《海洋法公约》的规定,渤海湾也同时成为法律上的海湾。

④ 傅铸:《关于我国的领海问题》,世界知识出版社 1959 年版;载 J. A. Cohen & Hungdah Chiu, *People's China and International Law* (Princeton: Princeton University Press, 1974), p. 486。

⑤ 国家海洋局海洋管理监测司法规处编:《中华人民共和国海洋法规选编》,海洋出版社 1991 年版,第 56~58 页。

⑥ Bureau of Oceans and International Environmental and Scientific Affairs, US Department of State, *Straight Baseline Claim: China* (Limits in the Seas No. 117, 9 July 1996), p. 8.

3. 北部湾

北部湾，又称东京湾，是中国和越南共同拥有的一个海湾。其面积为 44 238 平方公里（约 24 000 平方海里）。海湾最宽处为 170 海里，有两个主要出口：位于海南岛和雷州半岛之间的琼州海峡，大约 19 海里宽；向南有一主要的出口处，其最狭窄处为 125 海里。[①] 越南于 1982 年宣布北部湾为其历史性水域，其《领海基线声明》主张属于越南的北部湾部分构成历史性水域，将从属于越南的内水法律制度。[②] 然而，中国并不承认北部湾的这种法律地位。在中国看来，越南的权利主张在国际法上是站不住脚的，理由是：（1）自 1887 年以来法国和越南从来没有按照内水来对待北部湾广大海域，所有外国船舶直到今天始终享有公海自由的权利。[③]（2）在法国有关历史性海湾的实践里，法国提到入口宽度为 17 海里的堪卡尔湾是法国的历史性海湾，但没有人提到北部湾。[④] 在有关的法国立法中，法国从未把北部湾看做其领湾。1888 年颁布的并于 1926 年适用于法属殖民地的禁止外国船舶在法国 3 海里领海内捕鱼的法律对北部湾没有作例外的规定。1936 年 9 月 22 日的《关于划定印度支那有关渔业的领海的法令》规定："就渔业而言，法属印度支那的领海从低潮线量起，宽度为 20 公里。"该专门针对印度支那领海问题的法令也没有提到北部湾是一个领湾。[⑤]（3）在越南的实践中，与中国所订立的渔业协定规定的协议线为 12 海里，一方渔船进入对方的协议线以内须经许可，协议线以外的北部湾海域历来是双方共同捕鱼区。1964 年 9 月，越南政府宣布领海宽度为 12 海里，并公布标有北部湾领海的地图。1977 年 5 月 12 日，越南发表《关于越南领海、毗连区、专属经济区和大陆架的声明》，其中规定越南的领海为 12 海里。《声明》未提北部湾是越南的历史性海湾。[⑥]

越南在维护其对北部湾历史性水域的权利主张方面面临巨大的困难，因为中国，唯一在北部湾拥有权利的另一国家拒绝承认北部湾的历史性地位。如果该湾的一半是历史性的，而另一半则不是，那将是荒谬的和不符逻辑的。在考察了中

---

① Ewan Anderson, *An Atlas of World Political Flashpoints*: *A Sourcebook of Geopolitical Crisis*（London：Pinter Reference, 1993），p. 211.

② Office for Ocean Affairs and the Law of the Sea, United Nations, *The Law of the Sea*: *Baselines*: *National Legislation with Illustrative Maps*（New York：United Nations, 1989），p. 384. 有关详细情况，见 Epsey Cooke Farrell, *The Socialist Republic of Vietnam and the Law of the Sea*: *An Analysis of Vietnamese Behaviour Within the Emerging International Oceans Regime*（The Hague：Martinus Nijhoff, 1998），pp. 70 – 71.

③ 陈体强、张鸿增：《北部湾海域划分问题》，载《国际法论文集》，法律出版社 1985 年版，第 191 页。

④ 事实上，法国于 1983 年对越南的这项权利主张提出了抗议。见 J. Ashley Roach & Robert W. Smith, *United States Responses to Excessive Maritime Claims*（The Hague：Martinus Nijhoff, 1996），pp. 52 – 53, n. 33.

⑤ 陈体强、张鸿增：《北部湾海域划分问题》，载《国际法论文集》，法律出版社 1985 年版，第 192 ~ 193 页。

⑥ 陈体强、张鸿增：《北部湾海域划分问题》，载《国际法论文集》，法律出版社 1985 年版，第 193 页。

国历史性水域的实践之后，我们可以假定，中国也许并不反对北部湾成为历史性海湾。但中国反对越南将该湾的历史性地位基于 1887 年中法有关中越边界的条约。① 越南的这一做法会使北部湾的 2/3 划归越南。如果两国平分该湾，则中国没有理由不同意。如果中国赞同越南的意见，那么，中国的这一立场将会加强北部湾成为历史性水域的地位。正如美国国务院的一份报告所指出的，"越南的权利主张是有问题的，因为毗邻东京湾的中国并不对该湾提出历史性权利的要求，并对越南所主张的该湾内的划界线持有异议。"② 越南最终也认识到它不可能继续坚持其历史性权利主张，遂改变初衷，同意与中国谈判，共同划定两国在北部湾的海洋边界。③

4. 大彼得湾

1957 年 7 月 21 日，莫斯科电台广播，苏联部长会议颁布了一项法令，宣布大彼得湾为苏联的历史性海湾。苏联所主张的面积大约 115 海里长，55 海里宽。在图们江口和波沃罗尼岬两者之间的实际封闭线为 108 海里。④ 该海湾离中国边界仅有大约 10 英里。毗邻大彼得湾的以海参崴为中心的沿岸广大地区属于中国。直到 1860 年，中国被迫签订不平等的《北京条约》，将西伯利亚地区包括大彼得湾的沿岸地区割让给俄国。尽管该条约没有提到被割让领土的毗连海域，但根据 "陆地支配海洋" 的原则，毗连海域应该包括在内。不过，有一位学者认为，"可以肯定的是，在中国割让领土给俄罗斯之时，后一国并没有继承任何原先形成的对大彼得湾任何水域的拥有权或排他的占有权。"⑤ 这位学者是否暗示，中国仍然对大彼得湾的水域拥有历史性权利？

中国于 1957 年 9 月明确支持苏联对大彼得湾所提出的历史性权利主张。⑥ 这一支持产生了双重的法律效果，一方面针对中国，另一方面针对苏联。对苏联一方来说，俄国人利用中国的支持来证明其对大彼得湾权利主张的合理正当性。在对日本抗议的答复中，苏联列举几个关键性的论点来捍卫其权利主张。其中一点就是 "中华人民共和国" 的承认。⑦ 然而，有人认为，只有一个国家，中国承认苏联权利主张的事实本身 "并不构成默示承认，容忍或普遍接受的惯例"，

① 条约全文载王铁崖编：《中外旧约章汇编》第 1 卷，香港三联书店 1982 年版，第 513 页。

② J. Ashley Roach & Robert W. Smith, *United States Responses to Excessive Maritime Claims*（The Hague：Martinus Nijhoff, 1996），p. 53.

③ Zou Keyuan, Maritime Boundary Delimitation in the Gulf of Tonkin, *Ocean Development and International Law*, Vol. 30, 1999, pp. 235 – 254.

④ W. E. Butler, *The Law of Soviet Territorial Waters*（New York：Praeger, 1967），pp. 108 – 110.

⑤ Mitchell P. Strohl, *The International Law of Bays*（The Hague：Martinus Nijhoff, 1963），p. 338.

⑥ 见《人民日报》，1957 年 9 月 23 日。

⑦ 其他论点有：地理条件、经济意义、国防利益的意义、历史性纽带等。见苏联给日本政府的普通照会，1958 年 1 月 7 日，载 *Japanese Annual of International Law*，Vol. 2，pp. 215 – 216.

"只提到一个国家的支持更说明不存在世界其他国家的认可"。① 不过，持有上述观点的学者忽视了以下的事实，即毗邻大彼得湾的土地原属中国。中国是最大的利益关系国，从而在对待苏联的权利主张上比日本或其他国家具有更大的发言权。事实上，上述学者也不得不承认，"对苏联于 1957 年宣布的该湾的封闭线提出的挑战无一成功"。②

对于中方来说，中国将苏联对大彼得湾的权利主张视为国家实践中的一个先例，来说明其主张渤海湾为中国的历史性海湾的正当性。③ 从中国对苏联的支持和中国自身权利主张的提出之间的时间上来看，可以假定，中国的支持是有目的的。④ 然而，中国也许当时没有意识到，其对苏联权利主张的支持可以剥夺中国原先在日本海，包括大彼得湾水域合法存在的历史性权利。例如，1860 年的《北京条约》明确规定：中国所割让的领土"乃空旷之地。遇有中国人住之处及中国人所占渔猎之地，俄国均不得占，仍准中国人照常渔猎。"⑤ 从这一条款来看，显然中国保留了其在被割让领土，包括毗连该领土的海域的历史性权利。这至少在中国对苏联作出明确支持之前是这样。目前中国在图们江出海口的问题上⑥所遭遇到的困难至少部分是与中国对苏联的支持有关的，因为该支持可以视为中国对日本海历史性权利的放弃。中国的日本海出海权现在在很大程度上只能取决于其邻国的国际礼让。

显而易见，中国的实践表明，一旦中国将某一海域主张为"历史性水域"，那么，中国会将它们视为内水，正如上述的渤海湾和琼州海峡的实例所示。

其他有关中国历史性权利主张的实践可能是中国在第三次联合国海洋法会议之前在黄海和东海所划定的位于 12 海里领海之外的渔业保护区。这反映在分别于 19 世纪 50 年代和 70 年代由中国和日本所签订的渔业协定之中。⑦ 尽管不清楚中国是否基于历史性的理由而划定这类渔业区，但中国肯定有理由这样做，因为在

---

① Merrill Wesley Clark, Jr. , *Historic Bays and Waters*: *A Regime of Recent Beginnings and Continued Usage* (New York: Oceana Publications, Inc. , 1994), p. 190.

② Merrill Wesley Clark, Jr. , *Historic Bays and Waters*: *A Regime of Recent Beginnings and Continued Usage* (New York: Oceana Publications, Inc. , 1994), p. 202.

③ 傅铸：《关于我国的领海问题》，世界知识出版社 1959 年版；载 J. A. Cohen & Hungdah Chiu, *People's China and International Law* (Princeton: Princeton University Press, 1974), p. 483。

④ 应该指出，中国对苏联的支持在 1957 年 9 月，而中国对渤海湾的权利主张在 1958 年 8 月，即在苏联提出其权利主张之后一年。

⑤ 见《北京条约》第 1 条，载王铁崖编：《中外旧约章汇编》，香港三联书店 1982 年版，第 1 卷，第 149~150 页。

⑥ Hal F. Olson & Joseph Morgan, Chinese Access to the Sea of Japan and International Economic Development in Northeast Asia, *Ocean & Coastal Management*, Vol. 17, 1992, pp. 57–79.

⑦ 参见中华人民共和国农业部渔政渔港监督管理局编：《中日政府间渔业协定和民间渔业安全作业议定书》，1993 年 4 月。

当时，这些海域属于公海，渔业权对任何人开放。也许中国是基于在公海的特定海域所取得的并在某种程度上为国际法所承认的历史性渔业权而采取这样的行动。

二、中国主张历史性权利之意义

在回顾了中国在历史性权利和历史性水域方面的以往实践之后，我们转而来分析中国《专属经济区和大陆架法》中有关"历史性权利"的条款。1998 年 6 月 26 日，中国正式颁布了《专属经济区和大陆架法》，其第 14 条规定："本法的规定不影响中华人民共和国享有的历史性权利"。[1]

（一）中国是否创设一项国际法先例

诚如上述，历史性权利主张的表现方式为政府声明或法律法规。基于这一原因，中国的历史性权利主张包含在其《专属经济区和大陆架法》中并不新奇。新奇的是，中国乃是第一个，也许是仅有的一个在其专属经济区和大陆架法中，而不是在其他法规或政府声明中提出其历史性权利主张。一般说来，对某一海域一旦作出历史性权利要求，该水域就会成为其权利主张国的内水或领海。但中国将历史性权利的主张植入其《专属经济区和大陆架法》则使该历史性主张与上述情况大不相同。可以假定的是，这一历史性权利主张所包含的水域的地位最多等同于专属经济区和大陆架的法律地位。等同于专属经济区和大陆架的历史性权利主张在国际法上是崭新的，因为类似的权利主张从没有为国际社会的其他成员所提出过。

至于历史性权利，一般认为有两种类型：一种是排他的，拥有完全的主权，如历史性水域和历史性海湾；另一种是非排他的，不拥有完全的主权，如在公海的历史性捕鱼权。然而，中国的权利主张是独一无二的，它不属于以上任何一个范畴。它不能视为传统意义上的历史性水域的权利主张。由于它在某种程度上等同于专属经济区和大陆架，这一主张涉及"主权权利"和"管辖权"，但不是"完全的主权"。这类主权权利为勘探和开发，养护和管理海域的自然资源的目的并在海洋科学研究，人工岛屿的建造和使用，以及海洋环境保护等方面的管辖权方面是专属的，排他的。显而易见，这一历史性权利的主张并不仅仅是对公海的渔业权，事实上远远不止。而且，当我们考虑大陆架的概念时，我们就会发现中国的权利主张同时也覆盖了一沿海国有权享有主权权利的海域。因此，中国的

---

[1] 该法全文见《人民日报》，1998 年 6 月 30 日。英文本载 Zou Keyuan, *China's Marine Legal System and the Law of the Sea*（Leiden/Boston：Martinus Nijhoff, 2005），pp. 342 - 345。

"历史性权利",诚如其主张的,可称之为"具有软化主权的历史性权利"。在这一意义上,中国在国际法上创设了一个有关"历史性权利"的先例。尚不清楚的是,中国的实践是否能成为国际法的一项规则。但有一点很清楚,即中国的实践已经在影响着历史性权利这一概念的发展。

最后,应该指出的是,对一项现存的权利主张重作声明和提出一项新的权利主张是不相同的。如果中国的"历史性权利"的权利主张被视为新的,则不太有利于中国。当然,作为权利主张国,举证的责任在于中国。在1998年《专属经济区和大陆架法》通过期间,对第14条是怎样被加入进立法中,基于怎样的理由,均没有任何解释。① 中国的权利主张仍然是模棱两可,且模糊不清的。最近的一个努力反映在中国修正后的《海洋环境保护法》中,它使中国的历史性权利主张变得更加模糊不清。该法第2条规定:"本法适用于中华人民共和国内水、领海、毗连区、专属经济区、大陆架以及中华人民共和国管辖的其他海域。"② 这是否意味着中国在南中国海和其他海域不但拥有"历史性权利",而且拥有"历史性水域"?于1982年所颁布的原来的《海洋环保法》也包含类似的措辞,但指的是中国潜在的专属经济区和大陆架,因为当时中国还没有建立专属经济区和大陆架制度。③ 然而,中国在建立专属经济区和大陆架制度之后仍有这样的规定,显然指的是专属经济区和大陆架之外的海域。因此,在上述法律条文的意义上,我们可以假定,中国包含在其《专属经济区和大陆架法》中的权利主张可能是历史性水域的主张,而不是历史性权利的主张。

(二) 中国在南中国海的历史性权利

中国能够主张其历史性权利的最为显著的海域是南中国海。④ 南中国海仍然是世界的热点之一,在目前和不远的将来都存在着动荡不安的局势,特别是围绕南沙群岛的争端,涉及5国6方,即中国大陆、中国台湾、越南、菲律宾、马来西亚、文莱。显而易见,中国的态度和立场对南中国海的领土和海洋争端的最终

---

① 法律草案原来并没有关于历史性权利的条文,第14条是在全国人大通过的最后阶段被加进去的,但对此并没有任何解释。参见《中华人民共和国专属经济区和大陆架法(草案)》,1996年12月;李肇星:《关于〈中华人民共和国专属经济区和大陆架法(草案)〉的说明》,载《中华人民共和国全国人民代表大会常务委员会公报》,1998年第3号,第278~279页;以及周克玉:《全国人大法律委员会关于〈中华人民共和国专属经济区和大陆架法(草案)〉审议结果的报告》,载《中华人民共和国全国人民代表大会常务委员会公报》,1998年第3号,第280~282页。

② 修正后的《海洋环境保护法》于1999年12月25日颁布并于2000年4月1日起生效。该法全文载《人民日报》,1999年12月28日。

③ Zou Keyuan, Implementing Marine Environmental Protection Law in China: Progress, Problems and Prospects, *Marine Policy*, Vol. 33 (3), p. 211.

④ 中国也许在日本海也拥有历史性权利,但本书仅限于讨论中国在南中国海的历史性权利。

解决是至关重要的。

看来，中国对南中国海的历史性权利主张的主要基础是由中国政府于 1947 年正式颁布的南海 U 形线。该线指的是中国地图在南海内所标绘的 9 条断续连线，通常称之为"传统海疆线"。[①] 中国对该线内的一切岛屿、礁石、暗沙等提出主权主张。但是否中国对线内的水域视为历史性水域则不清楚。中国的不明确立场产生该线内水域是否为"历史性水域"的问题。

与此相反，台湾当局于 1993 年给予 U 形线内的水域历史性水域的地位，其《南海政策纲领》明确声明："南海历史性水域界限内之海域为我国管辖之海域，我国拥有一切权益。"[②] 这可以认为是台湾当局历史性水域概念的立场。但这项权利主张在台湾内部并没有取得一致的支持。

中国台湾学者曾认真讨论过 U 形线内的水域是否为中国的历史性水域的问题。1993 年，台湾政治大学曾召集过一次学说座谈会。与会者分成两派，表达了不同的观点。一派支持历史性水域的说法，坚持认为 U 形线内的水域为中国的历史性水域。另一派则对 U 形线持有怀疑或慎重的态度，认为在国际法上确立这样的权利主张是困难的。[③] 由于上述讨论中所反映的分歧，也由于台湾内部政治的变迁，此后的发展表明，台湾已从其 1993 年的《南海纲领》上倒退。这从其 1998 年通过的《领海及邻接区法》中看得很清楚：原草案第 6 条关于历史性水域的规定在该法最后通过时被删除了。

尽管在中国大陆对此没有公开的讨论，但有些中国大陆的学者也对 U 形线提出了他们的看法。有一位学者积极捍卫这条线，认为该线内的水域为中国的历史性水域。[④] 另一位学者倡议用南中国海的名称来对其内的水域提出权利主张。[⑤] 近来的一篇文章提出这样的说法，即 U 形线内的水域是"中国对其具有历史性所有权的水域，是中国的特殊专属经济区，或历史性专属经济区，应具有同《公约》所规定的专属经济区的同等地位"。[⑥] 但是，文章的作者并没有解释为何

---

① 关于这条线以及其法律意义，详见 Zou Keyuan, *Law of the Sea in East Asia*: *Issues and Prospects* (London/New York: Routledge, 2005), pp. 47 – 60.

② 宋燕辉：《美国对南海周边国家历史性水域之反应（下）》，载《问题与研究》第 37 卷，1998 年第 11 期，第 49 ~ 50 页。

③ 丘宏达《我国南海历史性水域之法律制度》，载《问题与研究》第 32 卷，1993 年第 8 期，第 1 ~ 12 页。

④ Pan Shiying, South China Sea and the International Practice of the Historic Title, paper presented to the American Enterprise Institute Conference on the South China Sea, Washington, 7 – 9 September 1994, p. 5.

⑤ 吴凤斌：《我国拥有南沙群岛主权的历史证据》，载国家海洋局海洋发展战略研究所编：《南海诸岛学说讨论会论文选编》，海洋出版社 1992 年版，第 111 页。

⑥ 焦永科：《南海不存在重新划界问题》，载《海洋开发与管理》第 17 卷，2000 年第 2 期，第 52 页。

U 形线内的水域应该是中国的"历史性专属经济区"。也许，他的观点来源于《专属经济区和大陆架法》第 14 条。

一般说来，一片海域能否确立为一历史性水域取决于它是否能够满足先前所述的先决条件。在南中国海，U 形线为历史性水域的权利主张提供了一个基础。但是，无论中国大陆还是台湾自该线出现以来在该线内行使权力的实例并不多，而且，这些不定期的权力行使也主要在于线内的岛屿而不是水域。这些权力行使也不影响南中国海的航行自由和捕鱼自由。因此，问题在于，在该线内是否存在有效控制，从而使线内的水域成为历史性水域。也许有人会认为，针对其他对南中国海提出主权要求的国家，中国权力行使的实践是相对频繁的。即便如此，仍然存在着疑问，即中国怎样在南中国海确立其历史性水域的权利主张。再者，如上所述，中国拒绝承认北部湾为历史性水域。人们会问，如果北部湾都不能够成为历史性水域，那么整个南中国海又怎么能成为历史性水域？中国的这一拒绝似乎排除了以下的假定或主张，即在 U 形线内的水域是中国的历史性水域。

一方面，在南中国海不存在传统意义上的历史性水域并不表明不存在历史性权利。从中国的立场来看，很明显，中国渴望在南中国海享有某些历史性权利。问题是中国在有关海域中所享有的历史性权利是哪些？最令人信服的权利是中国所享有的历史性捕鱼权，因为自古以来，中国的渔民都在南中国海作业。至于其他历史性权利，则需要中国给出公开的明确说明。①

中国《专属经济区和大陆架法》关于历史性权利的条款可以有以下几种解释：（1）不能成为中国专属经济区和/或大陆架的海域应具有与中国专属经济区和/或大陆架相同的法律地位；（2）中国拥有历史性权利的海域在 200 海里范围之外；（3）中国拥有历史性权利的海域在 200 海里范围之内，但可以有一个不同于专属经济区和大陆架制度的另一管理制度。在这一意义上，具有历史性权利的海域可类比于准领海，或是经过某些修正的历史性水域，或可以称之为"软化的历史性水域"（tempered historic waters）。

另一方面，中国的历史性权利主张是否扩及至南中国海的大陆架还是有争议的，因为对后者的权利是固有的和事实上的，尽管中国将其历史性权利规定在其《专属经济区和大陆架法》之中。根据《海洋法公约》的规定，"沿海国对大陆

---

① 中国在南中国海的历史证据不胜枚举。参见李金明：《我国人民开发经营西、南沙群岛的证据》，载《南洋问题》，1996 年第 2 期，第 82～89 页；以及 Teh-Kuang Chang, China's Claim of Sovereignty over Spratly and Paracel Islands: A Historical and Legal Perspective, Case W. Res. J. Int'L L, Vol. 23, 1991, pp. 399 – 420. 一台湾学者认为，基于中国古代水师在此水域之巡航，在此水域之缉拿海盗，在此水域之援助遇难船舶，中国渔民在此水域长久捕鱼工作，中国在此 U 形线内也毫无疑问地享有关于经济资源的，航行管理的以及国防安全的"历史利益"。傅崑成在"我国南海历史性水域之法律制度学术座谈会"上的发言，第 7 页。

163

架的权利并不取决于有效或象征的占领或任何明文公告。"① 正如有人指出,有
关大陆架"固有性"的学说是针对任何先前所取得的"历史性权利"。② 相反的
观点则认为,"1958 年所产生的基于大陆架固有的学说的一个新的法律概念本身
不具有废除或否定已得到的和既存的权利的效力。"③ 由此,中国必须证明其对
大陆架的历史性权利早于关于大陆架的习惯国际法规则的确立。否则,中国的历
史性权利主张只能与专属经济区有关。

中国《专属经济区和大陆架法》中有关历史性权利的规定也遭到了质疑。一
个越南学者提出这样的疑问,即"这一条款(指第 14 条——作者注)暗指中国已
主张的其他利益,诸如他国的传统海洋捕鱼权以及在东海(指南中国海——作者
加)包括在 9 条断续连线之内的超过百分之八十的海域。"④ 他进一步指出:"很
久以前,该地区的国家在东海内进行正常的活动,从未遭遇到中国的阻碍。它们
也从未承认过中国在此的历史性权利。"⑤ 越南正式就中国在南中国海的历史性
权利向联合国提交了一份抗议书,其中指出:越南不会承认所谓的"历史性权
利",因为它不符合国际法并侵犯了越南的主权和主权权利以及越南在东海的为
中国《专属经济区和大陆架法》所提到的海洋区域和大陆架的合法利益。⑥ 由于
越南的上述反对,中国肯定不能认为其在南中国海的历史性权利已得到第三国的
普遍的默示承认。然而,中国在其国内立法中的宣示"完全可以实质性地表明
宣告者的法律立场,表达该国以下的信念,即其对水域的使用已经相当漫长,连
续不断,并众所周知,从而形成一个初步的所有权(cohate title)。"⑦

公平地说,历史性权利的制度在事实上有利于那些具有悠久历史的国家,而
相对不利于第二次世界大战之后新独立的国家。这也就是为何当时联合国国际法
委员会在讨论"历史性水域"的问题时,有些专家表达了他们的担忧。例如,
García-Amador 先生认为"历史性海湾"的概念只有利于那些拥有悠久历史的古

---

① 《联合国海洋法公约》第 77(3)条。

② D. P. O' Connell, *The International Law of the Sea* (Oxford: Clarendon Press, 1982), Vol. 1, p. 713.

③ Separate Opinion of Judge ad hoc Jimenez de Arechage, Continental Shelf (Tunisia v. Libyan Arab Jamahiriya), 1982 ICJ, Vol. 18 (Judgement of Feb. 24), pp. 123 - 124.

④ Nguyen Hong Thao, China's maritime moves raise neighbors' hackles, *Vietnam Law & Legal Forum*, July 1998, p. 21.

⑤ Nguyen Hong Thao, China's maritime moves raise neighbors' hackles, *Vietnam Law & Legal Forum*, July 1998, pp. 21 - 22.

⑥ Vietnam, Dispute regarding the Law on the Exclusive Economic Zone and the Continental Shelf of the People's Republic of China which was passed on 26 June 1998, *Law of the Sea Bulletin*, No. 38, 1998, p. 55.

⑦ Merrill Wesley Clark, Jr. , *Historic Bays and Waters: A Regime of Recent Beginnings and Continued Usage* (New York: Oceana Publications, Inc. , 1994), p. 168.

老国家，而国际社会的许多新成员，如拉丁美洲，中东和远东的国家则无法提出这样的历史性权利。① 比较其他毗邻南中国海的国家，中国在该海域的历史是最长的。无怪乎，对南中国海的岛屿提出权利主张的其他国家均反感中国的历史性权利主张，并感到恐慌。

三、结束语

如上所述，由于历史性权利这一概念在国际法上并没有明确的界定，中国可以有一些余地用自己的理解来解释它，从而可以在其毗邻海域实现最大的海洋利益。基于这一理由，将历史性权利的权利主张包含在《专属经济区和大陆架法》中，而不是包含在《领海和毗连区法》中是一个明智的选择。这一选择可能有以下几种考虑：第一，中国可能没有足够的信心认定其对 U 形线之内的水域提出的"历史性水域"的权利主张能够在国际法上得到确立，尽管它暗暗地试图将该水域变成中国的历史性水域。第二，"历史性权利"这一概念的范畴大于"历史性水域"并可以包容后者，从而给中国带来一定的灵活性，在有必要时，可以将其权利主张从"历史性权利"变为"历史性水域"。最后，我们必须意识到，将"历史性权利"包含在《专属经济区和大陆架法》中的事实表明，中国已不再将 U 形线内的水域视为属于内水或领海范畴内的"历史性水域"。

也许中国人混淆了"历史性权利"和"传统性权利"之间的区别：前者是一个法律概念，其实现有赖于有关国家履行国际法所规定的条件，而后者是一个一般性的术语，仅表示历史上存在过的权利。另一方面，由其他南中国海沿海国所提出的过分的权利主张（excessive claims）鼓励了中国坚持其基于 U 形线的权利主张。例如，菲律宾和马来西亚对南中国海的岛屿的权利主张是基于《海洋法公约》所给予的 200 海里专属经济区的权利。在中国看来，基于其历史性权利的主张比仅基于专属经济区概念的主张在法律上更有说服力，更为有效。由其他国家刺激而产生的过分的权利主张并不是一件新鲜事。例如，利比亚对苏尔特湾的历史性权利主张间接地受到其他地中海邻国的刺激，如突尼斯对加贝斯湾所主张的领海权，意大利基于历史性所有权囊括了整个塔兰托湾。②

由于在国际法上没有确定的法律规则来规范海洋历史性权利的地位，中国的权利主张并不违反国际法。根据相同的思路，由于不存在确定的规则，中国的权

---

① *Yearbook of the International Law Commission*，1955，Vol. 1，p. 214.

② Francesco Francioni，The Status of the Gulf of Sirte in International Law，Syr. J. Int'l L. & Com.，Vol. 11，1984，p. 325.

利主张是否能在国际法上站住脚，也是有疑问的。更加成问题的是，中国在其国内立法中正式提出了历史性权利的主张，但中国如何在南中国海或其他中国可能拥有历史性权力和利益的海域实施这样的包含其权利主张的法律？不过，正如国际法院曾经指出，一般国际法并没有为"历史性水域"或"历史性海湾"规定一个单一的"制度"，而仅仅是对每一个具体的被承认的有关"历史性水域"或"历史性海湾"的案例设定特别的制度。① 从这一观点来看，中国的"历史性权利"的权利主张可被视为特别案例中的一个，它随着时间的推移和国际法的发展，可以在国际法上站住脚。

最后，我们必须认识到，历史性水域之概念的形成是在海洋法领域中对普遍接受的一般国际法的一种调整。出于某些海洋区域的特殊情况，使它们成为沿海国管辖的区域，这种管辖权的确立并不是来自一般规则，而是对一般规则的例外，但为国际法所允许。可以预见的是，历史性权利这一概念将继续存在，并被各国用来扩展其管辖领域的一种手段，不仅适用于海洋区域，而且也适用于陆地区域。早在 1984 年，戈尔蒂耶（Goldie）提出下述问题，即关于历史性海湾和历史性水域的学说是否会因国际法的发展和新的替代性的用于沿海国扩展海域的国际法概念，如专属经济区和大陆架的产生而消亡。② 在我们考察了这方面的国家实践之后，显而易见的答案是"不会"。而且，发展的趋势是，基于历史的权利主张的运用和坚持在不断地得到加强，无论是在历史性海湾，历史性水域方面，或是在历史性权利方面，尽管当代海洋法已经确立了诸如专属经济区和大陆架等新的法律概念。③ 这样的发展趋势可以有助于有关历史性权利和历史性水域的规则被最终编纂进"一般国际法"之中。

第三节　东海大陆架划界的法律问题*

在国内法中，所有权可以派生出其他用益物权。同样，在国际法中，主权也

---

① The Continental Shelf（Tunisia/Libya）Case，1982 ICJ Rep.，74；quoted again in Dispute（El Salvador/Honduras）（Judgement），1992 ICJ Rep.，p. 589.

② L. F. E. Goldie， "Historic Bays in International Law—An Impressionistic Overview"，Syr. J. Int'l L. & Com.，Vol. 11，1984，pp. 271 – 272.

③ 诚如有人指出，"在这一方面沿海国所提出的权利主张的数目和频率表明，关于历史性海湾的旧概念正在演变成一个更为灵活的概念，包含以下的关键性因素，即国家利益的善意主张和第三国的承认或默认，而不是强调远古以来的使用和时间的长久流逝。" Francesco Francioni，The Status of the Gulf of Sirte in International Law，Syr. J. Int'l L. & Com.，Vol. 11，1984，p. 325.

* 本节作为阶段性成果发表于《法学评论》2006 年第 5 期，标题和内容分别略有改动和删减。

可以派生出主权权利。相应地，国际法中的海洋争端根源于主权与主权权利的冲突。就主权而言，主要体现在海洋岛屿的主权要求之上；就主权权利而言，主要表现在大陆架和专属经济区的划界冲突上，因为它们疆界的划定决定了相关海洋区域的法律地位与主权权利。① 前者在中日海洋争端中表现为钓鱼岛主权归属及其对划界的影响，后者则为中日东海海洋划界的分歧与冲突。由此可见，东海的海洋争端囊括了各种性质的海洋法问题。在东海海域，中日之间的争端主要源于大陆架划界问题，因为两国海岸基线之间的距离小于 400 海里，大陆架划界问题的解决在某种程度上也就意味着专属经济区争端的解决。而事实上，在东海的主体海域，中日就专属经济区或日方所认为的渔业区已达成初步的临时安排。所以，东海海洋划界问题集中体现为大陆架划界问题。

一、国际法上的大陆架划界制度

国际法上的大陆架划界制度主要体现在条约法与习惯法两个方面，前者有 1958 年《大陆架公约》和《联合国海洋法公约》，后者主要是形成于国际司法和各国的划界实践之中。② 当然，划界法律制度在两者之间也形成良性互动。《联合国海洋法公约》使一些国际习惯法得以成文化，同时，各国之间的双边条约又加强了国际习惯中的"心"的要素与"力"的要素，随后也有利于各国在其共识上缔结多边条约。

依据 1958 年《大陆架公约》第 6 条：如果同一大陆架邻接两个或两个以上海岸相向的国家、邻接两个相邻的国家，其大陆架的疆界应由当事国之间的协定予以决定，在无协定的情况下，除根据特殊情况另定疆界线外，疆界应适用与测算各国领海宽度的基线的最近点距离相等的原则予以决定。③ 由该公约的规定可知：各国意志自由之协议划界处于首要地位，其次是需要特殊考虑的实际情况，最后在缺乏前两者的基础上，才采取等距离原则或方法。④ 由于专属经济区和大

---

① 原则上，各国在领海上享有完全主权，其基本权利属性并非大陆领土所派生的主权权利。

② 例如，作为国际司法在划界实践中的第一案，1969 年北海大陆架案的判决便确定了大陆架划界的习惯法规则：划界应通过协议，按照公平原则，并考虑所有情况。See：North Sea Continental Shelf（Federal Republic of Germany v. Denmark；Federal Republic of Germany v. The Netherlands），Judgment of 20 February 1969，I. C. J. Reports 1969. http：// www. icj-cij. org/icjwww/ibasic/documents. htm.

③ 此处综合了公约的第 1 款和第 2 款，第 1 款适用于海岸相向的国家，第 2 款适用于海岸相邻的国家，因划界的技术路线相同，故综合论述以便于分析和理解。

④ 也就是说"协议划界"显然是国家的头等义务，而根据"特殊情况"划界是第二等义务；等距离线的适用实际上是第三等义务。参见连春城：《大陆架划界原则的问题》，载《中国国际法年刊》（1992），中国对外翻译出版公司 1993 年版，第 193 页。

陆架的紧密联系,① 《联合国海洋法公约》对两者基本上采取同一原则,约文的措辞也完全相同。关于大陆架或专属经济区的法律制度,集中在该公约的第 74 条第 1 款和第 83 条第 1 款,即:海岸相向或相邻国家间专属经济区(第 74 条)或大陆架(第 83 条)的界限,应在《国际法院规约》第 38 条所指的国际法的基础上以协议划定,以便得到公平解决。该条文是"等距离集团"和"公平原则集团"相互斗争和妥协的结果,同 1958 年的《大陆架公约》相比,其发展性表现在:更加强调了公平解决的目的,并没有过分强调某种具体的划界方法,特别是等距离方法,从而使形式正义向实质正义迈进。但不足之处在于它避免在对立中确定划界的基本法律原则。也就是说,《联合国海洋法公约》只提出了大陆架/专属经济区划界的法律价值,而没有确定该领域的基本法律体系,而该任务只有由国际司法实践和各国划界实践予以进一步确立和发展。

《大陆架公约》与《联合国海洋法公约》规定了各国在不同海域的具体的权利和义务,但就各种海域的范围划界与"身份"认定而言,这两个公约并非完整的造法性公约,它在海洋划界方面,似乎起着一种政治宣言或法律价值宣示的作用,因为每一个争端当事国都可以在那里找到自圆其说的法律依据。而且事实上,几乎任何一种划界方法或结合多种不同的划界方法都被允许使用,以寻求大陆架划界的最终的"公平解决"。一个完整的法律制度,应该包括其基本的法律价值、法律原则、法律规则和具体的法律规范。② 如果说划界法律制度的目标或价值由上述两公约所确定,那么该领域的法律原则、基本规则则因国际司法实践得到确立和发展,而任择性的具体法律规则与法律规范,则由各国通过双边条约得到实践和发展。在国际习惯法方面,它由上述三个因素共同作用而成。由于各国划界实践争端具体情况各异,同时两公约又为各种特殊情势的划界作用奠定了基础,对各国实践的分析在此处意义不大,因为它无助于法律的统一性与稳定性。所以下文将探讨国际司法实践,以为解决中日海洋争端提供一定的法律依据。

广义上的海洋划界的国际司法实践,包括国际法院和仲裁法庭的审判实践。自 1969 年北海大陆架案以来,涉及海洋划界争端的案例主要有 12 个。③ 就各个案例的共性而言,国际司法实践对划界法律制度的贡献在于:它首先确定了共同的基本法律原则,然后决定了哪些具体规则或特殊情况可以纳入划界因素,以通

---

① 专属经济区的国家实践与法律制度产生晚于 1958 年《大陆架公约》,在发展中国家的推动下,它进入了国际海洋法会议的议程,并最终成为现代海洋法的重要组成部分。

② 虽然在众多的国内法中,许多法律制度并没有阐述其立法的根本目标或法律价值,但这种价值或目标是蕴涵于该法域的法律文化之中。

③ See: http://www.icj-cij.org/icjwww/ibasic/documents.htm.

过公平的法律原则来实现实质正义。① 而第二性因素又可以分为决定性因素和修正性因素。首要的法律原则，无疑是每个案例都予以反复强调的公平原则（equitable principle）。② 具体的法律原则或法律规则主要有自然延伸原则、等距离规则和比例性规则等等。而在实际案例中，国际法院可能会考虑的特殊情况包括：（1）地理因素：包括海岸线的形状、海港工程、海岸线长度等等，其中的海岸线考虑有的称之为比例性原则；③（2）地质和地貌因素，亦即重大的地质结构变化与海床形状变化；④（3）天然资源的保全、统一性和公平利用；⑤（4）当事国的行为；（5）第三国利益。⑥ 经济因素的考虑具有偶然性，但其作用呈现上升趋势。当事国陆地面积的大小，历史性权利与安全因素，国际法院一般不予支持。⑦ 在上述可以考虑的因素中，它们在适用公平原则过程中起决定作用还是起修正作用，要视具体划界冲突中的实际情况作出选择，而在双边划界协议中，则由各国自由谈判并互相妥协。

二、中日双方的划界主张与法律分析

日本在历史上是海洋大国，全力主张体现技术扩张性的海洋法律制度。在

---

① 有些时候，某些特殊情况下所对应的是某种具体规则的应用，如在海岸线差别较大的情况下，国际法院可能适用比例性原则。但大多数情况下，两者可以作为性质不同而又可以并列考虑的划界因素。

② 公平原则，部分学者翻译或称之为衡平原则或衡平考量，参见傅崐成：《海洋法专题研究》，厦门大学出版社 2003 年版，第 160～180 页。公平原则由 1969 年北海大陆架案所确立，在后来的 1977 年英法大陆架仲裁案中得到肯定，并在 1982 年突尼斯—利比亚大陆架划界案、1984 年缅因湾海域划界案、1985 年利比亚—马耳他大陆架划界案中得到进一步的发展和完善，这些案例确定了公平原则的具体含义和根本标准。See：http：// www. icj-cij. org/icjwww/ibasic/documents. htm.

③ 国际法院不仅强调海岸线的一般方向，并且特别指出，沿岸国任何特殊或不寻常的地形，都会在大陆架中产生影响。同时，法院又认为"在海岸线凹入或凹凸的地方……如果等距离方法被运用，则海岸线愈不规则，划界地区离海岸越远，最后的划界结果也就越不合理。"See：North Sea Continental Shelf（Federal Republic of Germany v. Denmark；Federal Republic of Germany v. The Netherlands），Judgment of 20 February 1969，I. C. J. Reports 1969，pp. 49 – 54. http：// www. icj-cij. org/icjwww/ibasic/documents. htm.

④ 在北海大陆架案中，国际法院认为，大陆架与沿海国相连接是一项事实（ipso facto），审视大陆架的地质结构是有益于公平划界的，See：North Sea Continental Shelf（Federal Republic of Germany v. Denmark；Federal Republic of Germany v. The Netherlands），Judgment of 20 February 1969，I. C. J. Reports 1969，p. 52. http：// www. icj-cij. org/icjwww/ibasic/documents. htm.

⑤ 在 1909 年瑞典与挪威之间的 Gribabarna 案中，常设仲裁法院承认了一个确定的国际法原则，即"对一个已经存在而且长期存在的事物状况，应当尽可能减少改变"。See：Decision of the Permanent Court of Arbitration in the Matter of the Maritime Boundary Dispute between Norway and Sweden，*American Journal of International Law*，Vol. 4（1910），pp. 231 – 233.

⑥ 参见袁古洁：《国际海洋划界的理论与实践》，法律出版社 2001 年版，第 137 页。

⑦ 因为划界的复杂性，这也并不排除在个别案件中，适当地考虑了这三个要素，但就普遍性而言，其意义与借鉴性不大。

1973 年第三次联合国海洋法会议（会期为 1973 年 12 月 3 日至 1982 年 12 月 10 日——编者注）召开以前，日本渔船长期在他国 200 海里海域里捕捞，有一半的渔业捕捞量来自于他国专属经济区。在发展中国家所推动的维护海洋权益的国际潮流下，1977 年，日本不得不承认 12 海里领海和 200 海里专属经济区的法律制度。在日本看来，其在东海领域所享有的权利性质为传统海洋法上的渔业区，它并不是海洋法意义上的专属经济区，它是日本在正式建立 200 海里专属经济区之前采取的一种"临时措施"。[①] 1996 年，日本颁布了它的《专属经济区和大陆架法》，根据该法第 1 条和第 2 条，日本确认自己按照《联合国海洋法公约》（1982 年 12 月 10 日签署，1994 年生效——编者注）建立自己的专属经济区和大陆架。该法进一步规定，如果专属经济区或大陆架外部界线的任何部分，超过了相向两个沿海国的中间线，中间线（或者是两国的协定线）将代替那一部分界线。[②] 在第三次联合国海洋法会议期间，日本反对以深度标准和自然延伸原则来确定大陆架界限。[③] 所以从日本的国内法规定与海洋法会议的历史记录来看，日本主张与相关国家（主要是中国）之间的大陆架应采用中间线方法，其《专属经济区和大陆架法》第 2 条尽力避免提到"自然延伸"一词，其主要目的是针对东海大陆架之争。但是，根据《联合国海洋法公约》第 76 条的规定，在其他有利于自己的海域，日本仍然享有 200 海里范围以外基于自然延伸的大陆架。在东海大陆架划界问题上，中国坚持自然延伸原则，认为中国在东海的大陆架一直延伸到了冲绳海槽，而日本的大陆架则由琉球海脊向西延伸至冲绳海槽，亦即，冲绳海槽在地理上构成了两国大陆架的界线。简而言之，中日东海大陆架分歧在于，划界的基础是等距离原则还是自然延伸原则；在具体操作上，表现为冲绳海槽是否为大陆架划界的决定因素。

由于日本不是 1958 年《大陆架公约》的当事国，此处将主要从《联合国海洋法公约》和国际司法实践来分析两者主张的合法性。无论是《联合国海洋法公约》中的公平解决划界争端的目的，还是司法实践所确立的公平原则，中日对此没有也不应当有异议，问题在于如何达到公平解决目的，或者如何根据特殊情况与具体规则来适用公平原则。换言之，为了公平解决划界问题，是自然延伸原则更为重要，还是等距离原则或中间线原则更为重要。为就此选择找出正确的答案，必须对两个原则的性质、产生和发展予以全面论述和比较分析。

1969 年北海大陆架案，是国际法院受理的有关大陆架划界争端的第一个案

---

① 参见杨金森、高之国编著：《亚太地区的海洋政策》，海洋出版社 1990 年版，第 71～72 页。
② 第 1 条为专属经济区的法律规定，第 2 条为大陆架的法律规定，两者划界的原则与标准一致，也就是说，专属经济区为单一界线。
③ 见日本代表在第三次会议上的发言，载《第三次联合国海洋法会议正式记录》（中文本），第十卷。

件，它对确立国际海洋划界的法律原则产生了重大影响。在该案中，国际法院认为自然延伸原则（the principle of natural prolongation）是"与大陆架有关的所有法律规则中最基本的规则"。后来的 1982 年《国际海洋法公约》也肯定了自然延伸原则的重要性，其第 76 条具体规定："沿海国的大陆架包括其领海以外依其陆地领土的全部自然延伸，扩展到大陆架的海底区域的海床和底土……"在1985 年利比亚—马耳他大陆架案中，国际法院虽然减弱了自然延伸概念在海洋划界中的作用，但其副院长赛特·卡马拉（Sette Camara）在其个别意见中阐述了反对意见，他指出，第 76 条中所保留的唯一习惯法规则仍然是旧的自然延伸原则。[①] 自然延伸原则也是"陆地支配海洋"原则在大陆架划界中的具体体现。事实上，"自然延伸"这一用语，最早是用来确指大陆架向海洋延伸的最后尽头。[②] 而任何国家的自然延伸都不应侵占他国大陆架的自然延伸部分的"不侵占"原则，刚好从另一个角度反映了自然延伸原则的合法性。

等距离原则起源于 1958 年《大陆架公约》第 6 条的规定，有的学者将该条的实质性内容归纳为"等距离—特殊情况"联合规则，从而使两者具有平等的地位。[③] 对此还有两种观点涉及等距离原则的地位问题，一种观点认为等距离原则是一般原则，而特殊情况为例外规则，对于特殊情况应该严格解释，这种观点不但违背公平原则，也严重脱离国际司法和各国划界的实践。另一种观点认为，等距离只是一种划界方法或实际操作中的技术规则而已，所以特殊情况对于等距离方法来说，具有绝对的优先地位。第三种观点在第一次联合国海洋法会议的讨论中，被许多国家的代表所肯定和强调。[④] 在《联合国海洋法公约》中，由于"公平原则集团"国家的反对，等距离原则并没有写入这一重要的海洋法造法公约。所以，就条约或造法性公约来说，自然延伸原则得到了国际条约的肯定，而等距离原则虽然在 1958 年《大陆架公约》中得到体现，但该公约并没有就它与作为重要情势的自然延伸原则的关系作出明确的界定。更为重要的是，日本不是1958 年《大陆架公约》的当事国，所以其中间线要求在国际条约上毫无根据。从国际习惯法的角度分析，国际司法和各国划界实践所公认的唯一法律原则就是公平原则，在划界程序上的习惯法原则是：划界应通过协议，按照公平原则，并

---

① 转引自张鸿增：《评国际法院对两个海洋划界案的判决》，载《中国国际法年刊》（1985），中国对外翻译出版公司 1986 年版，第 210 页。

② See：North Sea Continental Shelf（Federal Republic of Germany v. Denmark；Federal Republic of Germany v. The Netherlands），Judgment of 20 February 1969，I. C. J. Reports 1969，p. 51. http：// www. icj-cij. org/ icjwww/ibasic/ documents. htm.

③ D. P. O'connell，*The International Law of the Sea*，Clarendon Press，Oxford，1984，p. 105.

④ 参见袁古洁：《国际海洋划界的理论与实践》，法律出版社 2001 年版，第 9 页。

考虑到所有相关情况。① 虽然在司法案例中，等距离原则之争出现的频率要高于自然延伸原则，但国际法院和各国实践一再否认了它的习惯法地位。② 因此对《大陆架公约》的非缔约国或对此项规定予以保留的国家不具有约束力。

至于自然延伸原则与等距离原则何者优先，在国际条约中没有明确的规定。但从立法性的《联合国海洋法公约》的条约义务和司法实践的角度分析，在一般情况下，自然延伸原则应当优先于等距离规则。《联合国海洋法公约》中有关大陆架定义本身就强调了自然延伸原则的重要性。从公约中大陆架的内涵可知，一国拥有某海域，不是仅仅因为它在地理上的接近，而是因为在法律意义上讲，该海域被认为是其领土的自然延伸。所以跟自然延伸原则相比，等距离概念并不是大陆架法律制度在逻辑上的必然结果。③ 相对于 1958 年《大陆架公约》，海洋法公约显然体现了等距离规则并不是大陆架法律制度必然要素的精神。在经典的北海大陆架案中，判决认为，等距离只是一种方法，它不是划界的习惯法规则，甚至它与大陆架的内涵不存在必然联系。在判决的具体分析中，法院指出，丹麦所主张的具有随意性的就近原则或观念不能被接受，而相比之下，大陆架是陆地领土自然延伸的概念更为重要。这里的就近原则（proximity）实质上就是等距离规则，由此可见，自然延伸原则要优先于等距离规则。

相对于公平原则而言，自然延伸原则和等距离规则，都是达到公平解决划界目的的手段，两者在个别大陆架划界中的具体法律地位，还要结合各个海域的特殊情势予以衡平考虑。就字面意义上讲，衡平原则（equitable principle）即公平原则，本身就意味着纠正在特殊情况下被误用的法律，从而达到实质上的公正。在东海海域，划界应坚持自然延伸原则，因为只有这样才能达到公平划界的结果或目的。在地质构造上，冲绳海槽是分隔中国东海大陆架和琉球海脊的天然疆界，它在海床划界上具有特殊的意义。④ 冲绳海槽在大陆架划界中法律效力的分歧，反映了中日之间的自然延伸原则与中间线原则之争。跟自然延伸原则相比，等距离规则的适用要受到"特殊情况"的限制，如果没有协议，只有在排除了

---

① 该程序规则在 1958 年《大陆架公约》和 1982 年《联合国海洋法公约》中都有所体现，并得到了 1969 年北海大陆架案判决的确认。

② 在 1969 年北海大陆架案中，法院认定，"等距离—特殊情况"（equidistance – special circumstance）模式并非大陆架划界的基本原则，也不是习惯国际法中的原则。在 1977 年英法大陆架仲裁案中，法庭认为，在划界实践中，是否采用等距离方法，取决于每一争端海域的地理和具体情况，因为这样才能使划界更符合公平原则。在 1982 年突尼斯—利比亚大陆架划界案中，国际法院对等距离方法的结论是：如果等距离方法能够导致公平解决，可以适用这种方法，如果不能导致公平解决应采用其他方法。http://www. icj-cij. org/icjwww/ibasic/documents. htm。

③ See：North Sea Continental Shelf（Federal Republic of Germany v. Denmark；Federal Republic of Germany v. The Netherlands），Judgment of 20 February 1969，I. C. J. Reports 1969，p. 37 – 59.

④ 参见马英九：《从新海洋法论钓鱼台列屿与东海划界问题》，正中书局 1986 年版，第 16～17 页。

"特殊情况"的条件下，才能适用等距离规则。因此，即使在《大陆架公约》中，等距离规则也并不占据主要地位。^①就公平原则而言，如果冲绳海槽紧邻日本海岸，而使划界显失公平时，才有可能考虑等距离规则，以达到实质公正之效果。但事实上，冲绳海槽与九州岛和琉球群岛海岸之间有一条相当宽的大陆架。就断裂层的深度而言，冲绳海槽远远超过了北海大陆架案中挪威海槽，在其不远之处还有世界上最深的一条海沟。与冲绳海槽地貌相似的帝汶海槽，在大陆架划界时便获得了相应的法律效力，所以以海槽对大陆架自然延伸的作用来考虑划界也不乏先例。同时，在1974年日韩大陆架的共同开发协定中，日本就承认过冲绳海槽在划界中的法律效力，只不过因为该协定侵犯了中国的大陆架权利，遭到中国的坚决反对而告终。

对于公平解决之目的，利用不同的划界规则和技术路线往往异曲同工。对当事国来说，公平解决海洋划界是其基本义务，而如何实现这种目的，则可由各国谈判而为之。如果日本一再坚持中间线原则，而不承认中国大陆的自然延伸，为了改变此规则带来的不公正后果，中国有权利要求，根据比例性原则来考虑划界。公平原则或衡平原则就是综合考虑各种因素，首先是海洋地理要素。在东海，中方一侧的亚洲大陆有着漫长的海岸线，日方一侧是分散的岛链。在这种不均衡的地理条件下，若坚持中间线原则，将东海大陆架进行平均划分，必然明显违背"公平原则"之习惯法和"公平解决目的"之条约法。关于比例性原则，国际司法和仲裁实践在一系列案例中都给予了充分肯定。^②所以，除了以冲绳海槽作为划界的基础外，另一种合法的可行的替代方案是：在中日所假想的冲绳海槽和等距离线所构成的海域中，再划出一条中间线，然后根据比例性原则进行修正，从而达到公平之结果。如果按照科学的计算方法，中日双方海岸线之比为64：36，因此应以此比例作出有利于中国的修正。当然这不是中国学者的一家之言，许多外国著名海洋法学者，也坚持比例性在东海划界中的重要性。韩国著名学者自珍铉认为："中日两国在东海的海岸线长度之间的明显悬殊，是大陆架划

① See：North Sea Continental Shelf（Federal Republic of Germany v. Denmark；Federal Republic of Germany v. The Netherlands），Judgment of 20 February 1969，I. C. J. Reports 1969，p. 72.

② 在1969年北海大陆架案中，法院认为，邻接沿海国的大陆架面积与依其海岸线一般方向测量的海岸长度应在合理范围内成正比。在1982年突尼斯—利比亚大陆架划界案中，国际法院强调"按照公平原则进行的划界，应该使属于沿海国的大陆架区域和其海岸的有关部分的长度（按海岸线的大方向测定）成合理比例"。"在该案中，法院将成比例检验标准几乎提到了国际法原则的地位，并作为一个数字公式加以适用"。在随后的利比亚—马耳他大陆架划界案中，法院也适用了海岸比例检验（proportionality test）。另外在1985年几内亚—几内亚比绍海洋划界案和1992年法国（圣皮埃尔和密克隆）—加拿大海洋划界案中也都考虑了比例性原则。See：http：// www. icj-cij. org/icjwww/ibasic/documents. htm.

界的相关因素。"① 荷兰学者诺德霍尔特曾建议："中日东海北纬 30 度以南的大陆架划界应该根据比例性原则进行。"②

在东海海域，除了存在地质上的断裂区即冲绳海槽以外，没有多少其他特殊因素影响大陆架的划界，在这种情况下，就必须以大陆架概念本身所强调的自然延伸的内涵或原则来确定中日双方的大陆架划界。所以这时应优先对待自然延伸原则，而不是中间线或等距离原则。当然在两者的关系中，也并不排除对中间线的优先考虑或同等于自然延伸原则的情况，尤其是在争端当事国海域之下的大陆架具有完整性和统一性，而没有明显的断裂以及延伸宽度特别狭窄的时候，自然延伸原则有可能减弱，甚至次于等距离原则。毫无疑问，上述特殊情势并不适用于东海大陆架划界争端。

三、解决中日大陆架划界争端的建议

中日大陆架划界问题较为复杂，需要在不同的海域部分，根据双边协议和现存国际法采取不同的措施。按照海岸线的形状和争端的复杂性，可以将东海海域分为三部分，由易到难地分三步走来解决划界冲突。如果有的海域一时难以划定界限，应采取导致统一的公平划界目标的临时性安排。根据北纬 27 度线和北纬 30 度40 分，可以将东海海域分为三部分。③ 虽然从经济上讲，中间海域比较重要，但划界的情况较为简单，双方可以先进行谈判以缔结双边协定。北部海域为中日韩三国相邻或相向的部分，涉及三个国家之间的大陆架划界问题，所以情况相对较为复杂。而在北纬 27 度的海域，不但存在钓鱼岛主权之争，而且台湾海峡两岸的不统一局面和复杂的国际关系，在程序和互信上妨碍了中日之间划界问题的解决。

像在整个东海一样，作为东海主要组成部分的中部海域，同样存在两种公平的解决方案。一是中方所提出的以冲绳海槽为双方大陆架的界线，该界线虽然在日本所坚持的中间线偏东海域，但结合海槽以东大陆架宽度和两国海岸线等特殊情况，仍然不失公正。二是按照中日双方所坚持的划界线中间取一条等距离假想线，然后利用比例性原则进行修正。不过在此海域，中日海岸线比例的差异更大。这种特殊情况存在两种选择性的法律效果：更加强调了第一种方法中自然延

---

① Jin—Hyun Paik, East Asia and the Law of the Sea, in James Crawford and Donald R. Rothwell edit, *The Law of the Asian Pacific Region*, Martinus Nijhoff Publishers, 1995.

② H. Schult Nordholt, Delimitation of the Continental Shelf in the East China Sea, *Netherlands International Law Review*, 1985.

③ 此纬线是根据 2000 年 6 月生效的《中日渔业协定》所确定，该协定是最终划界协定缔结前的临时性安排。该协定根据这两条纬线，建立了不同的渔业捕获和渔业管理的法律制度。同时这种划分海域的方法，也体现了海岸线的实际情况，从而更好地利用比例性原则进行划界的公平考量。

伸的合法性或者加强了第二种方法中比例性原则的决定性作用。两种方案，虽然技术路线和划界规则不同，但均可达成《联合国海洋法公约》所强调的海洋划界的公平解决。

位于中部海域以北和以南的两部分海域，虽然情况比较复杂，但都可以以中部海域的划界方法为基础，并结合各海域的海岸线等具体地理特征进行考虑。在北部中日韩相向或相邻的海域，韩国和日本都坚持以自然延伸原则来划定大陆架。1970 年 5 月韩国颁布的《海底矿物资源开发法的实施令》中的第七开发区向南延伸至北纬 28 度 36 分，该界限的基础就是冲绳海槽。[1] 该领域的自然延伸原则无可厚非，但是在冲绳海槽的西部，基于同样的原则，中国也应该拥有东海大陆架。

在北纬 27 度以南的东海海域，由于钓鱼岛的主权争端，海洋划界最为复杂。该海域的划界，台湾海峡两岸应互相合作，以解决实际中程序困难与划界要求不统一的问题。钓鱼岛位于台湾东北部，冲绳海槽西部。从历史的角度分析，钓鱼岛自古就是中国的行政区域和不可分割的领土，而且地质构造上的海槽断裂使它并不属于琉球群岛。日本无理的领土要求使整个东海领域的划界问题严重化和长期化。尽管在事实上，钓鱼岛存在主权争端，但就其在划界中的法律地位而言，无论从国际条约法还是国际司法来看，它不可能获得全部效力。也就是说，钓鱼岛至多享有 12 海里领海，在专属经济区和大陆架的划界上，它没有法律效力。[2] 按照由易到难的程序，中日应先搁置钓鱼岛的主权争端，对东海南部大陆架进行划界。其划界的公平解决，应在中部海域划界的法律原则与规则的基础上，对台湾岛进行考虑。这样避开敏感的钓鱼岛问题，东海海域的划界协议就有可能早日通过双边谈判达成。

上述三步走方案是根据各个海域的特殊情势和争端的复杂程度而提出理论性建议，在具体的外交谈判和划界过程中，又存在着微妙的法律技巧和方式选择问题。在谈判议程上，中方应首先从东海北部海域开始。利用国际法中的"禁止反言原则"（estoppel）与海洋划界中的当事国行为因素，[3] 中国不但可以在东海

---

① 如果根据自然延伸原则和首要的公平原则来划分中日韩之间的大陆架界限，韩国的大陆架当然不会延伸到北纬 30 度 40 分以南，即本节所论及的东海中部海域。这种狭长的延伸既严重违背了公平原则，也明显不符合比例性原则。

② 1982 年《联合国海洋法公约》第 3 条规定："不能维持人类居住或其本身的经济生活的岩礁，不应具有专属经济区或大陆架。"而因钓鱼岛具有中界、微小、无人居住和主权争执的特征，在海洋划界中，它不应享有全部效力。

③ 当然在此海域，中国并不是为了其他海域的局部利益，而承认日韩之间的非法合作开发协定，因为这样做明显违背海洋划界中公认的最基本原则，即公平原则。虽然该协定因中国的强烈反对而告终，但中国反对该协定，不是因为划界原则的分歧，而是因为日韩非法对我国主权权利予以瓜分。而两国没有执意坚持实施该协定，也并不是因为自然延伸原则的非法性。

整个海域划界中，主张其自然延伸原则的合法性，而且也可以在中韩海洋划界争端中处于更加有利的地位。如果有可能，中国应该从冷战思维与日本右翼势力的政治纠缠中解放出来，诉诸国际司法手段。虽然东海各个区域的划界方案有所不同，但从法理上讲，都是以中部主体海域里体现出来的法律原则和具体规则为基础，根据各部分海岸的特殊情况进行平衡考虑。东海划界的三步走程序，并不意味着中日应在不同时期缔结不同的划界协定，它是旨在使双方早日达成最终协议。而且通过这种方式，中方可以通过法律和谈判技巧，来更加主动地维护和争取自己的合法权益。同时，就三个部分的主权权利而言，它们并不是互相分割的，有时因情况的复杂性和独特性，双方可以在不同海域之间进行衡平考虑或利益交换，以便采取一揽子方案的形式达成最终协议。但有一点必须指出，钓鱼岛的主权问题不容在专属经济区或大陆架划界上作为谈判条件，因为前者是主权问题，后者是主权权利问题，两者在本质上存在区别。

第四章

中国和平发展中的人权、
反恐和外交法律问题

第一节　尊重人权作为国际法的基本原则与中国和平发展[*]

　　当今国际法发展的一个重大趋势，即其管辖范围的日益扩大和国家"保留范围"的相对缩小[①]，人权国际保护制度的建立正是这一趋势的反映。中国的国际法学者大多认为，由于人权原则内涵不清，且对人权的保护现阶段在很大程度上还属于国内问题，加上人权问题在政治上的敏感性，人权原则不应构成国际法基本原则[②]。如果说这一观点在冷战结束初期尚属合理，那么在人权保护日益国际化的今天就有必要对此作重新审视。应该承认，人权的国际保护工作较之于20世纪中期已经取得了长足的进步，尤其是在冷战结束后，随着东西方阵营对立的结束，意识形态分歧的逐渐消融，特别是世纪之交全球化运动的兴起，促进和保护人权工作正得到来自国际社会各方面的广泛理解、支持与合作[③]。一定意义上，我们可以认为，《联合国宪章》序言中言及的"基本人权，人格尊严与价

---

　　[*]　本节作为阶段性成果发表于《法学评论》2007年第2期，标题和内容略有改动。

　　[①]　梁西主编：《国际法》，武汉大学出版社2000年修订第2版，第31~33页。

　　[②]　中西方学者在此问题上的分野，参见李龙、万鄂湘：《人权理论与国际人权》，武汉大学出版社1992年版，第123~128页。

　　[③]　"冷战的结束预示着人权问题正式告别伪善，对人权观念更为信笃，民主与人权得到普遍接受"，See Louis Henkin, *International Law: Politics and Values*, Martinus Nijhoff Publishers, 1995, p. 182.

值，以及男女与大小各国平等权利之信念"已在国际社会中牢固确立。但问题是，《联合国宪章》第 1 条第 3 款提及的"尊重人权"在当代国际法中是否享有基本原则的地位？其基本内涵为何？与其他国际法基本原则的冲突如何协调？尊重人权的基本原则与中国和平发展，乃至构建和谐世界的交互性影响为何？本节拟就上述问题作一初步探究。

一、尊重人权是国际法的基本原则之一

国际法不成体系（fragmentation）问题成为当代国际法发展的重要趋势之一，引起了联合国国际法委员会及学界广泛而持久的讨论①，但不少欧洲国际法学者认为，国际法的宪法化趋势（constitutionalism）也正并行不悖地在国际社会运行②。这种宪法化不仅体现为国际社会日益增长的组织化趋势，而且更多地表现在国际法体系中出现了一定的规范等级。具体而言，强行法规则，对一切的义务（obligation erga omnes）规范，以及国际法的基本原则均优先于一般国际法规则的效力。但是，国际社会毕竟缺少一个中央级立法权威，因而就不可能像国内法那样，用一部宪法性的文件来清晰界定国际法的基本原则。另外，国际社会的不断演进也极有可能催生新的国际法基本原则。

《联合国宪章》也好，《国际法原则宣言》也罢，国际法行为规范并不能因为罗列在这些法律文件中就自然获得提升而成为基本原则。如果没有后来一系列具有重要意义的国际"造法"运动，像善意原则、合作原则等仍将只能是一种指南或政策。因此，考察国际法原则不能仅仅依赖《联合国宪章》、《国际法原则宣言》这类明示性法律文件，我们应该更多地从国际实践中探寻基本原则存在的证据，例如条约、联大决议、政府宣言、政府代表在联合国中的声明、外交实践等③。按照中国国际法学界较为一致的认识④，国际法基本原则的特征或曰衡量标准可以细分为：国际社会公认；具有普遍约束力；适用于国际法一切领

---

① 国际法委员会 2000 年第 52 届会议将"国际法不成体系引起的危险"议题列入其长期工作方案，并在 2002 年建立专题研究组，更名为"国际法不成体系问题：国际法多样化和扩展引起的困难"。有关该议题最新进展情况，参见国际法委员会第 58 届会议工作报告，http://untreaty.un.org/ilc/reports/2006/2006report.htm。

② Bruno Simma, "Fragmentation in a Positive Light", in Diversity or Cacophony?: New Sources of Norms in International Law Symposium, Michigan Journal of International Law, Vol. 25 No. 4, p. 845.

③ Antonio Cassese, International Law, Oxford University Press, 2001, pp. 87 – 88.

④ "所谓国际法的基本原则，不是国际法个别领域的具体原则，而是那些被各国所公认的，具有普遍意义的，适用于国际法的一切效力范围的，构成国际法基础的法律原则"。有关西方学者对国际法基本原则概念的具体分歧以及我国国际法学界较为一致的观点，详见王铁崖：《国际法引论》，北京大学出版社 1998 年版，第 212 ~ 214 页。

域；构成国际法体系的基础①。以下就从这四个方面对尊重人权原则的法律地位
加以考察：

1. 国际社会公认

国际社会是由国家、国际组织、正在争取独立的民族等国际法主体构成的，
因此，国际法原则是否获得公认，就应该从体现这些国际法律人格者意志的相关
国际实践中加以考虑。按照国际法上的"意志说"，条约、习惯、一般法律原
则、联大决议、判例、学说、外交声明等渊源，均是国家意志的体现。事实上，
现在世界上几乎没有哪一个国家未参加国际人权公约——即便其出于种种原因不
履行相关法律义务，也没有任何一个国际法主体在公开场合否认尊重人权的国际
法律义务，从此方面来看，尊重人权原则已获得国际社会的公认应该是没有疑
问的。

2. 具有普遍约束力

这是针对国际法基本原则的适用对象而言的，亦即国际法基本原则一经确
认，即对所有国际法主体都具有约束力②。也许单独的一项人权保护公约因为条
约的相对效力原则，尚不能证明尊重人权原则的普遍约束力。但这种一般性和专
门性公约，全球性和区域性公约交织成网状的现实，以及人权国际习惯法、强行
法规则的存在，加之人权在国内法中的一般法律原则地位，都足以证明尊重人权
原则在国际法中具有普遍的约束力。

田中法官（Judge Tanaka）在 1966 年的"西南非洲案"中发表法律意见时
特别指出，"与保护人权相关之法律可能被视为强行法"③。前南斯拉夫问题仲裁
委员会（The Arbitration Commission on Yugoslavia）在其第 1 号法律意见中也裁
定："一般国际法的强制规范，尤其是对个人基本权利、民族和少数者权利的尊
重，对所有继承的各方具有法律约束力"。而在第 2 号法律意见中，委员会以如
下语言重申了这一裁决："现有的国际法强制规律要求国家确保尊重少数者的权
利"④。由此可见，国际社会倾向于承认越来越多的具体人权享有国际习惯法和
强行法的效力，这些具体人权也就具有普遍约束力。

3. 适用于国际法一切领域

这是区别基本原则与各种具体规则的一个重要标准。国际法的具体规则仅适
用于特定的国际法领域或部门，而国际法基本原则是适用于国际法各个领域的原

---

① 梁西主编：《国际法》，武汉大学出版社 2000 年修订第 2 版，第 55 ~ 56 页。

② 梁西主编：《国际法》，武汉大学出版社 2000 年修订第 2 版，第 56 页。

③ Judge Tanaka, *South West Africa case*（second phase）ICJ Reports（1966），p. 298.

④ "Appendix：Opinions of the Arbitration Committee" in Alain Pellet，"The Opinions of the Badinter Arbi-
tration Committee：A Second Breath for the Self-Determination of Peoples"，*European Journal of International Law*，
Vol. 3 No. 1，1992，pp. 182 – 184.

179

则，对国际法的各个分支部门具有一般性的指导作用。当然，这里的"一切"并非指国际法的每一具体部门均毫无例外地适用，而毋宁是涵盖国际法的绝大多数领域。

尊重人权原则绝非单单适用于国际法人权法领域①，而是贯穿于整个国际法体系，并对国际法各部门的法律制度都产生了一定的影响。意大利国际法学者卡塞西（Antonio Cassese）即认为，尊重人权原则对国际法的影响至少体现在：国家或政府的承认，国际法主体，习惯法，条约的缔结、签署、批准、保留和终止，国际法的监督与实施机制，强行法，国际刑法，战争法，国际人道主义法等方面②。

4. 构成国际法体系的基础

作为国际法体系的基础，国际法的基本原则派生和引申出了国际法的具体规则和制度。尊重人权作为抽象性的法律原则，本身是缺乏法律上的可执行性的，其贯彻实施还得依赖具体的法律规则和制度。各种一般性和专门性的国际人权条约，互为补充、互为促进。例如《公民权利和政治权利公约》中规定的一些人权，像生命权、禁止酷刑等在后来制定的一些专门性公约，如《废除死刑第二任择议定书》、《禁止酷刑公约》中都得到进一步的详细界定，其法律规则和制度也进一步得到细化。而这一切又都受到尊重人权原则的统领。《废除死刑第二任择议定书》序言中就明确指出："相信废除死刑有助于提高人的尊严和逐步发展人权……注意到《公民权利和政治权利国际公约》第 6 条已经提到废除死刑……兹议定以下各条"。《禁止酷刑公约》序言也就此作了类似阐述。

从上文分析可见，尊重人权符合国际法基本原则的各项衡量标准，所以该原则构成现代国际法的基本原则之一应该是没有疑问的。《联合国宪章》没有将其列入基本原则条款，而只是在序言和其他有限的条款中提及，但我们不能就此否认尊重人权实际上在国际法体系中的法律原则地位。在一定意义上，尊重人权现已成为国际法的基本价值之一③，并使国际法日渐呈现出人本化的发展趋势④。

---

① 这里的国际人权法是与其他国际法传统部门相对而言的，并不包括其他部门中与人权有关的法律制度，而这正是此处要加以论证的。

② Antonio Cassese, *International Law*, Oxford University Press, 2001, p. 372.

③ 路易斯·亨金教授认为，国际社会历来信奉国家价值，即国家平等、独立和不可干涉及国际利益至上，但随着国际人权运动的发展以及人权国际化和普遍化的发展趋势，人权价值作为新的价值观注入国际政治体系，对国际体系的传统和前提也产生了重要影响。See Louis Henkin, *International Law: Politics and Values*, Martinus Nijhoff Publishers, 1995, pp. 168 – 183.

④ 关于国际法的人本化发展趋势，参见曾令良：《论国际法的人本化趋势》，载《中国社会科学》2007 年第 1 期。

二、尊重人权原则的基本内涵

国际社会之所以对尊重人权原则的法律地位存有争议，很大程度上是由于对该原则的具体内涵认识不清。所以，此处有必要进一步就该原则的基本内涵作一番阐释。

卡塞西认为，尊重人权原则并非要求国家必须履行每一国际人权法规中的具体人权保护义务。事实上，它只是要求国家不得严重和重复性地侵害基本人权，且不得践踏在公民和政治，以及经济、社会和文化方面的一系列基本权利①。简言之，尊重人权原则的内涵在卡塞西看来，是国家在保护基本人权方面履行一定的消极义务——"不侵害或不践踏"。至于基本人权，他列举了"不受酷刑的权利"、"公平审判权"和"不受任意逮捕的自由"作为说明。

卡塞西对尊重人权原则的认识有一定的局限性。虽然他认识到，政治、经济、文化和意识形态等方面的分歧注定了尊重人权原则只能是一种国际社会成员之间最低限度的一致——即对基本人权的尊重——而不是奢求其接受国际人权法律文件中的每一项具体权利，但他同时忽视了"人权"这一概念的普遍性。至于尊重人权原则仅限于国家的一种不作为义务，不仅在理论上以偏赅全，而且有违国际社会人权保护机制运行的现实。

"人权"一词，从字面上似乎可以理解为：人作为人所应或能够享有的权利，但是实践中并非所有的人都享有他们全部的人权。尊重人权原则更多的是"应然法"角度的要求。其次，人权作为一项特殊权利，其最基本的含义在于它们是至高无上的道德权利②，它们是无论何时何地都由全体人类享有的道德权利，即普遍的道德权利③。所以，尊重人权原则除法律约束力外，也带有高度的道德层面的普遍约束力。此外，"人权是普遍的、不可分的、相互依赖和相互联系的"④，在尊重基本人权的同时，不可忽视其他人权的存在⑤。

至于"尊重"一词，狭义上当然是一种"消极义务"，即要求国家不得妨碍个人行使权利或不为侵犯特定权利的行为。这种类型的国家义务在 1966 年人权两公约中均有体现。但无论是审视国际法律文件中的有关条款，还是考察人权国

---

① Antonio Cassese, *International Law*, Oxford University Press, 2001, p. 104.

② Jack Donnelly, *International Human Rights*, Westview Press, 1993, p. 20.

③ ［英］A. 米尔恩：《人的权利与人的多样性——人权哲学》，中国大百科全书出版社 1995 年版，第 7 页。

④ Rebecca M. M. Wallace, *International Law: A Student Introduction*, Sweet&Maxwell, 1997, pp. 205 – 206.

⑤ "如今在国内和国际层面上得到承认的是所有人权的不可分割性和相互依赖性"，参见［奥］曼弗雷德·诺瓦克，毕小青、孙世彦等译：《民权公约评注》，三联书店 2003 年版，第 2 页。

际保护机制运作的现实，尊重人权原则绝非限于国家狭义上的不作为，而是应当做出更加广义的理解。笔者以为，除狭义上的"尊重"外，尊重人权的原则更多地还应体现为一种保护和促进人权的积极义务。例如，载有人权条款的《联合国宪章》的序言、宗旨，第 55 条和第 56 条均提及"增进和激励"的义务；1993 年维也纳世界人权大会也重申："各国庄严承诺依照《联合国宪章》，有关人权的其他国际文书和国际法履行其促进普遍尊重、遵守及保护所有人权及基本自由的义务"。

国际社会一般将人权公约中规定的"不得克减的权利"视为"基本人权"。典型的例如《公民权利和政治权利国际公约》中第 6 条规定的生命权，第 7 条的禁止酷刑，第 8 条的禁止奴役等。就这些义务而言，国家遵守尊重人权的原则就体现为一种不作为的义务，而对于其他权利，国家一般承担保护和促进的积极义务。

需要强调的是，尊重人权与尊重基本人权是两个不同的概念。如果说"基本人权"属于国际社会对人权认识的"交集"，进而构成国际强行法的话[1]，那么，就现阶段而言，国际社会尚未普遍承认其他人权权能的强行法效力。因此，尊重人权在宏观上作为国际法基本原则是其现今在国际法中的真实地位，而其中仅有对基本人权的尊重和保护构成强行法。

综上，尊重人权作为国际法的基本原则之一，其内涵可以界定为：国际法主体在国际社会和国际关系的实践中，应立足于人权的普遍性观念，积极履行尊重、促进和保护人权的国际法律义务。而尊重基本人权则是该原则的核心要求。其中的"普遍性"是就人权的国际层面而言的，至于人权除基本人权外还包含哪些具体权利的争论，源于国内层面的特殊性，与一般性尊重人权的基本原则并无悖逆之处。

三、尊重人权原则与其他国际法基本原则的冲突和协调

在国际法基本原则中，直接与尊重人权原则发生正面碰撞的就是被长期奉为圭臬的国家主权原则和不干涉内政原则。尊重人权的原则要求国际社会成员在国际交往中，实施尊重、保护和促进人权的义务。而作为国际法基本主体的主权国家在此原则之下，自然就负担了此等义务。人权在国内层面上被视为一国内

---

[1] 在基本人权保护方面，如禁止种族歧视、种族隔离、酷刑、奴隶制度、灭种以及民族自决权，国际社会已经公认其为强行法的基本内容，但凡国际条约中含有与其抵触之条款，当属无效。See Antonio Cassese, *International Law*, Oxford University Press, 2001, pp. 110 – 111.

政，具有特殊性，与本国的政治、经济、文化利益攸关。即便是尊重人权已成为国际法基本原则、基本价值理念和发展趋势的今天，试图将人权保护完全置于国际层面绝对是乌托邦式的幻想。许多国家仍然求助于旧的国际法观念，把它们的行为深藏在国家主权的外衣下①。如此，国家主权原则、不干涉内政原则与尊重人权之间的矛盾似乎无法调和。但是，我们考证尊重人权的基本原则地位，并非宣扬"人权高于主权"，也不是"摒弃主权的神话"，否则便是走向了另一个极端。国际法基本原则之间的关系既非简单的"零和博弈"，也不是单纯的"囚徒困境"。

一方面，我们必须承认，国家主权原则、不干涉内政原则对尊重人权原则的确存在着一定的制约作用，毕竟人权的特殊性在国内层面上不可忽视。这种特殊性是由一个国家或民族的历史、文化、地理环境、发展水平和社会制度所决定的，它同一个丰富多彩的国际社会相吻合②。事实上，国家主权是实现人权国际保护的前提和基础，没有主权国家的努力，就不可能实现人权。人权虽然越来越具有国际性，但其本质上属于主权国家的国内管辖范围，这是不争的现实。

另一方面，应当辩证地看待尊重人权原则与其他原则的关系。尊重人权与国家主权原则、不干涉内政原则并不是截然对立的，而是相互统一、相互促进。促进人权的国际保护是主权国家的共同使命和奋斗目标，人权的国际保护是在主权国家之间发展起来的，是主权国家意志的体现，反过来又对传统的国家主权理论提出新的挑战，并促使人们重新审视国家主权的内涵③。

在国际社会的结构组成不发生实质性或宪法性变革的情况下，尊重人权原则能否获得有效的贯彻实施，很大程度上取决于与国家主权等基本原则的协调。值得一提的是，国际法基本原则之间紧密相连，它们互为补充，互为支撑，互为实施条件。所以，正确处理尊重人权与国家主权原则、不干涉内政原则之间关系的方式应该是尽量谋求这些原则之间的和谐统一。

具体而言，当一国出现大规模严重违反人权，尤其是基本人权的情势时，因为这种行为触犯了国际强行法，国际社会完全可以进行适当的干预，而不致引起国际法上的争论。通常情况下，这种干涉可以由代表国际社会的联合国合法进

---

① A. H. Robertson, *Human Rights in the World* (4th), Manchester University Press, 1996, p. 1.

② 信春鹰：《多元的世界会有统一的人权观念吗?》，载《人权的普遍性和特殊性》，社会科学文献出版社 1996 年版，第 30 页。

③ 杨泽伟：《主权论——国际法上的主权问题及其发展趋势研究》，北京大学出版社 2006 年版，第 161 页。

行①，即安理会如认为一国的人权问题严重到威胁或破坏国际和平与安全的程度，它可以根据《联合国宪章》第7章采取执行行动，这种行动属于安理会职权范围，不构成对一国内政的干涉。而一国偶然违反不属于基本人权范畴的其他权利时，理性的措施是在这些原则之间保持适度的平衡，因为国际法原则之间如不同时构成强行法，其法律约束力就应该是平行的，谈不上何者绝对优先。此情境下，通过外交途径协调各原则之间的矛盾更为适宜。

四、尊重人权原则与中国和平发展的交互影响

"和平发展"战略自提出以来，一直是国际和国内，学界和政界讨论的热门话题。而胡锦涛主席在联合国成立60周年首脑会议上的讲话②，更是将这一战略与"建立一个和平稳定、共同繁荣的和谐世界"的崇高目标联系起来。胡锦涛主席在讲话中特别指出："应该积极促进和保障人权，努力普及全民教育，实现男女平等，加强公共卫生能力建设，使人人享有平等追求全面发展的机会和权利。"彰显了中国政府在人权保护问题上的重视和决心。随之而来的问题是，如何理解尊重人权这一国际法基本原则与中国和平发展的交互影响？

1. 尊重人权原则为中国和平发展提供了法律依据

发展权作为第三代人权③，首先于1977年被人权委员会确认，后由1986年的《发展权宣言》确立，并得到了1993年《世界人权大会维也纳宣言》的再次确认。许多学者也将发展权看做对《世界人权宣言》第28条的详尽说明。《发展权宣言》第1条规定："发展权是一项不可剥夺的人权，由于这种权利，每个人和所有各国人们均有权参与、促进并享受经济、社会、文化和政治的发展，在这种发展中，所有人权和基本自由都能获得充分实现"。虽然关于发展权的主体存在争议，但无论是国家、团体，还是个人，其享有发展权的最终目标都是一致的：增进整个人类的福祉。

国家的发展权包括多方面的内容，但其中最重要也是最具综合性的一点是：

---

① 有学者认为，要在一定程度上牺牲不干涉内政原则所具有的重大价值，要求干涉主体应具有代表国际共同体全体利益的高度正统性。参见［日］大沼保昭，王志安译：《人权、国家与文明》，三联书店2003年版，第125页。

② 胡锦涛：《努力建设持久和平、共同繁荣的和谐世界——在联合国成立60周年首脑会议上的讲话》，2005年9月15日，美国纽约。

③ 著名的人权法学者瓦萨克（Karel Vasak）曾将人权划分为三个代际，第一代人权为公民权利和政治权利；第二代为经济、社会和文化权利；第三代为集体性权利，如发展权、民族自决和环境权等。将人权分为不同代际的做法虽然受到个别学者的质疑，但其基本上描绘出人权演进的阶段性发展历史，为人们理解不同性质的人权提供了一定的指导，因而成为人权领域广为流行的观点。

每个国家都有权在不受任何外来干涉或压迫的情况下自由选择其社会和经济制度并决定自己的发展模式①。因此，中国自主选择和平发展的战略完全符合发展权的要求。另外，发展权的首要目标就是根除贫困和满足所有人的基本需要，就此角度而言，中国在和平发展的过程中，除谋求国家的整体发展外，更为基本的是实现和提升公民在经济、社会、文化和政治等领域的人权。因此，尊重人权原则在国际法上为中国和平发展奠定了合法性，其他国家采取质疑、猜忌、警觉或敌对的态度是缺乏法律根据的。

2. 尊重人权原则对中国和平发展提出了法律规制

尊重人权作为指导国际关系的一项基本原则，不仅要求一国始终持有尊重人权的道德理念，而且要求国家应当在国际和国内层面承担人权保护的法律义务。所以，一方面，国家和团体、个人一样享有发展权之类的具体人权；另一方面，作为国际法的基本主体，以及国际人权法律文件最终有效的履行者和实施者，国家理所当然地应该受到尊重人权原则的法律约束。

尊重人权一词，除狭义上理解为一种消极或不作为义务外，更多的应当是一种积极作为的义务。国家在不得妨碍个人行使权利或不为侵犯特定权利的行为的同时，如果不去积极履行人权保护和促进的义务，人权的实现是不完全的。所以中国在寻求和平发展的进程中，应当遵守尊重人权的基本原则，在不侵犯基本原则的前提下，采取积极行动，全面实现和提高公民个人、组织、团体等在经济、社会、文化和政治各领域的人权②。

3. 中国和平发展与尊重人权原则在本质上是统一的

发展、安全和人权之间密切联系③，共同构成构建和谐世界的三大支柱。因为没有和平与安全，任何社会都无法发展；任何国家，其人民若处于贫穷无望的境地，这个国家就不可能享有安全；而且，任何国家，其公民基本权利若没有得到保护，这个国家则不可能长久安全或繁荣④。保护人权对发展中世界和平与繁荣的重要性，不亚于对发达世界安全与繁荣的重要性。在处理人权问题时，将人权与安全和发展等目标对立起来是错误的⑤。所以，这三者之间牵一发而动全

---

① 国际人权法教程项目组编写：《国际人权法教程》（第一卷），中国政法大学出版社2002年版，第465页。

② 中国目前已经缔结和加入了21项国际人权公约，其中包括《经济、社会和文化权利国际公约》（1997年10月27日签署，2001年3月27日批准），并正在积极研究批准《公民权利和政治权利国际公约》（1998年10月5日签署）。

③ 安南秘书长在联合国改革报告，人权理事会成立前后的各种会议文件和讲话中，都反复强调发展、安全和人权之间具有密不可分的关系，他认为："发展、安全和人权不仅都有必要，而且互为推动，"参见秘书长报告：《大自由：人人共享的发展、安全与人权》，第12~17段。

④ 参见安南：《秘书长在人权理事会的讲话》，http://www.un.org/chinese/hr/issue/hrc.htm。

⑤ 参见秘书长报告：《大自由：发展、安全和人权》，第140段。

身，是"一荣俱荣、一损俱损"的关系。建立和谐世界，就要求国际社会在这三个方面进行不懈的努力，尊重人权原则同样服务于建设和谐世界的目标。

中国和平发展必须建立在两个社会基础之上：一个是和谐的国内社会，另一个是和谐的国际社会，亦即和谐世界①。而中国和平发展正是建设和谐世界这一伟大工程的一部分。胡锦涛主席在联合国第 60 届世界首脑会议上发言时表示："中国将坚定不移地高举和平、发展、合作的旗帜，坚定不移地走和平发展道路……中国将始终不渝地把自身的发展与人类共同进步联系在一起"，并在最后呼吁："让我们携手合作，共同为建设一个持久和平、共同繁荣的和谐世界而努力"！可见，尊重人权原则与和平发展之间并无本质上的不同，都是和谐世界和全人类福祉这一终极追求的具体实现途径。建设一个以持久和平、共同繁荣为特征的和谐世界不应当仅仅是中国的目标，而应该是国际社会各成员努力实现的共同追求。

4. 中国和平发展有利于尊重人权原则的实现

就国内层面而言，一方面我们应该看到，随着中国经济的持续增长，法治水平的不断提高，中国的人权事业每年都取得新的进展。突出表现在：人民的生存权和发展权获得了较大的改善；民主建设和政治文明建设不断推进；特殊群体的合法利益保护力度增强。另一方面，中国和平发展将进一步提升经济水平、促进政治文明和法治建设，从而将中国的人权事业推进到一个新的发展阶段②。

就国际层面而言，中国在和平发展的进程中至少可以从三个方面促进国际人权保护：其一，在国际人权立法的过程中，中国可以充分利用其在国际组织中的大国地位，尤其是在联合国系统内的重要地位，更多地反映发展中国家的人权立场，以促使人权标准更加客观、公正；其次，在国际人权条约的实施中，中国通过缔结或加入更多的获得国际社会公认的国际公约，发挥一种示范效应，使西方国家改变对中国保护人权决心的质疑，而且中国可以采取积极行动，主动承担国际人权义务，如提供发展援助或者是抢险救灾；再次，在国际监督机制中，中国可以更加积极地参与国际社会的监督程序，通过定期报告或特别报告，乃至接受准司法性监督机制的审查，反映中国的人权状况，增进东西方各国之间的互信与谅解，消弭监督机制中的政治对立和分歧，努力营造一种多元文化的合作气氛，与国际社会其他成员一道推动国际人权事业③。

---

① 曾令良：《论中国和平发展与国际法的交互影响和作用》，载《中国法学》2006 年第 4 期，第 110 页。
② 关于中国在人权事业方面的进步，详见曾令良：《论中国和平发展与国际法的交互影响和作用》，载《中国法学》2006 年第 4 期，第 118～119 页。
③ 例如，在新近建立的联合国人权理事会中，中国当选为首届成员。考虑到理事会是在对原人权委员会工作反思和借鉴的基础上成立的，且理事会作为联合国大会的附属机关，地位有所提高，在坚持不干涉内政的前提下，中国应该大有可为。

通过以上分析可以认为，中国和平发展与尊重人权原则之间是一种互为前提、互为保障、互相促进的关系，因为人权与中国传统本无根本冲突。

五、结论

分析至此，可以就尊重人权作为国际法的基本原则及其对中国和平发展的影响得出如下重要认识：

第一，国际法基本原则似乎不限于《联合国宪章》规定的七项原则。国际社会的演进，国际法传统结构特征的变迁，有可能催生新的国际法基本原则。判断一项国际法基本原则的存在不应局限于国际法律文件中的明文规定，更为科学的态度应该是从国际关系的现实和国际社会的实践中予以历史、动态和发展的考察。尊重人权已日趋具备国际法基本原则的各项特征，并正在迅速获得绝大多数国家的公认，这不仅符合人权在现阶段国际法中的价值地位，而且体现了未来国际法的"人本化"发展趋势。

第二，虽然尊重人权正在成为国际法基本原则之一，但这并不意味着国际社会对人权普遍性和特殊性问题争论的终结。尊重人权原则中的"人权"，是就人权的普遍性而言的，更多地表达一种"应然法"和一种道德意义上的崇高追求，且属于抽象意义上的人权理念，并非是指每一项具体的人权权利需要和得到了切实遵守。而考察国际人权法的现实，"尊重"也绝非限于国家消极的不作为义务，在人权事业方面，国家应在不侵犯个人权利的基本前提下履行促进和保护的积极义务。

第三，尊重人权原则的"内核"，即尊重基本人权现已成为国际强行法，当其他国际法基本原则，如不干涉内政原则和国家主权原则与之发生冲突时，尊重基本人权原则具有优先效力；而在其他情势下，这几项原则之间是一种平行关系，最佳的协调途径应当诉诸外交方式，避免出现主权国家对人权保护的对抗态度，谋求对话与合作方为上策。

第四，中国和平发展与尊重人权原则之间存在着交互影响：发展权本身就是新一代际的人权，中国谋求国家和个人的发展，需要以该原则作为法律依据，且应受到在人权保护义务方面的法律约束；反过来，中国和平发展服务于尊重人权原则，两者之间共同的本质在于构建和谐世界的终极目标，而中国在国际、国内层面上发展人权事业的努力也必然有利于尊重人权原则的实现。

第二节 反恐、保护人权与世界和平[*]

恐怖主义是人类社会的一种"公害"。可以说,一切形式和表现的恐怖主义行为、方法和做法,在任何情况下都不可能是有任何正当理由的。但是,由于恐怖主义具有深刻的社会、历史、政治、经济及民族与宗教的背景与根源,因此,我们有必要对以往采取的打击恐怖主义的措施进行总结和反思,并在此基础上,寻找消除恐怖主义的新思路和更有效途径。本节主要是从国际法,尤其是国际人权法的角度,谈谈"反恐与保护人权与基本自由"的关系问题。有关这一问题,笔者主要想表达以下三个基本观点:(1)恐怖主义严重侵犯人权,反恐与保护人权是相辅相成的关系;(2)反恐措施不当也会侵害人权,并对国际反恐斗争产生严重负面影响;(3)在打击恐怖主义的同时应保护人权和基本自由,要注意两者的兼容性,而不应顾此失彼。在国际层面上,国际联合反恐必须纳入国际法和国际反恐公约的框架内,应以促进和平与发展、保障基本人权为最终目的。世界各国应该加强在反恐方面的合作,并突出联合国的主导作用,确立正确的反恐战略,最终实现反恐与人权保护的协调发展,促进世界和平与安全。

一、 恐怖主义严重侵犯人权, 反恐与保护人权是相辅相成的关系

反恐与人权是两个不同范畴的概念,但又是两个密切关联的问题。保护人权与反恐,是相辅相成的,是全人类与各国政府肩负的共同任务。

1993年6月25日世界人权大会通过的《维也纳宣言和行动纲领》,是一项重要的国际人权文件。该文件首次对"恐怖主义与人权"问题作出了直接、明确的阐述,指出"一切形式和表现的恐怖主义行为、手段和做法","是旨在摧毁人权、基本自由和民主的活动"。[①] 在维也纳世界人权大会之后,联合国人权委员会自1994年起每年均通过一项题为《人权与恐怖主义》的决议,这一系列决议一般都把恐怖主义概括性地表述为以下5宗罪行,即旨在摧毁人权、基本自由和民主;威胁领土完整和国家安全;动摇合法政府的稳定;破坏多元化的民间

---

[*] 本节作为子项目成果发表于《外交评论》2005年第5期。
[①] 《维也纳宣言和行动纲领》第一部分第十七段,参见联合国文件:A/CONF. 157/23。

社会和对各国的经济和社会发展造成不良影响。这些文件或决议通常都是把"摧毁人权、基本自由和民主"放在最前面，可以说是被列在这"5 罪"之首。决议还谴责恐怖主义对人们"免于恐惧地生活的权利、生命权、自由和安全的侵犯"；表示"深信一切形式和表现的恐怖主义，不论在何处发生，不论由何人所为，在任何情况下均属非法，即便作为促进和保护人权的一种手段也不能例外"。[①]

为什么说一切形式的恐怖主义都是旨在摧毁人权或严重损害人权的行为呢？这是由于恐怖主义行为的性质所决定的。有关恐怖主义的定义问题，国际上目前还没有一个统一的认识，也就是说还没有一个各国普遍同意的恐怖主义的定义。但仔细考察各国及国际社会各种恐怖主义的定义（据有关资料统计，目前世界上各种关于恐怖主义的定义有 100 多个）可以发现，绝大多数有关恐怖主义的定义都强调了恐怖主义行为严重侵犯和损害人权的性质和特征。例如，1999 年，伊斯兰会议组织制定了《反国际恐怖主义公约》，规定"恐怖主义是指采取暴力或暴力威胁行动，不论其出于何种动机或意图，执行个人或集体犯罪计划，旨在恐吓他人，或威胁伤害他人，或危及他人生命、名誉、自由、安全或权利，或危害环境、任何设施或公私财产，或加以控制或劫持，或危及国家资源或国际设施，或威胁独立国家的安定局面、领土完整、政治统一或主权。"2000 年 4 月，阿拉伯国家联盟制定的《阿拉伯反恐公约》对恐怖主义作出如下定义："为了个人的或集体的犯罪计划而采取的暴力或暴力威胁活动，不论其出于何种动机或目的，它旨在民众中制造恐慌，通过伤害民众，或威胁其生命、自由或安全，使其遭受惊扰，或试图破坏环境、公私设施或财产，或试图加以占有或劫持，或试图破坏国家资源。"

较长时间以来，联合国也一直在致力于界定恐怖主义的定义。2005 年 3 月 21 日，联合国秘书长在吸收联合国改革问题高级别小组报告内容的基础上，向第 59 届联合国大会提交了题为《大自由：实现人人共享的发展、安全和人权的报告》。该报告主张将恐怖主义表述为"现有有关恐怖主义各方面的公约、日内瓦四公约和安全理事会第 1566 号（2004）决议已经列明的各种行动，以及任何有意造成平民或非战斗员死亡或严重身体伤害的行动，如果此种行动的目的就其性质和背景而言，在于恐吓或强迫一国政府或一个国际组织实施或不实施任何行为的，均构成恐怖主义行动。"

综上可见，目前各种关于恐怖主义的定义虽然在主体、目标、方法或手段、动机与目的等各方面都还存在着分歧，但几乎所有定义都突出了恐怖主义使用暴

[①] 参见联合国文件：E/CN. 4/2 000/167。

力和其他毁灭性手段，严重侵犯人权的基本要素。过去有一种观点认为，只有国家才能够侵犯人权或作为侵犯人权的主体，但这与《世界人权宣言》以及近年来一系列有关国际人权文书的规定是不相符合的。如《世界人权宣言》第30条规定，"本宣言所载，不得解释为任何国家、团体或个人有权以任何活动或任何行为破坏本宣言内之任何权利与自由。"这就意味着任何团体或个人，包括恐怖主义组织及其成员，作为侵犯人权主体的可能性。

毫无疑问，恐怖主义分子也侵犯人权，尤其是最基本的和最重要的人权：生命权。据不完全统计，1968年至1980年，全世界共发生恐怖事件6 714起，共有3 668人丧生。20世纪90年代后期，随着世纪交替的来临，恐怖主义活动达到了高潮。2001年9月11日，"基地"恐怖组织对美国纽约和华盛顿等地发起的恐怖袭击事件，造成3 000多名无辜平民伤亡和严重财产损失。事实上，恐怖主义存在本身，就是对《世界人权宣言》序言中所包括的"免于恐惧地生活的权利"的一种侵犯。特别是现在恐怖主义越来越猖狂，使得人们一听说恐怖主义就感到不安，譬如一个国家的地铁因遭受恐怖袭击，使得市民有一段时间甚至害怕坐地铁；或者由于恐怖主义分子对一些旅游胜地的攻击，而使得许多旅游爱好者都不再敢出门旅游；此外，还有一个大家都颇为担心的生物身份识别的问题，人们现在已经明显感觉到需要排队进行安检甚至提取指纹以便进行身份识别的场合越来越多。这些都是恐怖主义分子在一种更广泛意义上对于人权的侵犯。

由于恐怖主义严重侵犯人权，所以我们说反恐实际上也具有保护人权的作用和意义。而另一方面，促进和保护人权也有助于反恐目标的实现。在引发恐怖主义的根源之中，有不少因素是与特定人群的人权状况息息相关的。如果全世界的人权状况都能得到根本的改善，就能够釜底抽薪，消除此类恐怖主义。有关这一点，中国学术界和有关实际部门的认识基本上是一致的。中国人权专家陈士球大使2002年8月13日在联合国第54届促进和保护人权小组委员会会议上发言指出，反对恐怖主义与人权保护相辅相成、互不排斥，消除和制止恐怖主义应以维护和促进人权与基本自由为出发点和归宿。

二、反恐措施不当也会侵害人权，并对国际反恐斗争产生严重负面影响

可以说，"9·11"事件后，国际恐怖活动与国际反恐斗争进入了一个新的时期。一方面，国际社会对于恐怖主义的危害有了更深的了解，对于人类面临的安全威胁有了更新的认识，国际反恐斗争全面展开，世界各国高度重视并采取各种措施打击恐怖主义。但与此同时，在国际反恐斗争中也出现了一些不良倾向。

在如何消除恐怖主义这一国际社会毒瘤的策略和方法上，有些国家一味强调要重锤出击，要下"猛药"，甚至用"偏方"（中文中"偏方"是褒义，通常指祖传的有效秘方，但在这里实际上是指违反国际法的非法措施，更准确地应称"歪方"）。另外，有的国家在反恐斗争中特别强调军事打击的作用，提出对于恐怖主义也要采取"先发制人"或"预防性自卫"的战略。有的国家甚至还试图利用反恐来作为实现自己某些其他政治目的的借口，这样往往会产生一些严重负面后果。具体在人权保护方面，国际人权专家，包括联合国系统的人权机构都一致认为目前各国采取的许多反恐措施均侵犯了人权和基本自由。

值得注意的是，自"9·11"事件后发起的"全球反恐战争"，迄今已有数年时间，恐怖主义并没有从根本上得到遏制，反而却有愈演愈烈之势。这种现象不能不引起人们的深思。正如联合国秘书长安南 2004 年初在世界经济论坛上发表的讲话中所指出，全球安全的危险"不仅源于恐怖主义，而且源于反恐战争的方式"。恐怖主义出现打而不绝的形势，在某种程度上确实与有些国家"反恐战争"中所采取的策略和方式密切相关。

1. 反恐行动扩大化与"先发制人"的战略

"9·11"事件后，美国总统布什在全国上下一片报复声中，立即宣布这次恐怖主义袭击是对美国的侵略，是战争行为，并于 9 月 20 日在国会参众两院联席会议上宣布对阿富汗的反恐战争开始。同时美国对其国家安全战略进行了调整，把反恐作为国家安全战略的核心，以反恐为依托，调整大国关系，把是否与美开展反恐合作作为处理与其他国家关系的重要依据。接着，美国又以"先发制人加预防性干预"的战略，代替了二战以来一直实行的"威慑加遏制"战略，发动了对伊拉克的战争，并以绝对的军事优势实行武力占领。但在战争合法性问题上，美国与大多数国家出现了分歧，美国"先发制人"的战略也被国际社会认为是对现行国际法基本准则的严重践踏，世界各地大规模的反战运动不断爆发。

在"9·11"之后不到两年的时间里，美国就发动了两场战争（阿富汗战争和伊拉克战争）。一般认为，从"9·11"到阿富汗战争结束，美国采取的措施得到了国内外舆论的认可。但此后，美英两国不顾国际社会的强烈反对，执意绕开联合国发动对伊战争，将反恐战争扩大化。这在相当程度上刺激了国际恐怖主义活动的频繁发生。2003 年美国宣布伊拉克主要战事结束后，国际恐怖势力再度活跃，出现了一种"越反越恐"、"越恐越反"的恶性循环，美英两国在伊拉克也陷入了难以自拔的窘境。

2. 反恐不当造成新的人权危机

在反恐战争中，找准目标是至关重要的，也就是说，在反恐战争中应尽量避免伤及无辜百姓，这涉及遵守国际人道主义法和保护人权的问题。但事实上，在美国打着反恐旗号进行的阿富汗战争中，曾发生了多次本来可以避免的对平民的伤害。联合国人权委员会关于阿富汗问题的特别报告员在 2001 年 11 月 9 日给安南准备的一份报告中，就列举了许多美军滥伤无辜的事例。如美国飞机违反《日内瓦公约》，轰炸了医院、学校以及存放国际红十字会援助的食品仓库和参加庆祝阿富汗临时政府成立大会的车队，炸死多名长老和著名人士等。

阿富汗战争之后的伊拉克战争更被一些国际人权组织认为是一场人道主义灾难。据有关资料估计，截至 2004 年 1 月，由于美军的入侵以及其后的狂轰滥炸和镇压暴动行动，伊拉克的平民死亡数目在 8014 人至 9854 人之间。[1] 战争不仅导致了大量平民的伤亡和大批难民的流离失所，而且破坏了大量的基础设施，如电力和通信工程。联合国人权高级专员办公室 2004 年 6 月 4 日发表了一份"伊拉克人权状况报告"，也以大量的事实证实了美英联军在伊拉克犯下的严重侵犯人权的行为。

3. 反恐措施不当影响反恐斗争的效果

总的来看，"9·11"事件后国际反恐斗争尽管取得了不小的成效，而且各国在反恐问题上也达成了诸多共识，但是国际反恐斗争形势依然严峻。这固然是因为国际恐怖主义猖獗有着深层复杂的根源问题，但也有反恐斗争战略与方法的问题。这里特别应该指出的是，美英两国绕开联合国发动对伊拉克的军事打击，而且在反恐行动中不注意保护基本人权和自由，这使得美国及其盟国与伊斯兰世界的关系进一步紧张，从而也导致国际恐怖势力出现严重反弹。例如，根据路透社 2005 年 7 月 20 日的一份报道，伦敦市长肯·利文斯通就承认说，是西方的外交政策燃烧起了伊斯兰极端主义之火。也有约 70% 的民意调查认为，英国遭受恐怖袭击与其追随美国发动伊拉克战争有直接关系（尽管政府并不愿意承认这一点）。另外美国及其盟国的对伊战争和占领也使得国际反恐联盟出现了明显分裂。这不但不利于国际反恐合作的深入展开，亦难以有效遏制恐怖主义活动。

三、在打击恐怖主义的同时保护人权和基本自由：协调反恐和保护人权的具体建议

在当今恐怖主义日益猖獗的形势下，整个国际社会也都在研究和寻求国际反

---

[1]　See Anthony Burke "Just war or ethical peace? Moral discourses of strategic violence after 9/11", *International Affairs*, Vol. 80, No. 2, March 2004. 另据英国《独立报》2004 年 1 月发表的题为《乔治·布什和真正的国情咨文》的文章披露，美国发动伊拉克战争以来，有 1.6 万名伊拉克人被打死，其中 1 万人为平民。参见《人权》杂志 2004 年第 2 期，第 13 页。

恐合作的有效途径。如何切实有效地开展反恐斗争，以确保基本人权和安宁生活，这是世界各国越来越关注的重大问题。要较好地解决这个问题，应该从以下几个方面进行努力：

1. 正确处理本国在打击恐怖主义的同时保护基本人权和自由的关系

一国的反恐斗争是整个国际反恐斗争的组成部分和基础。对于国际恐怖主义势力，各国基本上都是采取毫不妥协、除恶务尽的立场和态度。但在具体的策略和方法上，各国的做法往往不尽相同。在以往的反恐斗争中，有些国家或学者往往忌讳或忽视恐怖主义的根源（root causes）问题。除了一些别的政治上的考虑，他们基本的思维逻辑是，如果提出可以通过消除恐怖主义根源的方法来预防恐怖主义的主张，这种主张就往往可能被恐怖主义组织所利用，甚至还可能被曲解，从而使人们产生一种错觉，认为社会的某些积极发展，包括在人权领域的进步，都可能是通过恐怖主义而取得的。这样，岂不是使得人们认为恐怖主义还成了有功之臣吗？这有可能使恐怖主义合法化。但我们认为这种观点是片面的。应该认为，任何恐怖主义，不论其动机如何，都是不可容忍的，没有任何正当理由的，但反恐与消除恐怖主义的根源是两个不同层次的问题，而不是互相对立或冲突的问题。

一般来说，恐怖主义的存在，无论在国内或国际层面，都是有一定的政治、经济或社会根源的。我们不能因为担心"根源"问题会被恐怖主义分子利用就回避这些问题，而是应该勇敢地正确面对这些问题，采取一种更全面的、标本兼治的方法，否则，就会出现另外一种讳疾忌医的后果。各国在加强反恐能力的同时，应该关注并改善本国的人权状况，这样一方面能够从根源上消除某些国内恐怖活动的发生，另一方面也能防止国外的恐怖势力或干涉势力有机可乘。既能防患于未然，又能取得事半功倍的效果。

2. 加强反恐和人权问题上的国际合作

从当前实际情况来看，国际反恐斗争的基础仍是双边合作这种遭受同一威胁，有着共同利益的双边反恐怖合作是迄今最有成效的一种。区域性反恐合作是基于一定的地缘条件与共同利益，区域性合作是打击恐怖主义的关键。众多区域性组织，无论是军事、政治，还是经济、文化性质的组织、机构、论坛等，都已把反恐作为一项重要内容，有些合作组织甚至调整结构，把反恐作为主要职能。这些重要的区域性合作包括：海湾合作委员会国家、阿拉伯国家联盟、地中海委员会、俄罗斯与西方七国、欧盟、独联体、上海合作组织等。与双边反恐怖合作相比，区域性合作打击恐怖主义的范围更加广泛。但是，由于涉及多边利益，而且各方所受恐怖威胁的程度不尽相同，区域性反恐怖合作虽然声势比双边合作要大，实效性有时却不及双边合作。

联合国作为一个全球最具代表性和最有权威的国际组织，毫无疑问，应当在全球反恐斗争中发挥积极的主导作用。"9·11"事件之后，联合国的反恐作用和地位在一定程度上遭到了削弱，这是不利于反恐斗争的顺利进行的。正如安南所言，只有联合国才能赋予在全球范围内展开反恐怖斗争的合法性。联合国的这种作用是任何其他国际组织均无法替代的。只有在联合国的主导下，全球反恐机制才能有效、公正、全面地建立起来。①

各国在反恐问题上进行双边和多边合作的同时，也应该加强在维护和保障人权问题上的合作，使这两方面的合作相辅相成，共同发展。在这方面，首先，应该协调不同国家的人权政策，避免因为人权问题引发国家间的冲突，破坏合作反恐的基础，分散了各国反恐的力量。另外，有些国家面临着相同或相似的人权问题，如果能够加强国家间在这一问题上的合作，无疑更有利于解决各国国内的人权问题，促进世界人权状况的改善。这不但能消除由于此类原因引发的恐怖主义，又能调动起更多的力量进行反恐，从而使反恐斗争取得更加有效的成果。

3. 进一步加强反恐国际法建设并注意保持与国际人权法的一致性

几十年来，尽管国际社会制定了许多与反恐怖主义有关的国际公约，但至今还没有一部完整、系统的反恐怖主义法。联合国致力于在 2005 年第 60 届联大结束之前制定和通过一个全面的国际反恐公约，是非常必要和适时的。

制定和通过国际反恐公约，应当与其他相关国际立法协调一致，特别是应该注意与国际人权法要保持一致，不能只强调反恐而忽视人权保护。在这一方面，2002 年 6 月 3 日的《美洲国家间反恐公约》中专门制定了一项专门的人权条款（第 15 条）是值得予以注意的。2005 年 3 月 10 日，联合国大会根据第三委员会的报告再次通过决议（A/59/503/Add. 2），强调了包括在对付恐怖主义和恐怖主义威胁时尊重所有人权和基本自由及法治的至关重要性。决议毫不含糊地谴责一切形式和表现的恐怖主义行为本身都是侵犯人权的行为，但重申各国必须确保为打击恐怖主义而采取的任何措施符合国际法规定的各项义务，并按照国际法，尤其是国际人权法、难民法和人道主义法采取这种措施。

那么，在现实的国际反恐斗争中，我们应注意和采取哪些具体的保护人权的措施呢？一般认为，主要应遵循以下一些基本原则：

（1）合法性原则。各国所采取的一切反恐措施均必须有法律依据，并有具体规定以防止法律的任意或歧视性的实施。任何法律框架之外的反恐措施应予禁止。

---

① 2003 年 1 月 20 日在纽约联合国总部召开的联合国安理会反恐外长会议上，与会各国外长呼吁发挥联合国主导作用，采取一致行动推动国际反恐斗争的深入开展。

（2）不可克减性原则。根据《公民及政治权利国际公约》第 4 条，各国有义务尊重某些权利，在任何情况下均不得克减。该条所规定的在任何情况下均不得克减的权利包括生命权（第 6 条），禁止酷刑，或予以残忍、不人道或侮辱的待遇或惩罚（第 7 条），刑法的精确性和不溯既往原则（第 15 条），人人在任何地方有被承认为法律人格者的权利（第 16 条）以及思想、信仰和宗教自由（第 18 条）等。此外，根据 2001 年人权事务委员会通过的第 29 号一般性意见，如果一个国家在危及其生存的情况下正式宣布了紧急状态，其对公约权利的某些克减也应严格符合该公约所规定的程序要求，而且其克减的主要目标应该是尽快恢复正常状态，再次全面遵守公约。

（3）必要性和相称性原则。无论在正式宣布的紧急状态的时间或是在任何其他时间，对于任何可克减的权利施加的限制都必须限于该局势所严格要求的程度。该原则尤其适用于采取紧急措施的期限、地域范围和所采取的任何特别措施的实际范围等。

（4）非歧视性原则。反恐措施绝不能引起纯粹以种族、肤色、性别、语言、宗教或社会阶级为根据的歧视。

（5）正当程序和法治原则（主要规定在《公民及政治权利国际公约》第 14 条）。根据该原则，某些正当程序的权利，在任何情况下，即使是在打击恐怖主义分子的斗争中，也是不可克减的，包括经法庭审判的权利、无罪推定的权利和人生保护令性质的权利。对于其他某些正当程序权利的限制，如会见律师的权利，也应根据必要性与相称性原则予以严格限制。

总而言之，国际反恐斗争，是一场正义对邪恶、光明对黑暗、进步对倒退的斗争。我们相应采取的反恐斗争的方法也只能是一种"以仁讨不仁，以义讨不义"的方法。各国在自己进行或参与反恐时尤其必须提高对上述这些国际人权保护义务的重要性的认识。否则，如果我们在反恐斗争中放弃了保护人权，就等于我们放弃了道德的制高点，就恰恰会在恐怖分子招募的对象人群中引发紧张情绪、仇恨及对政府的不信任，这样恐怖分子就更容易达到目的。有鉴于此，我们大家都应该明确认识到，在有效打击恐怖主义和保护人权之间，绝不能顾此失彼。相反，从长期来看，人权与民主和社会正义一样，都是预防恐怖主义的最佳办法之一。在起草国际恐怖主义问题全面条约的工作中，各国也应当特别注意到联合国有关人权问题的决议和决定，反恐立法不能与现有的国际人权文件的规定相冲突。与此同时，在反恐立法中也应加入保护人权的相关条款。这样做的目的，是防止片面强调反恐而忽视对人权的应有保护，促进反恐与人权保护的协调发展。既打击恐怖主义，又保护人权和基本自由，是世界各国政府和人民所肩负的两项共同的时代义务。只要我们能将反恐与人权保护有机地结合起来，正确协调好两者之间的关系，就一定能够取得反恐斗争与保护人权和基本自由的最佳效果。我们或许不能根除恐怖主义，正如我们不能根除犯罪一样。但我们能减少恐怖主义，控制恐怖主义，而正义的力量、和平的力量，终究是不可战胜的。①

第三节　中国和平发展中外交职能调整的国际法律问题*

作为调整国家之间关系的外交，是国家解决国际争端、进行国际合作的手段，是国家以和平方式实现其国家利益和对外政策的重要工具。其主要职能，概括来讲，在于和平、文明、理性地维持、促进国家利益、国家对外战略目标和对外政策目的，发展国家间关系，弥合国际社会裂痕，加强和促进国际合作。其具体职能体现为沟通职能、信息情报收集与评估职能、调节职能、影响职能、象征职能和法律职能等等。② 这些具体职能，借用《维也纳外交关系公约》中的表述，就是"代表"、"保护"、"谈判"、"调查与报告"和"促进"。其目的在于国家之间就国际争端与合作事项进行合乎逻辑的交涉、谈判和磋商，交流彼此的观点和思想，消除分歧，达成共识。

和平发展中的中国，其外交职能无疑处于变化之中。进入 21 世纪以来，国际形势发生深刻和复杂的变化。中国在和平发展过程中，既要"遵守和维护国际法准则，又要同世界各国人民一道为国际法的完善和发展继续作出努力，推动国际法朝着有利于建立和平、稳定、公正、合理的国际政治经济新秩序的方向前进。"③ 因此，研究中国和平发展中外交职能调整的前沿法律问题无疑具有重要的理论与现实意义。从通过对现行法的分析当有助于把握国际法的未来发展趋势的观点出发，以下拟通过分析评价《维也纳外交关系公约》中提及的五项外交职能及其所涉及的重大法律问题，试图对中国和平发展中外交职能调整的若干前沿法律问题进行探讨。

---

① See Margot Light, The Response to 11.9 and the lessons of History, *International Relations*, Vol. 16, No. 2, August 2002；熊光楷：《"9·11"以来国际反恐形势及特点》，载《国际战略研究》2004 年第 3 期，第 1~6 页。

* 本节作为子项目成果发表于《法学评论》2006 年第 2 期，标题和内容略有修改和删减。

② 参见李渤：《新编外交学》，南开大学出版社 2005 年版，第 17~19 页。

③ 江泽民：《在中共中央举行的法律知识讲座上关于国际法的讲话》（摘要），载《中国国际法年刊》（1996），法律出版社 1997 年版，第 4~5 页。

一、"代表"职能与驻外使团及其人员的安全问题

"代表"职能即"在接受国中代表派遣国",[①] 这是国家外交职能中最基本和最重要的一项。作为国家代表的国家元首、政府首脑、其他高级官员在接受国进行正式访问时和作为主权国家象征的驻外使团馆舍和外交人员,由于其代表性质和职能的需要,历来享有神圣的不可侵犯性。由于此种地位涉及权利与义务的关系和两种管辖权之间的冲突,因此包括相互对立、互为矛盾的两个侧面:滥用不可侵犯地位违背驻外使团及其人员对东道国应负的义务,严重侵犯接受国的主权和国家利益;而侵犯这种神圣地位则严重损害派遣国的利益。两者均严重影响到外交职能的正常行使,尤其是后者,在地区和国际局势不确定、不稳定因素增多的今天日益成为威胁驻外使团及其人员安全的重要因素。因此,"代表"职能的行使主要涉及驻外使团及其人员安全的法律问题。

对东道国而言,使团及其人员的不可侵犯包括两个方面:接受国负有义务采取一切必要措施保证使团免受外部危险与威胁;而使团及其人员免受接受国法院程序的管辖。接受国的具体义务,除国家机关不得实施任何侵害驻外使团及其人员不可侵犯的行为外,还包括防范与惩治个人侵害使团及其人员不可侵犯的行为,并为此目的将侵害外交人员的行为定为国内法上的罪行。依据《关于防止和惩处侵害应受国际保护人员包括外交代表的罪行的公约》第 2 条,每一缔约国应将下列罪行定为其国内法上的罪行,即故意对应受国际保护人员包括外交代表进行谋杀、绑架、或其他侵害其人身或自由的行为;对应受国际保护人员的公用馆舍、私人寓所或交通工具进行暴力攻击,因而可能危及其人身或自由;以进行任何这类攻击相威胁;进行任何这类攻击未遂;参与任何这类攻击为从犯。缔约国应按照这类罪行的严重性处以适当的惩罚。但是,值得注意的是,尽管接受国负有惩治此类罪行的义务,但是在大多数情况下没有对犯罪嫌疑人提起诉讼,[②] 尤其是针对国际组织人员的犯罪。2000 年 10 月 13 日,联合国秘书长在向联合国大会提交的关于联合国人员和有关人员安全问题的报告中指出,在迄今为止杀害联合国工作人员的 177 个案件中,只有 3 起的肇事者被绳之以法。[③] 无论其原因为何,从国际法角度来看,东道国有义务防范、惩治侵害应受国际保护人员的行为并将肇事者绳之以法,否则会引起有关国家的国际责任问题。这一点已

---

① 《维也纳外交关系公约》第 3 条第 1 款。

② L. L. Green, "Trends of the Law of Diplomatic Personnel", 19 *Canadian Yearbook of International Law* (1981), p. 132.

③ 《法制日报》, 2000 年 10 月 25 日第 4 版。

为国际法院所确认。在德黑兰的美国外交与领事人员案中，国际法院认为，政治
上的因素不能成为否认源于条约和习惯的国际法义务的理由，从而裁定伊朗违背
了对美国所负的义务；① 在关于 2000 年 4 月 11 日国际逮捕令案中，国际法院进
一步裁定比利时因对刚果（金）外交部长发布国际逮捕令而违背了对刚果（金）
的义务。②

由于驻外使团及其人员处于接受国领土主权之下，因此，其安全保障主要是
接受国的责任。但是，随着非传统安全因素的增加，国际合作显得更为重要。

第一，派遣国加强与接受国之间的双边合作。派遣国在行使外交的代表职能
过程中也负有一定的义务，在驻外使团大量增加、接受国局势动荡、国际恐怖主
义活动猖獗的情势下，接受国可以合理地希望派遣国采取相应措施加强其驻外使
团及其人员的安全。③ 这些措施包括：出现危机情形时，减少驻外使团人员；关
闭驻外使团；提高外交人员收入以聘请保镖保护其人身安全；④ 增强外交人员的
体质、技能和应对能力；规范、安全地使用外交邮袋；特殊时期由派遣国提供武
装保护。

第二，通过国际立法和国家之间的多边合作防范与惩治侵害应受国家保护人
员的安全。针对国际恐怖主义活动的猖獗，为保障驻外使团及其人员有效行使外
交代表职能，维护国家间的正常关系和国际和平与稳定，确保对于实施或参与实
施有关罪行的人员或予以起诉或引渡，劝诫可能的违法人员不要实施相关罪行，
并在防止此类罪行方面确保最低限度的多边国际合作，《关于防止和惩处侵害应
受国际保护人员包括外交代表的罪行的公约》要求缔约国将针对应受国际保护
人员所犯的公约所规定的罪行定为其国内法上的罪行并予以惩治；对上述罪行以
及嫌疑犯确立必要的管辖权；进行合作，互通情报，采取切实可行的预防措施；
在其领土内的嫌疑犯应予起诉或引渡；就对嫌疑犯提起的刑事诉讼彼此提供协
助，并将诉讼的结果通报联合国秘书长。⑤《反对劫持人质国际公约》进一步确
认劫持人质是一种国际罪行，要求各国采取严厉措施进行惩治和防范。《联合国

① *ICJ Reports*, 1979, p. 30.
② 2002 年 2 月 14 日国际法院的判决，http://www.cij-icg.org. 国际法院认为，不可侵犯规范的优
先适用，并不意味着享有此等地位的个人在犯有严重国际罪行时能逃脱处罚，豁免权本身并不禁止在特殊
情形下可以对其执行刑罚，如在所属国受审、所属国放弃豁免、退出公职后不再享有外交特权与豁免或在
具有管辖权的国际刑事法庭受审。参见邵沙平：《普遍管辖权》，载余民才主编：《国际法专论》，中信出
版社 2003 年版，第 287～288 页。
③ 戈尔－布思与帕克南修订，杨立义等译：《萨道义外交实践指南》（第 5 版），上海译文出版社
1984 年版，第 201 页。
④ G. McClanahan, *Diplomatic Immunity: Principles, Practices, Problems*, London: Hurst & Co., 1989,
p. 150.
⑤《关于防止和惩处侵害应受国际保护人员包括外交代表的罪行的公约》第 4～11 条。

人员和有关人员安全公约》呼吁"境内部署联合国人员和有关人员的所有国家和这类人员所依赖的所有其他国家提供全面支持，以期协助进行联合国行动并完成其任务"，深信"亟须采取适当而有效的措施"，防止"对联合国人员和有关人员的攻击行为"，从而缔约国负有对犯下此种攻击行为者进行惩治的义务。① 已经或正在制定的《制止向恐怖主义提供资助的国际公约》、《制止恐怖主义爆炸事件的国际公约》、《关于国际恐怖主义的全面公约》、《关于国际恐怖主义定义的全面公约》、《制止核恐怖主义行为的国际公约》等相关公约②强调在打击侵害驻外使团及其人员的安全的国际恐怖主义方面进一步加强国际合作；而国家实践表明传统的行刺条款应予保留：性质特别险恶的行为如恐怖主义行为，不能被认为是政治罪。作为对政治犯不引渡例外的传统的行刺条款必须保留，而且其适用应扩展到国家代表，尤其是驻外使团人员以及国际组织的官员；并应扩展到具有特别险恶性质的行为。③

中国在实现和平发展的战略目标时，在继续坚持有效履行国际义务的同时，应采取一切适当步骤防止扰乱外国驻华使团及其人员行使职能的行为（如正确处理 2002 年 5 名不明身份者闯入日本驻沈阳总领馆事件）；加强对中国驻外使团及其人员的安全措施（如 2004 年中国政府向战后伊拉克派出复馆小组由 6 名武警官兵组成的警卫中队护卫）；对于他国侵犯中国驻外使团及其人员的神圣地位事件提出严正交涉（如就 1999 年以美国为首的北约悍然袭击中国驻南使馆事件对美国等北约成员国的严正交涉的做法）；加强国际合作，谴责、防止并惩治侵害应受国际保护人员的罪行（如 2003 年 8 月 20 日中国国家主席胡锦涛发表谈话，对 8 月 19 日联合国驻伊拉克办事处遭到恐怖袭击事件深表遗憾，并强烈谴责这一恐怖暴力事件，并对伤亡人员表示慰问和哀悼）；④ 拓宽多边合作渠道以更有效地保障外交的代表职能的行使（如于 2001 年加入《制止恐怖主义爆炸的国际公约》并签署《制止向恐怖主义提供资助的国际公约》、2004 年加入《联合国人员和有关人员安全公约》、2005 年 9 月 14 日签署《制止核恐怖主义行为的国际公约》）。

---

① 《联合国人员和有关人员安全公约》序言。

② 参见外交部政策研究室编：《中国外交》（2002），世界知识出版社 2002 年版，第 540 页。

③ 1983 年 9 月 1 日国际法研究院决议。转引自王铁崖主编：《中华法学大辞典·国际法学卷》，中国检察出版社 1996 年版，第 633 页、第 610 页。参见黄亚英：《引渡中的政治犯罪问题》，载《中国国际法年刊》（1990），第 197 页。

④ 2005 年 11 月 9 日约旦首都安曼遭受连环爆炸袭击，造成至少 57 人死亡，其中包括中国国防大学代表团的 3 名成员。

二、外交的"保护"职能问题

国家外交的"保护"职能，即"于国际法许可之限度内，在接受国中保护派遣国及其国民之利益"。① 在中国和平发展和加强各方面的国际交往与合作过程中，最突出的问题之一表现在对中国国民及其合法权益的保护方面。②

新中国成立以来特别是改革开放以来，中国逐步建立起比较完善的领事保护制度。第一，中国将国籍归属作为实施领事保护的条件，主张国际社会成员应根据国际法、双边条约和在有关国家法律许可的范围内保护本国国家和公民在他国的合法权益；第二，强调有关国家应确定外国公民，包括违反当地法律的外国公民享有法律规定应当享有的权利，特别是人道主义待遇，而不应因国籍、种族、宗教或其他政治、经济等原因受到歧视或不公正待遇；第三，认为任何国家不应袒护本国公民的违法行为，坚持用尽当地救济原则，反对滥用领事保护；第四，赞成未建交国家间在领事保护方面进行合作。③

中国在和平发展过程中，面对复杂多变的国际安全态势，各类团组出访频繁，出境旅游增加，而国际恐怖主义活动日趋活跃，非传统安全威胁增多，涉及中国海外机构和公民的各类重大突发事件连续发生，在国内层面上进一步加快了领事保护工作的机制化、制度化和法律化建设，以期最大限度地保护中国海外公民和法人的合法权益。在涉及中国海外公民和机构的重大领事保护案件中，中国政府重视保护公民在海外的生命财产安全，及时启动应急机制，指导有关驻外使领馆开展工作，维护中国公民的合法权益。中国政府从务实的角度，加强统一领导协调机制、驻外使领馆进一步完善领事保护的应急处理机制、提高对重大突发事件的应急能力和国内外协调能力、完善领事服务制度、利用外交资源努力维护海外华侨的合法权益。同时，在国际层面上，中国认为各国负有保护本国公民的首要责任，但强调：第一，一国内乱往往起因复杂，对判定一国政府是否有能力和意愿保护其国民应慎重，不应动辄加以干预；第二，在出现大规模人道危机时，缓和和制止危机是国际社会的正当关切。有关行动须严格遵守《联合国宪

---

① 《维也纳外交关系公约》第3条第1款。

② 仅在2004年就涉及11起重大领事保护事件。这些事件是：(1)麦加朝觐挤踏事件；(2)中国拾贝者在英国莫克姆海湾遇难案；(3)7名中国公民在伊拉克被绑架案；(4)中国工程技术人员在巴基斯坦遇袭案；(5)法国巴黎机场坍塌事故案；(6)阿富汗"6·10"恐怖袭击事件；(7)中国公民赵燕在美国遇执法人员殴打案；(8)西班牙"埃尔切事件"；(9)巴基斯坦水电项目工程技术人员遭绑架案；(10)中国旅居南非公民遭抢、被害案；(11)在印度洋地震及海啸事件中救助中国公民。参见中华人民共和国外交部政策研究室编：《中国外交》(2005)，世界知识出版社2005年版，第361~366页。

③ 中华人民共和国外交部政策研究室编：《中国外交》(2005)，世界知识出版社2005年版，第360页。

章》的有关规定，尊重有关当事国及其所在地区组织的意见，在联合国框架下由安理会根据具体情况判断和处置，尽可能使用和平方式。在涉及强制性行动时，更应慎重行事，逐案处理。①

三、"谈判"职能与国际争端的解决问题

国家外交的"谈判"职能，即与有关国家进行交涉，② 其更确切的含义是指两个或两个以上国际法主体为了彼此之间的有关问题得到解决或获得谅解而进行交涉的一种方式。当事国就争端进行协商或妥协时，对于以何种方式进行讨论和在何种基础上加以解决，均可自由决定。与其他解决方式相比，谈判方式更为灵活，因此许多国际条约都首先强调通过直接谈判的方式解决争端。③

谈判与作为国际争端另一种解决方法的协商之间存在着区别与联系。其区别在于：第一，协商可以是在争端发生后为解决争端而进行的接洽，也可能是争端发生前为避免就潜在问题进行的信息交流和意见沟通过程，而谈判一般是在争端发生后进行；第二，谈判双方地位虽然在法律上是平等的，但实力因素的介入往往是主导性的，而在协商过程中实力因素的介入程度较小，友好互谅的精神体现较为明显；第三，谈判往往排除第三者的参与，而协商并不排斥第三方的加入，斡旋和参加调停中的第三方一般与争端无利害关系，而参加多边协商的第三方可能与争端有某种程度的利害关系；第四，对谈判结果的遵守是由于法律上的承诺，其中法律约束的成分多于道义约束的成分，而对于协商结果的遵守则更多是基于自愿和道义上的约束。两者之间的联系在于：协商是谈判的基础，谈判的过程中也可以不断协商，特别是尽管协商形成了一些自身的特点，但是它是否已完全形成一种独立的和制度化的争端解决方式，目前仍有一定疑问。因此，谈判与协商在实践中不能截然分开。④

新中国成立以来，一贯本着发展与各国尤其是邻国之间的友好关系出发，在相互尊重、平等互利、务实合作的基础上，通过谈判、协商等政治方法有效地解决了诸如边界争端、双重国籍等国际争端，对于稳定地区和国际和平作出了重大贡献。中国在和平发展过程中，由于事实或法律问题不可避免会与其他国家之间产生争端，例如目前中国与邻国之间尚未解决的边界和领土争端有：与越南、菲律宾、马拉西亚、印度尼西亚等国家关于南沙诸岛的主权争端；与日本关于钓鱼

---

① 《中国公布关于联合国改革问题的立场文件》，http://www.fmprc.gov.cn，2005 年 6 月 28 日。
② 参见《维也纳外交关系公约》第 3 条第 1 款。
③ 曾令良主编：《国际法学》，人民法院出版社 2003 年版，第 348 页。
④ 曾令良主编：《国际法学》，人民法院出版社 2003 年版，第 348～349 页。

岛的主权争端；与印度之间的边界争端，等等。① 对于南海诸岛的争端，尽管中国提出"搁置争议、共同开发"的主张得到相关国家的认同，但是从长远来看，从消除冲突因素、减少战争威胁、促进中国与周边国家的友好关系、合作及维护地区与世界和平与安全出发，关于这些岛屿的主权归属还是应该通过谈判和协商予以解决。

中国在采用谈判与协商方式解决国际争端的同时，并不排除使用其他和平方式，尽管中国对一系列重大国际条约关于争端解决的法律解决条款持有保留，例如 2004 年 8 月 28 日中华人民共和国第十届全国人民代表大会常务委员会第十一次会议关于加入《联合国人员和有关人员安全公约》的决定对《联合国人员和有关人员安全公约》第 22 条第 1 款予以保留，声明中国不受该款约束。不过，由于多边条约的实施与争端解决机制的关系表现出"权力取向"向"规则取向"的演变是国际法发展的大趋势、国际组织与多边条约开启和促进了各种解决国际争端方法有机结合的组织化、系统化和制度化进程，从而使统一性与多样性并行不悖成为争端解决的国际法制度的一大特点，② 近年来，中国对于国际争端的法律解决方法的态度有所变化。例如，对于经贸领域的争端，自中国于 2001 年 12 月 11 日正式成为 WTO 成员以来，作为申诉方和被诉方而参与的案件已有 10 余起，而且还作为第三方参加了大量的案件处理。最近，中国同一些国家或区域国际组织缔结的自由贸易区协定还专门制定仲裁条款，或签署包括政治方法和仲裁条款的争端解决协定。

四、"调查与报告"职能与国家安全所涉及的国际法问题

国家外交的"调查和报告"职能，是指根据《维也纳外交关系公约》第 3 条第 1 款第 4 项，"除其他事项外"，即"以一切合法手段调查接受国之状况及发展情形，向派遣国政府具报"。③ 或许有人会认为，秘密搜集情报包含在"其他事项"之中，但是，通行的国家实践是禁止秘密搜集情报，其中包括雇用特务和从当地居民手中搜集情报。④ 因此"调查与报告"职能在国际法中主要涉及国家安全问题。

由于接受国负有给予驻外使团及其人员行使职能之充分便利的义务，而接受

① 曾令良主编：《国际法学》，人民法院出版社 2003 年版，第 165 页。
② 参见邵沙平、余敏友主编：《国际法问题专论》，武汉大学出版社 2002 年版，第 343～344 页。
③ 《维也纳外交关系公约》第 3 条第 1 款。
④ G. McClanahan, *Diplomatic Immunity: Principles, Practices, Problems*, London: Hurst & Co., 1989, p. 162.

国除为国家安全设定禁止或限制进入区域另定法律规章外，应确保驻外使团人员在其境内的行动及旅行自由，由此产生国家与他国行使外交职能时享有的不可侵犯地位的关系问题。间谍行为[①]一般为各国法律所禁止，然而，有时也难以区分正当程序的调查、情报搜集与间谍活动。一国视为正常、合法的搜集情报的方式在另一国则可能是刑事罪行；反之亦然。[②]《维也纳外交关系公约》最后采用的"以一切合法手段调查接受国之状况及发展情形，向派遣国具报"措辞，实际上反映出国家安全与国家外交的"调查和报告"职能之间存在着一定的冲突。驻外使团人员行动自由与通讯自由面临同样问题。然而，有关国际公约确认出于国家安全和其他因素的考虑，国家可以并且在实践中已经对驻外使团人员的行动区域予以限制，在其他地区旅行则需要取得事先许可，禁止进入军事基地，并且禁止对任何军事设施、军用机场、港口、工厂进行拍照。对此，驻外使团人员的派遣国可以采取相应的对等措施。

"以一切合法手段"中的"合法"术语的含义模糊且易引起争议。问题的关键在于为外交的调查职能的目的而如何确定"法律"一词的含义。有的学者认为，解决这一问题有赖于国际法与国内法之间的关系。考虑到国际法的优先适用性质，这里的法律应该是指《维也纳外交关系公约》条款和国际法其他规范。这一点在《维也纳外交关系公约》第3条第1款第2项（"于国际法许可之限度内，在接受国保护派遣国及其国民之利益"）中得到印证。不过，由于该公约许多条款附带提到国内法特别是派遣国与接受国的法律，特别是第41条第1款规定"在不妨碍外交特权与豁免之情形下"，驻外使团人员负有义务尊重接受国之法律规章且不得干涉接受国内政，从而使问题复杂化。由于不同的国内法之间存在重大差异，第47条第2款第1项规定采取的对等措施不得视为差别待遇。但是，因为国际法的优先适用性质，所以只有在不妨碍驻外使团职能的情况下，国内法才能对搜集情报加以限制。[③]

国际关系的大量实践表明，利用驻外使团及其人员的不可侵犯地位而损害东道国国家安全，通常产生国际争端，并往往导致严重后果，包括宣告外交人员为不受欢迎，甚至出于政治原因而大规模驱逐外交人员，而反过来促使派遣国进行

① 所谓间谍，是指参加一定的组织或接受一定组织及其代理人的任务，并通常以一定的职业或名义为掩护，刺探、窃取、收买或非法提供他国或他方秘密情报，及进行反间、颠覆、破坏、暗杀等活动的人。所谓间谍行为，即《中华人民共和国国家安全法》第4条第2款规定的"参加间谍组织或者接受间谍组织及其代理人任务的"行为。边和平、潘盘甫：《国家安全法通论》，中国海洋大学出版社2004年版，第64页。

② *Yearbook of the International Law Commission*, Vol. I, 1957, p. 49.

③ J. Kish, *International Law and Espionage*, edited by D. Turns, The Hague: Martinus Nijhoff Publishers, 1995, pp. 55 – 56.

报复，从而使国家关系更加复杂化，其结果是严重影响到国家外交职能的正常行使。因此，国家在行使"调查和报告"职能时，应该遵循国际法基本原则、相关国际条约和有关国家间有效之特别协议的规定。

中国在实现和平发展的战略目标、行使外交的"调查和报告"职能中，一方面充分发挥利用一切合法手段调查接受国的状况和发展情形，向派遣国政府具体报告，促进与世界各国之间的友好合作关系，另一方面通过制定相关的国内立法对外国驻华使团及其人员的活动加以规范。例如，《中华人民共和国国家安全法》第4条将危害国家安全行为界定为"境外机构、组织、个人实施或者指使、资助他人实施的、或者境内组织、个人与境外机构、组织、个人相勾结实施的"危害中国国家安全的行为，包括参加间谍组织或者接受间谍组织及其代理人的任务的行为。第23条规定："境外机构、组织、个人实施或者指使、资助他人实施，或者境内组织、个人与境外机构、组织、个人相勾结实施危害中华人民共和国国家安全的行为，构成犯罪的，依法追究刑事责任。"[1] 对于涉及享有不可侵犯的外国驻华使团人员，则通过外交途径予以处理。

五、"促进"职能与国际合作问题

国家外交的"促进"职能，即与其他国家或国家组织之间的友好关系，发展其相互之间的政治、经济贸易、文化、科学等关系。[2] 这一职能涉及的主要法律问题是国际合作。

中国的和平发展离不开国际合作。任何国家在发展过程中，均会遇到安全、生态资源、贫困与发展、人口与犯罪等问题，而这些原本属于国内管辖的事项，随着相互依存关系的日益加深，逐渐溢出国界而成为全球问题。而为了更好地履行国家的外交职能，国家通过国际习惯法尤其是国际协定法承担国际合作的法律义务，而国际合作不仅仅是一项道德义务而且是一项法律义务，它与国家主权并行不悖，因为国家通过条约享有权利、承担义务是国家行使主权的一项具体内容，国际条约的签订也是国家意志的自由表达，因此，国际合作使国家承受约束，但并不会损害国家主权。[3] 相反，国际合作有利于中国的经济发展、内部稳

---

[1] 美国中央情报局把派驻海外的情报官分成"官方掩护"和"非官方掩护"两类。前者常以外交官面目出现，一旦失手可凭借外交特权与豁免免遭司法磨难，后者常以商人、学者、牧师、职员人员的掩护身份活动，其行为方式与"特工"或"间谍"相似，如果被捕不享有外交特权与豁免，甚至可能不会被自己的政府所承认。童锋：《"特工门"：都是谎言惹的祸》；同时参见周华：《揭秘美国驻华大使》，载《世界知识》2005年第22期。

[2] 参见《维也纳外交关系公约》第3条第1款。

[3] 车丕照：《和平发展与国际合作义务》，载《法学家》2004年第6期。

定与和平发展。例如，中国在《联合国打击跨国有组织犯罪公约》、《制止向恐怖主义提供资助的国际公约》、《联合国反腐败公约》等公约体系框架内，通过与其他国家、国际组织之间的合作，对打击国内分裂势力和恐怖活动、遏制国内的经济犯罪起到重要的作用。同时，国际合作有利于国际和平与安全。在全球化深入发展、各国依存不断密切的情况下，全球性威胁和挑战呈现多元化的特点，更加相互关联。对这些威胁都应予以高度重视，不能厚此薄彼。各国应共同努力，通过沟通加深理解，通过对话增强信任，通过交流推动合作，以集体行动应对威胁和挑战，特别是努力消除其产生的根源。①

中国政府认为，国际社会尤其应加强在下述领域的合作：

第一，发展领域。发展是各国人民的共同诉求，是集体安全机制和人类文明进步的基础。贫困、疾病、环境恶化、自然灾害同样对国际社会构成严重挑战。要重视发展中国家的需要；实现全球协调、平衡和普遍的发展。

第二，安全领域。建立一个有效力、效率和公平的集体安全机制，关键是坚持多边主义，推动实现国际关系民主化和法治化，坚持《联合国宪章》的宗旨和原则，加强联合国的权威与能力，维护安理会作为集体安全体系核心的地位。

第三，法治、人权与民主领域。（1）各国负有保护本国公民的首要责任。（2）中国支持建立一个独立、公正、有效和具有普遍性的国际刑事法院，以惩治最严重的国际罪行；支持加强国际法院作用，改进法院的工作方法，提高法院的效率。各国自由选择和平解决争端方式的权利应得到尊重。（3）中国赞同并支持改革联合国人权机构。改革的关键是扭转将人权问题政治化的现状，不搞双重标准，减少和避免对抗，促进合作，将更多资源用于人权技术合作项目，加强各国人权能力建设。②

综上所述，国家外交的"代表"、"保护"、"谈判"、"调查与报告"和"促进"五项主要职能的目的在于最大限度地维护国家主权和追求国家利益。这些职能并不是各自孤立而是相互联系的。和平发展中的中国，其外交职能无疑处于变化之中。中国在和平发展中应该注意外交职能所调整的相关法律问题，尤其是驻外使团及人员的安全、外交保护、和平解决国际争端、国家安全和国际合作问题，在工作重心转移的新形势下，特别是在非传统安全威胁日益加深的情况下，充分利用现行的国际法规范并促使新的更加合理、公正的国际法规范的产生，实现和平发展的战略目标。

---

①② 《中国公布关于联合国改革问题的立场文件》，http：//www.fmprc.gov.cn，2005 年 6 月 28 日.

第五章

中国和平发展中的能源、环境、健康和企业社会责任法律问题

第一节 中国能源安全保障的若干法律问题[*]

近年石油进口量的猛增，导致我国的能源结构正在进行重大调整，能源安全的形态也正在发生质变，这给我国的政治、外交、军事、科技和产业结构等方面提出了一个全新的课题——如何保障我国的能源安全。由于能源安全问题既是我国当前面临的现实问题，也是影响长远发展的战略问题，同时还是中国和平发展的基础和重要保障之一。因此，研究我国的能源安全问题，探讨相关的国际合作机制，提出法律对策，无疑具有重要的现实意义。

一、能源安全——非传统安全问题

（一）能源安全的含义

在当今全球化进程中，以军事安全为核心的"传统安全"（Traditional Security）的地位相对下降。许多国家开始关注非军事因素对国家安全的威胁及其防

---

　　* 本节作为子项目成果发表于《法商研究》2005 年第 4 期，标题和内容略有改动。

范措施，如恐怖主义、种族冲突、环境恶化、粮食不足、能源短缺、毒品交易、跨国犯罪、人口增长和非法移民等。这些问题与传统的外部军事威胁相对，被笼统地称为"非传统安全"（Non-Traditional Security）。[①]

关于能源安全的定义，学术界还存在很大的分歧。一般认为，能源安全（Energy Security）包括能源供应安全和能源使用安全。所谓能源供应安全，即能源供应的稳定性，是指满足国家生存与发展正常需要的能源供应保障的连续与稳定程度；而所谓能源使用安全，即生态环境安全性，是指能源的消费及使用不应对人类自身的生存与发展环境构成任何威胁。其中，前者是国家能源安全的基本目标，是"量"的概念；而后者是国家能源安全的更高追求，是"质"的概念。[②] 可见，能源安全是能源供应安全和能源使用安全的有机统一。

能源安全的概念是国际关系发展的产物，它是在石油危机的背景下产生的。20 世纪 70 年代初爆发的第四次中东战争，导致石油短缺和油价暴涨，从而引发了第二次世界大战后最严重的全球经济危机。1974 年 11 月，国际能源机构（International Energy Agency，IEA）宣告成立，并第一次正式提出了以稳定原油供应和价格为中心的"国家能源安全"的概念。80 年代中期以后，随着全球化进程的加速发展，国家能源安全已不再是单纯的能源供应问题，对生态环境、可持续发展战略等问题的关注，正成为各国新的能源安全战略中的重要组成部分，从而增加了能源使用安全的概念。

（二）不同类型国家的能源安全战略模式

由于自然资源赋存的不均、社会经济发展水平的不同，各国所面临的能源安全威胁也不完全一样，国家的能源安全战略也有差异。

1. 美国式的能源安全战略

以美国为代表的同类国家，一方面是本土资源丰富，另一方面又是进口数量巨大的能源净进口国。他们能源安全战略的重点是，减少能源供应中价格的大幅度波动和防止能源供应的中断，以保证国民经济持续发展所需能源的安全供应。这类国家所采取的对策是：（1）通过立法维持和加强国内的石油战略储备和商业储备体系；（2）加强国际合作，包括与国际能源机构的协调与合作，并在国际上采取经济、政治、外交、军事等多种综合手段，以保证获得安全的石油供

---

① Terry Terriff, Stuart Croft, Lucy James and Patrick M. Morgen, Security Studies Today, New York：Polity Press 1999，pp. 115 – 117；［英］巴瑞·布赞等，朱宁译：《新安全论》，浙江人民出版社 2003 年版，第 10 页；朱锋：《"非传统安全"解析》，载《中国社会科学》2004 年第 4 期；刘学成：《非传统安全的基本特性及其应对》，载《国际问题研究》2004 年第 1 期。

② 参见张雷：《论中国能源安全》，载《国际石油经济》2001 年第 3 期。

应；（3）限制国内资源开发的同时，在全球范围内坚持石油进口来源的分散化；（4）调整能源结构，实现能源消费的多样化；（5）提高能源使用效率，开源节流；（6）以尊重健康和环境的价值观促进能源的生产和使用。①

2. 日本和法国式的能源安全战略

以日本和法国为代表的这类国家，一方面是本土资源有限，矿物燃料资源比较贫乏；另一方面是能源消耗大，能源资源严重依赖海外供应。因此，这些国家一直特别重视能源的稳定、安全的供给。它们制定的能源安全对策主要有：（1）建立一整套石油战略储备制度。例如，日本的石油储备可供 160 多天的消费②；而法国规定，法国本土储备必须达到相当于 95 天的石油消费量，海外省为 73 天③。（2）开发核电、太阳能等替代能源，走能源多元化之路，以尽量降低石油在能源消费结构中的比例。例如，日本的核电已达到该国电力供应总量的 35％，成为世界第三大核能利用大国；而法国核电站的数量和核电在电力构成中的比重都居世界第二。（3）进行节能降耗和产业结构的调整，发展耗能小、技术密集、附加值高的高技术产业。（4）减少对中东石油的过度依赖，实现能源进口渠道的多元化格局。

3. 东南亚国家的能源安全战略

随着经济的快速发展，东南亚国家对能源的需求日益增加，而目前大部分东南亚国家的能源储量锐减，有些已接近枯竭，因此，东南亚国家的能源供求矛盾日益突出。为了确保本国的能源安全，东南亚国家纷纷制定和推行新的能源安全战略，主要包括：（1）加快对海上油气资源的勘探、开发和利用。一些声称对南沙海域拥有主权的东南亚国家不约而同地把手伸向了南沙海域，希望南沙海域丰富的油气资源能够帮助它们减轻对进口油气资源的依赖。（2）实施能源多元化战略，即尽量减少对石油的依赖，加快开发其他替代能源，包括核电、水电、火电、煤等。例如，菲律宾和泰国等石油资源比较贫乏的国家，都在积极地开发其他替代性能源，尽量减少从国外进口石油。④

通过透视不同类型国家的能源安全战略，可以看出各国能源安全战略存在一些共性：（1）注重国内外两种能源资源开发利用的合理配置，实施能源进口渠道的多元化、运输方式的多样化，并运用市场手段转嫁和规避风险；（2）重视产业结构的调整和节能降耗技术的推广，以减少对能源的浪费；（3）以相关的

---

① 参见张波等：《中国能源安全现状及其可持续发展》，载《地质技术经济管理》2004 年第 1 期；卢向前等编译：《新形势下的美国能源发展战略》，载《国际石油经济》1998 年第 6 期；于民：《美国石油供需情况的演变及其对我国的启示》，载《国际石油经济》1997 年第 1 期。
② 参见何一鸣：《日本的能源战略体系》，载《现代日本经济》2004 年第 1 期。
③ 参见谭成文、张翠霞：《发达国家实施石油战略储备的做法》，载《宏观经济管理》2004 年第 4 期。
④ 参见曹云华：《东南亚国家的能源安全》，载《当代亚太》2000 年第 9 期。

法律、法规为依托，高度关注国家能源使用安全。

二、我国能源安全的法律保障措施

（一）我国能源安全的一般保障措施

一般来讲，当前一些大国维护能源供应安全的保障措施主要有以下几种：军事手段、政治手段、经济手段、外交手段以及法律手段等。这些手段，对于维护我国的能源安全也有借鉴意义。

1. 军事手段

美国坎布里奇能源研究会主席丹尼尔·耶金在其《奖赏：一部追求石油、金钱和权力的史诗》一书中曾经指出："石油作为一种商品与国家策略和世界政治与强权密不可分。在一战战场上，凭着内燃机优于马匹和燃煤的火车头，石油奠定了成为国力重心的地位……冷战期间，一些跨国企业与发展中国家的油权之战，乃是殖民地独立和民族主义兴起之际的重头戏……90年代第一场冷战后危机——伊拉克入侵科威特，其问题核心仍是石油。"美国前总统布什在当时的《美国国家安全战略》报告中也强调，美国是否出兵海湾，是关系到"世界上庞大的石油储量的控制权"的问题，"美国不容许如此重要的一种资源为伊拉克所控制"，保卫石油供应的安全就是保卫美国的国家安全。海湾战争后，能源因素在美国全球战略中仍占据了空前重要的地位。例如，近年来美国加大了对委内瑞拉等拉美产油国家内政的干预；2003年布什政府不顾德、法、俄等国的强烈反对，出兵伊拉克，推翻萨达姆政权，占领了这个石油探明储量居世界第二位的国家，其目的就是为了保证美国石油的供应安全。有人甚至还认为："美国入侵阿富汗的真正目的是为铺设横贯阿富汗领土的里海石油管道。"① 这正如美国著名的全球安全专家、防御分析家迈克尔·克莱尔教授曾在其专著《资源战争：全球冲突的新场景》中所预言的，21世纪资源匮乏将成为国家之间冲突的最重要根源，未来的战争不是为意识形态而爆发，而是为确保最宝贵的且日益减少的自然资源供应而爆发。

值得注意的是，2004年日本小泉内阁置国民生命危险于不顾，首次向海外派兵，进驻伊拉克，也是为了力争在伊重建中的能源商机。另外，为了谋求在里海地区扩大影响和攫取该地区的油气资源，一些区域外大国纷纷以军力为后盾，来加强其地位。

---

① 参见沙特阿拉伯《生活报》2004年8月9日一篇题为《石油拉开了世界大战的帷幕》的文章。

不过，中国目前还缺乏控制国际海上通道或开辟水上要道的海空军事力量，也不具备采取远距离军事干涉行动保护国际能源供应安全的能力。

2. 政治或外交手段

21 世纪确保能源供应安全，仍是各国政治与外交政策的主要目标。在全球化大背景下，能源进出口国都将增强能源在其对外政策和外交手段上的分量。对主要出口国而言，能源因素已经成为它们对外政策和外交措施的决定因素。发达国家则主要通过资金和技术的投入来取得对资源国资源的不同形式的占有，并采用经济、政治甚至军事手段来确保能源来源的畅通。例如，美国政府强调能源问题"从一开始就是个外交问题"。美国一直把保持对中东和中东石油的控制作为它对外政策和活动的一个重点。在中东地区，区域性的安全结构及能源供应态势都深刻地烙上了美国中东政策的印记。而对于里海盆地的油气资源，美国的政策既有削弱、排挤俄罗斯并防止后者东山再起的一手，又有遏制伊朗和其他宗教激进主义势力的考虑，尤其反对拟议的油气管线穿过伊朗境内。

无独有偶，为了获取中亚的石油资源，早在 1997 年日本首相就针对中亚国家提出了以推进政治对话和经贸合作为主要内容的"丝绸之路外交"。2004 年 8 月，在日本—中亚国家外长会议上，日本又开启了同中亚五国的新对话框架。日本也想在石油资源丰富并同中俄两个大国毗邻的中亚国家扶植"亲日国家"，从而确保日本在中亚的发言权。另外，2004 年下半年韩国总统卢武铉在跑遍五大洲的首脑外交活动中，能源购买和合作占据着重要的分量。

3. 经济手段

1992 年末，美国同加拿大和墨西哥建立了"北美自由贸易区"，其重要目的之一就是便于从后两国尤其是墨西哥获得丰富的石油供应。而出于对"资源小国"这一现实国情的考虑，日本历届政府均将获取海外资源、保障海上运输通道和海外市场纳入综合安全保障战略的核心内容，不惜动用巨额政府发展援助基金，资助"资源富国"和海上通道关键国家。近年来，日本又以金钱为诱饵介入远东能源合作。例如，2002 年下半年日本政府主动提出将与俄罗斯加强能源合作、修建远东石油管道作为俄日经济合作的重点；2003 年 1 月，日本向俄罗斯提出了一项十分诱人的建议：日打算同俄进行石油领域的合作，每天向俄购买 100 万桶石油，并表示将为修建从西伯利亚安加尔斯克到远东纳霍德卡港 3800 公里长的输油管道提供金融援助；2003 年 10 月，在 APEC 会议上小泉还提出了一个 70 亿美元的最新扶助计划。

（二）我国能源安全的双边合作法律制度

1. 与能源出口国的合作——以中哈能源合作为例

1997 年，中国、哈萨克斯坦两国政府签署了一项油气合作协议。协议规定，中国承包哈境内的阿克纠宾斯克油田和乌津油田，同时修建从乌津到中哈边境阿拉山口的长达 3 000 公里的输油管道。这不仅是中国最大的海外投资项目，而且标志着中国在刚刚从一个石油出口国变为进口国之后，在石油蕴藏丰富的中亚里海地区推行长期石油战略。2003 年，中哈两国签署了分阶段建设阿特劳—阿拉山口输油管道的协议。2004 年 5 月，中国石油天然气集团公司（中石油）与哈萨克斯坦国家石油天然气股份公司签订了《关于哈萨克斯坦共和国阿塔苏至中华人民共和国阿拉山口原油管道建设基本原则协议》。中哈两国联袂启动中哈石油管道建设项目，具有重大的现实意义。这种与能源出口国的合作项目，首先需要国家政府间达成相互理解和信任的油气供需正式协议，明确规定双方所应承担的法律责任和义务；然后，再交有关部门、公司之间协商，方可有步骤地加以实施。

2. 与能源进口国的合作——以中日能源合作为例

近年来，中日两国在能源问题上既有激烈竞争，又有广泛合作。首先，在获取能源供应方面的合作上，中日都处在作为需求方的共同立场上，需要进行相互协调与对话；在共同维护石油运输线的安全方面，加强中日合作也是十分必要的；为了应对国际石油市场可能出现的动荡，中日在石油储备方面加强合作也很重要。其次，是在如何使用能源方面的合作。如何使用能源的核心问题在于如何提高能源的利用效率。有资料表明，与日本相比，目前中国的能源消耗总量为日本的 1.7 倍，而 GDP 总量仅相当于日本的 28%，这意味着中国每单位能源消耗所生产的 GDP 仅相当于日本的 1/6 左右。[①] 如果中国注意引进日本先进的节能技术，将其能源利用效率提高到接近日本的水平，其效果不亚于开发若干个超级大油田，这将起到缓和竞争的作用。最后，是在可再生能源或新能源的开发利用等方面的合作。目前，中国可再生能源的增长速度已经超过了整体能源消耗的增长。因此，中日两国在太阳能发电技术、天然气基础设施、核电技术（包括核电开发、核电安全、核燃料处理）等方面有很大的合作空间。

在能源竞争与合作问题上，中日应坚持的一个原则是，寻求双赢，避免陷入"竞争过度症"，即在追求本国利益的同时，也要照顾到他国的利益，避免进行只考虑本国利益而将他国利益置之度外的过度竞争，更不应以能源问题作为牵制其他国家发展的手段。在此基础上，两国应采取相应的法律保障措施，如建立定期的对话与协调机制；签订有关如何使用能源、开发利用新能源等方面的合作协议，为进一步建立"东北亚能源共同体"打下一定的基础。

---

① 参见冯昭奎：《要么双赢，要么双输——谈谈中日能源合作》，载《世界知识》2004 年第 13 期。

（三）我国能源安全的多边合作法律制度——以"国际能源机构"为例

国际能源机构是石油消费国政府间的经济联合组织。1996年10月，中国政府与国际能源机构签署了《关于在能源领域里进行合作的政策性谅解备忘录》。该备忘录规定，加强双方在能源节约与效率、能源开发与利用、能源行业的外围投资和贸易、能源供应保障、环境保护等方面的合作。

1. 多边合作的宗旨与原则

国际能源机构的宗旨是各成员国间在能源问题上开展合作，包括：协调各成员国的能源政策，发展石油供应方面的自给能力，共同采取节约石油需求的措施，加强长期合作以减少对石油进口的依赖，建立在石油供应危机时分享石油消费的制度，提供市场情报，以及促进它与石油生产国和其他石油消费国的关系等。

2. 多边合作的法律机制

国际能源机构设立了三大组织机构：理事会、管理委员会和秘书处。其中理事会是最高权力机构，由各成员国政府的能源部长或高级官员为代表的一名以上代表组成，理事会由煤炭工业顾问委员会和石油工业顾问委员会协助工作，这两个委员会均由该工业的经理人员组成；管理委员会是理事会的执行机构，由各成员国的主要代表一人以上组成；秘书处包括五个办公室，即：长期合作办公室，非会员国家办公室，石油市场和紧急防备办公室，经济、统计和情报系统办公室，能源技术、研究与发展办公室。

3. 国际能源机构的主要活动

（1）在出现石油短缺时，该机构在成员国间实行"紧急石油分享计划"，即当某个或某些成员国的石油供应短缺7%或以上时，该机构理事会可做出决定，是否执行石油分享计划。该机构各成员根据相互协议分享石油库存，限制原油消耗，向市场抛售库存等措施。

（2）该机构还要求各成员国保持一定数量的石油库存，即不低于其90天石油进口量的石油存量。

（3）该机构加强长期合作，以减少对进口石油的依赖；加强能源供应的安全；促进全球能源市场稳定；在能源保存上合作；加速代替能源的发展；加强能源技术的研究，推进能源技术的发展；改革各国在能源供应方面立法和行政上的障碍等措施。

（4）开展石油市场情报和协商制度，以便使石油市场贸易稳定和对石油市场未来发展有较好的信心，以及加强与产油国和其他石油消费国的关系，考察非会员国的石油情况。

（5）对能源与环境的关系采取应有的行动，如限制汽车、工厂和燃煤的火力发电厂的排放物，对较干净的燃料进行研究。

（6）该机构定期对世界能源前景作出预测，供全世界参考。①

此外，我国能源安全的多边合作还包括中国与欧佩克、海湾合作组织、东盟以及上海合作组织等机构的合作。与这些组织的多边合作的法律制度，可以借鉴上述国际能源机构的运作机制，最后谋求解决这样一些法律问题，如怎样通过多边国际合作建立合理的能源定价机制，如何制定有助于协调发展的法律和制度框架，如何为能源的可持续发展制定国家行动纲领以及如何提供关键性新技术的示范等。

（四）我国能源安全的区域合作法律制度——"东北亚区域能源安全合作体系"

20 世纪 50 年代初，法国、联邦德国、意大利、荷兰、比利时、卢森堡六国在"舒曼计划"的基础上，签订了《欧洲煤钢共同体条约》，正式成立了"欧洲煤钢共同体"。后来，西欧各国又建立了"欧洲原子能共同体"。这两个共同体的建立及其成功经验，为我国能源安全的区域合作提供了重要的启示和借鉴。

中国、日本、韩国、蒙古、俄罗斯等国家，在能源共同开发的基础上，可以参考《欧洲煤钢共同体条约》和《欧洲能源宪章》，签订类似的《东北亚能源宪章》，建立"东北亚能源共同体"（Northeast Asian Energy Community）。② 《东北亚能源宪章》作为"东北亚能源共同体"的组织法，可以具体规定该组织的宗旨与原则、组织结构、职权、成员国的权利与义务、活动程序以及决议的履行方

---

① http：//www. iea. org.

② 自 20 世纪 90 年代开始，能源合作已经引起东北亚地区国家的重视，并进行了诸多努力和尝试，还提出了许多合作倡议。例如，日本政府积极推动亚洲的能源安全合作机制，日本在《2003 年国际能源战略报告》中建议亚洲各国仿效国际能源机构（IEA），建议成立亚洲能源机构（AEA）；韩国政府和学界曾通过多种渠道向中国表达能源合作的意向，甚至为此专门成立了一个东北亚经济中心推进委员会；中国方面也越来越认识到东北亚能源合作的重要性，并积极参与了各种活动。同时，东北亚地区能源合作呈现良好势头。2003 年 3 月，东盟"10＋3"能源当局成立"亚洲能源合作工作组"，以加强信息沟通。2003 年 11 月，中日韩三国炼油企业在日本东京举行的东北亚能源研讨会上达成共识，计划将通过"东北亚能源论坛"等多种形式进行接触，共同促进建立东北亚能源交易所，探讨在天然气领域开发合作等。2004 年 6 月，在青岛举行的亚洲合作对话第三次外长会议发表了亚洲能源合作的框架文件《青岛倡议》，提出了 11 条具体合作建议，涉及信息交流、勘探开发、可再生能源开发生产、节能、电力普及与区域电网建设、参与国际能源市场定价、吸引外资、建设区域高效能源运输、传输网、维护能源通道安全、人力资源开发等。2004 年 9 月，中日韩与东盟能源部长会议（China, Japan Korea & ASEAN Energy Ministers Meeting）在菲律宾召开，与会高官呼吁加紧建立共同的石油储备和节约能源。参见赵宏图：《东北亚能源合作前景广阔》，载《参考消息》2005 年 1 月 13 日。

式等问题。

"东北亚能源共同体"可以设立四个机构：（1）大会，由所有成员国组成，负责做出决议和提出建议；（2）部长理事会，每一成员派一政府部长组成部长理事会，其任务在于协调大会和各成员国的行动；（3）秘书处，负责共同体的日常事务；（4）法院，负责裁决成员国有关能源的争端。

"东北亚能源共同体"合作的内容可以包括：区域石油储备和应急反应机制、石油期货、石油过境运输、共同研究制定如税收以及节能和提高效率的措施、区域天然气贸易和发展液化天然气计划、合作开发利用可再生能源资源、保护国际海洋航线策略以及环境领域的合作、建立"东北亚能源合作论坛"和东北亚石油信息共享网络等。

当然，"东北亚能源共同体"的构想尚处于探索阶段。况且，在当今国际关系的背景下，要想建立这样一个区域性国际组织，还面临不少困难：如冷战遗产依然存在，"东北亚能源共同体"的内涵尚待进一步细化，以何种方式推进机制化建设还存在争议，"东北亚能源共同体"倡议后的竞争因素也不容忽视，等等。因此，"东北亚能源共同体"的酝酿和形成可能尚需时日。但尽管如此，各有关国家仍应转变观念，本着相互尊重、循序渐进、开放包容的精神，增进相互信任，扩大共同利益，在此基础上，逐步形成体现地区多样性特征、与多层次的区域经济合作相协调，并为各方都能接受的地区能源安全合作的法律框架。

三、能源安全与我国国内法律制度的完善

（一）我国有关能源安全法律制度的缺陷

1. 缺乏有效的能源安全的政府管理体制

近20年来，我国能源管理机构几经变迁：1988年七届全国人大第一次会议决定撤销煤炭部、石油部、水利电力部，成立能源部；1993年八届全国人大第一次会议决定撤销能源部，重组煤炭部、电力部；1998年九届全国人大第一次会议决定撤销煤炭部、电力部。目前我国石油管理权分散在数个部委、十余家司局级单位。仅国家发改委就有七个司局级单位分别管理石油投资、运输、价格、炼油、进出口、成品油和勘探开发。其中勘探开发又分散在两个部委的三个司局级单位管理。而成品油管理则分散在三个部委，分别分管成品油进出口、市场流通和储备问题。在地域上，石油产业又被分割成西北与东南、陆地与海洋。世界上有哪个国家将石油领域的管理权分割得如此支离破碎？国际能源机构认为，没有一个统领能源事务的机关，中国即使出台宏观能源政策，也无专门机构贯彻实

施，更无法实现长远的政策目标。因此，当前我国石油安全面临的风险不仅仅是外部威胁，甚至在内部，在某种意义上也可以说是领导缺位、管理混乱。

2. 能源体系的法律法规不健全

我国能源领域的法制建设非常滞后，已经影响到能源的改革和发展。自1986年《中华人民共和国矿产资源法》颁布以来，我国先后出台了《电力法》、《煤炭法》，以及石油工业监管的法律法规和对外合作开采陆上石油和海上石油条例等一系列法规体系，如《矿产资源开采登记管理办法》、《对外合作开采海洋石油资源条例》、《石油、天然气管道保护条例》、《国家发展计划委员会原油、成品油价格改革方案》等。然而，上述大部分法律法规是在计划经济体制背景下制定的，历时已久，已不符合目前形势的要求，需要根据形势变化加以修订和完善。况且，迄今为止尚无一部全面的《能源法》。

（二）完善我国能源安全法律制度的步骤

1. 实施可持续能源发展战略

能源产业的可持续发展是事关国家发展战略的重要问题。我国应结合本国国情，借鉴欧美发达国家的成功经验，建立符合中国特色的能源效率不断提高和环境保护日益加强的中长期可持续发展能源战略。简而言之，我国应树立"以人为本"的科学发展观，实现社会经济、人口、资源、环境的协调发展。具体来讲，我国应依靠体制创新和技术进步，实行能源国际化战略；优先满足人民生活的能源需求，有效保障国家的能源安全，最大限度地减少能源生产转换利用对环境和健康的影响；初步形成能源可持续发展的新机制，为今后更长远的发展奠定基础。同时，为了实现可持续能源发展战略，我国还应采取相应的保障措施，如将节约资源提升到基本国策的高度，通过政府驱动、公众参与、总量控制、排污交易实施环境友好的能源战略，等等。[1]

2. 健全政府管理体制

能源产业关系国家的经济命脉，政府的重要作用是不言而喻的。因此，必须有一个协调能源政策、主管能源安全的国家能源管理机构（国家能源委员会）[2]；要改组相关部委与企事业单位，将必要的权限收归能源管理机构；应该建立一个从中央到地方统一的、以能源战略管理为核心的能源监管体系；还需要出台一些

---

[1] 参见陈清泰：《中国国家能源战略和政策》，http：//cssd.acca21.org.cn/2004/hot10.html；高全立等：《积极探索能源产业可持续发展之路》，载《光明日报》2004年8月31日。

[2] 2005年6月，国家能源领导小组暨能源办正式宣布成立。国家能源领导小组作为国家能源工作的高层次议事协调机构，将进一步加强能源战略规则和重大政策、能源开发与节约、能源安全与应急、能源对外合作等前瞻性、综合性、战略性工作的领导。

协调一致的针对能源安全的方法措施，实施超部门、权威性管理与协调。同时，政府应着重在制定宏观发展政策、实施综合能源战略管理、保证市场的公平有序竞争、进行市场预测和提供信息服务等方面发挥重要作用。

3. 完善法律法规体系

国际实践表明，要实施可持续能源发展战略，就一定要有健全的法律法规。因此，我国应抓紧制定和修改相应的法律法规。

首先，应从法律保障我国能源安全的角度出发，制定涵盖整个国民经济的《能源法》，具体内容可以包括：能源的类别（一次能源、清洁能源和可再生能源等）、保护一次能源的资源、限制一次能源的利用、加强清洁和可再生能源生产和利用技术的研究、促进清洁和可再生能源的开发、提倡和奖励利用清洁和可再生能源、对破坏和浪费能源或资源行为的惩处、建立实施和监督实施《能源法》的机构，等等。另外，虽然我国早在 1997 年 11 月就颁布了《中华人民共和国节约能源法》，国家经贸委还制定了《能源节约与资源综合利用"十五"规划》，但是到目前为止与其配套的节约能源和有效利用能源的法律，对应煤炭、石油和电力等各行业的能源政策或实施细则以及相关的技术法规或技术标准尚未公布和确定。因此，为促进节能，应根据需要完善《节能法》，并加快制定《节能法》配套法规和实施细则，引导和规范全社会用能行为，其重点是制定《节约石油管理办法》、《能源效率标识管理办法》等。[①]

其次，加快制定《石油法》、《天然气法》、《石油储备法》和《紧急状态下能源管理办法》等行业法，以克服石油工业监管中存在的各种弊端，进而将对保障我国能源安全和可持续供给，保证石油工业监管有法可依、有法必依和维护行业的公平公正有序竞争起到重要作用。有关石油立法的内容可以包括：石油能源的战略地位、资源供应协调管理规定、价格与税费规定、油品流通指导规定、国内合资合作政策、向海外投资政策、外交外贸政策、国家战略油田储备政策、国家石油储备政策、危机处理应急保障措施等。

最后，抓紧制定《反垄断法》。目前我国能源行业改革和发展的最大障碍将是行业内的垄断经营和区域市场分割等违反市场经济规律的行为。《反垄断法》的制定和实施，有助于维护公平竞争、整顿和规范能源市场经济秩序。

4. 建立我国国家能源战略储备体系

能源战略储备是稳定供求关系、平抑市场价格、应对突发事件、保障国家经济安全的有效手段。为建立我国国家能源战略储备体系，首先要建立相关的法律法规。由于石油战略储备是一项事关国家与产业安全的战略性工作，必须有法可

---

① 参见陈清泰：《中国国家能源战略和政策》，http://cssd.acca21.org.cn/2004/hot10.html。

依，通过立法，对石油生产、加工、储备和管理等方面进行强制规范，促进石油安全战略的建立和实施。其次要确定适当的石油储备规模。根据我国的国情，结合美国、日本等国家的经验，我国石油储备宜采取阶段性目标，2005 年可制定30 天的储备目标，2010 年可制定 60 天的储备目标，然后逐步向国际能源机构的目标靠拢，即达到 90 天的储备目标。最后还要建立符合我国国情的石油储备模式，即应当采取政府储备与企业储备并举的方式。政府储备品种应以原油为主并主要储存进口原油；企业储备品种要坚持与生产经营业务活动相结合的原则，国家只规定储备量，而不规定品种。此外，具体石油储备基地的选址和布局，应遵循进油方便、出路畅通、靠近炼厂、快速反应的原则。

另外，还应建立"风险采购"方式的安全屏障和能源安全方面的危机预警与应对机制，发展核电产业，以进一步保障我国的能源安全和减轻我国在环境保护方面的压力。

第二节　中国和平发展与全球气候变化的国际法律分析 *

改革开放以来，我国的经济社会发展取得了举世瞩目的成就。同时，我国已经进入了工业化中期和城市化迅速发展的时期。从发达国家的经历看，这段时期也是消耗资源最多、对环境影响最大的时期。由于目前我国经济的高速增长主要还是粗放型的，要靠大量投放原材料、自然资源和能源以及投资来实现，因此，我国快速发展对全球资源的占有和对全球环境的影响问题越来越引起全世界的关注。在此问题上，国际社会对我国反映出了一种普遍的忧虑情绪；更有甚者，一些惯用传统思维方式思考安全问题的人则更是将其视为"中国威胁论"的有力"依据"，大肆鼓吹"中国环境资源威胁论"。[①] 2009 年 12 月 7～18 日在丹麦首都哥本哈根召开的全球气候大会上，一些发达国家力图将注意力引向发展中大国，尤其是执意要将中国推到风口浪尖。他们无视自身历史责任以及中国向世界展示对人类共同利益高度负责的态度，极力渲染中国已成为世界第一排放大国，无限夸大中国责任。种种情况表明，如果不解决经济社会发展中出现的环境问题，我国经济的持续高速增长就有可能引发越来越多的国际摩擦，并反过来制约

---

* 本节作为子项目成果发表于《国际经济与政治论坛》2006 年第 2 期，其英文版发表于 *LEAD Journal*，volume 3/1（2007），标题和内容均作了适当的修改和删减。

① 杨朝飞：《解析我国和平发展的环境与资源问题》，载《中共中央党校学报》2005 年第 2 期，第95 页。

我国的和平发展和综合国力的提升。

对于这一新动向，我们应当引起高度重视。我国应当采取积极的对策应对环境问题的挑战，回应国际社会的关注。鉴于此，以下拟对我国和平发展所涉及的气候变化问题及其国际影响进行考察，进而探讨解决该问题的国际法原则、规则和制度，最后为我国提出解决这些问题的政策和法律对策。

一、我国和平发展中的气候变化问题及其国际影响

目前的主流观点认为，由于人类活动所造成的大气中温室气体的增多，致使大气温室效应增强，从而导致全球气候变暖。全球温度的上升所引起的气候变化将给地球的生态系统和人类的社会经济带来巨大的冲击。全球变暖的直接后果是全球海平面上升，威胁到沿海地区和岛国的安全。全球变暖还会造成气候反常，使沙漠化和干旱状况加剧；对农业将产生巨大的影响，使农作物的生长带北移，影响传统的生产方式和生活方式；气候变暖还会使病虫害增多，直接影响人类的健康和作物的生长。

为了有效保护全球环境、防止人为引起的气候变暖，国际社会经过不断努力，分别于 1992 年和 1997 年签订了《联合国气候变化框架公约》[①] 以及《京都议定书》[②]。目前，这两项文件已经生效，并为发达国家规定了减排义务。虽然我国暂无减排义务，但长远看来，我国必然面临巨大的减排压力。美国就曾以发展中国家没有减排义务为由拒绝签署《京都议定书》。从总量上看，目前我国二氧化碳排放量已位居世界第二，甲烷、氧化亚氮等温室气体排放量也居世界前列。1990～2001 年，我国二氧化碳排放量净增 8.23 亿吨，占世界同期增加量的 27%；预计到 2025 年前后，我国二氧化碳排放量很可能超过美国，居世界第一位。[③] 美、欧等发达国家坚持，2012 年以后，发展中国家也要开始承担限排义务。这对我国这样一个经济持续快速增长、技术相对落后和人口众多的发展中国家来说，确实是一场严峻的挑战。

与此密切相关的是能源短缺的问题。目前，全球范围内存在着自然资源和能源的短缺问题，而这一点在我国体现得尤为突出。当前，我国经济发展中的资源

[①] The United Nations Framework Convention on Climate Change, New York, May 9, 1992, 31 *Int'l Leg. Mat.* 849 (1992).

[②] The Kyoto Protocol to the Framework Convention on Climate Change, Kyoto, March 16, 1998, 37 *Int'l Leg. Mat.* 22 (1998).

[③] 解振华：《关于生态环境与可持续发展》，载《树立和落实科学发展观》，中共中央党校出版社 2004 年版。

短缺现象日益严重，而大量进口国外资源又对世界资源的供给产生了巨大的压力。长期以来，我国经济的增长主要是粗放型增长，靠大量投放原材料和能源来实现。随着工业化以及经济全球化进程的加快，我国成为世界自然资源消费大国的趋势已不可阻挡。

在单位产值资源消耗方面，我国单位产值能耗比世界平均水平高 2.4 倍，是德国的 4.97 倍，是日本的 4.43 倍，是美国的 2.1 倍，是同样为发展中国家的印度的 1.65 倍；我国资源消耗大，每万美元产值消耗的铜、铝、铅、锌、锡、镍合计 70.47 公斤，是日本的 7.1 倍，是美国的 5.7 倍，是印度的 2.8 倍。与此同时，我国在国民生产总值和总的资源消耗方面，也同样存在着不成比例的问题。据了解，2004 年我国对世界经济的总贡献是 4.3%，但是我们消耗了全球 7.4% 的石油、30% 的煤炭、27% 的钢铁、25% 的铝材和 40% 的水泥。[①] 而且，这种高消耗使用资源的粗放形式，在未来的二三十年还不可能一下子被遏制。

在当前的发展阶段中，我国实际上是超常规地利用自然资源和能源。在大量消耗本国的自然资源与能源、而国内供给又日渐不足的情况下，我国开始逐渐依赖资源的进口。根据 2003 年的相关资料统计，全国有 50% 的铁矿石和氧化铝依靠进口，60% 的铜矿资源依靠进口，34% 的原油依靠进口。[②] 我国消耗石油资源正大幅度增加，而国内石油产量缺口却在日渐加大，预计 2020 年我国将有 60% 的原油依靠进口。这一趋势对全球资源供给带来的压力是显而易见的。

以上事实表明，我国传统的经济发展模式下，导致了我国面临着诸多环境问题。这些问题如果不能够得到及时有效的解决，不仅对我们自己是个巨大的风险，无助于我国的和平发展，而且还可能导致全球性环境问题的不断恶化。在此背景下，我国周边一些国家以及某些和我国有着经济竞争关系的国家，担心我国发展"抢占"它们的资源，不能友好或者宽容地对待我国的和平发展，也就不难理解了。

二、我国和平发展所涉气候变化问题的国际法调整

（一）气候变化之国际法的起源与发展

全球气候变化是人类共同面临的重大环境问题之一，也是 20 世纪给 21 世纪

---

① 姜志：《可持续发展：21 世纪我国面临六大挑战》，http：//www.southcn.com/news/china/zgkx/200509060154.htm，2005 年 9 月 6 日。

② 杨朝飞：《解析我国和平发展的环境与资源问题》，载《中共中央党校学报》2005 年第 2 期，第 95 页。

遗留下来的最大挑战之一。1988 年，联合国第 43 届大会专门通过了 43/53 号决议，承认气候变化为"人类共同关注之事项"，并敦促国际社会将应对气候变化作为一项头等大事对待，同时还批准了此前由联合国环境规划署和世界气象组织共同成立的"政府间气候变化委员会"的工作。1990 年，第 45 届联合国大会通过了第 45/212 号决议，决定建立政府间气候变化框架公约谈判委员会（INC）着手组织谈判工作。由于气候变化问题涉及各国的重大经济、社会和环境利益，公约的谈判过程自始至终充满错综复杂的矛盾、斗争和妥协。从总体上看，《公约》的谈判格局仍然分为发达国家和发展中国家两大集团。发达国家、特别是欧盟主张对减排二氧化碳等温室气体规定具体的目标和时间表。而发展中国家、如印度和中国，则反对任何不顾其国情和发展目标并可能限制其经济长期发展的规定。

自 1991 年 2 月在美国华盛顿举行第一次谈判以来，政府间谈判委员会一共举行了 5 次谈判，并最终于 1992 年 5 月 9 日就公约条文达成妥协。在巴西里约热内卢召开的 1992 年联合国环境与发展大会上，154 个国家和欧共体签署了《联合国气候变化框架公约》（以下简称《公约》）。《公约》于 1994 年 3 月 21 日生效，迄今已经有 184 个国家或地区集团组织作为缔约方加入了该《公约》。

《公约》虽然没有对各国限排温室气体规定具体的指标，但它是第一个由国际社会的全体成员参与谈判的国际条约，它以国际立法的形式承认气候变化是一个严重的威胁，为今后采取国际行动奠定了广泛的基础。由于存在科学不确定性以及谈判中各国间存在着错综复杂的利益关系，《公约》只是原则性地规定附件一所列缔约国（即发达国家和经济转型国家）有义务率先削减温室气体排放的义务；但它没有规定具体的限排指标和时间表，而是留待给日后的附件、议定书或其他方式予以充实和细化。

为了促使《公约》得到有效的实施，各缔约方代表在 1997 年《公约》第 3 次缔约方大会期间，经过艰难的讨价还价，签署了具有里程碑意义的《京都议定书》。1997 年《京都议定书》（以下简称《议定书》）改变了《气候变化公约》中只对温室气体排放进行定性限制的做法，对其附件 2 所列缔约方（主要是发达国家）温室气体排放量做出了具有法律约束力的定量限制，要求它们在 2012 年的温室气体排放量与 1990 年排放水平相比平均要减少 5.2%，而发展中国家不承担减排义务。这也是人类历史上首次以国际法的形式对特定国家的特定污染物排放做出定量限制。《议定书》还引入了帮助发达国家缔约方减轻其承担减排与控排义务负担的 3 个"灵活机制"（也称为"京都机制"），即：发达国家与苏联东欧经济转型国家之间的"联合履行机制"（Joint Implementation，JI），发达国家之间的"排放贸易机制"（Emission Trading，ET）和发达国家与发展中国家之间的"清洁发展机制"（Clean Development Mechanism，CDM）。这些机制设计的初衷是为了各国（特别是发达国家）可以采用成本效益最佳的方式来削减排放二氧化碳。

尽管《议定书》朝着温室气体减排方向迈出了可喜的第一步，但作为各方谈判妥协的产物，它仍遗留下许多悬而未解的问题。这使得其生效经历了"一波三折"的曲折历程。根据《议定书》第 24 条，议定书的生效必须同时满足以下两个条件：第一，必须有 55 个以上的《公约》缔约方批准加入《议定书》；第二，必须有 1990 年累计排放量占当年附件 1 缔约方（发达国家和经济转轨国家）二氧化碳排放总量 55% 以上的附件 1 缔约方批准加入《议定书》。其中，第二个条件格外重要，它是决定议定书是否生效的实质性条件。

在《公约》所有的附件 1 国家中，美国 1990 年二氧化碳排放量占附件 1 缔约方的 36.1%。但在 2001 年，美国总统小布什明确宣布拒绝批准《议定书》，这对议定书的前途产生了严重的不利影响。有关各方在 2001 年第七次缔约方大会上经过妥协，达成了《马拉喀什协定》，它不仅挽救了《议定书》，而且它还是全球多边主义对美国单边主义的胜利。由于美国的退出，《议定书》的环境效益已大打折扣。不过，为了使《议定书》尽早生效，国际社会纷纷将目光投向俄罗斯。俄罗斯 1990 年二氧化碳排放量占"附件 1 国家"总排放量的 17.4%，如果俄罗斯批准，那么《议定书》就满足了生效的条件。在经历了激烈的内部纷争后，2004 年 10 月，俄罗斯国家杜马和联邦委员会分别批准了《议定书》。11 月 5 日，俄罗斯总统普京也在《议定书》上签字。2005 年 2 月 16 日，也就是俄罗斯批准《京都议定书》90 天后，《议定书》正式生效，成为具有约束效力的国际法。

（二）气候变化国际法的主要内容

《公约》及《议定书》，构成了气候变化国际法的核心。为了实现"将大气中温室气体的浓度稳定在防止气候系统受到危险的人为干扰的水平上"的最终目标，《公约》及《议定书》将气候变化的法律地位宣布为"人类共同关注之事项"（common concern of humankind）。[①] 人类共同关注之事项是国际法的新概念，是《公约》及《议定书》在国际法上的一项重要贡献，其基本内涵是实现保护人类共同利益与行使国家主权之间的协调。根据该概念，在气候变化领域，各国

[①] 关于"人类共同关注之事项"的详细论述，参见秦天宝：《遗传资源获取与惠益分享的法律问题研究》，武汉大学出版社 2006 年版，第 82 ~ 108 页；及秦天宝：《国际法的新概念"人类共同关注之事项"初探——以〈生物多样性公约〉为例的考察》，载《法学评论》2006 年第 5 期，第 96 ~ 102 页。

依然对本国境内的气候变化活动享有主权权利，但是由于该问题涉及全人类的共同利益，国际社会作为一个整体对位于各国境内、但影响气候变化的人类活动享有正当关心的权利。换言之，以往属于各国"国内管辖之事件"、但可能导致气候变化的经济活动，由于全人类对此具有共同利益而被纳入气候变化国际法的调整范围之内。在人类共同关注之事项概念的指导下，《公约》及《议定书》为气候变化问题规定了许多具体的原则和制度。这些原则和制度集中体现了以下几个方面的特点：

1. 重申气候变化问题上的国家主权原则

重申气候变化问题上的国家主权原则，但应进行一定的限制。在《公约》的谈判过程中，关于气候变化的国际法律地位，发展中国家与发达国家之间存在着"国家主权管辖事项"和"人类共同遗产"两种截然对立的主张。经过反复磋商和妥协，各国最终一致同意使用"人类共同关注之事项"一词。①

究其本源，在于"人类共同关注之事项"与"人类共同遗产"之间存在着根本性的不同。人类共同遗产原则的首要要素（或法律特点），就是它不从属于任何形式的占有，从而在法律上排除任何国家或国家集团对其的主权要求。② 而人类共同关注之事项是适用于传统上属于一国国内管辖范围内活动或资源的国际法概念。对于处于一国管辖范围内大气层和影响大气层的温室气体排放活动，它尊重各国的主权，并不寻求使有关资源或活动本身"公共化"或"国际化"。③为此，1992 年《气候变化框架公约》首先在序言中重申"各国根据《联合国宪章》和国际法原则，拥有主权权利按自己的环境和发展政策开发自己的资源"，随即又强调"在应付气候变化的国际合作中的国家主权原则"。④

但与此同时，《公约》通过确立人类共同关注之事项的概念，也对发展中国家所坚持的自然资源永久主权原则进行了一定的限定。也就是说，《公约》承认各国对国际社会共同关注的活动或资源依然享有主权，但由于共同关注之事项对国际社会具有根本的重要性，各国也同时负有了为人类共同利益而对这些活动和资源进行管理和保护的义务。事实上，《公约》作出如此规定，是有其深刻的历

---

① 马耳他关于气候变化的联合国大会第 43/53 号决议原始草案使用的是"共同遗产"。UNEP, *Ad hoc* Working Group of Experts on Biological Diversity, 2nd session, Geneva, February 1990, para. 11.

② 参见［英］伊恩·布朗利著：《国际公法原理》，曾令良、余敏友等译，余敏友、曾令良审校，法律出版社 2003 年版，第 266～267 页；［法］亚特兰大·基斯著：《国际环境法》，张若思编译，法律出版社 2003 年版，第 111～113 页；Christopher C. Joyner, "Legal Implications of the Concept of the Common Heritage of Mankind", (35) *International Law & Comparative Law Quarterly*, 1986；等。

③ Jutta Brunée and Stephan J. Toope, "Environmental Security and Freshwater Resources: A Case for International Ecosystem Law", (41) *Yearbook of International Environmental Law*, 6, 1995, p. 73.

④ 1992 年《气候变化框架公约》序言第 8、9 段。

史背景的。从自然资源永久主权发展历史来看，自然资源永久主权的权利主体在享有各种权利的同时，国际社会也对其施加了各种义务，以平衡各方的利益，并最终服务于该原则的首要目标——可持续发展。① 这其中，以 1992 年《里约环境与发展宣言》第 2 条原则的提法最为引人注目。一方面，该原则提出 "各国有按自己的环境与发展政策开发自己资源的主权"，丰富和发展了自然资源永久主权原则。另一方面，该原则也提出了与国家自然资源永久主权相对应的义务——"有责任保证在他们管辖或控制之内的活动，不致损害其他国家的或在国家管辖范围以外地区的环境"。这项原则后来被公认为是对国际习惯法规则的权威表述。《公约》秉承了这一思想，在序言中采取了与《里约环境与发展宣言》原则 2 完全相同的表述，以强调各国对共同关注之事项的国际义务。此外，《公约》第 3 条第 3 款指出，各缔约方应当采取预防措施，预测、防止或尽量减少引起气候变化的原因，并缓解其不利影响；当存在造成严重或不可逆转的损害的威胁时，不应当以科学上没有完全的确定性为理由推迟采取这类措施。同时，《公约》第 4 条又为所有国家——无论是发达国家还是发展中国家，规定了共同的、都要履行的一般性义务。所有这些，都是《公约》限制各国对共同关注之事项（即气候变化及其不利影响）的主权，要求各国承担共同关注之事项义务的具体体现。

2. 在气候变化及其解决的国家责任上强调实质公平

在控制气候变化、削减二氧化碳等温室气体的责任问题上，国际社会已经基本达成了共识，即由于地球生态系统的整体性和导致气候变化的各种不同因素，各国对保护气候资源负有共同但是又有区别的责任。这就是国际环境法上著名的 "共同但有区别的责任" （common but differentiated responsibilities）。该原则包括两个相互关联的内容，即共同的责任和有区别的责任。这两种责任的重心分别置于发展中国家和发达国家。具体而言，就是发展中国家应当与发达国家一道承担控制全球变暖的共同责任，而发达国家则应当比发展中国家承担更大的或是主要的责任。

首先，共同责任要求发展中国家不应以经济发展水平低、科学技术落后、专业人员匮乏等为由，逃避、推脱自己应当承担的保护全球环境的责任。不过，共同责任并不意味着 "平均主义"，发展中国家与发达国家虽然负有控制全球变暖的共同责任，但发达国家应当比发展中国家承担更大的或是主要的责任。这是由全球环境问题形成的历史和现实原因所决定的。无论从历史责任看，还是从现实

---

① Nicolaas Jan Schrijver, *Sovereignty over Natural Resources: Balancing Rights and Duties in an Interdependent World*, Proefschift, Rijksuniversiteit Groningen, 1995, pp. 29 – 132, 351 – 378.

人均排放水平和经济、技术实力看，发达国家无疑都对全球气候保护负有不可推卸的特殊责任。因此，无论是根据社会公平观念，还是环境法的"污染者负担"原则和"受益者分摊补偿"原则，发达国家都理应比其他国家特别是发展中国家承担更大的、更主要的削减温室气体的责任。

"共同但有区别的责任"原则不但在《公约》中得到了原则性的宣告，而且还得到了有关条款的具体体现。《公约》第 4 条第 2 款（a）项要求发达国家应当"带头依循本公约的目标，改变人为排放的长期趋势"。为此，《公约》第 4 条第 2 款其他款项还为发达国家缔约方规定了许多具体承诺，包括：向发展中国家缔约方提供新的、额外的资金；帮助特别易受气候变化不利影响的发展中国家缔约方支付适应这些不利影响的费用；采取措施促进、便利和资助向发展中国家转让环境无害技术等。同时，《京都议定书》规定，各发达国家从 2008 年到 2012 年必须完成的削减目标是：与 1990 年相比，欧盟削减 8%、美国削减 7%、日本削减 6%、加拿大削减 6%、东欧各国削减 5% ~ 8%；新西兰、俄罗斯和乌克兰则不必削减，可将排放量稳定在 1990 年的水平上。

根据《公约》及《议定书》，发展中国家缔约方不承担具体的限排义务，但他们也要承担编制温室气体国家清单、制定实施限排温室气体的国家方案、维护和加强温室气体的汇和库①、加强科学研究、进行信息交流以及进行教育培训和公众参与等一般性的承诺。同时，《京都议定书》虽没有要求发展中国家按 1992 年《公约》作出新的承诺，但它仍敦促这些发展中国家"在适当的情况下和可能的范围内"制定国家方案，或在必要时，制定区域方案，以改进可反映社会经济状况的排放因素、活动数据和模式。此外，《京都议定书》确立的发达国家与发展中国家间的清洁发展机制，实际上也使发展中国家迈出了参与全球削减温室气体排放的第一步。可见，发展中国家根据"共同但有区别的责任"原则，也承担了控制气候变化的责任，只是没有承担具体的限排义务而已。《公约》及《京都议定书》之所以作出这样的安排，主要是考虑到广大发展中国家的具体情况和特殊需要，体现了责任分配上的实质公平。

3. 在《公约》及《议定书》履行机制上注重经济效率

成本效益原则也是《公约》设定的为实现其目标而必须遵循的基本原则之一。《公约》第 3 条第 3 款规定，采取预防和减少气候变化的措施应"考虑应付气候变化的政策和措施应当讲求成本效益，确保以尽可能低的费用获得全球效益"。亦即，各国在履行限排温室气体的义务时，在确保实质公平的前提下，也

---

① 汇（sink）是指将温室气体从大气中移除的任一过程、活动或机制；库（reservoirs）是指气候系统内存储温室气体或其前体的一个或多个组成部分。

应当注重效率。而《议定书》提出的联合履约机制、排放贸易机制和清洁发展机制等机制就是这样的符合成本效益原则的灵活机制。

全球气候变化作为"人类共同关注之事项",意味着国际社会作为一个整体对具有全球重要性的气候资源有正当的关心的权利,同时也要求国际社会共同分担有关保护全球气候的责任和义务。根据这一原则,每一个国家为了经济的发展都有一定的排放温室气体的权利;而在国际商品社会中,权利是可以通过市场机制进行交易的。[①] 因此,一国如果有足够的财力,可以向其他国家,特别是发展中国家购买这种排放权,而减轻甚或取代本国所需采取的限排措施。因为无论在什么地方采取限排措施,只要温室气体的排放有所减少,全人类都可以受益。

有了这一理论前提,成本效益原则就有了用武之地。由于各国经济发展水平很不平衡,在不同的国家取得同样的限排温室气体的效果,所需成本各不相同。正是基于这些理论,《京都议定书》正式引入了"联合履行机制"、"排放贸易机制"和"清洁发展机制"等供发达国家缔约方灵活履行其限排义务的机制,它们分别适用于发达国家与苏联、东欧经济转型国家之间、发达国家之间以及发达国家与发展中国家之间的限排额度交易。

客观地讲,采用这些灵活机制对发达国家来说,可以避免其因履行控制温室气体排放的承诺而可能导致的对国内经济发展的限制;对发展中国家来说,可为其带来更多的国外资金、技术并提高其能源利用效率;从整体上看,它可以低成本、高效益地实现全球大气中温室气体浓度和数量的净减少。允许发达国家借助这些灵活机制,与其他国家(主要是经济转型国家和发展中国家)开展合作、进行限排额度交易,是有其合理性的。

应当注意的是,在强调限排温室气体效率的同时,必须以其背后体现的实质公平为前提。[②] 上述三种灵活机制在其带来各种优势的同时,也存在着固有的缺陷。首先,灵活机制可能被发达国家将其本应承担的义务转嫁给限排额度的出售国(主要是发展中国家),以此来逃避其应当以国内行动履行的承诺。其次,灵活机制由于只是向发展中国家转让现有技术,可能会减少发达国家革新其能源技术的积极性。再次,灵活机制可能会冲击发达国家现行的对发展中国家的官方援助,并可能限制发展中国家能源工业的长期发展。鉴于此,《公约》的第一次缔约方大会就已经规定,灵活机制是补充性的履约方式,只能被视为实现公约目标的次要手段;灵活机制不得以任何方式改变《公约》各缔约方在《公约》中所作的承诺。

---

① 刘大群:《〈联合国气候变化框架公约〉评述》,载《中国国际法年刊》(1995),法律出版社1996年版,第195页。

② 秦天宝:《美国拒绝批准〈京都议定书〉的国际法分析》,载《珞珈法学论坛》(第二卷),武汉大学出版社2002年版,第288~289页。

（三）气候变化之国际法对我国的影响

《京都议定书》要求减限排温室气体问题的实质，涉及一国的能源消费总量和效率问题。我国人均 GDP 刚过 1 000 美元，国家开始进入工业化中期阶段。从 1 000 美元到 3 000 美元是很关键的时期，也是能源需求的高增长时期。在此阶段，温室气体的大量排放，是不可避免的现实。根据《公约》及《议定书》，我国和其他发展中国家一样，没有被要求承担限排温室气体的义务。这就为我国的和平发展赢得了宝贵的"排放空间和时间"。不过，《京都议定书》的生效虽然没有给我国带来现实的压力，但对我国的未来、特别是和平发展影响巨大。

虽然《京都议定书》第一阶段没有规定中国的减排义务，但是，由于中国是该条约的签约国之一，同时，在《京都议定书》生效之后，关于控制温室气体排放的第二承诺期的谈判即将展开，届时，中国不可避免地将成为谈判各方关注的焦点，很有可能被要求承担相应的减排义务。

目前，从总量上看，我国二氧化碳排放量已位居世界第二，甲烷、氧化亚氮等温室气体的排放量也居世界前列。预计到 2020 年，排放量要在 2000 年的基础上增加 1.32 倍，这个增量要比全世界在 1990 年到 2001 年的总排放增量还要大。预测表明，到 2025 年前后，我国的二氧化碳排放总量很可能超过美国，居世界第一位。[①] 由于我国发展中国家温室气体排放数量的快速增长，发达国家要求发展中国家参与温室气体减排或限排承诺的压力与日俱增。美国拒绝批准《京都议定书》的借口之一，就是议定书没有规定中国、印度、巴西等主要发展中国家承担温室气体减排义务。[②] 虽然美国的上述观点严重背离了《公约》"共同但有区别的责任"原则，但从另一个侧面也说明我国在气候变化问题上面临着巨大的压力。

在《京都议定书》的谈判中，我国同广大发展中国家团结一致，在反对发达国家为发展中国家设立减排义务问题上获得了极大成功。然而，由于我国温室气体排放的迅速增长，我国想再根据"历史责任"继续获得完全免除，显然不现实。而且发展中国家在是否应该承担减排或限排义务问题上也并非铁板一块。在《公约》第 4 次缔约方会议上，东道主阿根廷就曾呼吁发展中国家"自愿承诺"。此外，如前所述，发展中国家中的小岛国家，也希望发展中国家能够承担减排义务。另一方面，虽然《京都议定书》第一阶段没有规定中国的减排义务，

---

① 陶勇：《〈京都议定书〉成为国际法　中国面临巨大压力》，载《法制早报》2005 年 2 月 16 日。
② 秦天宝：《美国拒绝批准〈京都议定书〉的国际法分析》，载《珞珈法学论坛》（第二卷），武汉大学出版社 2002 年版，第 287 页。

但在《京都议定书》生效之后，关于控制温室气体排放的第二承诺期的谈判即将展开。届时，中国作为《议定书》的缔约方之一，不可避免地将成为谈判各方关注的焦点，很有可能被要求承担相应的减排义务。

在此背景下，如果我国长期不承担温室气体控制义务，那么，我国在参与《联合国气候变化框架公约》活动中遭受的压力将会越来越大。如果在国内政策和法律上应对不当，则有可能影响我国的国际形象和地位，对我国的和平发展造成巨大的阻力。

三、我国和平发展所涉气候变化问题的政策与法律对策

在未来相当长时间内，我国经济仍将快速增长，能源需求和 CO_2 排放量不可避免地还将增长，作为温室气体排放大国的形象将更加突出。随着《京都议定书》的生效，新一轮的气候谈判即将展开。经济迅速发展的中国很有可能成为未来议定书谈判中的头号目标，届时将面临来自美国、欧盟等众多发达国家的压力。作为国际社会的重要成员，我们有责任为减缓气候变化做出自己的努力，积极应对气候变化问题带来的挑战。为了有效维护我国在未来谈判中的地位和国家利益，促进我国和平发展战略目标的实现，笔者以为，我国需要在国际和国内两个层面采取相应的政策与法律对策。以下仅就我国在国际层面的应对策略提出若干建议：

（一）基本立场——积极参与气候变化领域的国际活动及履约谈判

中国必须继续积极参与气候公约的谈判进程，不断增强参与的程度，提高参与的能力，力争在其中发挥更大的作用。这应当是我国应对气候变化问题的基本立场。当然，中国参与气候变化领域国际活动及履约谈判的首要任务，是为实现工业化和现代化及可持续发展而争取应有的发展权，即为未来的和平发展争取必需的排放空间。

作为全球最大的发展中国家和正在快速崛起的世界大国，我国要在全面加入发达国家所主导建立的国际气候变化制度体系的同时，积极致力于发挥一个负责任大国的制度构建作用，使国际制度处于正常有序的运转状态和利益分配的公正状态，在相对公正和稳定的国际合作中维护和促进我国的日益全球性的国家利益。从世界意义上来讲，这既是建立公正合理的国际政治经济新秩序的客观要求，也是我国在和平发展的进程中为维护世界和平与稳定所应作出的重要贡献。在气候变化问题中，维护国家利益最有效的方式就是积极主动地参加下一个议定

书的制定以及政府间气候变化委员会有关研究报告的起草，使其最大限度地符合自身利益，为经济建设创造更加灵活的空间。同时，中国还应开展全方位的环境外交，争取更多的盟友，以增强自身的谈判地位，引导气候谈判的方向。其中包括加强同77国集团以及绿色和平组织的协调与合作。在此过程中，我国应当加强对外正面宣传，改善我国环境形象，进一步争取更大的主动。

（二）指导思想——坚持新的国家主权观，实现国家利益与人类共同利益的有机结合

根据当前气候变化问题及其国际法的现状与发展趋势，为了在此问题上更好地维护我国的利益，我国应当树立兼顾国家利益与人类共同利益的新型国家主权观。这应是我国在应对气候变化问题上的指导思想。

气候问题的出现突破了主权国家的限制，在一定程度上模糊了国际内外事务的界限。但归根结底，在以民族国家为基础的国际社会中，国家主权原则和国家利益至上的观念始终没有变。这一点在气候变化国际法中也再次得到了验证。因此，在下一步的谈判中，中国应坚持主权原则，以我为主，确定更加明确的国家利益目标。具体而言，我国应当强调，我国与世界各国一样，都享有相同的发展权。因此，在减缓和适应气候变化时，应当确保我国和其他发展中国家为满足人民的基本需求而加快发展的权利，努力实现经济增长、消除贫困、社会进步与环境保护、合理利用资源之间的协调，坚持不承诺、不承担与经济发展不相适应的国际义务的谈判立场（而不是坚守"在我国达到中等发达国家的水平之前不承诺减排义务"）。

而且，根据国际习惯法规则，国家虽拥有按照本国的环境与发展政策进行发展的主权权利，但同时也负有确保本国管辖范围内的活动不至于加剧气候变化而损害国外环境的责任。因此，在新一轮谈判中，我国如果只坚持发展本国经济的发展权利而规避保护全球环境的责任，不仅在理论上行不通，在实践中也会将自己引入死胡同。实际上，随着全球共同利益领域的日益扩大，现代主权观正在由以国家利益为主向兼顾国家利益与全球利益转化。[①] 对此，我国也应当根据人类共同利益的要求，在气候变化问题的主权行使方面采取积极协作的态度，选择一种既促进发展目标又降低排放增长速度的方式来参与全球减排行动。这样才能得到绝大多数国家的理解和支持，最大限度地维护国家利益。

[①] 翟玉成：《论国际法上主权问题的发展趋势》，载《法学评论》1997年第3期，第5～6页。

（三）基本原则——坚持发达国家与发展中国家负有共同但有区别的责任原则

目前，《公约》生效已经十几年，《议定书》也开始生效，但是减排行动的进展并不尽如人意。可以说，正是由于"共同但有区别的责任"原则没有得到认真落实，才严重影响了气候变化的适应、减缓和可持续发展。因此，我国应当在各种国际论坛，敦促发达国家根据其法定义务尽早进行实质性减排。同时，在新一轮的减排谈判中，我国也应当团结其他发展中国家，继续坚持根据"共同但有区别的责任"原则来确定发展中国家与发达国家的承诺和义务。

不难理解的是，美国拒绝批准《京都议定书》的理由之一就是我国没有承担限制和减少排放温室气体的义务。而我国和巴西、印度等发展中国家没有开展削减温室气体的实质性活动，也似乎成为各方批评《京都议定书》的一个主要理由。恰恰相反的是，我国在过去几年中的单方努力已经表明，在面对全球气候变暖所引起的严重局面时，我国并没有袖手旁观。根据权威的世界资源研究所（WRI）的统计，我国1999年比1997年减少排放约19%（按绝对值计算）。[1] 而2006年在《公约》第十二次缔约国大会上由总部设在美国的清洁空气政策中心所发表的一份报告更有说服力。这份题为《巴西、中国和印度的温室气体缓解：2025年的情景和机会》（Greenhouse Gas Mitigation in Brazil, China and India: Scenarios and Opportunities Through 2025）的报告说明，我国自2000年以来所采取的单方面措施所削减或到2020年预期削减的温室气体高于三国的平均值。到2010年，我国和巴西及印度自愿削减的数量也超过了美国的自愿削减量。[2] 更值得关注的是，我国所取得的这些削减量，都是国内所资助的项目产生的，与根据《京都议定书》在我国实施的清洁发展机制项目无关。[3]

而且，我们也应当承认，发达国家领导作用的削弱，尤其是美国拒绝批准《京都议定书》是当前南北合作难以取得成效的最大障碍，如果发达国家不积极

---

① Kevin A. Baumert and Nancy Kete, United States, Developing Countries, and Climate Protection: Leadership or stalemate?, *World Resources Institute Issue Brief*, Washington, (June 2001).

② See further Center for Clean Air Policy, *Greenhouse Gas Mitigation in Brazil, China and India: Scenarios and Opportunities Through* 2025, ii-iii Washington, (November 2006), document available at http://www.ccap.org/international/CCAP% 20Developing% 20Country% 20Project% 20% 20Synthesis% 20Report% 20 _ Nov% 202006_% 20FINAL. pdf.

③ Center for Clean Air Policy, *Greenhouse Gas Mitigation in Brazil, China and India*: Scenarios and *Opportunities Through* 2025, i, Washington, (November 2006), document available at http://www.ccap.org/international/CCAP% 20Developing% 20Country% 20Project% 20% 20Synthesis% 20Report% 20 _ Nov% 202006 _% 20FINAL. pdf.

采取减排行动，《公约》的目标根本无法实现。同时，值得注意的是，根据共同但有区别的责任原则，我国同样负有共同的责任。因此，在新一轮的谈判中，作为一个负责任的大国，我国也要考虑发挥表率作用，做好承担一部分和我国经济发展水平相适应的减排义务的准备。

（四）具体措施——在清洁发展机制方面积极开展国际合作

清洁发展机制（Clean Development Mechanism，CDM）是《京都议定书》三个灵活机制之一，主要是让附件1国家（发达国家和经济转轨国家）能够灵活地以成本有效的方式实现其减排承诺，同时也旨在帮助发展中国家促进可持续发展采取措施以减缓气候变化。清洁发展机制的实施双方是已经承诺减排义务的发达国家和尚未承诺的发展中国家。发达国家通过在温室气体减排边际成本相对较小的发展中国家实施清洁发展机制项目，完成一定数量的减排义务。从理论上讲，清洁发展机制提供了一种选择。对于发达国家来说，清洁发展机制不仅带来了更为成本有效的减排方案，也提供了更广阔的技术转让渠道与市场。就发展中国家而言，清洁发展机制的有效利用有可能为促进国家的可持续发展提供更多的机遇。其中包括：（1）减少气候变化带来的不利影响；（2）拓宽融资渠道获取先进技术；（3）促进能力建设；（4）减少区域性污染物产生等。[1] 即便发达国家负担清洁发展机制项目的全部成本，也比在本土完成同样数量减排义务的总成本要低。这就是清洁发展机制的魅力所在。

当前国际社会提出的减缓温室气体排放的清洁发展机制项目主要集中在提高能源利用效率、发展可再生能源、大规模植树等对生态环境的改善上。这些不仅符合中国经济增长方式从粗放型向集约型转变的需要，而且直接结果是促进高效能源技术和节能产品更迅速地向全球扩展和传播，这一趋势将将有利于促进中国能源利用效率的提高和能源结构的优化，改善生态环境。对此，中国应该采取实事求是的态度，最大限度地发挥"后发优势"，力争在防止气候变化与促进经济发展之间实现双赢。[2] 正是在这一认识下，兼具发展中国家可持续发展和发达国家实现减排承诺的清洁发展机制，应当而且事实上也确实受到了中国政府的高度重视。为此，我国应当加强清洁发展机制方面的政策、法规和制度建设，促进清洁发展机制项目方面的国际合作。

---

① 庄贵阳：《清洁发展机制与中日合作前景：中国的视角》，载《世界经济》2002年第2期，第69页。
② 庄贵阳：《清洁发展机制与中日合作前景：中国的视角》，载《世界经济》2002年第2期，第70页。

230

中国和平发展的重大前沿国际法律问题研究

第三节　中国和平发展与传染病国际法律控制 *

一、和平发展战略下的传染病控制之国际法与中国

（一）传染病控制与中国和平发展

中国实行对外开放政策后，不可避免地受到传染病全球化的影响。在以经济建设为中心的现代化进程中，政府对公共卫生的投入也相对较少，医疗体制改革亦未获成功。根据权威人士的分析，目前我国传染病控制的总体形势是：（1）少数传染病将被消灭，如脊髓灰质炎等；（2）一些过去已经基本上控制了的传染病又卷土重来，如结核病、梅毒等；（3）陆续发现了一些新的传染病。

传染病控制对中国和平发展的影响不可忽视。

首先，传染病控制关系到我国的综合国力：（1）传染病侵害到一代人甚至几代人的身体健康，关系到劳动者的身体素质；（2）传染病造成巨大的治疗费用，对国民经济的直接损害巨大。例如，结核病成为广大农村"因病致贫，因病返贫"的一个重要原因；（3）传染病尤其影响旅游与贸易收入。如，2003年非典造成的贸易与旅游损失高达1 000多亿元。

其次，传染病控制关系到和谐社会的建设：（1）公共卫生突发事件容易引发广泛的恐慌情绪甚至混乱，破坏社会政治稳定；（2）传染病给许多家庭带来无尽的痛苦和不幸，而侵害或歧视传染病病人和病原携带者会引发社会分裂；（3）传染病控制涉及分配正义。《2004年世界卫生报告》指出，中国的卫生公平性在191个国家和地区中排名第188位①。

再次，传染病控制涉及我国国家安全与对外开放。传染病控制是一种非传统安全因素。在当今全球化时代，人员、商品的国际流动更加频繁，自然疫源性疾病和国际生物恐怖主义可能会使中国面临更多更大的传染病威胁。如果发生疫情，其他国家难免会采取贸易禁运、旅行限制等过渡措施，损害我国的货物进出

---

* 本节作为子项目成果发表于《珞珈法学论坛》第五卷，武汉大学出版社2006年版，标题略有改动，内容有较大幅度的删减。

① World Health Organization（WHO），*World Health Report*，2004，Geneva：WHO.

口与其他国际交往活动。非典暴发期间，欧美某些政客曾提出禁止一切来自亚洲疫区的航班降落。反之，在全球化背景下，如何正确地适用卫生措施来防范传染病从国外传入，也影响到中国的国际关系。

传染病控制还影响一国声誉和地位。传染病流行被认为是制度、经济落后的产物。特别是，"中国在世界体系中急速崛起，在西方国家引起了部分人的不安。他们当中，更有一些人刻意散布中国'威胁'论……在'非典'期间，虽然西方人大部分都能以国际主义态度面对该疾病，但'非典'却让19世纪有关'华人乃大部分传染病之源'的伪科学话语死灰复燃。"①

（二）传染病控制之国际法概述

在19世纪传染病大流行和近代国际法大发展的背景下，各种国际卫生条约和国际卫生组织逐步兴起与发展。1851年在巴黎召开的第一次国际公共卫生会议签订的公约和规则，规定了针对鼠疫、霍乱、黄热病与"任何'对具有被认为是可输入的某种疾病'的任何船只"的海上检疫措施。② 此后的一个半世纪，传染病控制之国际法逐步发展与完善。在当今全球化逐渐加深的情况下，贸易、人权、环保、卫生等传统上各成一体的领域之间日益互相联系和渗透。这种趋势使国际传染病控制不再只是公共卫生措施上的合作与协调，而是渗透到了国际社会的各个领域。"人权、食品安全、国际贸易法、环境法、战争与武器、人类生殖、器官移植，以及广泛的生物、经济和卫生的社会文化因素等，构成了现在全球传染病控制体系的核心组成部分。"③ 其中，最为重要的领域涉及以下四个方面：

——世界卫生组织（简称世卫组织，WHO）法律制度构成了有关传染病控制的国际法律机制的主要组成部分。《世界卫生组织组织法》规定的宗旨与职能表明，该组织在传染病控制等国际公共卫生领域中肩负重要使命。组织法第19条至第23条授予世卫组织在公共卫生领域的准立法权（通过公约或协定权、通过条例权、做出建议权）。世卫组织通过的《国际卫生条例》（IHR）作为"全球性关键文书继续具有重要意义"。经2005年第58届世界卫生大会修订的《国际卫生条例》之"目的和范围是，针对公共卫生危害，同时又避免对国际交通和贸易造成不必要干扰的适当方式预防、抵御和控制疾病的国际传播并提供公共

---

① 孔诰烽：《非典型肺炎"黄祸论"与全球管治》，载《读书》2004年第10期。

② Goodman. N. M, *International Health Organizations and Their Work*, London：Churchill Livingstone，2nd edn，1971，pp. 47 – 48.

③ Obijiofor. Aginam，International Law and Communicable Diseases，Bulletin of the World Health Organization 2002，from http：//www. who. int/bulletin/pdf/2002/bul – 12 – E – 2002/80（12）946 – 951. pdf.

卫生应对措施。"条例规定了控制疾病国际传播的原则以及成员方在采取监测、通报等公共卫生措施时的义务，如不得采取不适当的超出世卫组织建议程度或范围内的措施。[①]

——多边贸易体中有关的多边贸易协定对传染病国际控制发挥着特殊的作用。《卫生与动植物检疫措施适用协定》在确立各国公共卫生主权的同时，规定了适用卫生措施的严格条件，包括依据科学原理、风险评估、国内规章一致、最小限制贸易、依据国际标准、禁止各国间任意的或不合理的歧视，等等；《与贸易有关的知识产权协定》的公共卫生原则及例外条款表明它企图平衡专利保护与公共卫生，从而影响传染病药品与疫苗的专利、研发与分配；《服务贸易总协定》正在向医疗卫生保健服务领域拓展，如"医院服务"、"传染病学服务"、"医疗与牙医服务"和"卫生保险"均可能被涉及。

——有关公民和政治权利与经济、社会与文化权利的国际人权法，"已经成为有关一般的公共卫生和特别的传染病控制的国际法的最重要的方面。"[②] "二战"后，随着国际人权法的迅猛发展，人权保护与公共卫生的关系逐步为国际社会所重视。特别是，艾滋病问题引发的人权危机使人们认识到，尊重、保护和履行人权不仅是各国的国际义务，也是抗击传染病的重要策略。各种国际人权条约与文件都具有不同程度的公共卫生含义，直接或间接地涉及传染病控制，对于确立各国政府积极地、正确地实施传染病控制措施的义务具有重要意义，如保障传染病病人的平等权利（非歧视）。其中，健康权在实际上直接确立了各国政府平等地提供卫生服务与保护公众健康（包括控制传染病）的责任。

——国际环境法虽不直接涉及传染病控制，但环境保护却可以说是解决传染病问题的根本。作为诱发新发现与复发传染病的重要因素，水和空气的污染、海洋污染、滥伐林木、臭氧层消耗和全球变暖，等等，都是国际环境法设法解决的领域。国际环境法禁止跨境环境损害，并开始要求各国保护境内环境，无疑会有助于减少传染病发生的可能性。《国际动物卫生法典》、《国际植物保护公约》以及生物安全和禁止生物武器方面的国际规则也十分重要。

限于篇幅，以下仅就世界卫生组织和多边贸易体制中涉及传染病控制和公共卫生与健康的法律制度分别展开论述，并就我国在相应领域法律制度的缺陷和完善提出建设性的意见。

---

① WHO, International Health Regulations (2005), Geneva: WHA 58.3.

② David P. Fidler, *International Law and Global Infectious Disease Control*, CMH Working Paper Series Paper No. WG2: 18, 2001.

二、《国际卫生条例》与我国国境卫生检疫法制的完善

（一）《国际卫生条例》在我国适用的模式

关于条约的国内适用，国际社会主要存在两种模式：（1）转化，即当一国政府缔结某一条约后，须由立法机关以立法形式将其转变为国内法；（2）纳入，即条约一旦获得一国批准，就可以直接将该条约规定并入国内法予以适用。我国《宪法》没有规定条约在中国的适用问题，一些部门法明确规定直接适用国际条约，即将条约纳入国内法予以适用，但同时规定"声明保留的条款除外"，另一些则制定专门的法律、法规来履行条约义务。

1986年，全国人大常委会审议通过了《中华人民共和国国境卫生检疫法》。《国境卫生检疫法》附则第24条规定，"中华人民共和国缔结或参加的有关卫生检疫的国际条约同本法有不同规定的，适用该国际条约的规定。但是，中华人民共和国声明保留的条款除外。"然而，这一规定实际上解决的是《国境卫生检疫法》与《国际卫生条例》的冲突问题。不可以将《国际卫生条例》在中国的适用方法定义为"纳入"模式：（1）《国际卫生条例》并不是自动地或直接地并入国内法予以适用，因为"声明保留的条款除外"。全国人大常委会在决定批准时对条约的特定内容所作保留，表明了立法机关对条约的"过滤"；（2）我国国家机关或公民直接履行的仍是国内法，只在某些条款若不符合条约（《国际卫生条例》）时才强调《国际卫生条例》效力优先；（3）《国境卫生检疫法》只是原则性规定，1989年国务院颁布的《中华人民共和国国境卫生检疫法实施细则》实际上是由《国际卫生条例》"转化"而成的。它参照了现行《国际卫生条例》的大部分内容，如规定国境口岸出入境交通工具、人员、货物、邮包等实施卫生检疫、监测、卫生监督和卫生处理。

所以，对于《国际卫生条例》的适用，我国采取的实际上是"纳入"与"转化"相结合并融合其他方法的混合模式，即既规定《国际卫生条例》在国内的法律效力，又以立法形式规定相应的法律法规，再由行政、司法机关予以具体实施。而且，《国境卫生检疫法》及其实施细则并不能解决《国际卫生条例》在中国适用的所有问题，尤其是关于中国政府向世界卫生组织通报疫情的问题。例如，根据《国际卫生条例》第3条至第6条之规定，各国卫生主管部门必须通知本组织在本国领土上发生或流行的某种受本条例管制的疾病的第一个病例或发现的病毒并迅速补充有关疫情与采取的预防措施方面的信息。《国境卫生检疫法》没有就这一国际义务做出任何规定，也就不存在与《国际卫生条例》相冲

突的问题，但并不等于中国就无须履行通报疫情的国际义务。

（二）《国际卫生条例》修订与国境卫生检疫法变革

1.《国际卫生条例》的修订与国境卫生检疫法的滞后

如前所述，由于现行《国际卫生条例》存在重大缺陷，无法应对全球化时代新发现与复发传染病的挑战，国际社会正在对它进行重大修订。新修订的《国际卫生条例》通过实施后，势必对我国现有的国境检疫模式形成冲击，如果我国的国境卫生检疫制度不做出及时变革，仍沿着旧的模式运行，既不符合相关国际法发展的趋势，也无法在传染病全球化时代筑起维护国家公共卫生安全的"长城"。

新修订的《国际卫生条例》提出了"构成国际关注的突发公共卫生事件"的新概念。由于《国境卫生检疫法》及其实施细则沿袭现行《国际卫生条例》的做法，将范围界定在"检疫传染病"和"监测传染病"[1]，所以，自1999年以来，针对国外暴发的埃博拉出血热、日本脑炎、西尼罗热、裂谷热、登革热、疟疾，特别是"9·11事件"以来，针对国外恐怖主义制造的"炭疽"等突发事件，国家质检总局只得通过发布"通知"、"办法"和"公告"的方式，采取紧急防范措施。

监测[2]逐步取代检疫已成为当今国际上更为关键的传染病控制策略。事实上，《国境卫生检疫法》也包括了"传染病监测"和"卫生监督"的内容；传染病传播及生物恐怖主义还威胁整个国家社会，属于非传统安全因素。在这个意义上讲，《国境卫生检疫法》改为"国境卫生安全法"更适时和完整；《国境卫生检疫法》的立法目标宜改为，"为了防止疾病由国外传入或者由国内传出，实施国境公共卫生措施，维护公众健康与国家安全"。[3]

此外，《国境卫生检疫法》没有关注人权等问题，没有就国内监测能力做出规定，检疫规则更多地强调检疫机构的权力而不是义务。而新的《国际卫生条例》将"充分尊重人的尊严、人权和基本自由"作为原则之一，故《国境卫生检疫法》也应相应予以完善。

2. 突发公共卫生事件

根据新的《国际卫生条例》第6条，国家不分原因，应当通报在本国领土

---

[1] 前者包括鼠疫、霍乱与黄热病，后者实际上只包括艾滋病、性病、麻风病、精神病、开放性肺结核病。

[2] 广义的"监测"包括疫情通报、传染病学信息的搜集与交流等。

[3] 现行《国境卫生检疫法》（总则第1条）规定："为了防止传染病由国外或者由国内传播，实施国境卫生检疫，保护人体健康，制定本法。"

内发生的有可能构成国际关注的公共卫生突发情况的所有事件，包括与病原体、化学品或核放射材料的意外、自然或怀疑有意泄漏有关的事件。所以，除了"传染病"外，《国境卫生检疫法》的范围应当扩大到所有公共卫生事件。

具体来说，可将"传染病"改为"疾病"，取消"检疫传染病"和"监测传染病"之分。依据《国际卫生条例》规定，可将"疾病"界定为"由生物、化学或核放射源引起的对公众健康构成危害的疾患"；增加"突发公共卫生事件"的内容，如《国境卫生检疫法》第八章"检疫传染病管理"可改为"突发公共卫生事件管理"。《突发公共卫生事件应急条例》第2条关于"突发公共卫生事件"的定义是，"突然发生，造成或者可能造成社会公众健康严重损害的重大传染病疫情、群体性不明原因疾病、重大食物和职业中毒以及其他严重影响公众健康的事件。"这基本符合《国际卫生条例》规定和国际惯例，《国境卫生检疫法》可照用。

当然，这只是原则性规定，还需要更详尽的条款。如何界定"突然发生"、"严重损害"？在对出入境人员、交通工具及其经营者采取卫生措施时，还得界定其"国际传播的可能性"和"采取措施的必要性"。为帮助各国界定什么构成或不构成"国际关注的突发公共卫生事件"，世界卫生组织还制定了一种决策文件（《国际卫生条例》附件2）。对此，可在《国境卫生检疫法实施细则》中根据《国际卫生条例》附件2予以明确。

3. 核心监测与应对能力

为成功地实现全球疾病控制战略，新的《国际卫生条例》就所需的最低核心监测和应对能力向国家提供指导，特别是确定了机场、港口和其他入境口岸的特定能力，确认它们在实施常规和临时公共卫生措施方面的特殊作用。《国境卫生检疫法》及其实施细则强调了实施卫生措施的权力，而对于卫生检疫机构和口岸基本监测和应对能力的规定过于笼统。

首先，《国境卫生检疫法》（第15条）和《国境卫生检疫法实施细则》（第16条、第19条）规定了卫生检疫机构实施传染病监测与收集、整理、报告国际和国境口岸传染病发生、流行的情况的职责，但对照修订草案附件1的规定，还应明确发现、评估和应对的能力：①昼夜24小时发现、核实公共卫生事件并立即采取初步措施；②随时与卫生行政部门及交通、海关和农业部门保持迅速畅通的联系；③随时从世界卫生组织获取全球疫情动态信息，向旅行者提供健康咨询和建议。

其次，《国境卫生检疫法》（第18、第19条）和《国境卫生检疫法实施细则》（第105条至第108条）对照新的《国际卫生条例》附件1的规定，应补充以下内容：①为使患病的旅行者得到迅速诊治和服务而提供和利用医疗人员、设备、场所及相关设施；②提供称职的从业人员以检查交通工具和控制入境口岸及附近的传染媒介；③应对突发公共卫生事件的能力，包括协调国境口岸与公共卫生机构的联系，提供适当的隔离场所，采取适当的应对措施，等等。

所以，卫生检疫机构的职责还应包括督促国境口岸完善卫生基础设施建设，确保机场、港口和其他出入境口岸具备符合《国际卫生条例》所要求的基本能力。

4. 从检疫到公共卫生措施的转换

《国境卫生检疫法》的中"检疫"措施，应相应地替换为"公共卫生措施"。当然，这并不只是名义上的变更，还是观念上的转变。应该根据修订后的《国际卫生条例》第五部分有关"公共卫生措施"的规定调整各项国境检疫措施。

（1）对人员（旅行者）的卫生措施。《国境卫生检疫法》（第4条、第7条、第15条至第17条等）及其实施细则规定卫生检疫机构对出入境人员实施卫生措施，但没有关于人员检疫的具体规定，忽略了保护人权的义务。根据新的《国际卫生条例》"对人员的特别条款"和"个人权利"之规定，《国境卫生检疫法》应该限制卫生检疫机构对旅行者的某些检疫措施：①在为旅行者接种疫苗或采取其他预防措施以及进行必要的创伤性医学检查前，应事先告知并征得其同意，并且在对旅行者采取措施后，应当按要求免费给予签发有关证明；②除寻求临时或长期居留的外国人外，不应当将医学检查、疫苗接种或其他预防措施作为允许旅行者入境的条件；③疫苗接种或其他预防措施应经卫生行政部门批准；④对来自疫区持有有效的疫苗接种或其他预防措施证书的旅行者，不应当由于证明中提及的疾病而拒绝其入境；⑤对旅行者采取常规或特别的卫生措施，应由卫生行政部门（根据世界卫生组织的建议）规定或通知，并确保交通工具经营者将上述建议和措施告知旅行者。

（2）交通工具及其经营者与货物。《国境卫生检疫法》实施细则按"海港检疫"、"航空检疫"、"陆地边境检疫"规定卫生检疫机构对交通工具及其经营者实施检疫措施的权利。但是，根据新的《国际卫生条例》规定，应该限制卫生检疫机构的某些措施，并明确交通工具及其经营者的权利：①不对非来自疫区、在前往另一国家领土港口的途中经过我国领土沿海运河或航道的船舶实施检疫措施；②在没有对染疫交通工具采取控制措施而允许其离港时应当注明的发现的证据并向其他检疫机构提供必要信息；③不应因公共卫生原因而阻止交通工具在任何入境口岸停靠；④不应无故拒绝授予交通工具"无疫"证明，尤其是不应阻止交通工具离境或入境；⑤不应要求交通工具出示健康证书或任何有关前一个入境口岸卫生状况的证书。

（3）关于检疫机关对货物、集装箱和集装箱装卸区采取的措施。《国境卫生检疫法》应补充下列条款：①不应对不转运的转口货物实施检疫措施；②集装箱与集装箱装卸区应保持无感染或无污染。根据新的《国际卫生条例》就卫生主管机构对旅行者的卫生措施之规定，《国境卫生检疫法》还应增加卫生检疫机构以公共卫生为目的对旅行者采取的监测措施：①了解有关出入境旅行者旅行目的地的情况；②了解出入境旅行者到达前在疫区或附近的旅行路线或可能接触感染或污染的其他情况；③要求被留验的旅行者在抵达后报告情况。

（三）国境卫生执法和司法的若干问题

1. 国境卫生执法

我国卫生检疫机构在开展国境卫生检疫工作时，"依据世界卫生组织（WHO）制定的《国际卫生条例》和《中华人民共和国国境卫生检疫法》"[1]。《国际卫生条例》的一个特别点是，它不仅规定缔约国之间的权利义务关系，也明确了世卫组织与缔约国之间的权利义务关系。《国境卫生检疫法》虽然规定了卫生检疫机构收集、整理、报告国际和国境口岸传染病的发生、流行和终止的情况，进行流行病学调查研究和开展科学实验的职责，但关于监测和通报疫情限于向卫生检疫机构并向国家卫生行政部门负责，而后者向世卫组织的通报义务没有法定。《国境卫生检疫法》第5条规定，"中华人民共和国与外国之间的传染病疫情通报，由国务院卫生行政部门会同有关部门办理。"世界卫生组织是一个政府间国际组织，而不是"外国"。新的《国际卫生条例》要求各国确立"国家归口单位"，作为与世卫组织联系的联系点，以便将法定报告事件立即通报世卫组织。今后，卫生主管机构（国家质检总局）—国家归口单位（待确立）—卫生行政部门（卫生部）—世卫组织四者间在国境疫情信息交流方面的行政管理关系，必须保持畅通。

最易引起争议的问题在于，新的《国际卫生条例》规定了世卫组织的临时建议权，包括就发生国际关注的突发公共卫生事件的国家和其他国家对于交通工具、集装箱、货物、物品、行李或人员的卫生措施，并要求各国不得实施超出建议的措施。这意味着，卫生检疫机构依据国家卫生行政机关（卫生部）授权采取的卫生措施也得符合该组织的临时建议，所以，国家卫生行政机关对卫生检疫机构的授权先得有该组织的授权。但如果卫生检疫机构面临卫生部与世卫组织建议不同的授权时，是否也依照《国境卫生检疫法》第24条的精神而依据该组织的临时建议执法呢？这应该遵循"一般与特殊相结合"的原则，即通常情况下

---

[1] 参见《国家质检总局局长李长江在纪念〈中华人民共和国国境卫生检疫法〉颁布15周年座谈会上的讲话》（2001年11月30日），载《中国国境卫生检疫杂志》2002年第25卷第1期。

卫生行政机关应参照该组织的建议授权卫生检疫机构采取适当的卫生措施，但在特殊情况下仍应坚持依据卫生行政机关的决定来采取措施。若确实造成了不必要的损失，可对该措施进行修正或通过外交途径（如利用《国际卫生条例》的争端解决机制）给予有关国家或实体适当赔偿，以承担国际责任的方式来履行国际义务，这样才能维护主权与公共卫生安全。

2. 涉外司法判决

国境卫生检疫是涉外事务，难免引起国际纠纷。人民法院既应通过司法判决纠正卫生检疫机构的违反我国法律和《国际卫生条例》的行为，也可维持卫生检疫机构依法行使职权的活动，这都是实施《国际卫生条例》的国家行为。值得注意的是，新的《国际卫生条例》对卫生检疫机构采取的措施作了更多的限制性规定，并包括了保护个人权利的条款。这就要求我国法院在外国人（包括个人、交通工具经营者）遭受卫生检疫机构的不法行为侵害时提供司法救济，否则可能会构成"拒绝司法"① 之责。

从理论上说，《国境卫生检疫法》第 24 条既然规定了国际条约优先的原则，则法院可以直接适用《国际卫生条例》，当事人也可以在法院直接援引。例如，如果外国交通工具的经营者对我国卫生检疫机构采取的符合《国境卫生检疫法》规定（但不符合《国际卫生条例》）的具体卫生措施提起上诉，法院就应按照《国际卫生条例》的规定来判决。但是，在实践中至少还存在两个问题需要澄清：

首先，如前所述，我国对《国际卫生条例》的适用并非单纯地采取"纳入"或"转化"的模式，而是一种混合的方式。对于我国批准《国际卫生条例》时做出保留的条款在我国没有法律效力，因而不得在国内法院援引；对于为具体实施《国际卫生条例》而将其转化为国内法的法律、法规就不存在《国际卫生条例》优先的问题，例如《国境卫生检疫法实施细则》就没有《国际卫生条例》效力优先的规定，即使是依据不同于《国境卫生检疫法》的《国际卫生条例》规定作了判决，法院对两者规定的比较、取舍也可看做是一种"转化"行为。

其次，根据我国行政法律，当事人不得对我国立法和抽象行政行为的合法问题提起诉讼，我国法院无权受理此类案件。这意味着，卫生行政机关制定的相关规范性文件、标准、办法即使不符合《国际卫生条例》，也不得被起诉。《国境卫生检疫法》第 21 条规定，当事人对国境卫生检疫机构给予的罚款决定不服的，可向当地人民法院起诉。该条的范围显然过窄，应将所有卫生检疫机构对特定人员、交通工具及其经营者、货物、集装箱或物品等采取的卫生措施都纳入可

---

① 如果一个国家的法院拒绝受理关于救济一个外国人遭受损害的诉讼，或者诉讼受到不应有的延迟，或如果在司法中存在严重缺陷，就构成"拒绝司法"。参见〔英〕劳特派特修订，王铁崖、陈体强译：《奥本海国际法》上卷第二分册，商务印书馆 1981 年版，第 423 页。

起诉的范围。

三、世界贸易组织法与我国公共卫生安全的法律保障

(一)《卫生与动植物检疫措施适用协定》与我国卫生检疫法规

虽然《卫生与动植物检疫措施适用协定》对各成员方立法没有规定,但整个 WTO 法倡导的是"法治"原则。我们必须完善相关的国内法,使之在尽可能与协定一致的前提下维护我国利益,并适应当今国际实践的发展趋势。

1. 应以法律形式明确我国的公共卫生主权权利

GATT 第 20 条和《卫生与动植物检疫措施适用协定》都确认了各国为保护人及动植物生命健康而采取必需的公共卫生措施的主权权利。我国《进出境动植物检疫法》第 6 条也规定,国外发生重大动植物疫情并有可能传入中国时,国务院应当采取紧急预防措施;受动植物疫情威胁地区的地方人民政府和有关口岸动植物检疫机关,应当立即采取紧急措施。

这样的规定虽然十分具体,但未能为我国在公共卫生受到威胁时采取限制贸易的必要措施提供坚实的法理基础:①它局限于"国外重大动植物疫情并有可能传入中国"。而实际上构成公共卫生威胁的不仅仅是重大疫情,激素、农药残余等含量过高的植物食品都会影响健康。仅就传染病控制而言,抗生素指标过高也会导致抗菌剂抗性。②它没有明确为保护公共卫生可以采取限制贸易的措施,限制贸易的目的是保护生命健康。我国在应对别国疫情时只依据行政命令来采取临时行政措施,既不便于有关部门自动启动检疫措施,也难免会造成类似情况下采取的措施不一致。① 所以,对于公共卫生主权这一重大问题,该法应该以序言的方式做出规定,形成一种应对公共卫生威胁的惯用制度。《进出境动植物检疫法》制定于中国加入 WTO 之前(1991 年通过实施),现在有必要进行调整。②

2. 确认风险预防原则

《卫生与动植物检疫措施适用协定》第 5.7 条规定,在有关科学证据不充分的情况下成员方可临时采用动植物卫生检疫措施。虽然 WTO 上诉机构在"激素牛肉案"等案件中回避了关于"风险预防原则"的解释,但确认了采取和维持

---

① 参见陈立虎、李晓琼:《从 SPS 协定看中国动植物检疫法的完善》,载《华东船舶工业学院学报》(社会科学版)2004 年第 4 卷第 3 期。

② 例如,2004 年 4 月修订的《外贸法》第 16 条和第 26 条分别规定,"为保护人的健康或者安全,保护动物、植物的生命或者健康,保护环境,需要限制或者禁止进口或者出口的",可限制国际贸易。

一项临时性卫生检疫措施的权利；而且，风险预防原则越来越为国际社会所认同，尽管它们的目的是在保护公共卫生的同时也限制其他国家产品的出口。如果我们出于对其他国家限制我国农畜产品和食品出口的担忧而不敢适用风险预防原则，最后只能是"人为刀俎，我为鱼肉"，放任其他国家携有潜在疾病危险的产品输入，而听任它们对我国产品进行严格限制。因此，必须依据《卫生与动植物检疫措施适用协定》及 WTO 争端解决机构的相关解释，吸收其他国家尤其是欧盟、澳大利亚的立法经验，完善相应的立法。

虽然 2001 年 9 月国家质检总局公布了《出入境检验检疫风险预警及快速反应管理规定》，初步建立了出入境检验检疫风险预警及快速反应机制。但是该项规定并没有明确国家质检总局在风险尚未明确的情况下采取紧急控制措施的权力和程序。而且，对于这样的重大事项，最好由检验检疫方面法律等级最高的《进出境动植物检疫法》对风险预防原则予以确认。至少应根据《卫生与动植物检疫措施适用协定》第 5.7 条规定，在有关科学依据不充分的情况下，确定国家质检总局可根据现有的有关信息，包括来自有关国际组织以及其他国家实施的动植物卫生检疫措施的信息，采取临时的紧急控制措施，以保护公共卫生安全。

3. 提高食品卫生标准

根据《卫生与动植物检疫措施适用协定》第 3 条规定，依据国际标准、指南和建议的卫生和动植物检疫措施应被视为保护人类、动植物的生命或健康所必需的措施，并被视为与 WTO 规则一致；在符合该条规定的条件时，成员方可以采取比有关国际标准、指南或建议的保护水平更高水平的措施。与大多数 WTO 成员相比，我国的问题不是过高而是过低。虽然更高的卫生保护水平往往会导致争端，但过低的标准不仅会使国境成为各种疾病风险的"漏斗"，并使其他国家的低质动植物产品涌入我国。

如果我们将食品出口比作一种扑克游戏，则"国际标准"绝对是一张往往由高技术掌握的王牌。在全球贸易中，当持牌者保留时，它无足轻重，但一旦发牌，它即刻会成为一种出口企业无法跨越的"壁垒"。这是中国作为食品出口大国必须面对的现实。例如，舟山冻虾曾以体大味美而畅销欧盟。但这些产品突然被拒，因为欧洲国家的检验当局发现它们当中的氯霉素含量高于 0.2 纳克。据商务部 2003 年的统计表明，单是由于标准"壁垒"就导致我国农畜产品损失达 95 亿美元。现在，这种情况愈演愈烈。

事实上，过低的标准只能暂时起到推动进出口的作用，从长远来看只会降低我国食品的质量、标准和信誉，不利技术水平的提高。而且，根据协定第 4.1 条关于"同等对待"之规定，如果其他国家向我国表明其所采用的卫生检疫措施达到了我国的卫生保护标准，即使这些措施不同于他们国内的措施，我国也应同

241

等地接受出口成员的卫生检疫措施。这就给其他国家转移低卫生水平食品提供了机会。因此，当务之急是参照国际标准和法规，对外与外国政府的食品相关法规对接互认，对内尽快建立完善我国食品卫生法规体系，尤其是加快行业标准的制定和发布，加紧修改和发布一批商品检验、动植物检疫和食品卫生检验检疫标准。

4. 健全认证制度和检验程序

在我国原来的技术法律法规中，有一些规定违反了国民待遇原则，如原商检法第4、5、6条规定的"法定检验"和第22条规定的"进口商品安全许可制度"，现已做出调整。但是，当今世界各国都建立了相应的认证制度和烦琐的检验程序。因此，我国也有必要以法律的形式规定严密的认证制度、注册制度、实地考察与标签要求和检验程序。[①]

当然，确认风险预防原则和提高卫生标准，对于技术落后和管理水平不高的中国而言，无疑会带来较大冲击，短期内不利于我国产品出口。但矢志和平崛起的中国不该永远徘徊在低水平的生产能力和检疫技术上。立足于"高标准、严要求"既可以促进产业升级和结构调整，也可将外国低卫生水平的产品拒之门外，提高我国的声誉。

（二）《与贸易有关的知识产权协定》与我国医药专利制度

1. 充分利用《与贸易有关的知识产权协定》中的公共卫生例外条款

《与贸易有关的知识产权协定》（TRIPS）第27条关于"拒绝专利"[②]、第30条关于"专利例外"[③]和第31条关于"强制许可"[④]等条款的灵活性规定，可为我国解决传染病医药供应难题所借助。这就要求我们加深对WTO协定及有关

---

① 如，动植物产品的卫生要求应更加严格化，增加农药残留的限量和数量；在加强生物毒素检测、抗生素检测、重金属检测、激素检测外，增加微生物指标，检测细菌总数、大肠菌群、沙门氏菌等；对动植物产品的健康要求、加工质量和贮藏时间、包装材料及相关标识等也应做出明确的规定。

② 《与贸易有关的知识产权协定》第27条规定，各国政府能够以公共卫生方面的理由拒绝授予专利：（1）为保护人和动植物生命健康而需要防止商业利用的发明；（2）治疗人或动物的医学诊断方法、治疗方法与外科手术方法；（3）除微生物之外的动植物发明，以及生产动植物的方法（主要是生物的方法），但是生产动植物的非生物方法以及微生物方法除外。该条意味着在某种特定情况下，如果授予药品专利不利于保护公共卫生，则成员方可以拒绝授予该药品专利。

③ 根据协定第30条，成员方在特定的情况下可对专利权人所享有的专利权能包括生产、使用、报价出售、销售、进口等专有权中的某项或几项实施限制，即允许各国让通用药品的制造商未经专利持有人允许，在专利保护期满前，以获得公共卫生当局营销批准为目标，使用获得专利的发明。

④ 第31条明确成员方出于公共卫生目标授权强制许可的权利，即，国家主管机构可以不经专利权人的同意，通过行政申请程序直接允许申请者实施专利，并向其颁发专利的强制许可。强制许可是协定试图在促进现存药品可及性与促进新药研发之间达成平衡的一种最重要的方式。

规则的研究，正确运用强制许可、平等进口、差别定价等手段，在尊重国际知识产权制度的同时，寻求有利于我国的学理解释。

所以，我国在遵守 TRIPS 协定的同时，还应进一步与发达国家及其跨国医药公司磋商，并通过集中投标和采购等方式来降低传染病医药的价格。就当前艾滋病和其他传染病人数剧增，家庭和社会的医药负担十分沉重的情况而言，中国在必要时应像巴西和印度那样采取断然措施，行使基于协定的发布强制许可的正当权利。[1]

2. 医药与专利管理法律的完善

1992 年中国第一次修改《专利法》，规定对药物产品授予专利权和实施强制许可的条件。2000 年 8 月，《专利法》进行了第二次修改，加大了专利保护力度。其中，若干规定也与 TRIPS 协定的某些灵活性条款一致。如，与协定第 27.3 条对应，我国《专利法》第 25 条第 3 款规定："对下列各项，不授予专利：……（三）疾病的诊断和治疗方法"；对应于协定第 31 条，《专利法》第六章专门就"专利的实施的强制许可"进行了界定，如第 52 条规定："在国家出现紧急状态或者非常情况时，或者为了公共利益的目的，国务院专利行政部门可以给予实施发明专利或者实用新型专利的强制许可"。2003 年 6 月公布的《专利实施强制许可办法》，为我国进一步实施专利药品强制许可提供了依据。

有学者指出，我国有关强制许可的法律规定不够详细，没有明确强制许可实施的时间，没有明确规定对强制许可进行补偿的标准。[2] 笔者认为，强制许可涉及较大的经济利益，主要是作为一种谈判筹码，不宜做过细的规定，以便在双边磋商中有更大的灵活性和回旋余地。实际上，除了强制许可外，我们还有许多地方值得研究，以便更加充分地利用好《与贸易有关的知识产权协定》的灵活性条款，解决我国传染病医药供应问题：

其一，根据协定第 27 条规定，各国政府能够以为保护人和动植物生命健康而防止商业利用的发明所必需的理由拒绝授予专利。所以，《专利法》第 25 条可增加一款"不授予专利的"情况，即"严重危害公共卫生的药品专利"，或者规定"在国家紧急状态和公共卫生危机情况下，不授予某些药品专利"。

其二，根据协定第 30 条的"有限"例外规定，未经专利权人同意为维护公

---

[1] 我国政府为了扩大对外开放与国际合作，避免因通用药品制造销售产生不必要的争端，没有发布强制许可，而是选择与生产药品的跨国医药公司谈判。这种策略虽然促进跨国公司同意降低某些药品的价格，但目前的治疗成本仍高于中国低收入家庭的承受能力，而传染病病人家庭往往是低收入的家庭。例如，东北制药集团公司和上海 Desanow 公司等开始制造 AZT 等几种治疗艾滋病的合法仿造品，因为其专利已经用尽，把治疗成本降到了每月 1 000 元以内。然而，这对那些面临医疗保险体制改革的普通市民或通常没有被纳入卫生保险计划的农民或农民工来说，仍然过于昂贵。

[2] 李双元、李欢：《公共健康危机所引起的医药可及性问题研究》，载《中国法学》2004 年第 6 期。

共卫生而使用专利发明，也可以视为符合 TRIPS 协定。所以，《专利法》可相应地增加一款，规定"国务院专利行政部门在特定的情况下可对专利权人所享有的专利权能包括生产、使用、许诺销售、销售、进口等专有权中的某项或几项实施限制"，即允许通用药品企业在专利期满之前合法地进口、制造和实验专利产品，以确保低价的通用药品在专利保护期过后能够立即进入市场，并可以生产专门提供给低收入患者的专利药品。

其三，根据协定第 28 条规定，如果一成员适用了权利用尽原则，其他成员不得按照协定提起申诉，即一国能够利用专利持有人以较低价格在另一国出售的产品。为了与协定接轨，1992 年修订后的我国《专利法》第 11 条规定："专利权被授予后，除法律另有规定的以外，专利权人有权阻止他人未经专利权人许可，为上两款所述用途进口其专利产品或者进口依照其专利方法直接获得的产品。"所以，在原则上限制平行进口的基础上，我国法律应规定权利用尽制度，鼓励药品"平行进口"，为促进我国从另一国获得较低价格的药品提供法律依据，为推动我国通用药品的出口创造活动空间。如，这样规定："国务院医药行政部门可自主确立药品专利用尽制度。如果专利权人在外国销售其专利产品时没有明确提出限制条件，可以授权进口出售后的专利药品，或进一步使用和转销进口后的专利药品。"

（三）《服务贸易总协定》与我国医疗卫生保健服务体制

1. 对《服务贸易总协定》保持谨慎策略

以推进自由化为目标的《服务贸易总协定》（GATS），正在向卫生领域扩展。发达国家极力利用《服务贸易总协定》推行医疗卫生保健业的市场化、私有化。这已经或将会冲击公共医疗保健服务，对世界各国尤其是发展中国家的医疗卫生体系产生负面影响，间接地损害传染病控制事业。[①] 世界卫生组织多次发

---

① 《服务贸易总协定》第 1.3（b）条指出，"服务包括任何部门的任何服务，行使政府权力中提供的服务除外"；"行使政府权力中提供的服务"必须是"既非在商业基础也不与一个或更多服务供应商竞争的任何服务"。根据这一定义排除的医疗卫生保健服务数量十分有限。第 15 条指出，"在一定的情况下，补贴会对服务贸易产生扭曲的效果"。所以，协定实际上是为了消除公共卫生服务并鼓励私有化。最显著的冲击来自外国医院参与竞争的威胁。通过从公共部门吸引最有经验的职员与最有钱的病人，国内外私立部门的扩展渐渐破坏了以免费使用为基础的公共卫生体系的完整性。而且，外国健康保险公司的竞争也威胁到旨在向全社会扩散成本并向所有人提供可承受的卫生保健的项目的可持续性。私立保险公司倾向于选择"最佳风险"，即主要面向青年与富人，而拒绝那些老弱病残者，留下那些买不起保险的穷人。GATS 协定比其他 WTO 协定更介入国内管理措施与规章。这就引起了这样的担忧：诸如私立医院规章之类的重要的公共卫生法规也会受到协定有关国内规章的规则的质询。卫生保健服务贸易也涉及提供海外服务的卫生专业人员迁移。如，医生、牙医、护士、接生员或其他卫生人员迁移到其他国家执业。这属于《服务贸易总协定》第 1 条列举的"模式 4"。每年全球范围内受到培训的大量卫生专业人员从发展中国家向发达国家转移，即人才流失（"brain drain"）的问题已经日益严重。

244

表声明，对 GATS 协定给各国尤其是发展中国家人民健康带来的负面影响表示忧虑。

因此，我国应对世界银行和 WTO 倡导的医疗卫生保健服务自由化保持谨慎策略。在"乌拉圭回合"中，我国在服务贸易领域做出了许多具体的承诺，涉及到旅行、海运、咨询、金融及广告，但禁止设立医院及诊所。面对新一轮服务贸易的谈判，我们必须根据自己的国情来采取稳妥的策略，避免冒失的承诺给我国医疗卫生保健带来过大的负面影响。在医疗卫生服务方面，GATS 协定的影响取决于各成员方的承诺及其相互间的谈判。在做出有关承诺时，我国应该保留采取一定限制措施的权利，坚持自主决定适用于所有 WTO 成员方的卫生保健一般例外的，将卫生保健排除在协定范围之外，谈判有关可能影响卫生保健服务的所有 GATS 承诺的明确的例外与限制，确保政府将来能够扩展医疗保健。

2. 完善健全医疗卫生服务领域的国内法

GATS 协定序言明确"承认各成员就它们领域内的服务供应进行调控并引入有关新的规章的权利，以便满足国家政策目标……"。第 14 条规定，不妨碍成员方在一定的情况下在服务贸易领域采取或强制执行各种"为保护人和动植物生命健康所必需的措施。"所以，我们必须制定相应的国内卫生规章，并采取必要措施来保障人民健康。如，对外资、合作医院提供服务的对象、数量与质量必须有具体限制；协定对各国政府阻碍人才流动没有任何法律约束。为减少医疗人才流失，政府可以采取能够弥补损失的各项措施，如对出国服务的卫生人员征税或交纳保证金或财政担保。

更为重要的是，我国的公共卫生法制在促进卫生服务的多样性与卫生供应的竞争的同时，应规定由政府主导国家医疗卫生事业并负责卫生体系经费的提供，避免市场化引起的社会不公与对健康权的损害。一些人主张将市场经济引入公共卫生领域，倡导医疗卫生机构的市场化。这是片面地理解社会主义市场经济和误解医疗卫生事业的属性。保障公民的健康权不仅是履行国际人权义务的要求，也是我国社会主义国家性质所决定的。

第四节　国际法视角下的企业社会责任运动与中国和平发展*

20 世纪前期以来，以美国等西方国家为发源地，兴起了一场令人瞩目的

---

* 本节作为子项目成果收录于《中国崛起与国际法研讨会论文集》（2005 年 12 月 3～4 日，武汉），内容略有修改。

"企业社会责任"（corporate social responsibility）运动，其影响至今不衰，并在近年来迅速向包括中国在内的发展中国家扩散。这一运动对当代中国的和平发展将会产生何种影响？以下拟着重从国际法角度对此加以探讨。

一、企业社会责任的国际法规范渊源和主要内容

长期以来，以国家为中心的国际法，并不承认企业（包括跨国公司）在国际法上的法律人格和作为国际法主体直接享有国际法上的权利、承担国际法上的义务的能力。[1] 原则上，有关企业在生产经营中的行为标准及其法律后果是由各国（企业的母国或者东道国）通过劳动法、消费者保护法、环境保护法等国内法而非国际法加以规定。一国管辖范围内的企业因其特定行为对本国或另一国的企业或个人造成损害时，可以通过使该企业行为在特定情势下"归因"于有关国家，或者因国家在国际人权法上负有的保护个人权利不受其他实体（包括企业）侵犯的义务，而产生该国在国际法上的国家责任。[2] 但国际法在上述有限范围内对企业社会责任的间接调整，着眼点无疑仍在于国内法对企业社会责任的直接调整，即通过国际法层面的国家责任推动国内法层面的企业责任。

然而，在经济全球化不断加快的今天，企业经济实力及其生产经营活动跨国性的增强使其越来越易于规避甚至"抵制"单个国家的监管，后者则常常面临监管能力或监管意愿不足的尴尬：很多发展中国家（它们通常是跨国公司的东道国）要么没有健全的相关法律规定或者缺乏有效的执行，要么由于自身经济实力有限、对外来投资依赖严重等原因不愿"开罪"于跨国公司，甚至将降低企业社会责任标准作为吸引资本的"投资环境"之一。至于作为有关跨国公司母国的发达国家，他们也常常不愿对其公司有悖企业社会责任的行为通过域外立法加以管制，认为这会使本国公司在同其他国家企业的竞争上处于不利地位。[3]另外，各国国内法在人权、劳工、环保等方面往往相互歧异的规定也不利于对特

---

[1] 关于主流国际法学说和实践中对跨国公司国际法主体资格的否认，参见余劲松：《跨国公司的法律问题研究》，中国政法大学出版社 1989 年版，第 236～239 页。

[2] See *Draft Articles on Responsibility of States for Internationally Wrongful Acts*, adopted by the International Law Commission at its fifty-third session (2001), UN Doc A/55/10, article 5, 8, 9, etc.; Danwood M. Chirwa, *The Doctrine of State Responsibility as a Potential Means of Holding Private Actors Accountable for Human Rights*, in 5 Melbourne Journal of International Law (2004), pp. 5 – 9.

[3] 例如，在民主刚果自 1994 年以来持续的战争和武装冲突中，很多跨国公司为争夺资源开采参与了侵犯人权、破坏环境的活动却未在该国或其母国受到任何惩处。See Stephen Kabel, *Our Business is People (even if It kills them)：the Contribution of Multinational Enterprises to the Conflict in the Democratic Republic of Congo*, in 12 Tulane Journal of International and Comparative Law (2004), pp. 473 – 475.

定企业行为作出统一和相对客观的评价。相比之下，国际法可以提供一个评判并最终解决各国政府、国际组织、非政府组织以及企业自身对企业责任提出的不同主张的程序，从而有助于加强或便利各国对企业行为的监管；如果没有若干国际法律标准，则只能任由各种不同主张争论不休。[①] 总之，通过国际法的直接确立企业在社会责任方面的义务，不仅在理论上是可能的，而且也是实践中所需要的。

（一） 非政府组织制定的"软法"标准和守则

企业社会责任这一国际社会的新关注事项，就在近年来发展出了大量软法规范。其中，非政府组织（NGO）作为近年来推动企业社会责任运动的主要力量之一，其所制定的各种标准和守则也成为企业社会责任重要的规范渊源。例如，由美国牧师利昂·H·苏利文等在反对南非种族隔离制度的背景下，针对有关跨国公司发起制定的"苏利文原则"（Sullivan Principle），是创立最早（1977 年）的非政府组织守则之一。1999 年，该原则发展为一项范围更广的"全球社会责任苏利文原则"（Global Sullivan Principles of Social Responsibility），内容包括有关跨国公司承诺"尊重员工的自由结社权、向员工提供补偿，使其得以满足基本需求，提供安全和健康的工作场所，保护人类健康和环境，促进可持续发展"等。现有数百个跨国公司、教育机构等实体承诺接受这些原则。[②] 由总部设在美国的非政府组织"社会责任国际"联合其他组织和公司于 1997 年共同制定的SA8000（social accountability 8000），则是目前影响最大的非政府组织标准之一。该标准主要涉及劳工权益保护领域有关童工、强迫性劳动、健康与安全、结社自由与集体谈判权、歧视、惩罚性措施、工作时间、工作报酬及管理体系等九个方面的内容，是全球第一个可用于第三方认证的社会责任国际标准。据称，SA8000 认证现已覆盖全世界 45 个国家、52 个行业近 437 000 名工人。[③]

作为不同于企业生产守则的"外部"生产守则，各种由非政府组织制定的标准和守则不仅为数众多，而且各自所涉领域、内容和目的不一。从制定者来看，美国、英国、澳大利亚、德国等发达国家的非政府组织明显居于主导地位。

（二） 政府间国际组织制定的非约束性或软法性文件

在联合国系统内，1948 年《世界人权宣言》等有关人权保护、可持续发展

[①] See Steven R. Ratner, *Corporations and Human Rights*: *A Theory of Legal Responsibility*, in 111 Yale Law Journal, p. 448.

[②] http://www.globalsullivanprinciples.org/（visited July 15, 2006）.

[③] http://www.sa–intl.org/（visited July 15, 2006）.

等方面的一些重要文件被认为涉及或内在地体现了企业社会责任的要求，并对后来加强企业社会责任的思想产生了重要影响。① 随着跨国公司对国际经济特别是发展中国家的影响问题日益受到关注，从 1977 年起，联合国经济与社会理事会（ECOSOC）设立的一个政府间工作组开始起草一份全面的跨国公司行为守则。但由于发展中国家和发达国家之间的分歧，这一工作到 1992 年无果而终。②

不过，一些专门性和区域性国际组织的相关工作取得了重要进展。国际劳工组织于 1977 年通过了一份《关于跨国企业和社会政策的原则的三方宣言》，该文件着重阐明了有关促进就业、机会和待遇平等、培训、工作和生活条件、产业关系等方面的有关原则。③ 在该宣言基础上，国际劳工组织于 1998 年通过了一份《关于工作的基本原则和权利的宣言》，后者特别强调有关劳工权利的以下四项基本原则：①结社自由和有效承认集体谈判权利；②消除一切形式的强迫或强制劳动；③有效废除童工；④消除就业与职业歧视。④ 经合组织则在 1976 年拟定了一份《跨国企业指南》，它包含针对跨国企业提出的一系列自愿遵守的建议，涉及人权、就业和产业关系、环境、信息披露、反贿赂、消费者利益、科学和技术、竞争、税收等商业道德领域。该指南先后经过 1979 年、1984 年、1991 年和 2000 年四次审议，其影响范围已经超出了 30 个经合组织成员国和 8 个加入指南的非成员国。⑤

联合国前秘书长科菲·安南于 1999 年提出的"全球契约"倡议，也得到了国际社会的热烈响应。该倡议要求企业界无论在何处开展业务都须表现出良好的全球公民精神（global citizenship），接受并实施人权、劳工标准和环境保护领域的九项原则，包括支持和尊重国际人权保护、保证不与践踏人权者同流合污、支

---

① 例如，联合国大会于 1948 年 12 月 10 日通过的《世界人权宣言》宣布，该宣言应"作为所有人民和所有国家努力实现的共同标准，以期每一个人和社会机构经常铭念本宣言，努力通过教诲和教育促进对权利和自由的尊重"。*Universal Declaration of Human Rights*, G. A. Res. 217, U. N. GAOR, 3d Sess., Preamble, U. N. Doc. A/810 (1948), available at http: //www. un. org/Overview/rights. html（visited Feb. 22, 2006）.

② 该行为守则主要目的在于确保发展中国家对跨国公司的有效管理和监督，防止跨国公司的活动威胁东道国经济主权和独立，其中也有若干涉及企业社会责任的标准。关于制定该守则的谈判经历和涉及的主要内容，参见余劲松：《跨国公司的法律问题研究》，中国政法大学出版社 1989 年版，第 329～343 页。

③ See ILO, *Tripartite Declaration of Principles concerning Multinational Enterprises and Social Policy* (1977), http: //www. ilo. org/public/english/standards/norm/sources/mne. htm（visited April 28, 2005）.

④ See ILO, *Declaration on Fundamental Principles and Rights at Work* (1998), http: //www. ilo. org/dyn/declaris/DECLARATIONWEB. static_jump? var_language = EN&var_pagename = DECLARATIONTEXT（visited Sept. 24, 2005）.

⑤ 该《指南》先后被译为 26 种语言，其 2000 年审议后的文本可见：*OECD Guidelines for Multinational Enterprises*, OECD Doc. OECD/GD (97) 40 (2000), available at http: //www. oecd. org/dataoecd/56/36/1922428. pdf.

持结社自由及切实承认集体谈判权、消除一切形式的强迫和强制劳动、废除童工现象、消除就业和职业方面的歧视、采用预防性方法来应付环境挑战、在环境方面采取更负责任的做法、鼓励开发和推广不损害环境的技术。[①] 截至 2006 年 3 月 29 日，该倡议共有近 3 000 个参加者，包括来自世界上 90 个国家的 2 500 多个企业。[②]

欧盟是很多跨国公司的母国，1995 年以来，该组织也越来越多地涉足企业社会责任领域。欧盟委员会于 2001 年通过了一份《促进欧洲企业社会责任框架绿皮书》的文件，成为欧盟在企业社会责任领域的指导性文件。[③]

与各种非政府组织制定的标准和守则相似，政府间国际组织制定的非约束性文件各自涉及的领域、内容等也存在较大差别。不过，这类文件较为普遍的特点是，为了易于在国家之间取得共识，其措辞往往较为原则、宽泛。而且，上述文件都是以跨国公司在发展中国家的经营活动为关注重点。

(三) 2003 年《跨国公司和其他工商企业在人权方面的责任准则》草案

2003 年 8 月 13 日，联合国人权委员会下属的增进和保护人权小组委员会通过了一份《跨国公司和其他工商企业在人权方面的责任准则》草案[④]。与其他既有的软法性企业社会责任倡议和标准不同，该《准则》第一次试图直接为包括跨国公司在内的各种商业实体规定强制性的具体人权责任，它预示着在国际法上加强企业社会责任的一个重要尝试。[⑤]

《准则》草案正文共 23 段。该准则试图平衡国家与企业的人权义务，即：

---

① 在 2004 年 6 月 24 日的"全球契约领导人峰会"上，安南秘书长宣布在反腐败领域增加一项获得广泛支持的原则：企业应反对一切形式的腐败，包括勒索和贿赂。因此，"全球契约"目前涉及四个领域，包含 10 项原则。See http：//www. unglobalcompact. org（visited Sept. 24，2005）.

② See id.

③ See *Promoting a European framework for corporate social responsibility*：*Green Paper*，http：//europa. eu. int/comm/employment_social/publications/2001/ke3701590_en. pdf. 根据这份绿皮书，欧盟同 250 多个组织和有关个人进行了广泛磋商，并在 2002 年 7 月发布了一份欧盟企业社会责任的战略文件. *Communication from the Commission concerning Corporate Social Responsibility*：*A business contribution to Sustainable Development*，COM（02）347 final.

④ *Norms on the responsibilities of transnational corporations and other business enterprises with regard to human rights*，para. 22，E/CN. 4/Sub. 2/2003/12/Rev. 2，26 August 2003.

⑤ 从小组委员会工作组对该准则的审议来看，准则草案具有约束力的意图至少表现在以下几方面：首先，它根据已被批准的公约把人权法扩大适用于跨国公司和其他商业企业的活动；其次，该文件的措辞通过使用"必须"（shall）而不是"应该"（should）来突出责任的约束力；再次，准则草案中含有诸多执行措施. See *Report of the sessional working group on the working methods and activities of transnational corporations on its fourth session*，E/CN. 4/Sub. 2/2002/13，15 August 2002.

国家负有增进、保证实现、尊重、确保尊重和保护国际法和国内法承认的人权的首要责任，包括确保跨国公司和其他工商企业尊重人权；跨国公司和其他工商企业在其各自的活动和影响范围内，有义务增进、保证实现、尊重、确保尊重和保护国际法和国内法承认的人权，包括土著人民和其他易受害群体的权利和利益（第1段）。随后，《准则》具体规定了跨国公司和其他工商企业在平等机会和非歧视待遇权、人身安全权、工人的权利、尊重国家主权和人权、保护消费者的义务、保护环境的义务等方面应承担的责任，并规定了执行有关准则的总则。① 不难看出，该《准则》所指的"人权"范围十分广泛，包括 1966 年《经济、社会、文化权利国际公约》、《公民权利和政治权利国际公约》和其他人权条约中载明的公民、文化、经济、政治和社会权利，以及发展权和国际人道主义法、国际难民法、国际劳工法和联合国系统内通过的其他有关文书中所承认的权利。②

在《准则》的支持者看来，准则有关内容是对 1948 年《世界人权宣言》的权威解释，它在一个文件中综合了可适用于工商企业的核心国际人权法律、标准和最佳实践，被称为"世界上最全面和最权威的公司准则"。③ 2003 年以来，联合国人权委员会（2006 年 3 月 15 日由新成立的联合国人权理事会取代）一直在审议《准则》草案。虽然该草案成为有约束力的国际条约尚待时日，而且国际上对于有关规定还存在不少分歧，但笔者认为，既然国家可以通过国际人权条约直接赋予传统上认为仅受国内法管辖的个人以国际法上的权利，那么通过国际条约使企业这一人格化的实体承受国际法上的义务也并无不可逾越的障碍。④

（四）若干领域国际"硬法"义务对企业的适用

除了上述以不同渊源形式专门针对企业设定社会责任方面的"软法"性国际义务外，若干领域以国际条约等形式加以规定、具有确定法律约束力的"硬法"义务也确立了对企业社会责任的可适用性。尽管目前这类国际法规则数量

---

① 关于该准则有关条款的内容，可参见增进和保护人权小组委员会同时通过的《关于跨国公司和其他工商企业在人权方面的责任准则草案的评注》（*Commentary on the Norms on the responsibilities of transnational corporations and other business enterprises with regard to human rights*，E/CN.4/Sub.2/2003/38）。根据小组委员会的文件，该评注属于对准则的权威解释。

② 参见该《准则》第 23 段。

③ Amnesty International Press Statement，*Nongovernmental Organizations Welcome the New U. N. Norms on Transnational Business*，Aug. 13，2003，http：//web. amnesty. org/pages/ec-unnorms-eng；Human Rights Watch，*U. N.：New Standards for Corporations and Human Rights*，Aug. 13，2003，http：// www. hrw. org/press/2003/08/un081303. htm.

④ David Weissbrod，*Norms on the Responsibilities of Transnational Corporations and Other Business Enterprises with Regard to Human Rights*，97 American Journal of International Law（2003），pp. 901 – 922.

较为有限，但因其所具有的"样板"意义而值得重视。

1. "污染者负担"原则

在国际环境法上，"污染者负担"（polluter pays）原则不仅在 1992 年《里约热内卢宣言》、《21 世纪议程》等诸多重要的非约束性文件中被一再重申，也在若干国际条约中得到规定并对污染者直接产生赔偿责任。例如，1969 年《国际油污损害民事责任公约》规定了船舶所有人应对船舶溢出或排放油类所造成的污染损承担赔偿责任；这里，作为赔偿责任主体的"船舶所有人"当然可以包括甚至往往就是船舶所属的公司。[①] 1962 年《关于核动力船舶操作者责任的布鲁塞尔公约》、1963 年《核能损害民事责任公约》、1981 年《由道路、铁路和内陆航行船舶运送危险物质所致损害的民事责任日内瓦公约》等不少国际环境公约也有类似规定，由此确立了企业作为污染者的赔偿责任和受害方依据公约可以寻求的救济。

2. 私营企业及法人犯罪应承担的责任

2005 年 12 月 14 日生效的《联合国反腐败公约》中，多个条款对涉及私营实体、法人的腐败作出了规定，如第 12 条关于防止和处罚涉及私营部门（实体）的腐败、第 21 ~ 22 条关于私营部门内的贿赂和侵吞财产、第 26 条关于法人参与根据本公约确立的犯罪应当承担的责任等。尽管这些规定的实施主要依赖于各国国内立法、司法和行政程序，但它清楚地表明：私营企业的责任问题在国际法上得到了承认并可以通过国际法加以调整。

3. 企业对雇员应承担的义务

在国际劳工组织制定的促进雇工权益的一系列国际劳工公约和标准中，虽然国家负有实施公约规定的主要义务，但这些公约也明确承认并规定雇主对于雇员的义务。1949 年《组织权与集体谈判权原则的实施公约》（第 98 号公约）规定："凡工人应享有充分保护，使其在就业方面不会受到禁止工会的歧视行为。"该公约一方面要求国家承担义务通过立法约束企业的特定行为，另一方面也意味着企业根据公约承担不干预雇工组织工会的义务。[②] 1981 年《职业安全和卫生公约》（第 155 号公约）第 16 ~ 21 条更是明确规定了要求企业在职业安全和卫生方面应达到的义务。

4. 制裁决议对企业产生的国际法义务

在联合国安理会根据《联合国宪章》第七章规定对特定国家进行经济制裁时，尽管有关制裁决议的约束力严格而言是针对联合国各会员国，但其实施

---

① 参见王曦编著：《国际环境法》，法律出版社 1998 年版，第 155 页。

② See supra note 20, pp. 478 – 479.

无疑需要得到各国企业的合作。联合国大会和安理会曾一再重申，制裁决议也对各国企业产生义务。在 1990 年伊拉克入侵科威特后，联合国安理会通过了一系列以"石油换食品"计划对伊拉克进行全面制裁的决议，要求除为医疗或人道主义目的外，各会员国应禁止本国公民或企业同伊拉克进行商业交易；伊拉克仅仅获得授权出售石油并以货款换取人道主义用品，同伊拉克订立合同购买石油或提供食品和其他人道主义物质的企业都应在合同内容、支付账号和履行等方面接受联合国有关机构的审查。① 实践表明，联合国安理会的制裁决议对企业产生国际法上的义务，这已在联合国机构、各国和企业界得到承认。

5. 国际法将强化企业社会责任

此外，某些原本仅仅约束国家或个人的国际法规则（特别是国际条约或习惯法规则），可否在人权、劳工标准、环境保护等事项上"扩展"适用于企业？又可否在有关企业不遵守有关规则时产生相应的法律责任？上述问题已在当代国际法上提出并出现了值得注意的新动向。至少在人权领域，那些禁止大规模和严重侵犯人权的国际人权法和国际刑法义务对企业产生约束力，因而企业应为单独或与国家共同犯有构成国际罪行的严重侵犯人权行为承担相应责任的原则已经初步得到确立。这实际上确认了有关企业在国际人权法上的某种义务主体地位，并为在国际法上强化企业社会责任提供了新的途径。

迄今为止，上述由不同主体制定、约束力各不相同的各种企业社会责任规范渊源，已初步形成一个相互支持、相互补充的体系。就其现状而言，该体系内有关规范"软法"现象仍较为突出，不同标准在内容和范围上也很不一致，因而不利于对企业行为作出统一和权威的评价。在今后一段时期，有关企业社会责任的"硬法"规范可能趋于增多，从而使企业社会责任的国际法规范在总体上约束力得到加强。此外，逐渐加强企业社会责任标准的统一化也势在必行。②

---

① 参见联合国安理会第 661 号决议（S/RES/661（1990））和第 986 号决议（S/RES/986（1995））；See supra note 20, pp. 483 – 484. 另外，关于安理会决议所具有的法律约束力，参见《联合国宪章》第 25 条之规定。

② 国际标准化组织（ISO）作为全球最具权威的标准化组织，已于 2002 年专门成立社会责任顾问组，并由该顾问组在 2004 年 4 月就制定统一的社会责任国际标准完成了可行性研究，提交了一份长达 90 页的《社会责任工作报告》向全球征求意见。2004 年 9 月，该组织正式成立了一个工作组负责起草社会责任国际标准。定名为 ISO26000 的该标准将于 2008 年完成并供有关企业和其他机构自愿使用。See http://isotc. iso. org/livelink/livelink/fetch/2000/2122/830949/3934883/3935096/07_gen_info/about. html（visited Sept. 25 2006）.

二、企业社会责任在国际法上的实施和监督机制

（一）软法性文件的"软执行"机制

软法性文件在企业社会责任的国际法规范渊源中为数众多。无论是主要包括非政府组织制定的标准和守则还是政府间国际组织制定的非约束性文件，其共同特点是不具有严格的法律约束力，通常不能经由国际、国内司法机构或其他机构加以强制执行，主要是凭借其制定者（非政府组织或政府间国际组织）各自拥有的行动能力和行动机制而得以具备某种程度的实施和监督机制。

作为企业社会责任的外部监督者，各种非政府组织有的倾向于采取对话、说服等"接触式"策略推动企业制定自律性生产守则和其他措施履行社会责任；有的则更多采取曝光、支持受害者起诉等"对抗式"策略迫使企业履行社会责任。[①] 因此，尽管非政府组织并没有国家或政府间国际组织那样的强制执行手段与机制，仍可以借助舆论监督和宣传等手段，对包括大型跨国公司在内的工商企业进行颇有成效的监督，促使其履行有关企业社会责任标准和守则。由于企业对市场的依赖，其社会责任方面不良实践的曝光将使企业形象和声誉、市场销售等受到很大影响。[②]

经合组织、国际劳工组织等政府间国际组织制定的非约束性文件都没有严格的法律约束力，因而不能得到法律上的强制执行，有关文件也较少对其监督和实施加以规定。以经合组织《跨国企业指南》为例，该文件虽然要求各国设立"国家联系点"（national contact points），负责在本国范围内鼓励企业遵守指南、确保指南内容为本国商界所广泛了解，但其作用主要是建议性和咨询性的，本身没有强制色彩。甚至对于特定企业在遵守《指南》方面存在的问题，经合组织通常也并不披露企业的身份。当然，《指南》提倡企业接受高标准的财务和非财务信息披露和会计、审计程序，以此进行社会监督。"全球契约"则主要是要求参加该契约的企业公开采纳有关原则，并在其年度报告中介绍自己如何支持全球契约及其有关原则的方式，同时通过其他传播工具倡导这些原则及将其纳入管理

---

① See Morton Winston, *NGO Strategies for Promoting Corporate Social Responsibility*, in 16 Ethics & international affairs (2002), p. 71.

② 例如，人权观察（Human Rights Watch）和大赦国际（Amnesty International）等非政府组织对荷兰皇牌壳牌石油公司（Shell）有关侵犯人权行为的监督和批评，促使该公司鉴于公众形象受损而改变有关政策，包括遵行有关企业社会责任守则。http://www.hrw.org/worldreport99/special/corporations.html（visited July 18, 2006）.

层面。它还要求企业鼓励企业参加契约下的"全球政策对话",设立促进机构来分享相关知识和经验。总之,该契约是一项自愿性的倡议而不是一项管制手段,它依靠对公众负责、透明度和企业对自身利益的认知以及依靠劳工和市民社会联合采取行动,来实现各项原则。[1]

事实上,非政府组织和政府间国际组织两种力量,在各自软法性文件的监督和实施方面可以相互借重、互为补充。如上所述,非政府组织的"草根"性质和对民众的影响力往往成为推动企业遵守政府间国际组织有关文件的重要社会压力,而政府间国际组织的官方色彩和权威性也为非政府组织所重视。

(二) 国际、国内司法机构的 "硬执行" 机制

关于国际司法机构,如前文所述,至少在有关国际条约和习惯法规则对企业特定行为(如单独或共同从事严重侵犯人权的国际罪行)产生约束力的范围内,这类司法机构可以基于其管辖权对企业行为作出判决。纽伦堡国际军事法庭在 I. G. Farben 公司案审理中,尽管法庭并不具有对公司法人的管辖权,但该公司的多名领导人因公司的活动被判犯有战争罪,法庭认为他们的行为与纳粹军官、士兵或官员的行为并无二致。[2] 而且,《欧洲国际军事法庭(即纽伦堡国际军事法庭——笔者注)宪章》第九条规定:于审判任何团体或组织之任何个人时,本法庭得宣布该个人所属之团体或组织为犯罪组织。[3] 为纳粹服务的公司被法庭宣布为犯罪组织,有力地宣示了企业可以成为国际罪行的主体。

国际刑事法院于 2002 年 7 月 1 日正式开始运作后,刚果政府于 2004 年 3 月根据法院规约第 14 条将刚果局势提交法院检察官,检察官随后进行了相关调查并已经以战争罪罪名对前刚果武装组织领导人托马斯·卢班加·迪伊洛(Thomas Lubanga Dyilo)提出起诉。根据检察官的说明,该案是针对刚果局势起诉的一系列案件的第一起但不是最后一起。[4] 因此,法院将在多大范围内涉及有关跨国公司及其领导人为争夺刚果资源开采所参与严重侵犯人权、破坏环境的活动的责任,这一点仍需拭目以待。不过,检察官早在 2003 年 9 月 8 日向法院缔约国大会提交的报告中就已提出:那些在刚果持续的资源争夺和武装冲突中从事采矿活动、销售钻石或黄金、洗钱或提供武器的人可以成为法院所管辖罪行的犯罪人,即使他们身处该国之外。这一陈述,可能为法院追究法人刑事责任

---

① See supra note 31.

② See supra note 19, pp. 478 – 479.

③ 转引自:《国际刑法通论》(增补本),中国政法大学出版社 1999 年版,第 129 页。

④ See *ICC Newsletter*: *Special Edition-Issue 10*, http://www.icc-cpi. int/library/about/newsletter/files/ICC – NL10 – 200611_En. pdf (visited Sept. 18, 2007).

提供了便利。①

　　通过国内（主要是母公司所在国）法院对企业（包括其海外子公司）违反公认的国际法义务、不履行社会责任的行为加以追诉，无疑也具有一定的积极意义，特别是在东道国由于立法、执法等原因没有能力或不愿行使管辖权时，可以弥补企业社会责任的某些空白。其中，近年来美国法院依据 1789 年《外国人侵权求偿法令》（Alien Torts Claim Act）作出的有关判例颇受关注。根据该法令，美国联邦法院（包括美国地区法院、上诉法院和最高法院）被赋予对外国人因违反国际法的行为所受损害进行求偿的初审管辖权。② 在 2003 年的多伊（Doe）诉尤尼科（Unocal）一案中，美国跨国公司尤尼科的分支机构在缅甸乡村铺设管道开采天然气受到当地居民反对，便同意由缅甸军方前来维持治安，尤尼科也知悉缅甸军方此前有与开采有关的强迫劳动行为。后来一些当地居民因缅甸军方在整个行动中进行的强迫劳动、强奸、谋杀和酷刑等构成国际罪行的行为，根据该法令在美国指控尤尼科同谋。美国第九巡回法院在上诉中判决尤尼科应对"协助和鼓动"缅甸军方从事强迫劳动等违反现代国际法的行为承担责任。③ 这一判决，在很大程度上敞开了在美国法院指控跨国公司因同谋违反国际人权法的大门。但是，如美国 1789 年《外国人侵权求偿法令》那样，可以为国内法院对企业及其子公司在本国境外违反国际法的行为提供管辖权依据的国内法尚属个例。而且，这涉及对跨国公司及其海外子公司的行为如何"揭开公司面纱"④、一国国内法院行使域外管辖权的条件和尺度⑤等复杂问题，因而在实践中还存在较多争议。

　　在通过国内法机制追究企业违反国际法义务特别是联合国安理会制裁决议的责任方面，澳大利亚等国最近提供了新的实践。前述联合国对伊拉克进行制裁和

---

　　① See Luis Moreno-Ocampo, *Second Assembly of States Parties to the Rome Statute of the International Criminal Court: Report of the Prosecutor of the ICC*（2003）, p. 4, http://www.icc-cpi.int/library/organs/otp/030909_ prosecutor_ speech. pdf.

　　② 28 U. S. C. A. § 1350. 关于该法令的产生背景和历史演变，参见 Anne-Marie Burley, *The Alien Tort Statute and the Judiciary Act of 1789: A Badge of Honor*, in 83 American Journal of International Law（1989）, pp. 461 – 493.

　　③ 法院认为，根据国际刑法，"协助和鼓动"的标准是"了解，实际上的协助，或对有关罪行的从事有着实质性影响的鼓励"。See Claudia T. Salazar, *Applying International Human Rights Norms in the United States: Holding Multinational Corporations Accountable in the United States for International Human Rights Violations under the Alien Tort Claim Act*, in 19 Saint John's Journal of Legal Commentary（2004）, pp. 136 – 138.

　　④ 跨国公司内部母公司和子公司之间"公司独立人格"的确认或否定，主要取决于公司间通过股权、人事、合同、技术等多种形式进行控制的程度，但其在实践中的认定极为复杂。相关讨论可参见陈东：《跨国公司治理中的责任承担机制》，厦门大学出版社 2003 年版，第 95 页以下。

　　⑤ 除了美国和近几年来英国的有限案例外，母公司所在国通常以"不方便法院"原则（forum non conveniens）等理由拒绝受理对海外子公司在东道国行为的起诉。See Ilias Bantekas, supra note 3, p. 310.

实施"石油换食品"计划期间，伊拉克违反安理会有关决议，先后要求 2 200 家向其提供人道主义物质的企业通过伊拉克政府控制的账号支付合同金额 10% 左右的所谓境内运输费和售后服务费，由此获得约 18 亿美元收入。其中，澳大利亚小麦理事会（AWB）作为伊拉克最大的人道主义物质供应者，提供了上述非法收入的约 14%。在澳大利亚科尔（Cole）委员会的相关调查中，尽管 AWB 辩解称合同安排符合安理会制裁决议的人道主义例外并得到了联合国有关机构的批准，自己也并不了解账号所属公司由伊拉克部分控股、且并未实际提供任何运输服务，但 2006 年 11 月出台的调查报告通过对安理会制裁决议的解释，认为 AWB 在获取澳大利亚外交和贸易部以及联合国的合同审批时负有诚信义务；公司有意识地作出了欺骗的决定，即故意和不诚实地向澳大利亚外交和贸易部以及联合国隐瞒了实际情况与合同安排显著不同的事实。[①] 为此，AWB 的 12 名高层主管将在澳大利亚法院面临多个罪名的刑事起诉，印度、美国、法国和新西兰的多家企业也将在本国面临与违反"石油换食品"计划有关的调查和指控。[②]

当然，在有关国家将相关国际法规则转化为国内法之后，由国内法院对企业的行为行使管辖权，这也许具有更大的可行性。一项对那些将《国际刑事法院规约》纳入国内法律制度的国家的一项调查表明，这些国家可能对起诉在其境内注册的公司在国外犯下的罪行开启一扇司法大门。联合国秘书长任命的关于人权与跨国公司和其他工商企业问题特别代表对此的判断是：有理由相信，依国内刑法对公司在国外犯下的严重侵犯人权行为定罪的可能性正在发生变化。[③] 还有一些国家进行了或正在酝酿企业社会责任立法并赋予国内法院相应的管辖权。[④] 在此情形下，国内法院行使管辖权的直接依据是国内法，但背后产生影响的却是国际法。

（三）《跨国公司和其他工商企业在人权方面的责任准则》草案的执行机制

2003 年《跨国公司和其他工商企业在人权方面的责任准则》草案不仅为企业在人权方面的责任作了较为全面的规定，还包含了一套较为详尽、独具特色的

---

① The Cole Commission of Inquiry, *Report of the Inquiry into certain Australian companies in relation to the UN Oil – for – Food Programme*, 2006, www. oilforfoodinquiry. gov. au（visited Dec. 26 2006）.

② See Stephen Tully, *Australian Inquiry into Corporate Responsibility for Complicity in Efforts to Manipulate Humanitarian Exceptions to Security Council Sanctions Regimes*, ASIL Insights, http: //www. asil. org/insights/2006/12/insights061220. html（visited Dec. 26 2006）.

③ See supra note 11, p. 63.

④ See Surya Deva, *Acting Extraterritorially to Tame Multinational Corporations for Human Rights Violations: Who Should "Bell the Cat"?* in 5 Melbourne Journal of International Law（2004），pp. 38 – 41.

执行机制。因此，尽管该草案及其执行机制还不具有法律约束力，但仍需加以关注。

根据《准则》规定，作为执行该准则的第一步，每个跨国公司和其他工商企业应通过传播和执行符合准则的内部业务规则，并应定期汇报及采取其他措施充分执行本准则，还应在与承包商、分包商、供应商、许可证持有者、经销商等订立的合同或达成的其他安排和交易中适用和纳入这些准则（第15段）。此外，企业应受到联合国和其他国际和国家机制的定期监督和核查，并且依据《准则》定期评估自身活动对人权的影响（第16段）；各国也应确立和加强必要的法律和行政框架，确保跨国公司和其他工商企业执行本准则和其他有关的国家和国际法律（第17段）。更重要的是，企业应对由于未能遵从这些准则而遭受不利影响的个人、实体和社区提供"立即、有效和适当的赔偿"，包括对造成的任何损失和夺走的财产给予赔偿、复原、补偿和恢复；而在确定损失方面、在刑事处罚和所有其他方面，应根据国家法和国际法由国家法院和/或国际法庭执行本准则（第18段）。上述执行机制融合了从企业内部执行到国家和国际机制监督、核查再到国内、国际司法机构"硬执行"的各个环节，体现了明显的层级性和递进性。当然，这样一个强有力的执行机制，也成为很多企业和一些国家反对使《准则》草案生效的原因之一。

三、企业社会责任运动与中国和平发展

现代意义上的企业社会责任，对中国来说无疑是一个西方舶来品。就中国而言，其基本国情决定了企业社会责任在较长时期内的缺失或不健全：一方面，劳动力的相对富余、资源总量的庞大以及资本的严重缺乏决定了我国现阶段只能走劳动力密集型和资源密集型的发展道路，这必然使拥有资本这一稀缺要素的企业（尤其是跨国企业）处于剥削劳动力、过度开采和不合理利用自然资源的强势地位；[1] 另一方面，我国市场经济体制和法律制度的不健全以及一些地方政府和部门在片面追求经济增长率的驱动下放松监管，也为企业侵犯人权和劳工权利、从事制假售假、偷税漏税、官商勾结等非法经营提供了可乘之机。[2] 这样，在我国高经济增长率背后带来了高消耗、高事故发生率、低效率等严峻问题。

根本而言，强化企业社会责任和健全有关法律制度是我国可持续发展战略的

---

[1]　根据 2004 年 9 月劳动和社会保障部公布的一项调查，此前 12 年来，珠三角地区民工月工资仅提高了 68 元，如果把物价等因素考虑进去，实际是负增长。导致这一状况的根本原因则是劳资力量对比的显著不平等。参见李爱明：《民工荒映射出了什么》，载《中华工商时报》2005 年 3 月 11 日。

[2]　参见仲大军：《当前中国企业的社会责任》，载《中国经济快讯周刊》2002 年第 38 期。

重要组成部分，也是我国和平发展的重要助推剂，主要表现在：

首先，加强企业社会责任已成为提高我国企业竞争力和参与国际市场竞争的一块"敲门砖"。随着企业社会责任越来越受到重视，据估计，从1997年到2004年7月，我国先后有8 000家企业接受过跨国公司的社会责任审核，或者被要求通过SA8000认证，有的企业因表现良好获得了更多的订单，部分工厂因没有改善诚意而被取消供应商资格。[①] 以牺牲社会责任来降低成本、谋求竞争优势的做法将越来越难以在市场中立足。

其次，企业社会责任的核心理念在于以人为本，谋求人与人、人与自然之间的协调发展。倡导和强化企业社会责任，是我国贯彻落实全面、协调、可持续发展的科学发展观的必然选择和具体体现，它有助于推动我国建设和谐社会、减少或消除社会矛盾，从而为中国的和平发展奠定良好的内部基础。

再次，加强企业社会责任，还有利于在国际上树立中国的良好政治、经济形象，为中国的和平发展创造和谐的外部条件。2007年3月以来，少数中国出口企业存在的产品质量和食品安全问题经过国外媒体报道，引发了国际社会的广泛关注，严重损害了中国出口产品的应有形象，也对中国在国际上的声誉造成了不良影响。当前，随着我国企业"走出去"战略取得积极进展、海外投资不断增长[②]，这些企业在海外的遵纪守法、尊重人权和诚信经营更是成为直接打造我国企业和整个国家形象的"排头兵"。[③]

可喜的是，在全球企业社会责任运动的背景下，企业社会责任观念已在我国得到传播。除了耐克、沃尔玛、家乐福、麦当劳等跨国公司为了履行各种企业社会责任守则，纷纷要求其产品供应链中的中国外向型企业也遵守有关守则外，一些非政府组织、企业集团、高等学校、研究机构甚至政府部门也开始在中国发起成立企业社会责任的研究、协调机构，并频频举办论坛、培训班来宣传企业社会责任的理念，探索制定符合我国实际需要的企业社会责任标准。这些活动都受到

---

① 《企业社会责任及SA8000》，http：//www.sa8000.org.cn/TNC/555.html。

② 2005年，我国全年对外直接投资（非金融部分）达69亿美元，经核准的境外投资限上项目32个（不含境外注资），中方投资额约108.3亿美元，比上年增长94％。项目分布在19个国家和地区，涉及油气、矿产、林业、农业、电子、机械、化工、通讯、基础设施等领域。参见国家发展和改革委员会：《2006年中国国民经济和社会发展报告》，http：//www.ndrc.gov.cn/fzbps/W020060725382842057522.pdf。

③ 我国少数企业在非洲等地某些违反企业社会责任的做法，为西方关于中国推行"新殖民主义"的论调提供了一定市场。英国《金融时报》2006年9月28日刊登文章称，中国在赞比亚的投资者被指责让工资微薄且劳动保护装备不良的赞比亚人从事铜矿开采等危险工作，如让工人在未穿防护服或防护鞋的情况下就下井作业。2006年6月，赞比亚当局关闭了位于该国南部的一家中资铜矿工厂。最近赞比亚大选中反对党候选人迈克尔·萨塔也指责中国投资者付给当地工人的工资偏低，忽视工人的安全，并宣布要将赞比亚外资铜矿的比例限制在51％之内。《非洲人对中国心态复杂》，载《参考消息》2006年10月3日第8版。

媒体和社会的广泛关注。[①] 同时，很多企业表现出了越来越强的社会责任意识，并通过发表企业社会责任报告等方式表达对推进企业社会责任的承诺。[②] 目前，中石油、宝钢、海尔、中国光彩事业促进会等 72 家中国企业和组织参加了"全球契约"。[③]

更为令人瞩目的是，我国法律也开始对企业社会责任作出明确规定。2005年 10 月 27 日第十届全国人民代表大会常务委员会第十八次会议修订的《中华人民共和国公司法》第五条规定："公司从事经营活动，必须遵守法律、行政法规，遵守社会公德、商业道德，诚实守信，接受政府和社会公众的监督，承担社会责任。"这是我国法律第一次明确提出企业社会责任的概念，是我国立法理念的一次重要转变。

必须看到，中国作为世界上最大的发展中国家、重要的资本吸收国和潜在的资本输出国，已经成为全球资本和产业链中的重要一环，也无可避免地要受到全球企业社会责任运动的影响。在今后一段时期，我国必须注意：

第一，跟踪研究全球企业社会责任运动的发展动向和潜在影响，积极参与国际社会有关责任标准的制定和实施。在国际法层面上，既要重视非政府组织和政府间国际组织有关"软法"标准的重要作用，又要注意到随着 2003 年《跨国公司和其他工商企业在人权方面的责任准则》草案的制定，有约束力的国际法律规则在调控企业社会责任方面作用可能加强的趋势。特别是由于国际标准化组织正在开展的企业社会责任标准化立法将对下一阶段全球企业社会责任运动产生重要影响，对此也应予以高度关注。

第二，妥善处理好企业社会责任与我国现行法律法规的关系，有效发挥国内法律、法规和政策在加强我国企业社会责任中的基础性、引导性作用。一方面，企业承担社会责任要以我国的相关法律条款（包括前述《公司法》以及《劳动法》、《生产安全法》、《社会保障法》等相关的法律规定）为基础，通过对相关法律法规的进一步完善特别是强化具体和可操作的制度规定，对违反法律的行为作出具体的惩戒规定，同时加大执法力度，做到有法必依、违法必究，真正落实

---

① 例如，2005 年 12 月 17～18 日，由国务院国有资产监督管理委员会和中国企业改革与发展研究会发起主办的"中国企业社会责任联盟成立大会暨 2005 年中国企业社会责任论坛"在人民大会堂隆重举行，会议对我国第一部综合性的《中国企业社会责任标准草案》进行了研讨，通过并发表了《中国企业社会责任北京宣言》。http：//www. cerds. org/csr/article. asp？id＝156.

② 例如，2006 年 3 月 10 日，国家电网公司发布了《国家电网公司 2005 社会责任报告》，这是我国企业发布的第一份企业社会责任报告。中国石油天然气集团公司为了防止和减少生产经营活动对环境的不利影响，也于 2006 年 7 月下发了《中国石油天然气集团公司环境保护管理规定》，要求所属企事业单位严格遵守所在国家和地区的环境保护法律法规，履行社会责任，建设环境友好型企业。

③ 中国企业联合会全球契约推进办公室：《全球契约网络会议通讯》（2006 年 9 月 28 日），http：//gcp. cec － ceda. org. cn/files/info_191. html。

以人为本的科学发展观和构建和谐社会。另一方面，还应当从政府、行业以及非政府组织等不同层面探索和推进企业社会责任的"本土化"，制定适合中国现阶段国情和需要的社会责任标准。①

第三，引导和约束中国企业在进行境外投资时，应坚持互利共赢，严格地遵守所在国的法律法规和商业习惯，积极承担社会责任，促进东道国经济和社会的协调发展，从税收、就业、合理利用资源和保护环境等方面为其带来实际利益。以实际行动回击某些西方国家对中国海外投资的"中国威胁论"、"资源掠夺论"等谬论。为了规范我国企业的境外投资活动，有必要在正在起草的《境外投资管理条例》中写入社会责任条款。

当然，不能不看到，企业社会责任无论是作为企业内部还是外部产生的一种标准体系，它在很大程度上会受到一定经济社会发展水平的制约。超越社会发展阶段抽象、片面地追求企业社会责任，甚至不切实际地设定关于企业社会责任的国际标准，只能产生矫枉过正的后果。而且，实践已经证明，在国际关系中，维护人权、保护劳工权利等正当目标可能会基于政治、外交、贸易等原因而受到滥用。② 这里，不妨回顾一下，国际劳工组织1998年通过的《关于工作的基本原则和权利的宣言》强调"不得将劳工标准用于贸易保护主义之目的，并且本《宣言》及其后续措施中的任何内容不得被援引或被以其他方式用于此种目的；此外，无论如何不得因本《宣言》及其后续措施而对任何国家的比较优势提出异议"。③

总之，我国应当以积极面对和辩证分析的基本态度，本着"趋利避害、为我所用"的方针，通过国内法和国际对话与合作吸收、确立适当的企业社会责任标准并加以有效实施，使之成为我国和平发展的动力而不是阻力。

---

① 2007年5月9日，中共深圳市委、深圳市人民政府正式颁发《关于进一步推进企业履行社会责任的意见》，在全国率先建立了推进企业履行社会责任的制度框架。2007年7月，由民间力量制定的国内第一部企业社会责任标准体系——《HM3000中国企业社会责任标准体系》正式发布。2007年6月，北京民营科技实业家协会牵头起草了我国第一个关于民营科技企业社会责任标准——《北京民营科技企业社会责任行为标准（草案）》。此前，中国纺织工业协会于2005年6月制定并发布了国内制造业首个行业自律性的"中国纺织企业社会责任管理体系（CSC9000T）"。这些无疑都是有益的尝试。另据报道，经国务院批准，商务部正会同其他7个部委，以法规形式制定中国企业的社会责任标准并有望近期出台。

② 例如，2004年3月16日美国劳工联盟及产业工会联合会（AFL-CIO）援引《美国1974年贸易法》的301和302条款对中国提起长篇申诉。AFL-CIO在诉状中宣称中国压制劳工权利，人为压低工资，为制造企业节约了10%~70%的成本。所节约的成本反过来推动了中国制造业的商品出口，导致美国约727 000人失业。美国国际经济协会《世界经济政策简讯》2004年9月文章：《美中贸易摩擦与人民币重估》（中），http://www.drcnet.com.cn/DRCnet.common.web/docview.aspx? docid = -140260&leafid =3008&Chnid =1003。

260

③ See supra note 37.

第六章

中国和平发展中的多边贸易体制和区域一体化法律问题

第一节　中国、区域贸易协定与WTO法[*]

一、导论

本节审视中国的区域贸易协定，提出了一套分类法，并从WTO法的角度评价了这些协定的某些重要特征。[①] 中国是当今世界面积最大、人口最多、经济最

---

[*] 原英文版载于 Journal of World Trade, 43, 1, February 2009, 经荷兰 Kluwer Law International 出版社许可发表其中文版。中文版由张华翻译、曾令良审校。

[①] Consistently with general usage in the literature, the terms "regional trade agreement" and "RTA" are used to encompass both agreements involving a specific region and bilateral free trade agreements (FTAs) involving two countries. See Jo-Ann Crawford and Roberto V. Fiorentino, "The Changing Landscape of Regional Trade Agreements", World Trade Organization, Geneva, Switzerland, Discussion Paper No. 8, 2005, pp. 3 – 4, according to whom (at p. 3) FTAs account for 84% of all RTAs in force, with partial scope agreements and customs unions each making up 8%. They also state (at p. 4 note 12) that increasingly RTAs are concluded among countries which are not geographically contiguous, even though the term RTA's is not technically correct in this situation. The preference for FTAs is due to their speed of negotiation, flexibility and selectivity: see Robert V. Fiorentino, Luis Verdeja and Christelle Toqueboeuf, "The Changing Landscaope of Regional Trade Agreements: 2006 Update", Regional Trade Agreements Section, Trade Policies Review Division, World Trade Organization, Geneva, Switzerland, Discussion Paper No. 12, 2006, at p. 6. See also, for example, Rahul Sen, "New Regionalism" in Asia: A Comparative Analysis of Emerging Regional and Bilateral Trading Agreements involving ASEAN, China and India', *Journal of World Trade*, 40, 4, 2006, pp. 553 – 596 at p. 555 note 4.

261

富活力的国家之一。^① 截至 2007 年 7 月，中国拥有 960 多万平方公里的陆地面积和 13 亿多人口，人口密度达 141.7 人/平方公里。中国人口占世界总人口数量的 20.02%，然而其可耕地面积只有 130 万平方公里，占总面积的 14%，可耕地面积的人口密度达 953.8 人/平方公里。自 1978 年改革开放以来，中国的经济增长率平均每年为 10% 左右，主要依赖外国直接投资和出口。^② 截至 2006 年，货物贸易占 GDP 总量的 70%，外国直接投资大约占 40%，跨国企业约占产品贸易的 60%。^③ 同年，中国是世界上第四大经济体，占以购买力平价指数为基础的世界 GDP 总量的 14%（2005 年）。中国的人均收入亦从 1985 年的 293 美元相应地增长至 2006 年的 2 025 美元。^④ 2007 年的人均 GDP 估计为 5 300 美元，以购买力平价指数衡量，全国的 GDP 总数达 70 430 亿美元，位居世界第二，仅次于美国。^⑤

中国"拥有的邻国数量远甚于世界上其他任何国家"。^⑥ 中国与亚洲其他国家的关系绵长而复杂。在清朝（公元 1644～1911 年）覆亡以前，中国与其领国的关系形成了以中国为中心的世界秩序：中国位居中央，朝贡制度成为表征。王铁崖教授认为，这种秩序并非国与国之间的平等关系，而是一种以文化为基础，以朝贡、联姻和其他形式的交往为表现，以三跪九叩为象征的上位与藩属的关系。^⑦ 鸦片战争后，外国强权将"不平等条约"加诸于中国，东南亚被瓜分成为

---

① "China is a civilization pretending to be a state", wrote Lucian Pye twenty years ago: Lucian W. Pye, "China: Erratic State, Frustrated Society", *Foreign Affairs*, 69, 4, Fall 1990, pp. 56 – 74, republished as Chapter 11, pp. 233 – 256 of Lucian W. Pye, *The Spirit of Chinese Politics* (Harvard University Press, 1992 [original publication in 1968, without Chapter 11] (hereafter Pye, *Spirit*); the quotation is from p. 235.

② See Horst Siebert, "China: Coming to Grips with the New Global Player", *The World Economy*, 30, 6, 2007, pp. 893 – 922.

③ Razeen Sally, "FTAs and the Prospects for Regional Integration in Asia", European Centre for International Political Economy, Brussels, *ECIPE Working Paper*, 1, 2006, pp. 1 – 23, at p. 3.

④ The statistics are given by The World Bank Group, "China Data Profile", http://devdta. worldbank. org/external/CPProfile. asp? PTYPE = CP&CCODE = CHN, visited 2. 4. 2008; The World Bank Group, "China Data and Statistics", http://web. worldbank. org/WBSITE/EXTERNAL/COUNTRIES/EASTASIPADIFIC …, visited 3. 4. 2008; The World Bank Group, "China Quick Facts", http://web. worldbank. org/WBSITE/EXTERNAL/COUNTRIES/EASTASIAPACIFICEXT/CHINAEXTN/0, contentMDK: 20680895 ~ pagePK: 1497618 ~ piPK: 217854 ~ theSitePK: 318950, 00. html, visited 3. 4. 2008.

⑤ Central Intelligence Agency, *The World Factbook – China*, available at https://www. cia. gov/library/publications/the-world-factbook/geos/ch. html, visited 19. 3. 2008.

⑥ Harold C. Hinton, "China as an Asian Power", in Thomas W. Robinson and David Shambaugh (eds), *Chinese Foreign Policy. Theory and Practice* (Clarendon Press, Oxford, 1994, reprinted 2006), pp. 348 – 372 at p. 352. Central Intelligence Agency, as note 7 above, reports 22, 117 km of land boundaries, including fourteen countries and two regional borders (Hong Kong and Macao).

⑦ See Wang Tieya, "International Law in China: Historical and Contemporary Perspectives", *Recueil des Cours de l'Académie de Droit International de La Haye*, Vol. 221, (1990 – II), pp. 205 – 262. See also Li Zhaojie (James Li), "Traditional Chinese World Order", *Chinese Journal of International Law*, 1, 2002, pp. 20 – 58.

众多国家。这就不难理解，中国目前区域政策的首要目标仍旧是强烈的国家主权观念，以及对安全、社会稳定以及保护主权的压倒一切式的关注。①

近期，两位杰出的中国籍亚洲问题专家张云岭和唐诗平将中国的总体对外政策战略概括为："保证和创造一安全的政治和经济环境，以有利于中国集中精力于经济、社会和政治发展"。② 他们区分了四个基本概念：使中国再次成为大国；确保中国安全、奉行自我克制（"不当头"：不寻求领导权③）；以负责任大国④的姿态行事。在他们看来，中国外交实践的基础是：维持大国外交；发展与邻国的友好关系；更多地在区域经济，而非区域安全领域开展合作；有选择地承担国际责任。⑤

中国特殊的政治文化和与众不同的决策程序深刻影响了中国的外交战略与实践。关于政治文化，一位知名的中国外交政策学者将中国自 1949 年以来对待区域和国际关系的方式描述为：以关注特定的形势和其中可能的变化为基础；使用隐喻和简单的判断；"独特的国际关系行为体导向（大多数情形下是以国家为中心）和关系导向"的外交方针；道德主义式的思想。⑥ "一边倒"是中国对外关系的根本，"至于这些国家的政治制度是否符合中国的喜好则无关紧要"。在区域政策方面，"重点是关系而非区域议题本身"。⑦ 中国政治文化的特征还有："更多地依赖伦理而非法律，更多地依赖道德协商而非司法程序，更多地依赖仁慈的政府而非权力制衡"，并且是实用主义和意识形态的混合物，例如民族主义。⑧ 第二

① On the legacies for contemporary relations, see (on the tributary system) Wang Gungwu, "China and Southeast Asia: The Context of a New Beginning" and (on unequal treaties) Harold C. Hinton, "China as an Asian Power", in Robinson and Shambaugh (eds), as note 8 above, pp. 187 – 204 and pp. 348 – 372, respectively. See also Seán Golden, "Socio-cultural Aspects of the Relationship between the EU and East Asia, with particular reference to China", *Asia Europe Journal*, 4, 2006, pp. 265 – 294.

② Zhang Yunling and Tang Shiping, "China's Regional Strategy", in David Shambaugh (ed), *Power Shift: China and Asia's New Dynamics* (University of California Press, Berkeley, 2005), pp. 48 – 68 at p. 48.

③ Often translated as "never seek hegemony", this originated with Deng Xiaoping, and was perhaps first expressed in his talk on "Realize the Four Modernizations and Never Seek Hegemony", 7 May 1978, in *Selected Works of Deng Xiaoping*, Volume II (1975 – 1982), translated by The Bureau for the Compilation and Translation of the Works of Marx, Engels, Lenin and Stalin under the Central Committee of the Communist Party of China (Foreign Languages Press, Beijing, 1984, 2nd edition 1995), pp. 122 – 123 at p. 123.

④ Zhang Yunling and Tang Shiping, as note 11 above, at pp. 48 – 49; the quotation is from p. 49.

⑤ Ibid., pp 48 – 68 at pp. 49 – 51; the quotation is from p. 49.

⑥ Wang Jisi, "International Relations Theory and the Study of Chinese Foreign Policy: A Chinese Perspective", in Thomas W. Robinson and David Shambaugh (eds), *Chinese Foreign Policy. Theory and Practice* (Clarendon Press, Oxford, 1994, reprinted 2006), pp. 481 – 505. The quotation is from p. 492.

⑦ Ibid., at p. 492.

⑧ Ibid., at pp. 488 – 491. On Chinese legal culture, See e.g. Pitman B. Potter, *The Chinese Legal System: Globalization and Local Legal Culture* (Routledge, London, 2001).

项要点是外交政策的决策进程。特征一是"不成体系的权力",[1] 可以界定为相关官僚系统之间的分裂,以及中央和地方政府之间的复杂关系。[2] 另一项特征在于人际关系的重要性,[3] 无论是在组织内部,机构之间,抑或中央与地方的关系中。这些不同但又相互关联的要点,对中国国内的决策制定至关重要,并将继续影响中国与其领国的关系。[4]

区域经济合作是中国目前对外经济战略的重要组成部分。[5] 全球经济多边主义和区域经济多边主义是"一辆马车上的两个轮子",协同前行。[6] 具体至亚太区域,这就要求中国"寻求与所有本地区国家发展全面合作与伙伴关系";显示

---

① The term "fragmented authoritarianism" was coined by Kenneth G. Lieberthal, "Introduction: The 'Fragmented Authoritarianism' Model and Its Limitations", in Kenneth G. Lieberthal and David M. Lampton (eds), *Bureaucracy, Politics and Decision-Making in Post-Mao China* (University of California Press, Berkeley, 1992), pp. 1 – 30. See also Kenneth Lieberthal and Michel Oksenberg, *Policy Making in China: Leaders, Structures and Processes* (Princeton University Press, Princeton, 1988); Andrew C. Mertha, *The Politics of Piracy: Intellectual Property in Contemporary China* (Cornell University Press, Ithaca and London, 2005).

② Mertha, as note 18 above, p. 27. On the relations between "functional systems" (*xitong*) and ministries, See A. Doak Barnett (with a Contribution by Ezra Vogel), *Cadres, Bureaucracy and Political Power in Community China* (Columbia University Press, New York and London, 1967), pp. 6 – 10.

③ See e. g. Pye, *Spirit*, as note 3 above; Lucian W. Pye, *The Dynamics of Chinese Politics* (Oelgeschlager, Gunn & Hain, Cambridge MA, 1981).

④ For example, See Rosemary Foot, "China in the ASEAN Regional Forum: Organization Process and Domestic Models of Thought", *Asian Survey*, 38, 5, May 1998, pp. 425 – 440. On the conjunction of hard realism and strategic culture in Chinese foreign policy, see the still informative articles by Alastair Iain Johnston, "Cultural Realism and Strategy in Maoist China", in Peter J. Katzenstein (ed), *The Culture of National Security: Norms and Identity in World Politics* (Columbia University Press, New York, 1996), pp. 216 – 268; and Michael Yahuda, "How much has China learned about interdependence?", in David S. G. Goodman and Gerald Segal (eds), *China Rising: Nationalism and Interdependence* (Routledge, London, 1997), pp. 6 – 26; and, though more dated, Robert A. Scalapino, "China's Multiple Identities in East Asia: China as a Regional Force", in Lowell Dittmer and Samuel S. Kim (eds), *China's Quest for National Identity* (Cornell University Press, Ithaca, 1993), pp. 215 – 236.

⑤ See Li Guanghui, "China – ASEAN FTA necessary and beneficial", *China Daily*, 27 October 2006, p. 4. The author is a researcher with the Economic Research Institute, Ministry of Commerce, People's Republic of China. For a broadly complementary view of China's relations with the WTO, See Sun Liang and Zhang Xiangchen, "Redefining Development, Reimagining Globalization: The WTO and China's New Economic Vision", *Journal of World Trade*, 41, 6, 2007, pp. 1275 – 1295. For the chronological development of all Asia-Pacific FTA projects to 2005, see Dent, as note 22 above. *New Free Trade Agreements in the Asia-Pacific* (Palgrave Macmillan, London, 2006), Appendix A, pp. 260 – 277. On their thematic content, see id., Appendix C, pp. 287.

⑥ Jianwei Wang, "China's Multilateral Diplomacy in the New Millennium", in Yong Deng and Fei-Ling Wang (eds), *China Rising: Power and Motivation in Chinese Foreign Policy* (Rowman & Littlefield, Lanham, Maryland, 2005), pp. 159 – 200, at p. 167, quoting Zhang Baili, "Strengthening the Economic Integration between China and East Asia", in Ling Rong (ed), *The Thinking of the New Century* (CPC Central Party School Press, Beijing, 2002), pp. 104 – 105. See also Cheng-Chwee Kuik, "Multilateralism in China's ASEAN Policy", SAIS Working Paper Series, WP/05/03, Paul H. Nitze School of Advanced International Studies (SIAS), Johns Hopkins University, Washington, D. C., October 2003.

中国"负责任大国"的形象，通过"承担责任……以及借由实施自我克制和显示自愿接受限制的方式，彰显中国的良好意图"；无论其他强权如何，坚持"和平崛起"而不寻求霸权，只要自身的根本利益不受威胁；开放国内市场以作为区域一体化的组成部分；以及积极参与区域性多边机构。① 张云岭和唐诗平将中国区域战略的实践总结为："积极参与、显示克制、提供保证、开放市场、促进相互依存、创造共同利益和减少冲突"。②

本节将聚焦中国的区域贸易协定（简称 RTAs），并提出三个基本的论点：其一，中国的区域贸易协定可分为三种类型，即经济一体化协定、狭义的区域贸易协定和双边自由贸易协定。这一三分法为我们理解中国的区域贸易协定提供了一条有用的路径，从广义的层面而言，也有利于我们理解当今国际贸易关系中日趋复杂的区域贸易协定整体。其二，中国参与区域贸易协定的目标多样，③ 包括建设"大中华经济圈"、安全考虑④、寻求能源和自然资源、技术转移、投资保护，以及国际或区域性的地缘政治战略（或所有这些理由的集合）。这些目标通常比贸易自由化的目标更为重要。由于篇幅有限，⑤ 本节只选择个别例证，但它们也足以显示出基本要点。其三，中国的区域贸易协定总体上与 WTO 法一致。本节将分析三类区域贸易协定中的关键条款，即原产地规则、保障措施和争端解决机制。尽管有时与 WTO 法存在差异，并在个别情况下超越了 WTO 的规定，中国的区域贸易协定大体上以 WTO 法为基础，极大程度地融合了 WTO 法，并且也是以与 WTO 法保持一致为目标而认真起草的。

本节主要由四部分组成：第一部分为导论。第二部分概要地呈现中国若干最重要的区域贸易协定，并提出中国区域贸易协定的分类法。虽然尽可能地追求全

---

① Zhang Yunling and Tang Shiping, as note 11, at pp. 52 – 54; the quotations are from p. 52.

② Zhang Yunling and Tang Shiping, as note 11 above, at p. 54; they state expressly (at p. 64, note 37) that "This is our own description and is not in the official Chinese diplomatic lexicon".

③ This is not unique to China: See e. g. Jo-Ann Crawford and Roberto V. Fiorentino, as note 2 above, p. 16, which identifies such factors as economic, political and security considerations, deeper economic integration in areas not available under the WTO system, defensive strategies in order to avoid being left out of regional arrangements, and the creation of regional or international alliances. Some authors maintain however that the main purpose of RTAs is trade liberalisation: see Elma Darlini Sulaiman (Attorney General's Chambers, Brunei Darussalam), "WTO and Regional Trade Liberalisation: Implications on ASEAN", p. 9, available at www. aseanlawassociation. org/ 9GAdocs/w3_Brunei. pdf, visited 22. 2. 2008. It is likely that different countries have different reasons, and in particular that those of small countries differ considerably from those of large countries.

④ For a list of China's bilateral security partnerships in Asia and elsewhere as of 2005, See Bates Gill, "China's Evolving Regional Security Strategy", in David Shambaugh (ed), *Power Shift: China and Asia's New Dynamics* (University of California Press, Berkeley, 2005), pp. 247 – 265 at p. 253 Table 24.

⑤ For further discussion, see David Shambaugh (ed), *Power Shift: China and Asia's New Dynamics* (University of California Press, Berkeley, 2005); John Wong, Zou Keyuan and Zeng Huaqun (eds), *China-ASEAN Relations: Economic and Legal Dimensions* (World Scientific Publishing Company, Singapore, 2006).

面，但将集中关注《内地与香港关于更紧密经贸关系的安排》（CEPA），《东盟—中国自由贸易协定》（ACFTA）和《中国—智利自由贸易协定》（CCFTA），一定程度地也会涉及《中国—巴基斯坦自由贸易协定》（CPFTA）。第三部分将比较这些自由贸易协定，并以 WTO 法进行考量。这一部分将集中分析区域贸易协定三项重要而又各异的专题，即原产地规则（简称 ROOs）、保障措施和争端解决机制，同时简要探讨由中国区域贸易协定而可能引发的"面条碗"现象。因此这两部分内容分别是一种类型学和比较法角度的分析。在提供不同的视角方面，这两种方法互相补充，单一的分析是不可能产生这一效果的。① 第四部分以简短的结论结束讨论。

二、中国的区域贸易协定概览

中国已经向 WTO 通知了 9 项（与 6 个不同的成员）区域贸易协定（参见表 6 - 1），② 另有 1 项仅与货物贸易有关的协定已经签署并生效，还有 7 项协定目前正处于谈判阶段，并且中国正在考虑再谈判 7 项区域/自由贸易协定。总体而言，"倡议、核心战略和谈判的动力来自于北京"。③ 本部分主要关注已经生效的区域贸易协定。这些协定可以分为三类：与香港和澳门的经济一体化协定；与东盟的框架协定以及直接相关的一系列协定；与单独主权国家——智利和巴基斯坦的自由贸易协定。最后将同时提及与其他主权国家正处于谈判阶段，或尚处于考虑阶段的协定。

（一）与香港和澳门的经济一体化协定及相关协定

中国内地与香港、澳门分别缔结了协定。这些协定属于经济一体化协定，目的是促进内地与这两个特别行政区之间较之于传统的区域贸易安排更加深入的一体化。协定最初也有增强港澳两地经济，以使之摆脱严重的经济低迷的意图。协定更

---

① This sense of complementarity is drawn from the work of the physicist Niels Bohr, as discussed by Freeman Dyson, Working for the Revolution [Review of Gino Segrè, *Faust in Copenhagen: A Struggle for the Soul of Physics* (Viking, New York, 2007)], *The New York Review of Books*, LIV, 16, 25 October 2007, pp. 45 – 47 at p. 47: "Two descriptions of nature are said to be complementary when they are both true but cannot both be seen in the same experiment".

② See Regional Trade Agreements Notified to the WTO and in Force as of 15 March 2008, http://www.wto.org/english/tratop_e/region_e/a_z_e.xls, visited 15.4.2008. This accounts for nine different agreements with six different partners, e.g. there are three ASEAN-China agreements on Framework Agreement, goods and services respectively.

③ Sally, as note 5 above, at p. 8.

表 6-1　　截至 2008 年 4 月 14 日中国已经向 WTO 通知的区域贸易协定（RTAs）

RTA 的名称	签署方	生效日期	通知 WTO 的日期	相关 WTO 条款	涵盖领域	协定类型	其他
东盟—中国	文莱、柬埔寨、印度尼西亚、老挝、马来西亚、缅甸、菲律宾、新加坡、泰国、越南、中国	2003 年 1 月 1 日	2004 年 12 月 21 日	授权条款	框架协定：勾勒目标并规定东盟—中国关系的框架	EPA：部分性协定（框架协定）	仅规定了东盟与中国关系的目标，并规定了未来一体化的时间表
中国内地—香港	中国中央政府、香港特区	2004 年 1 月 1 日	2004 年 1 月 12 日	GATT 第 24 条	取消大多数关税，禁止关税配额、非关税贸易壁垒，但允许保障措施；贸易投资合作，促进与便利化	EPA：经济一体化协定	目标是实现香港与内地的融合
中国内地—香港	中国中央政府、香港特区	2004 年 1 月 1 日	2004 年 1 月 12 日	GATS 第 5 条	提高市场准入；放宽对服务提供者的限制；相互承认专业人员的资格；金融合作；旅游业合作	EPA：经济一体化协定	目标是实现香港与内地的融合
中国内地—澳门	中国中央政府、澳门特区	2004 年 1 月 1 日	2004 年 1 月 12 日	GATT 第 24 条	取消大多数关税；禁止关税配额、非关税贸易壁垒，反倾销、反补贴，但允许保障措施；贸易投资合作，促进与便利化	经济一体化协定	目标是实现澳门与内地的融合
中国内地—澳门	中国中央政府、澳门特区	2004 年 1 月 1 日	2004 年 1 月 12 日	GATS 第 5 条	提高市场准入；放宽对服务提供者的限制；相互承认专业人员的资格；金融合作；旅游业合作	EPA：经济一体化协定	目标是实现澳门与内地的融合

267

续表

RTA的名称	签署方	生效日期	通知WTO的日期	相关WTO条款	涵盖领域	协定类型	其他
东盟—中国	文莱、柬埔寨、印度尼西亚、老挝、马来西亚、缅甸、菲律宾、泰国、越南、中国	2005年1月1日	不适用	GATT第24条	关税减让/取消；原产地规则；允许反倾销、反补贴、保障措施和GATT的一般例外	自由贸易协定	承认中国的市场经济地位
智利—中国	智利、中国	2006年10月1日	2007年7月20日	GATT第24条	关税减让/取消；原产地规则；允许反倾销、反补贴、保障措施和GATT一般例外；农业出口补贴，科技、教育、劳务、环境标准，中小企业、文化、知识产权、投资促进、矿业和工业合作	EPA	
中国—巴基斯坦	中国、巴基斯坦	2006年11月24日（签署但尚未生效）	不适用	GATT第24条	关税减让/取消；原产地规则；允许反倾销、反补贴、保障措施；规定了SPS和TBT标准、贸易投资合作，促进与便利化	自由贸易协定	
东盟—中国	文莱、柬埔寨、印度尼西亚、缅甸、老挝、马来西亚、菲律宾、新加坡、泰国、越南、中国	2007年1月1日	不适用	GATS第5条	提高市场准入和国民待遇；相互承认服务提供者的标准、准则、授权、许可、证明；承认执业资格；允许保障措施，安全例外和GATS的一般例外	自由贸易协定	

中国和平发展的重大前沿国际法律问题研究

长远的目标在于，将香港、澳门、台湾同祖国大陆融合，以建立"大中华经济圈"。①

在"一国两制"的原则下，香港和澳门属于中国的特别行政区。② 根据1984 年《中英联合声明》③ 中国与英国达成的协议，香港在 1997 年 7 月 1 日回复到中国的主权之下。根据 1987 年《中葡关于澳门问题的宣言》，④ 澳门在 1999年 12 月 20 日亦成为中国的特别行政区。作为特别行政区，香港与澳门享有贸易、海关和其他国际经济关系方面的自主权，并且各自与中华人民共和国一道同为 WTO 的成员。《内地与香港关于建立更紧密经贸关系的安排》（CEPA）于2003 年 6 月 29 日签署，附件⑤于同年 9 月 29 日签署，CEPA 在 2004 年 1 月 1 日正式生效。2004 年 8 月 27 日，CEPA 下的《扩大开放磋商纪要》⑥ 就细节问题达成了新的协议。《内地与澳门关于建立更紧密经贸关系的安排》⑦ 于 2003 年 10月 18 日签署，并于 2004 年 1 月 1 日生效。中国在 2004 年 1 月 12 日，根据GATT 第 24 条和 GATS 第 5 条，向 WTO 作出了通知。以下段落将首先讨论内地与香港之间的 CEPA，之后再讨论内地与澳门之间的 CEPA。

---

① See *China News Agency*, 5 July 2003, cited in Jianyu Wang, "China's Regional Trade Agreements: The Law, Geopolitics and Impact on the Multilateral Trading System", *Singapore Year Book of International Law*, 8, 2004, pp. 119 – 147 at p. 130, note 77. In 2003 an offer of a CEPA was extended to but refused by Taiwan: See Wang at p. 130.

② The first part of this paragraph is based on Francis Snyder, *The European Union and China*, *1949 – 2008: Basic Documents and Commentary* (Hart Publishing, Oxford, 2008), Chapter 8.

③ Joint Declaration of the United Kingdom of Great Britain and Northern Ireland and the Government of the People's Republic of China on the Question of Hong Kong, signed in Beijing on 19 December 1984, available at http://www. hkbu. edu. hk/ ~ pchksar/JD/jd-full1. htm, visited 24. 11. 2007.

④ Joint Declaration of the Government of the People's Republic of China and the Government of the Republic of Portugal on the Question of Macao, signed in Beijing on 134. 1987, available at http://www. Macau99. org/mo/e_doc_declaracao. html, or http://www. imprensa. Macau. gov. mo/bo/i/88/23/dc/en/, visited 24. 11. 2007.

⑤ Annex 1: Arrangements for Implementation of Zero Tariff for Trade in Goods, including Table 1 List of Hong Kong Origin Products for Implementation of Zero Import Tariff by the Mainland; Annex 2: Rules of Origin for Trade in goods, including Table 1: Schedule on Rules of Origin for Hong Kong Goods Benefitting from Tariff Preference for Trade in Goods; Annex 3: Procedures for the Issuing and Verifction of Certificates of Origin, including Form 1: Certificate of Hong Kong Origin (CEPA); Annex 4: Specific Commitments on Liberalisation of Trade in Services, including Table 1: The Mainland's Specific Commitments on Liberalisation of Trade in Services for Hong Kong, and Table 2: Hong Kong's Specific Commitments on Liberalisation of Trade in Services for the Mainland; Annex 5: Definition of "Service Supplier" and Related Requirements; and Annex 6: Trade and Investment Facilitation.

⑥ Record of Consultations on Further Liberalisation under the Mainland – Hong Kong Closer Economic Partnership Arrangement, available at http://www. ipd. gov. hk/eng/news/news/Record_of_Consultations_on_Further_Liberalization. pdf, visited 10. 3. 2008.

⑦ In Portuguese: Acordo de Estreitamento das Relações Económicas e Comerciais entre o Continente Chinês e Macau.

　　内地与香港之间的 CEPA 涵盖货物贸易、服务贸易、贸易投资便利化。[1] 其目的在于促进双方经济的共同繁荣、加强双方与其他国家和地区的经济联系。[2] CEPA 的目标是通过采取以下措施，加强贸易和投资合作，促进双方的共同发展：逐步减少或取消双方之间实质上所有货物贸易的关税和非关税壁垒；逐步实现服务贸易自由化，减少或取消双方之间实质上所有歧视性措施；促进贸易投资便利化。[3] 基本原则包括遵循"一国两制"的方针和符合 WTO 规则。[4] CEPA 承认了中国的市场经济地位，规定《中国加入世界贸易组织议定书》第 15 条（反倾销）和第 16 条（反补贴措施），以及《中国加入世界贸易组织工作组报告》第 242 段（纺织品特殊保障措施条款）的内容不适用于内地与香港之间的贸易。[5] CEPA 同时设立了由双方高层代表和指定官员组成的指导委员会，以及联络办公室和必要时的工作组。[6]

　　关于货物贸易，香港将继续对原产内地的所有进口货物实行零关税。自 2004 年 1 月 1 日起，内地将对附件 1 中表 1 列明的原产香港的进口货物实行零关税；[7] 不迟于 2006 年 1 月 1 日，内地将对附件 1 中表 1 以外的原产香港的进口货物实行零关税。[8] 一方将不对原产于另一方的进口货物采取与世界贸易组织规则

---

[1]　For texts, See the official Hong Kong website for CEPA: http://www.tid.gov.hk, visited 3. 3. 2008. For an early survey from Hong Kong perspectives, see Edith Terry (ed), *Pearl River Super Zone: Tapping into the World's Fastest Growing Economy* [by the Staff and Contributors to the *South China Morning* Post] (SCMP Book Publishing, Chinese Hong Kong, 2003). For an evaluation from the standpoint of foreign companies, focusing mainly on ROOs for goods and services, see Stéphanie Thomas, Nicolas Hyacinthe and Maryline Sadowsky, "Accord de libre-échange entre la Chine et Hong Kong: Quelles perspectives pour les entreprises de pays tiers", *Revue de droit des affaires internationales*, 1, 2005, pp. 77 – 85.

[2]　Mainland – Hong Kong CEPA, Preamble.

[3]　Mainland – Hong Kong CEPA. , Article 1.

[4]　Mainland – Hong Kond CEPA. , Article 2.

[5]　Mainland – Hong Kong CEPA Article 4, which states *inter alia* that "The two sides recognise that through over 20 years of reform and opening up, the market economy system of the Mainland has been continuously improving, and the mode of production and operation of Mainland enterprises is in line with the requirements of a market economy…".

[6]　Mainland – Hong Kong CEPA. , Article 19 (1), (2).

[7]　Mainland – Hong Kong CEPA, Article 5 (1). See Annex 1, Arrangements for Implementation of Zero Tariff on Goods, and Table 1, List of Hong Kong Origin Products for Implementation of Zero Import Tariff by the Mainland. The Annexes are an integral part of the CEPA: Mainland – Hong Kong CEPA, Article 21.

[8]　Mainland – Hong Kong CEPA, Article 5 (2). On implementation, see Annex 1, Arrangements for Implementation of Zero Tariff on Goods. Such measures are extremely important in view of the high level of intra-industry trade between Mainland China and Chinese Hong Kong: a useful, though rather dated, indication is Xiaoling Hu and Yue Ma, "International Intra-Industry Trade of China", *Review of World Economics*, 135, 1, March 1999, pp. 82 – 101.

不符的非关税措施。① 并且，一方将不对原产于另一方的进口货物采取反倾销措施。② 有关货物的原产地规则和保障措施将在后文进行讨论。

关于服务贸易，内地与香港的 CEPA 规定将逐步减少或取消对另一方的服务及服务提供者实行的限制性措施。③ 双方可通过协商，进一步推动双方服务贸易的自由化。④ CEPA 中包含具体的服务原产地规则。任何其他 WTO 成员的服务提供者，如系根据一方的法律所设立的法人并在该方从事"实质性商业经营"，则有权享受另一方在 CEPA 下给予该服务提供者的优惠待遇。⑤ GATS 第 5（6）条并未界定"实质性商业经营"，但是，CEPA 附件 5 要求，"香港服务提供者在香港从事的业务性质和范围应当涵盖其拟在内地从事的业务性质和范围"。⑥ 服务提供者应已在香港注册设立和实质性经营 3 年以上（含 3 年），对于建筑及工程服务业、银行和其他金融服务业、保险和相关服务业以及航空服务业，这一期限是 5 年以上（含 5 年）。⑦ 这些限制性的服务原产地规则与霍克曼（Hoekman）和纽法尔默（Newfarmer）的假设一致，他们认为，"一国如只是拥有区域性绝对优势，而不具有全球竞争力的服务提供者，将倾向于采取限制性的服务原产地规则"。⑧ CEPA 中有关"实质性商业经营"的规则与 GATS 第 5（6）条并不完全一致。⑨

较之于中国在 WTO 服务贸易开放时间表中给予其他 WTO 成员的待遇，CEPA 赋予香港服务提供者更为优惠的待遇，换言之，这些待遇超越了中国的 WTO 义务。⑩ 双方采取措施，加强在银行、证券和保险领域的合作。这些措施包括，将内地银行与国际资金和外汇交易中心移至香港，充分发挥香港金融中介机构在内地金融改革、重组和发展中的作用。⑪ 内地广东省的游客允许个人赴港旅游，⑫，并设置

---

① Mainland – Hong Kong CEPA, Article 6（1）.

② Mainland – Hong Kong CEPA, Articles 7（anti-dumping）and 8（countervailing measures）.

③ Mainland – Hong Kong CEPA, Article 11. The timetable is given in Annex 4, Specific Commitments on Liberalization of Trade in Services.

④ Mainland – Hong Kong CEPA, Article 11（2）.

⑤ Mainland – Hong Kong CEPA, Article 12（2）. Qualifying business operations are stipulated in Annex 5, Definition of "Service Supplier" and Related Requirements.

⑥ Mainland – Hong Kong CEPA, Annex 5, Article 3.1.2（1）.

⑦ Mainland – Hong Kong CEPA, Annex 5, Article 3.1.2（2）.

⑧ The quotation is from Adrian Emch, "Services Regionalism in the WTO: China's Trade Agreements with Hong Kong and Macao in the Light of Article V（6）GATS", *Legal Issues of European Integration*, 33, 4, 2006, pp. 351 – 374 at p. 377 note 99, citing Bernard Hoekman and Richard Newfarmer, "Preferential Trade Agreements, Investment Disciplines and Investment Flows", *Journal of World Trade*, 39, 5, 2005, pp. 949 – 973 at p. 967.

⑨ Emch, as note 54 above.

⑩ For examples, See Jianyu Wang, as note 32 above, at p. 123.

⑪ Mainland – Hong Kong CEPA, Article 13; the quotation is from Article 13（3）.

⑫ Mainland – Hong Kong CEPA, Article 14（1）.

　　了其他措施以加强旅游业的合作。① 双方鼓励专业人员资格的相互承认。② 协定
同时规定了贸易与投资便利化，包括海关通关便利化、商品检验检疫、食品安
全、质量、标准化、电子商务、法律法规透明度和其他事项。③

　　内地与澳门之间的 CEPA 基本一致，不过涵盖领域略窄，文本中存在细微的
差别。④ 双方逐年充实内地与澳门之间的 CEPA，以进一步放宽对货物贸易和服
务贸易的限制，最近一次补充协议是在 2007 年 7 月 2 日。⑤

　　为支持这两项 CEPA 的发展，中国同时提倡劳动密集型的生产和高科技知识
密集型的产业，产生了独特的区域经济，包括多种形式的跨国经济联系。⑥ 在香
港、澳门和内地邻近的广东省组成的珠三角地区，外国直接投资和外贸之间的联
系正是这样一个鲜明的例子。⑦ 以 CEPA 为基础，⑧ 香港、澳门和内地邻近省份
于 2004 年 6 月 3 日在广州签署了《泛珠三角区域合作框架协议》（简称 PPRD），
涉及 "9 + 2" 成员，亦即香港、澳门和 9 个内地省份：广东、福建、江西、湖
南、广西、海南、四川、贵州和云南。这些地区占中国 20% 的领土，1/3 的人口

---

①　Mainland – Hong Kong CEPA, Article 14 (2), (3).

②　Mainland – Hong Kong CEPA, Article 15 (1).

③　Mainland – Hong Kong CEPA, Article 17 and Annex 6, Trade and Investment Facilitation.

④　See Mainland and Chinese Macao Closer Economic Partnership Arrangement (CEPA). CEPA was signed in the Chinese language, and only the Chinese text is authentic. The full text used here is a courtesy translation, which can be found at the website of Macao Economic Services, http://www. economia. gov. mo/, visited 5. 3. 2008. There are minor differences concerning financial cooperation (Article 13), areas of cooperation (Article 17). A summary of the Mainland – Macao CEPA may be found at http://www. imprensa. Macau. gov/edicoes/en/dse/cepa/, visited 5. 3. 2008.

⑤　See the following English courtesy translations: Supplement to CEPA (signed on 29 October 2004) http://www. economia. gov. mo/web/DSE/public? _nfpb = true&_pageLabel = Pg_CEPA_CEPA_II&locale = en_US; Supplement II to CEPA (signed on 21 October 2005), http://www. economia. gov. mo/web/DSE/public? _nfpb = true&_pageLabel = Pg_CEPA_CEPA_III&locale = en_US; Supplement III to CEPA (signed on 26 June 2006), http://www. economia. gov. mo/web/DSE/public? _nfpb = true&_pageLabel = Pg_CEPA_CEPA_IV&locale = en_US; http://www. economia. gov. mo/web/DSE/public? _nfpb = true&_pageLabel = Pg_EETR_CEPA_S&locale = en_US, Supplement IV to CEPA (signed on 2 July 2007), http://www. economia. gov. mo/web/DSE/public? _nfpb = true&_pageLabel = Ln_ET_AP&locale = en_US#, all visited 5. 3. 2008.

⑥　Robert Ash, "China's Regional Economies and the Asian Region: Building Interdependent Linkages", in David Shambaugh (ed), *Power Shift: China and Asia's New Dynamics* (University of California Press, Berkeley, 2005), pp. 96 – 131 at pp. 97 – 98.

⑦　For detailed statistics on the origins of regional FDI in China in 2002, see Ash, as note 64 above, at p. 107 Table 15.

⑧　In other words, on use of the two CEPAs by manufacturing firms and service providers in Chinese Hong Kong and Chinese Macao as well as Mainland China. For firm-level priorities concerning law and public policy, See Chyau Tuan and Linda Fung-Yee Ng, "FDI and Industrial Restructuring in Post-WTO Greater PRD: Implications on Regional Growth in China", *The World Economy*, 27, 10, 2004, pp. 1609 – 1631, which (at p. 1616) found that manufacturing firms accorded more importance to industrial policy for selective industries, whereas services firms emphasised government policies to increase competition.

和 35% 以上的经济产值。① 协定的基础是自愿参与、市场主导、开放公正、优势互补和互利共赢。合作计划为 10 个领域：基础设施、产业与投资、信息化建设、旅游、商务与贸易、农业、劳务、科教文化、环境保护和卫生防疫。② 迄今为止，各方已经举行了 4 次 PPRD 区域合作论坛。在四川成都举行的第 2 次会议上，"9 + 2"各方的知识产权保护和管理部门签署了《泛珠三角知识产权合作协议》。③ 合作的原则包括："依法行政：坚持一国两制和依法行政原则，努力营造规范、有序的知识产权保护环境"。④ 各方就不同形式的合作达成了协议，包括经济一体化和知识产权保护："九省（区）间打破地方保护，加强区域内知识产权执法部门间的沟通与协调，形成统一、有效、规范的知识产权保护秩序，并在适当情况下，加强与特区内知识产权执法部门的沟通和合作，整体提高区域知识产权保护水平"。⑤ 协定未提及 WTO 或 TRIPS 协定。

（二）标准的区域贸易协定：东盟—中国框架协定及相关协定

从 1991 年到 2001 年，世界贸易以 177% 的幅度增长，而东亚区域内贸易增长幅度达 304%，这主要归结于中国的崛起。⑥ 来自于其他亚洲国家的进口和外国直接投资大量流向中国，使之成为亚洲地区半成品的主要进口商和世界成品的

---

① See "Overview of Pan – Pearl River Delta Regional Cooperation", available at the website of the Macao Special Administrative Region Economic Services, http://www. economia. gov. mo/web/DSE/public? _ nfpb = true&_pageLabel = Pg_EETR_9_2_S&locale = en_US, visited 5. 3. 2008. See also Yue-man Yeung, "The Pan – PRD and ASEAN-China FTA as Agents of Regional Integration in Pacific Asia", Keynote address, Forum on A Tale of Two Regions: China's Pan – PRD and ASEAN, Gold Coast Hotel, Hong Kong, 4 November 2005, available at http://www. hkpri. org. hk/passagesPDF/othersSpeech/2005/Prof. % 20Yeung's% 20Speech. pdf, visited 20. 3. 2008. Yeung concludes (at p. 10) that currently Guangdong and Hong Kong are 'presiding' over the conjunction of Pan – PRD of 9 + 1 and ASEAN-China FTA of 10 + 1.

② See "Summary of the Pan – Pearl River Delta Regional Cooperation Framework Agreement", available at the website of the Macao Special Administrative Region Economic Services, http://www. economia. gov. mo/web/DSE/public? _nfpb = true&_pageLabel = Pg_EETR_9_2_T&locale = en_US, visited 5. 3. 2008.

③ Pan – PRD Intellectual Property Cooperation Agreement (Courtesy Translation), available on the website of the Hong Kong Government Intellectual Property Department at http://www. ipd. gov. hk/eng/pub_press/press_releases/agreement_eng. pdf, visited 5. 3. 2008.

④ Pan – PRD Intellectual Property Cooperation Agreement, Article 2 (4).

⑤ Pan – PRD Intellectual Property Cooperation Agreement, Article 4 (5).

⑥ Hideo Ohashi, "China's Regional Trade and Investment Profile", in David Shambaugh (ed), *Power Shift: China and Asia's New Dynamics* (University of California Press, Berkeley, 2005), pp. 71 – 95 at p. 72.

主要出口商，尤其是对美国和欧盟的出口。① 这种"三角贸易模式"② 导致外国直接投资从其他国家，如东盟成员国，转移至中国。不过，这一模式同时催生了中国的外向型投资，在江泽民"走出去"战略的指引下，中国企业积极在国外，如东盟国家，开展带料加工业务。③ 1991 年至 2001 年间，中国有近 60% 的外国直接投资来自其他亚洲国家，相比之下，直接来自美国、欧盟和日本的投资各占 10%。④ 正在发生的经济转型对中国国内经济以及中国参与东亚地区事务产生了深远的影响。罗伯特·艾希（Robert Ash）认为，"中国的区域贸易模式反映了跨国经济轴心的浮现"，并且它们同样使得中国积极参与更为广泛的国际经济。⑤ 鲍德温（Baldwin）则将中国称为"世界工厂"，很大程度上正是基于国际生产网络这一事实。⑥

区域贸易协定建构和激发了这些经济变革，正如中国的经济变革以及以区域为基础的合法的区域贸易协定所展现的联系。这类协定并非"一国两制"下的经济一体化协定，而是一种严格意义上的区域贸易协定，聚焦于与相邻主权国家的区域性合作，并以贸易和经济关系等为导向，一体化涵盖陆地边境和国外领土。

中国已经缔结了大量的区域贸易协定。第一，中国是《中亚区域经济合作项目》（CAREC）的一方。1997 年发起的 CAREC 焦点在于中国、阿富汗、阿塞拜疆、哈萨克斯坦、吉尔吉斯斯坦、蒙古、塔吉克斯坦和乌兹别克斯坦之间的交

---

① To the extent that "the major reason why China manages to record a [trade] surplus with the EU is because it is used as a processing platform by a number of (primarily foreign, Asian) firms. In other words, the EU trade deficit is actually a deficit vis-à-vis the whole of East Asia rather than vis-à-vis China": Bernadette Andreosso-O'Callaghan and Franç? oise Nicolas, "Complementarity and Rivalry in EU-China Economic Relations in the Twenty-First Century", *European Foreign Affairs Review*, 12, 2007, pp. 13 – 38 at p. 18.

② See Guillaume Gaulier, Françoise Lemoine and Deniz ü nal-Kesenci, "China's Integration into East Asia?: Production Sharing, FDI & High-Tech Trade", Working Paper, Centre d'Etudes Prospectives et d'Informations Internationales, No. 2005 – 2009, June 2005, available at http://www. cepii. fr/anglaisgraph/work-pap/pdf/2005/wp05 – 09. pdf, visited 20. 3. 2008.

③ Ohashi, as note 72 above, at pp. 76, 79 – 89.

④ Andreosso-O'Callaghan and Nicolas, as note 73 above, at p. 24.

⑤ Ash, as note 64 above, at p. 99.

⑥ Richard Baldwin, "Managing the Noodle Bowl: The Fragility of East Asian Regionalism", Centre for Economic Policy Research, Discussion Paper Series, No. 5561, March 2006, available at www. cepr. org/pubs/dps/DP5561. asp, visited 12. 3. 2008. On the role of production networks in East Asian regional integration, see Henry W. C. Yeung, *Transnational Corporations and Business Networks: Hong Kong Firms in the ASEAN Region* (Routledge, London, 1998); and Mona Haddad, "Trade Integration in East Asia: The Role of China and Production Networks", World Bank Policy Research Working Paper No. 4160, 1 March 2007, available at http://papers. ssrn. com/sol3/papers. cfm?abstract_id = 969237, visited 20. 3. 2008.

通、能源、贸易政策和贸易便利化。[1] 第二，中国是上海合作组织的缔造者，这是一个在 2001 年 6 月 15 日成立的政府间国际组织，成员包括中国、哈萨克斯坦、吉尔吉斯斯坦、俄罗斯、塔吉克斯坦和乌兹别克斯坦。尽管其首要目标是相互安全，但是上海合作组织同样包含经济与贸易合作的目标。[2] 这可谓是"倒置型功能主义"的例子，即安全领域的成功合作"外溢"至其他领域。[3] 第三，中国是《大湄公河次区域贸易投资便利化战略行动框架》（GMS）的一方。其他参加 GMS 的国家有：柬埔寨、老挝、缅甸、泰国和越南。[4] GMS 重点关注基础设施建设，并非自由贸易区，而仅仅是"一项与正式的一体化相反，主要以市场一体化驱动的区域一体化倡议"。[5] 第四，中国与孟加拉国、印度、缅甸于 1999 年 8 月 17 日签署了"昆明倡议"，这是一个非政府性质的次区域组织。由中国云南省省长作为倡导者，这一组织从字面上看，符合亚洲殖民前的现实：较之于目前的情况，这些区域"几个世纪以前在文化、政治和经济方面一体化

---

① See Central Asian Regional Economic Cooperation – CAREC, on the website of the Asian Development Bank, http://www. adb. org/Carec/, visited 17. 3. 2008; Ministry of Commerce of the People's Republic of China, Department of International Trade and Economic Affairs [in Chinese], http: /gjx. mofcom. gov. cn/aarticle/af/ak/200610/20061003499223. html, visited 14. 3. 2008. For a brief overview of China's energy policy in the region, see Marie Jego, "Menacé par la Chine, Gazprom veut rester maître du gaz en Asia centrale", *Le Monde*, vendredi 21 mars 2008, p. 14.

② See the SCO website: http://www. sectsco. org/html/00026. html, visited 19. 3. 2008. For the Declaration on the Establishment of the Shanghai Cooperation Organisation, see http://www. sectsco. org/html/00088. html, visited 19. 3. 2008. A Framework Agreement on economic cooperation was signed on 23 September 2003, and a follow-up plan was signed on 23 September 2004. See http://www. sectsco. org/html/00030. html, visited 19. 3. 2008. Mongolia, Pakistan, India and Iran have observer status. India and Pakistan are potential candidates for membership, according to Wikipedia: http://en. wikipedia. org/wiki/Shanghai_Cooperation_Organization, visited 19. 3. 206. For an overview of EU, Chinese and Indian policies in the region, see Emilian Kavalski, "Partnership or Rivalry between the European Union, China and India in Central Asia: The Normative Power of Regional Actors with Global Aspirations", in Francis Snyder (ed), *Europe, India and China: Strategic Partners in a Changing World* (Bruylant, Brussels, 2008), pp. 231 – 252.

③ Jianwei Wang, "China's Multilateral Diplomacy in the New Millennium", in Yong Deng and Fei-Ling Wang (eds), *China Rising: Power and Motivation in Chinese Foreign Policy* (Rowman & Littlefield, Lanham, Maryland, 2005), pp. 159 – 200 at p. 179.

④ See "Strategic Framework for Action on Trade Facilitation and Investment in the Greater Mekong Sub-Region", available on the Mofcom website at http://tradeinservices. mofcom. gov. cn/en/b/2007 – 10 – 10/6577. shtml, visited 17. 3. 2008.

⑤ Stefano Inama, "The Association of South East Asian Nations-People's Republic of China Free Trade Area: Negotiating Beyond Eternity With Little Trade Liberalization?", *Journal of World Trade*, 39, 3, 2005, pp. 559 – 579 at p. 560. For a recent overview, see Mya Than, "China and CLMV Countries: Relations in the Context of the Mekong Sub-region", in Saw Swee-Hock (ed) *ASEAN-China Economic Relations* (ISEAS [Institute of Southeast Asian Studies] Publishing, Sinapore, 2007), pp. 269 – 294.

程度更高"。① 第五，中国参与了《图们江区域发展项目》（TADP）或《大图们江倡议》（GTI），涉及中国北方部分。除中国外，其成员还包括朝鲜、蒙古、韩国和俄罗斯。其重点关注能源、环境、投资、交通和旅游。② 所有这些协定都是区域贸易协定作为提高边境一体化手段的实例。第六，中国参加了"东盟区域论坛"（ARF）。该论坛 1994 年 7 月 25 日成立于曼谷，主要关注政治与安全事项。③ 第七，中国与日本、韩国一道，成为"东盟 10 + 3"的成员。该组织肇始于1997～1998 年的东南亚金融危机，在 2003 年的 SARS 危机中发挥了重要作用，并提供贸易、外交、投资和金融方面的合作。④ 第八，自 1991 年 11 月 12～14 日以来，中国成为亚太经合组织（APEC）的成员。⑤ 第九，中国在亚欧会议（ASEM）中发挥重要的作用，该会议由"东盟 10 + 3"和欧盟成员国组成。⑥ 这些区域贸易安排很少与贸易直接相关。最后，中国正在从事其他相互重叠的安排。例如，欧盟与中国正在进行《伙伴关系与合作协定》的谈判，以取代已经

---

① See Julien Levesque, "The Kunming Initiative: Going Beyond Governmental Reluctance", Article No. 2473, 14 January 2008, available on the website of the Institute of Peace and Conflict Studies (IPCS), New Delhi, at http://www.ipcs.org/printWhatsnew.jsp?action = showView&kValue = 2473&status = article, visited 19.3. 2008. For official documents, see Online Burma/Myanmar Library, available at http://www.burmalibrary.org/show.php? cat = 2144, visited 19.3.2008. See also P. V. Indiresan, "The Kunming Initiative", *Frontline*, 17, 7, 1 – 14 April 2000, pp. 98 – 102, available at http://www.thehindu.com/fline/fl1707/17070980.htm, visited 19.3. 2008; Ramtanu Maitra, "Prospects Brighten for Kunming Initiative", *Asia Times*, February 12, 2003, available at http://www.atimes.com/atimes/South_Asia/EB12Df04.html, visited 19.3.2008.

② See the Greater Tumen Initiative website at http://www.tumenprogramme.org/index.php?id = 1, visited 19.3.2008. On energy, see also Stephen Chen, "Plan for energy hub in Inner Mongolia", *South China Morning Post*, Thursday, 3 January 2008, p. A4.

③ Other participants are Australia, Bangladesh, Brunei Darussalam, Cambodia, Canada, European Union, India, Indonesia, Japan, Democratic Peoples' Republic of Korea, Republic of Korea, Laos, Malaysia, Myanmar, Mongolia, New Zealand, Pakistan, Papua New Guinea, Philippines, Russian Federation, Singapore, Thailand, Timor Leste, United States, Vietnam. See the Asian Regional Forum website, at http://www.aseanregionalforum.org/AboutUs/tabid/57/Default.aspx, visited 19.3.2008.

④ See Richard Stubbs, "ASEAN plus Three: Emerging East Asian Regionalism?", *Asian Survey*, 42, 3, 2002, pp. 440 – 455. On ASEAN + 3 and SARS, see Lai Hongyi, "Regional Cooperation in Epidemic Prevention: China and ASEAN", in John Wong, Zou Keyuan and Zeng Huaqun (eds), *China – ASEAN Relations: Economic and Legal Dimensions* (World Scientific, Singapore, 2006), pp. 59 – 73. See generally the website of the US – ASEAN Business Council, at http://www.us-asean.org/ASEANOverview/asean + 3.asp, visited 15.4.2008.

⑤ See the APEC website, http://www.apec.org/, visited 12 March 2008.

⑥ See e.g. H. E. Wen Jiabao, Premier of the State Council of the People's Republic of China, "Strengthening Partnership Through Increased Dialogue and Cooperation", Speech at the Fifth Asia-Europe Meeting, Hanoi, 8 October 2004; and H. E. Wen Jiabao, Premier of the State Council of the People's Republic of China, "Strengthening ASEM Economic and Financial Cooperation to Promote Common Development", Speech at the Opening Ceremony of the Sixth ASEM Finance Ministers Meeting, 26 June 2005; both reprinted in Francis Snyder, *The European Union and China, 1949 – 2008: Basic Documents and Commentary* (Hart Publishing, Oxford, 2008).

过时的 1985 年的《欧洲经济共同体与中国贸易与合作协定》。① 与此同时，与
"跨区域的欧盟—东盟贸易倡议"——一项与东盟开展法规合作的区域协定②一
道，欧盟目前正在与东盟进行建立自由贸易区的谈判。③ 这些协定之间究竟如何
联系，仍有待观察。

不过，从经济和贸易关系的角度来看，中国最富有雄心的多边区域贸易协定莫
过于《东盟—中国自由贸易协定》（ACFTA）。这一节剩下来的内容将集中探讨
ACFTA。2002 年 11 月 5 日，在柬埔寨首都金边，中国与东盟各成员国（文莱、柬埔
寨、印度尼西亚、老挝、马来西亚、缅甸、菲律宾、新加坡、泰国、越南）签署了
《东盟—中国全面经济合作框架协定》。④《框架协定》规定了目标、规范性的经济
框架以及未来各方合作的时间表。该协定是中国在"大中华经济圈"以外签署
的第一个区域贸易协定，亦是由东盟所有成员国签署的第一个区域贸易协定。⑤

---

① See Antoine Sautenet, "The Current Status and Prospects of the 'Strategic Partnership' between the EU and China: Towards the Conclusion of a Partnership and Cooperation Agreement", *European Law Journal*, 13, 6, 2007, 699 – 731; Zeng Lingliang, "A Preliminary Perspective on Negotiations for an EU-China PCA: A New Bottle Carrying Old Wine, or New Wine in Old Bottles, or Both?", *European Law Journal*, 14, 5, 2008 [in press at time of writing].

② See the website of the European Commission, Directorate-General for Trade, at http://ec. europa. eu/trade/issues/bilateral/regions/asem/index_en. htm, visited 18. 3. 2008. TREATI is concerned mainly with food safety and product standards but includes trade facilitation as a horizontal issue.

③ See "Report of the ASEAN – EU Vision Group: Transregional Partnership for Shared and Sustainable Prosperity", Ha Noi, Viet Nam, 10 May 2006, available at http://trade. ec. europa. eu/doclib/docs/2006/may/tradoc_128860. pdf, visited 21. 3. 2008. For a comparison of ASEAN and the EU, see Laurence Henry, "The ASEAN Way and Community Integration: Two Different Models of Regionalism", *European Law Journal*, 13, 6, November 2007, pp. 857 – 879.

④ On the negotiations, see Lu Bo, "ASEAN – China Free Trade Agreement: Negotiation, Implementation and Prospect", in Saw Swee-Hock (ed), *ASEAN-China Economic Relations* (ISEAS [Institute of Southeast Asian Studies] Publishing, Sinapore, 2007), pp. 86 – 111. For an overview of the general legal framework of ASEAN – China relations, see Zeng Lingliang, "ASEAN – China Relations: An International Law Perspective", in John Wong, Zou Keyuan and Zeng Huaqun (eds), *China-ASEAN Relations: Economic and Legal Dimensions* (World Scientific, Singapore, 2006), pp. 33 – 55, who prior to the ASEAN-China Agreement on Goods and the Agreement on Dispute Settlement Mechanism (see below) argued (at p 51) that at present, the overall legal regulation of China-ASEAN relations has not reached the stage of a legal regime". For a case study of ACFTA from the standpoint of political economy, see Dent, as note 22 above, pp. 159 – 164.

⑤ Wang, as note 32 above at p. 125; Dent, as note 22 above, p. 159. Wang argues in another article that, from the standpoint of international law, the ASEAN-China FTA is not an agreement between ASEAN and China, since ASEAN does not have international legal personality, but rather a group of bilateral agreements between China and each of the ten ASEAN Member States: see Jianyu Wang, "The International Legal Personality of ASEAN and the Legal Nature of the China-ASEAN FTA", in John Wong, Zou Keyuan and Zeng Huaqun (eds), *China-ASEAN Relations: Economic and Legal Dimensions* (World Scientific, Singapore, 2006), pp. 111 – 131.

各方同意，到 2010 年为止，自由贸易区①将在东盟 6 国②和中国之间建成；到 2015 年，在东盟新成员国③和中国之间建成自由贸易区。

ACFTA 预期将对亚太地区和整体的国际贸易制度产生重大影响。《东盟—中国联合专家组报告》指出："在东盟和中国之间建立自由贸易区将创造出一拥有 17 亿消费者的经济区域，大约 20 000 亿美元的国民生产总值和 12 300 亿美元的总贸易量……消除中国与东盟之间的贸易壁垒将降低成本、增加区域内贸易量并提高经济效能。建立东盟—中国自由贸易区将在东盟成员国和中国之间创造一种共同体意识。它将为支持东亚的经济稳定提供另一种机制，并使得东盟和中国就共同关心的议题在国际事务中能够具有更大的话语权"。④ 但是，贸易量增加的可能性并不必然意味着更大程度的一体化。中国和东盟国家目前出口类似的产品，⑤ 所以在短期内，他们可能在东盟内部和国外市场上存在竞争，尽管长远来看可能并非如此。⑥ 此外，一些经济学家认为，ACFTA 像以往类似的东南亚计划一样，不可能实现实质性的贸易自由化，因为其规则并未提供有效的实施机制。⑦

---

① In order to avoid confusion with the Central American Free Trade Agreement（CAFTA），this paper refers to the ASEAN-China Free Trade Agreement by generally accepted abbreviation ACFTA，instead of the abbreviation CAFTA（China-ASEAN Free Trade Agreement）used by some authors.

② Brunei Darusssalam，Indonesia，Malaysia，the Philippines，Singapore and Thailand.

③ Cambodia，Lao PDR，Myanmar and Vietnam.

④ ASEAN-China Experts Group on Economic Cooperation，"Forging Closer ASEAN-China Economic Relations in the Twenty-First Century"，p. 2（point 11），available on the ASEAN Secretariat website at http://www. aseansec. org/asean_chi. pdf，visited 10. 3. 2008.

⑤ For detailed analysis，see Jose L. Tongzon，"ASEAN-China Free Trade Area：A Bane or Boon for ASEAN Countries"，*The World Economy*，28，2，2005，pp. 191 – 211.

⑥ On the short-run/long-run distinction，see David Roland Holst and John Weiss，"ASEAN and China：Export Rivals or Partners in Regional Growth"，*The World Economy*，27，8，2006，pp. 1255 – 1274. John Wong states that China and ASEAN（minus Singapore）are currently "more competitive than complementary"，even though about half of China's exports go to the Asia-Pacific region，which in turn provides about 75% of China's FDI：see John Wong，"China-ASEAN Relations：An Economic Perspective"，in John Wong，Zou Keyuan and Zeng Huaqun（eds），*China-ASEAN Relations：Economic and Legal Dimensions*（World Scientific Publishing Company，Singapore，2006），pp. 17 – 32；the quotation is from p. 28. See also Zhang Haibing，"China and Southeast Asia Cooperation：New Developments and Challenges"，in John Wong and Lai Hongyi（eds），*China into the Hu-Wen Era：Policy Initiatives and Challenges*（World Scientific Publishing Company，Singapore，2006），pp. 541 – 556，especially p. 553；and Chen Wen，"ASEAN-China Trade Relations：Origins，Progress and Prospect"，in Saw Swee-Hock（ed），*ASEAN-China Economic Relations*［ISEAS（Institute of Southeast Asian Studies）Publishing，Sinapore，2007］，pp. 67 – 85.

⑦ See Inama，as note 83 above，especially pp. 561 – 562，which also（at p. 567）emphasises that the real deadline for tariff reductions for sensitive goods is 2018. In fact，Dee argues that comprehensive regulatory reform is more important than RTAs in achieving real income gains in the region：see Philippa Dee，"East Asian Economic Integration and its Impact on Future Growth"，*The World Economy*，30，3，2007，pp. 405 – 423. Sally argued in 2006 that the Asian FTAs are too weak to foster regional economic integration and need more focus on the WTO：Sally，as note 5 above.

不过，从 2005 年年中至 2006 年年中，中国方面来自东盟的进口量增长了 20.4%，对东盟的出口量则增长了 23.4%。各方具有比较优势的产品贸易量的增长幅度在 46.6%（中国从东盟进口橡胶）和 60.2%（中国向东盟出口针织服装）之间变动。[①] 对东盟而言，与中国紧密联系的目的在于确保持续的经济活力，[②] 并且许多经济学家认为，ACFTA 是建立在"天然的一体化经济"[③] 的基础之上的，ACFTA 将为东盟和中国一道带来经济利益。[④]

ACFTA《框架协定》的序言重申各缔约方在 WTO 和其他协定中的权利、义务和承诺，并认识到"区域贸易协定在加快区域和全球贸易自由化方面能够起到的促进作用，以及在多边贸易体制框架中起到的建设性作用"。[⑤] 协定的目标是：（a）加强和增进各缔约方之间的经济、贸易和投资合作；（b）促进货物和服务贸易，逐步实现货物和服务贸易自由化，并创造透明、自由和便利的投资机制；（c）为各缔约方之间更紧密的经济合作开辟新领域，制定适当的措施；以及（d）为东盟新成员国更有效地参与经济一体化提供便利，缩小各缔约方发展水平的差距。[⑥] 协定规定，各缔约方同意进行谈判，以取消各缔约方之间实质上所有货物贸易的税收和其他限制，除非在必要情形下，这些限制是被 GATT 第 24（8）(b) 条所允许。[⑦] 第 6 条设立了一项"早期收获计划"（EHP），在 ACFTA 完全实施以前，特定产品的关税将根据协商的时间表取消。[⑧] 根据协定，第 3 条和第 6 条中的承诺应符合 WTO 对各缔约方之间实质上所有贸易取消关税

[①] Susan Ning and Ding Liang, "China's Free Trade Agreement（FTA）Policy and its Recent Developments", *King & Wood China Bulletin 2006*, Special Issue, October, 2006, pp. 1 – 7 at p. 2, available at http://www.kingandwood.com/UploadFiles/China% 20Bulletin% 202006% 20Special% 20Issue328.pdf, visited 14.3.2008.

[②] See John Wong, "China-ASEAN Relations：An Economic Perspective", as note 100 above.

[③] Kawai argues that foreign trade and FDI have created a "naturally integrated economy" in the region：Masahiro Kawai, "East Asian Economic Regionalism：Progress and Challenges", *Journal of Asian Econmics-International Journal*, 16, 1, 2005, pp. 29 – 56.

[④] See, for example, Qiu et al who argue that, overall, ACFTA will have positive effects for both ASEAN member countries and for China：Huanguang Qiu, Jun Yang, Jikun Huang and Ruijian Chen, "Impact of China-ASEAN Free Trade Area on China's International Agricultural Trade and Its Regional Development", *China & The World Economy*, 15, 4, 2007, pp. 77 – 90.

[⑤] ASEAN – China Framework Agreement, Preamble.

[⑥] ASEAN – China Framework Agreement, Article 1.

[⑦] ASEAN – China Framework Agreement, Article 3（1）. Whether or not the Framework Agreement met this condition, expressed in Article XXIV（8）(b) GATT, would have been clearer if the Agreement had been notified to the WTO under Article XXIV GATT rather than under the Enabling Clause（Decision of 28 November 1979 on Differential and More Favourable Treatment, Reciprocity and Fuller Participation of Developing Countries（L/4903）, which does not address this issue expressly. See the Enabling Clause at http://www.wto.org/english/docs_e/legal_e/enabling_e.doc, visited 20.3.2008. I am grateful to K. L. Thiratayakinant for this point.

[⑧] See ASEAN – China Framework Agreement, Article 6, Annex 1, Annex 2.

的要求。① 事实上，中国做出了最大程度的减让，因此有学者将 EHP 描述为“几乎完全是单方面性质的”。②

未来的货物贸易谈判应包括，但不限于以下内容：原产地规则；基于 GATT 第 28 条，对一缔约方在货物贸易协定中的承诺所做的修改；非关税措施，包括与进出口有关的数量限制措施、缺乏科学依据的动植物卫生检疫措施以及技术性贸易壁垒；基于 GATT 的保障措施；基于 GATT 现行规则的关于补贴、反补贴措施及反倾销措施的各项规则；基于 WTO 现行规则及其他相关规则，便利和促进对知识产权的有效和充分的保护。③ WTO 中有关承诺的修订和贸易救济措施应临时性地适用于“早期收获计划”涵盖的产品，“一旦各缔约方根据本协定第 3 (8) 条谈判达成的相关规定得以执行，上述 WTO 的条款应被这些相关规定替换和取代”。④ 关于服务贸易，谈判应“逐步取消彼此或各缔约方间存在的实质所有歧视，和/或禁止采取新的或增加歧视性措施，但 GATS 第 5 (1) (b) 条所允许的措施除外”，并应在各缔约方根据 GATS 所做承诺的基础上，继续扩展服务贸易自由化的深度与广度。⑤

协定中的其他条款同样吸收或潜在地影响了缔约方在 WTO 法中的权利和义务。⑥ 东盟本身不是 WTO 的正式成员，其 9 个成员国是 WTO 的正式成员：文莱、印度尼西亚、马来西亚、缅甸、菲律宾、新加坡和泰国是 1995 年 1 月 1 日 WTO 成立时的创始成员；柬埔寨于 2004 年 10 月 13 日加入 WTO；越南于 2007 年 1 月 1 日成为 WTO 成员。老挝至今仍非 WTO 成员。⑦ 中国将“符合 WTO 规则和规定”的最惠国待遇授予东盟的所有成员国，包括尚未加入 WTO 的成员国。⑧《框架协定》的“一般例外”有选择地援引了 GATT 第 20 条的规定，允许的例外情形是：国家安全、保护具有艺术、历史或考古价值的文物所采取的措施；保护公共道德所必需的措施；保护人类、动物或植物的生命和健康所必需的

---

① ASEAN – China Framework Agreement, Article 3 (6).

② Alyssa Greenwald, “The ASEAN – China Free Trade Area (ACFTA): A Legal Response to China's Rise”, *Duke Journal of Comparative and International Law*, 16, 2006, pp. 193 – 217 at p. 198.

③ ASEAN – China Framework Agreement, Article 3 (8).

④ ASEAN – China Framework Agreement, Article 6 (3) (d).

⑤ ASEAN – China Framework Agreement, Article 4 (a), (b).

⑥ On the relationship between WTO rules and aspects of the ASEAN-China Framework Agreement concluded on 4 November 2002, see Zeng Huaqun, “WTO Rules and China-ASEAN FTA Agreement”, in John Wong, Zou Keyuan and Zeng Huaqun (eds), *China-ASEAN Relations: Economic and Legal Dimensions* (World Scientific, Singapore, 2006), pp. 93 – 109.

⑦ See the WTO website, at http://www.wto.org/English/thewto_e/whatis_e/tif_e/org6_e.htm, visited 3.4.2008.

⑧ ASEAN – China Framework Agreement, Article 9.

措施。① 在协定生效后 1 年内，缔约各方应建立适当的、正式的争端解决程序和机制，在建立之前，任何关于本协定的解释、实施和适用的争端，应通过磋商和/或调停的方式友好地加以解决。② 框架协定第 13（2）条规定："除非本协定另有规定，本协定或依照本协定采取的任何行动不得影响或废止一缔约方依照其现为缔约方的协定所享受的权利和承担的义务"。③

随后的几项协定对《框架协定》进行了修正或扩展。第一，2003 年 10 月 6 日在印度尼西亚的巴厘岛，缔约方达成了修正《框架协定》的一项议定书。尽管主要是与"早期收获计划"相关，但该文件将适用于"早期收获计划"所涵盖之产品的原产地规则纳入到《框架协定》正文。④ 议定书同时在《框架协定》中插入了新的第 12（A）条，具体内容如下："协定中任何规定应不阻止或禁止任何单独的东盟成员国，与中国和/或其他的东盟成员国，在本协定之外，达成有关货物贸易、服务贸易、投资和/或其他领域经济合作之协定。本协定之条款不适用于任何上述类别的双边或诸边协定"。⑤

第二，2004 年 11 月 29 日于老挝首都万象召开的会议上，遵照先前《框架协定》中的承诺，缔约方签署了《东盟—中国货物贸易协定》。⑥ 该协定于 2005 年 1 月 1 日生效，进一步厘清了《框架协定》和 WTO 规则之间的关系，在大多数领域根据 WTO 规则对《框架协定》进行了调整。例如，新协定规定了国内税收和法规方面的国民待遇原则，GATT 第 3 条被纳入，并成为《货物贸易协定》的组成部分。⑦ 类似地，GATT 关于透明度原则的第 10 条也被纳入，并成为协定的组成部分。⑧ 各缔约方同意并重申遵守 WTO 规则中有关条款的承诺，⑨ 包括非关税措施、技术性贸易壁垒，卫生与植物卫生措施、补贴与反补贴措施、倾销与反倾销措施、知识产权。⑩ 类似地，除非 WTO 规则允许，各缔约

① ASEAN – China Framework Agreement, Article 10.

② ASEAN – China Framework Agreement, Article 11.

③ ASEAN – China Framework Agreement, Article 13（2）.

④ Protocol to Amend the Framework Agreement, Article 3.

⑤ Protocol to Amend the Framework Agreement, Article 4.

⑥ Agreement on Trade in Goods of the Framework Agreement on Comprehensive Economic Co-operation between the Association of Southeast Asian Nations and the People's Republic of China（hereinafter ASEAN – China Agreement on Goods）.

⑦ ASEAN – China Agreement on Goods, Article 2.

⑧ ASEAN – China Agreement on Goods, Article 4.

⑨ Other provisions of WTO Agreements on goods not specifically mentioned or modified by the ASEAN – China Goods Agreement apply, *mutatis mutandis*, unless the context requires otherwise：ASEAN – China Agreement on Goods, Article 7（2）.

⑩ ASEAN – China Agreement on Goods, Article 7（1）.

方不应保留数量限制措施。① 各缔约方保证其领土内的区域和地方政府机构，以及经中央、区域或地方政府或主管机关授权的非政府组织遵守协定中的承诺和义务。② 一缔约方在发生严重国际收支失衡和对外财政困难或存在此类威胁时，可以根据 GATT1994 和《关于 GATT1994 国际收支条款的谅解》，采取限制性进口措施。③ 有关货物自由贸易的一般例外则是重复了 GATT 第 20 条的规定。④

但是，在其他方面，《货物贸易协定》偏离了 WTO 规则，或者是其中的某些条款修改了中国目前在 WTO 法中的义务。例如，协定包含有关正常类产品和敏感类产品关税减让的对等条款。⑤ 协定同时规定了特定的原产地规则。货物贸易和服务贸易一样应受到特定的争端解决机制的管辖。原产地规则和争端解决机制将在后文中讨论。最后，对中国至关重要的是，东盟十国中的每一个成员国都同意承认中国完全的市场经济地位（MES）。更为明确的是，他们同意：自协定签署之日起，对于中国和东盟十国中任一成员之间的贸易，将不适用《中国加入世界贸易组织议定书》第 15 条和第 16 条，以及《中国加入世贸组织工作组报告》第 242 段。⑥

第三，《东盟—中国服务贸易协定》于 2007 年 1 月 14 日在菲律宾的宿务市签署，并于同年 7 月 1 日生效。⑦ 除个别例外，该协定与 GATS 非常相似。协定不适用于政府采购。⑧ GATS 第 3 条和第 3 条第 2 款，经作必要调整，被明确纳入成为协定的组成部分。⑨ 虽然没有明确提及，但协定其余大部分条款几乎一字不差地遵照了 GATS 的条款。例如，有关垄断和专营服务提供者的第 7 条只是简单地重复了 GATS 第 8 条的规定。GATS 的附件经必要调整后，亦适用于

---

① ASEAN – China Agreement on Goods, Article 8 (1).

② ASEAN – China Agreement on Goods, Article 15.

③ ASEAN – China Agreement on Goods, Article 11.

④ ASEAN – China Agreement on Goods, Article 12.

⑤ ASEAN – China Agreement on Goods, Annex 1 (normal goods), Annex 2 paragraph 6 (sensitive goods). For an assessment which concludes that "at the present the ACFTA looks more like a bundle of bilateral deals on few tariff lines rather than [sic] an FTA", see Inama, as note 83 above, at pp. 567 – 571 (quotation from the last page).

⑥ ASEAN – China Agreement on Goods, Article 14.

⑦ Agreement on Trade in Services of the Framework Agreement on Comprehensive Economic Co-operation between the Association of Southeast Asian Nations and the People's Republic of China [hereinafter ASEAN – China Agreement on Services].

⑧ ASEAN – China Agreement on Services, Article 2 (2).

⑨ ASEAN – China Agreement on Services, Articles 3, 4.

该协定。① 不过，《服务贸易协定》有几个方面是不同于 GATS 的。② 例如，协定序言认识到各缔约方为实现国家政策目标，有权对其领土内的服务提供进行管理和采用新的法规，同时认识到由于各缔约方服务法规发展程度方面存在的不平衡，发展中国家特别需要行使此权利。③ 各缔约方，而非服务贸易理事会，应按照 GATS 第 6（4）条的规定，共同审议有关国内法规之规定的谈判结果。④ 关于 WTO 规则，缔约方同意并重申承诺遵守与服务贸易相关且可适用的 WTO 协定，除非未来达成另外的协定。⑤ 应通过经谈判达成的具体承诺的推动，加强柬埔寨、老挝、缅甸和越南的参与，包括："展现适当的灵活性，允许它们开放较少的部门和较少的交易种类，并按照它们各自的发展情况逐步扩大市场准入"。⑥ 各缔约方在 ACFTA 中进行服务贸易谈判时，应努力做出新的承诺以超越在 GATS 中业已做出的承诺。⑦ 关于承诺的适用和扩大，中国应做出一份具体承诺减让表，并应将之适用于所有的东盟成员国；⑧ 每一个东盟成员国应做出各自的具体承诺减让表，并应将之适用于中国和东盟其他成员国。⑨ 因此，在服务贸易方面，与货物贸易一样，ACFTA 类似于一系列双边协定的集合。

《东盟—中国框架协定》包含一项《争端解决机制协定》，后文将对此进行论述。⑩ 《争端解决机制协定》同时适用于《东盟—中国货物贸易协定》⑪ 和《东盟—中国服务贸易协定》⑫。

（三）双边区域贸易协定：与单个主权国家的自由贸易协定

除与邻国之间的区域贸易协定外，中国与非相邻的主权国家也已经签署或正

---

① ASEAN – China Agreement on Services, Article 28（1）.

② See also the endnotes to the Agreement.

③ ASEAN – China Agreement on Services, Preamble, last recital.

④ ASEAN – China Agreement on Services, Article 5（4）. The review procedure is laid down in Article 27.

⑤ ASEAN – China Agreement on Services, Article 15.

⑥ ASEAN – China Agreement on Services, Article 17.

⑦ ASEAN – China Agreement on Services, Article 21（1）.

⑧ ASEAN – China Agreement on Services, Article 22（1）.

⑨ ASEAN – China Agreement on Services, Article 22（2）.

⑩ See Agreement on Dispute Settlement Mechanism of the Framework Agreement on Comprehensive Economic Co-operation between the Association of Southeast Asian Nations and the People's Republic of China.

⑪ ASEAN – China Agreement on Goods, Article 21.

⑫ ASEAN – China Agreement on Services, Article 30.

在谈判自由贸易协定。中国与智利①之间的自由贸易协定于 2005 年 11 月 18 日签署，并于 2006 年 10 月 1 日生效。该协定依照 GATT 第 24 条，GATS 第 5 条和"授权条款"，于 2007 年 6 月 20 日向 WTO 做出了通知。② 中国与巴基斯坦之间的自由贸易协定于 2006 年 11 月 24 日签署，并依照 GATT 第 24 条和 GATS 第 5 条于 2008 年 1 月 21 日向 WTO 做出了通知，但尚未生效。中国与泰国已经签署一项协定，一项"早期收获安排"在 2003 年 10 月实施。③ 中国已经倡议与新西兰④、澳大

---

① For an overview of China-Chile relations, see General Directorate for International Economic Affairs, Ministry of Foreign Affairs, People's Republic of China, "China-Chile", available on the website of the Chinese Ministry of Foreign Affairs, and for documents, see Ministerio de Relaciones Exteriores de Chile, Dirrección General de Relaciones Económicas Internacionales, http://www. fmprc. gov. cn/eng/wjb/zzjg/ldmzs/gjlb/3478/default. htm, http://www. direcon. cl/index. php?accion = china_esp, both visited 20. 4. 2008. During the negotiations, Chile's Ambassador to China was quoted as saying that "Chile is a good platform for Chinese firms to penetrate Latin American markets", in addition to the fact that Chile was considering to grant China market economy status (as was done): see Zhang Jin, "FTA talks switched to fast track", *China Daily*, 27 August 2004. Xinhua News Agency reported that "China is Chile's second largest trading partner, with copper contributing to 30 percent of China's imports from Chile. Statistics from the International Copper Association (China) show that 50 percent of China's imported copper comes from Chile": "China, Chile put free trade agreement into effect", *People's Daily Online*, 1 October 2006, available at http://english. peopledaily. com. cn/200610/01/eng20061001 _ 308052. html, visited 178. 3. 2008. Among the numerous benefits for Chile is guaranteed market and prices due to strong Chinese demand: see Chinamining. org, "China's copper demand to buoy prices in long run", *Interfax-China*, 22. 2. 2008, available at http://chinamining. org/News/2008 – 02 – 22/1203643602d9132. html, visited 20. 3. 2008. As of 2005, China had a trade deficit with Chile, so the FTA may serve to correct the imbalance and provide further market access in Latin America: see Agata Antkiewicz and John Whalley, "China's New Regional Trade Agreements", *The World Economy*, 28, 10, 2005, pp. 1539 – 1558 at pp. 1552. The China-Chile relationship goes beyond economics. Chile was "the first Latin American country to establish diplomatic relations with China; the first Latin American country to support China's seat at the United Nations; the first Latin American country to finish bilateral negotiations on China's accession to the WTO; the first Latin American country to recognize the full market economy status of China; and the first Latin American country to negotiate and sign a FTA with China": Ning and Ding, as note 102 above, at p. 2, citing MOFCOM, Minister Bo Xilai Answering Questions of the Press on the Signing of the China-Chile Free Trade Agreement,http://boxilai2. mofcom. gov. cn/aarticle/speech/200511/20051100876121. html, 25 November 2005.

② See World Trade Organisation, WT/REG230/N/1, Committee on Regional Trade Agreements, Notification of Regional Trade Agreement, 28 June 2007.

③ For a list of Chinese bilateral agreements as of 2005, see Gill.

④ See Ministry of Commerce, China, and Ministry of Foreign Affairs and Trade, New Zealand, "A Joint Study Report on a Free Trade Area between China and New Zealand, available at www. mfat. nz, visited 10. 3. 2008. ; also available as "Joint Study on the FTA between China and New Zealand", at http://www. bilaterals. org/article. php3?id_article =995&var_recherche = china, visited 3. 4. 2008. This also provides relevant other documents. See also "China, New Zealand end FTA talks", *People's Daily*, 15 October 2006. New Zealand was the first developed country to agree on terms of China's accession to WTO and the first to agree on China's market economy status. For China, the negotiations with New Zealand were the first such FTA negotiations with a developed country. See also "New Zealand-China Free Trade Agreement: Frequently Asked Questions", available at http://www. mfat. govt. nz/Trade-and-Economic-Relations/Trade-Agreements/China/0-faqs. php, visited 17. 3. 2008.

利亚①缔结框架协定。此外，中国同时正在与以下各国谈判协定：玻利维亚②、海湾合作委员会（沙特阿拉伯、巴林、科威特、安曼、卡塔尔、阿拉伯联合酋长国)③、冰岛④、印度⑤、

---

① On 25 October 2003, China and Australia signed a Trade and Economic Framework Agreement establishing a basis for a feasibility study on an eventual FTA. For the text, see Bilaterals. Org, at http://www. bilaterals. org/ article. php3? id_ article = 6894, visited 10. 3. 2008. It was notified to the WTO as being under negotiation on 23. 5. 2005 under the RTA Transparency Mechanism: see "Regional Trade Agreements: Early Announcements made to the WTO under the RTA Transparency Mechanism", available at http://www. wto. org/english/tratop_e/region_ e/early_announc_e. xls, visited 15. 4. 2008. On the contents of the China-Australia and China-New Zealand framework agreements, see Antkiewicz and Whalley, as note 149 above, at pp. 1546 - 1551. *China Daily* reported that FTA negotiations started after Australia recognised China's full market economy status. Australia was the second developed country to do so, after New Zealand. . Australia is also a major source of China's iron ore imports. As of 2005, China was "Australia's third largest trading partner, second largest export market and second largest origin of imports". See Hu Xiao, "Agreements pave way for China-Australia FTA", *China Daily*, 19 April 2005, p. 2. On Australia's signature of a memo recognising China's market economy status, see also Ning and Ding, as note 102 above at p. 3. Australia also supports China's "One China policy" and opposition to independence of Chinese Taiwan. Strategic concerns are often considered more important than market access to both China and Australia: see Tim Colbatch, "Why we want an FTA with China", *New Age* (Melbourne), 17 August 2004, reporting on a conference sponsored by the Australian Department of Foreign Affairs and Trade. From the Chinese perspective, this includes access to Australia's natural resources, such as LNG and uranium: see Thomas Orr, "The China-Australia Free-Trade Negotiations: Implications for South Africa", Centre for Chinese Studies, University of Stellenbosch, available at http://www. ccs. org. za/downloads7ACFTA%20Exec%20Summary. pdf, visited 18. 3. 2008.

② General Directorate for International Economic Affairs, Ministry of Foreign Affairs, People's Republic of China, "China-Chile", available on the website of the Chinese Ministry of Foreign Affairs.

③ In July 2004, China and the GCC signed the Framework of Economic, Trade, Investment and Technological Cooperation between China and the Gulf Cooperation Council. Aims include "to diversify China's energy oil imports and help Gulf nations reduce US dominance in the region": see Jia Heping, "FTA to help diversify China's energy sources", *China Business Weekly*, 15 July 2004. See also Ministry of Commerce of the People's Republic of China, Department of International Trade and Economic Affairs [in Chinese], http://gjs. mofcom. gov. cn/aarticle7af/ak/200505/20050500088391. html, visited 12. 3. 2008.

④ See "China and Iceland", *China Daily*, 26 August 2003; "China and Iceland agree to start FTA feasibility research", *China Daily*, 18 May 2005; "Feasibility study on the China-Iceland FTA ended", 26 July 2006; source: Network Centre, Ministry of Commerce, People's Republic of China; "China, Iceland Upbeat on FTA Talks", *China Daily*, 5 April 2007. China and Iceland have had diplomatic relations since 1971. Iceland support China's bid to resume its seat on the UN Security Council. Iceland has a geographically strategic position. It was also the first European country to grant China market economy status. Areas of cooperation include geothermic energy and aviation. On beginning of negotiations, see the website of the Ministry of Commerce of the People's Republic of China, Department of International Trade and Economic Affairs [in Chinese], http://gjs. mofcom. cn/aarticle/af/ak/200612/200612039457215. html, visited 12. 3. 2008.

⑤ China is now India's main source of imports, ahead of the USA. However, it has been argued that strategic factors are equally if not more important than trade considerations. First, an India-China FTA would help to open up US and EU-led RTAs to Chinese and India products. It could also promote an "alternative template for FTAs", focussing on trade integration rather than on labour standards or intellectual property rights "which are integral parts of the US FTA template that the US may want eventually to turn into the WTO template": see Arvind Panagariya, An India-China Free Trade Area?, *Economic Times*, 20 April 2005. See also "India, China plan world's largest FTA", 8April 2005, available at http://us. rediff. com/money/2005/apr/08fta. htm, visited 17. 3. 2008. For further information about negotiations between China-India and China-New Zealand, see the website of bilaterals. org, at http://www. bilaterals. org/rubrique. php3?id_rubrique = 100, visited 5. 3. 2008.

马来西亚①、新加坡②。中国正在考虑与以下各国达成协定：哥斯达黎加③、挪威④、秘鲁⑤、韩国⑥、南非关税同盟（博茨瓦纳、莱索托、纳米比亚、南非、斯维斯兰）⑦，

---

① Peng-Hong Cai, "East Asian New Regionalism and China", PowerPoint presentation prepared for the Third Annual CEPII-IDB Conference, Washington DC, 9 – 10 February 2006, available at http://www. iadb. org/ intal/aplicaciones/uploads/ponencias/Foro_BIC_CEPII_2006_01_Penghong. pdf, visited 25. 3. 2008. The author is Research Professor at the Institute of Asia-Pacific Studies, Shanghai Academy of Social Sciences (SASS).

② Marking the launch of negotiations, see "Singapore, China agree on bilateral FTA", Singapore, 26 August 2006, available at http://news. webindia123. com/news/Articles/Asia/20060826/433126. html, visited 17. 3. 2008. For the feasibility study by a joint expert group, see Ministry of Commerce, China, and Ministry of Trade and Industry, Singapore, "A Joint Study Report on a Free Trade Agreement between China and Singapore", available at http:// www. iesingapore. gov. sg/wps/wcm/connect/resources/file/ebf07d479d475cf/Joint_Study_Rpt_on_a_CSFTA. pdf? MOD = AJPERES, visited 17. 3. 2008. On progress of negotiations, see the FTA website of the Singapore Government: http://www. iesingapore. gov. sg/wps/portal/! ut/p/kcxml/04_Sj9SPykssy0xPLMnMz0vM0Y_QjzKLN4g3C_UBSY-GY5oFm-pFoYo4YImah3jAxX7hYSBhCna9Hfm6qfpCt36AfkFuaGhoRLkjADmmdVk! /delta/base64xml/ L3dJdyEvd0ZNQUFzQUMvNElVRS82XzBfODBF? WCM_GLOBAL_CONTEXT = /wps/wcm/connect/FTA/Singapore% 27s + FTAs/Ongoing + Negotiations/China, visited 17. 3. 2008.

③ China is Costa Rica's second trading partner after the United States. Recently it cut diplomatic relations with Chinese Taiwan in favour of the PRC. See "Costa Rica, China begin talks on free trade", *New Post India*, Thursday 10 January 2008, available at http://www. bilaterals. org/article. php3?id_article = 10918&var_recherche = china + and + costa + rica, visited 3. 4. 2008.

④ Norway has recognised China's market economy status: see Ministry of Commerce of the People's Republic of China, Department of International Trade and Economic Affairs [in Chinese], http://gjs. mofcom. gov. cn/aarticle/af/ak/200703/20070304500802. html, visited 14. 3. 2008.

⑤ See Ministry of Foreign Trade and Tourism, Peru, and Ministry of Commerce, People's Republic of China, Feasibility Report, China-Peru Free Trade Agreement (FTA), "Peru-China Free Trade Agreement Joint Feasibility Study", available on the website of the Peru Ministry of Foreign Trade and Tourism, http:// www. mincetur. gob. pe/newweb/Portals/0/Peru-China% 20JFS% 20Final. pdf, visited 17. 3. 2008.

⑥ In 2002 China became Korea's largest export market, ahead of the United States. See "China expresses interest in FTA with Korea", *Korea Herald*, 4 August 2005. Negotiations began in 2005. However, the liberalisation of trade in agriculture, textiles and manufactured products remain sensitive issues. See "China-ROK talks have many hurdles", *China Daily*, 13 December 2006, available at http://english. peopledaily. com. cn/200612/13/ eng20061213_331954. html, visited 17. 3. 2008.

⑦ See Laroushka Reddy, "A China-SACU FTA: What's in it for SA?", *South African Foreign Policy Monitor*, August-September 2004, pp. 1 – 2, which states (at p. 1) hat "The primary reasons for China's eagerness to enter into a ... FTA with ... SACU, particularly SA [South Africa], is to secure more predictable market access for its global exports and to obtain much-needed natural resources". The article points out that steel and iron exports from South Africa to China increased by 173% from 2002 to 2003, and those of non-ferrous metals by 123% (id.). See also Ron Sandrey, "The SACU-China FTA", 17. 3. 2005, available at http://www. tralac. org/scripts/content. php?id = 4917, visited 17. 3. 2008; Gus Mandigora, "The Proposed SACU-China FTA: Opportunities and Threats for SACU's Manufacturing Sector", tralac, available at http://rta. tralac. org/scripts/content. php?id = 4924, visited 17. 3. 2008.

并且可能包括巴西①和日本②。以下的讨论将集中关注中国与智利之间的自由贸易协定，但也适当提及中国与巴基斯坦之间的自由贸易协定。③

《中国—智利自由贸易协定》在序言部分陈述了双方的信念：自由贸易协定有利于扩大和发展 WTO 多边贸易体制下的世界贸易。④ 协定建立自由贸易区⑤的目标在于：鼓励扩大贸易并实现多样化；消除贸易壁垒；改善自由贸易区公平竞争条件；创设争端解决程序；建立进一步合作的框架。⑥ 协定应按照目标和国际公法中的习惯规则进行解释和适用。⑦ 关于与其他协定的关系，双方重申各自在 WTO 协定和双方均为成员的其他协定项下的权利和义务。⑧ 协定根据 GATT 第 3 条及其注释，规定了国民待遇原则，并对之作必要修改后纳入协定，成为协定的组成部分。⑨ 地理标识保护和 TRIPS 协定一致。⑩ 有关被怀疑假冒商标的货物或

---

① In 2001 Brazil became China's largest export market in Latin America, and China became Brazil's largest export market in Asia. There is considerable cross-investment. In addition, Brazil has recognised a "One-China Policy, has no official relations with Taiwan and'does not recognise the Dalai Lama as a political representative": see "China, Brazil strengthen relations", *Gov. cn*, Tuesday, 29 August 2006, available at http://www.gov.cn/misc/2006 - 08/29/content_372510. htm, visited 17. 4. 2008; see also. However, there appears to be little real progress toward an FTA so far. On relations between 1974 - 2004, see "Major events in China-Brazil relations", *China Daily*, 11. 11. 2004, available at http://www.chinadaily.com.cn/english/doc/2004 - 11/11/content _ 390570. htm, visited 17. 4. 2008. For an assessment of relations between China and Brazil between 1999 - 2006, see Alexandre de Freitas Barbosa and Ricardo Camargo Mendes, "Economic Relations between Brazil and China: A Difficult Partnership", Dialogue on Globalisation, Briefing Papers, FES Brazil, Friedrich Ebert Stiftung, January 2006, available at http://library.fes.de/pdf-files/iez/global/50190.pdf, visited 17. 4. 2008. A sign of various tensions is that in 2004 the President of Brazil agreed to recognise China as a market economy for purposes of anti-dumping law, but this has yet to be approved by the Brazilian parliament.

② See "The Report of the Joint Study Group on the Possible Trilateral Investment Arrangements among China, Japan and Korea", 23 December 2003, http://www.meti.go.jp/policy/trade_policy/jck/data/041129ifdie.pdf, visited 14. 3. 2008.

③ For an overview as of China's RTAs/FTAs as of 2006, see Ning and Ding, as note 102 above. As of March 2008, see the website of the Ministry of Commerce of the People's Republic of China, Department of International Trade and Economic Affairs [in Chinese], http://gjs.mofcom.gov.cn/af/af.html, visited 12. 3. 2008, which lists China-ASEAN Agreement on Services, China-Chile FTA, China-Pakistan, China-Korea Free Trade Agreement Feasibility Survey, APEC, Strategic Framework for Action on Trade Facilitation and Investment in the Greater Mekong Sub-Region and Feasibility Study on Free Trade Agreement with Norway.

④ Free Trade Agreement between the Government of the People's Republic of China and the Government of the Republic of Chile (hereinafter China-Chile FTA), Preamble.

⑤ China – Chile FTA, Article 1.

⑥ China – Chile FTA, Article 2 (1).

⑦ China – Chile FTA, Article 2 (2). The FTA is done in Chinese, Spanish and English which are equally authentic texts, but in case of conflict the English text prevails; China-Chile FTA, Article 121.

⑧ China – Chile FTA, Article 3.

⑨ China – Chile FTA, Article 7.

⑩ China – Chile FTA, Article 10.

盗版货物的特别条款基本上来自于 TRIPS 协定的规定。① 双方同意共同努力在 WTO 中达成一项消除农业补贴的协定。②

WTO 的《卫生与植物卫生措施协定》（SPS）被认为是该自由贸易协定的组成部分之一。③ 关于《技术性贸易壁垒协定》（TBT），双方重申了各自在 TBT 协定项下的现存权利和义务，并同意适用《TBT 委员会关于制定与 TBT 协定第 2 条、第 5 条和附件 3 有关的国际标准、指南和建议的若干原则》的规定。④ 自由贸易协定中的条款与 TBT 协定联系紧密，TBT 协定附件 1 中的定义适用于该协定。⑤ 如一方未将对方技术法规作为等效法规，应对方请求，该方应做出解释。⑥

除特定的争端解决机构外，《中国—智利自由贸易协定》还建立了若干机构，如货物贸易委员、SPS 措施委员会、TBT 委员会。⑦ 由双方代表组成的"自由贸易委员会"负责监督协定的实施，并解决协定解释和适用中的争议。⑧ 各缔约方同时应建立一个办公室为仲裁小组提供行政支持，并履行委员会制定的其他职能。⑨ 早先根据 1971 年《中国—智利贸易协定》设立的经贸混委会被纳入协定之中。⑩

《中国—智利自由贸易协定》同时在众多领域建立了合作框架，⑪ 这些领域包括：经济合作⑫，研究、科学和技术⑬，教育，⑭ 劳务、社会保障和环境合作，⑮

---

① Compare China-Chile FTA, Article 11, and Articles 51 – 59 TRIPS.

② China – Chile FTA, Article 12.

③ China – Chile FTA, Article 56 (1).

④ China – Chile FTA, Article 63 (2).

⑤ China – Chile FTA, Article 71 (b).

⑥ China – Chile FTA, Article 65.

⑦ China – Chile FTA, Article 13 (Committee on Trade in Goods), Article 58 (SPS Committee) and Article 69 (TBT Committee).

⑧ China – Chile FTA, Article 97. The representatives of the parties are the Chinese Ministry of Commerce (MOFCOM) and the Chilean General Directorate of International Economic Affairs (DIRECON).

⑨ China – Chile FTA, Article 98 (1).

⑩ China – Chile FTA, Article 96. The full title of the 1971 Agreement is Trade Agreement between the Government of the People's Republic of China and the Government of the Republic of Chile. It was signed in Santiago on 20 April 1971.

⑪ China – Chile FTA, Article 194.

⑫ China – Chile FTA, Article 105.

⑬ China – Chile FTA, Article 106.

⑭ China – Chile FTA, Article 107.

⑮ China – Chile FTA, Article 108.

中小企业,① 文化,② 知识产权,③ 投资促进,④ 矿业和工业合作⑤。协定涵盖的范围广于内地和香港之间的 CEPA 或 ACFTA。例如，在投资方面，协定超越了 WTO 协定的规定。

　　矿业领域的合作是《中国—智利自由贸易协定》的核心部分之一。该协定在矿业和工业合作领域的目标是：鼓励政府机构、研究机构、私人公司和其他研究组织达成支持合作活动或合资的直接安排；重点关注双方存在共同和互补利益的部门；在双方现有安排的基础上建设，例如政府间的议定书或铜业公司之间的联系协定。⑥ 合作领域包括，但不限于：生物开采、开采技术和开采生产率。⑦ 设想的活动包括促进公私部门间的合作和合资，以及技术转让，⑧ 这亦是中国区域贸易协定的一项重要目标。⑨

　　这些条款表明，寻求自然资源是中国缔结自由贸易协定的一项重要因素，尤其（但不仅仅）是与不相邻的主权国家。截至 2008 年 3 月，中国是世界上最大的铜消耗国。⑩ 由于人民币升值、电力系统建设的投资增长，以及空调和汽车产业需求的上升，中国对铜的需求相应增加。⑪ 然而，中国铜的生产能力只能满足需求的 20%，其余都得依赖进口，其中有 80% 属于现货贸易，容易遭受市场波动的影响。此外，世界上的铜生产商不断整合，使得购买方处于困境，⑫ 而此

---

①　China – Chile FTA, Article 109.

②　China – Chile FTA, Article 110.

③　China – Chile FTA, Article 111.

④　China – Chile FTA, Article 112.

⑤　China – Chile FTA, Article 113.

⑥　China – Chile FTA, Article 113 (1).

⑦　China – Chile FTA, Article 113 (2).

⑧　China – Chile FTA, Article 113 (3).

⑨　See Ning and Ding, as note 102 above, at p. 6.

⑩　According to *The Economist*, "China has swallowed up over four-fifths of the increase in the world's copper supply since 2000"; Leader: "The New Colonialists", *The Economist*, 15 March 2008, p. 13. Nevertheless, RTAs aside, it is important to maintain perspective. *The Economist's* recent special report on China's search for raw materials argues that "[f] or all the hue and cry, China is still just one of many countries looking for raw materials around the world": see "A ravenous dragon: A special report on China's search for raw materials", *The Economist*, 15 March 2008, pp. 1 – 18 [after p. 60], at p. 4. This part of the special report deals mainly with the political implications, arguing [at p. 4] that "concerns about the dire consequences of China's quest for natural resources are overblown".

⑪　See "China's copper demand to buoy prices in long run", http://www. chinamining. org/News/2008 – 02 – 22/1203643602d9132. html, updated 22. 2. 2008, visited 20. 3. 2008. It is commonly reported, in the press and by word of mouth in Beijing, that more than 1,000 new cars appear on the streets of Beijing every day: see for example Yongfeng Feng of the China Guangming Daily guest posting for the Worldwatch Institute, 23 October 2007, on the website of Envirostats!, at http://envirostats. info/2007/10/24/0511/, visited 20. 3. 2008.

⑫　See "Resource shortage challenges China's copper industry", on the website of Chinamining. org, sponsored by the China Mining Association (CMA), updated 14. 3. 2008, at http://www. chinamining. org/News/2008 – 03 – 14/1205458306d12119. html, visited 20. 3. 2008.

时，有报道称中国2006年的铜进口量较之于上一年增长了80%。① 智利是世界上最大的铜生产国。2000年的智利铜生产量约占世界总量的35%，占智利出口总值的40%。② 在此情势之下，《中国—智利自由贸易协定》可以发挥整合性的功能，通过贸易协定的形式将买方和卖方锁定，因此取代了以往通过所有制形式的纵向整合和通过公司间合约形式的横向整合。该协定可以防止铜的价格波动，并在竞争日益激烈的市场中保证供应。

《中国—智利自由贸易协定》中知识产权合作的目标是：在现有的、缔约双方都参加的国际协定的基础上发展，这类协定包括 TRIPS 协定、2001 年 11 月多哈部长级会议上通过的《TRIPS 协定与公共健康宣言》中的原则，以及 2003 年 8 月 30 通过的《关于执行多哈宣言第 6 条的决定》（现以第 31 条第 2 款的形式被纳入 TRIPS 协定）。③ 知识产权合作的其他目标包括：促进技术革新；实现知识产权持有者权利与其他使用者合法利益之间的平衡；鼓励杜绝限制竞争的行为。④

《中国—巴基斯坦自由贸易协定》⑤ 与《中国—智利自由贸易协定》非常类似，但在涵盖范围方面相对有限。这一协定也反映了区域贸易协定在中国区域政策中的重要作用。除自由贸易条款外，⑥《中国—巴基斯坦自由贸易协定》的目标包括增强缔约方相互之间的友谊。⑦ 自由贸易协定对中国和巴基斯坦具有重要的战略价值，因为他们的共同邻国是印度和中亚各国。与《中国—智利自由贸易协定》不一样，《中国—巴基斯坦自由贸易协定》并没有设想在广泛的领域开展合作。不过，该协定有一章涉及投资。在不损害国内法律和法规的情况下，缔约方应给予另一方的投资者以国民待遇。⑧ 缔约任何一方不得对另一方的投资者采取征收、国有化和其他类似措施，除非满足下列条件：为了公共利益；依照国内法律程序；非歧视性；给予补偿。⑨ 这些条款对中国至关重要，因为中国在巴

---

① "A ravenous dragon: A special report on China's search for raw materials", *The Economist*, 15 March 2008, pp. 1 – 18 [after p. 60], at p. 6.

② See the website of Global InfoMine, "Chile at a glance", http://www.infomine.com/countries/chile.asp, visited 20.3.2008, and of Mbendi-Information for Africa, at http://www.mbendi.co.za/indy/ming/sa/cl/p0005.htm, visited 20.3.2008.

③ China – Chile FTA, Article 111 (1) (a).

④ China – Chile FTA, Article 111 (1) (b), (c), (e).

⑤ Free Trade Agreement between the Government of the People's Republic of China and the Government of the Islamic Republic of Pakistan (hereinafter China-Pakistan FTA).

⑥ See "China, Pakistan sign free trade agreement", *People's Daily Online*, 25 November 2006, available at http://english.peopledaily.com.cn/20061124/eng20061124_324918.html, visited 10.3.2008.

⑦ China – Pakistan FTA, Article 2 (1) (a).

⑧ China – Pakistan FTA, Article 48.

⑨ China – Pakistan FTA, Article 49 (1). Article 49 (2) provides for compensation.

基斯坦的巴洛奇斯坦省有大量投资。除了铅和锌的开采项目外，中国在山达克的铜矿项目和瓜达尔港投资了 23 000 万美元。[①] 瓜达尔港位于中东、东南亚和中亚之间的战略要地，[②] "为中国最西边的地区接通了全球经济的公海上的高速公路"。[③] 瓜达尔港的建设只是更为宏大的发展计划的一部分，这一计划包含一条连接新疆和中亚国家的国际贸易线路，以及开发一条与瓜达尔石油城相连的贸易能源、交通和工业走廊。[④]

中国与智利、巴基斯坦之间的自由贸易协定代表中国已经缔结的第三种类型的区域贸易协定。这种类型的协定与其他协定的不同之处在于其法律形式和总体目标，有时也存在缔约理由的差异。这类协定属于双边协定，与 CEPA 类似（除了香港与澳门不是国家以外），而非 ACFTA 之类的多边协定。这类协定涉及非相邻的主权国家，因此有别于其他类型的两种区域贸易协定。与 CEPA 和 PPRD 协定不同，这类协定并非将促进更深层次的一体化作为建设"大中华经济圈"的一部分。与 ACFTA 和类似的协定不同，这类协定不是以区域合作为导向。这类协定可能有一系列的目标，但正因为它们属于双边协定，所以较之于其他两种协定，更容易区分出某些主要的、非贸易性质的目标来。将这类协定命名为自由

---

① See Philip Sen, "China-Pakistan FTA", *Journalism by Other Means*, available at http://www. philip-sen. com/othermeans/2006/11, chinapakistan_fta. html, visited 4. 4. 2008. On the Saindak project, see http://www. pakistan. gov. pk/divisions/ContentInfo. jsp?DivID = 49&cPath = 768 _ 775&ContentID = 4172, visited 4. 4. 2008.

② See Tarique Niazi, "Gwadar: China's Naval Outpost on the Indian Ocean", *The Jamestown Foundation*, *China Brief*, on the website of the Association for Asian Research, http://www. asianresearch. org7articles/2528. html, visited 4. 4. 2008. See also "Gwadar Port", *Gwadar News and Business Source*, http://www. gwadarnews. com/gwadar-port. asp, visited 4. 4. 2008; and "Gwadar", *Wikipedia*, http://www. en. wikipedia. org/wiki/Gwadar, visited 4. 4. 2008.

③ John W. Garver, "China's Influence in Central and South Asia", in David Shambaugh (ed), *Power Shift: China and Asia's New Dynamics* (University of California Press, Berkeley, 2006), pp. 204 – 225, at p. 209; see also Map 2 on p. 210.

④ See Sajid Chaudhry, "Gwadar Oil City?: Pakistan, China to sign agreements in early 2008", *Intelli Briefs*, 17. – 10. 2007, available at http://intellibriefs. blogspot. com/2007/10/gwadar-oil-city-pakistan-china-to-sign. html, visited 4. 4. 2008; Zafar Bhutta, "PM's visit to China: Pakistan-China relations to be further strength-ened", *Daily Times* (*Pakistan*), Sunday, 27 January 2008, visited 4. 4. 2008. BBC News reported that China has provided much of the total funding of US $ 1 billion dollars for the controversial port project, which some describe as "China's first foothold in the Middle East", and also that [t]he surrounding region is home to around two-thirds of the world's oil reserves: see "Pakistan launches strategic port", BBC News, Tuesday, 20 March 2007, available at http://news. bbc. co. uk/2/hi/south _ asia/6469725. stm, visited 4. 4. 2008. On the reaction of India, see e. g. Abdus Sattar Ghazali, "India Alarmed As Chinese Built Gwadar Port of Pakistan Becomes Operational", http://www. countercurrents. org/ghazali080208. htm, visited 4. 4. 2008; and B. Raman, "Gwadar, Hambantota & Sitwe: China's Strategic Triangle", South Asia Analysis Group, Paper No. 2158, 6. 3. 2007, available at http://www. southasiaanalysis. org/%5Cpapers22%5paperCpaper2158. html, visited 4. 4. 2008.

贸易协定而非区域贸易协定，可能更加贴切。

三、中国区域贸易协定与 WTO 法

这三种类型的中国区域贸易协定——经济一体化协定、区域贸易协定、自由贸易协定——是如何与 WTO 法展开联系的？[①] WTO 法为缔结区域贸易协定提供了一般性的法律框架和规范性的背景。尤其是，GATT 第 24 条、GATS 第 5 条以及"授权条款"提供了区域贸易协定融入和受制于 WTO 法的方式。从另外的视角来看，区域贸易协定可能会提及 WTO 协定这些条款和其他条款，但其起草者知道，在大多数情况下，除了实际操作的用途，以及将区域贸易协定报告给 WTO 具有政治上的象征意义外，WTO 法并没有"牙齿"。第二，WTO 为区域贸易协定的具体条款、机构或程序提供了模本。大多数的区域贸易协定是"在WTO 法的影子中"缔结的，不仅在规范层面上，WTO 法通常提供了在国际贸易法框架下评价其合法性的标准——至少是原则上，而且区域贸易协定复制、援引、提升或有意识地超越了 WTO 协定的规定。从遵守 WTO 协定，或与 WTO 协定具有合理联系的意义上来看，区域贸易协定并不必然以 WTO 协定为基础，不过它们通常是以 WTO 协定为背景而起草的。

这并不意味着区域贸易协定的条款就与 WTO 条款相同，也不意味着它们必然与 WTO 条款相符。它们在多大程度上有别于 WTO 法？它们在多大程度上与 WTO 法相符？本小节第二部分内容将尝试对这些问题提供至少是初步的解答。[②] 为审视中国区域贸易协定和 WTO 法的关系，将关注中国区域贸易协定的具体规范、机构和程序。关于这三种类型的区域贸易协定，将重点分析三个问题：非优

---

① Most authors consider China's RTAs to be WTO-consistent in general. Usually they focus on one RTA or on elements of selected RTAs. For example, Kong considers ACFTA to be compatible with WTO, cf Kong 848 – 851, mainly on the basis of an analysis of Article XXIV GATT and Article V GATS (compare his analysis with Emch) and general consistency in terms of being oriented toward trade liberalisation and establishing a trade framework; based on rules; Qingjiang Kong, "China's WTO Accession and the ASEAN-China Free Trade Area: The Perspective of a Chinese Lawyer", *Journal of International Economic Law*, 7, 4, 2004, pp. 839 – 861 at pp. 848 – 851. See also Zeng Lingliang, as note 93, and Zeng Huaqun, as note 115 above; Sen, as note 2 above, at pp 568.

② There does not appear to be any comprehensive analysis of relations between East Asian RTAs and WTO law. On the Korea-ASEAN FTA, however, see Won-Mog Choi, "Legal Analysis of Korea-ASEAN Regional Trade Inegration", *Journal of World Trade*, 41, 3, 2007, pp. 581 – 603. An earlier article by the same author deals mainly with WTO rules on RTAs: see Won-Mog Choi, "Regional Economic Integration in East Asia: Prospect and Jurisprudence", *Journal of International Economic Law*, 6, 1, 2003, pp. 49 – 77. On ASEAN Member States and ASEAN, see Tran Thi Thuy Dong, "Aspects juridiques de la participation des Etats de l'ASEAN à l'OMC", thèse pour le Doctorat en Droit Public, Université Paul Cézanne Aix-Marseille III, Aix-en-Provence, 25 June 2007.

中国和平发展的重大前沿国际法律问题研究

惠的原产地规则、① 保障措施和争端解决机制。

（一）非优惠的原产地规则

三种类型的中国区域贸易协定中均含有具体的原产地规则（参见表6－2）。以下段落将讨论内地与香港、澳门之间的 CEPA，东盟与中国的自由贸易协定，以及中国与智利、巴基斯坦之间的自由贸易协定。

表6－2　　　　　　中国区域贸易协定之原产地规则概要

WTO	过渡期：纪律、税号改变标准、从价百分比标准、制造或加工工序标准（《原产地规则协定》第2（a）条）；协调目标：最后实质性改变（《原产地规则协定》第9（1）（b）条）
香港 CEPA	实质性加工＝制造或加工工序标准、税号改变标准、30% 的从价百分比标准、双方同意的其他标准或混合标准
ACFTA	40% 成分标准；40% 累加成分标准；特定产品的实质性加工标准
中国—智利 FTA	40% 累加成分标准；特定产品原产地规则

1. CEPA

内地与香港的 CEPA 中包含具体的原产地规则。② 表6－3 显示了非原产货物的主要规则。

表6－3　　　　　　内地—香港之 CEPA 中的原产地规则

分类	产品	一般规则	标准的类型	具体规则	标准	标准的含义
非原产		第4条	最低限度加工处理	第4（1）、（2）、（3）条		（1）为运输或储存货物而进行的加工或处理 （2）为便于货物装运而进行的加工或处理 （3）为货物销售而进行的包装、展示等加工或处理

① For a comparative survey, See World Trade Organization, Committee on Regional Trade Agreements, "Rules of Origin in Regional Trade Agreements: Background Survey by the Secretariat", WT/REG/W/45, 5 April 2002, available at http://docsonline.wto.org/DDFDocuments/t/WT/REG/W45.doc, visited 23.3.2008. (Low symmetrical) ROOs are sometimes considered to be among best practices for RTAs: see Michael G. Plummer, " 'Best Practices' in Regional Trade Agreements: An Application to Asia", *The World Economy*, 30, 12, pp. 1771 – 1797.

② Mainland-Hong Kong CEPA, Article 10; Annex 2, Rules of Origin for Trade in Goods; and Table 1, Schedule on Rules of Origin for Hong Kong Goods Subject to Tariff Preferences for Trade in Goods. On implementation, see Annex 3, Procedures for the Issuing and Verification of Certificates of Origin.

续表

分类	产品	一般规则	标准的类型	具体规则	标准	标准的含义
		第6条	不足以确认原产地的简单加工			
原产	完全在一方获得	第2（1）条	完全获得标准	第3条	列举式	
	非完全在一方获得	第2（2）条	实质性加工：第5条	第5（2）条	制造或加工工序	在一方境内进行赋予加工后所得货物基本特征的主要制造或加工工序
				第5（3）条	税号改变	一方原产材料经过在该方境内加工生产后，所得产品在《商品名称及编码协调制度》中四位数级的税目归类发生了变化，且不再在该方以外的国家或地区进行任何改变四位数级的税目归类的生产、加工或制造
				第5（4）条	从价百分比	完全在一方获得的原料、组合零件、劳工价值和产品开发支出价值的合计与出口制成品离岸价格（FOB）的比值应大于或等于30%，并且最后的制造或加工工序应在该方境内完成
				第5（5）条	其他标准	双方同意的其他原产地确定方法
				第5（6）条	混合标准	同时使用上述两个或两个以上的标准确定原产地
其他	具体规则	第7条	能源、设备和工厂等要素的原产地不予考虑			
		第8条	为报关目的与该货物一并归类的包装、附件、备件等不予考虑			

非完全在一方获得的货物，只有在该方进行了实质性加工的，其原产地才可认定为该方。① "实质性加工" 的认定标准复杂，可采用："制造或加工工序"、"税号改变"、"30% 的从价百分比"②、"其他标准" 或 "混合标准"。③ 约 73% 的产品编码采取 "加工工序" 标准，这是香港的现存规则；约 16% 采取 "税号改变" 标准；约 11% 采取 "30% 的从价百分比" 标准。针织类纺织品服装的标准更为灵活，因为纺纱和织布的加工工序是不一样的。为了给予来自香港的货物以优惠待遇，中国内地和香港 "达成共识，放宽适用于香港制造产品的原产地规则"。针织类服装的原产地规则以中国香港与美国、欧盟各自的双边协定为基础。④ 从 WTO 法的角度来看，这种方式与 WTO 法保持了一致，亦即 " '实质性加工' 是一项一般性标准，必须在技术层面作进一步的界定，并且表现为通过采用不同的方法确定原产地，这些方法可以是：(a) 关税分类的变化；(b) 经修订的《东京公约》附件 K 框架下的从价百分比"。⑤ 不过，在缔约方同意使用的情况下，"其他标准" 或 "混合标准" 将使得 "实质性加工" 的认定标准趋于不透明。WTO 的《原产地规则协定》第 2 条指出，"各成员应保证：(a) 当其发布普遍适用的行政裁决时，明确规定需满足的要求"。⑥ 尽管迄今尚未在 WTO 下就原产地规则的协调问题达成协议，但《原产地规则》第 9 条中有关工作计划的一项基本原则规定，"原产地规则应是客观的、可理解的和可预测的"。⑦

在内地与澳门的 CEPA 下，缔约双方在 2005 年同意扩大原产地规则的认定标准。双方用 "其他附加条件" 补充了 "实质性加工" 标准，《补充协定二》规定："若 '实质性加工' 标准……不足以确认原产地时，经双方一致同意，可采用附加条件（如品牌要求等）"。⑧ 内地与香港的 CEPA 中并未增加这一条件。

---

① Mainland-Hong Kong CEPA, Article 10; Annex 2, Rules of Origin for Trade in Goods; and Table 1, Schedule on Rules of Origin for Hong Kong Goods Subject to Tariff Preferences for Trade in Goods. On implementation, see Annex 3, Procedures for the Issuing and Verification of Certificates of Origin.

② "Total value of raw materials, component parts, labour costs and product development costs exclusively incurred in one side being greater than or equal to 30% of the FOB value of the exporting goods, and that the final manufacturing or processing operations should be completed in the area of that side": Mainland-Hong Kong CEPA, Annex 2, Rules of Origin for Trade in Goods, Article 5 (4).

③ Annex 2, Rules of Origin for Trade in Goods, Article 5.

④ Po-Chuen Lam, "Country Report: Hong Kong, China", Asian Development Bank Regional Seminar on Rules of Origin, 2004, p. 3, available at http://www. adb. org/Documents/Events/2004/Rules _of _Origin/roo _ hkg. pdf, visited 4. 4. 2008.

⑤ Inama, as note 83 above, at p. 574.

⑥ WTO Agreement on Rules of Origin, Article 2 (a).

⑦ WTO Agreement on Rules of Origin, Article 9 (1) (c).

⑧ See Supplement II to the Mainland and Macao Closer Economic Partnership Arrangement, amending Article 5 of Annex 2 of CEPA, Rules of Origin for Trade in Goods, 21 October 2005.

这一变化极大地扩大了原产自澳门的产品的范围。尽管与 WTO 的原产地规则没有不符之处——因为 WTO 中不存在类似规定，但这一规定是否与 WTO 提案的意向相符也不太清晰。这一标准同时远远偏离了"实质性加工"或"税号改变"标准的测试。①

2.《东盟—中国自由贸易协定》

《东盟—中国货物贸易协定》同样包含原产地规则。② 表 6 - 4 显示了 ACFTA 的原产地规则。

表 6 - 4   **ACFTA 中的原产地规则**

分类	产品	规则	标准的类型	标　准
非原产	只经过最低限度加工或操作，或不符合原产地标准的产品	规则 7	最低限度加工或操作标准	属于下列目的的单一或组合操作或加工被认为是最低限度加工，并且不能作为确定商品是否属于一国家完全原产的参考：（a）以确保商品保存良好为目的的运输或储藏；（b）方便装船或运输；（c）为出售而进行的包装
原产	完全获得或生产	规则 3	完全获得产品	被认为是完全获得或生产于一缔约方的产品名录（缔约方是指协定的单独一方）
	非完全获得或生产，符合规则 4、5、6 中的规定	规则 4	非完全获得或生产	（i）产品源自任何缔约方的成分应不少于 40%；或（ii）如果源自非缔约方的原材料、零件或产品的总价值不超过该产品离岸价的 60%，且该产品的最后一道加工工序在缔约方境域内完成
		规则 5	原产地累计规则	在缔约方境内被用作加工符合协定中享受优惠待遇制成品的材料，并且成品加工已经发生，加入源自中国—东盟自贸区成员国的累加成分含量（亦即，完全原产地累计，适用于所有缔约国）不少于最终产品含量的 40%

---

① See also William E. James, "Rules of Origin in Emerging Asia-Pacific Preferential Trade Agreements: Will PTAs Promote Trade and Development", Asia-Pacific Research and Training Network on Trade Working Paper Series, No. 19, August 2006, pp 33 - 24; a revised and edited version of this paper is published as "Rules of Origin in Emerging Asia-Pacific Preferential Trade Agreements: Will PTAs Promote Trade and Development", in ESCAP (ed), *Trade Facilitation Beyond the Multilateral Trade Negotiations: Regional Practices, Customs Valuation and Other Emerging Issues-A Study by the Asia-Pacific Research and Training Network on Trade* (United Nations, New York, 2007).

② ASEAN-China Agreement on Goods, Article 5. For a critique of these rules, see Inama, as note 83 above, at pp 571 - 578. For a comparison of ROOs in Asia-Pacific FTAs up to 2005, see Dent, as note 22 above, Appendix E, p. 289, which includes ACFTA and HKCCEPA.

中国和平发展的重大前沿国际法律问题研究

续表

分类	产品	规则	标准的类型	标　　准
		规则 6	特定产品原产地规则	在一缔约方经过实质性加工的产品；确定产品是否经过实质性加工的特定产品原产地规则应自 2004 年 1 月开始谈判
其他	具体规则	规则 9	包装的处理	
		规则 10	附件、备件和工具	
		规则 11	中性成分	

　　缔约一方非完全获得或生产的产品，如果满足了非完全生产或获得产品规则、累计原产地规则，或特定产品原产地规则中规定的标准，则被视为原产于该国，并可享受优惠待遇。[①] 若产品源自任何缔约方的成分不少于 40%；或若源自非缔约方的原材料、零件或产品的总价值不超过该产品离岸价的 60%，且该产品的最后一道加工工序在缔约方境域内完成，则该产品被视为非完全生产或获得产品。[②] "缔约方"是指协定的各方。[③] 如果某产品在一缔约方领土内被用于制造适用优惠待遇的成型产品，并且这种成型产品的作业或加工已经产生，只要源自中国—东盟自由贸易区成员国的累加成分含量不少于最终产品含量的 40%，此类产品符合累计原产地规则。[④] 最后，那些在缔约方经过实质性加工的产品可被视为原产自该缔约方，此类特定产品规则从 2004 年 1 月开始谈判，[⑤] 并且第一套产品类型在 2005 年 1 月得到了东盟—中国贸易谈判委员会的赞同。[⑥] 某些操作或加工被认为是最低限度加工，并且不能作为确定商品是否属于一国家完全原产的参考。[⑦] 如果对货物与包装分别计征关税，那么对包装进行原产地判定也将分别进行；[⑧] 除此以外，包装应与产品视为一个整体，在确定原产地时，不应将包装视为从中国—东盟自由贸易区外进口。[⑨] 如进口缔约方将附件、备件、工具

　　① ACFTA ROO，Rule 2.

　　② ACFTA ROO，Rule 4.

　　③ ACFTA ROO，Rule 1.

　　④ ACFTA ROO，Rule 5.

　　⑤ See ACFTA ROO，Attachment B "Product Specific Rules".

　　⑥ See Association of Southeast Asian Nations，Secretariat，Attachment B：Product Specific Rules，Ref. No. BEI-Dir. /SEOM/ Vol. 2/04，7 July 2005，available at http://www. thaifta. com/trade/china/seom _% 20letter. pdf，visited 15. 4. 2008.

　　⑦ ACTFA ROO，Rule 7.

　　⑧ ACFTA ROO，Rule 9（a）.

　　⑨ ACFTA ROO，Rule 9（b）.

与货物一并归类和征收关税，在确定该货物的原产地时，应将之忽略不计。[①] 除非另有规定，在确定货物的原产地时，应不考虑在产品生产制造过程中使用的动力及燃料、厂房及设备、机器及工具的原产地，以及未留在货物或未构成货物一部分的材料的原产地。[②] 这些规则清晰精确，似乎不会产生与 WTO 法不一致的问题。

3. 中国与智利、巴基斯坦的自由贸易协定

《中国—智利自由贸易协定》包含具体的原产地规则。如果货物在缔约一方或双方领土内生产，使用非原产材料生产的货物符合区域价值成分（RVC）不少于40%的标准，除非附件3所列明的货物必须符合该附件特别规定的要求以外，该货物应视为原产自中国或智利。[③] 许多操作或加工工序，包括简单的组装或拆卸，不得视为对货物原产资格的确认。[④] 累积规则适用于缔约方。[⑤] 当成套货品由原产及非原产产品组成时，如果非原产产品的价值不超过该成套货品的15%，那么该成套货品仍应当被视为原产。[⑥] 与货物一同报验的附件、备件或工具在进口时，若与产品一并归类且不单独开具发票，无须单独考虑其原产地。[⑦] 类似地，在《中国—巴基斯坦自由贸易协定》中，如原产于缔约一方的成分在产品中不少于40%，则该方境内的"非完全获得或生产产品"应被视为该方原产。[⑧] 在缔约一方经过充分加工的产品应视为该方的原产货物。[⑨] 这两项协定并未产生与 WTO 法不一致的问题。

（二）保障措施

保障措施是考量中国区域贸易协定与 WTO 规则是否一致的第二项要素。表6 - 5 总结了中国主要的区域贸易协定中的保障措施。以下段落将更加详细地讨论内地与香港之间的 CEPA、《东盟—中国自由贸易协定》，以及中国与智利、巴基斯坦之间的自由贸易协定。

---

① ACFTA ROO, Rule 10.

② ACFTA ROO, Rule 11.

③ China – Chile FTA, Article 15. Annex 3 gives the product-specific requirements. On the calculation of RVC, see Article 17. See also Article 18.

④ China – Chile FTA, Article 19.

⑤ China – Chile FTA, Article 20.

⑥ China – Chile FTA, Article 22. A set is defined in General Rule 3 of the Harmonised System as goods consisting of at least two components belonging to different tariff headings.

⑦ China – Chile FTA, Article 23.

⑧ China – Pakistan FTA, Article 15.

⑨ China – Pakistan FTA, Article 17. See the Annex for product specific criteria for sufficient transformation.

表 6 – 5 中国区域贸易协定之保障措施比较

WTO	WTO《保障措施协定》
香港 CEPA	任何一方可以维持或采取与 WTO 规则一致的措施
ACFTA	缔约方保留 GATT 第 19 条和《保障措施协定》中的权利；ACFTA 中的保障措施可在过渡期内实施；除数量限制外，ACFTA 吸收了 WTO《保障措施协定》的规定
中国—智利自由贸易协定	在过渡期内，允许以中止关税减让或提高关税的形式实施为期 1 年的双边保障措施；缔约方保留 WTO《保障措施协定》下的权利和义务
中国—巴基斯坦自由贸易协定	允许在过渡期内实施保障措施（降低或取消关税第一阶段的 5 年过渡期）；缔约方保留在 WTO《保障措施协定》下的权利和义务；如果存在全球性（WTO）保障措施，则不能维持双边的保障措施

1. CEPA

在内地—香港之间的 CEPA 下，缔约一方适用保障措施的条件是：如果因 CEPA 的实施，导致附件 1 中列举的产品进口数量激增，对另一方生产同类产品或直接竞争产品的产业造成严重损害，或严重损害威胁。在给予书面通知后，受害一方可以临时性地中止减让，并应请求，迅速开展磋商已达成协议。[1] 与中国其他的区域贸易协定有所不同，CEPA 中没有指明适用保障措施的最长期限。除非 CEPA 另有规定，依据 CEPA 采取的任何行动不应影响或废止一方依据其作为缔约方在其他协定下所享受的权利和承担的义务，[2] 这也包括 WTO 协定。[3] 但是，缔约双方应"努力避免"增加影响实施 CEPA 的限制性措施。[4] 与 WTO 的《保障措施协定》相比，CEPA 中的保障措施规定只是一个框架文本，反映了缔约双方的紧密联系和特定的背景。总体而言，除没有规定保障措施的最长期限外，该条款是符合 WTO 的《保障措施协定》的。此外，内地与香港的 CEPA 明文规定，符合 WTO 规则是 CEPA 的一项基本原则。[5]

2. 东盟—中国自由贸易协定

《东盟—中国框架协定》规定，WTO 的保障措施规则将适用于"早期收获

---

[1] Mainland – Hong Kong CEPA, Article 9. In addition to references to WTO concerning specific matters, the Mainland-Hong Kong CEPA provides that the CEPA, including Annexes, shall not affect the ability of the either party to maintain or adopt "exception measures consistent with the rules of the WTO". This appears to refer to exceptions under Article XX GATT.

[2] Mainland – Hong Kong CEPA, Article 20（1）.

[3] Mainland – Hong Kong CEPA, Article 18.

[4] Mainland – Hong Kong CEPA, Article 20（2）.

[5] Mainland – Hong Kong CEPA, Article 2（2）.

计划"，直至被双方同意的其他规则取代。[1] 在《东盟—中国货物贸易协定》中，作为 WTO 成员的缔约方保留其根据 GATT 第 19 条和《保障措施协定》所享有的权利。[2] 中国同意给予非 WTO 成员的东盟成员国以同样的权利。[3] 在特定产品的过渡期内，[4] 如果因履行《货物贸易协定》，或"由于不可预见的发展情况和履行本协定施加给缔约方之义务的结果"，"进口数量较之于国内生产相对或绝对增加，在此条件下对国内生产相似产品或直接竞争产品的产业造成严重损害"，缔约一方可以在《货物贸易协定》之下采取保障措施。[5] 这一规定几乎一字不差地仿效了《保障措施协定》第 2（2）条。ACFTA 中的保障措施限于将所涉产品的关税税率提高至保障措施采取时的适用于该产品的 WTO 最惠国税率，[6] 这虽然远远窄于《保障措施协定》中的规定，[7] 但并无违反之处。东盟—中国自由贸易区的保障措施最初实施期限是 3 年，最多可延长 1 年，[8] 这比《保障措施协定》第 7 条中规定的期限更短。这些条款适用于过渡期内的特定产品，过渡期之后，将适用 WTO 规则。

因此，ACFTA 的保障措施基本采纳了 WTO《保障措施协定》的规则，除第 5 条中的数量限制措施，以及第 9 条、第 13 条、第 14 条外，《保障措施协定》在作必要调整后被纳入 ACFTA 的《货物贸易协定》，成为该协定的组成部分。[9] 不过，应当注意的是，ACFTA 中没有 WTO《保障措施协定》中"实质上相等水平的减让"的要求。[10] 这可能已经包含在"缔约双方保留其 WTO 的权利"这一一般性的条款之中了。此外，为 ACFTA 下的保障措施寻求《保障措施协定》中的补偿计，缔约双方不是寻求 WTO 保障措施委员会的斡旋，而是必须寻求"东

---

[1] ASEAN – China Framework Agreement, Article 8 (3) (d).

[2] ASEAN – China Agreement on Goods, Article 9 (1).

[3] ASEAN – China Framework Agreement, Article 9.

[4] ASEAN – China Agreement on Goods, Article 9 (2), which also provided that the transition period for a product was to begin from the date of entry into force of the Agreement (1 January 2005) and end five years from the date of completion of tariff elimination/reduction for the product.

[5] ASEAN – China Agreement on Goods, Article 9 (3).

[6] ASEAN – China Agreement on Goods, Article 9 (4).

[7] Compare WTO Agreement on Safeguards, Articles 5 – 7.

[8] ASEAN – China Agreement on Goods, Article 9 (5).

[9] ASEAN – China Agreement on Goods, Article 9 (6). Article 5 (1) of the WTO Safeguards Agreement provides that if a quantitative restriction is used, it shall not reduce the quantity of imports below the level of a recent period which shall be the average of imports in the last three representative years for which statistics are available, unless clear justification is given that a different level is necessary to prevent or remedy serious injury. Article 9 (1) SG provides special dispositions for developing country Members. Article 13 SG establishes and provides for the Committee on Safeguards. Article 14 SG provides that the provisions of Articles XXII and XXIII GATT 1994 as elaborated and applied by the DSU shall apply to consultations and settlement of disputes under the SCM Agreement.

[10] See WTO Agreement on Safeguards, Article 8.

盟—中国经贸部长会议"（AEM – MOFCOM），或者是"东盟中国经贸高官会"（SEOM – MOFCOM）的斡旋，这将被未来建立的常设机构所替代。

3. 中国和智利、巴基斯坦的自由贸易协定

《中国—智利自由贸易协定》包含具体的贸易救济规则。在过渡期内，缔约双方可以通过中止关税减让或提高关税的形式采取保障措施，[1] 不允许采用关税配额或数量限制之类的保障措施。[2] 保障措施可以适用 1 年，延期最长不得超过 1 年。如果产品的过渡期超过 5 年，缔约方可以对此产品实施第二次保障措施，只要等同于上次保障措施的全部实施期限的时间间隔已过。不过，对于已经依据 GATT 第 19 条和《保障措施协定》遭受保障措施的产品，缔约方不能在自由贸易协定下再实施保障措施。[3] 调查程序遵守了《保障措施协定》第 3 条，该条被纳入并成为自由贸易协定的一个组成部分。[4] 产品遭受保障措施的缔约方可以请求磋商，以获得"缔约双方都同意的贸易自由化补偿，补偿的方式为与此保障措施所预期导致的贸易结果或额外关税价值实质相等的减让"。[5] 如果在提出磋商请求后的 45 天内缔约双方不能就补偿达成协议，出口缔约方可以自由中止对实施保障措施的缔约方适用实质相等的贸易减让。但是，如果保障措施是由于进口的绝对增长而采取的，并且该措施符合自由贸易协定的条款的规定，则这种中止减让的权利不得在保障措施有效的第 1 年内行使。[6] 这些条款适用于过渡期内的特定产品。

因此，这些过渡期内的保障措施条款紧密追随 WTO 的《保障措施协定》，在过渡期结束后，这些条款将独立适用。《中国—智利自由贸易协定》中的保障措施条款不同于内地与香港之间的 CEPA 和 ACFTA 中的规定。《中国—智利自由贸易协定》更加紧密和明确地效仿了《保障措施协定》的文本。这可能是由于《中国—智利自由贸易协定》与后两项协定的目标和背景有很大的不同。值得注意的是，后两项协定并没有明确规定，或根本没有规定有关中止减让的补偿问题，尽管此类条款的适用是基于 WTO《保障措施协定》的一般性规定。在任何情况下，虽然有双边保障措施条款，《中国—智利自由贸易协定》的缔约双方仍保留他们在 GATT 第 19 条和《保障措施协定》、《反倾销协定》、《补贴与反补贴

---

① China – Chile FTA, Article 44.

② China – Chile FTA, Article 44（b）（ii）, note 4.

③ China – Chile FTA, Article 45.

④ China – Chile FTA, Article 46（1）.

⑤ China – Chile Article 49（1）.

⑥ China – Chile FTA, Article 49（2）. On concessions and suspension, compare Article 8 SG.

措施协定》中的权利和义务。① 在 GATT 第 19 条和《保障措施协定》中采取的保障措施行动，或者是 GATT 第 6 条和《反倾销协定》中的反倾销行动，或者是 GATT 第 6 条和《补贴与反补贴措施协定》中的反补贴行动并不受制于自由贸易协定中的争端解决条款。②

《中国—巴基斯坦自由贸易协定》在作必要调整后，包含了大量类似的保障措施条款。由中止关税减让或提高关税构成的双边保障措施，允许在降低或取消关税第一阶段的 5 年过渡期内实施；缔约双方应决定第二阶段的过渡期。③ 缔约双方保留他们在 GATT 第 6 条和《反倾销协定》，以及 GATT 第 19 条和《保障措施协定》中的权利和义务。④ 双边保障措施不适用于已遭受 WTO 保障措施的产品。⑤ WTO 法中采取的行动并不受制于自由贸易协定中的争端解决条款。⑥

（三）争端解决机制

区域贸易协定中的争端解决机制可以从几个角度进行比较研究。夏奈德尔（Schneider）提出，在设计争端解决机制时应该考虑的主要因素有：管辖权、机构特征、约束力与执法、非国家行为者的地位、裁决在国内法院的可执行性以及程序的透明度。⑦ 另外一种方法是以争端解决的外交和司法形式这一二分法为中心，⑧ 质疑争端解决机制在多大程度上能够独立于政府。这一方法关注的要素有：决定是否基于协商一致的形式作出；政府官员的参与力度；政府对任命问题的控制；专家组成员名录固定化；提交专家组程序的条件；争端解决者多大程度上有权就特定争端提供详细建议。所有这些要素表明了争端解决机制在何种程度上采用或避免了解决争端的司法形式。当然，跨国争端解决并不必然等同于国家

---

① See China-Chile FTA, Article 51 (1) on Article XIX GATT and the Safeguards Agreement and Article 52 (1) on the ADA and the SCM Agreement.

② See China-Chile FTA, Article 51 (2) on Article XIX GATT and the Safeguards Agreement and Article 52 (2) on the ADA and the SCM Agreement. On dispute settlement, see the China-Chile FTA, Chapter X.

③ China – Pakistan FTA, Article 27.

④ China – Pakistan FTA, Article 25 (1) [anti-dumping] and Article 26 (1) [safeguards].

⑤ China – Pakistan FTA, Article 22, 27 (3) (i).

⑥ China – Pakistan FTA, Article 25 (2) [anti-dumping] and Article 26 (2) [safeguards].

⑦ A. K. Schneider, "Getting Along: The Evolution of Dispute Resolution Regimes in International Trade Organizations", *Michigan Journal of International Law*, 20, 1998 – 1999, pp. 697 – 773.

⑧ The classic exposition in international trade law is John H. Jackson, *The World Trading System: Law and Policy of International Economic Relations* (MIT Press, Cambridge MA, 2₍ₙd₎ edition 1998), pp. 109 – 111, aspects of which are revisited in John H. Jackson, *Sovereignty, the WTO and Changing Fundamentals of International Law* (Cambridge University Press, Cambridge, 2006), pp. 134 – 156. For an empirical study, see James McCall Smith, "The Politics of Dispute Settlement Design: Explaining Legalism in Regional Trade Pacts", *International Organization*, 54, 1, Winter 2000, pp. 137 – 180.

间的争端解决，但是国家间的争端解决与跨国争端解决之间的差别更为抽象地折射了许多相同的问题。① 第三种方法注重争端解决机制与 WTO 的关系。通常会提出以下问题：例如，当某事项同时涉及区域贸易协定和 WTO 协定时，区域贸易协定的缔约方是否会将该事项提交给区域贸易协定的争端解决法庭？当某一事项正在等待区域贸易协定争端解决法庭的裁决时，区域贸易协定的缔约方是否会将同一事项提交给 WTO 专家组程序？以及当缔约方收到区域贸易协定争端解决法庭的不利判决后，是否会将之诉诸 WTO 专家组程序？② 以上三种方法互有重叠，但不互相排斥。通过有选择地借鉴这些方法，以下段落试图对内地与香港之间的 CEPA，ACFTA，以及《中国—智利自由贸易协定》和《中国—巴基斯坦自由贸易协定》中的争端解决机制进行阐述和比较。

1. CEPA

在内地与香港的 CEPA 中，联合指导委员会（JSC）的职能包括解决可能在 CEPA 实施中产生的争端。③ 联合指导委员会由双方高层代表或指定的官员组成，④ 因此是一个政府间的机构。CEPA 中没有规定详细的争端解决程序。CEPA 只是简单地规定，双方应本着友好与合作的精神，通过磋商的方式解决问题，指导委员会应以协商一致的方式作出决定。⑤ CEPA 也没有明确提及诉诸 WTO 的《争端解决规则与程序谅解》（DSU）。因此，内地与香港之间的 CEPA 中的争端解决机制体现了争端解决的外交方式，即以谈判，而非司法机构为基础，即便是联合指导委员会作出决定时亦是如此。这类似于 DSU 中的斡旋、调解和调停。⑥ 从法律义务的存在、义务界定的精确性以及向第三方委派争端解决任务的角度来看，CEPA 中的争端解决程序相对缺乏法律性。⑦ 这一争端解决机制的结构反映了双方之间的紧密合作、政治和经济融合，以及较少的社会和文化差距。

2.《东盟—中国自由贸易协定》

东盟与中国于 2004 年 11 月 29 日在老挝首都万象就《争端解决机制协定》

---

① See Robert O. Keohane, Andrew Moravcsik. and Anne-Marie Slaughter, "Legalized Dispute Resolution: Interstate and Transnational", *International Organization*, 54, 2000, pp. 457-488.

② Seung Wha Chang, "Regional Trade Agreements and the WTO: WTO Consistency of East Asian RTAs", 12-13 September 2005 PowerPoint presentation, available at http://project. iss. u-tokyo. ac. jp/crep/pdf/ws05/5pp. pdf.

③ Mainland-Hong Kong CEPA, Article 19 (3), (4).

④ Mainland-Hong Kong CEPA, Article 19 (1), (2).

⑤ Mainland-Hong Kong CEPA, Article 19 (5).

⑥ WTO DSU, Article 5.

⑦ See Kenneth W. Abbott, Robert O. Keohane, Andrew Moravcsik, Anne-Marie Slaughter, and Duncan Snidal, "The concept of legalization", *International Organization*, 54, 2000, pp. 401-419.

（ADSM）与《货物贸易协定》达成了协议。① ADSM 适用于《框架协定》和附件中产生的争端。除非另有规定，"《框架协定》"这一措辞包括将来依据《框架协定》达成的所有法律文件。② 《货物贸易协定》与《服务贸易协定》即属此列，这两项协定都明确规定 ADSM 适用于协定范围内产生的争端。③ 中央、区域或地方政府或机关采取的措施都属于 ADSM 的管辖范围。④ 如一方认为，由于另一方未能履行框架协定下的义务，导致该方在《框架协定》下直接或间接享有的利益受到丧失或减损，或阻碍《框架协定》目标的实现，则该方可请求与之磋商。⑤ 如果磋商失败，申诉方可以请求任命一仲裁法庭。⑥ 除另有规定或双方同意外，仲裁法庭由三位成员组成。⑦ 每一方各自任命一仲裁员，并"应尽力就担负主席职位的剩余一位仲裁员的任命达成协议"。如果达不成协议，而双方均为 WTO 成员，则应请求 WTO 总干事任命主席，并有义务接受之。如果一方非 WTO 成员，则主席的任命应由国际法院院长任命，双方必须接受之。⑧ ACFTA 中的争端解决机制与 DSU 中的程序极为相似。

仲裁庭的争端解决综合了 DSU 中专家组阶段和上诉机构阶段的特征。仲裁庭的职能是对争端进行客观评估，包括对案件事实及《框架协定》的适用性和与《框架协定》的一致性的审查。⑨ 仲裁庭的职权范围⑩和程序⑪非常类似于 WTO 的专家组程序。与 WTO 不同的是，所有的程序都以英语进行，在程序中提交使用的所有文件都应是英文。⑫ 第三方参与的规定几乎与 WTO 的制度相同。⑬ 仲裁庭应根据《框架协定》和对争端当事各方适用的国际法规则作出裁决。⑭ 这里的国际法规则包括 WTO 法。但是，仲裁庭应以协商一致方式作出判决，如不可行，则应以多数意见作出裁决。⑮ 最重要的是，仲裁庭的裁决是终局，并对争

---

① Agreement on Dispute Settlement Mechanism of the Framework Agreement on Comprehensive Economic Co-operation Between the Association of Southeast Asian Nations and the People's Republic of China [hereafter ADSM].

② ADSM，Article 2（1）.

③ The inclusion of these two agreements in the Framework Agreement clarifies Article 2（5）-（7），because these articles refer to the Framework Agreement but not to the Goods Agreement or the Services Agreement.

④ ADSM，Article 2（4）.

⑤ ADSM，Article 4（1）.

⑥ ADSM，Article 6（1）.

⑦ ADSM，Article 7（1）.

⑧ ADSM，Article 7（3）.

⑨ ADSM，Article 8（1）.

⑩ Compare Article 8（2）ADSM and Article 7 DSU.

⑪ Compare Article 9 ADSM and Articles 12 – 16 DSU.

⑫ ADSM，Article 14.

⑬ Compare Article 10 ADSM and Article 10 DSU.

⑭ ADSM，Article 8（3）（b）.

⑮ ADSM，Article 8（5）.

端各方具有约束力。① 这里不存在上诉机构。

有关仲裁庭裁决性质的规定一字不差地重复了 DSU 第 19 条。② 补偿和中止减让或利益是可获得的临时性措施，这使用了与 WTO 体系中几乎一样的术语。③ 在争端进程中，鼓励各方随时以磋商，或调停的方式，自己解决争端，④ 或者通过在仲裁庭的框架中达成相互满意的解决方式。⑤ 如各方同意，在仲裁庭解决争议的同时，调解或调停程序可以同时继续进行。⑥ 这些条款类似于 DSU 的规定。⑦ ADSM 中不包括与 DSU 第 25 条中有关诉诸仲裁的类似条款，因为仲裁庭本身即是仲裁的一种形式。

ADSM 自身规定了其争端解决机制与 WTO 争端解决机制的关系。除假如双方无法达成一致，需要通过 WTO 总干事任命第三名仲裁员的这一程序规定外，有三项条款直接关系到 ADSM 与 WTO 争端解决机制的关系。第一，第 2（5）条明确规定，在遵守第 2（6）条的前提下，本协定不妨碍缔约方依据其均是缔约方的其他条约，诉诸该条约项下争端解决程序的权利。⑧ 第二，第 2（6）条规定，涉及本协定项下或争端当事方均是缔约方的其他条约项下的具体权利或义务的争端，若本协定项下或其他条约项下的争端解决程序已经启动，申诉方所选择的争端解决场所应排除其他争端解决场所对该争端的适用。⑨ 第三，第 2（7）条规定，当争端当事方明确同意选择一个以上争端解决场所的，以上条款将不适用。⑩ 因此，申诉方享有选择场所的决定权，甚至是当事方同意在特定的争端中适用一个以上争端解决场所的时候。如果 ADSM 和 DSU 同时被选择，没有条款规制两者之间的关系和最终的裁决。

---

① ADSM，Article 8（4）.

② Article 8（1）ADSM provides as follows："Where an arbitral tribunal concludes that a measure is inconsistent with a provision of the Framework Agreement, it shall recommend that the party complained against bring the measure into conformity with that provision. In addition to its recommendations, the arbitral tribunal may suggest ways in which the party complained against could implement the recommendations. In its findings and recommendations, the arbitral tribunal cannot add to or diminish the rights and obligations provided in the Framework Agreement."

③ Compare Article 13 ADSM and Article 22 DSU.

④ ADSM，Article 5（1）.

⑤ See ADSM，Article 8（3）（a）.

⑥ ADSM，Article 5（2）.

⑦ Compare Article 5 ADSM with Article 5 DSU, and compare Article 8（3）（a）ADSM with Article 11 DSU [on the function of panels; there is no analogous provision concerning the WTO Appellate Body, which is concerned only with points of law].

⑧ ADSM，Article 2（5）.

⑨ ADSM，Article 2（6）. The complainant is deemed to have selected a forum when it requests the establishment of, or referred a dispute to, a dispute settlement panel or tribunal in accordance with the ADSM or any other agreement to which the parties to a dispute are parties：ADSM，Article 2（8）.

⑩ ADSM，Article 2（7）.

《东盟—中国自由贸易协定》中的 ADSM 与东盟 2004 年底之前的争端解决机制有很大的不同。起初，1996 年 11 月 20 日东盟各国在马尼拉签署了一项议定书，建立了东盟的争端解决机制。① 除磋商、斡旋、调解和调停外，东盟争端解决机制还规定了通过专家组的方式解决争端，同时向经贸高官会（SEOM）提交报告，可向东盟经贸部长会议（SEM）上诉，这一体制的基本脉络受到了 WTO 的影响，但是政府官员的直接参与表明，该体制更多地属于外交而非司法性质，这一点有别于 WTO。8 年后，《东盟强化争端解决机制的议定书》于 2004 年 11 月 29 日在老挝万象签署，取代了 1996 年的议定书。② 以 WTO 体制为模本，并作了适当改进，③ 新议定书设立了上诉机构，在法律问题方面受理来自现存专家组的上诉。上诉机构由 7 位成员组成，由东盟经贸部长会议任命，但不隶属于任何政府。④ 上诉机构报告与不存在上诉的专家组报告一道，由东盟经贸高官会（SEOM）根据消极协商一致规则通过。⑤ 但是，从文化、政治、经济和法律角度考量，由于东盟地区在历史上较之于欧盟成员国之间具有更多的异质性，⑥ 即便到 2004 年，东盟的争端解决机制并没有实施条例，也从未运作过。⑦ 在这些情

---

① http://www.aseansec.org/16654.htm, visited 20.3.2008.

② ASEAN Protocol on Enhanced Dispute Settlement Mechanism, available on the ASEAN website at http://www.aseansec.org/16754.htm, visited 20.3.2008. See also J. Vander Kooi, The ASEAN Enhanced Dispute Settlement Mechanism: Doing It "the ASEAN Way", *New York International Law Review*, 2007, p.13 et seq.

③ For comparisons of the ASEAN DSM and WTO DSM, see Yan Luo, "Dispute Settlement in the Proposed East Asia Free Trade Agreement: Lessons Learned from the ASEAN, the NAFTA, and the EU", in Lorand Bartels and Federico Ortino, *Regional Trade Agreements and the WTO Legal System* (Oxford University Press, Oxford, 2006), pp.419 – 445 at pp.431 – 435; Tran Thi Thuy Dong, as note 216 above, pp.442 – 467.

④ ASEAN Protocol on Enhanced Dispute Settlement Mechanism, Article 12, available on the ASEAN website at http://www.aseansec.org/16754.htm, visited 20.3.2008.

⑤ See ASEAN Protocol on Enhanced Dispute Settlement Mechanism, Article 9 (1) on panel reports and Article 12 (13) on Appellate Body reports, available on the ASEAN website at http://www.aseansec.org/16754.htm, visited 20.3.2008.

⑥ See Pan Zhengqiang, "What the Asia-Pacific Can Learn from the European Integration", Online Info-Dienst Ausgabe 4/2004, Konrad-Adenauer-Stiftung e.V., Länderbüro China, 20.7.2004, available at http://www.kas.de/proj/home/pub/37/1/year – 2004/dokument: id – 5120/index_print.html, visited 9.12.2004. See also Ray Barrell and Amanda Choy, "Economic Integration and Openness in Europe and East Asia", paper presented at the ASEM Symposium on Multilateral and Regional Economic Relations, Tokyo, 25 March 2003, pp 9 – 12, available at http://66.102.1.104/scholar? hl = en&lr = &q = cache: thOH2De7oZAJ: netec.mcc.ac.uk/adnetec-cgi-bin/get_doc.pl% 3Furn% 3DRePEc: nsr: niesrd: 214% 26url% 3D, http://www.niesr.ac.uk% 252Fpubs% 252Fdps% 252Fdp214.pdf + economic + integration + and + openness + in + europe + and + east + asia, visited 20.3.2008; Paul De Grauwe and Zhaoyong Zhang, "Introduction: Monetary and Economic Integration in the East Asian Region", *The World Economy*, 2006, pp.1643 – 1647; Ramasaranya Chopparapu, "The European Union: A Model for East Asia?", *Asia Europe Journal*, 3, 2005, pp.133 – 136; William Pesek, "Asian euro? Don't hold your breath", *International Herald Tribune*, Saturday-Sunday, 10 – 11 May 2008, pp.10 – 11.

⑦ See Greenwald, as note 111 above, at pp.202 – 209; the quotation is from p.208.

形下,《东盟—中国自由贸易协定》中的 ADSM 有别于 1996 年和 2004 年的东盟争端解决机制。ADSM 基本上是一仲裁体制,而不是类似于具有外交性质的 1996 年的东盟争端解决机制,也不是类似于具有更多司法性质的 2004 年的东盟争端解决机制。总体而言,ADSM 中的争端解决机制较之于 WTO 争端解决机制,具有稍多的外交性质和较少的司法性质。这种体制有可能符合中国的偏好,尽管争端解决机制在《东盟—中国专家小组报告》中没有明确提及。[①] 不过,就此方面而言,ADSM 具有重要的意义。正如一位学者所言,这是一项中国首次同意"通过正式机制解决双边和区域贸易争端"的区域贸易协定。[②] 此外,如果 ADSM 能够有效运作,这将代表着对协商一致解决争端这一"东盟方式"的奇特的偏离。

3. 中国与智利、巴基斯坦的自由贸易协定

《中国—智利自由贸易协定》建立了一套独特的争端解决机制,适用于:避免或解决缔约双方关于本协定解释或适用的所有争端;或者一缔约方认为另一缔约方的措施与本协定下的义务不一致;或者另一缔约方未能履行本协定下的义务。[③] 磋商是这一争端解决程序的第一步。[④] 如果磋商失败,一方可请求自由贸易委员会召开会议以寻求斡旋、调解和调停。[⑤] 自由贸易委员会由双方代表组成,即来自中国商务部和智利国际经济关系总司的官员。[⑥] 这一请求同样可以在有关卫生和植物卫生措施,以及技术性贸易壁垒措施的争端进行磋商之后提出。[⑦] 如果争端仍未解决,任何一方可以请求设立仲裁小组。[⑧]

仲裁小组由三名成员组成,双方各自指定一名仲裁员,第三名仲裁员由双方

---

① The Experts Group Report only states (at p 28) that "the framework should create the necessary institutional mechanisms to ensure effective implementation of the framework" and calls (at p. 29) for the "Establishment of appropriate institutions between ASEAN and China to carry out the framework of cooperation given its comprehensiveness and the high level of integration to be achieved between ASEAN and China": ASEAN-China Experts Group on Economic Cooperation, "Forging Closer ASEAN-China Economic Relations in the Twenty-First Century", p. 2 (point 11), available on the ASEAN Secretariat website at http://www.aseansec.org/asean_chi.pdf, visited 10.3.2008.

② Wang Jiangyu, "ASEAN-China Free Trade Agreement: Legal and Institutional Aspects", in Saw Swee-Hock (ed), *ASEAN-China Economic Relations* (ISEAS [Institute of Southeast Asian Studies] Publishing, Sinapore, 2007), pp. 112 – 145 at p. 131, which appears to use the term "formal" to mean highly institutionalised, normatively oriented third-party dispute settlement.

③ China – Chile FTA, Article 80.

④ China – Chile FTA, Article 82.

⑤ China – Chile FTA, Article 83. The text refers to Commission, which according to Article 5 of the FTA refers to the Free Trade Commission established under Article 97.

⑥ China – Chile FTA, Article 97.

⑦ China – Chile FTA, Article 83 (2).

⑧ China – Chile FTA, Article 84 (1).

一致同意指定，否则由 WTO 总干事指定。① 仲裁员应独立于缔约双方，并不得接受来自双方的指示。② 仲裁小组的主席不应为任何一缔约方的国民、居民或雇佣者，不应以任何身份处理过该争议事项。③ 仲裁小组成员必须遵守编号为"WT/DS/RC/1"的 WTO 文件中所规定的行为守则。④ 中国与智利的争端解决机制因此更加独立于缔约方，并且可能比 CEPA 或 ACFTA 中的争端解决机制更为规则导向，更具司法性。仲裁小组的职能是对审议的争端作出客观评价，包括对案件事实及自由贸易协定的适用性和与自由贸易协定的一致性的审查。⑤ 如果仲裁小组认定一措施与自由贸易协定不一致，则应建议被诉方使该措施符合本协定。此外，仲裁小组还可就被诉方如何执行建议提出办法。⑥ 但是，仲裁小组不能增加或减少自由贸易协定规定的权利和义务。⑦ 在收到最终报告后，缔约双方应就争端解决方案达成一致，⑧ 并在可能的情形下消除不一致的措施。⑨ 换言之，这里不存在上诉。如果对在合理期限内是否存在为执行仲裁小组作出的建议所采取的措施或对此类措施是否符合本协定的问题上存在分歧，此争议应提交仲裁小组解决，包括在可能的情况下求助于原仲裁小组。⑩ 应请求，该缔约方应当与起诉方进行谈判，以期就任何必要的补偿安排达成令缔约双方满意的一致意见。⑪ 在没有达成一致的情况下，如果仲裁小组认定被诉方未能在合理期限内执行最终报告中的建议，则起诉方在作出通知后，可中止对被诉方适用效果相等的利益。⑫ 补偿和中止利益属于临时性措施，自由贸易协定在这方面仿效了 DSU 的规定。⑬ 总体上，《中国—智利自由贸易协定》中的争端解决程序类似于东盟—中国《争端解决机制协定》中的程序。

《中国—智利自由贸易协定》明确规定了其争端解决机制与 WTO 争端解决

① China – Chile FTA, Article 85.
② China – Chile FTA, Article 85 (7) (c).
③ China – Chile FTA, Article 85 (6).
④ China – Chile FTA, Article 85 (7) (d). The document is the Rules of Conduct for the Understanding on Rules and Procedures Governing the Settlement of Disputes, adopted in 1996. See World Trade Organization, *WTO Analytical Index: Guide to WTO Law and Practice*, Vol. 2 (Cambridge University Press for the WTO, Cambridge, 2nd edition 2007), pp 1347 – 1351.
⑤ China – Chile FTA, Article 86 (1).
⑥ China – Chile FTA, Article 86 (2).
⑦ China – Chile FTA, Article 86 (3).
⑧ China – Chile FTA, Article 92 (1).
⑨ China – Chile FTA, Article 92 (2).
⑩ China – Chile FTA, Article 92 (5).
⑪ China – Chile FTA, Article 93 (1).
⑫ China – Chile FTA, Article 93 (2).
⑬ China – Chile FTA, Article 93 (3).

机制之间的关系，以及自由贸易协定和国内法之间的关系。当争端产生于《中国—智利自由贸易协定》和缔约双方均为缔约方的其他自由贸易协定或 WTO 协定时，申诉方可以选择解决争端的场所。① 一旦申诉方已经根据某一协定请求设立专家组，则应使用该被选定的场所，且同时排除了其他场所的使用。② 《中国—智利自由贸易协定》中没有明确规定被诉方在第一个场所败诉后，是否可以诉诸另一个场所。该协定的争端解决条款不适用于 GATT 第 19 条和《保障措施协定》，GATT 第 6 条和《反倾销协定》，GATT 第 6 条和《补贴和反补贴措施》下的行动。与 CEPA 和 ACFTA 截然相反，《中国—智利自由贸易协定》明确规定任何一方都不得在其国内法下提供以另一缔约方措施不符合本协定为理由的诉讼权利。③

《中国—巴基斯坦自由贸易协定》中的争端解决机制非常类似，④ 有关选择解决争端场所的条款与《中国—智利自由贸易协定》中的规定在实体内容上完全一致。⑤ 但是，有两个例外。例如，私人权利可以在自由贸易协定的争端解决程序下处理。⑥ 另一个重大例外关乎投资争端。

在 ACFTA 和《中国—智利自由贸易协定》中，投资争端与其他类型争端的解决程序并无二致。但是，《中国—巴基斯坦自由贸易协定》特别规定了有关投资争端的条款，⑦ 成为该协定中一般争端解决规则的例外。⑧ 在投资方面，缔约双方之间的争端，以及投资者与缔约一方的争端分别适用不同的程序。⑨ 协定中同时包含关于其他义务⑩和定时进行投资磋商⑪的特别条款。缔约方之间的投资争端应尽可能通过外交方式磋商解决，否则应通过由三名仲裁员组成的特别仲裁庭解决。缔约方各自任命一仲裁员，第三名仲裁员则由前两位仲裁员选择。第三名仲裁员必须是与缔约双方具有外交关系的国家的国民。⑫ 如果仲裁庭在收到仲裁请求后 4 个月内尚未组成，任何一方可以邀请国际法院的院长作出

---

① China – Chile FTA, Article 81 (1).

② China – Chile FTA, Article 81 (2).

③ China – Chile FTA, Article 95.

④ China – Pakistan FTA, Chapter X, Articles 57 – 74.

⑤ China – Pakistan FTA, Article 60.

⑥ China – Pakistan FTA, Article 74 provides that "Any question regarding conformity of a measure taken by either Party under this Agreement shall be submitted and proceeded with as provided under Chapter X of this Agreement". Chapter X concerns dispute settlement, except for investment disputes.

⑦ China – Pakistan FTA, Article 53.

⑧ China – Pakistan FTA, Article 58. The investment provisions control: see Article 53 (8).

⑨ See China-Pakistan FTA, Articles 53 and 54, respectively.

⑩ China – Pakistan FTA, Article 55.

⑪ China – Pakistan FTA, Article 56.

⑫ China – Pakistan FTA, Article 53 (2), (3).

必要的任命。① 仲裁庭应自行决定其程序，但应按照自由贸易协定中有关投资的条款和缔约双方都承认的国际法原则做出裁决。② 投资者与缔约一方之间的争端应尽可能通过争端各方之间谈判的方式友好解决，否则应按照投资者的选择，将争端提交给对争议一方具有管辖权的法院，或国际投资争端解决中心（IC-SID）。③

4. 中国区域贸易协定之争端解决机制的比较

可以假设，中国区域贸易协定之争端解决机制的模本是 WTO 的争端解决机制。另一个可能的模本是《北美自由贸易协定》（NAFTA）中的一般性争端解决机制。表 6-6 比较了这些争端解决机制。比较表明，第一，ACFTA 的争端解决机制与 WTO 的争端解决机制相对紧密。第二，《中国—智利自由贸易协定》以及《中国—巴基斯坦自由贸易协定》（除投资争端外）中的争端解决机制吸收了 WTO 争端解决机制和 NAFTA 一般性争端解决机制的特点。第三，内地与香港之间的 CEPA 中的争端解决机制相对不太正式，属于政府间性质和外交性质，并没有直接效仿 WTO 的争端解决机制。不过，诚如上文所言，这不意味着与 WTO 争端解决机制的不一致。第四，在所有的中国区域贸易协定中，申诉方的选择决定了争端解决的场所，在 ACFTA 中，争端方可以同意适用一个以上的场所。第五，此处经审视的中国区域贸易协定规定，如果不能达成协商一致，裁决可以多数方式作出，但有两种例外：内地与香港之间的 CEPA 规定争端应以协商一致方式解决；《中国—巴基斯坦自由贸易协定》规定，投资争端的裁决应以多数方式作出。第六，所有中国区域贸易协定中的争端解决机制都没有上诉程序，这一点有别于 WTO 的争端解决机制。因此，这些争端解决机制较之于 WTO 的争端解决机制更少具有司法性，后者的上诉机构形成了丰富的判例法，参考以往的判决，并在许多方面具有国际贸易法院的特征。

四、结论

中国迄今缔结的区域贸易协定有三种类型：经济一体化协定、传统的区域贸易协定、双边自由贸易协定。这一三分法有助于我们理解中国目前已经缔结、正在谈判和尚在设想阶段的区域贸易协定的范畴。本节只是就每一类型择取了若干示例。

---

① China – Pakistan FTA, Article 53 (4).

② China – Pakistan FTA, Article 53 (5).

③ China – Pakistan FTA, Article 54.

表6-6 争端解决机制之比较

主题	DSU	NAFTA B节—争端解决	ACFTA之ADSM	中国—智利FTA（CCFTA）	中国—巴基斯坦FTA（CPFTA）	内地—香港CEPA（MHKCEPA）（投资）
定义	不适用	不适用	第1条	第5、29条	第5、12、28、35条、第46条（投资）	
合作	第1条	第2003条：合作		CCFTA第79条＝NAFTA第2003条	CPFTA第57条＝CCFTA第79条	
范围与适用	第1条	第2004条：排除反倾销和反补贴	第2（1）、（2）、（3）、（4）条	CCFTA第80条≈NAFTA第2004条	CPFTA第53条与第54条（投资）、第58条＝CCFTA第80条	MHKCEPA第19（3）条
管理	第2条		不适用	CCFTA第97条	CPFTA第75、76、77条	无
场所选择		第2005条：GATT争端解决：申诉方选择决定，但优先适用NAFTA	第2（5）～（8）条：申诉方选择决定，除非缔约方明确同意适用一个以上的场所	CCFTA第81条：申诉方选择决定	第53（1）、（2）条；第54（1）、（2）条（投资）；第60条：申诉方选择决定；CPFTA第60（1）、（2）条＝CCFTA第81条	
文件服务	第2条	第2005（5）条	第3条			
总则	DSU第3条	第2003条：合作				

续表

主题	DSU	NAFTA B节——争端解决	ACFTA 之 ADSM	中国—智利 FTA (CCFTA)	中国—巴基斯坦 FTA (CPFTA)	内地—香港 CEPA (MHKCEPA)
磋商	第 4 条	NAFTA 第 2006 条、第 2008（3）条类似于 DSU 第 4（11）条	第 4 条：ADSM 第 4（1）条 = DSU 第 4（2）条；ADSM 第 4（2）条类似于 DSU 第 4（4）条；ADSM 第 4（3）条以 DSU 第 4（3）条为基础；ADSM 第 4（4）条近似等于 NAFTA 第 2006（4）条；ADSM 第 4（5）条 = DSU 第 4（6）条；ADSM 第 4（6）条遵循了 DSU 第 4（11）条；ADSM 第 4（6）条 = DSU 第 4（8）条；ADSM 第 4（8）条 = DSU 第 4（9）条	CCFTA 第 82 条 = DSU 第 4（1）~（5）条	第 56 条（投资）；第 59 条；CPFTA 第 59 条 = CCFTA 第 82 条	第 19（5）条第 1 句
斡旋、调解、调停	第 5 条	第 2007 条	第 5 条：ADSM 第 5（1）条 = DSU 第 5（2）条起首 2 句；ADSM 第 5（2）条 = DSU 第 5（2）条；ADSM 第 5（3）条 = DSU 第 5（5）条；ADSM 第 5（2）条 = DSU 第 5（2）条	第 83（1）条类似于 DSU 第 5（4）条	第 61 条：CPFTA 第 61 条 = ACFTA 第 5 条	

续表

主题	DSU	NAFTA B节—争端解决	ACFTA之ADSM	中国—智利 FTA（CCFTA）	中国—巴基斯坦 FTA（CPFTA）	内地—香港 CEPA（MHKCEPA）
专家组的设立	第6条	第2008条	第6条：第6（1）、（2）条类似于DSU第6（1）、（2）条。	CCFTA第83（2）～（4）条＝NAFTA第2007（1）～（5）（ADSM中没有类似自由贸易委员会的机构）；CCFTA第84条≈NAFTA第2008（1）～（2）条	第62条、第63条：CPFTA第62条＝CCFTA第84条（除更长的截止期限外）	第19（4）条（指导委员会会议）
专家组的职权范围	第7条	第2012（3）、（4）、（5）条	第8条：第ADSM第8（2）条类似于DSU第7（1）条	CCFTA第87（4）条类似于DSU第7（1）条	第64条：CPFTA第64（1）条＝CCFTA第86（1）条；CPFTA第64（2）条＝CCFTA第87（4）条；CPFTA第64（3）、（4）条＝CCFTA第86（2）、（3）条	第19（5）条句
专家组的组成	第8条	第2009条、第2010条	第7条：ADSM第7（1）条类似于DSU第8（5）条；ADSM第7（3）条大体上类似于第8（7）条	CCFTA第85条类似于ADSM第7条款以及DSU的相应条款；第85（7）条＝NAFTA第2009（2）条	第63条：CPFTA第63条＝CCFTA第85（1）～（7）、（9）条	
多个起诉方的程序	第9条		第6条：第6（3）、（4）、（5）条以DSU第9条为基础			

第六章　中国和平发展中的多边贸易体制和区域一体化法律问题

续表

主题	DSU	NAFTA B 节—争端解决	ACFTA 之 ADSM	中国—智利 FTA (CCFTA)	中国—巴基斯坦 FTA (CPFTA)	内地—香港 CEPA (MHKCEPA)
第三方	第 10 条	第 2008 (3)、(4) 条; 第 2013 条	ADSM 第 10 条 = DSU 第 10 条			
专家组的职能	第 11 条		第 8 条: 第 8 (1) 条类似于 DSU 第 11 条; ADSM 第 8 (3)(a) 条类似于 DSU 第 11 条最后一句	CCFTA 第 86 (1) 条类似于 DSU 第 11 条; CCFTA 第 86(2) 条类似于 DSU 第 19 (2) 条	第 64 条: CPFTA 第 64 (1) 条; CPFTA 第 64 (3)、第 86 (2)、(3) 条	第 86 条 = CCFTA 第 86 (1) 条 = CCFTA 第 86 (3)、(4) 条 = CCFTA 条
专家组程序	第 12 条; 附件 3	第 2012 (1)、(2) 条	第 9 (5) 条、附件 1: 第 9 (2) 条等于 DSU 第 12 条; ADSM 第 9 (4) 条; ADSM 附件 1 类似于 DSU 附件 3; ADSM 第 11 条类似于 DSU 第 12 (12) 条, 但明确强调相互满意的解决争端的方式, 并且以友好方式解决争端	CCFTA 第 87 条、附件 7 以 DSU 第 12 条为基础, 明确规定尽可能以协商一致的方式作出决定 (第 87 (3) 条); CCFTA 第 88 条 = ADSM 第 11 (1)、(2) 条	第 65 条、附件 3: CPFTA 第 65 (1)、(2) 条 = CCFTA 第 87 (1)、(2) 条; CPFTA 第 65 (3) 条≈CCFTA 第 87 (3) 条	(2) 第 65 (1)、(2) 条; CPFTA 第 65 (1)、(2) 条; CPFTA 第 65 (3) 条
寻求信息的权利	第 13 条	第 2014、2015 条	附件 1 (8)	CCFTA 第 89 条近似于 DSU 第 13 条、类似于 NAFTA 第 2015 条	第 68 条: CPFTA 第 68 条 = CCFTA 第 87 条	第 68 条 = CCFTA 第 87 条

中国和平发展的重大前沿国际法律问题研究

续表

主题	DSU	NAFTA B 节——争端解决	ACFTA 之 ADSM	中国—智利 FTA (CCFTA)	中国—巴基斯坦 FTA (CPFTA)	内地—香港 CEPA (MHKCEPA)
机密性	第 14 条		ADSM 第 9 (1)、(4) 条首句类似于 DSU 第 14 (1)、(2) 条			
中期审议阶段	第 15 条	第 2016 条	第 9 (7) 条类似于 DSU 第 15 (2) 条	CCFTA 第 90 条 = NAFTA 第 2016 条, 广义上类似于 DSU 第 15 条	第 69 条: CPFTA 第 69 条 = CCFTA 第 90 条	
专家组报告的通过	第 16 条	第 2017 条	ADSM 第 8 (4) 条、第 9 (8)、(9) 条不同于 DSU 中有关专家组、上诉机构和争端解决机构的条款	CCFTA 第 91 条 = NAFTA 第 2017 (1)、(2) 条	CPFTA 第 70 条 = NAFTA 2017 条	
上诉审议	第 17 条	无上诉	无上诉	无上诉	无上诉	
与专家组组或上诉机构的联系	第 18 条	不适用	ADSM 第 9 (4) 条广义上类似于 DSU 第 18 条			
专家组和上诉机构的建议	第 19 条	第 2018 条 (最终报告的执行)	ADSM 第 1 条第 2 句和第 3 句	CCFTA 第 92 (2) 条 = DSU 第 91 (1) 条	CPFTA 第 71 (1) 条 ≈ CCFTA 第 92 条	

315

续表

主题	DSU	NAFTA B 节—争端解决	ACFTA 之 ADSM	中国—智利FTA（CCFTA）	中国—巴基斯坦FTA（CPFTA）	内地—香港CEPA（MHKCEPA）
DSB 裁决的时限	第 20 条	不适用：无上诉	不适用：无上诉	不适用：无上诉：CCFTA第93（6）条第2段	不适用：无上诉	不适用：在指导委员会之外无上诉
监督对执行建议和裁决的监督	第 21 条	不适用	ADSM 第12（1）、（2）条=DSU第21（3）条大部分；ADSM第12（2）条=DSU第21（5）条	DSU中无类似于CCFTA第92（1）条的条款；CCFTA第92（3）、（4）条类似于DSU第21（3）（b）、（c）条；CCFTA第92（5）、（6）条类似于DSU第21（5）条	CPFTA第71条=CCFTA第92条	第92（1）、（2）
补偿和中止减让	第 22 条	第 2019 条	ADSM 第13（1）条=DSU第22（1）条=DSU第13（2）条第1句；第13（2）条=DSU第22（3）条部分内容=DSU第22（2）条第2句，并部分似于有类第22（6）条；DSU中没有类似于ADSM第13（4）条的规定；第13（5）条=DSU第22（8）条；第13（6）（3）、（a）、（b）条=DSU第22（8）条第1句	第93条：CCFTA第93条≈DSU第22（2）条起首2句=DSU第22（1）条；第93（3）条第3句=DSU第22（3）（a）条；第93（4）条第1句≈DSU第22（3）（b）条；第94条类似于DSU第22（5）条	CPFTA第72条≈CCFTA第93（2）条；CPFTA第72（2）、（3）、（4）条≈CCFTA第93（4）、（5）、（6）条；CPFTA第73条≈CCFTA第94条	无

续表

主题	DSU	NAFTA B 节—争端解决	ACFTA 之 ADSM	中国—智利FTA（CCFTA）	中国—巴基斯坦FTA（CPFTA）	内地—香港CEPA（MHKCEPA）
多边体制的加强	第 23 条	不适用	不适用	不适用	不适用	
涉及最不发达国家成员的特殊程序	第 24 条	不适用	不适用	不适用	不适用	
仲裁	第 25 条		不适用，因为 ADSM 最高审级即为仲裁	不适用，因为 CCFTA 最高审级即为仲裁	不适用，因为 CPFTA 最高审级即为仲裁	
非违反之诉	第 26 条	第 2012（4）条	ADSM 第 4（1）（a）条	CCFTA 第 80（a）条	第 80（a）条，但未明确表示	
秘书处的职责	第 27 条	不适用	不适用	第 97 条（自由贸易委员会）；第 98 条（争端解决程序的管理）	第 75、76、77 条（自由贸易委员会）	

317

续表

主题	DSU	NAFTA B节—争端解决	ACFTA 之 ADSM	中国—智利 FTA（CCFTA）	中国—巴基斯坦 FTA（CPFTA）	内地—香港 CEPA（MHKCEPA）
引证源于司法或行政程序的事实	不适用	第 2020 条	不适用	不适用	不适用	
私人权利	不适用	第 2021 条	不适用	CCFTA 第 95 条 = NAFTA 第 2021 条	第 74 条	
替代争端解决方式	第 3（7）条	第 2022 条	第 4、5、8（3）（a）条，关于执行的规定较弱	CCFTA 第 82、83 条	第 53（1）、54（1）条（投资），第 59、61 条	
语言			ADSM 第 14 条	CCFTA 第 121 条		

　　不过，一旦考虑建立更广泛的区域贸易协定，这三种类型可能有助于分析中国未来的区域贸易协定，并有助于理解这些协定的目标、组织、行动以及与中国国内结构、决策进程、法律和政治文化、国际与区域政策之间的关系。

　　这些区域贸易协定显示了中国对对外关系和多边贸易制度认识的变革。① 不过具体来看，中国区域贸易协定的目标具有多重性。出口市场准入的经济学原理，以及为繁密的国际生产网络提供一项法律框架，固然是中国缔结区域贸易协定时考虑的重要因素，但地缘政治的理由更为重要。② 具体而言，这类理由包括：建立"大中华经济圈"；增强政治互信③；利用区域一体化增强中国在亚太地区的地位④，并将之作为一个开展更广泛政治联盟和提升国际影响力的平台；实现国际上对中国"市场经济地位"的承认；寻求经济和军事安全；获取能源和原材料⑤。即便是基于本节分析的几个有限的示例，我们也可以认为，除显示了动机的多重性外，不同的协定具有不同的动机配置和重点。例如，CEPA 兼具经济一体化，"给香港的大礼"或作为内地与台湾合作之模本的目的。ACFTA 兼具区域贸易、技术转移、政治影响和安全的目的。获取原材料是《中国—智利自由贸易协定》的一个核心要素，而投资、能源、原材料和更广泛的安全是《中国—巴基斯坦自由贸易协定》的重点。对中国未来区域贸易协定的分析应该会完备这些观点，当然，如果可能的话，也会对其进行修正。换言之，有必要将每一项区域贸易协定置于更广泛的背景之中，并分析区域贸易协定的整体和每一项具体的条款有哪些至关重要的考虑。

---

　　① See e. g. Cheng-Chwee Kuik, "Multilateralism in China's ASEAN Policy", SAIS Working Paper Series, WP/05/03, Paul H. Nitze School of Advanced International Studies (SIAS), Johns Hopkins University, Washington, D. C. , October 2003.

　　② See also Wang, as note 32 above. , at pp. 129 – 132. This echoes Sen's remarks about the "new regionalism" in Asia: see Sen, as note 2, at pp. 554 – 555, 566.

　　③ See Wang, as note 32 above, at p. 140, who emphasises the contribution of China's RTAs to "peaceful existence and enhanced security" in the region.

　　④ Note that, despite China's increasingly important economic and political role in the region, Garver concludes that "India remains the overwhelmingly dominant power in the region" and that "while China's capabilities in Central and South Asia are growing, that growth is taking place in the shadow of the far more vigorous growth of United States and Western influence": John W. Garver, "China's Influence in Central and South Asia", in David Shambaugh (ed), *Power Shift*: *China and Asia's New Dynamics* (University of California Press, Berkeley, 2006), pp. 204 – 225, at pp. 224 – 225. Similarly, in terms of security, the United States "remains predominant": Michael Yahuda, "The Evolving Asian Order: The Accommodation of Rising Chinese Power", in David Shambaugh (ed), *Power Shift*: *China and Asia's New Dynamics* (University of California Press, Berkeley, 2006), pp. 347 – 360, at p. 359.

　　⑤ On energy as a rationale, see e. g. David Zweig and Bi Jianhai, "China's Global Hunt for Energy", *Foreign Affairs*.

中国的区域贸易协定是否存在单一的模本或模式呢？不同的学者提出了不同的模式。集中关注东亚区域贸易协定的克里斯托弗·邓特（Christopher Dent）认为，中国的区域贸易协定遵循了"新兴的发展中国家自由贸易协定模式"。在他看来，这一模式反映了中国政治经济："简单，只是制度宽泛的原产地规则，一般以从价百分比为基础"；主要关于货物贸易的自由化，适当包括服务贸易；在诸如基础设施、文化或战略产业部门之类的领域，对国家主权敏感；"相对简单的分阶段实现自由化的时间表"，包括特定货物的"早期收获计划"，以及在反倾销和反补贴领域遵守 WTO 规则。蔡鹏东（音译）于 2006 年提出了"中国模式"的概念，这一概念有以下特征："中国没有清晰的战略"；"国内法规制度正处于转型阶段"；"不稳定的地缘政治环境不利于中国"。[①] 不过，邓特认为，中国在作出有关区域贸易协定的政策时存在一般性的变数，这就潜在地否定了单一区域贸易协定模式的存在。[②] 安特基维茨（Antkiewicz）和瓦雷（Whalley）提出了更加令人信服的观点。他们注意到，中国区域贸易协定的一个显著特征在于这些协定达成的速度和结构上的变化。在他们看来，"中国的方式是以一种尊重顾客需求的态度，对一系列双边关系协定的实用主义式的操控，传统的经济和贸易协定，例如以关税为基础的自由贸易区或关税同盟协定，被纳入包含内容更为宽泛的关系建构之中，而非刻板的更为局限的文本"。[③] 从政策因素到法律文本的内容，直至一般性战略，以上每种观点关注不同的要素，其运作带有不同程度的抽象性。这些观点并不必然存在冲突，因此需要对每个协定作认真分析。但是，它们的多样性至少表明，在现阶段，经济一体化协定、区域贸易协定和双边自由贸易协定之间的差别为分析中国的区域贸易协定提供了一套有效的分类法。[④]

中国的区域贸易协定是在 WTO 的框架中谈判和起草的。这并不是说 WTO 法为中国的区域贸易协定提供了详细的模本。取决于区域贸易协定的类型，WTO 法可能一定程度地为不同的条款所借鉴，但区域贸易协定整体却非如此。争端解决机制就是一个很好的佐证。WTO 中的 DSU 为中国区域贸易协定中的争

---

① Peng-Hong Cai, as note 158 above.

② Dent, as note 22 above, pp. 237 – 238.

③ Antkiewicz and Whalley, as note 149 above, at p. 1554.

④ In their useful review of agreements by the BRICSAM countries, including but not limited to China, Antkiewicz and Whalley suggest three types of agreements: those with large OECD countries, those with small entities in the same region and agreements with other BRICSAM countries: Agata Antkiewicz and John Whalley, "BRICSAM and the non-WTO", *Review of International Organizations*, 1, 2006, pp. 237 – 261 at p. 239. This typology adopts the perspective of the BRICSAM country concluding an agreement and is based on the identity of the trading partner. It differs from the typology proposed here which aims to take account of the perspectives of all parties to the agreement and is based on the general objectives of the agreement.

端解决机制提供了基本的模本，而双边贸易协定中的争端解决机制有限地效仿了 NAFTA，单独关注每一种类型的区域贸易协定可以更好地理解这一点。即使并非所有区域贸易协定中的争端解决机制都规定其与 WTO 争端解决机制的关系，这一点也是成立的。

东盟 1996 年建立的争端解决机制和 2004 年建立的强化争端解决机制没有为中国区域贸易协定中的争端解决机制提供模本。甚至是在 WTO 的 DSU 作为模本的时候，区域贸易协定中有关争端解决机制的规定也没有 WTO 规定得那样详细。重点是达成友好或相互满意的解决方案，执行更多的是依赖外交和非正式的压力。例如，ACFTA 中的争端解决机制没有可与 WTO 中的 DSB 相媲美的专职执行机构。[①] 这与中国大部分的法律文化是相符的，但有悖 DSU 第 3（10）条中的文字和精神。该条规定："请求……使用争端解决程序不应被用作或视为引起争议的行为……"。[②] 相反，某些法学家认为，ACFTA 长远意义上的成功取决于东盟采用更加法律化的争端解决机制。[③] 无论这一假设是否会成为现实，也无论这种法律化的争端解决机制是否会在现实中被采用，中国将很大程度上决定 ACFTA 成功与否。到目前为止，鲜有迹象表明中国会在 ACFTA 或其他的区域贸易协定中以一种规则导向的方式解决争端。

中国目前区域贸易协定的多重性和多样化产生了"意大利面条碗"的问题，区域贸易协定相互重叠并可能存在冲突是其表征。[④]

"面条碗"现象通常与原产地规则有关。特定产品原产地规则而非从价百分比规则扩大了这一问题。[⑤] 原产地规则同时严重影响了外国投资、出口以及区域经济和贸易治理。基于以双边自由贸易协定带来的出口增长为基础的经济模式，鲍德温（Baldwin）认为，目前日本是东亚的中心，但从现在开始的未来

---

① ompare ADSM Article 12 and Article 21（6）DSU.

② WTO DSU Article 3（10）.

③ Greenwald, as note 111 above, at p 216. In 2001 Dobson argued that, given the diversity of Asia and its preference for consensus as a means of resolving problems. the success of ASEAN + 3 would depend on strong political leadership and effective administration: see Wendy Dobson, "Deeper Integration in East Asia: Regional Institutions and the International Economic System", *The World Economy*, 24, 8, 2001, pp. 995 – 1018, at p. 1014.

④ In general, see Richard Baldwin, "Managing the Noodle Bowl: The Fragility of East Asian Regionalism", Centre for Economic Policy Research, Discussion Paper Series, No. 5561, March 2006, available at www. cepr. org/pubs/DP5561. asp, visited 12. 3. 2008.

⑤ To the extent that it may be less expensive for business to pay MFN tariffs instead of taking advantage of preferential ROOs, with the result that the RTA does not lead to trade creation among members: see Sen, as note 2 above, at p. 579.

十年，亚洲区域一体化最有可能出现两个中心，即中国和日本。[1] 在他看来，如果区域主义表示"优惠的关税自由化"，那么目前亚洲没有真正意义上的区域主义，而且亚洲的区域主义是脆弱的，因为不存在"高端管理"。[2] 森（Sen）也认为，由于收入水平和发展战略上的差异，亚洲"新区域主义"中的区域贸易协定缺乏汇合点。[3] 亚洲极大的多样性对此有非常重要的影响，这一点迥异于欧盟。[4] 中国的政策将成为亚太区域贸易协定汇合点的关键性决定因素。

鉴于中国的面积、人口、历史和文化、经济活力以及在世界贸易中的重要性，中国有关区域贸易协定的政策定然会影响到国际贸易体制，WTO 未来在监管区域贸易协定中之作用，以及有关区域主义与多边主义之关系的持续讨论。[5] "入世"增加了中国开展区域贸易合作的可能性。从区域视角来看，亚洲的主要经济体都处于多边贸易体制之中。这些因素为中国在亚太区域一体化以及更远的区域发展提供了坚实的基础。[6] 从国际视角来看，中国区域贸易协定，包括自由贸易协定的理论和实践，将注定在有关区域主义和多边主义的讨论中产生重要作用。总体而言，中国的区域贸易协定与 WTO 法保持了一致，尽管在某些方面有所偏离，或在其他方面超越了 WTO 的规定。无论如何，中国唯一的义务是向 WTO 提交有关区域贸易协定的通知。但 WTO 在这方面的规则不够完善，大多数的区域贸易协定是在已经生效后通知 WTO 的。[7] 中国目前在促进 WTO 更好地发挥区域贸易协定的监管作用方面，有潜力，有挑战，也有机遇。

---

[1] Richard E. Baldwin, "The Spoke Trap: Hub-and-Spoke Bilateralism in East Asia", in Barry Eichengreen, Charles Wyplosz and Yung Chui Park (eds), *China, Asia and the New World Economy* (Oxford University Press, Oxford, 2008), pp. 51 – 86 at p. 70.

[2] Baldwin, as note 365 above; the quotations are from p. 4 and p. 2 respectively.

[3] Sen, as note 2 above, at p. 581.

[4] See Pan Zhengqiang and other sources, as note 313 above.

[5] See also Wang, as note 32 above, at p. 121. Jong-Wha Lee and Innwon Park, "Free Trade Areas in East Asia", *The World Economy*, 28, 1, 2005, pp. 21 – 49 argue that East Asian RTAs are more likely to be non-discriminatory than discriminatory vis-à-vis other countries because they are likely to lower tariff levels for outsiders to that applied to members, relying on trade facilitation and investment liberalisation to benefit members.

[6] See also Kong, as note 215 above, at p. 848.

[7] Wang concludes that "the real implication seems to be that almost no R. T. A. can ever be declared unlawful under the current WTO regime and that the process of CRTA [Committee on Regional Trade Agreements] examination can, in practice, be ignored": see Wang, as note 32 above, "at p. 138. On reasons for the weakness of the CRTA", see Jo-Ann Crawford and Roberto V. Fiorentino, as note 2 above, p. 19. For suggestions to strengthen CRTA procedure, see Industrial Structure Council, METI, Japan, 2007 *Report on Compliance by Major Trading Partners with Trade Agreements – WTO, FTA/EPA and BIT* (Industrial Structure Council, METI, Tokyo, Japan, 2007), pp. 507 – 509, also available at www. meti. go. jp/english/report/index. html.

第二节　中国特定产品过渡性保障机制的
有效性与合理性问题[*]

一、引语

贸易壁垒（trade barriers）和贸易救济（trade remedies）历来都是国家进出口管制的基本措施，同时又是多边贸易体制不可或缺的重要内容。一个国家为保护本国产业通常设置双重安全阀：首先是通过关税和非关税措施形成进口壁垒的第一道防线；其次是建立立法、行政和司法的贸易救济机制作为第二道防线，以应对那些突破第一道防线的情况。多边贸易体制，一方面为了推动全球贸易自由化，力图禁止、取消和限制贸易壁垒，并将贸易救济进行规制；另一方面允许各成员在一定的条件下保留适当的贸易壁垒和贸易救济措施。因此，如何将贸易壁垒和贸易救济控制在适当的程度，不仅是历次多边贸易谈判的焦点之一，而且也是现有成员与申请方加入 WTO 谈判过程中最棘手的问题之一。

在《中国加入 WTO 议定书》和《中国加入 WTO 工作组报告》中，有四项特殊的条款尤其引人注目。它们是：（1）反倾销和反补贴措施中为期 15 年的正常价值特殊确定标准；^②（2）为期 12 年的特定产品过渡性保障机制；^③（3）为期 8 年的纺织品过渡性保障机制；^④（4）为期 10 年的过渡性报告审议机制。^⑤ 这些条款，对于其他 WTO 成员而言，无疑是保护本国产业的特殊贸易救济手段；对于中国而言，则是阻碍其出口的特殊贸易壁垒措施。

综观这些针对中国的特殊条款，不难看出它们至少有四个共同特点：首先，这些条款都是过渡性的，虽然各自规定的期限不尽一致；其次，这些条款的根本原因是中国的市场经济地位问题，虽然各自的措辞与表述有直接和间接的区别；再次，虽然这些条款都直接源自有关的 WTO 多边贸易协定，但是它们所规定的

---

　　* 本节作为阶段性成果发表于《法学评论》2005 年第 5 期；英文版发表于 Henry Gao & Donald Lewis（eds.），China's Participation in the WTO，Cameron May Ltd，2005，标题和内容略有改动和删减。

　　② Protocol on the Accession of the People's Republic of China，Article 15.

　　③ Protocol on the Accession of the People's Republic of China，Article 16.《中华人民共和国加入 WTO 工作组报告》，第 245 ~ 250 段。

　　④ 《中华人民共和国加入 WTO 工作组报告》，第 241 ~ 242 段。

　　⑤ Protocol on the Accession of the People's Republic of China，Article 18.

条件明显地区别于相关 WTO 多边协定的规定；最后，这些条款实质上是歧视性的，因为它们仅适用于其他 WTO 成员与中国之间的贸易关系，不适用于其他 WTO 成员相互之间的贸易关系，即：有悖于 WTO 的基石——最惠国待遇原则。

在上述四个特殊条款中，针对中国特定产品的过渡性保障机制，不仅是中国入世谈判期间最棘手的问题之一，而且也是中国入世以来学界、政界和产业界最为关注、讨论最为激烈的议题之一。以下，首先粗略地比较 WTO 体制下一般保障措施和过渡性保障机制的异同。然后从一般国际法和 WTO 法的双重角度探讨特定产品过渡性保障机制的法律效力问题，试图在严格的法律层面上就这一特殊机制的合法性作出学理回答。接着从中国市场经济发展及其国际认可的趋势探讨特定产品过渡性保障机制的合理性问题，试图在实际层面上就这一特殊机制继续存在的适当性做出判断。最后，就本节主题——特定产品过渡性保障机制的合法性和合理性——得出若干概括性的认识。

二、保障措施的特点及其与过渡性保障机制的异同

保障措施（safeguards）是当今国际法律和国内法律普遍认可和规制的一种贸易救济措施（trade remedies）。因此，在具体探究保障措施之前有必要首先弄清什么是贸易救济措施。

在 WTO 法律框架下，凡是有悖于 WTO 原则（主要是最惠国待遇原则）和义务（主要是关税减让和服务贸易市场准入承诺义务）、但又被 WTO 所允许的进口限制措施，都可以称为贸易救济措施。但是，在通常意义上，WTO 的贸易救济措施主要是三种类型，即：保障措施、反补贴税（countervailing duties）和反倾销税（anti-dumping duties）。在这三种贸易救济措施中，反补贴措施和反倾销措施所针对的是不公平的进口（unfair imports），即：经过出口国政府补贴的进口和经过出口商不公平的削价进口（unfair low prices）；保障措施所针对的是一种产品进口数量的急剧上升（a surge in imports）。这三种贸易救济措施通常被称之为自由贸易的"安全阀"（safety valves）。WTO 一方面允许其成员在特定的情况下适当地采取这些贸易救济措施，为保护相关产业和经济及社会秩序而暂时背离其承担的 WTO 义务；另一方面通过制定和完善相应的贸易救济原则、规则、纪律和制度，防止其成员以实施贸易救济为借口，实行变相的贸易保护主义，阻碍贸易自由化。

反倾销和反补贴作为贸易救济措施，针对的是不公平贸易，这自然是合情合理的。相比之下，保障措施作为一种贸易救济并不是基于不公平贸易概念。换言之，保障措施允许对公平的进口贸易进行限制，这在强调公平和自由贸易价值的

多边贸易体制中就难免令人费解。其中的原因恐怕在法律之外，因此要从政治和经济的角度进行分析。首先，保障措施似乎是政治现实的一种反映，即政治经济要比单纯的经济复杂。贸易可以从整体上改进福利，但是却难以保障所有国家、所有自然人和法人都能繁荣，所以，需要对贸易进行调整的其他手段和措施。其次，保障措施通常被认为是一种政治安全阀，从而使国家决策者毫不犹豫地寻求长期的自由贸易战略。再次，保障措施有时被视作是对遭受贸易自由化损害的工人和公司的补偿。最后，保障的一个理念是为公司和决策者们提供一种"喘息空间"（breathing space），使其采取必要的宏观或微观经济措施，恢复产业竞争力和效率或进行有序收缩。这些理论似乎构成保障措施的背景因素。①

作为贸易救济的主要手段之一，保障措施有广泛意义上的和严格意义上的区别。从广泛意义上讲，凡是 WTO 有关协定允许各成员在特定情况下可以免除其义务而采取保护国内产业的措施，都可以称之为保障措施，如果国际收支例外措施、一般例外措施、安全例外措施、义务豁免措施、紧急措施、区域一体化安排（自由贸易区和关税同盟及其过渡安排），等等。从严格意义上讲，WTO 的保障措施是指根据 GATT 第 19 条和乌拉圭回合缔结的《保障措施协定》，针对特定产品的进口急剧增加而采取的紧急限制措施，以及根据乌拉圭回合缔结的其他协定在特定的经济部门或领域而采取的类似措施。② 本节所探讨的是严格意义上的保障措施，限于篇幅，仅涉及 GATT 第 19 条和《保障措施协定》所包含的保障措施。

GATT 第 19 条通常被称之为"免责条款"（escape clause），因为该条款允许 WTO 各成员③通过采取保障措施的方式免除其承担的 WTO 义务。同样地，作为 GATT 第 19 条的补充和加强，乌拉圭回合缔结的《保障措施协定》无疑可以称之为"免责协定"（escape agreement）。

GATT 第 19 条和《保障措施协定》确立了实施保障措施的一般原则、规则和机制。其规定的主要实质条件可以概括为：

（1）进口的产品在数量上存在绝对或相对的增加，从而"对生产同类或直接竞争产品的国内产业造成严重损害或严重损害威胁"。④

这里的"严重损害"（serious injury）是指"对一国国内产业状况的重大全

---

① Mitsuo Matsushita, Thomas J. Schoenbaum & Petros C. Mavroidis, The World Trade Organization—Law, Practice and Policy, Oxford University Press, 2003, pp. 182 – 183.

② 例如，《农业协定》第 5 条允许 WTO 成员对于那些关税化的农产品采取特殊的保障措施（以征收额外关税的形式）；又见《服务贸易总协定》第 10 条；《纺织品与服装协定》第 6 条。

③ 《保障措施协定》第 2（1）条的注释 1 允许一个关税同盟作为一个单一的实体或代表一个成员方来采取保障措施。

④ 《保障措施协定》，第 2（1）条。

面减损"（significant overall impairment）；"严重损害威胁"（threat of serious injury）是指"明显迫近的"（clearly imminent）和"基于事实，而非仅凭指控、推测或远期可能"（based on facts and not merely on allegation，conjecture or remote possibility）的损害。这里的"国内产业"（domestic industry）应理解为生产者全体或同类产品或直接竞争产品的总产量占这些产品全部国内产量的主要部分的生产者。①

（2）主管机关在公开、合理的程序下经过调查之后，应公布一份报告，列出其对所有有关事实和法律问题的"调查结果和理由充分的结论"（findings and reasoned conclusions）。②

（3）在确定严重损害或严重损害威胁时，应评估所有相关因素，特别是有关产品进口增加的比率和数量、所占国内市场的份额，以及销售水平、产量、生产力、设备利用率、利润与亏损和就业的变化。③

（4）应确定有关产品的进口增加与相关产业的严重损害或严重损害威胁之间存在因果关系（existence of causal link）。④

（5）拟采取的保障措施必须不区分进口产品的来源，即以非歧视原则为基础，而不针对特定国家。⑤

（6）保障措施作为贸易救济手段在程度上必须具有相称性，在期限上必须具有适当性，即：救济的力度和长度必须以防止或阻止严重损害或严重损害威胁为必要的限度。⑥

与GATT第19条和《保障措施协定》相比，《中国加入WTO议定书》和《中国加入WTO工作组报告》所规定的特定产品过渡性保障机制存在着如下重要的区别：

首先，确定损害的标准不同。WTO成员对于源于中国的进口产品实施特定保障措施的一个标准是，增加的进口对生产相同产品或直接竞争产品的国内产业造成"市场扰乱"（market disruption）或"市场扰乱威胁"（threat of market）。而且，只要增加的进口是造成生产同类或直接竞争产品的国内产业的"实质损害或实质损害威胁的一个重要原因"（a significant cause of material injury or threat of material injury），"市场扰乱"或"市场扰乱威胁"的条件就成立。换言之，即使国内产业的实质损害或实质损害威胁还有其他重要因素，只要来自中国的进

---

① 《保障措施协定》，第4（1）a-c条。
② 《保障措施协定》，第3（1）条。
③ 《保障措施协定》，第4（2）a条。
④ 《保障措施协定》，第4（2）b条。
⑤ 《保障措施协定》，第2（2）条。
⑥ 《保障措施协定》，第5（1）条、7（1）条。

中国和平发展的重大前沿国际法律问题研究

口产品增加是其中的重要原因之一，就可以对中国产品采取特殊措施。可见，特定产品过渡性保障机制对于中国产品实施保障措施的实质条件方面，明显地要低于 GATT 第 19 条和《保障措施协定》中的规定。这就意味着任何 WTO 成员对于源于中国的产品可以在较为宽松的条件下实施特定的保障措施，而不必要顾及"严重损害"或"严重损害威胁"和非歧视等实质要件。

其次，增添了新的实施条件。一个 WTO 成员认为，根据《中国加入 WTO 议定书》第 16 条，由于一个 WTO 成员对中国产品采取保障措施后使源于中国的产品进入另一 WTO 成员的数量增加，从而造成该另一成员市场的"重大贸易转移"（significant diversion of trade）或"重大贸易转移威胁"，该另一成员可以采取特殊保障措施。值得注意的是，中国入世文件中并没有对"重大贸易转移"和"重大贸易转移威胁"做出具体的界定，① 这就给特定保障措施的实施带来了较大的随意性，给实施此等措施的成员留下了较大的酌处空间。贸易转移条款的存在，势必造成其他 WTO 成员对中国的出口产品采取连锁的保障措施的后果。

最后，具有欺骗性并具有更为严重的后果是，针对中国的过渡性保障措施表面上好像是针对源于中国的"特定产品"（specific products），而非"任何产品"（any product）。其实不然，其他 WTO 成员只要断定正在进口的某一中国产品的数量增加造成国内市场扰乱或此等威胁，或造成重大贸易转移或此等威胁，就可以将该产品界定为源于中国的"特定产品"而采取保障措施。由此可见，《中国加入 WTO 议定书》第 16 条标题和正文的"特定产品"措辞，对于中国产品遭受其他国家的保障措施而言，并没有多大的限定意义，在实践中有可能是源于中国的任何产品。

三、过渡性保障机制的法律效力问题

既然特定产品过渡性保障机制与 GATT 第 19 条和《保障措施协定》的规定存在着重大的不一致，甚至可以谓之为存在着抵触，那么这是否意味着前者的法律效力存在着疑问呢？

---

① 《中国加入 WTO 工作组报告》第 245 段只是表明中国代表对 WTO 成员在确定市场扰乱或贸易转移的存在时规定正当的法律程序和使用可观的标准表示特别关注。尤其对于贸易转移，中国代表表示 WTO 成员需要使用客观标准，以确定是否中国或另一 WTO 成员根据特定产品保障措施，为防止或补救市场扰乱的行动造成或威胁造成重大贸易转移。尽管中国代表进一步强调，此等标准应包括源自中国的进口产品的市场份额或进口额的实际的或迫近的增加、中国或该另一 WTO 成员所采取行动的性质或程度以及其他类似标准，但是，这些措辞毕竟是中国一方的"特别关注"和"表示"，似乎没有反映出其他 WTO 成员对这些"特别关注"和"表示"的明确态度。而且，《工作组报告》并没有像实施关于市场扰乱的规定那样，对实施关于贸易转移的规定制定出具体的标准和较详细的程序要求。

要回答法律效力问题，首先必须分析中国入世文件的合法性问题，因为条约在国际法上的合法性是其法律效力的前提。

从一般国际法和条约法的角度来看，特定产品的过渡性保障机制的合法性似乎并不存在问题。中国入世的各种文件是在中国与 WTO 成员通过长达 15 年的双边和多边谈判的基础上达成的。虽然中国在漫长的谈判过程中始终面临着各种巨大的压力，但是从法律形式上看，中国入世文件的谈判、签署和批准自始至终是在尊重国家主权、对等互利、自愿意思表达的原则下完成的，不存在欺诈①、强迫②、贿赂③等行为和事实。中国入世文件的内容也不存在与国际强行法④或国际法基本原则⑤相违背的问题。

然而，毕竟载有特定产品保障措施的《中国加入 WTO 议定书》第 16 条与 GATT 第 19 条和《保障措施协定》存在着抵触，从而事实上产生了先后条约相冲突的情况。既然事实上存在条约的冲突，必然在法律效力上存在何者优先的问题。为此，我们可以从一般国际法和条约法中寻找解决此等条约冲突的规则。

首先，根据两个《维也纳条约法公约》，适合本节情势的条约冲突解决规则是：（1）约定优先规则，即：如果条约明文规定，该条约不得违反先订或后订的条约，或不得视为与先订或后订的条约不符，则该先订或后订条约优先；（2）后法优于前法规则（lex posterior derogate priori），即：如果先订条约和后订条约的当事方相同，而先订条约依法并未终止或停止施行，适用后订条约的规定。⑥

需要指出的是，无论是中国加入 WTO 的法律文件，还是 GATT 第 19 条和《保障措施协定》，都没有对 WTO 成员之间的协定冲突事项作出明确规定。虽然《建立 WTO 协定》及其附件 1A 的总体解释性注释中作出了一定的明确规定，但是那些规定只是适用于《建立 WTO 协定》和多边贸易协定之间和 1994 年 GATT

---

① 根据《维也纳条约法公约》第 49 条规定，如果一国因另一谈判国的欺诈行为而缔结条约，该国可以此为由撤销其承受条约约束的同意。

② 根据《维也纳条约法公约》第 51 条，如果一国代表在缔结条约时表示的同意是对国家代表实行强迫而取得的，该条约就是无效的。

③ 根据《维也纳条约法公约》第 50 条，如果一国接受条约约束的同意是经贿赂而取得的，该国可以此为由撤销其接受条约拘束的同意。

④ 根据国际习惯法和《维也纳条约法公约》第 53 条，如果国家缔结一项条约与一般国际强制规则抵触，则该条约无效。这里所指的强制规则，是指国际社会全体接受并公认为不许损抑且仅有以后具有同等性质的一般国际法规则才能更改的规则。

⑤ 虽然国际法上并没有对基本原则像强行法那样作出明确的界定，但是国际公法学家一般都承认国际法基本原则的存在和效力上的最高性。参见王铁崖著：《国际法引论》，北京大学出版社 1998 年版，第 212 ~ 249 页；梁西主编：《国际法》（修订第二版），武汉大学出版社 2000 年版，第 55 ~ 73 页；[德] 沃尔夫刚·格拉夫·魏智通主编，吴越等译：《国际法》（第 2 版），法律出版社 2002 年版，第 43 ~ 48 页。

⑥ 参见 1969 年和 1986 年《维也纳条约法公约》第 30 条。

与多边货物贸易协定之间的冲突,① 而不适用本节讨论的情况。所以,约定优先规则无法解决本节的协定冲突问题。

相比之下,后法优于前法规则似乎适合于本节所指的情势。作为先订条约的GATT 和《保障措施协定》的全体当事方,同时又是作为后订条约的《中国加入WTO 议定书》的全体当事方,在 GATT 和《保障措施协定》没有终止和停止施行的情况下,如果在同一事项——保障措施的规定发生抵触,理应是《中国加入 WTO 议定书》这一"后法"优先。

其次,根据国际习惯法,特别法优于一般法(lex generalis non derogate legi speciali)是解决相同缔约方在相同事项上两个条约发生冲突的另一条规则。从本节涉及的情况来看,如果在 WTO 法律体系中将 GATT 和《保障措施协定》视为一般法,而将《中国加入 WTO 议定书》视为特殊法,那么后者与前者发生冲突时,可以推定后者优先。

综上分析可以看出,无论是从中国入世文件谈判与缔结的程序和内容上看,还是从解决条约冲突的后法优于前法、特殊法优于一般法等原则来看,特定产品过渡性保障机制在国际法上的合法性和效力应该是不存在任何问题的。

然而,这里还有一个条约的等级(hierarchy)问题。如果在 WTO 法律体系中各种法律渊源(协定)之间存在着等级关系,毫无疑问,在发生效力冲突的情况下,处于上一级的协定(上位法)优于下一级的协定(下位法)。从《建立WTO 协定》第 16(3)条和关于附件 1A 的总体解释性说明的规定来看,WTO的法律规范之间是存在着等级关系的。遗憾的是,这两处规定所确立的只是《建立 WTO 协定》与各多边贸易协定、1994 年 GATT 与各多边货物贸易协定之间的等级关系和冲突处理规则,没有涉及新成员的加入议定书与《建立 WTO 协定》及各多边贸易协定之间的关系。

最后,不能忽略的是,在特定产品过渡性保障机制的法律效力问题上,我们不能不与灰色领域措施(grey area measures)问题联系起来。乌拉圭回合达成的《保障措施协定》第 11 条明确禁止诸如"自愿出口限制"(voluntary export re-straints,VER)、"有序销售安排"(orderly marketing arrangements,OMA)和其他类似措施的灰色领域措施。② 可以肯定,《中国加入 WTO 议定书》和《中国加入 WTO 工作组报告》有关针对中国特定产品过渡性保障机制的规定,实质上属

---

① 《建立世界贸易组织协定》第 16(3)条规定:"在本协定的条款与任何多边贸易协定的条款产生抵触时,应以本协定的条款为准";关于附加 1A 的总体解释性说明指出:"如《1994 年关税与贸易总协定》的条款与《建立世界贸易组织协定》(附件 1A 所列各协定成为'WTO 协定')附件 1A 中另一协定的条款产生抵触,则以该另一协定的条款为准。"

② 参见《保障措施协定》,第 11(1)条。

于"自愿出口限制"、"有序销售安排"或类似的灰色领域措施，从而违反了《保障措施协定》第11条，有悖于该协定的根本宗旨和精神。

正如澳大利亚工商联合会最近的一份报告所指出的，本来禁止诸如自愿出口限制和有序销售安排之类的措施是《保障措施协定》最值得赞许的成就。然而，乌拉圭回合拉下帷幕后不久，WTO成员又重新使用"灰色领域措施"。一个典型的例子就是《美国与加拿大软材木料协定》（US-Canada Softwood Lumber Agreement，SLA），其实质条款就是削减加拿大软材木料出口到美国的数量，这显然是直接违反《保障措施协定》第11条。① 另一个突出的例子就是"特定产品过渡性保障机制"。将这一特殊的保障机制作为中国加入WTO的前提条件，这不得不使人怀疑《保障措施协定》禁止和防止使用歧视性保障措施的目的能否真正地得以实现。实施诸如"软材木料协定"和"特定产品过渡性保障机制"之类的措施，其后果只能是动摇WTO的保障措施制度，鼓励WTO成员仿效类似的措施。如此一来，乌拉圭回合在"灰色领域措施"方面取得的成就会化为乌有。②

综上分析可以看出，过渡性保障措施机制与WTO建立的保障措施制度之间存在着明显的不一致。由于这些不一致的存在，就必然产生规定过渡性保障措施机制的中国入世文件与建立WTO保障措施制度的GATT第19条和《保障措施协定》之间的抵触问题，进而势必产生过渡性保障措施机制的法律效力问题。简单地适用后法优于前法和特殊法优于一般法等条约法规则还不足以解决这一问题，因为WTO没有系统地规定其法律规范之间的等级。由此可见，在加入议定书与WTO协定之间的关系尚不明确的情况下，作为加入议定书重要内容的过渡性保障机制的法律效力很难说没有疑问。即使其法律效力不存在争议，过渡性保障机制无疑触犯了WTO有关禁止实施"灰色领域措施"的明文规定。

四、过渡性保障机制的合理性问题

特定产品过渡性保障机制，不仅与WTO保障措施制度不相符从而难免存在法律效力上的疑问，而且其合理性似乎更值得怀疑。

众所周知，《中国加入WTO议定书》和《中国加入WTO工作组报告》的特定产品过渡性保障机制，直接源于1999年中国和美国经过长期艰苦谈判达成的

---

① Lee, Y. S., "Revival of Grey-Area Measures? The US-Canada Softwood Lumber Agreement: Conflict with the WTO Agreement on Safeguards" in Journal of World Trade, Vol. 36, No. 1, 2002, pp. 160–162.

② Australian Chamber of Commerce and Industry, "Safeguards Within the World Trade Organization", March 2004, p. 9. See www. acci. asn. au/IssuesPapersMain. htm, 2005年2月5日访问。

中国和平发展的重大前沿国际法律问题研究

《市场准入协议》。在该协议中，美国同意不再对中国歧视性地适用《美国贸易法》第406条款，① 但是坚持在中国入世后的12年内对中国产品实施一种类似第406条款的特殊保障措施。在中国入世的多边贸易谈判中，中美《市场准入协议》中的这一规定，只进行少许文字改动，就直接载入《中国加入WTO议定书》。可见，特定产品过渡性保障机制，是美国利用其政治和经济的绝对优势，将其国内法中的歧视性政策，先通过双边协议方式，进而通过多边协议方式，强加于中国头上的"紧箍咒"。

美国和其他世界经贸强国或国家集团怀疑和不承认中国的市场经济地位，是特定产品过渡性保障机制的症结所在。在20世纪60年代末70年代初，当时东欧的波兰、罗马尼亚、匈牙利在加入GATT的议定书中，也曾因为非市场经济地位而被强迫接受了"特殊保障措施条款"。然而，当今的中国不可与当时的东欧诸国相提并论。2001年中国正式加入WTO，标志着国际社会整体上认可了中国的社会主义市场经济体制。截至2004年底，有37个WTO成员正式承认中国的完全市场经济地位（而且主要是在2004年），② 尽管中国加入WTO文件中含有与此等地位相悖的条款。可以预见，世界认可中国完全市场经济地位的速度还会加快，认可的国家会越来越多，这一点已经在随后的几年里得到了印证：截至2008年2月27日几内亚政府正式承认中国完全市场经济地位，已有77个国家正式承认。愈来愈多的国家承认中国完全的市场经济地位的一个直接的法律效果就是：中国入世文件中的过渡性保障机制条款就会逐步失去法律效力，其适用的空间和范围就会逐步缩小。仅以东盟的承认为例。不久前，东盟国家领导人就明确"承认中国作为完全的市场经济体，并且承诺在每一个东盟成员国与中国的贸易关系中不适用《中国加入WTO议定书》第15条和第16条以及《中国加入WTO工作组报告》第242段"。③

---

① 亦称"市场干扰条款"。1974年，美国国会在决定恢复对非市场经济国家的最惠国待遇的同时，认为向非市场经济体的产品开放美国市场具有特别的风险，因为中央计划经济体的政府所有的出口组织有能力将其出口力量集中于特定的方面，从而可以很快控制美国市场。美国国会还担忧诸如反倾销法等贸易救济措施不适合于社会主义阵营国家，因为不能确定非市场经济体中可靠的市场价格。于是，国会制定了《1974年贸易法》第406条款。根据这一条款，申请贸易救济的国内生产商，只要证明市场干扰存在（而并不要求对国内产业造成"严重损害"），并且只需证明进口的增长是造成损害的一个"重要原因"（而不要求"实质性原因"）即可。可见，第406条款所包含的条件，较之一般的保障措施，更容易满足。参见[美]布鲁斯·E·克拉伯著，蒋兆康等译：《美国对外贸易法和海关法》（上），法律出版社2000年版，第758~759页。

② 中新网2004年12月30日电，中国商务部部长薄熙来在接受《人民日报》专访时表示，中国"非市场经济地位"问题的解决在今年取得了重大进展，目前已有37个国家承认中国市场经济地位。http://news.163.com.2005年1月30日访问。

③ Chairman's Statement of the 8th ASEAN + China Summit, "Deepening ASEAN-China Strategic Partnership", Vientiane, 29 November 2004, para.15. http://www.aseansec.org/6749.htm. 2005年2月2日访问。

超级大国和国家集团固执地拒绝承认中国的市场经济地位，并不主要是基于经济和技术的评判标准，而是出于政治、外交和意识形态的考虑。而且，在国际社会没有对"市场经济地位"作出统一界定的情况下，一个 WTO 成员仅凭其国内法和国内主管当局对市场经济地位制定的标准，对另一 WTO 成员实施特殊的保障措施，是一种赤裸裸的单边主义行径，其合理性必然受到质疑。所以，中国入世之后，一些 WTO 成员越来越清醒地认识到这种单边主义标准的武断和不合理，纷纷通过双边途径与中国达成协议或一致，明确表示承认中国完全的市场经济地位。

过渡性保障机制，归根结底，是对中国产品的一种恐惧症，是对中国"胡萝卜加大棒"政策的具体表现。随着中国对外开放力度的加大，中国经济增长和社会发展的加快，一个拥有世界人口 1/4 的中国，无疑是其他国家都想进入的巨大市场，所以，一个以市场经济为基础、以全球贸易自由化为主旨的多边贸易体制中不能没有中国。然而，多边贸易体制的市场准入规则是建立在非歧视和对等的基础上的。在多边贸易体制确立的"免责"范畴之外，任何单方面针对中国的特殊保障措施，显然是缺乏合理性的。这种明知不合理而又为之的特殊保障措施，恰好从一个方面说明包括多边贸易机制在内的现行国际经济秩序，不仅在法律调整上亟待完善，而且在事实上也存在诸多的不合理性。

五、结 论

与反倾销和反补贴这两种贸易救济措施不同，保障措施，作为一种常见的贸易救济手段，所针对的情况是在合法、公平贸易关系中的进口数量急剧增加而导致的严重损害或严重损害威胁。为此，GATT 第 19 条和《保障措施协定》一方面允许 WTO 成员作为一种"免责"来实施保障措施，另一方面又规定了严格的实质条件和程序规则，以防止这种"免责条款"在实践中演变为一种贸易保护主义。特别引人注目的是，《保障措施协定》明确禁止过去施行的自愿出口限制、有序销售安排和其他类似的灰色领域措施——曾经被国际社会普遍赞许为多边贸易体制进步的一大亮点。

《中国加入 WTO 议定书》和《中国加入 WTO 工作组报告》中的特定产品过渡性保障机制，尽管在目的和程序上与 GATT 第 19 条和《保障措施协定》具有一定的一致性，但是在实施的实质条件方面明显地要宽松得多。这就意味着，任何 WTO 成员一旦认定中国的产品造成国内相同产品或直接竞争产品的市场扰乱或重大贸易转移或二者的威胁，它就可以对该中国产品采取过渡性保障措施。其结果是：过渡性保障机制名义上针对的是特定的中国出口产品，而实际上遭殃的可能是中国出口的任何产品。

过渡性保障机制不仅在实施条件上与《保障措施协定》的规定之间存在着重大差异，而且它背离了《保障措施协定》所规定的非歧视原则。更为严重的是，它实质上是一种变相的类似于自愿出口限制和有序销售安排之类的灰色领域措施。国际社会必须警觉：已被《保障措施协定》所明文禁止的灰色领域措施正在悄然抬头，甚至有可能蔓延和繁衍。

虽然过渡性保障机制明显地有悖于 GATT 第 19 条和《保障措施协定》，但是它在国际法上的效力仍然是一个不太清晰、易引起争议的复杂问题。尽管《建立 WTO 协定》及其附件 1A 的总体解释性说明对于 WTO 各种协定之间的冲突及其解决有明确的规定，但是只字未提《建立 WTO 协定》和多边贸易协定与新成员的加入议定书之间的关系。这无不暴露出现行 WTO 法律体系的一大缺憾。

在这种情况下，适用一般国际法和条约法规则似乎是最佳的选择。根据后法优于前法和特殊法优于一般法规则，过渡性保障机制的合法性和法律效力似乎不存在疑问，因为它的载体《中国加入 WTO 议定书》和《中国加入 WTO 工作组报告》，相对于 GATT 和《保障措施协定》而言，无疑属于后法和特殊法的范畴，更何况它们是中国和其他 WTO 成员经过长达 15 年的双边和多边谈判而达成的。

然而，这一问题并没有就此了断。过渡性保障机制的合法性和法律效力还取决于一个重要因素，即：WTO 协定（法律规范）之间是否存在等级关系。后法优先和特殊法优先原则的前提是相关协定（法律）属于同一级法律规范。如果彼此之间存在着等级关系，就必须适用上位协定（法）优于下位协定（法）原则。虽然 WTO 法没有明确规定 WTO 的多边贸易协定与加入议定书之间的关系，但是《建立 WTO 协定》及相关解释明白无误地表明：WTO 法律体系中是存在法律规范之间的上下级关系的。据此可以推定：即使加入议定书可以与《保障措施协定》归属于同一级协定，它无论如何不可与《建立 WTO 协定》相提并论。

如果说过渡性保障机制的合法性和法律效力在理论上尚存争议，其实际的不合理性则是显而易见的。中国的市场经济地位问题是这一特殊保障机制的症结所在。在主权平等的国际社会里，市场经济的标准应该由各国共同制定，任何将一个国家的国内法标准和国内主管当局的政策作为衡量其他国家的市场经济地位的尺度，都不可能是公平、合理的。同样地，不分具体情况，将 20 世纪 60～70 年代适用于东欧一些国家的特殊保障措施照搬到 21 世纪中国的头上，难免是一种张冠李戴。

一个可喜的发展趋势是，自中国入世以来，越来越多的国家和国际组织认识到过渡性保障机制的不合理性，纷纷通过双边和区域途径明确承认中国完全的市场经济地位，有的甚至承诺放弃适用《中国加入 WTO 议定书》和《中国加入 WTO 工作组报告》涉及中国的非市场经济地位的条款。

我们坚信，随着中国社会主义市场经济体制的纵横完善和获得越来越多的国家的认可，这种针对中国的单向的、歧视性的特定产品过渡性保障机制有可能提前终止，尽管要实现这种可能性具有相当大的难度，因为这涉及政治、经济、外交、法律、意识形态等诸多领域错综复杂的互动因素。

第三节　进攻型法律主义：东亚国家的经验以及对中国的启示[*]

萨蒂亚·M·皮卡涅恩（Saadia M. Pekkanen）教授在其《进攻型法律主义：WTO 规则和日本的贸易新战略》① 一文中首次提出"进攻型法律主义"这一概念并对其做了阐释。她认为，进攻型法律主义是指主权国家主动运用国际实体法律规则作为其进攻之矛和防御之盾以解决国际贸易争端的战略。②她进一步解释说，日本政府运用 WTO 实体规则以对付其主要贸易伙伴不合理的做法、要求和实践就是这种战略的具体表现。③

一、进攻型法律主义：日本的经验

美国和欧洲共同体经常使用关贸总协定（GATT）和 WTO 的争端解决机制解决贸易争端。日本则与它们不同，直到最近才开始倾向于用法律实体规则解决贸易争端。作为"二战"的战败国，日本没能参加"二战"后重建国际经济秩序的布雷顿森林会议，因此未能成为 1948 年作为临时协定生效的 GATT 的创始缔约方。直到 1955 年日本才最终加入 GATT。在此后的 30 年间，日本极力避免使用其争端解决机制，对于其他缔约方所提起的贸易纠纷，多以双边谈判的形式

* 本节原发表于 Henry Gao and Donald Levis（eds.），China's Participation in the WTO，Cameron May，2005，中文版经陈亚芸翻译后，作者又做了较大幅度的修改和审校。

① Saadia M. Pekkanen, *Aggressive Legalism*: The Rules of the WTO and Japan's Emerging Trade Strategy, The World Economy 24（2001）: pp. 707 – 737.

②③ Id. p. 708.

处理，而避免诉诸专家组。① 根据皮卡涅恩的统计，截至 1986 年日本作为被告在 GATT 被起诉了 11 次。② 因为日本坚持在 GATT 法律框架外双边协商解决，最终只有一个案件（皮革案）最后由专家组做出裁决。③ 另一方面，日本不轻易在 GATT 提出申诉。截至 1988 年，日本仅在关贸总协定内向专家组提起过 4 个案子。

对日本不愿意使用 GATT 争端解决机制的原因有很多假说。荒木一郎教授把其归因于日本民族不愿意诉讼的天性。他认为，尽管这一做法在国内诉讼中早已得到改变，④ 但对于国际诉讼，日本还是不愿参与。⑤ 另一原因是当时关贸总协定的争端解决机制还不完善，因此大多数缔约方都不愿将争端提交专家组。⑥ 与此相关的是所谓玻璃屋（Glass House）理论：如果你自己住在玻璃屋里，那么最好不要随便向你隔壁的玻璃屋投掷石块；不然，邻居以牙还牙，最后你自己也非要倒霉不可。同它的贸易伙伴一样，日本自身也对外国产品有许多贸易壁垒和限制性措施。如果日本贸然起诉他国，那么也免不了引火烧身。⑦ 此外，在日本加入 GATT 时，有 14 个缔约方担心日本的纺织品等产品出口会对其本国工业造成冲击，因而纷纷援引关贸总协定第 35 条，拒绝在其本国同日本的贸易关系中适用关贸总协定。⑧ 因此，日本入关之后的首要任务，是同这些国家展开双边谈判，以说服他们停止援引第 35 条，从而使日本可以成为关贸总协定的一个完整成员。⑨荒木一郎教授认为这种解释不具有说服力。首先，各国在 20 世纪 60 年代末就已不再对日本适用第 35 条，但日本一直到 70 年代末甚至 80 年代初期还是不愿意诉诸 GATT 争端解决机制。其次，日本在 1960 年曾就"进口限制案"在 GATT 起诉意大利，而意大利当时已经援引了第 35 条。最后，日本也不愿意起诉那些并未援引过第 35 条的其他缔约方。⑩山根裕子教授则指出，日本长期的贸易顺差使得它处于一个尴尬的地位。在这种情况下，日本如果再不断要求其他

---

① Saadia M. Pekkanen, *Aggressive Legalism: The Rules of the WTO and Japan's Emerging Trade Strategy*, The World Economy 24 (2001): pp. 708 – 709.

②③ Id. p. 709.

④ John Owen Haley, *The Myth of the Reluctant Litigant*, Journal of Japanese Studies, Vol. 4, No. 2. (Summer, 1978), pp. 359 – 390.

⑤ Ichiro Araki, *beyond Aggressive Legalism: Japan and the GATT/WTO Dispute*, in WTO and East Asia: New Perspectives, pp. 149 – 175 (Mitsu Matsushita & Dukgeun Ahn eds., Cameron May, London, 2004), at 150. 荒木一郎教授指出，日本一直到 2000 年的南方蓝鳍金枪鱼案之前从未参与过常设国际法院和国际法院的争端解决机制。

⑥ Pekkanen, supra note 1, p. 709.

⑦ Pekkanen, supra note 1, p. 709; Araki, supra note 8, p. 151; see also Bernard Hoekman & Michel Kostecki, The Political Economy of the World Trading System, p. 87 (Oxford University Press, 2001).

⑧⑨ Pekkanen, supra note 1, p. 709.

⑩ Araki, supra note 8, p. 151.

国家开放市场，似乎有些理亏。^①但是这种观点并不能解释为什么在 20 世纪 60 年代末日本面临长期的贸易逆差时仍不愿意过多地运用 GATT 法律机制，同时它也不能解释为何日本在最近 20 年来持续保持贸易顺差的情况下为何反倒开始采取"进攻型法律主义"的战略。^②此外，当时日本对于关贸总协定的那一套法律规则并不熟悉^③，在语言上也不占优势^④，因此，日本在入关后很长一段时间内，宁愿采取双边谈判而不是多边争端解决的方式来解决贸易纠纷。

随着 20 世纪 80 年代末日本在 GATT 的两个案件获胜，其对待争端解决机制的态度开始转变。^⑤ 一个案件是由加拿大提起的"云杉—松木—冷杉规格板材案"（Spruce-Pine-Fir（SPF）Dimension Lumber case）。^⑥ 加拿大认为，其本国出产的云杉—松木—冷杉规格板材和美国生产的非云杉—松木—冷杉规格板材属于同类产品，而日本对于前者征收关税，但对于后者则免除关税，这违反了关贸总协定第 1 条的最惠国待遇原则。专家组经审理后认为，各国都有权对产品进行关税分类。因此，如果一国认为该分类措施构成歧视的手段，那么该国即承担证明该措施为歧视性措施的举证责任。而在本案中，加拿大未能充分举证，因此判其败诉。皮卡涅恩教授指出，这个案件标志着日本的外贸策略开始从双边的谈判机制转成所谓"进攻型法律主义"。按照日本通产省前副长官黑田的说法，此案是日本首次在关贸总协定获得胜诉，并使得日本国内对于关贸总协定的印象大为改观。一方面，日本认识到关贸总协定对于其所有缔约方都是公平的；另一方面，日本也意识到关贸总协定的争端解决机制可以作为抵制外国压力的有效法律武器。^⑦但荒木一郎教授则认为，日本在该案中只是应诉方，因此该案在推动日本贸易政策的转变中并没有起到重要作用。^⑧ 他指出，日本态度的真正转折表现在其作为起诉方积极地运用 GATT 争端解决机制挑战贸易伙伴的不公平贸易措施的案例。^⑨荒木一郎和岩泽雄司教授都认为，真正具有历史性转折意义的案件是日

---

① Hiroko Yamane, *The WTO Dispute Settlement Mechanism and Japanese Traders*, Journal of International Economic Law 1998, 1（4），pp. 683 – 689.

② Araki, *supra* note 8, p. 151.

③ See e. g. , Michael J. Trebilcock & Robert Howse, The Regulation of International Trade（New York：Routledge, 1999, 2nd ed. ）, pp. 52 – 53.

④ Araki, *supra* note 8, p. 151.

⑤ Pekkanen, *supra* note 1, pp. 709 – 710；3 – 4.

⑥ *Canada/Japan：Tariff on Imports of Spruce*，*Pine*，*Fir*（SPF）*Dimension Lumber*，Report of the Panel adopted on 19 July 1989（L/6470 – BISD 36S/167）.

⑦ Pekkanen, *supra* note 1, p. 710.

⑧⑨ Araki, *supra* note 8, p. 152.

本诉欧共体的"零配件案"①（*Parts and Components* case）。② 日本在该案之前已经在 GATT 接连输掉了好几个官司，这使得日本政府"挑一个好案子，好好赢上一场"的愿望更为迫切。在该案中，欧共体为了避免外国厂商规避其反倾销法，在 1987 年通过法案，规定对于那些从被征收反倾销税的厂商有关的企业购买的零配件装配的产品也征收反倾销税。日本认为欧共体违反了关贸总协定第 3 条的国民待遇原则，并向专家组起诉。专家组最后判决欧共体败诉。

尽管对于日本具体从哪个案件开始其进攻型法律主义之旅尚有分歧，但是皮卡涅恩、荒木一郎和岩泽雄司教授都同意日本已经采取了进攻型法律主义。③ 这种战略在不同层面以不同的方式体现。在国内层面，自 1992 年起日本一直用日文和英文发布"不公平贸易报告"，以评论其主要贸易伙伴的措施是否符合关贸总协定的规定。④，该报告显然是日本对于美国贸易代表的年度"各国贸易评估"的回应。但是日本认为美国的报告只是罗列其国内产业的主观抱怨，而日本的报告则是以关贸总协定的规则为基础做出的客观评估。在国际多边层面，日本联合其他缔约方如欧共体和意大利在乌拉圭谈判期间积极推动对于"关于争端解决的规则和程序的谅解"（DSU）的谈判，以健全争端解决机制，从而有力地遏制美国 1974 年贸易法中的 301 条款为代表的所谓"进攻型单边主义"（aggressive unilateralism）。⑤ 当前日本也在积极参与正在进行的争端解决谅解谈判。结合日本运用争端解决机制的实践，皮卡涅恩分析指出，其进攻型法律主义包括进攻之矛和防御之盾两方面的作用。一是以法为盾，借助争端解决机制捍卫那些其他贸易伙伴所不满意的本国某些贸易措施；一是以法为矛，迫使其贸易伙伴撤销那些对于本国产品设置的非法贸易措施。⑥前者的代表是柯达—富士胶卷案，后者则在 301 条款（汽车）案中得到印证。而在 WTO 成立之后，日本更是继续其"进攻型法律主义"的政策，截止到 2004 年，已经在 WTO 提起了 10 个案件，同时也在 10 个案件中成为被诉方。正如皮卡涅恩所说，关键问题并非简单的案件输赢，更为重要的是日本已经学会不论案件结果如何，都会积极利用 WTO 法律规则处理其同贸易伙伴之间的争端。⑦

---

① *EEC – Regulation on Imports of Parts and Components*, Report by the Panel adopted on16 May 1990 （L/6657 – bISD 37S/132）.

② *See* Yuji Iwasawa, *WTO Dispute Settlement and Japan*, in New Directions in International Economic Law – Essays in Honour of John H. Jackson, p. 477 （Marco Bronckers & Reinhard Quick, eds., Kluwer Law International, 2000）. See also Araki, supra note 8, pp. 152 – 153.

③ Pekkanen, supra note 1, p. 732; Iwasawa, *supra* note 24, p. 477; Araki, *supra* note 8, p. 170.

④ Pekkanen, supra note 1, p. 711; Araki, *supra* note 8, p. 154.

⑤ Araki, supra note 8, p. 154.

⑥ Pekkanen, supra note 1, p. 713.

⑦ Id. p. 732.

337

二、进攻型法律主义：韩国的经验

随着日本策略的变化，其他东亚国家也纷纷效仿。韩国就是一个典型的例子。1950 年，韩国首次申请加入关贸总协定。虽然韩国完成了入关谈判，但是由于随后而来的朝鲜战争的影响而无法完成对于入关文件的国内批准手续而未能成为关贸总协定缔约方。在 1965 年，韩国再次申请入关，并于 1967 年正式成为关贸总协定缔约方。① 从那时起直到 WTO 成立，韩国尽量避免使用关贸总协定的争端解决机制，总共只在两个案子（即韩国—牛肉 I 案和韩国—聚缩醛树脂案）中做过被诉方和在一个案子（欧共体—韩国电视机案）中做过起诉方（该案最后和解）。② 这并不意味着韩国与其贸易伙伴没有什么贸易纠纷。恰恰相反，韩国经常成为他国贸易保护主义的受害者。③ 据统计，自 1960 年至 1994 年间，其他国家就曾对韩国产品提起过大约 300 件贸易救济措施。此外，在 1975 年至 1994 年期间，美国根据其 302 条款提起的 98 起案件中，有 10 起针对韩国。④ 那么，为什么韩国还要逆来顺受呢？安德根教授认为，这主要有三个原因：一是韩国政府缺乏能够熟练运用关贸总协定争端解决机制的人才；二是在韩国文化中，通常将对一个国家提起诉讼等同于与该国正常关系的破裂；三是那些对韩国产品采取贸易保护措施的国家，也大多是同韩国保持贸易逆差的国家。在这种情况下，韩国也不愿再生事端。⑤

WTO 成立以后，韩国开始较积极地运用争端解决机制以维护其合法权利。⑥ 但是，在韩国作为被诉方的前五个案子中，韩国还是采取了比较谨慎的策略，尽量试图通过磋商和解。⑦ 安德根教授认为，这一方面是因为案情比较清楚，再者这些案子中所涉及的经济利益也不是很大。⑧ 此外，韩国政府对于 WTO 争端解决程序和这些案子中所涉及的动植物检疫协定和技术性贸易壁垒协定中的实体性的问题不熟悉也使得它对运用 WTO 的争端解决机制存有顾虑。⑨

---

① Dukgeun Ahn, *Korea on the GATT/WTO Dispute Settlement. System*; *Legal battles for Economic Development*, 6 Journal of International Economic Law (2003), pp. 598 – 601.

②③ Id. pp. 601 – 602.

④ Id. p. 608.

⑤ Id. pp. 608 – 609.

⑥ Id. p. 609.

⑦ Id. pp. 610 – 611.

⑧⑨ Id. p. 611.

而在 1999 年审结的韩国—烧酒一案①，则标志着韩国在 WTO 争端解决参与方式转变的一个里程碑。在该案中，欧共体和美国指责韩国对于威士忌课以 100% 的税，而对烧酒只课以 35% 的税违反了关贸总协定第 3 条的国民待遇原则。② 在案件审理中，韩国试图说服专家组和上诉机构这两种产品并无竞争关系，因此并非第 3 条所定义的"同类产品"。③ 专家组最后裁决韩国败诉，上诉机构也维持了这一裁决。这一案子之所以重要，不仅仅是因为它是韩国在 WTO 的第一案，更因为烧酒在韩国社会生活中的重要性可能是其他任何产品所无法比拟的。④正因如此，该案当时成了韩国全国关注的焦点，韩国政府也无法再像以前那样，通过外交途径不声不响地将此案同外国秘密磋商解决，而被迫聘请国外律师，在 WTO 奉陪到底。⑤ 在裁决公布后，韩国政府并没有将威士忌的税率也降低到烧酒的原有税率，而是将烧酒的税率大幅提高，从而使得社会大众也深切感受到 WTO 争端解决机制的影响。⑥ 从增强社会大众对 WTO 争端解决机制的认识的角度来说，韩国输掉这个案子可能比打赢它收获更多。

吃一堑长一智，韩国现在已经走上了进攻型法律主义的不归路。在以后其被诉的各类案件中，韩国政府始终坚持在 WTO 争端解决机制内用法律手段解决争端。⑦ 与此同时，韩国政府也积极尝试用法律手段对付贸易伙伴的不公平贸易措施。从 1997 年开始，韩国在 WTO 共提起了 7 次申诉，这些案件都以贸易救济措施为主，而就针对国家而言，又以美国为主。⑧ 有意思的是，同期韩国所遭受的反倾销调查却大多数来自欧共体，而其所遭受的反倾销措施则大多来自于南非和印度。⑨ 对此唯一可能的解释就是韩国的出口严重依赖美国市场。⑩ 同时韩国作为第三方也参加了不少案件。⑪ 通过这些实践，韩国既保护了其经济利益，同时也增进了对于 WTO 争端解决机制相关法律规则的了解，提高了其参与争端解决机制的能力。⑫

综上所述，在关贸总协定和 WTO 的法律框架之内，日本和韩国都经历了一个从不愿意打官司到主动运用争端解决机制来为自己利益服务，或者说从"实用主义"到"进攻型法律主义"的过程。皮卡涅恩指出进攻型法律主义背后的

---

① Appellate body Report, *Korea — Taxes on Alcoholic beverages*, WT/DS75/Ab/R, WT/DS84/Ab/R, adopted 17 February 1999, DSR 1999: I, 3.

②④⑤ Ahn, supra note 31, pp. 611 – 612.

③ See e. g. paras. 4 – 15 of the Ab report.

⑥ Ahn, supra note 31, pp. 612 – 613

⑦ See, Id. pp. 613 – 617.

⑧ Id. pp. 617 – 626.

⑨⑩ Id. p. 625.

⑪⑫ Id. p. 626.

核心理念是"积极利用 WTO 框架下的国际条约和协定确定的规则,表明自己立场,批驳对方观点,把一切都变成一个复杂的法律游戏的一部分"。① 这种策略需要深思熟虑,"把所有问题都巧妙地变成玩弄法律技巧的合法游戏"。对日本政府而言,这种策略有四大好处,而其中最大的益处是日本可以利用法律规则保护其合法的贸易政策,而不顾其贸易伙伴的反应如何。同时对于其认为不合理的他国贸易行为和贸易要求通过法律手段进行挑战。这样一来,日本可以通过一个开放透明的机制处理其和贸易伙伴之间的关系,维持其对外贸易政策的独立性。② 该策略不但适用于日本这样一个在经济和政治上由于历史原因严重依赖美国的国家,而且对世界上其他大多数国家来说,要对付美国的单边主义外交政策,进攻型法律主义也是最可行的反击手段。从这个意义上来说,皮卡涅恩可算是一语中的:"最重要的并不是日本政府官员是否从内心真的对 WTO 法律程序和实体规则的公正性满怀信心,而是他们愿意在与贸易伙伴的摩擦中利用这些规则来表明立场主张权利。"③

三、进攻型法律主义:该轮到中国了吗

通过以上对进攻型法律主义益处的分析,中国作为下一个东亚贸易强国加入这一行列似乎符合逻辑。皮卡涅恩和荒木一郎教授都预测中国会这样做④,而江湧进(Youngjin Jung)的文章似乎为此假说提供了佐证。⑤ 在其文章中,江湧进在提到中国在应对美国钢铁贸易战中首次启动临时保障措施之后,就匆忙做出中国已经"惯于"运用进攻型法律主义策略的结论。⑥ 但是,如果对此案详加分析,就会发现这样的定论为之尚早。首先。江湧进似乎并没有完全认识进攻型法律主义的特殊内涵。进攻型法律主义是指用 WTO 争端解决机制去解决多边贸易层面的贸易争端。而对保障措施的运用则完全不同。首先,这些措施并不直接针对贸易争端。WTO 协定并没有为争端下一个确切的定义。DSU 第 3 条第 3 款给出了一个间接的定义,认为争端是指成员方认为其他成员方直接或间接违反协定损害其利益的情势。这其中一个关键的因素是必须有其他国家政府一定措施或行为的存在。保障措施则并不要求必须有他国政府采取的官方措施。《保障措施协定》第 2 条第 1 款规定:保障措施在进口国进口激增并对国内生产同类产品的工

---

① ② ③　Pekkanen, supra note 1, p. 732 (emphasis added).

④　Pekkanen, supra note 1, p. 735; Araki, *supra* note 8, p. 171.

⑤　Youngjin Jung, *Aggressive Legalism*: *China's First Safeguard Measure*, Journal of World Trade 36 (6): pp. 1037 – 1060, 2002.

⑥　Id. p. 1060.

业造成实质损害和威胁的情形下适用。这里并没有提及外国政府的行为。实践中，所有保障措施都是为应对由私人企业进口的产品激增而作出的反应。因此，虽然由政府采取的保障措施可以导致贸易争端的产生，但保障措施本身并非是针对政府间贸易争端的行为。其次，保障措施并非多边措施，而是成员方根据其国内法而采取的单边行为。以欧盟和美国发起的对中国纺织品保障措施调查为例，虽然该措施由多个 WTO 成员共同提起，但并没有改变保障措施作为单边行为的性质。从这个方面说江湧进可能混淆了进攻型法律主义和积极单边主义这两个概念（具体到中国来说，由于中国采取的措施和 WTO 规则基本一致，我们把它称为保守单边主义或许更为合适）。最后，这些保障措施并没有导致 WTO 争端解决机制的全面启动。它们仅涉及中国行政机关的调查行为，根本不涉及争端解决，更没有涉及 WTO 争端解决机制的运用。

江湧进在其文章中也提到了中国诉美国钢铁保障措施案。[①] 笔者认为，如果说中国进攻型法律主义的政策存在的话，那么应该从此案开始分析。可惜的是江湧进舍本逐末，一味地分析以中国自行采取的临时保障措施为代表的"中国进攻型法律主义的策略"而忽略了该案[②]。

江湧进没有分析钢铁保障措施案的原因之一，可能是他文章发表之时，美国钢铁保障措施案还没有做出最终裁决。[③] 2003 年 12 月 10 日，上诉机构报告通过该案报告。现在是对该案进行反思的时候了。

（一）美国钢铁保障措施案[④]

本案围绕美国对部分钢铁产品采取的保障措施展开。2001 年 6 月，受美国贸易代表之托，美国国际贸易委员会对部分钢铁产品发起保障措施调查。以美国国际贸易委员会报告为基础，美国总统于 2002 年 3 月 5 日发布 7529 号命令，对 15 种钢铁产品实行 11 种保障措施。该项措施影响到许多其他 WTO 成员方的利益，相关国家纷纷采取行动。欧共体最先要求与美国磋商。包括中国在内的许多其他国家也随后要求与美国磋商。2002 年 5 月 7 日，欧盟要求成立专家组。中国于 2002 年 5 月 27 日也提出成立专家组的要求。巴西、日本、韩国、新西兰、挪威和瑞士也作为共同起诉方参与此案。2003 年 7 月 11 日，专家组通过报告裁

---

① Youngjin Jung, *Aggressive Legalism：China's First Safeguard Measure*, Journal of World Trade 36 （6）：pp. 1038，1042，2002.

② Id. p. 1039.

③ 该文刊于 2002 年 12 月，而该案的上诉机构被告一直到 2003 年 12 月才公布。

④ Appellate body Report, *United States – Definitive Safeguard Measures on Imports of Certain Steel Products* （"*US – Steel Safeguards*"）, WT/DS248/Ab/R, WT/DS249/Ab/R, WT/DS251/Ab/R, WT/DS252/Ab/R, WT/DS253/Ab/R, WT/DS254/Ab/R, WT/DS258/Ab/R, WT/DS259/Ab/R, adopted 10 December 2003.

定，由于美国调查机关没有提供"合理和充分的证据"证明其决定的合法性，美国所有的保障措施都被判非法。上诉机构于 2003 年 10 月 10 日的报告中也维持了该结论。

有人以为，该案预示着中国进攻型法律主义的开始，而笔者认为这还有待商榷。如前所述，进攻型法律主义的关键是程序而非结果。对采用进攻型法律主义战略的 WTO 成员方来说，最重要的不是官司的输赢，而是运用争端解决机制以挑战他国的不当做法和维护自己的合法行为。正如皮卡涅恩所言："进攻型法律主义背后的核心理念是积极利用 WTO 框架下的国际条约和协定确定的规则，表明自己立场，批驳对方观点，把一切都变成一个复杂的法律游戏的一部分。"①就钢铁保障措施案来说，与其说中国决定参加此案是因为采纳此种策略，不如说是受到下列因素的影响更为确切。

第一，该案中共同起诉方成员众多，具有团队优势。在参与该案的 8 个成员方中，欧盟、韩国和巴西是 WTO 争端解决机制最活跃的使用者。因此即便中国也参加了，也并非如一些媒体所报道的是中国同美国单打独斗。更确切地说是欧盟或者是欧盟、日本、韩国、巴西联合诉美国，而中国搭了欧盟的顺风车。这一点从事件发生的先后顺序可见一斑：中国先协调好与主要起诉方如欧盟、日本和韩国的立场，并等到上述国家提起申诉后才向 WTO 起诉。套用中国的一句俗语，中国的做法是"打落水狗"。但是最先鼓起勇气，把狗推下水的并非中国。当然，在该案中一同"打落水狗"的并不只是中国，瑞士和挪威这两个之前从未参加过 WTO 诉讼的国家同样也是搭了欧盟、日本、韩国和巴西的顺风车胜诉。

第二，美国的保障措施从一开始就陷于四面楚歌的困境。在美国公布其保障措施短短几天之后，世界各地的主要媒体就开始纷纷谴责美国。② 正如有人所说："官司还没打到日内瓦，美国就输了。"DSU 第 11 条要求专家组"公正客观地评判案件"。为了保证专家组决定的客观性，《争端解决规则与程序谅解行为守则》第 6 条要求专家组和上诉机构成员在程序规定的范围内披露"任何可能影响他们独立公正审判的信息"。《争端解决规则与程序谅解行为守则》附件 2 专门列了清单说明这些信息包括"和待解决争端相关的个人观点和言论（包括出版物和公开言

---

① Pekkanen, supra note 1, p. 732 (emphasis added).

② See e. g. , Raymond Colitt, et al. , *World United to Condemn US Decision to Impose 30% Tariffs*, Financial Times, March 7, 2002, p. 8; David Teather, et al. , *US puts steel into trade war with EU: bush imposes 30% tariffs on imports*, The Guardian (London), March 6, 2002, p. 25; Paul blustein, *EU Challenges US Steel Tariffs at WTO*, The Washington Post, March 8, 2002, p. E03; ben Russell, et al. , *Trade War: Blair Joins Global Attack On "Unjustified" Tariffs; European and Asian Leaders Prepare to Impose Tit-For-Tat Sanctions after American Move to Protect Steel Industry*, The Independent (London), March 7, 2002, p. 15; Editorial: US move sends wrong signals; The Daily Yomiuri (Tokyo) March 7, 2002, p. 16.

论)"。但这似乎只包括这些成员自己发表的个人言论，而不包括可能对他们产生很大影响的他人言论。DSU 第 13 条重申了这一条，给予了专家组向"任何个人和机构寻求信息和技术意见"的宽泛裁量权。在美国，为了防止陪审员受到带偏见的新闻报道的影响，法官有权在案件审理期间将其隔离。但在 WTO，由于专家组和上诉机构成员都是兼职的，这样做显然不现实。他们通常在其他地方有全职的工作，仅在专家组和上诉机构审理阶段在日内瓦停留数日。不但没人禁止他们阅读带有偏向案件一方或另一方的新闻报道，他们往往还很乐于阅读相关报道。也许有人会说，他们都是具有"良好资格的政府和非政府成员"，[①] 因此被新闻媒体影响的可能性很小。但现实中并非总是如此。在一些案件中被任命的专家组成员资格就并非那么良好。此外，在另一些案件中，即便是专家的资格符合要求，但是由于他们只是短期兼职，往往不愿意阅读冗长的意见书。

第三，保障措施案在 WTO 的记录并不光彩。在美国钢铁保障措施案之前，专家组和上诉机构共审理过 7 起保障措施案。[②] 在所有这些案件中，专家组和上诉机构都认定保障措施违反了 1994 年关贸总协定第 19 条和《保障措施协定》的规定[③]。上诉机构对保障措施的深恶痛绝在阿根廷—鞋类案中表露无遗："我们早就说过，进口国对成员方出口采取限制措施应当被看做一种超乎寻常的做法。所以，我们在分析保障措施的先决条件时，应当牢记保障措施这种超乎寻常的本质。"[④] 支持保障措施的常用理由是，一个国家在履行其开放市场承诺时可能会遇到一些暂时的困难，而保障措施则可以提供一个喘息之机。[⑤] 虽然这在理论上说得通，但现实中各国采取保障措施多半是迫于国内保护主义集团的压力。如果一个行业充斥着

---

① Article 8 of DSU.

② They are：*Argentina-Footwear Safeguards*，*Argentina-Peach Safeguards*，*Chile-Agricultural Products* (*Price band*)，*Korea-Dairy Safeguards*，*US-Lamb Safeguards*，*US-Line Pipe Safeguards*，*US-Wheat Gluten Safeguards*.

③ 阿兰·赛克斯（Alan Sykes）教授指出，在 GATT 时代，GATT 第 19 条中所谓"未能预见的发展"的要求在很大程度上被缔约方视为具文，而 WTO 的保障措施协定也没有提到"未能预见的发展"或"履行承诺的后果"，但上诉机构将 GATT 第 19 条的规定加到保障措施协定之上，重提"未能预见的发展"的要求。更糟糕的是，上诉机构并没有明确说明保障措施在那些情况下是合法的。他认为这是为什么保障措施在 WTO 屡战屡败的原因。See Alan Sykes, *The Safeguards Mess：A Critique of WTO Jurisprudence*, WORLD TRADE REVIEW（2003），2：3，pp. 261 – 295.

④ Appellate body Report, *Argentina — Safeguard Measures on Imports of Footwear*, WT/DS121/Ab/R, adopted 12 January 2000, DSR 2000：I，515，p. 94. 其他案件中对此多次引用，这包括 Report of the Panel, *United States – Safeguard Measures on Imports of Fresh，Chilled or Frozen Lamb Meat from New Zealand and Australia*，21 December 2000，at para 7. 18；Report of the Appellate body, *United States – Safeguard Measures on Imports of Fresh，Chilled or Frozen Lamb Meat from New Zealand and Australia*，1 May 2000，p. 124；and Report of the Appellate body, *United States – Definitive Safeguard Measures on Imports of Circular Welded Carbon Quality Line Pipe from Korea*，15 February 2002，p. 81.

⑤ See Sykes, supra note 71，p. 262，pp. 288 – 291；see also Trebilcock & Howse，supranote 17，p. 230.

进口的外国商品，那么从事该行业的国内产业自身往往也有很多问题。实际上，如果国内产业自身没有问题，国外商品也不会轻易地抢占国内市场。① 美国的钢铁工业长期以来被诸如原材料成本高涨、机器设备老化、退休工人高昂的养老金费用等问题困扰，其效率极为低下。因此，大家怀疑美国采取钢铁保障措施的真正动机不足为奇。美国政府也不得不承认这一点。2003 年 3 月 11 日，美国贸易代表 L. 德伊利（Linnet Deily）在给 WTO 总秘书长 M. 穆尔（Mike Moore）的信中就曾坦承"美国钢铁工业也需要继续改革"。②

第四，本案最离奇的一点是，即使应诉方本身也希望申诉者把案件提交给 WTO 争端解决机制。德伊利大使在其上述致穆尔的信中，几乎是在恳求其他成员方将案件提交到争端解决机构处理。她说，"其他成员方如认为美国国际贸易委员会的决定有误，应把诉讼提交到世界贸易组织通过多边争端解决程序解决"，因为"这才是解决分歧的正道"。③ 为什么美国这么急于当被告？要解开这个谜团，我们先要回答另外一个问题：美国惧怕什么？或者说，除了提交争端解决机构之外，其他成员方还有什么别的选择？显而易见，美国担心遭到欧盟的报复。1994 年关贸总协定第 19 条第 3 款和保障措施协定第 8 条都赋予出口受影响国要求实施保障措施的国家提供补偿或者自行中止减让的权利。从法律意义上说，补偿主要是为了保持成员方之间权利义务的平衡。④ 但从经济学的角度讲，允许补偿则说不通。如果实施保障措施国家确实难以遵守其在 WTO 的承诺，那么其他国家要求补偿或者中止减让只能使事态恶化。当然，如果从现实政治的层面考虑，这种安排就很有其合理之处了。保障措施和报复通常针对的是不同的行业，而政客们往往善于玩弄牺牲弱势群体的利益以迎合强势游说集团的利益的把戏。如果欧盟只是用提高一些无关痛痒的产品的关税作为报复措施的话，美国还可以不予理会。但不幸的是，欧盟对美国的弱点了如指掌。2002 年 6 月 13 日，欧盟发布第 1031/2002 号议会决议，宣布从 2002 年 6 月 18 日起中止对美国的关税减让，并从 2002 年 8 月 1 日起对所列报复清单上的产品增收最高达 100% 的额外关税。⑤ 报复清单上的许多产品，都是产自美国一些政治上比较敏感的州：如佛罗里达州的柑橘、卡罗来纳州的纺织品、威斯康星州的哈利－戴维森摩托车。从宏观的角度来看，美国的钢铁保障措施是布什总统所做的妥协，想以此换取国会对通过贸易促进授权的支持。如果得到贸易促进授权，那么在对总统与外国签

---

① See Sykes, supra note 71, pp. 261 – 286, 287.

②③ The United States Mission to the European Union, *USTR's Deily Defends Steel Tariffs Decision*, *Rebuts EU Demands* (visited August 3, 2005), http://www.useu.be/Categories/Trade/Steel/Mar1102USTRDeilySteel.html.

④ Art. 8, Agreement on Safeguards.

⑤ Articles 1, 2, 3 and 4 of the Council Regulation No. 1031/2002 (emphasis added).

订的贸易协定进行审议时，国会只有完全批准或者完全否决两个选择，而不能试图修改协议内容。但是欧盟的报复措施直接影响这些政治敏感州，有可能使得布什的下一届总统选举也受到影响。此外，根据 WTO 的规定，欧盟最早在美国采取保障措施 90 天后就可实施单边报复措施。而按照 WTO 争端解决机制的正常程序，胜诉方从最初起诉到最终按专家组和上诉机构授权寻求补偿，通常要三年之久甚至更长的时间。这样一来也难怪美国迫不及待地想把案件拖进 WTO 框架。事实上，当上诉机构决定通过后，美国总统就立即终止了钢铁保障措施，这分明又是在打拖延战术。①

综上分析，中国在本案中之所以决定起诉美国，更多的是由于本案这些独特因素，而并非由于中国信奉进攻型法律主义。虽然国内媒体将本案渲染为中国入世之后的第一场胜仗，但本案的胜利，并没有说服中国政府开始采取进攻型法律主义的战略，并在 WTO 提起更多的申诉。② 恰恰相反，下面将要讨论的两个案件表明，中国此后一直尽可能避免参与 WTO 争端解决机制。

（二）中国集成电路增值税案

2004 年 3 月 18 日，美国针对中国集成电路增值税问题向中国政府提起磋商请求。③ 根据 DSU 第 4 条第 4 款的规定，磋商请求"应说明提出磋商的理由，包括磋商针对措施以及有关法律依据"。美国提供的理由如下：

"中国对集成电路征收 17% 的增值税。但是，据我们了解，中国境内生产集成电路的企业可以获得部分退税，从而降低它们产品的增值税率。因此，中国对进口集成电路所征收的税率高于国产产品的税率，从而使进口产品享受较差待遇。

此外，据我们了解，中国对于那些在中国国内设计，但由于技术限制而在中国之外生产的集成电路也提供部分退税。因此，中国对从某些世贸组织成员进口的产品给予优于从另一些世贸成员进口的产品的待遇，同时也歧视了其他世贸成员的服务和服务提供者"④

① Joost Pauwelyn, *WTO Victory on Steel Hides Deficiencies* (visited August 3, 2005), http://jurist. law. pitt. edu/forum/Pauwelyn1. php.

② Jiang Liyong, *WTO Dispute Settlement Mechanism and China's Participation*, in China's PARTICIPATION IN THE WTO, (Henry Gao & Don Lewis eds., Cameron May, London, 2005).

③ *China-Value-Added Tax on Integrated Circuits*, Request for Consultations by the United States, WT/DS309/1.

④ *China-Value-Added Tax on Integrated Circuits*, Request for Consultations by the United States, WT/DS309/1.

磋商涉及的措施主要是 2000 年 6 月至 2003 年 12 月不同部委发布的六项法规。① 其中第一条也是最重要的一条是 2000 年 6 月发布的《国务院关于印发〈鼓励软件产业和集成电路产业发展若干政策〉的通知》。该通知文件编号为国发〔2000〕18 号，通称为 18 号文件。顾名思义，18 号文件旨在发展中国的软件和集成电路产业。文件共有 13 章 53 条，列举了诸多在投融资、税收、产业技术、出口、收入分配、人才吸引与培养、政府采购和知识产权保护等方面的优惠政策。美国的不满主要集中在第 41 条和第 48 条两条上。第 41 条规定对增值税一般纳税人销售其自产的集成电路产品（含单晶硅片），2010 年前按 17% 的法定税率征收增值税，对实际税负超过 6% 的部分即征即退，由企业用于研究开发新的集成电路和扩大再生产。2002 年 10 月 10 日，财政部和国家税务总局又联合发文，将退税额度增加到那些实际税负超过 3% 的部分。第 48 条规定境内集成电路设计企业设计的集成电路，如在境内确实无法生产，可在国外生产芯片，其加工合同（包括规格、数量）经行业主管部门认定后，进口时按优惠暂定税率征收关税。财政部、国家税务总局于 2002 年 10 月 25 日发布的《关于部分国内设计国外流片加工的集成电路产品进口税收政策的通知》也作了相同规定。

至于法律依据，美国引用了 1994 年关贸总协定第 1 条和第 3 条、中国加入世界贸易组织议定书以及服务贸易总协定（GATS）第 17 条的相关规定。

根据上述机构在欧共体香蕉案中的解释，DSU 并不要求申诉方在其磋商请求中列出具体的论点。② 因此美国并没有说明这些措施如何违反相关法律规定。笔者认为美国可能有如下论点：

首先，第 41 条的退税规定使得国内集成电路的增值税低于进口集成电路，因此违反了 GATT 第 3 条国民待遇原则。

其次，对于进口产品，第 48 条的规定使得中国设计但由外国生产的进口集成电路增值税低于外国设计并生产的进口集成电路。因此违反了 GATT 第 1 条的最惠国待遇原则。

最后，对于集成电路设计者和服务的提供者，中国对国内设计的产品征收较低增值税，从而使其他世贸组织成员所设计的产品受到较差待遇，因而违反了服

---

① 《国务院关于印发〈鼓励软件产业和集成电路产业发展若干政策〉的通知》，《关于鼓励软件产业和集成电路产业发展有关税收政策问题的通知》（财税〔2000〕25 号），《关于进一步鼓励软件产业和集成电路产业发展税收政策的通知》（财税〔2002〕70 号），《财政部、国家税务总局关于部分国内设计国外流片加工的集成电路产品进口税收政策的通知》（财税〔2002〕140 号），《集成电路设计企业及产品认定管理办法》，《国家税务总局关于印发〈享受税收优惠集成电路产品名录（第一批）〉的通知》（国税函〔2003〕1384 号）。

② Appellate body Report, *European Communities — Regime for the Importation, Sale and Distribution of bananas*, WT/DS27/Ab/R, adopted 25 September 1997, DSR 1997: II, 591, p. 141.

中国和平发展的重大前沿国际法律问题研究

务贸易总协定中的国民待遇原则。

作为回应，中国可以考虑这样反驳：

第一，上述优惠是提供给生产者的补贴，符合第 3 条第 8 款 b 项所指的"专门提供给国内生产者的补贴"的例外。由于第 3 条仅禁止对国内产品和进口产品差别对待，因此对此优惠并不适用。① 但这一论点很可能不会被采纳。上诉机构在加拿大期刊案中早就指出，第 3 条第 8 款 b 项仅将那些以政府财政拨款直接支付形式提供的补贴排除于第 3 条的适用范围之外，但并不包括那些以免除对国内同类产品或退还对进口同类产品征收的税收的形式所提供的补贴。②

第二，法定税率不同于实际税率。在实践中，国内产品和进口同类产品的实际税率几乎相同。因此，本案并不构成事实上的歧视。③ 但是，WTO 规则既禁止事实上的歧视，也禁止法律上的歧视。④

美国在其磋商请求中也提及了中国入世议定书。虽然美国没有列明具体条款，但同该案可能有关的有两项承诺。第一是第 3 段。这一段承诺外国自然人、企业和外资企业在采购生产所需的原材料、产品方面和服务以及在生产、营销和出售供内销和出口的产品的条件方面享受国民待遇。另外一个是作为入世议定书附件 9 的《服务贸易具体承诺减让表》。但是美国并未指明中国的有关承诺具体是在哪个服务部门（sector）。从以往有关服务贸易的争端解决实践来看，起诉方在其磋商请求中并不需要指明起诉所针对的具体部门。⑤ 对照中国服务贸易特别承诺减让表中的内容，并没有哪一个服务部门或分部门具体提到集成电路设计。WTO 服务贸易协定对于服务贸易部门的现行分类是建立在 1991 年由当时的关贸总协定秘书处所起草的服务部门分类表（Services Sectoral Classification List）的基础上的，而该表又是参照联合国中央产品分类（UN Central Product Classification）制定的，但这二者都没有明确提到集成电路设计。如果对照减让表中有明确规定的部门和分部门，那么集成电路设计似乎可以归入专业服务（professional services）项下的工程服务（engineering services）或综合工程服务（integrated en-

① Panel Report, *Indonesia – Certain Measures Affecting the Automobile Industry*, WT/DS54/R, WT/DS55/R, WT/DS59/R, WT/DS64/R and Corr. 1, 2, 3, and 4, adopted 23 July 1998, DSR 1998: VI, 2201, at para 14.33.

② Appellate body Report, *Canada – Certain Measures Concerning Periodicals*, WT/DS31/Ab/R, adopted 30 July 1997, DSR 1997: I, 449, p. 34.

③ 参见杨学明：《"18 号文件"没有违背 WTO 原则》，http://it.sohu.com/2004/03/20/82/article219518248.html，2005 年 6 月 11 日访问。

④ See e.g., Appellate body Report, *Canada – Certain Measures Affecting the Automotive Industry*, WT/DS139/Ab/R, WT/DS142/Ab/R, adopted 19 June 2000, DSR 2000: VI, 2985, p. 78.

⑤ See e.g., the Request for Consultations of Antigua and Barbuda in *United States – Measures Affecting the Cross-border Supply of Gambling and betting Services*, WT/DS285/1.

gineering services），又或是计算机与相关服务（computer and related services）。而美国磋商请求中所提到的是在中国国内设计的产品同在中国之外设计的产品之间存在差别待遇。如果该产品在中国之外设计，那么它可能在中国境内生产，也可能在中国境外生产。按照服务贸易总协定规定的服务提供模式（modes of supply）来说，前一种情况应属于跨境提供（cross-border supply），但由于如此生产的产品也享受退税优惠，所以不存在违反国民待遇的问题；至于第二种情况，应属于境外消费（consumption abroad），对此中国服务贸易特别承诺减让表在上面的几个服务部门中都没有做出国民待遇的限制。因此，中国在此案中可能面临违反国民待遇的问题。

经过多轮磋商，中国最终于 2004 年 7 月 14 日与美国就集成电路增值税问题签订谅解备忘录。中国同意在 2005 年 4 月 1 日前取消第 41 条 "即征即退" 的规定。在谅解备忘录签署前享受上述政策的企业及产品可继续执行 "即征即退" 政策直至 2005 年 4 月 1 日。此外，中方将于 2004 年 9 月 1 日前宣布取消国内设计国外加工复进口的集成电路产品增值税退税政策，2004 年 10 月 1 日正式实施。[1]

具有讽刺意味的是，尽管 18 号文件的初衷是鼓励国内集成电路工业的发展，[2] 而它的实际效果却适得其反。这是因为，该政策是基于由增值税额除以销售总额而得到的实际税负。[3] 因为供出口的集成电路产品本来就享受 100% 的增值税退税，如果企业要享受实际税负超过 3% 从而退还增值税的优惠，至少要把 70% ~ 80% 的产品内销，同时毛利率要在 30% 以上。[4] 但实际上，国内芯片制造企业一般出口比重都在 70% 甚至 80% 以上，能维持如此高的内销比例和利润率的非常有限。所以本国企业很少能享受到这种税收优惠。[5] 相反，外企在华设立的芯片企业，产品定位高端，利润率高，实际税负高，一直享受着政策优惠。[6] 由于 18 号文件适用于所有在我国境内设立的软件企业和集成电路企业，不分所有制性质，[7] 因此实际上该政策的最大受益者大多是诸如摩托罗拉这样的外资企业。[8]

从经济利益的角度分析，中国同意与美国和解似乎是明智的。但从诉讼策略

---

① Joint Communication from China and the United States，WT/DS309/7.

② 《国务院关于印发〈鼓励软件产业和集成电路产业发展若干政策〉的通知》。

③ 参见《"退税风波"背后，芯片业不能承受之重》，http://www.ccw.com.cn/news2/zl/htm2004/20040811_119N2.asp，2005 年 8 月 3 日访问。

④⑤⑥ 见《芯片纠纷升级，美诉讼中国半导体征收歧视性关税》，http://it.sohu.com/2004/03/20/82/article219518220.shtml，2005 年 8 月 3 日访问。

⑦ 《国务院关于印发〈鼓励软件产业和集成电路产业发展若干政策〉的通知》第 52 条。

⑧ 见《芯片纠纷升级，美诉讼中国半导体征收歧视性关税》，http://it.sohu.com/2004/03/20/82 article219518220.shtml，2005 年 8 月 3 日访问。

的角度来说，如果中国真的信奉进攻型法律主义，绝不会如此轻易地与美国和解。不管怎样，中国至少可以效仿美国在钢铁保障措施案中的拖延战略，以获取最大的利益。可惜的是，中国对于"把一切都变成一个复杂的法律游戏的一部分"或者"把所有问题都巧妙地变成玩弄法律技巧的合法游戏"的做法似乎并不十分认同。[①]

（三） 中欧焦炭出口配额案

从上节分析可以看出，在集成电路增值税案中，中国可能采用的法律依据和论点不堪一击，牵涉的经济利益也不大，因此在该案中，中国没有采用进攻型法律主义的策略，或许还情有可原。但从接下来的中欧焦炭出口配额案来看，中国政府即使是在面对有关法律规定有利于中国而且经济利益巨大的案件时，也很不愿意采用进攻型法律主义的策略。

焦炭是由煤炭在无氧环境下高温加热而炼成，是铁矿石炼钢的主要燃料。中国是世界最大的焦炭生产国和出口国。2003 年世界焦炭生产总量是 3.9 亿吨，中国的产量是 1.77 亿吨，占世界总产量的 45%。[②] 同年中国焦炭出口到达 1 470 万吨，接近世界进口总量的 60%。[③] 欧盟极其依赖从中国进口的焦炭。仅 2003 年一年，欧盟就从中国进口了 440 万吨的焦炭，占其焦炭年消费量的 1/3。[④]

然而，焦炭生产过程对环境污染严重。一般来说，2 吨煤能生产 1 吨焦炭，剩余的都转变成污染物如废水、废气和固态废物。其中最为严重的是二氧化硫和苯并芘，前者可以导致酸雨，后者是非常厉害的致癌物。近年来，欧盟迫于环保的压力，不得不关闭了一些焦炭生产厂。但欧盟却同时拥有世界前 10 大钢厂中的 4 家，[⑤] 这也使得欧盟钢铁行业对中国焦炭出口愈加依赖，并进一步带动国际市场上焦炭的出口离岸价从 2000 年的每吨 56 美元狂涨到 2003 年的每吨 400 美元。与此同时，中国有关机构也开始对焦炭生产的高污染予以关注。2003 年 7 月，商务部外贸司、发改委产业政策司、工业司、能源司、资源环境司与相关行业协会专门商讨此事。到会专家一致认为，中国外汇储备充足，无需出卖资源换取外汇。同时，在我国现有煤炭资源并不丰富的条件下，两吨煤炼一吨焦炭，以及焦炭生产的高污染，有理由让中国密切关注资源短缺，以及高污染行业对环境的污染等一系列问题。有鉴于此，2004 年 1 月 1 日，中国宣布，将焦炭出口配

① Pekkanen, supra note 1, p. 732 (emphasis added).
②③④ China Metals Report Weekly, 8 June 2004, Tuesday
⑤ According to the International Iron and Steel Institute, of the top ten steel firms in 2003, four of them are EC firms. They are Arcelor (Luxemburg), LNM Group (Netherlands), Corus Group (UK/Netherlands), and ThyssenKrupp (Germany) (visited August 3, 2005), http://www.worldsteel.org/media/wsif/wsif2004.pdf.

额从 1 200 万吨削减到 900 万吨，以满足国内快速发展钢铁和能源工业的增长需求。① 欧盟担心此项措施会影响国内的钢铁生产。3 月 31 日，欧盟向中国发出警告，称如果不解除焦炭出口限制，欧盟将向世界贸易组织提出申诉。5 月 9 日，欧盟表示单方面宣布给中国 5 天期限废除焦炭出口限制，否则中国将面临欧盟在世贸组织的首次法律诉讼。后来欧盟又将最终期限延至 2004 年 5 月 28 日。经过紧张的协商，2004 年 5 月 28 日，欧盟宣布已经与中国就焦炭贸易问题达成协议，从而将不会再就此贸易争端在 WTO 向中国起诉。根据该协议，2004 年中国向欧盟的焦炭出口量将不低于上一年度的水平，即 440 万吨。此外，中国同意取消对出口许可证的收费，从而将焦炭的国际价格由原来的每吨 450 美元降至 250 美元。

尽管欧盟一再以 WTO 诉讼相威胁，但是欧盟并没有明确指出中国的做法到底是如何违反了 WTO 的规则。遍查 WTO 的相关条款，欧盟在此案中最有力的依据是 GATT 第 11 条第 1 款禁止数量限制的条款。该款规定：

任何缔约方不得对任何其他缔约方领土产品的进口或向任何其他缔约方领土出口或销售供出口的产品设立或维持除关税、国内税或其他费用外的禁止或限制，无论此类禁止或限制通过配额、进出口许可证或其他措施实施。

禁止数量限制是 GATT 和 WTO 的基本原则之一。在土耳其—纺织品一案中，专家组明确指出它的重要性：

"禁止使用数量限制是构建 GATT 体制的基石之一。GATT 体制的一个基本原则是，在采取保护措施时，应该优先采用关税这种尚可接受的措施。关税应对有关产品不论其来源，在非歧视的基础上适用（最惠国待遇原则）；并将会通过互惠减让而逐步削减。GATT 的第一部分包括两条，即规定最惠国待遇的第一条和要求关税不得高于约束税率的第二条。它的第二部分则包括其他相关义务，它们的作用之一就是确保成员不会规避第一款中的义务。该部分中的两个基本义务是国民待遇条款和禁止数量限制。禁止数量限制反映了关税是 GATT 中边境保护措施的当然之选。数量限制对于进口加以绝对限制，而关税则并非如此。最惠国关税仍然允许那些效率最高的竞争者提供进口货物，而数量限制则通常会对贸易产生扭曲，它们在分配时也会产生问题，在管理时也往往不甚透明。"②

但是，专家组也承认，在关贸总协定时代，缔约方并没有能够完全遵守禁止

① Xinhua News Agency, 24 May 2004, Monday.

② Panel Report, *Turkey – Restrictions on Imports of Textile and Clothing Products*, WT/ DS34/R, adopted 19 November 1999, as modified by the Appellate body Report, WT/DS34/Ab/R, DSR 1999: VI, 2363, at para. 9. 63.

中国和平发展的重大前沿国际法律问题研究

数量限制的义务。①在关贸总协定肇始之初，有些缔约方就以种种借口，保持甚至扩大其对于农业和纺织品与服装进口的数量限制问题，使得这一条形同虚设。②由于数量限制被逐渐容忍，有些缔约方甚至认为，该条的义务并非绝对的，而是可以协商的。③虽然这种观点已在欧洲经济共同体—香港进口产品一案中，被专家组斥为异端邪说④；而且在乌拉圭回合谈判成立 WTO 时，也规定取消在农业和纺织品与服装方面的数量限制，⑤但是 WTO 的法律框架之中，还是留下了一些可以利用的法律空子。这主要有这么几条：

第一是第 11 条本身，其第 2 款规定：

"本条第 1 款的规定不得适用于下列措施：

（a）为防止或缓解出口缔约方的粮食或其他必需品的严重短缺而临时实施的出口禁止或限制；

（b）为实施国际贸易中的商品归类、分级和销售标准或法规而必需实施的进出口禁止或限制；

（c）对以任何形式进口的农产品和鱼制品的进口限制，此类限制对执行下列政府措施是必要的：

（i）限制允许生产或销售的同类国产品的数量，或如果不存在同类国产品的大量生产，则限制可直接替代进口产品的可生产或销售的国产品的数量；或

（ii）消除同类国产品的暂时过剩，或如果不存在同类国产品的大量生产，则消除可直接替代进口产品的同类国产品的暂时过剩，使国内消费者的某些群体免费或以低于现行市场水平的价格获得此种过剩；或

（iii）限制允许生产的任何动物产品的数量，此种产品的生产全部或主要直接依赖进口商品，如该商品的国内生产相对可忽略不计。"

在本案中，似可援引（a）项，即"为防止或缓解粮食或出口缔约方其他必需品的严重短缺而临时实施的出口禁止或限制"。GATT 和 WTO 都未曾对于"出口缔约方其他必需品"做出更详尽的解释，但是考证当年 GATT 起草委员会的解释，"某一产品是否重要应以该国之特殊情形而论"。⑥中国人惯以煤取暖发电，在 2003 年全年发电量中，火电的比例达到了 83.62%。⑦因此，煤对于国人不可

---

① ② ③ ④　Panel Report, *Turkey – Restrictions on Imports of Textile and Clothing Products*, WT/ DS34/R, adopted 19 November 1999, as modified by the Appellate body Report, WT/DS34/Ab/R, DSR 1999：VI, 2363, at para 9.64.

⑤　Panel Report, *Turkey – Restrictions on Imports of Textile and Clothing Products*, WT/ DS34/R, adopted 19 November 1999, as modified by the Appellate body Report, WT/DS34/Ab/R, DSR 1999：VI, 2363, at para 9.65.

⑥　51EPCT/141, p.2, 参见《GATT 法律与实务指导手册》。

⑦　中国不良资产网：《中国煤炭行业分析报告（2003 年 4 季度）》, at http://www.badassets.com/report/coal_200304_c1.asp, 2005 年 8 月 20 日访问。

谓不"必需"。而两吨煤才可以炼出一吨焦炭，焦炭产量的增加必将导致煤这种"必需"的有限资源的严重短缺。钢材是发展大到汽车、机械制造，小到厨具、文具等行业的"必需"原材料，而中国长期钢材供不应求，同时每炼出一吨钢就需要 0.8 吨的焦炭，因此焦炭的出口增加必将导致中国国内钢材这种"必需品"的严重短缺。此外，焦炭本身作为炼钢的"必需"品，其出口增加也必然导致国内对于焦炭这种"必需品"的严重短缺。由此可见，如果不限制焦炭出口，那么中国起码有三种"必需品"，即煤、钢和焦炭会发生严重短缺。

援引该款例外的一个主要障碍是该限制只能是"临时实施"的。而中国早在 1995 年就由对外贸易经济合作部和国家商检局印发《焦炭出口管理暂行办法》，对焦炭实施配额管理。因此，该限制似乎不能被作为"临时实施"的措施。

此外，假定中国对于焦炭的数量限制是合法的，它还要符合 GATT 第 13 条的规定，即对于数量限制实施非歧视管理，确保各成员可以取得在无限制情况下可以取得的份额。目前中国对焦炭出口实行配额管理是面向全球的，因此应该是符合第 13 条的规定的。①

第二是 GATT 第 20 条的一般例外规定。该条指出：

"在遵守关于此类措施的实施不在情形相同的国家之间构成任意或不合理歧视的手段或构成对国际贸易的变相限制的要求前提下，本协定的任何规定不得解释为阻止任何缔约方采取或实施以下措施：

（a）为保护公共道德所必需的措施；

（b）为保护人类、动物或植物的生命或健康所必需的措施；

（c）与黄金或白银进出口有关的措施；

（d）为保证与本协定规定不相抵触的法律或法规得到遵守所必需的措施，包括与海关执法、根据第 2 条第 4 款和第 17 条实行有关垄断、保护专利权、商标和版权以及防止欺诈行为有关的措施；

（e）与监狱囚犯产品有关的措施；

（f）为保护具有艺术、历史或考古价值的国宝所采取的措施；

（g）与保护可用尽的自然资源有关的措施，如此类措施与限制国内生产或消费一同实施；

（h）为履行任何政府间商品协定项下义务而实施的措施，该协定符合提交缔约方全体且缔约方全体不持异议的标准，或该协定本身提交缔约方全体且缔约方全体不持异议；

---

① 《中欧暗战焦炭之争各退一步》，载《21 世纪经济报道》2004 年 6 月 3 日第 6 版。

（i）在作为政府稳定计划的一部分将国内原料价格压至低于国际价格水平的时期内，为保证此类原料给予国内加工产业所必需的数量而涉及限制此种原料出口的措施；但是此类限制不得用于增加该国内产业的出口或增加对其提供的保护，也不得偏离本协定有关非歧视的规定；

（j）在普遍或局部供应短缺的情况下，为获取或分配产品所必需的措施；但是任何此类措施应符合以下原则：即所有缔约方在此类产品的国际供应中有权获得公平的份额，且任何此类与本协定其他规定不一致的措施，应在导致其实施的条件不复存在时即行停止。缔约方全体应不迟于 1960 年 6 月 30 日审议对本项的需要。"

在美国—汽油案中，上诉机构明确指出，如要援引 GATT 第 20 条的例外，必须满足两个条件：首先，有关措施必须是（a）到（j）项所列例外之一；其次，在此基础上，该措施必须也满足第 20 条首句中列出的要求。①

首先来分析第一个条件。在这 10 种可以作为例外的情况中，有 5 种同本案有关：

第一是（b）项，即"为保护人类、动物或植物的生命或健康所必需的措施"。按照专家组在美国—汽油案中的解释，这包括两个条件：一个是该条的措施之政策目的是为保护人类、动物或植物的生命或健康；另一个则是该例外措施是实现有关政策目的所必需的。②前一个条件比较好理解，这主要取决于有关的科学证据，而且从 WTO 的实践来看，援引该措施的成员有较宽的裁量权。比如，上诉机构在欧盟—石棉一案中指出，"毋庸置疑，WTO 成员有权决定在某一具体情况下，何种保护健康的水准是最适宜的"。③而且，该成员并不一定非要采用该领域的多数或权威性的意见，只要该成员确实相信某一意见，那么即使该意见属于非主流性意见，那也是允许的。④笔者在前面即提到了炼焦对环境的种种负面影响，包括大气污染，地下水污染等等。这些污染对于人类、动物或植物的生命或健康的危害是众所周知的。美国在美国—汽油案中就曾引经据典地指出，有毒大气污染会导致癌症、婴儿先天性缺陷、对大脑以及神经系统其他部分的损伤、生育问题以及基因变异等；它不仅会影响那些呼吸系统具有缺陷的人，而且

---

① Appellate Body Report, *United States – Standards for Reformulated and Conventional Gasoline*, WT/DS2/AB/R, adopted 20 May 1996, DSR 1996: I, 3, p. 22.

② Panel Report, *United States – Standards for Reformulated and Conventional Gasoline*, WT/DS2/R, adopted 20 May 1996, as modified by the Appellate Body Report, WT/DS2/AB/R, DSR 1996: I, 29, at para. 6.20.

③ Appellate Body Report, *European Communities – Measures Affecting Asbestos and Asbestos-Containing Products*, WT/DS135/AB/R, adopted 5 April 2001, DSR 2001: VII, 3243, p. 168.

④ Id. pp. 177 – 178.

353

同样会影响正常的成人和儿童。①对此，该案中的原告予以默认，专家组也表示同意。②就本案来看，欧盟近年来连续关闭多家炼焦厂的行为本身，也证实了限制炼焦既是为了保护人类、动物或植物的生命或健康。因此，第一个条件应该是满足的。第二个条件则比较棘手。专家组在泰国—烟草案中指出，所谓"必需"是指"除了该措施之外，不存在另一种既是合理可行，同时又不违反有关 WTO 义务的措施"。③在该案中，泰国以烟草危害人身健康为借口，禁止外国烟草输入本国，但却并不同时禁止本国烟草商生产烟草。专家组认为这种措施并非必需，因为还有对于进口烟和国产烟都禁止这样一种既是合理可行，同时又不违反有关 WTO 义务的措施。在本案中，仅对出口进行限制而不对国内的焦炭生产也实行禁止或限制，只是扬汤止沸，恐怕不能满足第二个条件。或许有人要说，同时限制或禁止国内的焦炭生产虽然可以保证不违反 WTO 的义务，但是同单纯限制出口相比，执行的难度要大得多，因此不能作为合理可行的措施。但是上诉机构在欧盟—石棉案中早就指出，"另一种措施会带来执行上的困难，并不足以作为否认该措施合理可行的依据"。④

第二是（d）项，即"为保证与本协定规定不相抵触的法律或法规得到遵守所必需的措施"。按照上诉机构在韩国—牛肉一案中的解释，这也包括两个条件。第一，该措施必须是为保证与本协定规定不相抵触的法律或法规得到遵守而制定；第二，该措施必须是保证遵守这些法规所必需的。⑤同（b）项一样，本项的关键也在于"必需"二字。在韩国—牛肉案中，上诉机构先查考新简明牛津英文词典，指出该词的一般含义是"不可或缺的、必要的、关键的、需要的"，接着又参考布莱克法律词典，指出"该词可有多种含义，因此必须结合所用具体语境来考虑。它可以指绝对的物理上的必需或必不可少，也可以指那些仅仅是方便、有用、合适、合用、适当或有利于实现有关目的的东西。它是一个表达程度的形容词，可以表达仅仅是方便，也可以指那些必不可少或绝对物理上的必需

① Panel Report, *United States - Standards for Reformulated and Conventional Gasoline*, WT/DS2/R, adopted 20 May 1996, as modified by the Appellate Body Report, WT/DS2/AB/R, DSR 1996：I, 29, at para. 3. 39.

② Id. at para. 6. 21.

③ Panel Report, *Thailand - Restrictions on Importation of and Internal Taxes on Cigarettes*（BISD 37S/200）, adopted 20 February 1990, p. 75.

④ Appellate Body Report, *European Communities-Measures Affecting Asbestos and Asbestos-Containing Products*, WT/DS135/AB/R, adopted 5 April 2001, DSR 2001：VII, 3243, p. 169.

⑤ Appellate Body Report, *Korea - Measures Affecting Imports of Fresh*, *Chilled and Frozen Beef*, WT/DS161/AB/R, WT/DS169/AB/R, adopted 10 January 2001, DSR 2001：I, 5, p. 157.

的东西"。①按照上诉机构的解释，这里所用的"必需"一词并非仅指那些"必不可少"的东西，而是包括不同程度的需要。②它所表述的，是一个延续性的概念。这个概念的一端是"必不可少"，另一端则是"有所帮助"。③上诉机构认为，在这两个极端之间，"必需"更靠近"必不可少"，但并不完全等同于"必不可少"。④或许上诉机构也意识到这个所谓定义并没有解决问题，因而又指出，(d) 项中"必需"的定义还要从该项中的语境来考虑。⑤在判断某一措施是否必须时，条约解释人要依据每个案件的具体情况，综合考虑一系列的因素。其中较重要的因素有这些：保证有关法规得以遵守的措施对执行该法规的作用，该法规所要保护的共同利益或价值的重要性，以及该法规对于进出口的可能影响等。⑥

从上述分析可以看出，尽管 (b) 项同 (d) 项中用的都是"必需"(necessary) 一词，但含义却大不相同。为什么同一条文中的相同用词，含义会有如此大的区别呢？笔者认为，从某种程度上来说，(b) 项可以作为 (d) 项的一个特例。套用 (d) 项中的用词，(b) 项可以表述为"为保证那些保护人类、动物或植物的生命或健康的法律或法规得到遵守所必需的措施"。结合上诉机构所指出的考虑因素来分析，(b) 项所要保护的共同利益或价值显系十分重要，因此不必是"必不可少"，而只要"除了该措施之外，不存在另一种既是合理可行，同时又不违反有关 WTO 义务的措施"即可。

综合前面所述的因素来分析，首先，对于焦炭的出口限制必须是为了保证与本协定规定不相抵触的法律或法规得到遵守而制定。这里就涉及一个立法技巧的问题，如果单纯是为了限制出口而限制出口，那么自然由于其本身违反 GATT 而不能援引此项例外。但是如果将焦炭出口许可证改为征收炼焦污染处理费，同时规定如焦炭在国内销售，该处理费由产方同用方共同承担，而如果焦炭出口，那么由于向用方征收手续繁复，费用高昂，故由产方全部负担。需要注意的是，在这里对于国内销售焦炭和出口焦炭区别对待的根据是对于出口焦炭征收炼焦污染处理费的执行困难，而并非完全不可以执行。在上文讨论 (b) 项时提到，执行困难不可以作为援引 (b) 项的依据。但是 (d) 项的标准是浮动的，执行困难是否可以作为某一措施"必需"的依据，要依个案中的具体情况来分析。在本案中，由于保护人类、动物或植物的生命或健康是一项重要的共同利益或价值。因此，执行困难应该是可以作为依据的。此外，也可以将配额改为按梯级递增的

---

① Appellate Body Report, *Korea – Measures Affecting Imports of Fresh, Chilled and Frozen Beef*, WT/DS161/AB/R, WT/DS169/AB/R, adopted 10 January 2001, DSR 2001: I, 5, p. 160.

②③④ Id. p. 161.

⑤ Id. p. 162.

⑥ Id. pp. 162 – 164.

处理费，即出口数量越多，处理费征收标准愈高。笔者不是经济学家，无法算出具体数目，但相信处理费可以在超出某一限度后，达到一个使生产方无法获得商业利润的水平，这样也就达到了目的。同时，在国内环保法和资源保护法中做相应规定，那么该措施的目的就由限制贸易变成了保护环境和资源，自可援引（d）项之规定。

第三是（g）项，即"与保护可竭性自然资源有关的措施，如此类措施与限制国内生产或消费一同实施"。这里的关键是什么是受保护的"可竭性自然资源"。上诉机构在美国虾案中指出，矿产和无生命的自然资源当然是可竭性自然资源。[①]上诉机构同时指出，"可竭性自然资源"这一概念的内涵是动态的、不断进化的，而不是静态的、不变的。[②]因此，不应该抱残守缺，死守50年前起草关贸总协定时的观念；而应该从当代国际社会对于环保的认识出发。[③]上诉机构结合现代生物科学的研究成果，指出即使是可再生性物种在一定情况下也是可以用竭的，因此也可能是"可竭性自然资源"。[④]从本案来看，焦炭是一种可竭性资源，但是由于焦炭是由人工以煤炼成，所以可能并不能被视为"自然"资源。但是前面提到焦炭由煤炼成，炼一吨焦炭就要烧两吨煤，而煤自应为"可竭性自然资源"。[⑤]此外，炼焦会污染包括大气和地下水在内的自然环境。在美国—精炼汽油一案中，专家组早就确认了清洁空气为"可竭性自然资源"，[⑥]以此类推，地下水应该也是"可竭性自然资源"。所以，从保护煤、大气和地下水这三种"可竭性自然资源"而言，应该可以援引（g）项之规定。当然，国内应同时限制焦炭的生产和消费，才能完全满足（g）项之要求。

第四是（i）项，即"在作为政府稳定计划的一部分将国内原料价格压至低于国际价格水平的时期内，为保证此类原料给予国内加工产业所必需的数量而涉及限制此种原料出口的措施；但是此类限制不得用于增加该国内产业的出口或增加对其提供的保护，也不得偏离本协定有关非歧视的规定"。焦炭是炼钢必需的原料，因此对焦炭出口的限制措施是为保证国内炼钢业获得足够焦炭而必需。统计数据显示，目前，我国钢铁企业需外购焦炭的用量的比例已经占全部钢铁企业

---

① Appellate Body Report, *United States – Import Prohibition of Certain Shrimp and Shrimp Products*, WT/DS58/AB/R, adopted 6 November 1998, DSR 1998：VII, 2755, p. 128.

② Id. p. 130.

③ Id. p. 129.

④ Id. p. 128.

⑤ Panel Report, *United States-Standards for Reformulated and Conventional Gasoline*, WT/DS2/R, adopted 20 May 1996, as modified by the Appellate Body Report, WT/DS2/AB/R, DSR 1996：I, 29, at para. 6.36.

⑥ Id. at paras. 6.36 – 6.37.

用量的35%。①同时钢材又是其他行业的原材料，国内目前钢材需求缺口甚大，尚需大量进口，因此此类限制自然不是"用于增加该国内产业的出口或增加对其提供的保护"。②

第五是（j）项，即"在普遍或局部供应短缺的情况下，为获取或分配产品所必需的措施"。目前国内焦炭还不算短缺，但是如果出现短缺之时，当可援引此条之规定。

其次再来分析第二个条件，即"此类措施的实施不在情形相同的国家之间构成武断或不合理歧视的手段或构成对国际贸易的变相限制"。从字面来看，这里所禁止的是两种情况，即"武断或不合理歧视"或"对国际贸易的变相限制"。但是按照上诉机构在美国—汽油案中的裁决，这两种情况的考虑因素实际上是相同的。③在美国虾案中，上诉机构指出，所谓"在情形相同的国家之间构成武断或不合理歧视"包括三个要件：第一，该措施的实施构成歧视。第二，该歧视是武断或不合理的。第三，该歧视发生在情形相同的国家之间。④再详细分析这三个要件，第一个问题就是此处所指的"歧视"是否同 GATT 其他条款（例如第 3 条）中的"歧视"是相同含义。上诉机构对此的答案是否定的。在美国—汽油案中，上诉机构指出，如果两者的含义相同的话，那么就会使得在第20 条下的分析变成重复在第 3 条下的分析，从而使得第 20 条失去存在的价值。⑤此外，《维也纳条约法公约》中关于条约解释的一般规则也规定，在对条约的解释中，必须对条约的每个词语都赋予切实的含义。⑥但尽管如此，上诉机构并没有明确列出在第 20 条下认定"歧视"的标准，而是采取了"一事一议"的方法。比如，在美国虾案中，上诉机构指出，美国限制虾进口的措施被认定为歧视，是由于三个原因：第一，美国没有研究其所采取的措施是否适合于那些出口国的情况⑦；第二，美国要求其他国家申请认证的方法缺少弹性⑧；第三，美国

---

① 《中国焦炭：欧盟出口路上悬念重重》，载《大经贸》，http://www.dajingmao.com/sub/view.asp? id =1344，2005 年 8 月 20 日访问。

② 据国际钢铁学院（International Iron and Steel Institute）统计，2003 年中国产钢量占世界总量 22.8%，同年钢材消耗量占世界总量的 27.2%，at http://www.worldsteel.org/media/wsif/wsif2004.pdf，2005 年 8 月 20 日访问。

③ Appellate Body Report, *United States – Standards for Reformulated and Conventional Gasoline*, WT/DS2/AB/R, adopted 20 May 1996, DSR 1996: I, 3, p.25.

④ Appellate Body Report, *United States – Import Prohibition of Certain Shrimp and Shrimp Products*, WT/DS58/AB/R, adopted 6 November 1998, DSR 1998: VII, 2755, p.150.

⑤⑥ Appellate Body Report, *United States – Standards for Reformulated and Conventional Gasoline*, WT/DS2/AB/R, adopted 20 May 1996, DSR 1996: I, 3, p.23.

⑦ Appellate Body Report, *United States – Import Prohibition of Certain Shrimp and Shrimp Products*, WT/DS58/AB/R, adopted 6 November 1998, DSR 1998: VII, 2755, p.164 – 165.

⑧ Id. p.177.

有关申请认证的程序不正规、不透明，没有给予那些申请人正当程序。①由此可见，这里所指的"歧视"，并非单指不同的待遇，而是更多地从程序的公正性出发。在最近审结的美国赌博服务案中，专家组对此再次加以确认，指出"1994年关贸总协定第20条序言部分所主要针对的并非被诉措施或其具体内容，而是该措施的执行方式，以保证该条中的例外不会被滥用"。②此外，还有一个问题就是"情形相同的国家之间"是仅指受歧视的国家之间呢，还是也包括实施歧视措施的国家在内？上诉机构认为，这应该两者都包括。③将上面的规则落实到本案来说，我国所作的决策应该更加透明，并给予其他国家以参与讨论的机会。但是，从另一方面来说，WTO以前的案例所涉及的大多是对进口加以限制，而这些适用于进口限制的规则是否适用于出口限制，尚可商榷。

尽管从实体法的角度来说，中国完全可以利用WTO的有关条款，同欧盟据理力争，但中国最终还是选择了和解。这与中国在美国钢铁保障措施案中的表现截然不同。虽然在这两个案件中，中国都有强有力的法律依据和巨大的经济利益，但这两个案件也有一些重要的不同之处。在焦炭案中中国是被诉方而非起诉方，而且中国是同欧盟单打独斗，而不是像钢铁保障措施案中那样有其他WTO成员方做盟友。这两大因素促使中国最终决定和解。中国在本案中的做法也表明自身还没有做好选择进攻型法律主义战略的准备。

四、对中国的启示

从上述三个案件可以看出中国不愿意通过WTO争端解决机制来解决争端。那么中国是否永远不会采取进攻型法律主义的战略呢？中国在什么条件下才会采用进攻型法律主义的策略呢？仔细分析日本和韩国的经验就会发现，促成它们向"进攻型法律主义"转变的主要因素有如下几个，而这些对于中国也不无启迪。

一是对于争端解决机制性质的认识。在关贸总协定时代，传统上强调以外交手段解决贸易争端的所谓"实用主义"，而程序太过法律化或者太强调律师的参与被认为是对于这种传统的破坏，因而也可能危及争端各方的外交关系。但是，在乌拉圭回合建立WTO后，对于这个问题的争论则一劳永逸地得到了解决。

---

① Appellate Body Report, *United States – Import Prohibition of Certain Shrimp and Shrimp Products*, WT/DS58/AB/R, adopted 6 November 1998, DSR 1998：Ⅶ, 2755, pp. 180 – 181.

② Panel Report, *United States – Measures Affecting the Cross-Border Supply of Gambling and Betting Services*, WT/DS285/R, adopted 20 April 2005, as modified by the Appellate Body Report, WT/DS285/AB/R, at para. 6. 581.

③ Appellate Body Report, *United States – Import Prohibition of Certain Shrimp and Shrimp Products*, WT/DS58/AB/R, adopted 6 November 1998, DSR 1998：Ⅶ, 2755, p. 150.

WTO 在 DSU 第 3 条 10 款明确指出"请求调解和使用争端解决程序不应被用作或被视为对抗性之行为"。① 因此，积极运用 WTO 的争端解决机制同中国政府所奉行的不搞对抗、不称霸的和平外交政策非但并无冲突，而且还应该是这一政策的一个重要组成部分。如前所述，进攻型法律主义策略的好处，在于将有关纠纷从一个可能潜在影响两国邦交的政治问题、贸易问题和外交问题，转化为被错综复杂的法律规则之下所掩盖的一个法律问题。这种策略的最大优点，就在于将那些敏感的、有可能会大伤两国和气的事情变成了凡夫俗子所看不懂的律师们的游戏。如果该国胜诉，那么政府官员照旧可以大张旗鼓地以此作为自己的政绩；如果不幸败诉，那么律师们或者"日内瓦那些不称职的法官们"自然成了替罪羊。

二是争端解决机制的完善。如前所述，日本和韩国虽然早在 20 世纪 50～60 年代就加入了关贸总协定，但由于当时争端解决机制不够完善，因此长时期内不愿运用该机制。WTO DSU 对于争端解决程序的各个环节都作了详细规定，并通过反向共识、对于执行裁决的监督机制等，建立起了一整套处理国际贸易争端的精密法律体系。这套制度被 WTO 前总干事迈克·穆尔誉为"WTO 皇冠上的明珠"，并被学者们誉为当今各个国际争端解决机制中最有效的制度之一。因此，中国政府应该充分运用这一机制以维护自己的利益。

三是人员的培养。缺乏精通 WTO 争端解决机制的人员会使得一国政府无法有效参与 WTO 的争端解决机制。但是这并不是制度性的问题，因此应该不难解决。从日本和韩国的经验来看，一方面政府可以在参与争端解决机制的初期聘请外国律师，比如中国政府在 WTO 提起的第一个案件——美国—钢铁保障措施一案中就聘请了一家法国律师事务所的律师。另一方面，政府也应该逐渐培育本国人才。这并不仅限于政府官员，而应该也包括诸如本国律师、大专院校、科研机构等方面的人才。此外，鼓励本国人才到 WTO 秘书处去工作，也是一个好办法。在 WTO 秘书处现有的 630 名雇员中，来自欧盟、美国、加拿大、印度和澳大利亚的雇员占了 2/3 以上。② 上述国家在负责多数争端案件的三个主要部门如法律事务部、上诉机构秘书处和法规部中所占的比例更高。难怪这些国家都积极使用 WTO 争端解决机制。当然，依照 WTO 的规定，现任秘书处工作人员为中立的国际职员，不应从任何政府处接受指示或为任何政府服务。③ 但是，一旦该职员不再受雇于 WTO，即不受此规定之限制。事实上，这也是许多发展中国家

---

① Article 3. 10 of the DSU.

② *The WTO: Secretariat And budget, Overview of the WTO Secretariat, Table of regular staff by nationality,* visited 3 August 2005, http://www. wto. org/english/thewto_e/secre_e/intro_e. htm.

③ *Rules of conduct for the understanding on rules and procedures governing the settlement of disputes,* WT/DSb/RC/1, 11 December 1996.

培养其人才的一个重要手段。比如韩国现任贸易部长金铉宗就曾在上诉机构秘书处和法律司工作多年。自2001年中国加入世界贸易组织以来，已经有一些中国公民到 WTO 秘书处工作。此外，也有一些政府官员和中国律师以不同方式参与了在 WTO 的争端解决程序。他们将是中国参与 WTO 争端解决机制的重要资源。

　　四是贸易平衡问题。从日本和韩国的经验来看，一个国家在保持贸易顺差时，往往没有运用争端解决机制的动力，同时为了避免其贸易伙伴的反感，也往往不会得寸进尺，利用争端解决机制为自己争取更多的利益。但是，一旦顺差转为逆差，策略也会随之转变。从中国的外贸发展趋势来看，虽然至今一直保持顺差，但是近年来进出口额之间的差距逐渐缩小。① 从2004年的数据来看，当年进口增长率达到36%，超过了35.4%的出口增长率。事实上，这也是中国入世的必然结果。一方面，中国逐步履行其降低关税的承诺，从而使得进口不断增加；另一方面，中国入世议定书中保留的歧视性条款，使得中国出口产品继续面临各国的种种限制而无法相应增长。由顺差变为逆差，只是时间问题。而一旦转为逆差，中国则极有可能开始积极运用争端解决机制，以维护自己的贸易利益。

---

　　① 2002年中国贸易顺差为303.5亿美元，占当年贸易总额6 207.9亿美元的4.89%。2003年中国贸易顺差为255.4亿美元，占当年贸易总额8 512.1亿美元的2.97%。2002年中国贸易顺差为319.8亿美元，占当年贸易总额11 547.4亿美元的2.77%。资料来源于商务部网站，http://www.mofcom.gov.cn。

第七章

中国和平发展中的人民币汇率及与贸易有关的文化和知识产权法律问题

第一节　国际货币法视角下的人民币汇率问题[*]

　　一国的外汇体系所体现的是该国通过货币媒介与其他国家发生的关系，汇率是该国货币以其他货币所表现的价格，汇率安排和汇率政策天然地具有国家间相互影响的因素。正因为如此，第二次世界大战结束后，为避免各国竞相贬值货币或采取以邻为壑的货币及贸易政策，维护国际货币体系的稳定，国际社会建立了国际货币基金组织（以下简称 IMF），国际货币基金协定（以下简称 IMF 协定）也成为当今国际货币法的支柱。无论是过去的布雷顿森林体系，还是当今的牙买加体系都对汇率安排规定了一定的义务。对于 IMF 的成员国来说，行使货币主权须接受和承担相应的义务，符合 IMF 的要求。IMF 所主导的国际货币体系的主要目标是要同时取得和维持对内平衡（充分就业）和对外平衡（国际收支平衡）。对内平衡主要通过各国的财政和货币政策来实现。国际收支平衡则需要借助于汇率的变化、外汇储备的使用、对外汇交易和资本流动的限制等手段来实

---

　　[*]　本节作为子项目成果发表于《现代法学》2006 年第 1 期，标题略有改动。

现，IMF 的主要目的是要维持汇率稳定和其成员国的国际收支的平衡。[1] 几十年过去了，国际货币制度发生了不小的变化，目前牙买加体系下各国间的汇率纷争层出不穷，人民币汇率也受到广泛注视。在这种情况下，追踪探讨 IMF 成员国的汇率权利义务与 IMF 的相应职能，对我国实行自主的人民币汇率制度所需要的法律保障无疑具有重要意义。

一、牙买加体系下 IMF 成员国的汇率权利与义务

战后国际货币体系经历了两种形态：布雷顿森林体系和牙买加体系。在这两种形态转换中，IMF 成员国汇率权利和义务发生了变化。

（一）IMF 成员国汇率权利义务之嬗变

在 IMF 成立之初，当时的布雷顿森林体系实行固定汇率制，美元与黄金挂钩，各国货币与美元挂钩，美国向各国政府或中央银行承担 35 美元兑换 1 盎司黄金的义务，各国确定其货币与美元和黄金的固定比价，将汇率波动维持在这一比价的 ±1% 之内。各国政府有义务对外汇市场进行干预，以便保持外汇市场的稳定。在成员国国际收支出现轻度不平衡时，通过 IMF 的贷款解决；在成员国国际收支出现严重失衡时，经 IMF 同意通过调整汇率来解决。

随着时间的推移，布雷顿森林体系的诸多缺陷，特别是"特里芬难题"（Triffin Dilemma）的暴露，[2]最终导致了布雷顿森林体系在 1973 年终结。为了推动国际货币体系的改革，1976 年各国在牙买加首都金斯顿举行会议，达成了《牙买加协定》，由此导致了 IMF 对其协定的第二次修改，形成牙买加体系，并沿用至今。牙买加体系的主要内容包括：（1）取消原来的货币平价制度，确认各成员国有权自行决定其汇率安排，从而也将当时现实中所采用的浮动汇率合法化。一国可以以黄金之外任何标准来确定本国货币的价值。（2）减少黄金在国

---

① Ugochukwu Chima Ukpabi, Juridical Substance Or Myth Over Balance-Of-Payment: Developing Countries And The Role Of The International Monetary Fund In The World Trade Organization, Journal of International Law, Winter 2005, p. 236.

② 特里芬难题是指美元在布雷顿森林体系中的清偿力和信心之间的矛盾。美国对布雷顿森林体系要保证美元按固定官价兑换黄金以维持各国对美元的信心，同时还要提供足够的国际清偿力。然而，美元供给太多就会有不能兑换黄金的危险，从而发生信心问题；供给太少就会发生国际清偿力不足。简言之，要满足国际贸易增长之需，国际储备必须有相应的增长，而这必须由储备货币供应国——美国的国际收支赤字才能完成。但是，国际收支赤字会导致各国对美元与黄金之间的兑换关系缺乏信心。美国耶鲁大学教授特里芬（R. Triffin）在 1960 年出版的《黄金与美元危机》一书中，第一次指出了布雷顿森林体系的这一根本缺陷，后来被通称为"特里芬难题"。

际货币制度中的作用，废除了黄金官价制度，各国确定汇率时不得将黄金作为货币定值的标准。（3）增强特别提款权的作用，使其成为国际货币制度的主要储备资产。（4）扩大对发展中国家的资金融通。

（二）IMF 协定的第 4 条第 1 节与 IMF 成员国的汇率义务

修改后的 IMF 成员国的汇率义务集中地体现在 IMF 协定的第 4 条第 1 节之中。第 1 节规定："鉴于国际货币制度的主要目的是提供一个便利国与国之间商品、服务和资本的交换和保持经济健康增长的体制，鉴于主要目标是继续发展保持金融和经济稳定所必要的有秩序的基本条件，各成员国允诺同基金和其他成员国进行合作，以保证有秩序的外汇安排，并促进汇率体系的稳定。具体说，各成员国应该：（1）努力以自己的经济和金融政策来达到促进有秩序的经济增长这个目标，既有合理的价格稳定，又适当照顾自身的境况；（2）努力通过培育有秩序的基本的经济和金融条件和不会产生异常混乱的货币制度，促进稳定；（3）避免操纵汇率或国际货币体系来妨碍国际收支有效的调整或取得对其他成员国的不公平的竞争优势；（4）奉行同本节所规定的义务相符的外汇政策。"

这一规定包含着两类不同的义务：一般义务和具体义务。前者由该节第 1 句构成，是对成员国汇率义务的总括性和概括性的规定。从使用的措辞如允诺（undertake）和促进（promote）等来看，[1] 这些义务具有极大的弹性，因此，"第 4 条第 1 节开头的一句听起来像是联合国大会决议的序言，与该条其他规定的用语不甚协调。"[2]

该节所列举的具体义务规定了 IMF 的成员国需要遵守的要求。其中，前两项具体义务与 IMF 成员国的国内政策有关，[3] 使用了诸如"努力"（endeavor, seek）等并非具有严格拘束性质的措辞，听起来更似劝告，而不是强制。IMF 协定之所以这样规定，主要是因为 IMF 成员国对于在国内政策问题上过分让权给 IMF 存在担忧。但是，由于这些规定所涉及的国内政策对汇率具有重要影响，因此，第 4 条第 1 节需要用规则的形式将其包含进来。[4] 这种带有劝告色彩的措辞

---

[1] 我国有关法律文本和著作多将 undertake 翻译为"保证"，这是不准确的，并易于导致误解。实际上，undertake 在此的意思是"允诺"、"承诺"和"许诺"。

[2] Joseph Gold, Strengthening the Soft International Law of Exchange Arrangements, 77 American Journal of International Law, July 1983, p. 443.

[3] Richard W. Edwards, The Currency Exchange Rule Provisions of the Proposed Amended Articles of Agreement of the International Monetary Fund, 97 American Journal of International Law, 2001, p. 176.

[4] Joseph Gold, The Restatement of the Foreign Relations Law of the United States (Revised) and International Monetary Law, 22 International Law, 1988, p. 3.

所具有的效果是，IMF 的成员国要力争而不是必须达到具体的结果。① 需要说明的是，这样的规定与 IMF 协定第 2 次修订时美国的影响有密切关系。当时，美国力主加入此类措辞，使美国能够追求其需要的本国政策，而不必维持美元的固定汇率。②然而，国内政策毕竟会影响外汇政策和汇率，而外汇政策和汇率安排又属于 IMF 管辖，因此，要将国内政策排斥在 IMF 规定的义务之外是不妥的。所以，第 4 条第 1 节前两项规定虽然承认国内政策能够影响汇率和国际货币体系，但主观性和自由度极高，足以使 IMF 成员国在享有采取国内政策措施自由的同时，又能够遵守 IMF 协定所规定的义务，并使其他成员国不能够轻易指控这些义务没有得到履行。

但是，在一定情况下，第 4 条第 1 节中的前两项义务对 IMF 成员国的国内政策仍然具有很强的规范效果，特别是出现国际收支赤字的国家需要通过备用安排寻求向 IMF 借款时，尤其如此。IMF 在向成员国提供资助时一般都规定有条件，要求成员国遵守一定的国内和国际经济政策。根据 IMF 协定第 5 条第 3 节和第 5 节的规定，IMF 的资金只能按照 IMF 的宗旨和 IMF 协定的规定，提供给成员国用于解决收支平衡困难，使之不致采取有害于本国的或国际的繁荣的措施。IMF 的资金必须有充分的保障，IMF 必须相信有关成员国能够在短期内偿还 IMF 的资金。由于 IMF 要求有关成员国在备用安排期限内遵守一定的国内和国际经济政策，这些要求对 IMF 的贷款决定具有重要影响，因此，第 4 条第 1 节的前两项规定对申请备用安排的 IMF 成员国具有很强的约束力和作用。不止于此，当 IMF 的成员国寻求巨额提款时，此两项规定对于 IMF 的决策更为重要，因为在这种情况下 IMF 不仅有权了解该成员国国内和国际货币政策的用意，而且有权知道对这些政策进行评判的标准。③ 所以，如果借助于整个 IMF 协定来审视，第 1 节的前两项义务与该节后两项强制性的义务又有几分相似。

第 4 条第 1 节的后两项规定使用了强制性的语言，且适用于国际环境和条件，而不是国内政策环境。"避免"（avoid）和"奉行"（follow）等措辞的使用，为 IMF 成员国挣脱掉这些义务没有留下任何余地。特别是，第 1 节第 3 项把国内汇率操纵与对国际货币体系的操纵区分开来，将该禁止性规定适用于 IMF

---

① Robert M. Barnett, Exchange Rate Arrangements In The International Monetary Fund: The Fund As Lawgiver, Adviser, And Enforcer, Temple International and Comparative Law Journal, Spring 1993, p. 77.

② Ugochukwu Chima Ukpabi, Juridical Substance Or Myth Over Balance-Of-Payment: Developing Countries And The Role Of The International Monetary Fund In The World Trade Organization, Journal of International Law, Winter 2005, p. 244.

③ Richard W. Edwards, The Currency Exchange Rule Provisions of the Proposed Amended Articles of Agreement of the International Monetary Fund, 97 American Journal of International Law, 2001, p. 178.

成员国国际货币政策活动的所有方面。[①] 第 1 节第 3 项还明确指出了操纵汇率的两个禁止性的结果：妨碍国际收支有效地调整和取得对其他成员国的不公平的竞争优势。此外，第 1 节第 3 项和第 4 项的规定具有普遍的适用性，适用于所有的IMF 成员国。

尽管第 1 节第 3、4 项的规定措辞十分强硬，尽管 IMF 在 1977 年制定的监督各成员国汇率政策的原则时，将汇率操纵趋于界定为"在外汇市场上长期、大规模、朝单一方向的干预"，但是，如何认定"长期"、"大规模"和"单一方向"，仍然缺乏具有可操作性的标准和方法。对于什么是对"国际收支有效的调整"和对"其他成员国的不公平的竞争优势"的妨碍，IMF 也没有给出答案和方法指引。由于这种状况的存在，加之 IMF 执行规则一向不倚重制裁，因此，IMF 有关汇率义务的规定，包括第 1 节第 3、4 项的规定被认为是"软法"。

概括而言，IMF 协定经第二次修改后，IMF 成员国有关汇率的权利和义务主要有：（1）IMF 的成员国不必实行固定汇率，可以选择符合有序经济增长和合理价格稳定的任何汇率安排，可以盯住某一货币或一揽子货币，但所选择的汇率安排不得与黄金挂钩，除取得 IMF 同意外不得涉及多种货币措施，或对另一成员国的货币进行歧视。IMF 的成员国有权对其汇率进行管理和干预。IMF 无权对其成员国选择的汇率安排给予同意或反对。（2）IMF 的成员国要遵守 IMF 协定所规定汇率安排的义务，不得操纵汇率或国际货币制度来妨碍国际收支的有效调整或取得对其他成员国的不公平竞争优势。IMF 有权监督成员国实施的汇率安排，确定其是否与 IMF 协定的规定相符。（3）IMF 成员国在 IMF 进行监督时必须与 IMF 合作，在 IMF 提出请求时必须定期地就汇率政策与 IMF 磋商，并向IMF 提供监督汇率政策所需要的信息。

二、IMF 对成员国履行汇率义务的监督权

对汇率安排和汇率政策的监督既是 IMF 的职权，也是 IMF 成员国的义务。[②]IMF 对成员国履行汇率义务的监督权，随着国际货币制度和体系的演进，在 IMF 的职能中显得愈加突出。IMF 在创立之初，其职责主要是维护各国间的货币平价制度，只有在成员国国际收支出现基本失衡并与 IMF 磋商后，才能对汇率进行调整。IMF 协定经第二次修改后，IMF 依然是国际货币体制的基石，但作用发生

---

① Robert M. Barnett, Exchange Rate Arrangements In The International Monetary Fund: The Fund As Lawgiver, Adviser, And Enforcer, Temple International and Comparative Law Journal, Spring 1993, p. 81.

② 外汇安排与汇率政策的联系在于：外汇安排通过汇率政策而投入运转，而汇率政策是各国货币当局所采取的影响其货币汇率的行动。

了相应调整，监督职能得到了加强。原因就在于各国选择汇率安排的自由，如果不受任何限制和监督，就会给国际货币体系带来危害，因此，IMF 协定在第二次修改时添加了一项内容，由 IMF 对其成员国的政策实行监督。所以，到了 20 世纪 70 年代，IMF 在职能上从最初的国际货币制度的守护者转变为国际货币体系的监督者。监督职能的加强主要体现在，成员国可以自由选择汇率制度，但其汇率政策受 IMF 的监督。因此，开放的货币汇率制度不仅没有削弱 IMF 的作用，反而增加了它对成员国经济政策的影响。为了保证汇率体系的稳定性和灵活性，IMF 不仅要跟踪成员国汇率政策的变化，而且需要监督所有影响汇率变化的经济政策。此外，IMF 还通过向成员国提供资金、技术援助等手段直接或间接地影响成员国的宏观经济政策，使其符合 IMF 的要求。① 例如，如果某成员国寻求 IMF 的资助以克服国际收支危机，IMF 所附加的条件通常会要求该国政府进行一定的改革。在 IMF 看来，这些改革有助于改善该国经济所存在的基本问题，培育有序的经济和金融体制，从而有助于该国汇率实现稳定。②

（一） 监督程序中的 IMF 与成员国

IMF 协定第 4 条第 3 节规定 IMF 应监督国际货币体系以确保其有效运作，监督 IMF 成员国对第 4 条第 1 节项下义务的履行，以确保该节所规定的义务得到实现。为了实现这些职能，第 4 条第 3 节在第 2 项规定中要求 IMF 对各成员国的汇率政策行使严密的监督，同时要求 IMF 必须定期公布具体原则，以便在汇率政策上为 IMF 成员国提供指导。IMF 行使监督的主要目的是要确保货币稳定和国际收支平衡稳定的基本目标能够实现。监督主要采取对话磋商的形式，而监督程序就是这种对话的开展。

监督程序也对 IMF 的成员国提出了要求。IMF 的成员国必须按照监督的要求向 IMF 提供所有必要的金融信息。提供信息和磋商程序构成 IMF 就汇率政策问题向其成员国进行劝告的基本途径。根据 IMF 协定的有关规定，IMF 成员国向 IMF 必须提供的信息包括：黄金和外汇的持有量、黄金的生产量、进出口总额、国际收支平衡状况、国民收入和外汇管理等。③除提供信息之外，当 IMF 提出要

---

① 此外，IMF 协定经第二次修改后，IMF 的金融职能也得到加强，主要体现在向成员国提供资金融通的能力增加。修改后的 IMF 协定，扩大了信用贷款和出口波动补偿贷款的额度，IMF 利用出售黄金的利润建立的信托基金，以优惠条件向最不发达国家提供贷款，并且通过数次普遍增资，提高了成员国认缴的份额，从而使各国与其认缴额度相联系的借款额度相应增加，IMF 已成为重要的金融中介，并且它的观点在很大程度上影响着国际商业银行和官方金融机构的贷款政策。

② Chantal Thomas, Balance-Of-Payments Crises In The Developing World: Balancing Trade, Finance And Development In The New Economic Order, 15 American University International Law Review, 2000, p. 1249.

③ 详见 IMF 协定第 8 条第 5 节之规定。

求时，IMF 的成员国必须同意与 IMF 就其汇率安排和汇率政策问题定期进行磋商。需要注意的是，尽管第 4 条规定了一般的磋商义务，但它没有具体规定进行磋商的性质和程序。为了弥补 IMF 协定第 4 条的不足，IMF 制定了相关的指导原则和程序。

（二）监督的原则与启动监督的情形

IMF 的相关规定对监督的原则表述得十分宽泛和笼统，规定监督程序应当适应国际货币制度的需要而发展，执行董事会和过渡委员会负责审查和评估国际调节机制包括汇率管理[①]，并应考虑需要与成员国进行磋商的众多情形。

IMF 协定还对 IMF 在监督汇率政策的磋商过程中如何进行评估和提供指导规定了原则。根据 IMF 的有关规定，IMF 在评估国际收支平衡的形势时要考虑到 IMF 成员国的储备头寸和对外负债状况，在发现 IMF 成员国的国内政策有助于及时调节国际收支时，IMF 应当给予 IMF 这些成员国的总体经济状况和政策以适当尊重。此外，评估必须考虑汇率政策对维护经济稳定、健康的经济增长和合理的就业水平所具有的影响。

导致 IMF 与有关成员国进行磋商的情形包括：（1）在外汇市场存在单一方向的、长期的和大规模的干预。（2）从国际收支平衡考虑，一国存在无法支持的官方或半官方借贷水平，或存在过渡和延期的短期官方或半官方借贷。（3）出于国际收支平衡的目的，采取、强化或延期维持对经常项目交易及其支付的限制或激励措施，或采取实质地改变对资本流入或流出的限制或激励措施。（4）出于国际收支平衡的目的，追求为资本流动提供反常鼓励或阻止的货币政策或国内其他政策。（5）汇率的表现显得与基本经济和金融状况无关。[②]

以上原则缺乏具体标准和量化尺度，对需要进行磋商的情形规定使用了诸如"长期的"（protracted）、"延期的"（prolonged）、"实质的"（substantial）、"反常的"（abnormal）等模糊性措辞。这类措辞所具有的模糊性显示出 IMF 要求磋商的权利十分广泛，IMF 在汇率政策问题上可以对其成员国进行广泛的劝告。

IMF 近年来的监督实践又有所发展，IMF 在考察第 4 条第 1 节所规定的义务时将监督磋商分为"核心"领域和"非核心"领域。此外，磋商还包括了 IMF 协定第 4 条义务之外、不构成第 4 条意义上的监督组成部分的一系列广泛问题。

---

① IMF 理事会在 20 国委员会解体之后，成立了过渡委员会，目的是研究货币平价制度的解体，为 IMF 的运作准备新方案，关注国际货币体系的变化。事实上，过渡委员会承担了 20 国委员会的工作，只是不必拟全面的方案，也不受时间的限制。

② The International Monetary Fund, Selected Decisions Of The International Monetary Fund, Decision No. 5392 – (77/63)，1980，p. 31.

2000 年，IMF 执行董事会对第 4 条所涵盖的"核心"领域的解释中包括了汇率政策及其与宏观经济政策的一致性问题、金融领域的问题、收支平衡与资本账户下的资本流动及证券、有关的跨国问题等。上述领域以外的问题即"非核心"领域的问题，根据第 4 条第 1 节，如果某一问题与经济和金融政策的实施义务有关，也会成为第 4 条监督的内容。例如，就贸易而言，虽然 IMF 协定没有规定贸易自由化义务，但是，如果严重的贸易扭曲妨碍到宏观经济前景，将贸易政策包括在监督磋商中也是恰当的和至关重要的。执行董事会在 2002 年所进行的监督审查中也指出，贸易政策如果对一国的稳定和增长前景具有重要影响，那么，贸易政策应当包括在第 4 条所规定的监督磋商范围之内。IMF 之所以在监督磋商中将非核心问题和第 4 条义务范围之外的成员国政策包括进来，是因为这些政策在 IMF 与有关成员国的经济政策磋商中十分重要。①

（三）监督的程序

IMF 协定的有关条款规定了监督的程序，以便利监督工作的开展。这些程序包含了 IMF 和成员国更为全面的责任。

第一项程序是对 IMF 协定第 4 条第 2 节第 1 项的重申，要求 IMF 的成员国应在 IMF 协定第二次修改日之后 30 天内把它打算采用的外汇安排通知 IMF，在外汇安排方面如有任何变更应立即通知 IMF。IMF 从来没有对"立即"进行过界定，但一般认为"立即通知"最迟也应当与变更同时进行。需要注意的是，这一程序并不是要赋予 IMF 以否决权或对 IMF 成员国所选择的汇率安排做出判定。根据 IMF 协定第 4 条第 2 节第 2 项的规定，每个 IMF 的成员国都拥有选择汇率安排的权力。

第二项程序是关于磋商和执行董事会做出结论的时间。一般来说，磋商应当每年举行，执行董事会应当在 IMF 的成员国与 IMF 的工作人员磋商结束后的 3 个月内做出结论，完成该年度的磋商。这种事实上的年度磋商的做法很早就在 IMF 的实践中得到了确立。② 这一程序通过强制性地要求每年进行一次磋商，使 IMF 协定第 4 条第 3 节第 2 项所规定的关于磋商的一般要求具体化，并具有可操作性。

第三项程序要求 IMF 在国际收支调节机制的磋商中要注意汇率总体的发展变化。

---

① IMF Policy Development and Review Department, Enhancing the Effectiveness of Surveillance: Operational Responses, the Agenda Ahead, and Next Steps, March 14 2003, available at: http://www.imf.org/external/np/pdr/surv/2003/031403.htm.

② Manuel Guitian, The Unique Nature Of The Responsibilities Of The International Monetary Fund, International Monetary Fund Pamphlet Series, Ser. No. 46, 2002, pp. 11 - 12.

第四项程序规定 IMF 的总裁须与 IMF 的成员国就其汇率义务保持密切接触，随时准备就汇率安排或政策的预期变化与 IMF 的成员国进行商讨。

第五项程序是为 IMF 的成员国向 IMF 总裁表达对另一成员国汇率安排的看法而设定的机制，也许是所有程序中最重要的程序。IMF 可以据此对有关成员国的汇率政策进行审查。在 IMF 成员国向 IMF 总裁表达对有关国家的汇率安排的关注后，如果总裁认为某成员国的政策与 IMF 协定第 4 条的义务或其他规定不符，总裁可以非正式地、秘密地就这一问题向该成员国提出，然后立即就受争议的政策是否遵守 IMF 原则的问题做出决定。如果存在该国不遵守协定义务的情形，总裁必须与该成员国进行正式的秘密磋商，并在磋商开始后的 4 个月之内将结果报告执行董事会。由此可见，这一程序为 IMF 成员国对其他成员国汇率活动的合法性问题提供了进行控诉和表示关切的平台。

在以上程序中有两点值得注意：首先，IMF 协定第 4 条第 3 节第 2 项规定，IMF 在磋商中应当尊重各成员国国内的社会和政治政策，应对各成员国的境况给予应有的注意。据此，虽然这一规定要平等地适用于所有成员国，但包括我国在内的发展中国家和经济转型国家的特殊情况应予以特别考虑。其次，由于监督内容具有国际取向的特点，在 IMF 的监督中，信息的提供和磋商的重点都集中在 IMF 成员国的外部经济变量方面，而对国内经济的关注程度则取决于有关成员国的规模和经济性质。小国家所置身的国际环境一般是外部生成的，他们的优先目标是要维护国内经济的稳定。因此，对小国家的监督应当评估在既存的外部环境下该国对规则的遵守，通常不需要评估其国内经济政策所产生和具有的国际影响。大国的情况则不同，其经济政策会产生巨大的国际影响，从而需要对其经济政策及其国际影响进行评估。[①] 对于 IMF 来说，"挑战就在于辨认出主要影响对外经济状况的国内政策领域，以便为在成员国之间形成关于这些领域应受到国际合法关注并属于监督的适当范围的共识建立基础"。[②]

通过以上原则和程序，IMF 已经朝着建立有效的磋商体制迈出了一大步。在 IMF 监督程序建立之前，"一般认为，各国是其本国利益的法官，但就国际利益而言，IMF 作为其所有成员国的代表，是评判国际利益应受保护程度的最佳平台"。[③] 自从汇率选择自由化以来，虽然监督目标实现的难度有所加大，但是，

① Manuel Guitian, The Unique Nature Of The Responsibilities Of The International Monetary Fund, International Monetary Fund Pamphlet Series, Ser. No. 46, 2002, p. 12.

② Manuel Guitian, The Unique Nature Of The Responsibilities Of The International Monetary Fund, International Monetary Fund Pamphlet Series, Ser. No. 46, 2002, p. 15.

③ Ugochukwu Chima Ukpabi, Juridical Substance Or Myth Over Balance-Of-Payment: Developing Countries And The Role Of The International Monetary Fund In The World Trade Organization, Journal of International Law, Winter 2005, p. 240.

IMF 成员国都没有对 IMF 继续在汇率政策问题上对成员进行监督和指导提出过挑战。相反，各成员国深谙监督指导的价值和对整个国际货币体系的作用。这也是监督机制能够成为当今 IMF 的核心功能的根基所在。[1]

三、IMF 的执行权

根据 IMF 协定的规定，IMF 在有关成员国不履行其义务的情况下，应做出反应。为了强化 IMF 的监督权，IMF 在 1992 年对其协定所进行的第三次修改中加大了有关措施的力度。不过，IMF 对不履行义务的成员国一向倚重补救，而不是制裁。[2] 之所以采用补救的办法，不仅是因为对违背义务的 IMF 成员国需要给予补救，而且因为补救措施也适用于未必违反 IMF 协定的义务但属于不良行为的情形。此外，由于补救听起来惩罚色彩较淡，不大会影响 IMF 所寻求的和谐、合作和和睦的工作关系，因此，IMF 也乐于使用这一措辞。[3]

IMF 从一开始就采取尽量减少使用救济措施的政策，似乎觉得频繁地采取救济措施会疏远 IMF 的成员国，不利于对 IMF 规则的遵守。[4] 此外，IMF 的成员国似乎也不过分鼓励 IMF 对其伙伴采取救济措施，担心自己也会成为未来的目标。最后，有些救济措施会产生不希望的、非预料的结果，如将潜在的贷款人从需要资金的成员国吓走，从而对国际货币体系产生糟糕的影响。

根据不同的标准，IMF 的救济措施可以有不同的分类，其中一个值得称道的方法是按照 IMF 采取救济措施所使用的手段而进行的分类。据此，IMF 的第一个救济手段是"同行审判"（Judgment of Peers）。由于 IMF 成员国可以指定理事会成员和部分执行董事会成员，可以向他们发出投票指令，所以，理事会或执行董事会所做出的决定也是各成员国的决定。但此类决定采取了 IMF 决定的形式，构成 IMF 作为一个国际组织所施加的压力。因此，汇率政策遭到质疑的成员国在压力之下通常会改变政策措施，满足 IMF 的要求。需要指出的是，同行审判

---

① Robert M. Barnett, Exchange Rate Arrangements In The International Monetary Fund: The Fund As Lawgiver, Adviser, And Enforcer, Temple International and Comparative Law Journal, Spring 1993, p. 79.

② Joseph Gold, The Rule Of Law In The International Monetary Fund, The International Monetary Fund Ser. No. 32, 1980, p. 21.

③ Joseph Gold, The Rule Of Law In The International Monetary Fund, The International Monetary Fund Ser. No. 32, 1980, p. 25.

④ Joseph Gold, The "Sanctions" of the International Monetary Fund, 66 American Journal of International Law, 1972, p. 322.

可以采取不公布决定的形式进行，通常被称为非正式磋商。① 在非正式磋商中，IMF 有关成员国通常私下地被告知应对汇率政策进行修改。如果起不到作用，IMF 可以采取其他手段敦促有关成员国遵守 IMF 协定。

第二个救济手段是公开。IMF 在采取这一手段的时候将其做出的决定向其他 IMF 成员国公开。根据 IMF 协定第 12 条第 8 节的规定，IMF 有权在任何时间内将其对 IMF 协定任何有关事项的意见非正式地传达给各成员国。此外，IMF 经总投票权 70% 多数通过，可以发表致某成员国的报告，说明该国货币或经济的情况及发展变化将直接造成各成员国国际收支的严重不平衡。这种公开或意欲公开的做法通常也会迫使有关成员国审视其汇率政策。

IMF 拥有的救济手段一部分构成"软法"，一部分构成强制性义务。上述两项手段依靠 IMF 的施压和成员国的良知而奏效，因此，可以被认为是"软"的。不顾这些劝诫的成员国会在同伴当中失去尊严，但不会影响其在 IMF 中的合法地位和使用 IMF 资源的能力。相比而言，根据第三次修改后的 IMF 协定，IMF 对汇率政策不符合 IMF 协定或 IMF 决定的成员国可以采取剥夺其利益的强制手段，但在实践中极少采用。

首先，对于没有履行 IMF 义务，包括第 4 条第 1 节项下义务的成员国，IMF 可以宣布该成员国失去使用 IMF 普通资金的资格。其次，在宣布失去使用 IMF 普通资金的资格以后的合理时间内，如有关成员国仍无改正，经执行董事会以总投票权 70% 的多数通过可以中止该成员国行使投票权。中止投票权应当通知该成员国，以便使其在中止投票权的决定实施之前有机会陈述情况。IMF 可以随时表决撤销对某成员国的中止投票权，但撤销也需要总投票权 70% 的多数通过。在实践中，被中止了投票权的成员国没有资格对 IMF 协定的修订进行投票，无权投票指定理事，也没有资格指定、选举或参与选举执行董事。此外，被宣布中止了投票权的成员国也不得在 IMF 的所有机构如理事会和执行董事会中投票。第三次修订中的 L 表还规定，中止投票权具有自动、暂时、不可分割和穷尽性的后果。中止投票权的自动性是指中止投票权不需要 IMF 任何进一步的行动就能够生效。暂时性是指中止投票权的效果在该措施终结之后即停止。不可分割性是指 L 表规定的所有的后果构成一个整体，IMF 不得决定其中一些适用，另一些不得适用。穷尽性是指除 L 表所列举的后果之外，中止投票权再无其他后果。最后，IMF 对于不遵守 IMF 规则的成员国可以强制性地要求其退出。根据 IMF 协定第 26 条的规定，一个成员国可以志愿退出 IMF，也可以被强制退出。IMF

---

① Joseph Gold, The "Sanctions" of the International Monetary Fund, 66 American Journal of International Law, 1972, p. 316.

的成员国在中止投票权后一段时间仍无改正，IMF 经理事会 85% 总投票权的表决，可以要求该成员国退出 IMF。对强制退出的规定，IMF 一般不愿意轻易地采用，IMF 从来没有投票驱逐过一个成员国，但仍然保留着这一渠道及其威慑，以图强化 IMF 的监督职能。

四、我国的人民币汇率制度符合 IMF 协定的规定和要求

IMF 成员国的汇率义务与 IMF 监督权及执行权，环环相扣，构成一个密切联系的整体，成为衡量当今 IMF 成员国汇率安排的基准。当前研究这一问题的意义就在于这一研究能够为我国实行自主的汇率制度提供有力的法律武器。进入 21 世纪以来，我国经济的崛起和我国产品所具有的强大的国际竞争力使西方一些机构和人士把目光集中到人民币汇率问题上，指责我国操纵人民币汇率违反 IMF 协定的义务，[①] 认为我国通过维持低估的人民币汇率为我国的产品出口提供了 WTO 所禁止的补贴，从而违反了 WTO 补贴与反补贴措施协议。这些指控的核心和真实意图是通过指控人民币汇率被低估，试图用 WTO 争端解决机制来取代 IMF 解决人民币汇率问题，同时欲借助 IMF 协定的有关规定使 IMF 做出不利于中国的认定结论，最终由 WTO 裁决。舍 IMF 而取 WTO 争端解决机制，原因就在于：IMF 执行规则的强度和效果远不及 WTO，WTO 与其他国际组织的不同就在于通过争端解决机制来适用规则。[②] 而 IMF 从成立伊始就采取尽量减少使用救济措施的政策。虽然 IMF 依其协定，可以强制性地要求不遵守 IMF 规则的成员国退出 IMF，但 IMF 从来没有驱逐过任何一个成员国。因此，依靠 IMF 来对中国人民币汇率施压会收效甚微。

然而，对人民币汇率的任何争议及其解决，都必须首先考虑衡量依据及管辖归属。在汇率问题上，IMF 协定构成衡量 IMF 成员国汇率义务的依据，IMF 对汇率安排和汇率政策具有专属管辖权，与 WTO 及其争端解决机制基本无涉。首先，汇率问题是 IMF 关注的核心问题。布雷顿森林体系建立的过程清楚表明，汇率安排在当时国际货币制度的构建过程中具有核心地位。虽然 IMF 协定为建立国际货币秩序而创立的法律制度包括了国际支付的规定、为解决成员国国际收支失衡由 IMF 提供借款安排等内容，但 IMF 对各国汇率政策的管理和管辖权构成该法律制度的本质特征。布雷顿森林体系崩溃后，IMF 仍然对国际货币体系和

---

① 2005 年 7 月人民币汇率进行进一步改革后，施压又起，如 2005 年 9 月 8 日，在第 12 届 APEC（亚太经合组织）财长会议上，与会的美国和日本副财长再次向金人庆提起了汇改议题（《美日财长联手施压人民币 要中国提高汇率灵活性》，载《东方早报》2005 年 9 月 9 日）。

② ［美］迈克·麦克威尔：《WTO 与国际经济法》，载《法制日报》2000 年 9 月 4 日第 4 版。

国际汇率的稳定负责，依然是国际货币体制的基石，且对汇率的监督职能得到了加强。其次，WTO规则对汇率没有直接的规定。正是由于汇率安排构成了IMF所管辖的国际货币领域的核心，因此，第二次世界大战前后所建立起来的国际经济秩序和格局为了避免管辖冲突，不可能将这一问题交由其他国际组织共管，就像当时策划者们不可能将GATT的核心任务——削减关税交由IMF共管一样。从对WTO与IMF关系具有重要影响的GATT第15条等规定来看，这些规定所指向的都是IMF第8条项下的国际支付与转移，与汇率无涉。① 所有这些都表明，由WTO的争端解决机制来审查和裁定人民币汇率制度，既有违于IMF和WTO在现有国际经济格局下的分工，也不符合WTO本身的规定。IMF在这一领域内的职能是不容挑战的。

从汇率义务本身来看，我国并没有违背IMF协定项下的汇率义务。我国自1994年1月1日汇率并轨以来，实行以市场供求为基础的、单一的、有管理的浮动汇率制度。自2005年7月21日起，我国改变原来盯住美元的做法，开始实行以市场供求为基础、参考一篮子货币进行调节、有管理的浮动汇率制度。在牙买加体系下，固定汇率制与浮动汇率制可以同时并存，成员国有权选择本国的汇率制度和对汇率进行管理，有权决定本国的汇率政策。根据IMF协定的上述规定，IMF的成员国在宣布其采用的汇率之前也不需要获得IMF的批准，在改变汇率安排时亦不需要得到IMF的许可。IMF要求成员国同其合作，保证有秩序的汇率安排和促进汇率稳定。但是，IMF或其他国家无权强求成员国按其要求改变本国的汇率安排和所选择的汇率制度。从实践来看，各国采用的汇率制度多种多样，有盯住汇率、爬行汇率、自由浮动汇率及其交叉结合的变种，如有管理的浮动汇率等。我国人民币汇率的做法符合国际通例。因此，我国的汇率安排和汇率政策符合我国在IMF协定项下所承担的义务，西方国家对人民币汇率的指控是缺乏法律依据的。

不止于此，我国也没有违反IMF协定第4条规定的不得操纵汇率而取得优于其他成员国的不公平的竞争优势的义务。衡量这一义务，需要对"操纵"和"操纵意欲取得的不公平竞争优势"有清晰的理解。"操纵"具有以不恰当的行为制造非正当的局面的含义。在各国实行自由汇率后不久的1977年，IMF就制定了监督各成员国汇率政策的原则，辨识"在外汇市场上长期、大规模、朝单

① IMF和WTO的有关法律规定以及双方的合作协议，围绕外汇和汇率使用了不同的措辞。不管怎样，界定IMF与WTO的关系，有两类政策需要进行区分：外汇措施和汇率安排。前者是指一国是否存在将当地货币兑换成另一国货币用以进行国际支付的限制，后者是指一国如何确定以外币所体现的本币价值。IMF的成员国在外汇措施上的义务体现在IMF协定第8条中，而IMF成员的汇率安排的有关义务体现在1978年所通过的对IMF协定所进行的第二次修改后的第4条中。

一方向的干预",出现这种情况时 IMF 有必要与加害国进行磋商。据此,"操纵"似乎可以界定为"在外汇市场上长期、大规模、朝单一方向的干预"。然而,迄今为止,世界上还没有任何一种公认的币值评价理论和方法。在此情况下,怎么认定汇率走势不代表汇价的正常变动,而是政府逆市场力量而进行干预的结果呢?又怎么能够认定什么是市场力量所决定的汇率水平呢?

有必要强调指出的是,对决定汇率水平的市场力量不能用纯而又纯的眼光来看待。在人民币汇率问题上,有人以我国外汇市场存在缺陷为根据,认为我国外汇市场产生的人民币汇率不能作为正常汇率。WTO 争端解决机制的专家组在"加拿大－软木案"中对类似问题做出过明确的回答。在"加拿大－软木案"中,美国提出由于加拿大伐木商所交纳的伐木费受到加拿大政府的操纵,加拿大境内不存在不受政府干预的市场价格,因此,美国在确定加拿大对其木材出口提供补贴的幅度时,没有采用加拿大国内市场的价格,而是采用美国的价格作为衡量的基准。这里的关键问题是,受政府干预的市场还是不是市场,受政府压制的市场价格能不能作为市场价格?对此专家组指出,市场并不是没有政府干预的理论上的市场,认为反补贴协定第 14 条(d)款并不要求市场状况必须是假定的、没有扭曲或完美的竞争市场[1],也没有要求有关当局推算出一个可能存在的、没有政府介入的市场价格,也不允许有关当局因为有关国家国内市场价格受到政府资助的影响而拒绝采用该价格。[2] 实际上,完全竞争只是理想中的状态,在现实生活中很难实现。[3] 因此,以人民币外汇市场不完善为由拒绝承认人民币汇率是站不住脚的。事实上,世界各国,包括发达国家,对外汇市场都存在不同程度的干预。

从我国目前情况看,人民币汇率虽然是有管理的,但汇价每天都在变动,有涨有落,总体上向着升值的方向变动。这种情况注定人民币汇率不构成操纵。操纵所导致的什么样的结果才是非正当和不公平的?IMF 协定对这一问题的规定并不清楚。是否就是指赤字和盈余收支平衡的调整呢?迄今为止,在 IMF 协定项下还没有证据表明国际收支中的大量的盈余或赤字是非法的。竞争优势可以是汇率操纵的结果,但人民币汇率并不构成操纵,因此,我国的竞争优势和外汇储备的大量增加不是通过汇率操纵获得的。实际上,以美国为代表的西方对中国的国

---

① 反补贴协定第 14 条(d)款的规定是:"由政府提供商品或服务,或采购商品不应视为一项利益的给予。除非供应所得少于足够的报酬,或购买所付多于足够的报酬。所谓足够的报酬应按有关商品或服务在该国一般市场的关系来确定(包括价格、质量、效用、适销性、运输和其他购销条件)。"

② Panel Report, United States-Preliminary Determinations With Respect To Certain Softwood Lumber From Canada, WT/DS257/R (18 August, 2002), paras. 7. 36 – 7. 65.

③ [美]保罗·A·萨谬尔森,威廉·D·诺得豪斯,高鸿业等译:《经济学》(第 12 版),中国发展出版社 1992 年版。

际收支的逆差并不是人民币汇率引起的，而是多种原因造成的。即使人民币大幅度升值，与中国经济结构类似的其他国家仍然会取得对美国和西方国家的顺差，美国和西方国家的国际收支问题仍然会存在，因此，人民币汇率也没有阻碍西方国家国际收支的有效调整。正如 IMF 在 2005 年与中国磋商报告中所指出的那样，中国汇率变动本身对全球的收支失衡不具有大的影响。所有的主要国家都要采取决定性的政策行动，包括美国要对财政赤字进行有意义的削减，欧洲和日本要进行结构改革。[①]

从 IMF 的监督权和执行权来看，我国自恢复在 IMF 的席位之后，IMF 就一直年复一年地与我国磋商，评估我国的内外经济政策，但从没有认为人民币汇率存在被操纵或低估。以 2004 年 IMF 与我国磋商情况为例，IMF 对我国的有关政策进行评估，认为中国需要减缓货币与信贷的增长，避免形成"硬着陆"。IMF 把磋商的重点放在了更灵活的人民币汇率上，但 IMF 所发表的磋商报告也表明，难以找到有说服力的证据证明人民币被严重低估。[②] 就连美国财政部向美国国会提交的最新的半年报告，也不能指认中国操纵了人民币汇率。[③] 在我国人民币汇率没有违背 IMF 义务的情况下，IMF 没有也不可能对我国采取任何执行措施。因此，对中国违背 IMF 项下汇率义务的任何指控在实践中都是难以成立的，也没有得到 IMF 的支持。

第二节 多边贸易体制内中国文化与贸易问题

自 2001 年中国加入世界贸易组织以来，国内文化产业、文化市场的发展以及对外进行文化贸易的活动都不可避免地纳入到了 WTO 体制之中。一方面，遵循 WTO 货物与服务领域的自由贸易规则，我国不断加深文化产业化战略措施，从而调动了市场积极性，开拓了更多的文化产品与服务新形式，不仅丰富了国内文化市场，也加大了对外传播文化的空间；另一方面，随着美国等传媒大国各式各样文化产品与服务的强势进入，以及互联网等高科技传播媒介的普及，本就羸弱的国内文化产业和市场时常濒临被外域文化样式占据主要阵地的危险边缘。文

---

① IMF, People's Republic of China: 2005 Article IV Consultation, available at: http://www.imf.org/external/pubs/ft/scr/2005/cr04351.pdf/ November 2005.

② 《央行负责人就 IMF 公布 2004 年中国磋商报告答记者问》，http://www.pbc.gov.cn/detail.asp / 2004 – 11 – 06。

③ Fred Bergsten, Reform of the International Monetary Fund, June 7 2005, available at http://www.iie.com/publications/papers/bergsten0605.pdf.

化关乎国家生存安全、民族传统传承以及个性发展的特性逐渐引起国人关注。然而我国固有的文化事业行政管理体制又不能承担新时期维护文化身份、促进本地文化蓬勃发展的重任。因此，怎样在市场化运作过程中适当照顾到文化特性，在文化贸易活动中防范可能存在的文化侵袭以及文化产品与服务的同质化缺陷就成为决策者必须面对的问题。而这些宏观架构上的矛盾落实到实践当中，一般表现为两个方面：一是政府就文化产业制定的各类型政策措施如何既能起到促进本地文化产业发展的作用，而又不违背 WTO 规则（包括入世承诺）；二是一旦出现了贸易争端，怎样利用现有规则为自身辩护甚至创设新的文化贸易规则适用先例。

一、中国文化立法及相关"入世"承诺

我国自 20 世纪 80 年代以来开始进行文化体制改革，90 年代开始确立社会主义市场经济体制的改革目标，到 21 世纪初已经初步确立起了由一系列行政法规和规章构成的文化产业政策系统，以及由这个系统而形成的文化管理机制，包括：《电影管理条例》、《出版管理条例》、《广播电视管理条例》、《音像制品管理条例》、《广告法》等，基本涵盖了文化产业的主要领域，但其大多是在转型时期制定，因此带有计划经济体制的痕迹，而且行业和部门的利益保护色彩浓重，缺乏应有的公共性、公正性与公平性。所有这些都与 WTO 自由贸易原则、透明度、市场准入的要求相去甚远。

2001 年加入 WTO 时，我国就文化领域在 GATS 项下做了如下具体承诺：[①]

（1）广告服务：允许外国服务提供者仅限于以合资企业形式，在中国设立广告企业，外资不得超过49%。中国"入世"两年内，将允许外资拥有多数股权。中国"入世"后四年内，将允许设立外资独资子公司。

（2）分销服务："入世"一年内，外国服务提供者可在我国经济特区和有关城市设立中外合资的图书报纸杂志零售企业。"入世"两年内，开放所有省会城市及重庆和宁波市，并允许外资对零售企业控股；"入世"三年内，取消对外资从事分销服务企业在地域、权益、股权及企业设立形式方面的限制。但 3 年内，超过 30 家分店的连锁企业仍不允许外资控股。

（3）视听服务：自"入世"时起，在不损害中国审查音像制品内容的权利的情况下，允许外国服务者与中国合资伙伴设立合作企业，从事除电影外的音像制品的分销。

---

① 黄子宜：《论在 WTO 服务贸易总协定承诺下如何增强我国文化实力》，http://www.law-lib.com/lw/lw_view.asp?no=7631，2007 年 4 月 1 日访问。

（4）电影院服务：自"入世"时起，允许外国服务提供者建设和/或改造电影院，外资不得超过49%。

（5）电影进口："入世"时，在与《中国电影管理条例》相一致的情况下，中国允许每年以分账形式进口20部外国电影，用于影院放映。[①]

应该说，我国在文化产业的开放方面保持了务实谨慎的态度，开放的领域有限，开放的幅度可控；但根据承诺，我国大部分文化产业已经度过了过渡保护期，真正的 WTO 时代已经到来。

我国从 2003 年 5 月 1 日起允许外国投资者在我国市场上从事图书、报纸和杂志的零售业务；书报刊批发市场也于 2004 年 12 月 1 日起向外国投资者开放。文化领域最敏感的视听服务部门，也拉开了外国公司进驻国内市场的大幕。例如华纳兄弟电影公司是西方首家在中国开展影片发行业务的制片公司。目前，华纳公司在中国内地共拥有 8 家影院，67 个影厅、1.4 万多个坐席。截止到 2005 年 11 月底，这 8 家影院的票房总收入已经达到 1.07 亿元人民币，比 2004 年增长了 81%。预计 2005 年的票房总额将超过 1.21 亿元人民币。[②] 加入 WTO 对我国文化产业的发展既是机遇，也有挑战。党的十六大提出要迎接文化建设新高潮的到来，十六届三中全会提出要"增强参与国际合作与竞争的能力"，继续实施"走出去"战略。2006 年初，中共中央、国务院联合颁布了《关于深化文化体制改革的若干意见》，成为指导我国文化体制改革的纲领性文件。该文件指出："要着力培育外向型文化企业，积极实施'走出去'战略，创新对外文化交流体制和机制。实行政府推动和企业市场化运作相结合，打造一批具有国际竞争力的文化企业，成为实施文化'走出去'战略的主体"。我国文化、商务管理部门以及财政部、海关总署、国家税务总局也相继出台了一些鼓励性政策法规，以促进我国文化产业与文化对外贸易的发展，例如文化部《关于支持和促进文化产业发展的若干意见》、《文化产业发展第十个五年计划纲要》、《关于鼓励发展民营文艺表演团体的意见》、《关于加快电影产业发展的若干意见》、《"中国图书对外推广计划"实施办法的通知》等。各省市、地区也纷纷制定了具体贯彻决定、法规的地方性法律文件。同时根据"入世"后外国文化娱乐产品大量涌入的新情况及 WTO 规则、我国的"入世"承诺等，相关部门也制定了一些新的行政法规与政策决定，例如，《境外电视节目引进、播出管理规定》、《电影制片、发行、

---

① 同时附加有 3 个条件：一是要符合我国的电影管理法规，保留内容审查的权利；二是这 20 部影片不是进口义务承诺，而是配额管理，最终的进口数量还要由我国电影发行公司基于商业利益加以考虑，并不是每年必须进口 20 部；三是 20 部影片是全球配额，并非承诺都是美国大片。参见高洁的硕士论文《从文化贸易看我国文化产业的发展》，源自中国期刊网之中国优秀硕博士论文库。

② 《华纳计划专门开设中国电影厅》，http://news.xinhuanet.com/video/2005－12/27/content_3973651.htm，2006 年 3 月 10 日访问。

放映经营资格准入暂行规定》、《境外机构设立驻华广播电视办事机构管理规定》、《境外卫星电视频道落地管理办法》、《外商投资电影院暂行规定》及其补充规定、《中外合作摄制电影片管理规定》、《设立外商投资印刷企业暂行规定》、《国务院关于非公有资本进入文化产业的若干决定》、《关于加强文化产品进口管理的办法》、《关于文化领域引进外资的若干意见》、《关于网络游戏和管理的若干意见》等。

综上可以看出，我国已将发展文化产业、促进文化贸易提高到了国家整体发展战略的地位，正在形成一个由中央到地方的文化促进模式；在加强对外文化交流的同时，对外来文化产品与文化投资则实施较为严格的审查与限制制度。

二、WTO 体制内中国加强文化产业与贸易政策措施的建议

从历史上看，文化与贸易问题最初就是出现在美国与欧盟双边贸易关系领域，毫无疑问，区域与一国范围内就此问题的实践与努力为 WTO 相关规定的制定与进一步谈判奠定了现实基础。当自由贸易与文化多样性议题在 WTO 领域日渐受到重视的时候，以欧洲、加拿大、美国等为代表的区域及单个国家对其管辖范围内遇到的文化与贸易问题也进行了有意义的探索与实践。

（一）欧美加促进文化产业与贸易发展的内部措施

1. 补贴

补贴是欧盟及其成员国政府在视听领域采取的最重要的措施。欧盟通过媒体计划（Media Programs）来支持欧洲视听产业的发展。该计划以 3 项支持活动为中心：视听计划发展、视听计划促进[①]与专业人员的培训[②]。就欧盟内部而言，法国为本国电影工业的发展提供了最大数量的补贴：每年，法国视听工业都得到艺术文化部预算给予的直接补贴 3 350 万欧元。除此之外，还有电影管理部门划拨及电视节目制作公司、视频产品制作销售者营业额共 2 亿欧元。仅次于法国水平的就是德国：根据 1998 年 8 月 6 日的德意志联邦《电影促进法》（FFG）及由 FFG 创建的电影促进署（FFA）专职于对国产电影的支持。由 FFG 创建的 FFA 从 1968 年起不仅资助电影制作，而且也支持影院运营。为此所需的资金由所有

---

　　① 这两项见欧洲理事会 Council Decision 2000/821/EC of 20 December 2000，旨在通过该计划的实施鼓励欧洲视听作品的生产、发行与促进；另见 MEDIA PLUS-development, distribution and promotion 2001 – 2005, OJ L 13/34 of 17 January 2001。

　　② 欧洲议会与理事会决议 Decision No. 163/2001/EC，2001 年 1 月 19 日，旨在实施欧盟视听计划之专业人员培训计划；另见 MEDIA training 2001 – 2005, OJ L 26/1 of 27 January 2001。

的影剧院、公共和私人电视台和录像业共同负担的一项税收筹措。英国 1985 年《电影法案》取消了电影许可税,该项税收曾是 1951 年以来支持英国电影发展的主要财源,取而代之的是用国家彩券基金收益进行贷款和降低税收的一套办法。电影委员会运用国家彩券基金向那些没有该项基金投资就无法实现的电影计划进行贷款。

加拿大是除欧洲以外对视听产业提供补贴最多的国家。加拿大政府每年为公共广播服务提供超过 10 亿加元的补贴。而且加拿大还以不需偿还的国家补贴、无息贷款或减少运输费等方式补贴音乐工业、出版业与新闻业。①

2. 内容要求

"内容要求"是加拿大保护文化产业最重要的措施之一,也是最受争议的一部分,实质是一种内容配额管理措施,主要应用于广播电视领域。根据加拿大广播电视及电信委员会(CRTC)的定义,所谓"加拿大内容"就是加拿大艺术家创作的、关于加拿大故事的文化产品。该委员会从广播和电视两个方面对"加拿大内容"进行了非常详细的规定,确定了认定"加拿大音乐"和"加拿大电视节目"的必备要素。②

《无国界电视指令》(the Television Without Frontiers Directive)(89/552/EEC of 3 October 1989,后修改为 97/36/EC of the European Parliament and of the Council,1997)第 6 条对所谓"欧洲作品"进行了定义,指主要在欧盟境内制作的节目或者在欧盟外的欧洲国家,但其是在《欧洲跨国广播电视公约》的缔约方境内制作的节目。按照第 6 条第二段,这些作品的作者应主要居住在一个或多个欧洲国家,且满足下列三项要求:制作单位应建立在一个或多个欧洲国家;节目的制作应受到建立在一个或多个欧洲国家的一个或多个制作者监督与掌控;或者来自欧洲国家合作者的投资占据整个节目制作费用的较大比例,合作节目制品由欧洲制作者或制作单位掌控。第 6 条第 5 款进一步规定,不属于欧洲作品的节目,但其作者主要居住在该指令成员国内,应考虑其在整个节目制作费用中所占的比例,一定程度上将其视为欧洲作品。

3. 税收措施

对电影院经营收益征税是资助国产电影制作的一种有效方法,③ 欧洲各国存

---

① 详见加拿大文化遗产部网站,http://www.pch.gc.ca/index_e.cfm。

② 张玉国著:《国家利益与文化政策》,广东人民出版社 2005 年版,第 210~211 页。

③ 尽管 CNC 作为独立法人能够自主支配属于其掌控的资金,但所有活动仍处于文化部的管理之中。制定法国核心电影政策的最主要责任者是国家电影委员会,其法律依据是 1983 年 12 月 8 日制定的 83 - 1084 号指令。文化部部长也是该委员会的主席。转引自 C. B. Graber, M. Girsberger and M. Nenova(eds.), Free Trade versus Cultural Diversity: WTO Negotiations in the Field of Audiovisual Services, Schulthess, 2004, p. 36,note 71。

379

在很多不同的视听方面的税收措施，差别很大。例如，法国自 1948 年以来对电影票收益开始征税，致使电影院设立许可成本比之前增加 11%。到 2001 年，该项税收产生的国家收入减至 96 700 万欧元。电影院税收很长一段时间以来已经成为资助国家电影中心（CNC）活动的主要来源。CNC 又利用这笔资金资助了一大批促进国产电影工业发展的项目计划，主要涉及电影的制作生产、发行与放映。除了对出售电影票的收益征税外，法国还对广播公司的收入①以及出售录像带的收益征税②，同样用于 CNC 组织实施促进法国电影发展的活动。德国 FFA 是专门负责联邦电影发展的机构，其资金来源也与法国类似。③ 另一方面的例证来自意大利和英国，意大利对于放映国产电影的电影院经营者实行减税措施；英国 1997 年《财政法案》规定电影在制作阶段被允许从可纳税收入中减少 1 500 万英镑的制作成本，电影制作完成后则 100% 免税。

加拿大主要是通过税收立法来控制广告的流动。1977 年，加拿大国会通过了《时代/读者文摘法案》（Time/Reader's Digest, or Bill C – 58），对 1958 年的《所得税法案》进行了修订，规定在加拿大人拥有 75% 股份的期刊和 80% 股份的电视台做广告，可以享受税收减免待遇。该项措施使加拿大电视台有了相对充足的资本进行电视节目制作。同时，税收措施也使加拿大期刊获得了较为充足的广告收入来源。④

4. 所有权规则

限制外来投资或确保本国自然人或法人对一些公司的所有权措施在许多法律体系中都有。欧洲国家也不例外。按照奥地利 1997 年 6 月份通过的《电缆与卫星广播法案》第 5 条第 1 款规定，通过电缆或卫星传送节目的广播运营商必须是奥地利公民，即自然人及法人。法国对外资在广播公司的持股限额最高规定为 49%。1985 年通过的《加拿大投资法案》对外资公司在加拿大文化产业领域的

---

① 该项税法规定于 1986 年，总收入的 5.5%，包括许可费和广告收益，都必须付给税收机关。1996 年，共征收 25 700 万欧元。国家电影中心因此将其中 62% 的资金用于支持经过一定选择的电视节目，剩下的 38% 则用来制作法国电影。同样的方式，瑞士对私人广播节目的纯收入征收 2% 的许可税，以此来促进本国电影工业的发展。参见 C. B. Graber, M. Girsberger and M. Nenova（eds.）, Free Trade versus Cultural Diversity: WTO Negotiations in the Field of Audiovisual Services, Schulthess, 2004, p. 35, note 65。

② 自 1993 年以来，国家电影中心对复录录像带的销售与出租所得一直征收 2% 的税，至今已累计 1 150 万欧元，全作为国家电影中心的经常预算。国家电影中心花费其中的 15% 用来资助电影事业，85% 用来支持电视节目的制作生产。参见 C. B. Graber, M. Girsberger and M. Nenova（eds.）, Free Trade versus Cultural Diversity: WTO Negotiations in the Field of Audiovisual Services, Schulthess, 2004, p. 35, note 66.

③ 德国《电影支持法案》（FFG）第 66 段规定 FFA 的财政来源是对电影院经营商和录像带销售商每年收益的税收（前者为 1.5% ~2%，后者为 1.8%）。按照第 67 段的规定，还有来自私人广播与电视节目运营商的贡献。

④ C. B. Graber, M. Girsberger and M. Nenova（eds.）, Free Trade versus Cultural Diversity: WTO Negotiations in the Field of Audiovisual Services, Schulthess, 2004, p. 38.

投资也进行了严格限制：不仅需要经过政府有关部门的审批，还对与加拿大文化企业的兼并收购列举了约束条件。

另外值得注意的是，美国政府对文化产业的发展参与并不多，但并不表明美国不重视这一领域。相反，美国这种形式上的放松管制恰恰是为了鼓励自由竞争。国内市场上，尽管美国政府没有直接的补贴措施，但自 1998 年开始政府补贴还是间接地流入了广播领域：作为美国美洲禁毒政策的一部分，美国政府将反毒广告嵌入电视制作公司的具体节目中。通过这种方式，政府间接地帮助这些公司承担了节目制作费用。直到 2000 年，2.18 亿美元的公共基金投入到了电视制作公司。国际服务贸易领域，美国对 GATS 的具体承诺表中仍包含促使国家艺术基金（NEA）将可能的资助限定在美国国民或满足一定许可条件的外国人范围内。①

（二）中国加强文化产业与贸易发展可采取措施的建议

上述欧、美、加的政策措施在其领域内都收到了良好的效果，对中国而言，WTO 体制为我国参与国际贸易提供了一个相对安全、可预见的整体环境，其中欧、美、加等西方大国在文化经济领域内的惯有做法或新措施都能够在这一体制内被广为知晓。我国应加强对文化贸易强国国内具体文化政策措施的深入研究，在立法与执法方面借鉴先进经验。

首先，应依法转变政府职能，由政府直接垄断变为政府间接监管。这不仅能够发挥市场能动性，激发文化市场活力，也使得我国的政策法规能与 WTO 自由贸易规定相符合。改革开放 30 多年，我国已初步建立起社会主义市场经济体制；"入世" 7 年，政府定位已逐渐从全能管理型转变为有限服务型，改变了以往在市场方面介入过多的 "越位" 和在提供公共产品方面明显的 "缺位" 现象。② 市场经济条件下，政府对文化市场的间接监管应主要采取下列方式：制定产业发展战略规划；加强法制建设，并通过法律法规维护文化市场秩序；强化政策引导文化产业的布局、结构和发展方向等。对此，商务部已经制订了相应的工作计划：一是牵头制定《中国文化产品和服务出口指导目录》，支持有优势的中国文化产品和服务走出去参与国际竞争；二是完善文化产品和服务进出口统计；三是参与主办以文博会为重点的文化贸易展会；四是培育文化出口重点品牌。预计 "十一五" 期间，我国文化出口将形成以政府为主导、文化企业为主体、民间团

---

① C. B. Graber, M. Girsberger and M. Nenova (eds.), Free Trade versus Cultural Diversity: WTO Negotiations in the Field of Audiovisual Services, Schulthess, 2004, p. 26.

② 潘嘉玮著：《加入世界贸易组织后中国文化产业政策与立法研究》，人民出版社 2006 年版，第 251 页。

体和个人为辅助、市场调节为杠杆的多渠道、多层次、多形式的中国文化出口促进体系,文化出口将有大幅增长。① 为着力发展影视产业,2007 年国家又制定了扶持年轻导演,扶持中小成本投资电影的举措。

其次,应充分运用财政税收政策及与本地内容要求结合行使的配额制度,扶植我国目前还较弱小的文化产业组织。在不减少国家现有财政投入总量的情况下,调整财政投入结构和投入方式,适当增加用于扶持文化产业发展的政策性专项投入。以低息、贴息贷款的方式培植有创造力的文化企业,并对有广阔国内外市场前景的文化产品与服务的生产和经营给予财政补贴。我国目前已经执行了对文化企业特种经营(例如博物馆、文化馆、纪念馆、美术馆、图书馆等)和广播影视、新闻出版发行方面的减免税政策,并在税利返还政策的引导下由文化主管部门掌管返还的税利,设立专项基金或资金。但脱胎于计划经济的文化主管部门难以在实践中很好地履行职责,使得返还的税利难以真正起到促进文化发展的作用。今后的工作重点应是仿效西方经济强国的做法,调整税利征收减免与返还的实施方法,积极设立公共文化基金与内容具体的资助项目。

再次,应加强对文化产业投资的立法保障,逐步放宽对文化产业投资的市场准入,明确规定民间和外来投资的法律地位、权益保护、退出机制等问题。进一步改革审批制度,降低市场准入门槛,鼓励和放宽各种社会资金投入文化产业,取消一些对非公有制经济成分投资文化产业领域的限制;利用资本市场的投融资平台和结构调整功能,鼓励资金投入文化产业,改善上市公司结构不合理的现状。② 2002 年中国证监会颁布的《上市公司行业分类指导》中已将传播与文化产业确定为上市公司的 13 个基本产业门类之一。2007 年中国电影集团公司经发改委批准于 12 月 14 日正式发行了 5 亿元企业债券,募集到的资金将全部用于投资建设国家电影数字制作基地工程、发展数字院线、新建及改造影院等项目。③

最后,应提高立法位阶,弥补立法缺位,扩大立法范围以及确保新立法与其他部门法的衔接等,建立健全文化产业法律体系,强化法律保障。④ 虽然已经制定了一系列与文化发展有关的法规,但大都是部门规章,缺乏像韩国《文化产业振兴基本法》这样的针对文化产业的基本法律。而且已有的法律规定大多过

① 《胡景岩司长谈中国服务贸易的有关情况》,http://video.mofcom.gov.cn/video.asp?id=1853,2007 年 4 月 1 日访问。
② 潘嘉玮著:《加入世界贸易组织后中国文化产业政策与立法研究》,人民出版社 2006 年版,第 262~263 页。
③ 《上市公司行业分类指导》,http://news.china.com/zh_cn/news100/11038989/20071215/14551369.html,2008 年 3 月 1 日访问。
④ 《对我国文化产业发展的法律思考》,http://www.chinalww.com/20060914/115823636830409.shtml,2006 年 3 月 7 日访问。

于概括，缺乏可操作性，立法涵盖面窄、立法缺位问题严重。我们说，法律法规是市场经济的保护神，市场经济某种程度上说就是法制经济，没有效力等级较高的法律法规保驾护航，文化产业难以在错综复杂的市场环境下健康发展。文化产业作为我国市场经济中的重要领域，理应得到法律的保护与支持。

三、WTO 体制中文化贸易争端解决方案的设想

（一）文化多样性公约与文化贸易争端

《保护和促进文化表现形式多样性公约》（以下简称《公约》）除规定了缔约国可采取的广泛而具体的国内文化保护措施外，更重要的是，为有效地保护和促进文化多样性提供了一个非传统的国际法方法，即通过解决《公约》赋予缔约国的采取保护和促进文化多样性措施的权利和履行 WTO 贸易自由化义务之间的具体冲突来实现文化多样性的宗旨。

作为缔约方之一，2006 年 12 月 29 日我国第十届全国人民代表大会常务委员会第二十五次会议通过了《关于批准〈保护和促进文化表现形式多样性公约〉的决定》。尽管大多数 WTO 成员都同我国一样是《公约》的缔约方，但美国、以色列以与 WTO 自由贸易规则相抵触为由坚决反对《公约》确立的文化多样性促进措施。这在实践中就会导致两种矛盾冲突：一是同为 WTO 成员及《公约》缔约方[①]的国家间实施不同条约义务时的矛盾冲突，例如法国与德国间就一项具体的文化贸易到底应遵循 WTO 规定的市场准入开放原则，还是可因《公约》允许的文化保护规定而采取相反的措施？二是同为 WTO 成员，但有一方不是《公约》缔约方国家间实施不同条约义务时的矛盾冲突，例如美国与中国间就中国国内一项符合《公约》规定，但有违 WTO 自由贸易规则的影视文化政策措施可能产生的争端。

1. 司法管辖权问题

解决上述矛盾冲突，首先涉及争端解决方法的选择问题。《公约》与 WTO 都有关于争端解决的具体安排，《公约》第 25 条规定了基于谈判、调停或调解机制的争端解决规则，还专门以附件形式对调解作了更加详细的规定：建立调解委员会。但这些条款都不很清楚，因为争端当事方有权决定是否考虑调解委员会

[①] 148 个《公约》缔约方中有 26 个不是 WTO 成员，分别是：阿富汗、阿尔及利亚、安道尔共和国、阿塞拜疆、巴哈马群岛、白俄罗斯、不丹、波斯尼亚、黑塞哥维那、佛得角、埃塞俄比亚、厄立特里亚、哈萨克斯坦、黎巴嫩共和国、乌兹别克斯坦、阿拉伯叙利亚共和国、老挝、朝鲜、塞尔维亚和门的内格罗、塞舌尔、索马里、苏丹、汤加、塔吉克斯坦、乌克兰、也门、越南和瓦努阿图共和国。

的建议；而且还遗留了重要问题，即 UNESCO 秘书处可能充当的角色不是很明白；《公约》的批准与退出规定也阻碍了争端解决安排的效力发挥：调解程序非强制性，《公约》第 25 条第 3 款规定，国家在批准该公约时可以做出保留，不适用本公约的调解程序。退出条款的存在显然也不利于调解程序的使用，因为如果调解中发生问题，当事方有权选择退出。调解作为一种政治外交方法，通常都是作为法律方法的辅助，《公约》完全依赖调解解决争端，而且这种调解还没有强制性，无疑是分歧各方妥协的结果。很明显，《公约》第 25 条与附件不如 WTO 争端解决程序精练实用，《公约》遗留了很多程序性事项给政府委员会处理（附件第 6 条），有可能导致政府委员会迟延做出决定；而且依照第 25 条非强制性的调解程序作出的最终调解建议，也仅靠当事方的善意履行来实现，对缔约方没有任何吸引力。考虑到 WTO 是调整国际贸易的首要场所，创立了全球范围内最常使用，也是最有效的争端解决机制，《公约》的主要角色就是当贸易与文化发生冲突时，作为 WTO 的平衡因素。通过国内批准程序，缔约方表明了对于文化多样性的维护与促进应该置于与经济目标同等重要位次上的确信；缔约方更愿意选择 WTO 争端解决机制来解决反映了同样等级价值目标的《公约》与 WTO 协议之间的冲突。

2. 具体适用的规则

既然说《公约》基于文化目的为 WTO 协议提供了一种平衡力量，适用规则的问题在实际争端案里其实就表现为《公约》的相关条款如何在 WTO 争端解决机构处理具体案例时一定被考虑，如何对《公约》的条款进行解释才能使其在 WTO 争端解决实践中发挥应有的效用。

WTO 法作为国际公法的组成部分，已经没有多少人会提出异议，但其作为一个整体在国际法上的特性往往成为 WTO 争端解决机构具体适用法律时被提出的问题。首先，WTO 协议是国际公法领域中具有最全面的初级义务（即贸易实体规则）的条约体系之一；其次，在 WTO 协议中，如同任何条约体系，基本的承认规则是作为多边条约的 WTO 协议本身；第三，在《建立 WTO 协议》中，诸如决策程序（第 9 条）、修正（第 10 条）、创始成员（第 11 条）、加入（第 12 条）、特定成员之间多边协议的不适用（第 13 条）、接受、生效和交存批准书（第 14 条）、退出（第 15 条）被认为是改变规则；第四，具有第 27 条第 143 款的 DSU，不仅提供了较为详尽的裁判规则，而且 WTO 争端解决机制的司法性、强制性和有效性得到了实践的检验。在此意义上，WTO 法具有较为充分的"承认规则"、"改变规则"与"裁判规则"等次级规则，从而构成了一种比较完备的法律体系。近年来，认为 WTO 法律体系是自成体系的封闭制度的观点，逐渐被否定。

DSU 也并未明确规定 WTO 争端解决中只能适用 WTO 法，而且无论 WTO 协议还是 DSU 都在原文中提到了某些其他国际法规则。有学者基于 WTO 法体系完备但非自我封闭的特点，提出应授权专家组和上诉机构适用所有相关的国际法规则；应区分司法管辖权和适用法裁判，两者没有必然联系，WTO 争端解决机构的管辖权受制于依据 WTO 协议提起争议的这一事实并不意味着 WTO 争端解决机构所适用的法律也必须受制于 WTO 协议。DSU 没有明确禁止就是赋予了某种"隐含权力"。① 争端解决的实践已经出现了考虑其他国际协议的案例。1998 年"美国进口虾龟案"中，上诉机构否定了专家组对待贸易与环境问题时的孤立视角，认为对 GATT 1994 第 20 条一般例外"保护可用竭自然资源——濒危物种"的规定应根据当前国际社会对于环境保护问题的关注情况来解释。虽然争端当事方并不都是相关多边环境公约的签署方，但根据《建立 WTO 协议》的前言，有理由相信 WTO 成员在签署该协议时完全了解环境保护作为国家和国际社会政策的重要性和合理性。到目前为止，这是上诉机构明确采用《维也纳条约法公约》第 31 条第 3 款 c 项②的唯一案例，实际上在争端当事方之间适用了多边环境协议，使当事方也受其约束。另外，本案中不是所有争端当事方都参加了相关的多边环境公约，因此 WTO 争端解决机构的这一实践也对处理 WTO 成员而非《公约》缔约国与《公约》缔约国之间就文化贸易保护措施产生的争议，具有重要意义。③

　　与环境问题一样，WTO 对于国际社会关注的文化多样性问题不可能视而不见。假如关于文化多样性的多边公约签订，例如《公约》，是否也可以将其作为应对主张违反 WTO 规则的可能辩护呢？专家组和上诉机构是否可以在裁决时参考《公约》的相关规定呢？无论如何，可以肯定的是，《公约》将为 WTO 专家组和上诉机构论证国内政策措施是为了实现国际法上的合理目标，提供了强有力的法律证据，因为这类目标不必要非得让位于自由贸易原则。第 20 条第 2 款的规定可作为处理《公约》与其他条约冲突的可操作性规则。因此，《公约》可被看做解释 WTO 规则时可供参考的文本资料，而不是作为取代 WTO 权利义务规则的例外条约，这与现存的 WTO 争端解决体系不矛盾。然而，结果如何，还有

----

　　① 参见［比］约斯特·鲍威林著，周忠海、周丽瑛、马经、黄建中等译：《国际公法规则之冲突——WTO 法与其他国际法规则如何联系》，法律出版社 2005 年版，第 521～525 页。

　　② "适用于当事国间关系之任何有关国际法规则"。这一条款有助于参照条约的解释来处理条约关系问题。它认为产生于同类活动对象的单独条约规定作为国家权利义务一个整体的各个方面而彼此连接，表达了"体系上一致"（system integration）的原则目标，即应以国际法的所有规则和原则为背景来解释条约。这些规则和原则既包括习惯国际法规则和一般法律原则，也包括其他相关条约的规则。See also Report of the Study Group of the International Law Commission，A/CN. 4/L. 702，18 July 2006.

　　③ "美国进口虾龟案"中，虽然美国尚未批准《海洋法公约》，但最后 WTO 争端解决机构认定该公约的大部分的有关条款反映了习惯国际法，因此应当作为解释 GATT1994 第 20 条 f 款参照的国际法规则。See also Report of the Study Group of the International Law Commission，A/CN. 4/L. 702，18 July 2006.

待于《公约》获得更广泛地接受与 WTO 实践的进一步发展。

（二）中国影响出版物和视听娱乐产品的贸易权和分销服务措施案

本案自 2007 年 4 月美国提出磋商请求至 2009 年 8 月专家组报告通过，后来又经历了上诉审程序，直至 2009 年 12 月上诉机构裁决报告公布，共历时两年零八个月。无论从案件的诉讼进程，还是其涉及的法律争议点的数量来看，本案都是 WTO 成立以来最为复杂的争端案例之一。就美方的磋商请求来看，本案的争议点主要有以下三个：第一，中国仅允许特定的中国国有企业从事出版物、视听娱乐产品的进口贸易，这一贸易权的限制措施妨碍了相关产品的进口；第二，中国限制外国企业在中国从事出版物、视听家庭娱乐产品和音像制品发行服务的权利。对于争议中的一些产业来说，发行成为中国国有企业的特有权利。其他企业则面临特有的限制措施。其他领域，只有合资企业被赋予从事分销的权利；第三，中国对进口出版物、音像制品和影院的发行设置了限制。而这些确是中国产品所不会遇到的。举例而言，在电影发行商中，只有两家被允许发行进口电影。进口出版物和电子音像制品的发行也面临歧视性限制。[1] 因此中国的措施与 WTO 协议不相符，包括 GATS 第 16 条和第 17 条，GATT1994 第 11 条第 1 款，《中国入世议定书》第一部分第 5 段的第 1、2 节以及第 1 段的第 2 节（已吸纳为《中国入世工作组报告》第 83 和第 84 段）。

1. 中国应诉的背景

WTO 内部，事实上从文化例外争论开始，文化身份及文化多样性议题在 GATS 谈判过程中被越来越多地关注。多哈回合围绕视听服务待遇问题形成的争论仍然以欧洲国家、加拿大与美国的分歧为典型特征，反映在各自向服务贸易委员会提交的建议案中。[2] 各成员讨论的焦点主要集中于三个方面：科技进步的影响、GATS 对文化多样性的承认以及对国内规制措施的国际调整（包括补贴纪律的制定与竞争规则的引入）。

新科学技术的发展一方面创造了新媒介形式，便利了视听产品的传输，另一方面也给视听产品（包括货物与服务）的具体分类带来了麻烦。[3] 无论是乌拉圭回合还是其后的每一次服务贸易领域的专门性谈判或讨论，都没有从法律上确认

---

① Statement by the United States at the WTO DSB（Request for a Panel / China），Geneva，October 22，2007，http://hongkong. usconsulate. gov/uscn_state_2007102201. html，visited on 1 May，2008.

② 例如，美国的建议案（S/CSS/W/21）、巴西的建议案（S/CSS/W/99）、瑞士的建议案（S/CSS/W/74）等。

③ 例如，对通过网络提供的少数产品应如何分类？通常涉及书籍、电影、软件等。一些成员将书稿的数字形态当做服务，受 GATS 调整；而另一些成员则认为此类产品仍然是货物产品，应使用 GATT1994。同时还有成员认为此类产品既非货物，也非服务，需要设计新的特殊条款。

视听服务所具有的文化特性。① 美国作为加强视听服务领域自由化的最强大支持者，仍然面对主要来自欧共体与加拿大的激烈反对。多哈部长会议前夕，欧盟部长理事会通过决议重申西雅图部长会议的决定，在即将到来的 WTO 谈判中，欧盟仍然像在乌拉圭回合中一样，确保其成员国维护其为保护文化多样性而实现国内文化及视听政策的能力。发展中国家例如巴西、埃及和墨西哥则更愿意加强对国内媒体工业具体利益的保护。在这种情况下，瑞士的赞成将文化多样性保护当做平衡进一步自由化后果的提议更有帮助。然而，作为前提条件，有必要对文化多样性这一概念从非经济保护角度进行界定。《公约》的最大价值就是填补了国际法有关文化价值、文化多样性的立法空白，但目前 WTO 内部还未对《公约》有任何明确表态，即便是《公约》缔约方与 WTO 成员方大部分重叠，也不能就以《公约》文本代表 WTO 成员方对文化的态度，尤其在目前美国还未加入《公约》的情况下。依据 WTO 秘书处提供的信息，视听部门属于得到补贴最多的部门。② 制定视听领域的补贴纪律可能对欧洲与加拿大现存的公共广播服务体系造成冲击。相关谈判到目前为止还没有多少进展，原因主要在于服务贸易领域补贴措施的固有复杂性，以及多数成员的消极态度。在视听领域拥有巨大利益的欧洲国家普遍对补贴纪律不感兴趣，一味强调维持欧盟与成员国内的现存措施，并适当发展适应视听部门的新措施。③ 因此，现阶段达成一致的可能性不大，视听领域的现状其实是成员国可自由进行补贴。④ 竞争政策是 WTO 涉及的一个新领域，1996 年新加坡部长会议上成立了专门的贸易与竞争政策工作组（WGITCP），至今 100 多个成员都提交了建议案，大部分都赞成对该议题进行进一步的讨论。《多哈部长宣言》确认了对发展中国家此领域内加强能力建设的支持，包括政策分析等。宣言进一步强调 WGITCP 需要继续澄清下列核心原则：透明度、非歧视、禁止核心卡特尔、国际合作以及强化发展中国家的竞争组织等。竞争与贸易关系的实质其实就是包括欧盟国家在内的大部分成员国应确保本国竞争法规范在对抗美国影响本国市场的商业行为时能确实有效。⑤ 现存 GATT1994 第 2 条第 4

---

① 1993 年 12 月乌拉圭回合结束前夕，欧盟曾递交一份含有文化特殊性条款的草案，规定成员国维护国内文化价值的需要应得到全面承认，但该提案最终被否决。

② S/WPGR/W/25 Background Note, prepared by the Council for Trade in Services, 26 January 1998.

③ Update on the Current GATS Negotiations-A Briefing Paper prepared by the British Screen Advisory Council on behalf of the European GATS Steering Group, 21 August 2001.

④ Ivan Bernier, *Audiovisual Services Subsidies within the Framework of the GATS: the Current Situation and Impact of Negotiation*, available at www. mcc. gouv. qc. ca/diversite-culturelle/eng/pdf/update0308. pdf, visited on 10 January 2007.

⑤ Essential Background to the Current GATS Negotiations, a Briefing Paper for the European GATS steering Group on Trade and Competition in the Film Sector prepared at the request of BASC by Clifford Chance, British Screen Advisory Council, 25 June 2005.

款、第 17 条与《GATT 注释和补充规定》、《关于解释 1994 年关税与贸易总协定第 17 条的谅解》以及 GATS 第 2 条、第 8 条和其后达成的《金融服务协议》、《基础电信协议》中都包含关于竞争政策的规则；如果谈判成功，WTO 体制将建立全球性的竞争规则。① 就视听业而言，禁止滥用市场优势地位的竞争原则与其关系最为密切，因此许多成员都要求在视听谈判中引入竞争规则，制定多边竞争政策。

2. 中国应诉的可能性方案选择

如上所述，《公约》的出台与生效仍然没能促使 WTO 体制内对文化多样性采取统一的态度，尤其在服务贸易领域。鉴于前文对《公约》及 WTO 相关规定间冲突与协调的分析，本案最终将只能在 WTO 争端解决框架内主要依靠对 WTO 相关规定的解释适用来裁决。对中国而言，在 WTO 尚未达成统一适用的竞争规则，也没有专门的文化服务领域竞争协议的前提下，国内市场措施（例如贸易权的限制、发行与分销权的限制等）除了透明度这一硬性要求须满足外，仍然有很大的自我操控空间。尤其在文化领域，虽然 WTO 没有一个正式的文化立场文件，但对于文化产品与服务的双重属性已基本获得了共识，因此各成员普遍都对文化产业与贸易采取带有鼓励扶植性质的措施。另外本案中涉及的措施只在相应的产品与服务进口到中国市场之前发生效用，并不违背 WTO 非歧视原则所要求的国民待遇和最惠国待遇。

就市场准入问题来看，如果确实不能证明本案涉及的我国目前采取的限制措施符合我国"入世"承诺，WTO 协定中的例外规则也许可以成为我国维护自身利益的最好武器。虽然 GATT1994 第 20 条 f 款含有文化价值的考虑，但如前所述，"国家宝藏"似乎不能涵盖当今国际文化贸易的对象。国际学界的目光普遍集中在 GATT 第 20 条 a 款和 GATS 第 14 条 a 款上。前者的核心概念是"公共道德（public morals）"，后者的关键词是"公共道德（public morals）"与"公共秩序（public order）"。至今 WTO 争端解决只处理过一起有关的案件，即安提瓜诉美国网络赌博服务争端案（United States-Measures Affecting the Cross-border Supply of Gambling and Betting Services，WT/DS285）。依据该案中上诉机构的裁断，适用例外条款必须对争议措施进行"双重分析（tow-tiered analysis）"，即首先应证明该措施符合例外条款下的某一例外规定；其次应证明该措施符合其引言或叫"帽子（chapeau）"条款的要求，也就是必须为之、不武断、非歧视。具体到两个 a 款，也就是涉及的措施必须是意图用来保护"公共道德"或维持"公共秩

---

① 《WTO 体制下竞争规则分析》，http://finance. ce. cn/macro/mywl/wtogzxw/200606/17/t20060617_7401211. shtml，2006 年 12 月 10 日访问。

序"，且措施的实施一秉诚信（good faith），是实现上述意图所必需的。对于第一个意图性要求，上诉机构认为"公共道德"和"公共秩序"的概念内涵可能因时间和空间的改变而改变，各成员有权在其各自的领土范围内根据自身的制度和价值对这两个概念进行界定。① 根据国际法中条约解释的一般规则以及"美国虾龟案"的经验，我国完全有理由将《公约》作为对上述两个概念的解释依据，将文化多样性上升为公共道德与秩序的层面；对第二个具体实施的要求，我国要论证的关键在于措施是不是必须采取的。"网络赌博案"中，上诉机构强调在衡量"必要性（necessity）"时应特别考虑是否合理地存在着一项与WTO规则相符或不一致程度较轻的替代性措施，对此被诉方只需提出表面证据即可。也就是说，如果被诉方就所采取措施的必要性进行了被认可的充分证明，那么是否合理存在替代措施就必须由投诉方来举证。② 这一结论无疑对被诉方而言是有利的。因此我国完全可以在提交相关证明材料时就我国文化领域的现状以及措施实施的各方面情况进行详细分析，力图赢得争端解决机构的认可。

第三节　后 TRIPS 时代知识产权保护的国际协调及其对中国的启示*

知识产权保护的国际协调兴起于 19 世纪的 80 年代，其标志是《保护工业产权巴黎公约》和《保护文学艺术作品伯尔尼公约》的相继缔结。一个多世纪后的 1995 年 1 月 1 日，关贸总协定乌拉圭回合谈判达成的《与贸易有关的知识产权协定》（以下简称 TRIPS）正式生效，知识产权保护的国际协调进入到一个新的阶段。③ 但是，TRIPS 的生效并不意味着知识产权保护国际协调的终结。自 TRIPS 实施以来，即进入后 TRIPS 时代以来，知识产权保护的国际协调不仅没有停止，相反还有明显加快的趋势，并呈现出许多不同于前 TRIPS 时代的新特点。分析和把握这种趋势与特点，对于参与后 TRIPS 时代知识产权保护的国际协调，实现我国和平发展的战略目标，无疑具有重要的理论和实践意义。

---

① 黄志雄：《WTO 自由贸易与公共道德第一案——安提瓜诉美国网络赌博服务争端评析》，载《法学评论》2006 年第 2 期，第 127 页。

② See also Nicolas E. Diebold, *The Morals and Order Exceptions in WTO Law: Balancing the Toothless Tiger and the Undermining Mole*, Journal of International Economic Law 11 (1), 43 – 73.

* 本节作为子项目成果发表于《珞珈法学论坛》（第六卷），武汉大学出版社 2007 年版，标题略有改动。

③ 参见古祖雪：《国际知识产权法》，法律出版社 2002 年版，第 36 ~ 46 页。

一、TRIPS 的局限与不足：后 TRIPS 时代国际协调的缘由

TRIPS 作为世界贸易组织法律体系的组成部分，对知识产权保护的国际协调作了新的制度安排，是迄今为止知识产权保护范围最广、保护标准最高、执行效力最强的国际公约，堪称"知识产权保护的法典"[①]。但是，与任何其他事物一样，TRIPS 自它产生之日起就包含了否定其自身的因素。这些否定性因素作为TRIPS 本身所固有的局限与不足，在其实施过程中逐步显现出来，从而成为推动后 TRIPS 时代知识产权保护国际协调的动力。

首先，TRIPS 作为发达国家主导、发展中国家被动接受的一种制度安排，其利益平衡的天平严重倾斜。一方面，TRIPS 对知识产权的高水平保护和强力实施，反映的是发达国家在现代科学技术方面的优势和利用这种优势获取更大利益的要求，在很多方面超越了发展中国家的科技、经济和社会发展水平，发展中国家被迫接受的知识产权保护规则，实际上是对发达国家具有优势的知识产权给予高水平的保护。另一方面，TRIPS 在为发达国家具有优势的知识产权提供高水平保护的同时，却忽视了对发展中国家具有相对优势的遗传资源、传统知识和民族民间文学艺术等传统资源的保护。相对于发达国家，特别是相对于美国等新兴的发达国家来说，发展中国家，特别是一些历史悠久的发展中国家，一般都是在遗传资源、传统知识和民族民间文学艺术等传统资源方面具有比较优势的国家。把这些传统资源排除在 TRIPS 的保护范围之外，结果只能是：发达国家通过日益密切的国际交往和发达的科学技术手段，从这些传统资源中提取出所需要的文化素材或技术素材，即可创造出为 TRIPS 所保护的知识产权，并从中获取相当可观的经济利益，而那些拥有或创造了传统资源的国家和群体却因为其持有的资源不受 TRIPS 的保护而得不到任何的利益补偿。

于是，在 TRIPS 这里，我们看到了这样一种极其不公平的结果：发展中国家被迫对发达国家具有优势的知识产权给予强保护，而自身具有优势的传统资源却因为被排除在 TRIPS 的保护范围之外而被发达国家无偿地使用。如果说 TRIPS 对知识产权的"强保护"，是一种在"形式上"平等掩盖下的"事实上"的不平等的话，那么，TRIPS 对传统资源的"不保护"则是一种在"形式上"应当平等但没有实现的"事实上"的不平等。这两种"不平等"加在一起，加剧了TRIPS 对利益平衡这一法律核心价值的背离，从而引发了广大发展中国家的严重不满和改变与突破 TRIPS 规则的强烈愿望。

---

① 曹建明等：《世界贸易组织》，法律出版社 1999 年版，第 312 页。

中国和平发展的重大前沿国际法律问题研究

其次，TRIPS 作为在 WTO 体制内确立的知识产权保护规则，与 WTO 和 WIPO 之外的其他国际组织和条约所确立的国际规则之间存在冲突。这种冲突主要表现在两个方面：

（1）TRIPS 与国际人权法之间的冲突。最为突出的是：

一是知识产权与健康权的冲突。按照 1948 年《世界人权宣言》和 1966 年《经济、社会、文化权利国际公约》的规定，知识产权与健康权均属于受国际人权法保护的人权。[①] 但二者在人权体系中的价值位阶却有高低之别：健康权属于基本人权中的生命权，具有至高无上的人格价值，是其他人权实现的前提。当健康权与包括专利权在内的知识产权发生冲突时，法律无疑应选择优先保护健康权。应该说，TRIPS 在原则上体现了这种"人本主义"的价值取向。TRIPS 第 8（1）条规定，WTO 成员方在制定或修改其法律或法规时，可以采取必要措施，用以保护公共健康和营养，促进对其社会经济和技术发展至关重要部门的公共利益。但是，这种正当的价值取向却在协定的具体条款中被架空。首先，按照 TRIPS 第 27 条第 1 款的规定，药品被纳入专利"一体保护"的范围，药品的价格大大提高，发展中国家的贫穷患者面对艾滋病等传染病的生命威胁，根本无力购买发达国家生产并出口的昂贵药物。其次，TRIPS 第 31 条规定，获强制许可生产的专利药品只限于国内市场销售，而不能销往国外。这样一来，那些不具有药品生产能力的国家就不能从其他国家低价进口强制许可生产的药品，面对国内的公共健康危机，它们只能看着自己的患者因为缺医少药而走向死亡。

二是知识产权与发展权的冲突。发展权是第三代人权即集体人权的重要内容，是所有人民"自由谋求他们的经济、社会和文化的发展"的权利。然而，与发展权密切相关的 TRIPS 却没有为实现发展中国家的发展权提供切实有效的机制。相反，它倒是实现了发达国家为进一步维系其在国际贸易中的技术优势而建立了一个较高标准和有力保障的知识产权制度的战略目标。TRIPS 虽然对促进"技术的转让与传播"作了原则规定，并强调发达国家应向其企业和研究机构提供动力，以促进向最不发达国家的技术转让，但并没有建立起有效的国际机制来确保这种技术转让在合理的条件下进行，因此，原则规定只能是一块好看而不能吃的"馅饼"，发达国家才是协定实施的最大受益者。

（2）TRIPS 与《生物多样性公约》之间的冲突。1992 年《生物多样性公约》（以下简称"CBD"）第 15 条为遗传资源的保护确立了三项基本原则：①确

---

① 1966 年《经济、社会、文化权利国际公约》第 12（1）条规定："本公约缔约国确认人人有权享受能达到的最高标准的身体和心理健康。"第 15（1）条规定："本公约缔约国确认人人有权：（1）参加文化生活；（2）享受科学进步及其应用之惠；（3）对其本人之任何科学、文学或艺术作品所获得之精神与物质利益，享受保护之惠。"

391

认各国对其遗传资源拥有主权权利，因而可否获得遗传资源的决定权属于国家政府，并依照国家法律行使；②除非缔约国另有约定，遗传资源的取得须经提供这种资源的缔约国事先知情同意；③每一缔约国应按共同商定的条件，与提供遗传资源的缔约国公平分享研究和开发此种资源的成果以及商业和其他方面利用此种资源所获的利益。关于与遗传资源利用相关的传统知识的保护，CBD 第 8（j）条规定，各缔约国应依照国家立法，尊重、保存和维持土著和地方社区体现传统生活方式而与生物多样性的保护和持续利用相关的知识、创新和实践，促进其在此等知识、创新和实践的拥有者的认可和参与下的广泛应用，鼓励公平地分享因利用此等知识、创新和实践而获得的惠益。但是，以 TRIPS 为核心的现行知识产权制度并没有提供确保 CBD 上述原则实现的相关机制，例如，知识产权申请中对遗传资源和传统知识来源的披露要求，以及利用遗传资源及其相关传统知识所获利益的公平分享机制等，影响了 CBD 上述原则的实施。

由上可见，TRIPS 对知识产权大国（发达国家）及其知识产权权利人利益的明显偏袒，不仅造成发达国家与发展中国家之间利益的失衡，引起了发展中国家及其人民的严重不满；而且导致 WTO 与其他国际组织之间在规则取向上的深层冲突，遭到许多国际组织和论坛的批评与质疑。从某种意义上说，后 TRIPS 时代知识产权保护的国际协调，其实就是针对 TRIPS 的制度缺陷和它与其他国际规则之间的冲突所进行的一种制度改革与创新。

二、传统资源的保护：后 TRIPS 时代国际协调的主题

TRIPS 生效后，世界上出现了两个主导知识产权保护协调的国际组织：一个是 1967 年成立的世界知识产权组织（WIPO），另一个是 1995 年建立的世界贸易组织（WTO）。尽管两个国际组织管辖的知识产权条约，在保护标准、协调机制和执行效力等方面均有很大的差别，但有一点却是相同的，那就是：两者在保护新近的智力成果这些创造之"流"时，却忽视了对遗传资源、传统知识及民间文学艺术这些创造之"源"的知识产权保护，从而导致了一些国家或地区、一些民族或种族应有权利的丧失，也给发达国家与发展中国家、现代社会和传统社会之间的关系增加了一个新的紧张因素。

这种情况引起了国际社会的高度关切和重视，也促使当下主导知识产权保护国际协调的两个国际组织在协调主题方面的同时转移。2000 年 8 月，世界知识产权组织成立了知识产权与遗传资源、传统知识和民间文学政府间委员会（Intergovernmental Committee on Intellectual Property and Genetic Resources，Traditional Knowledge and Folklore，IGC）（WIPO - IGC），开始就遗传资源、传统知识和民

间文学保护的制度安排进行讨论。2001 年 11 月 9 日至 14 日，世界贸易组织第 4 次部长级会议在卡塔尔首都多哈举行，决定启动新一轮多边贸易谈判。会议通过的《部长宣言》（又称《多哈宣言》），列举了一系列新一轮多边贸易谈判的议题，以及各分理事会应当优先审议的问题。其中，《多哈宣言》第 17～19 段所列举的三个与知识产权保护有关的问题中，有一个与 WIPO 讨论的主题相同，即 TRIPS 与《生物多样性公约》、传统知识和民间文学保护的关系。① 这种相同的关注表明，遗传资源、传统知识及民间文学艺术这些曾经被忽视的保护对象，在后 TRIPS 时代已经正式被纳入知识产权保护国际协调的范围。

上述三类对象，有着各自的特质和内容，但更存在内在属性上的一致性：

首先，从其存续时间来看，它们都是"传统"的而不是新近的，都是特定民族或地区所固有并经过其长期的维系所保存的，属于某种意义上的"人类遗产"。重要的是，随着现代科学技术的应用，这些遗产往往成为新的创造性成果赖以产生的基础，具有巨大的开发价值，并给这些遗产的使用者带来可成为私权对象的"知识产权"。然而，从现行知识产权制度的时效理论来看，这些遗产都已处于公共领域，属于人人可以免费使用的对象。

其次，从其持有主体来看，它们都属于群体智慧与贡献的结果，超越了以个人智力成果为主要保护对象的现行知识产权制度的保护范围。传统知识一般是传统群体通过一代又一代与自然息息相关的生活建立起来的，即使某些传统知识的最初创造者可能是某一特定个人，但随着自然与社会环境的历史变化，该特定个人的贡献可能被逐渐湮没，成为整个群体传统的一个部分，而且不可剥离。遗传资源属于自身可复制的有机资源，即使是在培育和保存遗传资源的过程中，某一部落的某一特定个人做出了贡献，但这种贡献也早已被遗传资源变化的自然过程所覆盖。因此，对传统知识、遗传资源主张权利的一般不可能是特定的自然人，通常是传统群体，包括社区、民族，甚至是国家，这些资源所有者的权利通常是一种集体权利。按照现行知识产权"私权"理论的个人主义解释，以激励个人创新为目的的现行知识产权制度，不可能为传统群体所持有的上述"资源"提供保护。

最后，从其演变过程来看，它们都是在特有的自然与社会环境中产生，同时又是在特有的自然与社会环境中发展的，是传统群体在应对生存环境日新月异变化的过程中不断调适和创造的结果。在这种创造过程中，既有正规革新（formal innovations），也有非正规革新（informal innovations），而且，二者往往相互交

---

① 另外两个问题是：（1）TRIPS 与公共健康的关系；（2）地理标志的保护。See para17‑19 of the Doha Ministerial Declaration，WT/MIN（01）/DEC/1，2001，http://www.wto.org/English/thewto-e/minist-e/min01-e/mindecl-e.htm.

替、相互促进。但是，那些在本地层面上作为的国家、群体或个人（非正规革新者），通过代代相传的努力发展并保存的当地技术与产品，包括植物遗传资源，却未获得正规的认可，也未得到什么权利；而那些正规的革新者，即开发新技术与新产品的自然人或法律拟制人格者，他们所作的发明却可以通过现行的知识产权制度而获得正规的承认，并从中得到可观的经济利益。[1]

可见，上述三类对象都与"传统"有关，在主体的确定性、客体的新颖性、保护期限的可预计性等方面，都与现行知识产权制度所保护的对象不同。因此，有的学者将它们称为知识产权的"新客体"，[2] 国际社会把这类"新客体"统一称之为"传统资源"[3]。

事实上，《多哈宣言》中确立的另外一个谈判主题，即"地理标志的保护"也可以归于上述主题的范围。因为，作为地理标志核心构成要素的"地理名称"，也具有上述主题所涉及对象的"传统性"，也属于一种非正规的革新，而且，地理标志权也是一种集体权利，其保护期限具有永久性。不同的是，地理标志早在100多年前就已经被纳入到知识产权保护体系，而与之具有相同或相似特点的传统知识、遗传资源却至今还被排除在知识产权保护的大门之外。这种情况说明，以现行知识产权保护的所谓"正统"理论作为反对为传统知识、遗传资源提供知识产权保护的理由，是值得怀疑的。同时，《多哈宣言》继续把"地理标志的保护"作为WTO新一轮多边贸易谈判的议题，也提示着这样一个基本的事实，即地理标志作为与"传统"有关的对象，它与TRIPS所保护的其他对象之间的确有着很大的不同，从而在制度设计上无疑会面临更多的困难和不确定性。

三、"新""旧"世界的矛盾：后 TRIPS 时代国际协调的利益格局

随着后TRIPS时代知识产权保护国际协调主题的变化，知识产权保护国际协调的利益格局呈现出更加复杂的特点：在现代知识（包括基因技术和网络技术等）的知识产权保护问题上，以发达国家为一方、发展中国家为另一方的"南北矛盾"仍然存在，但是，在"传统资源"保护的问题上，却不再是以往的

---

① See WIPO, Matters Concerning Intellectual property and Genetic Resources, Traditional Knowledge and Folklore-an Overview, WIPO/GRTKF/IC/1/3, 2001, p. 5.

② 参见郑成思：《传统知识与两类知识产权的保护》，载《知识产权》2002 年第 4 期。

③ 参见吴汉东：《知识产权国际保护制度的变革与发展》，载《法学研究》2005 年第 3 期，第 139 页。

"南北矛盾",而是所谓的"新世界"国家与"旧世界"国家之间的利益分歧。在这里,"新世界"国家是指那些新兴的国家,由于其历史不长,传统资源相对贫乏,因此,一般不主张强化对传统资源的保护。与此不同,那些"旧世界"国家,一般都是历史悠久、传统资源相对丰富的国家,在传统资源保护的问题上都持比较积极的态度。事实上,这种"新""旧"世界的矛盾,在关贸总协定乌拉圭回合关于 TRIPS 地理标志部分的谈判中就已产生,只不过在后 TRIPS 时代,因为传统资源的保护已经成为知识产权保护国际协调的主要议题,它表现得更加突出。

在 TRIPS 理事会近两年的讨论议题中,TRIPS 与 CBD 的关系是重点议题之一,而有关遗传资源来源的公开问题,又是这个重点议题中的重点。由于这个问题与各方的利益密切相关,目前分歧较大。以巴西、印度为代表的发展中国家主张应通过对 TRIPS 现有相关规定的修改,要求专利申请人公开发明中使用的遗传资源和传统知识来源以及知情同意和利益分享的证据,并明确提出,如果违反上述公开要求,将导致专利的驳回、无效等影响专利效力的后果。美国则坚持通过国内立法和合同安排实现 CBD 的目标,认为不需要修改 TRIPS,在合同安排中即可以满足遗传资源来源的公开要求。值得注意的是,欧盟在这个问题上采取了比较中立的立场,同意对专利申请人公开遗传资源来源问题加以审视,并建立有国际约束力的机制,但对于如何建立这种机制,却没有明确的态度。因此,于 2005 年 6 月 14 日至 17 日在瑞士日内瓦召开的 TRIPS 理事会,只是延续了以往的讨论,并未取得实质性的进展。但由于已准备 2005 年 12 月在我国香港召开部长级会议,许多发展中国家都期望在 12 月之前能取得一定进展。①

传统知识的保护,是知识产权保护的国际协调在后 TRIPS 时代面临的新问题。从 WIPO 和 WTO 目前进行的国际协调来看,发达国家对各国保护传统知识的可能性和权利没有争议,但对于以下三个问题:(1)对传统知识是进行知识产权保护,还是以合同法或其他法律手段进行保护;(2)对传统知识是进行国内保护,还是进行国际保护;(3)对传统知识的国际保护是在 WIPO 的框架下进行,还是在 TRIPS 的框架下进行,却存在着严重的分歧。美国反对建立保护传统知识的国际制度,特别是反对在 TRIPS 框架内处理传统知识保护问题,主张通过制定国家或地方的法律和法规,为传统知识的提供者和接受者提供"合同解决"问题的基础。② 相反,欧盟及其成员国支持建立传统知识法律保护的国

① 参见杨红菊:《2005 年 6 月 WTO TRIPS 理事会会议情况》,http://www.sipo.gov.cn/sipo/ztxx/,2005 年 11 月 9 日。

② Carlos M. Correa:《传统知识与知识产权:与传统知识保护有关的问题与意见》,日内瓦 Quaker 联合国办公室,2001 年 11 月,第 37 页。

际模式，建议世界知识产权组织与生物多样性公约合作，处理这个新议题，认为，一旦模式形成后，注意力将会集中到怎样和在何种程度上可把传统知识的保护纳入 TRIPS 中。① 在发展中国家中，非洲国家集团和委内瑞拉认为有约束力的保护传统知识的国际规则应该建立在 TRIPS 的框架下，主张按照解决 TRIPS 与公共健康问题的模式，解决传统知识的保护问题。② 而巴西、印度等发展中国家主张根据《生物多样性公约》的目标和原则修改 TRIPS，从而使 WTO 成员能够同时履行 TRIPS 和《生物多样性公约》的义务，③ 但对于怎样处理传统知识这个主题，"其保护的性质和范围，以及它在什么程度上应当纳入 TRIPS 之中还存在着很多犹豫和不定"，他们认为，把传统知识引入 TRIPS 框架下会遇到概念上和操作上的困难。④

从上不难看出，国际社会在传统资源保护方面所形成的利益格局，实际上是在地理标志保护问题上的"新""旧"世界矛盾的延续。这说明，在与"传统"有关的知识产权保护中，决定各国立场的关键因素，已不是各国的科技与经济发展水平，而是各国经济发展与"传统"的关联程度。这是后 TRIPS 时代知识产权保护国际协调的一个重要特点，值得引起我们足够的注意。

四、众多国际组织的参与：后 TRIPS 时代国际协调的多元化

如上所述，以 TRIPS 为核心的现行国际知识产权法律制度，对 WTO 与 WIPO 之外的其他国际组织所关切的社会价值造成了严重的冲击。为了维护自身的价值取向，并在知识产权领域争夺自身的国际空间，这些国际组织利用自身已有的国际资源，积极寻求平衡知识产权与其他社会权利的方式与方法，试图通过对现行知识产权保护规则的批判，促使知识产权制度的改革和突破。因此，在后 TRIPS 时代，知识产权保护的国际协调已经不再局限于在 WTO 与 WIPO 内进行，其他国际组织，如，联合国人权机构、联合国教科文组织、CBD 缔约国大会及其特设工作组、联合国粮农组织、联合国贸易与发展会议、联合国开发计划署、世界卫生组织、世界粮食计划署等政府间组织，也围绕着与知识产权保护有关的

---

① WTO, Communication from the European Communities and Their Member States, IP/C/W/383, 2002, pp. 13 ~ 14.

② WTO, Taking forward the Review of Article 27.3 (b) of the TRIPS Agreement, IP/C/W/404, 2003, p. 3.

③ WTO, The Relationship between the TRIPS Agreement and the Convention on Biological Diversity and the Protection of Traditional Knowledge, IP/C/W/403, 2003, p. 6.

④ Carlos M. Correa：《传统知识与知识产权：与传统知识保护有关的问题与意见》，日内瓦 Quaker 联合国办公室，2001 年 11 月，第 37 页。

人权、文化、贸易、粮农、土著权利、劳工标准、可持续发展、环境以及生物多样性等方面的问题进行了广泛的讨论，呈现出知识产权保护国际协调的多元化趋势。

以上各个国际组织对知识产权保护国际协调的关切和努力，其原因是多方面的。分析起来，主要有：（1）这些国际组织所追求的价值目标均需要知识产权保护制度的支撑。但是，对于主导知识产权保护国际协调的 WIPO 和 WTO 来说，它们所关注的只是自身职能范围内的问题，它们没有精力也不宜处理其他国际组织的价值诉求，这就在客观上为上述其他国际组织参与知识产权保护的国际协调既留下了适当的空间，又提供了内在的动力。（2）在现有的主导知识产权保护协调的国际机构中，特别是在 WTO 体制中，由于发达国家在科技和经济实力方面的明显优势，发展中国家的关切因为它们并没有取得实质意义上的平等立法权而很难得到应有的重视。在这种情况下，发展中国家不得不转移知识产权保护国际协调的场所，希望借助于其他国际组织，以实现其维护自己利益的目标。推动 WIPO 和 WTO 之外的其他国际组织参与知识产权保护的国际协调，正是发展中国家在后 TRIPS 时代的知识产权国际立法方面争取平等话语权的一种策略选择。

应当肯定，众多国际组织在知识产权保护国际协调方面所作的努力和取得的成果，包括具有"软法"性质的宣言、决议、报告、指南和具有"硬法"性质的条约、协定，都在一定程度上构成了对 WIPO 和 WTO 所确立的现行知识产权保护规则的挑战和冲击，对推动知识产权领域的国际立法具有重要影响。但是，我们也应当承认，由于发达国家在当今世界政治经济领域的优势地位，为发达国家所控制的两大国际组织——WIPO 和 WTO 所确立的知识产权保护规则将继续在知识产权领域发挥着主导作用，WTO 和 WIPO 之间的分工与合作、优势的互补与协调，仍将是后 TRIPS 时代知识产权保护国际协调的主要形式。

五、对 TRIPS 的改革与创新：后 TRIPS 时代国际协调的进展

（一）关于知识产权与公共健康的关系

知识产权与公共健康的关系，是 TRIPS 实施后国际社会最为关注的问题。面对发展中国家和最不发达国家日益严重的公共健康危机，是维持 TRIPS 对药品专利的高标准保护而漠视人的生命健康权，还是修改 TRIPS 的规则为维护公共健康提供法律便利，这是 WTO 在 TRIPS 实施后所面临的艰难选择。值得庆幸的是，在 WTO 于 2001 年 11 月 9 日至 14 日在卡塔尔首都多哈召开的第 4 次部长

级会议上，以南非为代表的发展中国家提出的关于知识产权协议与公共健康，特别是药品专利的强制许可与公共健康的问题，得到了发达国家的善意回应，被会议通过的《部长宣言》纳入优先谈判的议题，并于 14 日通过了《关于 TRIPS 和公共健康的多哈宣言》（以下简称《公共健康宣言》）。该宣言承认使许多发展中国家和最不发达国家遭受痛苦的公共健康问题，尤其是艾滋病、肺结核、痢疾和其他流行性疾病引起的公共健康问题的严重性，将最不发达国家在医药产品方面履行 TRIPS 有关义务的过渡期延长至 2016 年，并在第 6 段中要求 TRIPS 理事会寻求快速解决那些在药物领域生产能力不足或没有生产能力的 WTO 成员依 TRIPS 在有效利用强制许可方面所面临困难的方案，并于 2002 年底以前报告给 WTO 总理事会。但是，由于发展中国家成员与发达国家成员之间在这一议题上存在严重分歧，根据上述要求所进行的谈判并没有按预定计划完成，一直拖到 2003 年 8 月 30 日，才一致通过了关于实施专利药品强制许可制度的最后文件，达成了在法律上具有约束力的《关于 TRIPS 协议和公共健康的多哈宣言第六段的执行决议》（简称《总理事会决议》或《决议》）。

根据该决议，凡生产符合《决议》和《公共健康宣言》规定的医药产品，可以豁免 TRIPS 第 31 条第 6 款款和第 8 款项下的义务，即实施强制许可生产的医药产品在符合《决议》规定的条件下免除禁止出口的义务，[①] 合格进口方实施强制许可时免除向专利持有人支付适当报酬的义务。[②] 这就是说，对于那些没有药品生产能力或药品生产能力不足的贫穷国家，不仅可以进口其他成员方通过强制许可生产的廉价仿制药品，而且还可以免费地对进口的同一药品实施强制许可。

此外，《总理事会决议》还规定，合格进口方应在力所能及的范围内采取所有合理措施防止根据《决议》规定进口其境内的医药产品转出口。[③] 但《决议》又规定，如果发展中或最不发达国家成员方是符合 1994 年 GATT 第 24 条规定的区域性贸易协定的缔约方，且又符合 1979 年 11 月 28 日 GATT 制定的《关于发展中国家的差别与更优惠待遇、对等性和更充分参加的决议》（L/4903）规定条件的，则该成员方可以免除 TRIPS 第 31 条第 6 款和本《决议》规定的禁止依强制许可生产的医药产品转出口的义务，将在强制许可下生产或进口的医药产品出口到属于同一区域贸易协定成员方，且面临同一健康问题的发展中或最不发达国

---

① See para2 of Implementation of Paragraph 6 of the Doha Declaration on the TRIPS Agreement and Public Health. WT/L/540, 2003, http://www.wto.org/English/tratop_e/trips_e/implem_para6_e.htm.

② See para3 of Implementation of Paragraph 6 of the Doha Declaration on the TRIPS Agreement and Public Health. WT/L/540, 2003, http://www.wto.org/English/tratop_e/trips_e/implem_para6_e.htm.

③ See para4 of Implementation of Paragraph 6 of the Doha Declaration on the TRIPS Agreement and Public Health. WT/L/540, 2003, http://www.wto.org/English/tratop_e/trips_e/implem_para6_e.htm.

家成员方。①

《总理事会决议》的上述规定是对 TRIPS 第 31 条第 6 和第 8 款的重要发展，但并不意味着知识产权与公共健康问题的最终解决，它只是通向最后解决问题的必要程序，是缓解发展中国家和最不发达国家国内公共健康危机的临时性措施，《决议》涉及的对 TRIPS 第 31 条第 6 款和第 8 款的修改，究竟以什么样的法律形式来实现，还是一个有待谈判解决的问题。根据《决议》规定，TRIPS 理事会将于 2003 年底启动修改 TRIPS 的准备工作，争取在其后 6 个月内提出建立在《决议》基础上的 TRIPS 修改案。② 但是，在寻求 TRIPS 最终修改案的问题上，由于各成员方的分歧较大，TRIPS 理事会一直没有取得实质性的进展。直到 WTO 第 6 次部长级会议，即香港会议召开前的 2005 年 12 月 6 日，各成员方才一致通过了关于修改 TRIPS 的议定书。根据该议定书，2003 年 8 月 30 日《总理事会决议》所确立的药品专利制度，将作为 TRIPS 第 31 条（*Article 31*bis）之二，以永久修正的形式纳入 TRIPS。此外，总理事会还一致同意，将最不发达国家实施 TRIPS 的过渡期延长至 2013 年 7 月 1 日，而针对药品专利的实施过渡期则延长到 2016 年。至此，WTO 为解决公共健康危机而修改 TRIPS 的谈判终于结束。

TRIPS 的上述修正，是 WTO 核心协定的首次修正。它不仅为发展中国家和最不发达国家缓解国内的公共健康危机提供了法律便利，体现了对生命健康权优先于知识产权这一"人本主义"价值取向的回归；而且突破了专利"一体保护"模式③，提供了一种在知识产权与其他人权之间、发达国家利益与发展中国家利益之间寻求平衡的"差别保护"方法；更预示着一种在多种力量作用下改革现行知识产权制度的可能性。

（二）关于遗传资源的保护

TRIPS 第 27 条第 3 款允许成员将动植物品种及其生物生产方法排除在专利的保护范围之外，实际上又意味着协定并不禁止成员对动植物品种及其生物生产方法提供专利制度的保护。在这种情况下，一些生物技术发达的国家或者以国家立法的方式，或者通过与其他国家，特别是一些发展中国家签署双边知识产权保

---

① See para6 of Implementation of Paragraph 6 of the Doha Declaration on the TRIPS Agreement and Public Health. WT/L/540，2003，http://www.wto.org/English/tratop_e/trips_e/implem_para6_e.htm.

② See para11 of Implementation of Paragraph 6 of the Doha Declaration on the TRIPS Agreement and Public Health. WT/L/540，2003，http://www.wto.org/English/tratop_e/trips_e/implem_para6_e.htm.

③ TRIPS 第 27 条第 1 款规定："专利权的获得和专利权的享有应当不因发明地点、技术领域、产品是进口还是当地生产的而受到歧视。"该规定被称为"一体保护"的模式。《关于 TRIPS 和公共健康的多哈宣言》和《关于 TRIPS 协议和公共健康的多哈宣言第六段的执行决议》给予了药品专利的"差别保护"，实际上是对上述模式的突破。

护协议的形式，逐步加强了对与生物技术相关的发明的专利保护，与生物技术相关的发明的专利授权数量不断增加。这些与生物技术相关的发明，往往与遗传资源的利用有关，正如 WIPO 在《关于与遗传资源和传统知识有关的公开要求问题的技术研究报告》所指出的那样，"遗传资源及相关传统知识作为原材料对某些生物技术发明具有潜在的价值；然而，有大量技术可用遗传资源作为投入，并可对传统知识加以利用，因此其重要性和价值不仅限于生物技术本身"①。因此，如何平衡生物发明专利权人与遗传资源提供者之间的利益关系，防止和制裁"生物剽窃"行为，就成为国际社会近年来高度关切的问题。CBD 的实施，《粮食和农业植物遗传资源国际条约》的通过，表明国际社会对这个问题的解决取得了一些进展。

但是，正如前面所述，这些进展与现行的知识产权制度，特别是专利制度中的公开性要求是存在冲突的。按照 CBD 缔约国大会第 6 次会议的决定，为了实施该公约所确立的三项原则，即遗传资源归属的国家主权原则、遗传资源取得的事先知情同意原则，以及遗传资源利用的利益分享原则，各国应鼓励在涉及或在开发中使用了遗传资源的知识产权申请中，公开或标明所使用遗传资源的来源国或社区的名称。但是，按照 TRIPS 和各国专利法的现行规定，专利申请中应当公开的，只有发明的内容和实施发明的方式，而不包括发明的来源。因此，《多哈宣言》所列举的 TRIPS 与 CBD 的关系问题，其核心是一个能否通过修改 TRIPS 和各国专利法关于专利申请的公开性要求，以实现 CBD 保护遗传资源目标的问题，也就是一个能否在生物技术领域对生物发明实行"差别保护"的问题。

应 CBD 缔约国大会的邀请，WIPO – IGC 从 2002 年开始就有关遗传资源来源的公开问题进行研究，2003 年 9 月 22 日至 10 月 1 日召开的 WIPO 大会第 30 届会议批准了该委员会向 CBD 缔约国大会提交的《关于与遗传资源和传统知识有关的公开要求问题的技术研究报告》。CBD 缔约国大会第 7 次会议在审议了这个报告之后，再次请求 WIPO 就在知识产权制度中要求公开遗传资源来源的相关问题进行审查。WIPO 大会第 31 届会议对此请求做出了积极回应，并在 2005 年 3 月底之前拿出了关于遗传资源来源公开问题的审查报告（Draft Examination of Issues Regarding the Interrelation of Access to Genetic Resources and Disclosure Requirements in Intellectual Property Rights Applications）初稿，2005 年 9 月 26 日至 10 月 5 日，WIPO 大会第 32 届会议讨论通过了上述报告的第 3 稿。这份报告对专利制度中涉及遗传资源公开的规定进行了梳理，通过罗列各国提交的建议和观点，表

---

① 世界知识产权组织秘书处：《关于与遗传资源和传统知识有关公开要求问题》，载国家知识产权局条法司编：《专利法研究》（2004），知识产权出版社 2004 年版，第 468 页。

明了遗传资源的公开要求在专利申请中的意义和可能存在的问题及障碍。报告将公开要求扩展到相关的传统知识,对在现有专利法中可以适用的公开机制进行了概括:(1)传统知识作为相关现有技术的公开;(2)传统知识持有人作为发明人的公开;(3)当遗传资源的获取为发明的实施要求时,公开遗传资源的来源或起源;(4)当遗传资源为发明的实施要求时,公开实际的遗传资源;(5)作为申请权的证据,公开遗传资源和传统知识获取的同意证明和利益分享协议;(6)作为来自合同或获取规则的其他法律义务,公开相关传统知识和遗传资源。报告对上述机制的功能进行了分析,认为它们具有三个方面的功能:一是关于遗传资源和传统知识本身及其与发明关系的说明性或透明性功能;二是关于遗传资源和传统知识在何处取得的公开起源功能;三是关于遗传资源和传统知识获取行为合法性的证据功能。报告认为,与遗传资源有关的公开要求是一个联结的纽带,纽带的一头是 CBD 关于传统知识和遗传资源的获取、使用和利益分享的规则,另一头则是 TRIPS 关于符合要求的发明被授予专利权的法律。实现这种联结,可以有以下多种途径:(1)对现有专利法进行修改;(2)扩展专利法的原则;(3)在专利法中建立新的原则;(4)将专利程序作为间接实施有关遗传资源获取和利益分享规则的手段。报告还针对 CBD 缔约国大会请求中提出的 5 个专门问题进行了有关的说明:关于示范条款的选择;公开要求的引发;鼓励性措施;对于 WIPO 条约的意义;国际证明书。① 虽然报告没有表明任何立场和态度,但它对有关遗传资源公开要求的技术分析和对各国意见、观点的综合,却为各国的立法和实践提供了较为全面的思路,也为未来相关的国际立法奠定了基础。

从 CBD 关于遗传资源保护的规定到 WIPO 和 WTO 对遗传资源来源公开要求的讨论,目前国际社会意图建立的遗传资源保护制度,实际上是一种制止知识产权权利人对遗传资源不当占有的国际制度。这种制度所保护的遗传资源权或农民权,就其产权链来说,一般是知识产权的在先权利,所调整的往往是知识产权权利人与遗传资源及相关传统知识提供者之间的利益关系。换言之,这种制度所保护的并不是作为知识产权的遗传资源权或农民权,它并不能制止除知识产权权利人以外的任何其他人对遗传资源的不当占有与利用。因此,即使是通过改革现行的知识产权制度,引入公开遗传资源来源的要求,那也只是一种暂时的权宜之计。只有将遗传资源权改造成为一种新型的知识产权,创制一种新的有别于现行知识产权制度的保护机制,才能实现对遗传资源的真正有效保护,才能全面实现 CBD 保护生物多样性的目标。

① See the International Bureau of WIPO, Draft Examination of Issues Regarding the Interrelation of Access to Genetic Resources and Disclosure Requirements in Intellectual Property Rights Applications, WO/GA/32/8, Geneva, August 24, 2005.

（三） 关于传统知识的保护

传统知识与遗传资源是两个既相互区别又互相联系的概念。"与生物多样性的保护和持续利用相关的知识、创新和实践"，是传统知识的重要组成部分，但传统知识又不仅仅是与遗传资源利用相关的知识。由于二者之间的密切联系，国际社会在探索建立遗传资源保护制度的时候，实际上已经扩展到传统知识的保护；由于二者之间的区别，国际社会对传统知识保护的制度安排，又显然不同于遗传资源的保护：

一是"防御性保护"。"防御性保护"的目的不在于确立传统知识的知识产权，而在于制止知识产权权利人对传统知识的不当占有和利用。"防御性保护"的措施包括：（1）在现行知识产权制度中引入承认与公开机制，以确保传统知识的持有者公平地分享在其许可和参与下利用其传统知识所产生的惠益；（2）建立传统知识的数据信息库，供知识产权相关评审机构在确定授予知识产权时使用，以制止他人对传统知识主张知识产权。第一种措施是目前国际社会正在探索的遗传资源保护措施的扩展，涉及对现行知识产权制度，包括对 TRIPS 的重大修改。采取第二种措施，可以在国际（如 WIPO）和国内两个层面上进行，但工作量大，而且容易导致未曾公开的传统知识进入公共领域，使传统知识的持有者丧失主张知识产权的权利，也不利于传统知识的开发和利用。

二是"积极保护"。与"防御性保护"不同，"积极保护"则是通过确立传统知识的知识产权，确保传统知识的持有者享有对抗任何第三人使用其传统知识的权利。采取这种形式保护传统知识，又有两种模式：

第一，采用现行知识产权制度保护传统知识，即对于那些符合现行知识产权制度保护条件的传统知识，按现行的制度提供保护。据世界知识产权组织调查，目前许多国家，包括北美和欧洲的一些发达国家，已经采取现行知识产权体制来积极保护传统知识，采用的知识产权形式包括：著作权及邻接权（以民间文学艺术表达为主的传统知识为保护对象）、专利权（以遗传资源的利用、开发有关的产品和方法为保护对象）、商标权（以含有传统知识的商品或服务所采用的个体或团体标记为保护对象）、地理标志权（以各类天然、传统和工艺品所采用的社区标记为保护对象）、外观设计权（以传统的手工艺产品为保护对象）以及商业秘密权（以未公开的传统知识为保护对象）。[①] 但是，符合现行知识产权制度

[①] WIPO, Composite study on the Protection of Traditional Knowledge, WIPO/GRTKF/IC/5/8, Genera, 2003, pp. 30 – 31. 同时参见吴汉东：《知识产权国际保护制度的变革与发展》，载《法学研究》2005 年第 3 期，第 135 页。

保护条件的传统知识，毕竟不是传统知识的全部，有大量的传统知识都与现行知识产权制度所保护的对象不同。因此，采用现行知识产权制度保护传统知识存在着较大的局限性，只能是一种应急之策。

第二，采用专门知识产权制度（或特别法）保护。一些学者和非政府间组织强烈建议的方法是建立一种专门的知识产权制度，即为适应传统知识的本质和特点而创制一种专门法律制度。通过专门法保护传统知识，有两种制度选择：（1）多种保护制度，即建立一系列不同的，适用各自保护主题的特殊性的专门制度。这种制度以传统知识的分类为基础，对传统知识中的易限定部分（如，民间文艺创作、传统医药、食品、农业及相关领域中的植物遗传资源等），先行给予专门保护。例如，1996 年，《WIPO 表演与录音制品条约》将民间文艺列入受保护的表演范畴，2000 年 10 月欧洲委员会提出"关于知识产权法下民间文化表现形式的国际保护报告"，以及泰国制定的《传统泰药知识法》等。"这种制度保护对象明确，权利界定清楚，其立法有可资借鉴之处"①，但对于传统知识的整体保护来说，立法成本较高，保护的周全性和规则之间的协调性较差，又有其一定的局限性。（2）统一（或单一）保护制度，即建立一种涵盖传统知识保护各个方面的综合性制度。例如，安第斯组织正在起草的《保护传统知识的共同制度》，非洲联盟组织制定的《保护社区、农民和育种者权利的示范法》，巴西、巴拿马、葡萄牙和秘鲁等国建立的保护传统知识的专门法（或特别法）。②值得特别注意的是，WIPO – IGC 在经过几年的研究和讨论后，也倾向于建立一种传统知识保护的统一国际制度。经过该委员会于 2004 年 10 月 31 日至 11 月 4 日举行的第 7 次会议和 2005 年 6 月 6 日至 10 日举行的第 8 次会议讨论通过的文件——《传统知识的保护：政策目标与核心原则》*（*The Protection of Traditional Knowledge：Policy Objectives and Core Principles*），就是 WIPO – IGC 为建立这种统一国际制度所作努力的标志。从该文件来看，WIPO – IGC 意图建立的传统知识保护统一国际制度，是一种结合了知识产权法、反不正当竞争法、合同法、债权法、刑法等多个法律部门的综合法律制度，其核心是赋予传统知识持有者的权利，以对抗任何通过不公平或非法手段取得、占有或利用其传统知识的不当行为。③ 与上述多种保护制度相比，这种统一保护制度因为需要在一个共同规则下处理许多不同的传统知识主题、协调各种不同的利益关系而在立法上具有更大的

---

① 吴汉东：《知识产权国际保护制度的变革与发展》，载《法学研究》2005 年第 3 期，第 135 页。

② See WIPO – IGC, Composite Study on the Protection of Traditional Knowledge, WIPO/GRTKF/IC/5/8, Geneva, April 28, 2003. pp. 33 – 39.

③ See WIPO – IGC, The Protection of Traditional Knowledge：Revised Objectives and Principles, WIPO/GRTKF/IC/8/5, Geneva, April8, 2005.

难度，因此实际的立法进展缓慢。正因为如此，WIPO 建立传统知识保护统一国际制度的努力，至今也没有取得太大的进展。2005 年 6 月 6 日至 10 日，WIPO - IGC 在日内瓦召开第 8 次会议，原打算通过一个关于保护传统知识的有约束力的国际文件，但由于美国、加拿大、澳大利亚和日本的极力反对，直至会议结束，也没有达成实质性的结论，最后，委员会决定将矛盾提交到 2005 年 9 月召开的 WIPO 成员大会。然而，遗憾的是，2005 年 9 月 26 日至 10 月 5 日召开的世界知识产权组织大会第 32 届会议，也是无果而终。

显然，国际社会为建立保护传统知识的专门知识产权制度所作的上述探索和努力，立足点不在于对以 TRIPS 为核心的现行知识产权制度的修改或改革，它所期望解决的是现行制度对传统知识保护的供给不足问题。但是，这种探索与努力既要突破现有制度在学理基础和规范方法方面所带来的羁绊，又要涉及既定秩序中的重大利益关系调整，因此在短期内似乎不可能取得太大的进展。

六、结论：后 TRIPS 时代国际协调对中国和平发展的启示

人类发展到今天，已经进入"以知识为基础"的知识经济时代。在这个时代，一个国家所拥有的知识产权数量与质量，已经成为决定该国经济发展速度和效益的核心要素；利用知识产权保护的国际规则，最大限度地发挥本国知识产权的资源优势，已经成为各国实现其经济发展和社会进步目标的重要手段。中国是一个在科技与经济发展水平方面相对落后的发展中国家，在现代知识方面所拥有和利用的知识产权，特别是"自主知识产权"，从总体上看不占有优势，现行知识产权制度所保护的发明专利、驰名商标、软件和视听作品的版权等知识产权，主要掌握在少数发达国家手中。但是，中国又是一个历史悠久、民族众多、地大物博的发展中国家。中国是世界上生物多样性最丰富、最独特的国家之一，遗传资源、传统知识和民间艺术资源丰富，优势独特。

但是，中国在加入世界贸易组织之后，一方面要按照 TRIPS 确立的规则为发达国家占有优势的知识产权提供高水平的保护，另一方面，自己具有优势的遗传资源和传统知识因为尚未得到国际知识产权制度的保护，往往成为发达国家不当占有和利用的对象。改变这种不利的国际法律环境，中国只有两条道路可走：一是努力进行知识创新，增加 TRIPS 保护的知识产权拥有量，同时利用国际协调机制对抗发达国家通过双边协定推行的超越 TRIPS 标准、超出我国科技经济发展水平的知识产权强保护要求；二是力争把中国具有优势而在国际上还不被保护或者多数国家尚不保护的有关客体（如传统知识和遗传资源）纳入国际知识产权保护的范围，提高那些现有知识产权制度仅仅给予弱保护而中国占优势的某

些客体（如地理标志）的保护水平。①

值得高兴的是，后 TRIPS 时代知识产权保护的国际协调为实现中国和平发展的上述利益关切提供了重要的机遇和如下有益的启示：

（1）后 TRIPS 时代知识产权保护的国际协调实际上是一个利益再平衡的过程。从前面的分析来看，TRIPS 本身的不足包括两个方面：一是在知识产权权利人与作为知识产权使用者和资源提供者的社会公众之间，存在着利益的天平向前者倾斜的问题；二是在以现代知识为核心构成要素的知识产权与以传统资源为核心构成要素的知识产权之间，存在着忽视后者的局限。对于第一方面的不足，通过修改 TRIPS 即能够解决，但是，对于第二方面的不足，则不是通过修改现行的 TRIPS 规则可以解决的，它需要制度上的创新。如果将传统资源的保护强行纳入现行的 TRIPS 规则体系，则可能导致倾覆整个现行知识产权制度根基的严重后果。因此，中国在参与和促进后 TRIPS 时代知识产权保护国际协调的过程中，应该严格区分 TRIPS 存在的两种不足，分别采取不同的解决方式。

（2）如前所述，在后 TRIPS 时代，知识产权保护的国际协调呈现出两种不同的利益格局：在生物技术、网络技术等现代技术的知识产权保护问题上，继续表现为发达国家与发展中国家之间的南北斗争；而在传统知识、遗传资源等传统资源的知识产权保护问题上，则延续着 TRIPS 谈判过程中在地理标志保护问题上所形成的"新""旧"世界之间的矛盾。因此，中国在后 TRIPS 时代的知识产权保护国际协调中，应基于自身利益的考虑，灵活采用谈判战略，充分利用上述两种不同的矛盾，争取更多国家的理解和支持，在达成共识的基础上，促进国际知识产权法律制度的变革与发展。

（3）众多国际组织参与知识产权保护的国际协调，是后 TRIPS 时代的一个重要特点，也是中国在推动国际知识产权法律制度变革与发展过程中可资利用的重要国际资源。中国是众多国际组织的成员，随着其经济实力的增长，在这些国际组织中的地位日益提高。为了实现自身的特殊利益和国际社会的共同利益，中国应当而且可以进一步推动这些国际组织在知识产权保护的国际协调中发挥更加积极的作用。

另外，在处理 WTO 与 WIPO 之间关系的问题上，应考虑二者由于分工与职能不同而在形成知识产权保护国际规则方面所存在的难易程度，首先致力于有关规则在 WIPO 体制内的形成，同时也不放弃在 WTO 体制内的努力。

（4）传统资源知识产权保护制度的建立，可以有两条不同的路径：一是从国内法到国际法的路径，即在国内立法的基础上形成相关的国际规则；二是从国

---

① 参见郑成思：《传统知识与两类知识产权的保护》，载《知识产权》2002 年第 4 期。

际法到国内法的路径，即直接构建国际规则而为国家层面的法律提供框架。实践中对上述两条路径的选择，取决于有关国际协调机制的运作。从目前传统资源保护的国际协调观之，近期内在国际层面上形成传统资源知识产权保护规则的可能性不大。在这种情况下，中国应当借鉴其他国家的立法实践，首先通过国内立法将它们保护起来。

总之，国际知识产权法律制度的变革与发展，既涉及各国自身利益的考虑，又事关国际协调机制的运作。发挥传统文化和资源大国的优势，争取制定知识产权保护国际规则的话语权，促进国际知识产权法律制度的变革与发展，这是后TRIPS 时代知识产权保护的国际协调赋予中国及其政府的使命，也是中国和平发展战略的必然要求。

第八章

中国和平发展中的中欧关系、
中国—东盟关系法律问题

第一节　欧洲联盟治理结构的多元性及其
对中国和平发展的影响[*]

一、导论：欧盟治理结构的界定

近年来，治理或治理结构在国内外政治学、国际关系学、经济学和法学界是一个时尚的概念，使用率很高（尤其是在政治学和经济学领域[①]），如国家治理（结构）、公司治理（结构）、全球治理（结构）等等，一直是学界和政治家及其智囊们探讨的热门话题。这一颇为流行的概念主要是用来描述或分析一个特定的社会（国家、国际社会或区域社会）或特定的实体（如国际组织、公司、法人团体等）的统治或管理或经营模式。[②] 任何治理模式的选择，其最终目标应该

---

[*] 本节作为子项目成果发表于《欧洲研究》2008 年第 3 期，内容有适当修改和删减。

[①]　See Simon J. Bulmer, *New Institutionalism*, *The Single Market and EU Governance*, ARENA Working Papers, WP 97/25, p. 2, http://www. aera. uio. no/publications/wp97_25. htm（2007 年 3 月 13 日访问）。

[②]　一位著名的政治学家认为，治理概念并不确定，在当代社会科学中至少有如下 6 种不同的含义：（1）最低限度（或标准）国家；（2）公司治理；（3）新型公共管理；（4）良（或善）治；（5）社会控制系统；（6）自我组织网络。See R. Rhodes, *The New governance*: *governing without government*, Political Studies, Vol. 44, 1996, p. 625.

是实现一个社会或实体的法治和良治。

治理在欧盟有其特定的含义。根据欧盟委员会 2001 年发布的《欧洲治理白皮书》，它是指"在欧洲层面上影响权力行使方式的各种规则、程序和行为，尤其是涉及公开、参与、责任、效力和连贯性"。这些是良治的五个基本方面或原则，以增强欧盟基本条约确立的从属性原则（又译为：辅从性原则，principle of subsidiarity）和相称性原则（又译为：比例性原则，principle of proportionality）。①

欧盟的治理结构，从 1957 年 3 月 25 日两个《罗马条约》的签署算起，已经整整 50 周年。它一开始就以独具一格的模式吸引着国际社会，并随着其一体化领域的拓展和深化，不断地得到完善和创新。然而，对于欧盟治理机构的定性，却一直存在争议。其中最为普遍的观点认为，欧盟是一种典型的超国家治理，而与之相对应的是一种保守的观点，即欧盟本质上仍然是一种政府间治理或国家间治理模式，尽管在特定领域或事项上具有某些超国家的因素。

这里需要特别指出的是，有的学者并不刻意在国家间治理和超国家治理之间进行划分，而是将二者都界定为超国家治理，因为二者都属于国家决策的范畴。耶鲁大学法学院一位教授最近就撰文指出："国际决策可以通过政府对政府谈判和以条约形式的契约交换特定承诺的方式得以实现。此外，政府可以通过相互承认彼此的国内规则协调政策。但是，当民族国家同意的不是特定的实质结果，而是决定程序，它们就创立了全球决策或超国家治理体制"。② 还有一些学者将全球市场经济和一系列国际规范体系的出现作为某种程度超国家治理的典型例子，如世界贸易的贸易自由化工作、世界卫生组织的全球健康决策、国际标准化组织从事的标准设置、经合组织化学制品集团开发的检测议定书和风险评估方法，等等。③ 因此，从这个意义上讲，超国家治理在当今世界上并非是欧盟所独有，所不同的是其超国家治理的程度和范围要比其他全球治理体制要高得多和广泛得多。

此外，对于欧盟治理结构的界定还先后出现了准联邦治理结构、功能联邦治理结构、新组织主义等理论或学说。

对欧盟治理结构的这些学理界定，一方面都有其一定的合理性，另一方面又都存在明显的局限性。超国家治理说，如果适用于欧盟的第一支柱——欧洲共同体，尤其是欧洲煤钢共同体事务，也许在很大程度上是贴切的。但是，如果将它适用于欧盟的第二支柱和第三支柱，即共同外交与安全政策及防务政策和警察与刑事司法合作，则难免牵强了，因为这两个新的一体化领域的治理是建立在传统

---

① http://ec. europa. eu/governance/governance/index_en. htm（2007 年 3 月 15 日访问）。

②③ Daniel C. Esty, *Good Governance at the Supranational Scale*: *Globalizing Administrative Law*, The Yale Law Journal, Vol. 115, 2006, p. 1499.

的政府间水平的基础上。同样地，国家间或政府间治理说，固然可以描述欧盟的第二支柱和第三支柱的运作，但却难以说明欧盟第一支柱的诸多超国家治理特点。在欧盟的治理过程中，在组织结构和欧盟机构之间及与成员国之间在权力划分等方面，的确引入了一些联邦国家的治理理念、原则或做法，如从属性原则、专属权能原则、分享权能原则的确立和适用，等等。然而，如果准联邦是联邦体的一种过渡治理结构的话，这显然不是欧盟的性质，因为欧盟的设计者们从来就没有将欧盟的终极目标确立为一个欧洲联邦，尽管近代欧洲曾有所谓"欧洲合众国"的理论构想。至于功能联邦论，其优点在于它指出了欧盟与经济、社会、科技等领域存在的大量专门性国际治理体制的共性，而其缺陷在于它不能从理论上彰显欧盟治理的特殊性。

二、欧盟的多元治理结构

（一）组织体制上的多元性

欧盟治理结构的多元性首先表现在它的主要机关的设置上。虽然国际组织①的主要机关的多寡在国际法上并没有一定之规，这完全取决于有关组织的成员国依据该组织的宗旨和职能的实际需要而定，但是，绝大多数的国际组织的主要机关均由审议与决策机关、执行机关、行政管理机关构成。另外，有一些国际组织还设有司法机关或争端解决机构。欧盟不仅拥有上述这些主要机关，还另设立欧洲议会作为其主要机关。而且，从《马斯特里赫特条约》开始，过去作为欧共体专门机构的审计院也提升为欧盟的主要机关。可见，欧盟在组织体制上突破了一般国际组织的决策机关—执行机关—管理机关的"三驾马车"基本模式，并在国际治理中创立了由立法/决策机关—议会机关—执行机关—司法机关—审计机关构成的"五驾马车"核心治理结构。

欧盟在组织体制上的创新不仅仅表现在主要机关的设置数量上，更重要的是体现在其主要机关在组成上的多元性。在其他国际组织中，除了秘书处和司法机关外，最重要的审议、决策和执行机关均由成员国代表组成。在欧盟的五大机关中，唯有欧盟理事会的构成严格遵行国家代表原则，欧盟委员会、欧洲议会、欧洲法院和审计院等四个主要机关都由非国家或政府的代表构成，其中每一个非国家或政府代表组成的主要机关在成员的资格上又各有自己的特点。可见，欧盟主要机关的组成集合了国家或政府代表、欧盟公民代表以及政治、经济、社会、法

---

① 这里所指的国际组织仅限于政府间组织，不包括国际民间组织或非政府间组织。

律等各界精英代表等多层政治与社会力量。①

(二) 立法/决策权力配置上的多元性

欧盟权力的划分与行使在当今国际体制中也是自成一类。首先，欧盟的立法/决策权力的配置既不同于其他国际组织，也不同于现代民主国家。欧盟之所以不同于国际组织，是因为其机构行使着成员国转让的主权权力，而且有些领域的权力甚至是专属性的（如在共同商业政策领域），完全取代了成员国的权力。欧盟之所以不同于现代民主国家，是因为其立法和执行权能不是由单一的机关行使，而且主要机关还身兼立法和执行两大职能。欧盟的立法权部分地由理事会独立行使，部分地必须与欧洲议会分享，欧盟委员会在一些领域也享有独立的行政法规的制定权。

欧盟的执行权能总体上在各成员国和欧盟两个层面上构建。就成员国层面而言，欧盟的立法/决策的执行由各成员国的联邦（中央）政府和各级地方政府负责。从欧盟机构的角度考察，虽然欧共体框架中的执行权能主要是由欧盟委员会掌管，但是通常是在理事会的授权下进行的，后者又通过设立专门委员会的方式协助（实际上是监督）欧盟委员会执行欧盟的立法/决策。而且，在共同外交与安全政策和警察与刑事司法合作领域，欧盟层面的执行权主要由理事会拥有。更重要的是，欧盟机构执行权的有效行使在很大程度上有赖于它们与成员国之间的积极合作。所以，在欧盟的治理结构中，不存在单一的立法机关和单一的执行机关。②

欧盟司法权的设置在当今全球治理中别具一格。尽管其他一些国际组织中也设立有司法机关，但是迄今还没有任何一个国际司法机构像欧洲法院这样拥有广泛的管辖权和发挥如此重大的作用。在管辖权方面，欧洲法院集多种司法职能于一身。它既行使普通法院的管辖权，又行使类似于一些国家的宪法法院和行政法院的管辖权；它既是特定领域的初审法院和终审法院，又是另一些领域或事项的上诉法院；它不仅处理成员国之间的争端，而且还对成员国与欧盟机构之间、欧盟机构彼此之间、个人与成员国之间、个人与欧盟机构之间以及个人相互之间的

---

① 也许，混合代表原则并不是欧盟的独创。例如，在国际劳工组织的大会机关中，每一个成员国的代表团由四人组成，其中政府代表限定为两名，另两名分别由劳资双方各派代表一名。不过，这似乎是国家代表原则的一种辅助，因为劳资双方的代表在国际劳工组织中并未形成独立的代表机构，而且其人选由成员国政府与有关行业组织和工会协商产生。又如，也有个别国际组织设有议会机关（如欧洲委员会）。但是，其他国际组织的议会机关由成员国国内议会机关的代表组成，而欧洲议会机关的议员自1979年以来一直是通过直接普选产生。参见曾令良：《欧洲共同体与现代国际法》，武汉大学出版社1992年版，第25～26页。

② See Jo Shaw, Law of the European Union, Second Edition, Macmillan, 1996, p. 107.

特定诉讼行使管辖权。另外，它还在欧共体与第三国或其他国际组织缔结国际协定方面享有咨询管辖权。

在欧共体的管辖权中，初步裁决权最富有个性。这一职权的要点是：应成员国法院或裁决机关的请求，欧洲法院对欧共体法的解释和欧共体法的有效性问题作出初步裁定，然后由相关的成员国法院根据这一裁定对具体案件的实质争端作出判决。尤其值得注意的是，欧洲法院的其他管辖权均直接由成员国政府、欧共体机构或个人作为诉讼主体，唯有这一初步裁决的请求只能由成员国的司法机关提出。

半个多世纪以来，欧洲法院利用其广泛的管辖权解决了数以千计的各种涉及欧盟的法律争端，为欧盟共同市场的建立和完善提供了司法保障。更重要的是，它还充分利用欧盟基本法律文件赋予的法律解释权，为推动欧盟法律体系的完善和法治进程作出了创造性的贡献。欧盟法中的一些重要的原则都是欧洲法院在欧盟法没有明文规定的情况下通过大胆而合理的司法解释而确立的，如直接效力原则、优先原则、相称性原则、平行发展原则，等等。

（三）　立法/决策程序上的多元性

欧盟在立法/决策程序或过程中的多元性，首先体现在三个支柱领域分别实行不同的立法/决策程序。概括地讲，在第一支柱领域（欧共体）中，欧盟的立法/决策程序处于超国家治理的水平，在第二和第三支柱领域（共同外交与安全政策和警察与刑事司法合作）中，欧盟的立法/决策过程基本上属于政府间治理的层次。

毫无疑问，欧共体立法/决策程序因其超国家的设计与运作而最具有代表性。更重要的是，这一领域现行的立法程序因涉及的事项不同而又有多种形式。据欧盟委员会的一份报告披露，从欧盟的基本条约的规定中可以辨识出 22 种不同的立法程序。[①] 由此可见，欧盟的立法程序十分的复杂。尽管如此，协商程序（或一读程序）、合作程序（或二读程序）、同意程序和共同决定程序是欧盟立法的四种基本模式。

在"协商程序"下，欧盟的立法措施遵循的基本步骤是：①欧盟委员会提出立法提案并递交到理事会；②理事会收到提案后与欧洲议会和/或经济委员会和/或区域委员会协商（或在有关情况下甚至与欧洲中央银行协商）；③理事会以简单多数或特定多数或全体一致同意的方式通过有关立法。虽然在协商程序中欧洲议会或其他有关机构（如经社委员会、区域委员会和欧洲中央银行）的意见不具有约束力，但是，凡是《欧共体条约》有明文规定的地方，欧洲议会和

---

① See Jo Shaw, Law of the European Union, Second Edition, Macmillan, 1996, p.143.

其他机构的协商权即构成欧盟立法"必不可少的程序要求"。

"合作程序"的目的是增强欧洲议会在欧共体立法过程中的影响，但并不给予它真正的共同立法权。因此，合作程序实际上是一种更为缜密的协商程序，即：欧洲议会对于有关的法案在原有的协商程序的基础上享有二读的权力。目前，合作立法程序主要适用于如下领域或事项：消除基于国籍的歧视；共同运输政策；保证经济政策更加紧密协调、平等进入金融机构；货币发放；工人健康与安全；欧洲社会基金运作的实施性决定，等等。

"同意程序"是通过《单一欧洲文件》确立的一个新程序。当时，这一程序仅适用于两个方面的决定：一是接纳新的欧共体成员国，二是欧共体与第三国缔结联系协定。通过《马斯特里赫特条约》修订的《欧共体条约》又将这一程序的适用扩展到其他一系列事项，如联盟公民权的行使方式；欧洲中央银行具体职务的确定；欧洲中央银行体系议定书的修订；结构基金的任务、优先目标和结构；设立联结基金；欧洲议会直接选举的程序；特定领域国际协定的缔结，等等。"同意程序"意味着：凡是属于这一程序的事项，没有欧洲议会的同意，就不可能形成有约束力的立法文件。因此，这一程序实际上构成欧洲议会的否决权。

"共同决定程序"是《欧共体条约》对原有的立法程序进行修订的一个重要举措，它使欧洲议会在特定事项上真正与理事会共同行使立法与决策权。这一新程序的实质意义在于：它使理事会与欧洲议会之间在一些领域的立法方面形成一种相互影响和相互作用的关系，这种关系似乎可与某些国家议会两院之间的关系相比拟。根据有关统计，《欧共体条约》共有14处条款规定适用"共同决定程序"，分别是：工人自由流动的措施；经营权利一般计划实施的指令；工人流动自由之例外的协调；相互承认文凭的指令；自我雇佣者的法律协调；服务自由；完善内部市场建设的协调；同等国内措施（未经协调）的承认；教育、职业培训和青年的鼓励措施；文化的激励措施；公共健康的激励措施；消费者保护的具体行动；研究与发展的多年度框架；环境的一般行动计划。[①]

（四）立法/决策在实施与监督上的多元性

在任何一种治理结构中，法律与政策的实施总是至关重要的，因为任何社会的法律或政策无论是多么的完善，制定的水平无论有多高，如果得不到有效的实施，其价值就无法体现，其作用就得不到发挥。但是，尽管欧盟治理结构的一体化程度很高，具有诸多的所谓"超国家"因素，它毕竟还不可与国家治理结构同日而语。如同其他政府间治理结构一样，欧盟总体上缺乏像国家那样的手段和

① See Jo Shaw, Law of the European Union, Second Edition, Macmillan, 1996, p. 153.

资源来实施其法律和政策。例如，欧盟没有自己的警察、税务、海关和其他相关的机关或部门来执行诸如征收关税、实施共同农业政策、渔业政策、工业政策、竞争政策、运输政策、社会政策、能源政策、科技政策、外交与安全政策等领域的具体措施。因此，除个别领域外（如共同竞争政策），欧盟法律与政策的实施主要还是依靠各成员国的各级国家机关和政府部门。

那么，欧盟是如何利用并保证各成员国的机关或机构来有效实施其法律和政策呢？首先，它依靠各成员国忠诚履行欧盟的一般义务，主要法律依据是《欧盟条约》第 10 条（原第 5 条）。其次，欧盟机构的单个立法文件（如条例、指令、决定）为成员国的实施和执行规定了详细的程序和要求。通过上述途径来实施欧盟法被一些欧盟法学者称之为"间接实施"或"间接执行"。[1] 近年来，欧盟委员会开始注重激励欧盟法律与政策实施方面的纵向合作（欧盟与成员国之间）和横向合作（成员国彼此之间），强调欧盟与成员国之间和成员国彼此之间应交流有关实施欧盟法的信息。

为保证成员国有效实施欧盟制定的法律和政策，欧盟从一开始就建立了颇为完备的监督机制。《欧共体条约》第 226 条（原第 169 条）专门规定了欧盟委员会监督成员国实施欧共体法的程序，而第 227 条（原第 170 条）则为成员国之间的相互监督规定了类似的程序。根据《欧共体条约》这两条的规定，欧盟委员会或/和任何成员国可以将不实施或没有合法、有效、适当实施欧共体法的有关成员国作为被告起诉到欧洲法院。通过欧盟司法程序保证欧盟法实施的这种方式被称之为"直接实施或执行"。此外，个人（自然人和法人）还可以利用欧洲法院的初步裁决管辖权来间接监督成员国实施欧共体法。

最后，值得指出的是，如果说司法审查制度在国家治理中早已司空见惯，那么它在国际治理结构中则极为鲜见。然而，欧盟是一个例外，它对欧盟机构行为（作为和不作为）而建立的司法审查制度，其健全与完善程度丝毫不亚于一个国家的司法审查制度。在欧盟中，不仅欧盟主要机构和成员国是司法审查诉讼的完全的主体，个人对于欧盟特定的行为，在满足一定的条件下，也可以向欧洲法院起诉欧盟机构。

三、《里斯本条约》对欧盟治理结构的改革

虽然《欧洲宪法条约》及其欧盟治理结构的改革蓝图宣告破产，但是欧盟

---

[1]　Daintith, *European Community Law and the Redistribution of Regulatory Power in the United Kingdom*, 1 ELJ 134, 1995.

成员国新近签署的《里斯本条约》① 总体上吸收了《欧洲宪法条约》有关欧盟治理结构的构建，即：在保持欧盟现行的组织框架、职权分配和运作程序的基础上，对欧盟部分主要机关的地位、作用、组成、产生方式等进行适当改革，以提高欧盟的民主性、增进欧盟的运作效率和强化欧盟的一体化程度。其主要表现在：

第一，作为提高欧盟民主的一个标志，《里斯本条约》进一步巩固和提升欧洲议会在欧盟治理结构中的地位与作用。在确立欧洲议会的职权时，明确地规定"应与理事会一起共同行使立法和预算职能"，② 并且将欧洲议会的其他职能，如"政治控制"、"协商"和"选举欧盟委员会主席"等，置于其"立法和预算"职能之后。而且，欧洲议会在预算方面的权能得到进一步加强，它不仅对非强制性预算具有决定权，而且对于强制性预算项目也有更大的干预权力。《里斯本条约》的生效意味着今后的欧洲议会是一个与理事会并驾齐驱的立法机关，这与它过去和现在先后纯属协商机关和只是部分地行使立法权的地位形成显著的对照。

第二，《里斯本条约》明确地将欧洲理事会列为欧盟组织结构的组成机构。③ 虽然欧洲理事会作为欧盟的最高决策机构早已是一种事实，但是过去和现行的欧盟基本条约并没有将它列为欧共体/欧盟组织框架内的一个主要机关，甚至没有将它视为一种正式的机构。例如，《欧盟条约》第4条（原第D条）对于欧洲理事会的组成是这样表述的："欧洲理事会应将成员国国家元首或政府首脑和委员会主席召集在一起（bring together）他们应得到成员国外交部长和委员会的一位委员的协助……"。从上述措辞可以看出，《欧盟条约》并没有直接使用"组成"（consist of）一词，这实际上是将欧洲理事会继续视为一种定期的首脑会议。而且，外交部长和委员会委员所要协助的是"他们"（即首脑们），而不是作为机构的欧洲理事会。《里斯本条约》的相应规定则有显著的区别："欧洲理事会应由成员国国家元首或政府首脑组成（consist of），连同其主席和欧盟委员会主席一起"，而且"本联盟外交与安全政策高级代表应参与其工作"。④ 在这里，尽管欧洲理事会的成员基本上还是成员国的首脑（也略有变化，如其主席单列为成员；欧盟外交与安全政策高级代表取代成员国外长参加等），但是他们是以欧盟

---

① 又称之为《改革条约》，正式名称为《修改欧洲联盟条约和欧洲共同体条约》之《里斯本条约》，于2007年12月13日在葡萄牙里斯本首脑会议上签署，计划于2009年1月1日生效（即2009年欧洲议会选举之前），如果得到所有欧盟成员国的批准。虽然《里斯本条约》的名称和内容删除了原《欧洲宪法条约》中与有关"宪法"的术语、措辞、标志或象征，但是承袭了后者大部分的改革规定。

② 参见经《里斯本条约》注入的新《欧洲联盟条约》第9A条。

③ 参见经《里斯本条约》修改和注入的新《欧洲联盟条约》第9条、9A（2）条、9B条。

④ 参见经《里斯本条约》注入的新《欧洲联盟条约》第9B（2）条。

的一个机关组成人员的身份行使职权,而不再是以首脑会议的被召集者身份参与欧洲理事会的活动。

第三,《里斯本条约》变革欧洲理事会主席的产生方式增强了欧盟的独立身份。根据现行的《欧盟条约》及其实践,欧洲理事会并没有自己独立的主席,而是由各成员国首脑每半年轮流担任,当值的成员国是欧洲理事会的轮值主席国。这是一种典型的国家间或政府间治理体制,其最大的好处是淋漓尽致地体现了国家主权平等,而与之相随的最大弊端是不利于一种国际体制的有效运作。《里斯本条约》规定:"欧洲理事会应以特定多数方式选举其主席,任期为两年半,可连任一次。在发生妨碍或严重渎职的情况下,欧洲理事会可能依照同样的程序终止他或她的任期"。① 而且,《里斯本条约》还规定,"欧洲理事会主席不应担任国内职务"。② 上述规定对于欧盟的组织建设具有深远的意义:欧洲理事会主席,如同欧洲议会议长、欧盟委员会主席和欧洲法院院长一样,也必须经过选举产生、有特定的任期和必须是专任。遗憾的是,《里斯本条约》并没有对欧洲理事会主席候选人的个人资格与条件做出明确而又具体的规定。

第四,虽然《里斯本条约》没有沿用《欧洲宪法条约》中新设置的欧盟外长职位,但是有关欧盟外交与安全政策高级代表的设立以及产生和职能的规定,从效果上讲,增添了欧盟治理机构的"超国家"因素。根据《里斯本条约》的规定,欧盟外长必须是欧盟委员会的一名副主席,由欧洲理事会与欧盟委员会主席达成协议后,以特定多数方式做出决定。外长的主要职责是具体负责欧盟共同外交与安全政策以及防务政策的实施。为了有效地履行其职责并保证相关的欧盟机关积极协调与配合,理事会的外交事务理事会将由该外交与安全政策高级代表主持,取代现行的理事会组成人员的轮流制;而且,作为欧盟委员会的副主席,他在委员会中负责对外关系,以保证欧盟所有的对外政策与行动的协调。③ 可见,欧盟外交与安全政策高级代表在欧洲理事会、欧盟理事会和委员会三个主要决策、立法与执行机关中均具有重要的地位和作用。

第五,《里斯本条约》对于现行的欧盟司法的适当改革基本上沿袭了《欧洲宪法条约》的设计。④ 它明确采用了"欧洲联盟法院"名称,以取代现行的欧洲共同体法院的称谓。但是,这里的"欧洲联盟法院"名称并不是对某一个司法机关的具体冠名,而是对《里斯本条约》中设计的欧盟司法机关体系的总称。欧洲联盟法院由欧洲法院、一般法院和专门性法院组成。从《里斯本条约》有

---

① 参见经《里斯本条约》注入的新《欧洲联盟条约》第9B(5)条。
② 参见经《里斯本条约》注入的新《欧洲联盟条约》第9B(6)条。
③ 参见经《里斯本条约》注入的新《欧洲联盟条约》第9E条。
④ 参见经《里斯本条约》注入的新《欧洲联盟条约》第9F条。

关欧盟法院的组成、职权和程序等事项的规定来看，其设计的欧洲法院与现行的欧洲法院基本相同，一般法院则类似于现行的初审法院，至于专门性法院，只有现行的欧洲公务员法庭可归属于其中。值得指出的是，《里斯本条约》中的"专门性法院"的英文采用的是复数形式，这说明它并不是一个特定法院的具体名称，而是指欧盟可根据实际需要建立两个或几个专门法院。需要指出的是，该条约没有像《欧洲宪法条约》那样进一步明确规定各司法机关彼此之间的梯级结构，但是这似乎并不影响它们在实际运作中存在着这种关系。

第六，《里斯本条约》还增强了成员国国内议会在欧盟治理中的影响力。例如，在接纳欧盟新的成员国申请方面和有关《欧盟条约》的任何修订，国内议会将享有更大的话语权（新的第33条取代现行的第48条，新的第34条取代现行的第49条）。更有甚者，国内议会对于欧盟内务司法合作方面的进一步措施享有否决权（新的第69d条）。

四、欧盟的多元治理结构对中国和平发展的影响

自1975年中欧建交以来，双边关系虽有过起伏，但整体发展良好，特别是2001年中欧建立全面伙伴关系以后，双方在政治、经济、科技、文化、教育、卫生、法制等领域的交往日益密切，合作不断深化，中欧关系进入了历史的最好时期。与此同时，我们应该清醒地认识到，中欧之间政治和经济领域仍然存在一些分歧和潜在的摩擦。这些分歧或摩擦，一方面是"由于历史传统、政治制度和经济发展阶段的差异"，[①] 另一方面，欧盟治理结构的多元性也是不可忽略的因素。可以预见，随着双方关系的不断推进和中欧在国际和地区事务中地位和作用的持续增强，欧盟治理结构的多元性势必对我国和平发展战略的实施产生越来越大的影响。这种影响尤其表现在政治、经贸以及法治和人权领域。

（一）政治领域

中国将恪守一个中国原则作为中欧关系政治基础的重要组成部分。欧盟及其成员国也明确表示恪守这一基本原则。但是，欧洲议会的部分议员和党团、一些成员国的国内议会议员和一些利益集团一直在游说欧盟和成员国政府与台湾当局建立和保持某种形式的官方关系，并主张向台湾地区出售武器和用于军事目的的设备、武器和技术。

---

① 《中国对欧盟政策文件》，2003 年 10 月，http://www.fmprc.gov.cn/chn/wjbzzjg/xos/gjlb/EropeanUnion/smgb/t2，2007 年 3 月 25 日访问。

中国一直希望欧盟尽早解除对华军售禁令，为拓宽中欧军事工业和军事技术合作扫清障碍。尽管有部分成员国元首或首脑作出了承诺，但仍有一些成员国反对。虽然欧盟最近"确认愿在 2004 年中欧领导人会晤联合声明以及此后的欧盟首脑理事会的结论的基础上，向解除禁令的目标推进工作"，[①] 但前景并不乐观，因为阻力同样来自欧洲议会、一些成员国的议会、部分国内和跨欧政党以及民间团体。

虽然中国先后收回了香港和澳门，但由于这两个特别行政区历史上曾经由欧盟成员国统治，欧盟仍然高度关注香港和澳门的自治问题。例如，欧盟的官方和民间势力一直在干预中国有关香港的国家安全立法。

（二）人权领域

人权是欧盟的多元治理结构对中国和平发展影响最大和最直接的领域。值得称道的是，欧盟一直致力于通过建设性的对话而不是对抗来改善中国的人权状况。人权问题不仅是中欧政治对话框架的主要议题之一，而且是 1995 年建立的人权对话专门议题（每年两轮）。尽管人权对话是官方之间的或是由官方召集学界和民间社会参与的，但是对于中国人权问题施加压力的，主要是欧洲议会和欧盟各种人权组织和跨欧党团等社会和民间力量。近年来，欧盟各种政治和社会力量认为中国的人权状况，虽有改善，但与所谓的国际标准相差甚远，尤其是公民权利和政治权利方面。欧盟对中国人权施加影响的主要事项有：①希望中国减少死刑的范围和数量，直至取消死刑，增强执行死刑的透明度；②认为劳动改造这种服刑和再教育方式违反人权，应予以废止；③认为在西藏和新疆少数民族的宗教权利和文化权利没有得到充分尊重；④公民的言论、宗教和结社自由没有得到应有的保障；⑤虽然签署了《联合国公民和政治权利国际公约》并承诺尽早批准，但是一直没有给予明确的批准时间。[②]

（三）法治领域

"支持中国向一个以法治和尊重人权为基础的开放的社会过渡"，[③] 是欧盟对华基本政策的主要目标之一。为此，近年来，欧盟积极在中国开展法官、检察官和律师培训等内容的法律和司法项目、筹建欧洲法学院项目、赋予基层公民更多

---

① 《第九次中欧领导人会晤联合声明》，2006 年 9 月 9 日，赫尔辛基，http://www.fmprc.gov.cn/chn/wjb/zzjg/xos/gjlb/EuropeanUnion/smgb/t2，2007 年 3 月 26 日访问。

② Commission Policy Paper for Transmission to the Council and the European Parliament: A Maturing Partnership-Shared Interests and Challenges in EU – China Relations（Updating the European Commission's Communications on EU – China Relations of 1998 and 2001），Brussels，10. 09. 2003，COM（2003）533.

③ See Supra，note 17.

民主权利项目和发展社会与经济权利项目，等等。欧盟一方面肯定中国近年来在建立法治国家和促进法制完善方面的成就，另一方面认为中国现实中仍然是一个人治的社会。在欧盟对华政策文件中，扩大以直接选举为核心的民主建设（乡镇以上）、增强"草根组织"建设（即非政府组织和民间社会建设）、工人权利保障、司法公正等，将是欧盟对华政策新的行动要点。[①] 所有这些政策及其要点的形成无不是欧盟各种政治和社会力量的反映。

（四）经贸领域

中欧关系的建立发端于经贸，如今双边关系发展最为迅猛的仍然是这一领域。从 2002 年起，中国成为欧盟的第二大贸易伙伴（仅次于美国），而从 2004 年起，欧盟则成为中国的第一大贸易伙伴。随着双边贸易和投资的扩大，经贸争端也相应地多了起来。目前和未来双边经贸关系的主要争端有：①贸易逆差问题；②反倾销、反补贴问题；③特殊保障措施问题；④知识产权保护问题；⑤中国的市场经济地位问题；⑥欧洲公司在中国市场准入的环境问题，等等。

中欧经贸纠纷的引起，原因错综复杂，但是，欧盟方面的贸易保护主义政策和对中国及其企业、商人的某些歧视、误解和偏见是其中的重要因素。例如，据WTO 的统计，中国已连续第 12 年是遭受反倾销诉讼最多的国家，其中要数欧盟的最多。中国出口遭受技术贸易壁垒最多的也是欧盟。中国"入世"后率先对中国产品采取特殊保障措施的还是欧盟。欧盟针对中国出口采取的这些保护主义措施有很多是不公平的，而这些不公平的歧视性待遇，从根本上讲，又源于欧盟不承认中国的完全市场经济地位。

也许有人认为，欧盟不承认中国的完全市场经济地位以及由此对中国产生的贸易歧视待遇问题，似乎与欧盟的多元治理结构没有太大的联系，因为欧盟在对贸易政策和立法方面享有专属权能。其实不然。欧盟对外贸易专属权的行使本身就包含着多元政治和社会力量的互动和制约。无论是欧盟的贸易立法或行政措施，还是对外谈判贸易协定，最终的决定权属于理事会，而理事会是各成员国政府的代表，不可以推定这些代表在理事会做出决定时不顾及本国政府、产业和相关利益集团的意愿。此外，尽管欧洲议会和经社委员会在这一领域的立法和决策仅享有协商权，但是他们毕竟是欧盟公民和经济社会各界的代表，其意见在欧盟贸易立法和决策中的影响作用就不言而喻了。欧盟承认中国的完全市场经济地位，远不是一个单纯的经贸技术和法律事项，还涉及欧盟治理结构中多元的政治和社会因素。

---

① See Supra, note 17.

为此，中国应尽早制定应对策略，高度重视对欧盟治理结构的调查与研究工作，及时、持续跟踪欧盟治理改革的动向，尤其是要就那些对中国政治利益和经贸权益可能产生直接和重要影响的立法和政策，在草案形成之前和形成过程中，有针对性地对欧盟的决策者和相关利益集团多做一些外交和公关工作。对于已经生效和正在实施的对中国具有重大负面影响的欧盟立法和政策，如反倾销、反补贴和保障措施立法和实践中的"中国的完全市场经济地位"问题，应通过官方和民间以及其他途径，据理力争，使这些立法和措施能尽早予以废止和修改，将中国可能造成的利益损失减少到最低程度。此外，在国内应进一步加强中国企事业法人和自然人对欧盟的多元治理结构的认识，甚至有关部门应制订欧盟治理结构和法律政策培训计划，重点培训中国参与对欧盟经贸关系的各级政府官员、行业协会组织代表、企事业法人代表和高层管理人员及主要业务人员。最后，我国政府在规范管理的同时，应像重视行业协会建设一样，扶植我国在人权、环境和其他社会领域的非政府组织或民间团体的建设，因为这些非官方的"草根组织"在应对欧盟多元治理结构对我国的影响方面能发挥不可替代的重要作用。

五、结论

总之，现行的欧盟治理结构，既不能简单地界定为一种超国家治理，也不能简单地描述为属于政府间治理的一般范畴。它是一种融超国家治理和政府间治理于一体的多元治理结构或混合型治理结构。大致说来，作为欧盟基础的第一支柱，欧共体的治理结构具有明显的超国家色彩，而作为欧盟后来新开发的第二支柱和第三支柱，共同外交与安全政策及防务政策和警察与刑事司法合作的构建与实施，无疑仍然属于国家间或政府间治理的模式，尽管欧盟在组织体制上早就实现了一体化。虽然新近问世的《里斯本条约》进一步在法律基础、组织结构、立法/决策权分配和运作程序上进行了改革，以提高欧盟治理的民主性、效率和融合，但是欧盟治理中超国家板块和政府间板块的划分基本上依然如故。

欧盟治理结构的多元性不仅体现在各种政策领域一体化程度参差不齐，而且更具体地表现在其立法/决策、执行和司法权力的配置上。欧盟的设计者将欧盟的立法/决策、执行和司法三大权力，根据从属性原则在欧盟和成员国之间进行划分并建立相应的互动关系。其结果是：在《欧盟条约》规定的范畴内，既有特定的欧盟专属权能，又有更多的欧盟与成员国一起分享的权能，还有一些属于成员国可以在一定条件下彼此建立更为紧密的治理关系的酌处权能。

欧盟治理结构的多元性更集中和更直接地包含在欧盟层面的立法/决策、执行和司法权力的行使者、行使方式和监督保障机制之中。如果说理事会是过去欧盟立法和政策的最终决定机关，那么现在欧洲会议无疑也是欧盟立法和政策最终决定者的组成部分。这就意味着：欧盟的立法/决策由成员国的意志协调取向已经转换为由成员国的意志协调与欧洲公民意志共同取向。尽管欧盟的治理结构并非尽如人意，而且还不断面临着欧盟内外的各种挑战，但是欧盟的多元治理模式无疑是迄今全球治理结构中称得上是一种极富个性的良治和法治的代表。

欧盟治理结构的多元性或许对中国的法治和良治战略的实施具有一定的借鉴意义，至少在治理理念、价值取向、基本原则和某些做法方面是这样。虽然欧盟和中国是两种性质截然不同的实体，但是双方在促进内部经济社会发展中面临着一些类似的问题，并且对解决这些问题持有类似的主张，如关于竞争政策、内部市场的讲话、地区性政策和贸易政策，等等。①

欧盟的多元治理结构不可避免地对中欧关系和中国和平发展战略产生各种直接和间接的影响。这些影响尤其表现在解除对华军售禁令、对台军售、中国有关香港的国家安全立法、人权对话与合作、民主与法治、经贸摩擦等较为敏感的领域。由于欧盟是一种集团式的多元治理结构，其对中国和平发展的影响势必远远超过任何一个单个国家，尽管后者的治理有的也是多元的。又由于欧盟是一个多层的、混合的治理结构，这种复杂性对中国和平发展的影响无疑超出了其他任何一种国际治理体制。因此，中国应高度重视欧盟治理结构的多元化趋势，分别在国内和欧盟中采取积极的应对措施，尤其是要扶持各种"草根组织"的力量，注重发挥其在对欧关系中的潜能。

第二节 《中欧伙伴关系与合作协定》
谈判：问题、建议与展望*

中国与欧盟谈判和缔结新的《中欧伙伴关系与合作协定》（以下简称《中欧伙伴协定》）是中欧双方近年来根据中欧关系发展的变化而逐步形成的共识和战略决策。《中欧伙伴协定》必将成为构建中欧战略伙伴关系新的里程碑。以下将首先集中阐释新的《中欧伙伴协定》谈判势必涉及的协定名称、谈判与缔结的形式、谈判与缔结的程序、谈判与缔结的法律依据等程序事项问题。然后，分别

---

① 参见欧洲委员会驻华代表团：《欧盟—中国交流对话》，http://www.delchn.cec.eu.int/cn/eu_and_china/Sectoral-Dialogues.htm，2007 年 3 月 26 日访问。

* 本节作为子项目成果载于《中国社会科学》，其英文版载于 *European Law Journal*，内容有适当的修改和删减。

探讨中欧双方在协定谈判中势必特别关注的实质性法律问题及其相关的政治和经济问题，如协定的宗旨与原则、市场准入、中国的完全市场经济地位、知识产权、国家独立与领土完全、对华军售禁令、政治民主、人权、良政、争端解决方法与程序，等等。最后，试图就文中阐述的核心问题和主要观点进行概括，并就新的《中欧伙伴协定》的未来命运作些初步的展望。

一、《中欧伙伴协定》谈判的形式与程序问题

（一）新协定名称及其重要含义

谈到新的中欧协定的名称，首先必须区分已启动谈判的《中欧经贸协定》和将启动谈判的《中欧伙伴协定》。就前者而言，1996年9月举行的第九次中欧领导人会晤已形成共识，将作为中欧全面战略伙伴关系目标的组成部分，通过完善1985年《中欧经贸协定》的方式来谈判与缔结，并予以独立执行。[①] 由此可以推定，该新协定很有可能延续现行的1985年《中欧经贸协定》的名称。就新的《中欧伙伴协定》而言，其概念和名称是近三年来中欧领导人定期会晤中逐步予以明确的。需要指出的是，这两年欧盟单方面发布的有关对华政策文件一直明确地采用"伙伴与合作协定"名称。[②]

新的战略伙伴关系协定采用"伙伴与合作协定"的名称，一方面是中欧双方的合意，另一方面又似乎是欧盟方面的倡议起主导作用。从欧盟（多以欧共体名义或与其成员国一起）与第三国缔约的实践来看，根据协定的内容多寡、范围大小和构建双方关系的紧密程度，大致有五个基本类型和层次：最紧密的是联系协定，俗称为"准成员国资格协定"；加强式协定或欧洲邻居协定[③]次之；再次之是伙伴关系协定或伙伴与合作协定；最常见的是贸易协定或贸易与经济合

---

① 《第九次中欧领导人会晤联合声明》，第4段。

② 委员会致理事会和欧洲议会的沟通文件：《欧盟—中国：更紧密的伙伴，扩大的责任》，［COM（2006）632 final］，2006年10月24日，http://ec. europa. eu/external_relations/china/docs/com06_631_ch. pdf；EU Commission, Competition and Partnership: A Policy for EU-China Trade and Investment, para. 3.5, http://trade. ec. europa. eu/doclib/docs/2006/november/tradoc_131234. pdf. ，2007年7月15日。

③ 这将是欧盟与第三国签订的一种最新类型的协定，其目的是实施欧盟于2004年提出的"欧洲邻居政策"（European Neighborhood Policy, ENP），即"与欧盟邻国建立一种特殊关系，旨在建立一个以欧盟的价值为基础和通过以合作为基础的紧密与和平关系为特征的繁荣和睦邻的地区"。2007年1月，理事会根据委员会的建议，通过了欧盟与乌克兰谈判加强式协定的指令，该协定将是"欧盟邻居政策"的第一个新一代的协定。Christophe Hillon, "Mapping-Out New Contracting Relations between the European Union and Its Neighbours: Learning from the EU-Ukraine 'Enhanced Agreement'", *European Foreign Affairs Review*, Vol. 12, issue 2 (2007), pp. 169-182.

作协定；再就是专门性的或技术性的合作协定。可见，伙伴与合作协定是欧盟与准成员国和邻国之外的第三国之间签订的一种表示双方关系最为紧密、合作范围最为广泛的框架协定。

目前，最集中且最具代表性的伙伴与合作协定是 20 世纪 90 年代欧盟先后与独联体国家缔结的。① 这些伙伴与合作协定的内容大同小异，其主要的共同特点是：①在政治、经济与贸易、文化教育、科技和社会等领域建立全面的伙伴与合作关系；②增加过去贸易与经济合作协定中所没有的"尊重民主、法治和人权"条款；③建立由多层混合机构组成的机制，促进和监督协定的实施；④协定的有效期均为十年，协定到期后，可以自动延长或终止。②

不难预料，欧盟势必借用它与独联体国家的这种协定作为它与中国谈判伙伴与合作协定的蓝本。对此，中国应充分做好自己的谈判预案。笔者以为，中国不妨原则上可以赞同以欧盟与独联体国家签署的伙伴与合作协定为参照范本，但是必须深入、系统研究现行的伙伴协定，结合中国的实际和中欧关系的特点，吸取有用或有利的条款，摒弃可能不利或无用的内容。

（二）新协定的谈判与缔结方式和程序问题

新协定的谈判与缔结方式和程序，与中欧各方的谈判与缔结机关的权能紧密地联系在一起，而这种缔约权能又是通过各自的宪法或宪法性条约予以明确规定的（欧盟还通过其司法机关的裁决或司法意见得以不断澄清）。而且，鉴于新的《中欧经贸协定》以独立于《中欧伙伴协定》的方式进行谈判和缔结，两种协定的谈判和缔结程序也就不完全一样。

就中方而言，这似乎是一个不存在多大悬念的事项。中国是一个单一制国家，与外国之间的协定由中央政府统一负责谈判和缔结③（当然，香港特别行政区和澳门特别行政区在经贸、科技和社会领域享有广泛的缔约权）。④ 具体说来，新的《中欧经贸协定》将由商务部牵头和其他有关部委参加组成代表团与欧盟

---

① 它们分别是亚美尼亚、阿塞拜疆、格鲁吉亚、哈萨克斯坦、吉尔吉斯斯坦、摩尔多瓦、俄罗斯、乌克兰（2003 年 3 月发布伙伴与合作协定评估报告）、乌兹别克斯坦；白俄罗斯和土库曼斯坦与欧盟分别于 1995 年和 1998 年签署伙伴与合作协定，但迄今尚未生效。http://ec. europa. eu/external_relations/ceeca/pca/index. htm，2007 年 8 月 2 日。

② http://ec. europa. eu/external_relations/ceeca/pca/index. htm；http://ec. europa. eu/external_relations/ceeca/pca/pca_russia. pdf；http://ec. europa. eu/external_relations/ceeca/pca/pca_uzbekistan. pdf，2007 年 8 月 2 日。

③ 参见《中华人民共和国宪法》第 67（14）条、81 条、89（9）条。

④ 参见《中华人民共和国香港特别行政区基本法》第 151 条和《中华人民共和国澳门特别行政区基本法》第 136 条。

方面进行谈判，而《中欧伙伴协定》应由外交部牵头和其他有关部委参加组成代表团与欧盟方面进行谈判；两个协定均将由国务院负责缔结，后者须经全国人大常委会批准后才能生效。

就欧盟方面而言，情况要复杂得多。欧盟是一个不断演进的区域一体化组织，在有些领域（如共同商业政策、海洋环境保护等），欧盟享有排他的缔约权；在另一些领域（如划界、国防、军事合作等），欧盟则没有缔约权；在更多的领域（如投资、服务贸易、知识产权、警察与司法合作、科技、教育、文化、外交、安全等），欧盟没有独立的缔约权，必须与其成员国一起与第三国或国际组织进行谈判和缔结。因此，欧盟在不同领域与第三国或国际组织谈判与缔结协定，必须根据其缔约权能的性质与特点，遵循不同的程序和方式，否则，即使有关协定已与第三国或国际组织谈妥，甚至已经签署，也有可能因"缺乏权能"、"越权"、"违反《欧共体条约》或其适用相关的任何法律规则"、"违反必要程序要求"[1] 等理由而被起诉到欧洲法院，并最终导致有关协定的无效。可见，全面、准确了解欧盟方面的缔约权能及其程序，不仅仅是欧盟内部的事项，而且直接影响到有关第三国或国际组织的切身利益。

首先，无论是完善 1985 年《中欧经贸协定》的谈判，还是《中欧伙伴协定》的谈判，都必须遵行《欧共体条约》第 300 条关于欧盟缔约的一般性规定。根据该条的规定，我们可以将欧盟的一般缔约程序概括为如下几个步骤：①欧盟委员会负责向理事会提出与有关第三国或国际组织谈判与缔结协定的正式建议；②理事会，除个别领域的协定外（主要是共同商业政策领域），应与欧洲议会协商，有些特定的协定还需获得欧洲会议的同意；[2] ③理事会授权委员会与有关第三国或国际组织展开必要的谈判；④委员会在谈判中应与理事会委派协助谈判的特别委员会进行协商；⑤理事会最终负责有关协定的签署（包括临时适用）和缔结。理事会授权谈判、签署（包括临时适用）和缔结有关协定的决定，除非另有特殊规定，[3] 一般情况下以特定多数方式为之。

具体就《中欧经贸协定》的升级谈判和缔结而论，除遵循上述缔约程序的一般性规定外，最直接的法律依据应该是《欧共体条约》第 133 条关于欧共体共同商业政策的规定。根据该条的规定，新版《中欧经贸协定》有可能牵涉到两种谈判和缔结程序，依具体谈判的内容和范围而定。

---

① See EC Treaty, Article 230.

② 需获得欧洲议会同意的协定主要有：（1）联系协定；（2）通过组织合作程序而建立特定机构框架的协定；（3）对欧共体预算具有重大影响的协定；（4）需要修改根据《欧共体条约》第 251 条规定之程序（即三读立法程序）制定的法规而缔结的协定。参见《欧共体条约》第 310 条和第 300 条第 3 款。

③ 理事会对于如下类型或领域的协定需以全体一致通过方式决定：（1）联系协定；（2）协定所涉及领域的内部规则需要全体一致方式。参见《欧共体条约》第 310 条和第 300 条第 2 款。

第一种是可以由欧共体独立与第三国或国际组织缔结协定的程序，适用于货物贸易和服务贸易（但不包括文化和视听服务、教育服务和社会与人类健康服务）。首先由欧盟委员会向理事会提出谈判建议，然后由理事会授权委员会与中方展开具体谈判（其间须与理事会委派的特别委员会协商），最后由理事会以特定多数方式①决定签署和缔结最终的协定。② 1985 年的《中欧经贸协定》就是依照这种程序和方式缔结的。在欧盟法学界，这种程序和方式下的协定被称为"纯欧共体协定"。

第二种是必须由欧共体与其成员国一起与第三国或国际组织缔结的贸易与经济合作协定的程序，主要适用于文化与视听、教育和社会与人类健康等领域的服务贸易。这种程序要求，除了委员会向理事会提出谈判与缔结有关协定的建议和理事会必须与欧洲议会协商（有时还须取得欧洲会议的同意）之外，还必须得到成员国的共同同意；而且，协定必须由欧共体与成员国联合在一起与第三国或国际组织进行谈判与缔结，③ 这种程序和方式下的协定被通称为"混合协定"。既然新版《中欧经贸协定》旨在完善现行的 1985 年《中欧经贸协定》，而最需要"完善"的内容之一就是增补服务贸易条款，其谈判与缔结势必是一种"混合协定的"模式。

如果说新版《中欧经贸协定》将以"混合协定"的方式和程序进行谈判和缔结还只是一种推定的可能性，那么《中欧伙伴协定》的谈判与缔结的"混合性"则是必定无疑的。虽然现行的《欧盟条约》和《欧共体条约》并没有专门就伙伴与合作协定规定一种专门的谈判与缔结方式和程序，但是这丝毫不妨碍我们证明上述判断的正确性。《中欧伙伴协定》将是一项全面调整中欧关系的一般性条约，而中欧关系已经覆盖国家或国家集团及其公民生活的方方面面，涉及广泛的政治安全、经济与贸易、科技、文化、教育、人权、反恐、司法协助、警察合作、环境、人权、卫生、发展合作、财政和技术援助④等领域。在《欧盟条约》框架中，中欧关系中所涉及的这些领域分别属于欧盟的第一支柱（欧共体）、第二支柱（共同外交与安全政策）和第三支柱（警察与刑事司法合作）。在这三个支柱中，欧盟只能在《欧共体条约》范围内以该共同体名义独立或与

---

① 理事会对于下列协定的谈判与缔结须以全体一致同意方式为之：（1）协定所涉及的领域的内部规则须以全体一致方式制定；（2）协定所涉及的领域欧共体还没有通过制定内部规则行使《欧共体条约》的授权；（3）与上述两类协定和欧共体与成员国分享权能领域有关的同一领域的专门协定。参见《欧共体条约》第 133 条第 5 款；（4）有关知识产权领域的协定（在不影响成员国在该领域的权能的情况下）。

② 参见《欧共体条约》第 133 条第 1～4 款。

③ 参见《欧共体条约》第 133 条第 6 款。

④ 例如，在发展合作、财政与技术援助领域，《欧共体条约》第 181 条第 1 款规定："本共同体和成员国在各自相应的权能范围内应与第三国或具有权能的国际组织合作。有关本共同体合作的安排可以作为本共同体与有关第三国之间协定的主题，并应根据第 300 条予以谈判和缔结"。但是，该条第 2 款紧接着规定："上款不应影响成员国在国际机构中谈判和缔结国际协定的权能"。《欧共体条约》第二十一篇以"与第三国的经济、财政和技术合作"为标题，在第 181a 条第 3 款中作出了相同措辞的规定。

成员国一起与第三国缔结协定（如上所述），而在其他两个支柱领域只能由欧盟及其成员国联合行使对外缔约权能。① 即使是在第一支柱框架下谈判和缔结伙伴与合作协定，根据欧盟近年来的缔约实践和发展趋势，理事会通常将一些所谓的"标准或义务条款"载入其中。这些条款主要有反对恐怖主义条款、人权条款、民主条款、大规模杀伤性武器条款、与国际刑事法院合作条款，等等。这些所谓的"标准或义务条款"，与传统的"政治对话条款"一起，决定了相关协定的混合形式。《中欧伙伴协定》肯定属于这种情况。②

综上分析可以看出，无论是新版《中欧经贸协定》，还是全新的《中欧伙伴协定》，单从程序上分析，其谈判与缔结势必相当费时，因为这两项新协定在欧盟方面都势必以"混合协定"的方式来缔结。而这种协定不仅需要经过欧盟层面的批准程序，还必须得到欧盟 27 个成员国各自履行其国内批准程序，这不仅需要相当长的一个过程，而且不排除"节外生枝"，阻挠新协定生效的情况。③一个较好的解决办法是，中欧双方在签署两项新协定时，同时还签署一份临时适用议定书，从而防止或者填补两项新协定因迟迟得不到批准而留下中欧关系之法律基础的真空。④

二、《中欧伙伴协定》谈判的实质性问题

既然《中欧伙伴协定》将是一个全面调整中欧战略伙伴关系的基本法律文件，其谈判必然涉及中欧政治、经济、文化、科技、教育、运输、人权、法治、

---

① 例如，《欧盟条约》第五篇第 24 条就第二支柱（共同外交与安全政策）的缔约作出了专门规定。其中第 1 款规定："当在实施本篇过程中有必要与一个或多个国家或国际组织缔结协定，理事会可以授权（理事会）主席国，在委员会的适当协助下，为此展开谈判。此等协定应由理事会根据主席国的建议予以缔结"；根据第 2 款、第 3 款和第 4 款的规定，理事会应以全体一致或特定多数方式作出缔结或实施有关协定的决定（与所涉及事项的内部决定的方式相一致）；根据第 5 款和第 6 款的规定，本篇之下缔结的协定对所有欧盟机构具有约束力；如果一成员国在理事会的代表声称有关协定须符合其本国宪法程序要求，该协定对该国不具有约束力，但理事会的其他成员国可以同意该协定应临时适用。

② Michel Pettite，"Current Legal Issues in the External Relations of the European Union"，*EUI Working Paper LAW*，No. 2006/38（2006），http://cadmus. iue. it/dspace/bitstream/1814/6426/1/LAW‐2006‐38. pdf，p. 4，2007 年 7 月 25 日。

③ 欧共体法律服务处总干事的研究显示，在由 15 个成员国组成的欧盟时期，混合协定的批准一般需要 3~4 年。《科托努协定》就是一个典型例子。费时的并不是 70 多个非加太国家（非洲、加勒比、太平洋国家的简称）的批准，而是欧盟 15 个成员国，后者花费近 4 年时间才完成批准程序。我们不难猜想，一个由 27 个成员国组成的欧盟将需要多长时间来批准一项混合协定。See Michel Pettite，"Current Legal Issues in the External Relations of the European Union"，p. 4.

④ 根据《欧共体条约》第 300 条第 2 项的规定，欧盟方面可以临时适用属于欧共体管辖的那部分协定内容，但不能临时适用属于成员国权能管辖的协定条款，否则势必造成在各成员国履行批准程序期间协定适用的失衡。See Michel Pettite，"Current Legal Issues in the External Relations of the European Union"，p. 4.

环境、司法、警察等广泛的实际领域和部门。笔者以下选择谈判中势必涉及的一些重点或难点问题逐一剖析，并试图提出解决这些问题相应的建议或策略。

（一）基本原则条款

作为奠定中欧关系法律基础的根本性文件，《中欧伙伴协定》必须在其首要位置明确规定若干基本原则，以形成整个协定的核心和基础，从而指导中欧关系的各个领域的合作。从总体上讲，中欧关系基本原则的谈判应该不会有很大的困难，因为这些基本原则大都已经散见在中欧关系的一些重要文件之中，并且一直指导着中欧关系的实践。谈判的关键是如何将这些零散的基本原则的共识、措辞和规定进行概括和提炼，形成涵盖全面、内在统一、表述集中和措辞明确的基本原则条款。

从内容上考虑，《中欧伙伴协定》的基本原则大致应由两个层面构成：

第一个层面是确认中欧承诺在双边关系和多边机制中遵守一般国际法的基本原则及《联合国宪章》的宗旨与原则。例如，尊重国家主权平等、和平解决争端、不使用武力或以武力相威胁、不干涉内政、民族自决、忠诚履行国际义务等原则。鉴于贸易与经济合作是中欧关系的最基本和最主要的领域，新版《中欧经贸协定》势必要明确规定双方尊重国际经济关系中的一般原则，尤其是世界贸易组织确立的一般原则，如最惠国待遇、国民待遇、公平竞争、透明度，等等。

第二个层面是中欧双方各自特别注重或坚持、但同时通过谈判最终又能得到对方同意的一些原则。毫无疑问，中国特别坚持明确规定的首要基本原则是"一个中国"原则，以及和平共处五项原则、平等合作原则，等等。可以推定，欧盟将尤其注重的是促进民主、法治、良政和尊重基本人权与自由原则。在最新发布的欧盟委员会至理事会和欧洲会议的沟通文件中，强调"民主、人权和促进共同价值始终是欧盟政策的基本原则，对双边关系极为重要。欧盟将支持并鼓励在中国发展一个全面、健康、独立的民间社会。欧盟将支持强化法治的各项努力，法治是一切其他改革的核心基础"。① 欧盟与一系列独联体国家签订的伙伴与合作关系协定中都无一例外地包含这些原则，甚至将这些原则列为各项基本原则之首位。②

---

① 委员会致理事会和欧洲议会的沟通文件：《欧盟—中国：更紧密的伙伴，扩大的责任》，[COM (2006) 632 final]，2006 年 10 月 24 日。http://ec. europa. eu/external_relations/china/docs/com06_631_ch. pdf，2007 年 8 月 12 日。

② See EU's Partnership and Cooperation Agreement (PCA) with Russia, Art. 2; with Ukraine, Art. 2; with Azerbaijan, Art. 2; with Kazakhstan, Art. 2; with Moldova, Art. 2; with Uzbekistan, Art. 2; with Armenia, Art. 2, with Georgia, Article 2; with Kyrgyzstan, Art. 2; with Turkmenistan, Art. 2. http://ec. europa. eu/external-nal_relations/ceeca/pca/index. htm，2007 年 8 月 12 日。

（二） 政治伙伴关系条款

这一部分首先应明确规定中欧将继续坚持和不断完善政治对话制度，使政治对话制度成为中欧在政治和安全领域巩固和发展伙伴与合作关系最基本和常规的法律形式。应有专门的条款规定这种政治对话是开放性的，既可以涉及中欧关系中的各个领域，也可以涉及全球和区域范围内有关和平与发展的任何事项。此外，应在全国人大及其常委会与欧洲会议之间建立定期对话制度，以减少彼此的误解，增进相互的了解和信任。

在政治伙伴关系条款的谈判中，应尽可能明确而又具体地承诺尊重国家主权、领土完整，以及不干涉本质上属于内政的一切事务，这尤其应该成为中国在谈判中据理力争的重点内容。具体地讲，中国应要求欧方在新协定中明确承诺反对"台独"，"不允许台政要以任何借口赴欧盟及成员国活动，不与台当局进行任何具有官方性质的接触与往来"；"不支持台加入只有主权国家参加的国际组织"；"不售台武器和可用于军事目的的设备、物资及技术"。① 我们必须注意到，虽然欧盟理事会、委员会和各成员国政府一直坚持"一个中国"政策，但是长期以来欧盟和一些成员国的有些机构以及一些民间社团经常采取一些破坏中国主权，损害"一个中国"承诺和干涉中国内政的举措。例如，欧洲议会曾通过辩论、演讲、访问和决议等多种方式支持台湾当局领导人"官方"访问欧洲，与美国国会一些议员交相呼应力促台湾加入联合国、世界卫生组织等国家间组织，甚至利用在欧盟预算中的权力，给欧盟委员会和理事会施压，要求在台湾设立欧盟官方代表机构。近年来，台湾当局更是将欧洲议会作为它在欧洲甚至全球推行"台独"外交政策的桥头堡。②

在谈判中，欧方必定力求制定明细的条款要求中国应在新协定中确保维持两岸现状，承诺在任何情况下不使用武力解决台湾问题，保持香港、澳门繁荣和民主选举，尊重西藏、新疆等少数民族地区的宗教、语言、文化和风俗。对此，中国的最佳策略是做出原则性的承诺，但尽量避免制定明细的条款，从而为将来新协定的实施争取更大的主动权。譬如，中国可以在新协定中承诺支持和鼓励香港和澳门按照"一国两制"方针和基本法的规定，实行"港人治港"和"澳人治澳"，并在平等互利基础上发展与欧盟的友好合作关系。在西藏问题上，中国一方面应力求欧方保证不与所谓"西藏流亡政府"接触，不为其分裂活动提供便

① 参见《中国对欧盟政策文件》，第三部分，2003 年 10 月 13 日，http://big5. xinhuanet. com/gate/big5/news. xinhuanet. com/newscenter/2003 - 10/13/content_1120470. htm，2007 年 8 月 16 日。

② Yuchun Lan，"The European Parliament and the China-Taiwan Issue：An Empirical Approach"，*European Foreign Affairs Review*，Vol. 9，issue 1（2004），pp. 115 - 140.

利，另一方面可以承诺欧方允许其在尊重中国法律和法规的前提下访问和考察西藏，并为西藏的发展提供援助和合作。

取消欧盟对华军售禁令是中欧建立政治伙伴关系不可回避和最为棘手的问题之一。中欧之间的国防和军事技术合作一直是双方关系发展的一个瓶颈，其症结就是欧盟自 1989 年以来一直禁止对中国出口军需品和军事技术。近年来，一些欧盟及其成员国的领导人表示要"向解除禁令的目标推进工作"。[①] 但是，我们应该看到，欧盟内部反对取消对华军售禁令的势力根深蒂固。例如，欧洲议会 2006 年在一项专门针对中欧关系的决议中，强烈要求欧盟在所谓中国的人权问题没有得到明显改善之前，不得取消对华军售禁令。[②] 因此，中国应该充分利用《中欧伙伴协定》的谈判，使这一困扰中欧全面战略伙伴关系的问题得到较好的解决。

(三) 贸易与经济合作条款

在中欧伙伴与合作协定的谈判中，双方的经贸合作条款无疑是重头戏。鉴于中欧贸易与经济合作的特殊重要性，双方决定先行启动完善 1985 年《中欧经贸协定》的谈判工作，从而为双边经贸合作关系的拓展和深化注入新的活力，奠定更加坚实的基础，提供更有利的保障。应该承认，除了双方的上述共同目标之外，各方还有自己的特殊期待。

就中方而言，在贸易领域，希望通过谈判，取消欧盟对中国不合理限制及技术性壁垒，放宽高技术出口限制，发挥技术贸易合作的巨大潜力；给予中国完全市场经济地位，从而减少并消除对华反倾销及有关歧视性政策和做法；慎用"特保措施"；合理补偿因欧盟扩大对中方经贸利益的减损。在投资方面，中方主张建立双边投资促进机构，积极引导双方企业相互投资，扩大中小企业合作。在对华发展援助方面，中国尤其希望欧方对中国环保、扶贫、卫生保健、教育等领域的援助，继续加强中国人力资源培训，尤其是对中西部的人员培训和中国参与多边贸易体制的能力建设，并且要求欧盟的发展援助不附带任何诸如民主、人权等政治条件。在金融合作领域，希望妥善解决中国金融机构在欧盟的市场准入问题。[③]

欧盟委员会发布的对华政策文件更加明确地宣示欧盟在经贸领域谈判的主要

---

① 《第九次中欧领导人会晤联合声明》，第 6 段。

② European Parliament Resolution on EU – China Relations (2005/2161 (INI)), para. 78, http://www. europarl. europa. eu/sides/getDoc. do?pubRef = //EP//TEXT + TA + 20060907 + ITEMS + DOC + XML + V0//EN&language = EN#sdocta2, 2008 年 4 月 16 日。

③ 参见《中国对欧盟政策文件》，第三部分。

目标。这份文件一开始就宣称"中国是欧盟贸易政策唯一的、最大的挑战",从而"贸易与投资问题将是一个特定的焦点",其重点目标是"促使中国兑现中国在 WTO 中的各项承诺,取消对华投资和外国独资在中国的限制,获取对知识产权的更好保护并谈判相互承认地理标志";"欧盟还将寻求更大程度地针对欧盟与中国经贸关系的可持续性和环境因素的影响,并加强在安全和健康标准领域的合作"。[1]

综合分析中欧在经贸领域各自的特殊关注和重点期待,不难预料,贸易逆差/顺差、市场准入、透明度、知识产权、人民币汇率、环境与安全标准、中国的完全市场经济地位等必将是贸易与经济合作条款谈判中的重点和难点,双方能否在这些问题上达成协议,不仅直接决定着新版《中欧经贸协定》谈判的成败,而且还直接影响着《中欧伙伴协定》谈判的进程。2007 年 11 月 27 日,欧盟委员会主席巴罗佐在中共中央党校的演讲中表示,面对中国产品质量最近出现的危机和不断增长的贸易逆差,在欧洲人眼里中国的发展有被视为是一种威胁的苗头。[2]

在上述所列举的谈判重点和难点中,笔者特别强调:新的《中欧经贸协定》是否明确承认中国的完全市场经济地位,应该是中方判断新协定价值的一个关键要素。因此,中方应将欧方明确承认中国完全市场经济地位作为新版《中欧经贸协定》的基础和前提条件。同时,中方可以此作为筹码,在欧方极力获取的其他领域(如市场准入、人民币汇率、透明度、知识产权、环境、食品安全等)作出适当的妥协。中国加入 WTO 后,一直将争取其他 WTO 成员承认中国完全的市场经济地位作为一项重要的外交战略,截至 2008 年 2 月已有 77 个国家(占 WTO 成员 50%)正式承认。[3]但是,WTO 最关键的两个成员美国和欧盟并没有给予中国如此承认。虽然欧盟领导人多次表示愿意朝着这个方向努力,但迄今并没有实质进展。

最近,欧盟向中国提交的有关评估报告声称:在五项市场经济标准中,除了一项之外,中国的其他四项无一达到要求。而且,欧方一再强调中国的市场经济

---

[1] EU Commission, Competition and Partnership: A Policy for EU – China Trade and Investment, para. 3. 5, http://trade. ec. europa. eu/doclib/docs/2006/november/tradoc_131234. pdf, 2007 年 8 月 16 日。

[2] See J. M. Barroso, President of the European Commission, "The EU and China: Shaping the Future together", Chinese Communist Party Central School, Beijing, 27 November 2007. 同一天,欧盟委会贸易委员曼德尔森在北京举行的中欧企业峰会上的演讲中指出,由于中国市场仍然存在的障碍,欧方企业每天损失大约 5 500 万欧元的贸易机会,欧盟向仅有 750 万人口的瑞士销售的货物还多于向拥有 13 亿人口的中国销售的货物。http://www. europa. eu/rapid/pressReleasesAction. do?reference = SPEECH. . . , 2007 年 12 月 5 日。

[3] 截至 2008 年 2 月 27 日几内亚政府正式承认中国完全市场经济地位——编者注。

地位只是反倾销领域的一个技术问题。① 对此，中方在谈判中绝不可认同。首先，世界上并不存在固定的市场经济模式，② 国际上也没有制定统一的市场经济标准，即使是欧美的所谓市场经济标准，彼此也存在差异。如果存在这样的国际标准而且中国又不达标，就难以解释为何已经有这么多国家承认中国的完全市场经济地位。因此，欧盟评估中国完全市场经济地位的所谓"五项标准"，完全是一种单方面的主观标准。其次，中国市场经济地位的承认并非是一个单纯的经济技术问题，同时也是一个政治和法律问题。承认中国的完全市场经济地位，直接关系到中国在与欧盟的经贸交往中能否遵循 WTO 的首要原则——非歧视待遇，更何况是否作出此等承认本身就是一个政治判断，而且承认与否对于欧盟与中国之间的关系产生直接的政治、经济和法律后果。此外，已有评论指出，欧盟企图借用中国市场经济地位的承认在《中欧伙伴与合作》协定的谈判在市场准入、贸易逆差、人民币汇率等问题上争取更多的筹码。③

（四）民主、人权、法治和良政事项的合作条款

可以预料，将促进民主、尊重人权、法治和良政作为《中欧伙伴协定》基本原则条款的组成部分，双方在谈判中应该不会存在原则性分歧，因为这些内容不仅是欧盟一体化和对外关系一贯追求的核心价值，而且也是中方自改革开放以来一直为之奋斗的目标。但是，至于是否有必要在新协定中进一步用专门的条款作出更为具体的规定以及如果何作出更为具体的规定，势必成为双方谈判中的一个焦点。

就中方而言，民主、人权、基本自由、法治和良政固然是人类共同的核心价值，但是这些核心价值的实现不能脱离世界各国的实际；在全球范围内不存在统一的民主模式以及人权价值观，在政治制度和经济社会发展水平尚存在巨大差异的情况下，应鼓励各国在尊重国家主权前提下通过双边、区域和多边合作促进民主、人权、法治和良政，不宜针对缔约任何一方国内民主、人权、法治和良政的所谓"软肋"制定刚性的义务条款，否则就难免有干涉缔约方内部事务的嫌疑和可能性。

虽然中欧在民主、人权、法治等领域已建立了不同层面的对话机制，而且合

---

① 《中欧贸易部长级会谈》，布鲁塞尔，2007，http://www.delchn.cec.eu.int/?item = news_view&nid = 27，2007 年 8 月 16 日。

② 在第 22 届中欧经贸混合委员会会议上，商务部薄熙来部长指出："市场经济模式是多样化的，不存在固定不变的模式和硬性的标准"。商务部新闻办公室：《第 22 届中欧经贸混委会取得 12 项共识》，2007 - 6 - 13，http://www.mofcom.gov.cn/aarticle/ae/ai/200706/20070604780211.html，2007 年 8 月 16 日。

③ See Mathieu Rémond, "The EU's Refusal to Grant China's 'Market Economy Status' (MES)", *Asia Europe Journal* (*AEJ*), Vol. 5, No. 3 (2007), pp. 348, 354 and 355.

中国和平发展的重大前沿国际法律问题研究

作的领域不断扩展，但是欧方似乎并不满意，尤其是欧盟内部的一些机构和团体一直在施加压力，对中国的民主、人权和法治说三道四。例如，欧洲议会在有关中欧关系的决议中断言中欧重大的经贸利益掩盖了中国的民主改革、尊重人权和法治问题，[①] 甚至要求中国取消死刑制度、劳改和劳教制度以及计划生育政策；指责中国迟迟不正式批准《公民和政治权利国际公约》；呼吁中国宪法应明确规定禁止中国共产党和政府干预司法，建立宪法法院以保护公民的基本人权，否则宪法关于保护基本人权与自由的规定只具有象征意义，等等。[②] 最近，针对"藏独"分子精心炮制的"3·14骚乱"，欧洲议会通过决议，歪曲事实真相，妄加指责中国政府所谓"继续违反人权和少数民族权利"，还呼吁各国政要抵制出席中国奥运会开幕式。[③]

还需要特别提醒的是，制定专门的民主、人权、法治和良政条款正在成为欧盟同第三国谈判缔结伙伴与合作协定的一种趋势，如果说尚不足以成为一种范式的话。欧盟同非洲、加勒比、太平洋国家（简称非加太国家）几十年来缔结相关协定的变化似乎是说明上述趋势的一个典型。[④] 在上述欧盟同独联体国家签署的伙伴与合作协定中，至少有四项协定辟有专篇和具体条款规定"有关民主和人权事项合作"[⑤]。不过，同样应该注意的是，毕竟还有一些独联体国家与欧盟缔结的伙伴与合作协定中，除了在"一般原则"条款中有明确的民主、人权或法治、良政措辞外，并没有专门的"民主与人权"的篇章和条款。作为独联体中最大且最有影响的两个国家，俄罗斯和乌克兰与欧盟签订的伙伴与合作协定就属于这种情况。因此，欧盟与第三国谈判伙伴与合作协定，其中是否有专门的"民主与人权条款"，取决于缔约双方的意愿，而缔约双方是否势均力敌似乎是最关键的决定因素。

因此，从谈判策略上讲，中国的最佳方案应该是仅在《中欧伙伴协定》的序言和一般性规定中以措辞笼统的方式来规定民主、人权、法治和良政，并将其作为整个新协定的宗旨和一般指导原则的重要组成部分，而不再就此订立专门的条款。作为次佳选择，可以参照欧盟同部分独联体国家之间的伙伴与合作协定的模式：只是规定双方在这一领域表示愿意合作的意愿、遵循的基本准则和合作的基本方式，

①② European Parliament Resolution on EU – China Relations（2005/2161（INI））.

③ http://www.europarl.europa.eu/eplive/expert/shotlist_page/20080408SHL26179/default_en.htm，2008年4月15日。

④ See Amelia Hadfield，"Janus Advancse? An Analysis of EC Development Policy and the 2005 Amended Cotonou Partnership Agreement"，*European Foreign Affairs Review*，Vol.12，Issue 1（2007），pp.39 – 66.

⑤ 参见欧盟分别与格鲁吉亚、乌兹别克斯坦、阿塞拜疆、亚美尼亚四国之间的伙伴与合作协定。

431

不规定具体的内容和事项。① 根据中欧双方的利害关系和实力对比，中国有可能在新协定的谈判中获取第一种方案，而第二种方案则应该成为谈判的底线。

值得注意的是，最近发表的《第十次中欧领导人会晤联合声明》特别提到"在全球打击种族灭绝、战争犯罪和反人类犯罪方面，双方也注意到国际刑事法院的重要性"。② 我们不难从中领悟到，欧盟方面势必将推动中国加入《国际刑事法院规约》作为其双边战略伙伴关系构建的新内容，因为欧盟成员国自始至终是常设国际刑事法院建设的倡导者和支持者，而中国迄今尚未成为该法院规约的缔约国。依欧盟看来，国际刑事法院是保障与促进全球范围内民主、基本人权、法治和良政的新型司法途径。在中欧伙伴协定的谈判中，欧盟很有可能将此列为谈判议题。对此，中国该作出何种反应，必将是一个新的挑战。

（五）环境和能源条款

综合解读最新发布的《2007～2013 年欧盟—中国战略文件》及《2007～2010 年度中国指导计划》、《第十次中欧领导人会晤联合声明》和现任欧盟主要机构领导人的演讲，我们就不难发现，欧盟对华政策，除了政治安全、贸易赤字和人权保护等传统议题外，还正在聚焦一些新的领域和事项，其中尤以环境和能源问题最为突出。

尽管双方在环境保护领域的双边和多边合作早已形成，但是欧盟在与中国的关系史上从来没有像现在这样高度重视环境问题。2007 年 11 月 27 日，欧盟委员会主席巴罗佐在中共中央党校的讲演中特别强调：《第十次中欧领导人会晤联合声明》中有关环境和能源的内容是最为详细的表述之一。③ 欧盟在伙伴合作协定的谈判中，势必在控制大气污染、能源节约和清洁能源等方面确立具体的标准和目标。中国作为世界上最大的发展中国家，一方面要保持其国民经济的适当增长，另一方面又要促使这种增长成为能源节约型且不以牺牲人类环境为代价，显然是一项长期的严峻挑战，而要在保证二者基本平衡的前提下作出对欧承诺将是

---

① 示范条款为两款式：

缔约方应根据国际法和欧洲安全与合作组织的原则，就有关民主机构的建立和巩固的所有问题，包括为增强法治所需的民主机构的建立和巩固，以及保护人权与基本自由开展合作。

此等合作应采取技术协助计划的形式，即旨在协助起草相关立法和规章、此等立法的实施、司法运作、国家在正义问题上的作用和选举制度的运作。这些协助计划可以包括适当的培训。缔约方应鼓励其国民、区域和司法当局、议员和非政府之间的联系和交流。

参见《欧盟—格鲁吉亚伙伴与合作协定》，第 71 条；《欧盟—乌兹别克斯坦伙伴与合作协定》，第 68 条；《欧盟—阿塞拜疆伙伴与合作协定》，第 71 条；《欧盟—亚美尼亚伙伴与合作协定》，第 68 条。

② 《第十次中欧领导人会晤联合声明》，第 6 点，http://news.wenweipo.com，2007 年 12 月 4 日。

③ 共有 4 点集中表述。参见《第十次中欧领导人会晤联合声明》，第 20～23 点。

一个复杂而又棘手的难题。

（六）争端解决条款

现代条约，无论是双边的，还是多边的，都必然含有专门的争端解决条款，以便用于将来有关条约的解释和实施中可能出现的争端。有的条约还辟有专门章节系统规定争端解决方法和程序（如北美自由贸易区协定），甚至为实施特定的条约缔结单独的争端解决机制协定（如中国与东盟签订的争端解决机制协定）。至于具体的争端方法，不论是法律的，还是政治的，任由缔约国商定，并无统一规定。由于国际法主体在谈判争端解决条款方面（在和平解决争端的原则下）享有广泛的选择权，现代条约的国际争端解决方法、程序或机制呈现出多样化的发展趋势。

中欧在缔结伙伴与合作协定过程中必然要商谈争端解决条款。那么，具体应该采用何种争端解决方法或程序呢？为此，笔者试图提出如下一些思路：

首先，毫无疑问，应明确规定《中欧伙伴协定》的解释与实施中的任何争端之解决必须依照现代国际法和《联合国宪章》确立的和平解决国际争端原则。

其次，鉴于新版《中欧经贸协定》先行谈判和缔结且作为一项独立协定予以实施，同时考虑到经贸领域的争端与政治、社会及其他领域的争端各有不同的特点，新版《中欧经贸协定》和《中欧伙伴协定》应分别制定争端解决条款。

具体就新版《中欧经贸协定》而言，笔者以为，中欧在执行1985年《经贸协定》中确立的争端解决方法和程序在实践中被证明是行之有效的，原则上应该予以沿袭。30多年来，中欧之间的经贸摩擦主要是通过该协定建立的中欧双方代表组成的混合委员会来解决。即使是中国加入WTO之后，欧共体在正式诉诸WTO争端解决机制之前，通常也是首先力求利用中欧混合委员会的途径。遗憾的是，1985年《中欧经贸协定》中并没有专门订立争端解决条款，只是在规定建立混合委员会这一协定监督和管理机构及其任务的条文中间接地规定了该混合委员会的争端解决职能。[①] 尽管现行的混合委员会一直行使着中欧经贸争端的解决职能，但毕竟此等职能缺乏直接的条约法依据。鉴于贸易与经济合作在整个中欧伙伴关系中的重要性，并考虑到中欧经贸争端随着双边经贸关系的迅速发展而不断增多，在新版《中欧经贸协定》中制定专门条款，明确赋予混合委员会解决双边经贸争端的职能实属必要。至于具体方式，应坚持现行的磋商程序。

值得中方注意的是，欧方在新版《中欧经贸协定》谈判中很可能提出该协

---

① 根据1985年《中欧贸易与经济合作协定》第15条的规定，混合委员会的任务是："监督和审研本协定的执行，回顾已完成的各项合作行动；研究本协定实施中可能出现的各种问题；研究可能阻碍缔约双方贸易和经济合作发展的问题；研究发展贸易及经济合作的方法和新的可能性；在共同感兴趣的领域内提出有助于实现本协定目标的各种建议。"

定的争端解决方法与 WTO 争端解决机制的衔接问题。对此，笔者以为，中方可以在明确规定充分运用混合委员会的磋商机制的前提下，接受欧方提出的与WTO 争端解决机制挂钩主张，因为中欧作为 WTO 成员都负有义务接受该组织的争端解决机制。对此，中方应该适当调整传统思维模式，在经济全球化不断深入和国际事务日趋法治化的驱使下，国家与国家（集团）之间通过司法或准司法机制来解决彼此间的争端是一种正常的国际交往，一方遭受对方在多边体制中起诉，并不一定都是不友好的举动。当然，在这种情况下，中国还应该坚持在协定中明确规定诉诸 WTO 争端解决机制的争端必须是属于 WTO 法管辖的事项。另外，为防止中欧经贸争端在混合委员会中迟迟得不到有效的解决，欧方还可能提出明确混合委员会在解决争端中的具体时限。对此，中方并不一定坚决反对，但可以尽量争取时限规定得更长一些。

最后，《中欧伙伴协定》中的争端解决条款不宜采用上述新版《中欧经贸协定》那样的方式。因为，伙伴与合作协定中的争端主要是经贸领域以外的争端，一般不适宜采用司法、仲裁等法律方法解决。虽然不排除这些争端含有法律因素，但是它们一般更多地涉及政治因素和价值取向。因此，中方应该坚持采用定期和不定期对话以及友好协商等政治方法作为这一新型协定的争端解决条款，而且，可以将这一争端解决职能赋予一个由双方代表组成的混合理事会来具体行使。

三、结论

中国—欧盟关系如同双方培育的葡萄酒，[①] 而调整双边关系的协定如同葡萄酒瓶。已经启动谈判的《中欧经贸协定》和将要缔结的《中欧伙伴协定》并非是简单的"新瓶装老酒"，也不单纯是"新瓶装新酒"，而是这个"新瓶"既要承载中欧数十年共同陈酿的"老酒"，更要装满双方近年来携手培育的"新酒"。

《中欧伙伴协定》谈判的启动是双边关系发展的历史必然。从双边的经贸关系来看，中欧互为对方最大的贸易伙伴或第二大贸易伙伴，双方之间巨大的贸易往来和广泛的经济交往与合作迫切需要一个与之相适应的一般条约作为法律基础，而 1985 年的《中欧经贸协定》已经难当此任。从双边在社会领域的合作来考察，虽然近年来在环境、能源、卫生、健康、科技、教育、文化、交通、金融、食品安全等领域或者建立了对话机制，或者签订了专门的协定，但是合作的

---

① 2007 年 7 月 29 日，法国马赛—埃克斯第三大学欧亚研究所金邦贵教授设晚宴招待笔者，席间他所讲述的一段亲身经历耐人寻味：一次，中国客商与法国葡萄农场主洽谈合资经营著名的波尔多葡萄酒项目，当中国商人谈到"生产"波尔多葡萄酒时，法国农场主立即严肃地予以更正：波尔多葡萄酒只能"培育"，不能"生产"。

法律基础零散，没有形成整体的法律框架。从双边的政治关系来看，尽管建立了定期的领导人会晤机制以及政治对话、人权对话机制，而且双方的政治关系正在朝着成熟的战略伙伴关系迈进，但是这些政治伙伴与合作关系在双边层面上仍然停留在软法的基础上。可见，谈判和缔结一个全面反映和构筑中欧战略伙伴与合作关系的新协定是中欧关系发展的必然选择。

可以预料，虽然新的《中欧伙伴协定》的谈判启动了，但是鉴于中欧关系的广泛性、重要性和复杂性，以及欧盟自身多元治理结构的特殊性，未来的谈判与缔结旅程势必困难重重。双方要闯过这些难关，实现各自利益的最大化，同时又能达成协议，就必须在谈判中寻求关键问题的突破口。就欧盟内部而言，必须在一些重要的程序和实质问题上平衡各种利益关系，形成对华谈判的统一立场。由于《中欧伙伴协定》的内容极其广泛，牵涉到欧盟及其成员国在缔约方面的权能划分和欧盟主要机构之间的权能配置，而且还不可避免地受到欧盟各种利益集团、非政府组织和民间社团的影响，欧盟在新协定谈判中的内部协调任务绝不会轻松。当然，《中欧伙伴协定》能否最终谈判成功或何时得以最终缔结，最关键的突破口无疑取决于彼此对于对方坚持的重点实质事项或条款能在多大程度上作出妥协。换言之，双方能在多大程度上接受彼此的要价。

尽管如此，我们有理由相信，只要双方从构建和巩固中欧全面战略伙伴关系的大局出发，本着求同存异、互尊互信、互利互惠、平等协商的精神和原则，最终一定会达成令双方满意的《中欧伙伴协定》，为中欧关系的可持续发展奠定与时俱进的条约法基础。

第三节　中欧关系中的非市场经济问题*

一、引言

伴随着中国经济20余年的高速发展和出口贸易的不断增加，中国出口产品日益频繁地遇到进口国或经济实体的各种贸易救济手段或措施的障碍，其中尤以

---

* 本节内容原为英文版，首次应邀提交于2008年5月27～28日在澳门大学举行的"欧洲共同体50年：评价过去，展望未来"让·莫内国际会议，并发表于 TEMAS DE INTEGRAÇÃO，Semestre de 2008，No. 26。

反倾销调查及措施最为普遍，其中欧盟更是对华反倾销的急先锋。① 在中国申请加入世界贸易组织之际，以欧盟、美国、加拿大和日本为首的贸易大国拒绝给予中国在反倾销法律程序中享受所谓的"市场经济地位"的待遇，在《中国加入WTO 议定书》中塞入了持续 15 年的"确定补贴和倾销时的价格可比性"条款，即非市场经济条款。② 该条款实际上就是通过国际协定来进一步确认欧盟、美国和其他一些成员将中国视为非市场经济国家的国内法规定和做法，本质上是一种不符合 WTO 规则的歧视性待遇。

为弥补中国在"入世"谈判中所遭受的这一损失，中国"入世"后积极开展外交努力，试图通过两种新的策略和举措进行弥补：一是积极地与其他 WTO成员谈判和缔结区域贸易协定，二是通过双边外交途径力争其他 WTO 成员承认中国的完全市场经济地位。③ 就第二种举措而言，到目前为止，已经有大约 50%的 WTO 成员承认中国的市场经济地位，其中绝大多数属于发展中国家成员，亦有相当一些发达国家成员，例如，新西兰、挪威、澳大利亚和瑞士。④ 然而，令人遗憾的是，欧盟、美国、加拿大和日本等最具影响的 WTO 成员继续将中国列入非市场经济国家名单。

近年来，关于中国的完全市场经济地位问题，中外学术界已经展开了较为广泛的讨论。本章不打算重述及评判目前学界的各种观点和看法，而是尝试着从一个新的视角探讨这一棘手而又非常现实的问题，即从宏观政治、经济和规则取向相结合的角度展开分析。采用这种方法的动因是，笔者不赞成欧盟官方和一些学者的如下观点：中国完全的市场经济地位是针对中国出口产品反倾销调查中的一个纯技术性事项。与此相反，我们认为，欧盟视中国为非市场经济国家，除了在反倾销调查中在计算有关进口产品正常价值与出口价格之间的差额过程中的技术目的外，还具有深刻的一般政治和经济上的考虑。笔者的这一推定可以从以下几

---

① 从 2000 年到 2004 年，欧盟共发起 124 件反倾销调查，其中 23 件针对中国，占总数的 18.5%；仅 2006 年就有 12 件针对中国；自 2007 年下半年以来，又一个对华反倾销调查浪潮兴起，截至 2008 年 2 月份已有 9 例。http://www.cacs.gov.cn/cacs/news/xiangguanshow.aspx?articleId = 28894；http://business.sohu.com/20070402/n249149604.shtml；http://www.bx.yfzs.gov.cn/gb/info/wtoyfz/LTXX/2008 – 02/25/0914221115.html.

② See Protocol on the Accession of the People's Republic of China, Art. 15. As for detailed and critical comments, see Zeng Lingliang, "The Legal Effectiveness and Appropriateness of Transitional Product-Specific Safeguard Mechanism Against China" in Henry Gao and Donald Lewis (eds.), China's Participation of the WTO, *Cameron May*, 2005.

③ China so far has notified nine regional trade agreements (with six different partners) to the WTO, http://www.wto.org/english/tratop_e/region_e/a_z_e.xls, detailed comments see Francis, Snyder, China, Regional Agreements and WTO Law, *Journal of World Trade*, 43, 1, February 2009.

④ 根据中国经贸部数据，截至 2008 年 2 月 27 日，全球已有 77 个国家承认了中国完全市场经济地位。http://english.people.com.cn/90001/90776/90883/6363589.html.

个方面得到论证：首先从非市场经济概念的起源和演化解释这一概念本身的政治隐含，然后具体探讨欧盟不情愿承认中国市场经济地位的各种非技术性原因，最后评估 WTO 其他成员之间在中国的市场经济地位问题上的不同政策和立场所具有的非技术性含义和所产生的非技术性效果。

二、从非市场经济概念起源看其特定的政治含义

自中国于 2003 年首次请求欧盟正式承认中国的完全市场经济地位问题以来，[1] 欧盟的官员及发言人曾多次就其未能接受中国政府的请求作出解释。依照其观点，欧盟不能承认中国的完全市场经济地位仅是反倾销调查程序中的一个技术性问题（即如何确定中国进口产品正常价值）。[2] 从表面上来看，该解释似乎无可非议。但是，如果综合分析如下各种因素，欧盟的解释难免会有很大的疑问。首先，我们可以从"非市场经济"概念本身的产生与发展的历史背景中突破欧盟的解释。

在 WTO 成员中，欧盟最早在其内部法（internal law）中将非市场经济作为一个与市场经济相对应的法律概念适用于反倾销立法之中。这就是理事会第1681/79 号条例，该条例第 3（2）（c）条规定如下：

"在涉及来自非市场经济国家的产品，尤其是在涉及理事会第 2532/78 号条例和第 925/79 号条例的适用时，正常价值应依照如下标准以合适和合理的方式确定：

（aa）同类产品在市场经济第三国（market economy third country）的实际销售价格；

（i）该第三国国内消费价格；或

（ii）包括欧共体在内的其他国家；

（bb）市场经济第三国同类产品的构成价格；或

（cc）若上述（aa）规定的价格及（bb）规定的构成价值不能提供一个合理的标准，欧共体的支付价格或可支付价格，如有必要，可作适当调整以包括合理的利润额度。"

---

① China lodged its request for Market Economy Status（MES）in June 2003 and provided supporting documentation in September 2003. Additional information was submitted in the course of 2004. The Commission undertook to provide the Chinese authorities with a preliminary assessment of their MES request by the end of June 2004, http://trade. ec. europa. eu/doclib/docs/2004/june/tradoc_117795. pdf.

② Mathieu Rémond，"The EU's refusal to grant China 'Market Economy Status'（MES）"，AEJ（2007）5：345－356.

　　正如著名欧盟法专家斯奈德教授所系统且深入分析的那样，非市场经济地位概念的产生根植于冷战的特定政治环境。① 该法律概念"部分地是在一个全球法律多元主义的世界里通过不同场地之间的各种关系得以开发的……最重要的场地是美国、GATT、以苏联为首的中欧和东欧国家集团和中国"。②

　　众所周知，"二战"后全球进入两大超级大国冷战的格局：一个是以美国为首的资本主义阵营，另一个是以苏联为首的社会主义阵营。前者为实行市场经济的国家，后者为实行国家对外贸易垄断的国家，它们在经济上相互封锁，在政治上相互孤立且采取敌视立场。当时草拟的《国际贸易组织（ITO）宪章》曾专门有一节题为"通过完全国家垄断进口贸易的贸易扩大"（Expansion of Trade by Complete State Monopolies of Import Trade），规定实行国营贸易的成员方应从其他成员方进口货物的最低数量标准。由于国际贸易组织流产，加之当时唯一的对象——苏联没有成为 GATT 缔约方，有关国营贸易国家这一特殊规定最终从 1949 年 GATT 中删除了。结果，以自由贸易为取向的 GATT，作为一种临时的多边贸易协定而设计，其所有的创始缔约方都是市场经济实体。

　　在此情形下，GATT 第 6 条在涉及反倾销和反补贴措施方面（其措辞一直保持至今），并没有就市场经济国家和国营贸易国家作出区分，更没有涉及"非市场经济国家"这个概念。GATT 第 6 条第（1）款所规定的是确定出口产品原产地的正常价值的三个统一标准：①出口国类似产品的国内价格；②在没有该国内价格时，出口到第三国的类似最高比较价格；③或原产地国家的构成价格，即生产成本加上合理的销售成本和利润。

　　从 20 世纪 50 年代开始，不仅每一个阵营中的国家间贸易不断增长，而且这种贸易增长也发生在两大阵营之间。与此同时，原本属于西方阵营的捷克在加入 GATT 之际突然转向东方阵营。这种经济与政治的变化促使美国和欧共体重新考虑 GATT 第 6 条的适当性和它们各自有关来自东欧国家进口的反倾销法律。作为强烈的美国声音的回应，GATT 在 1954～1955 年的审查大会上对 GATT 第 6 条第 1 款增加了一项《解释性说明》（即著名的"1955 年解释性说明"）。其措辞如下：

　　"……当进口来自一个存在着完全或实质上完全垄断贸易的国家，且所有国内价格均由国家制定，则在按照第 1 款进行价格比较时将会出现困难，并且在这种情况下，进口缔约方可认为有必要考虑这样的可能性，即此等国家的国内售价并不总是合适的。"③

---

① See generally Francis Snyder, The Origins of the "Nonmarket Economy": Ideas, Pluralism and Power in EC Anti-dumping Law about China, *European Law Journal*, Vol. 7, No. 4, 2001, pp. 369 – 434.

② Ibid., Francis Snyder, p. 374.

③ 这一补充规定已由乌拉圭回合中达成的《反倾销协议》所认可。

由于这个《解释性说明》的法律地位曾引起质疑,① 有关它在反倾销和反补贴措施的国际法律调整变革中的意义或影响也莫衷一是。以笔者看来,至少有以下几点不可忽视:

第一,虽然该《解释性说明》没有直接使用"非市场经济"的概念,但它毕竟首次在国际文件中创立了"对其贸易实行完全的或实质上完全的垄断并由所有国内价格均由国家制定的国家"的新概念。因此,它为进口国家在确定来自非市场经济国家被指控为倾销产品的正常价值方面是用不同的方法打开了一扇法律的窗户。

第二,尽管如此,《解释性说明》并不意味着 GATT 第 6 条第 1 款完全被排斥适用于来自国营贸易国家的被指控为倾销的产品。② 它只是表明在针对国营贸易国家进口产品进行反倾销调查程序中,该国国内价格的适用会对确定该进口产品的正常价值造成"特殊困难"(Special difficulties)和"并不总是合适的"(may not always be appropriate)。因此,适用被指控的非市场经济国家同类产品的国内价格的可能性仍然存在。

第三,令人遗憾的是,虽然它预计到这种"特殊困难"和"不合适性"以及"必要"考虑的"可能性",《解释性说明》对于如何解决此等"特殊困难"却没有进一步的规定。这就给进口国家通过国内立法或行政措施确立自己的标准留下了自由裁量权,以断定来自非市场经济国家被指控为倾销产品的正常价值。从此,选择第三国同类产品的国内价格作为国营贸易国家制造之产品的正常价值逐步成为一种常见的做法,尤其是美国和欧盟。③

从 20 世纪 50 年代末开始,另一个重要的政治诱因进一步促使在反倾销调查中对国营贸易国家实行歧视待遇的常规化。这个诱因就是先后有几个东欧国家(波兰、罗马尼亚、匈牙利等)申请加入 GATT。结果,波兰在加入 GATT 工作组报告中采用了一种不同的方式,称之为"波兰模式"(Poland Model),并且被其他几个工作组报告所仿效。④ "波兰模式"的实质就是"为进口国家提供不使

① See generally Francis Snyder, The Origins of the "Nonmarket Economy": Ideas, Pluralism and Power in EC Anti-dumping Law about China, *European Law Journal*, Vol. 7, No. 4, 2001, p. 383.

② Silke Melanie Trommer, Special Market Economy: Undermining the Principles of the WTO?, *Chinese Journal of International Law*, Vol. 6, No. 3, 2007, p. 591.

③ The first antidumping investigation concerning a state-trading economy county by the U. S. was in 1960, that is, Bicycles From Czechoslovakia, 25 *Federal Register* (1960), p. 6657, quoted from Snyder, p. 384; See also Cary Horlick and Shannon Shuman, Non-Market Economy Trade and U. S. Antidumping /Countervailing Duty Law, 18 *International Lawyer* 4 (Fall), 1984, p. 815.

④ The Report of Working Party on Accession of Poland was adopted in 26 June 1967; the Report of Working Party on Accession of Romania was adopted in 6 October 1971; the Report of Working Party on Accession of Hungary was adopted on 30 July 1973. See detailed comparative analysis in Snyder, pp. 393 – 394, footnotes 126 – 131.

用出口的国营贸易国家价格的可能性","它允许正常价值的构成",从而"极大地增加了行政自由裁量权的范围"。①

"波兰模式"在进口国反倾销/反补贴调查和裁决方面对国营贸易国家采用歧视方法的沿革产生了深远的影响。它在多边贸易体制中设立了一个先例,即通过国营贸易国家与其他缔约方之间的加入议定书来对国营贸易国家采取不同的标准,从而使先前的美国单方面做法和1955年《解释性说明》变成为双边甚至多边的承诺。耐人寻味的是,"波兰模式"在其后的近三十年间一直没有再次被使用直到《中国加入WTO议定书》。② 该议定书在这一特定事项上的不公正性是明显的,因为当今的中国无论如何不可能被识别为一个国营贸易国家或"一个对其贸易完全或实质上完全垄断的国家",尽管其市场经济或许不完善甚至被一些贸易伙伴所质疑。

虽然欧共体反倾销立法和执行过程中对于非市场经济国家的不同待遇要比美国和GATT晚得多,但是欧盟在这一方面同样也脱离不了冷战的政治背景。这不仅仅是因为欧共体开始在其反倾销立法(包括早期的修订)设立非市场经济国家的特殊规定是出于冷战时代,更重要的是,这些特殊规定一直是在冷战的大气候下沿着美国和GATT在这一特定事项上的立法或做法所确立的路线而发展的。

综上追溯对非市场经济国家(尤以中国为最大的目标)实行歧视性待遇的起源和沿革,不难得出印象:虽然这些国家在任何意义上不再是半个多世纪前的国营贸易国家或计划经济国家,但是对这些所谓的非市场经济国家的歧视待遇制度并没有实质性的改变,而是基本上维持原状。③ 所以,除了技术因素外,我们难免要联想:冷战也许在政治领域已经结束,但它在国际贸易关系(包括中欧贸易关系)中的阴影依然存在。

三、欧洲拒绝承认中国完全市场经济地位之非技术性诱因

为了论证其不愿承认中国完全市场经济地位的技术性质,欧盟近年来分别采取了两个相互关联的步骤,以示对中国的此等请求的友好和积极姿态:一是凡涉

---

① See Accession of Poland, Report of the working Party adopted on 26 1967 (L/2806), in GATT, BISD, 15th Supplement (Geneva, April 1968), 109 at 111, para 13. See also the critical comments, Snyder, pp. 392 – 393.

② 参见《中华人民共和国加入WTO议定书》第15段(WT/L/432)。

③ See the Swedish National Board of Trade, p. 11.

及对华反倾销指控,不再一律按非市场国家标准对待,而是依个案具体处理;①
二是对中国市场经济国家的请求设立专门的评估标准,②迄今已按此等标准进行
了两次评估。③

无论欧盟怎样强调其不承认中国完全市场经济地位的做法是技术性的,④ 只
要结合其他一些紧密相关的事件和因素,其中的非技术诱因是不难推定的。

1. 视中国为非市场经济国家歧视待遇的加强

欧盟给予中国特殊市场经济地位,以笔者所见,并非是其通往承认中国完全
市场经济地位道路上的一个进步举措,而实质上是在反倾销调查中继续视中国为
非市场经济国家歧视待遇的加强。

欧洲反倾销法并没有针对"非市场经济"的概念作出具体的界定,而是列
举非市场经济国家的名单,并将这些国家分为三种类型,第一类是处于实质性改
革的国家,其某些公司的市场经济因素占主导地位。⑤ 目前,中国、越南、哈萨
克斯坦属于这一类国家。第二类是在反倾销调查启动之日已经是 WTO 成员的非

---

① 欧盟通过对其反倾销条例的两次修订,在市场经济国家和非市场经济国家之外注入了一种被称为
"特殊经济国家"(special economy countries),列入其中的有:哈萨克斯坦、中国、俄罗斯、越南和在发起
反倾销调查时已成为 WTO 成员的任何其他非市场经济体。据此,如果反倾销调查涉及来自这些新类型国
家的进口,涉案的单个出口商有机会成功申请到享受市场经济待遇,如果该出口商符合欧共体基本反倾销
条例第 2 条第 7 款第 (b) 项规定的标准和程序。See Council Regulation (EC) No. 905/98 amending Regula-
tion (EC) No. 384/96, OJ L 128, 18, and Council Regulation (EC) No. 2238/2000 amending Regulation
(EC) 384/96, OJ L257, 2. See more detailed analysis in Silke Melanie Tommer, Special Market Economy: Un-
dermining the principles of the WTO?, *Chinese JIL*, Vol. 6, No. 3, November 2007, pp. 565–599, at 571.

② 欧盟理事会第 384/96 号条例第 2 (7) (c) 条规定了五项标准:(1) 企业所做出的有关价格、成
本(如原材料、技术和劳动力的成本)投入、生产、销售和投资决定是根据市场信息,反映了市场的供
求关系,并且不存在国家的实质性干预,主要投入品的成本真实地反映了市场价值;(2) 企业有一套清
晰的基本财务记录,它按照国际会计标准被独立地审计以及适用于所有领域;(3) 企业生产成本与财务
状况没有由于以前非市场经济体制而遭到严重扭曲,特别是有关资产折旧,其他销账、易货贸易以及以债
务补偿方式进行支付等方面;(4) 有关企业接受破产法和财产法管辖,这些法律保证了厂商生产、经营
的确定性和稳定性;(5) 货币兑换按照市场汇率。参见理事会第 384/96 号条例,OJ 6.3.96 L56/1。

③ 中国于 2003 年 6 月首次向欧盟提出承认完全市场经济地位的请求。2004 年 6 月,欧盟委员会发
表其否定评估报告,认为:虽然已取得"重大进步",但直至当时它仍然决定还不能为反倾销的目的给予
中国市场经济地位。See HKTDC, Business Alert – EU, Issue 20, 2006 (29 September). http://gbcode. hkt-
dc. com/gb/www. hktdc. com/alert/eu0620e. htm. 2007 年 6 月,欧盟向中国递交了关于中国迈向市场经济地
位的最近评估报告。其中认为中国仅仅符合市场经济地位 5 个技术标准中的一个,并就中国朝着其他 4 个
标准迈进提出了建议步骤。See EU business, China – EU trade-background note, 12 June 2007. http://
www. eubusiness. com/Trade/china-eu-trade.

④ 欧盟委员会在其最近向中国递交的评估报告中再次强调:"本评估是在一个特定的背景下的一项
技术性操作:市场经济地位只是涉及反倾销调查的一些做法方面。这并不是对中国的经济做出断定。"ht-
tp://www. eubusiness. com/Trade/china-eu-trade.

⑤ See Council Regulation (EC) No. 905/98, OJ 30. 4. 98 L128/18. & Council Regulation (EC)
No. 2238/2000 OJ L257, 2.

441

市场经济国家。该类国家主要包括：阿尔巴尼亚、亚美尼亚、阿塞拜疆、格鲁吉亚、吉尔吉斯斯坦、摩尔多瓦和蒙古。第三类是其他非市场经济国家，列入名单的有：白俄罗斯、朝鲜、塔吉克斯坦、土库曼斯坦和乌兹别克斯坦。前两类国家的公司可以申请"市场经济待遇"或"特殊市场经济待遇"。换言之，它们被指控为倾销的出口产品的正常价值将有可能根据其国家同类产品的国内价格来计算。①

从表面来看，这种对中国市场经济地位的有限或有条件的承认似乎比完全不承认要好，因为这至少使得有一些中国的出口公司在反倾销调查中有可能获得与市场经济国家出口公司一样的待遇。"作为以一种主要的利益，出口商接受的是一种基于出口市场的国内价格而征收的单个反倾销税，而不是对整个国家计算的剩余反倾销税。这种单个反倾销税一般要低于依照'替代国'或甚至最佳可获信息做法而确定的剩余反倾销税。"②

但是，从本质上而言，所谓的"有条件的市场经济待遇"分类并没有改变欧盟对中国在反倾销问题上的歧视性质和政治及意识形态的偏见：

第一，这种新的划分并没有总体上改变包括中国在内的这些所谓特殊市场经济国家的非市场经济地位。只有那些单个的公司在个案的情况下才会有机会获得市场经济待遇来计算其出口产品的正常价值。这进一步意味着：即使同一个公司在不同的反倾销程序中也会受到不同的对待。

第二，这种新的划分是一种对中国市场经济地位的有条件承认，因为此等单个给予特殊市场经济待遇的做法绝不是自动的，只有那些申请此等待遇并证明其运作和管理符合市场经济条件的公司才有可能享受所谓的特殊市场经济地位。

第三，这种新的划分实际上使得非市场经济国家的公司承担更高的成本和负担，使有关的反倾销程序更加耗时。有一位观察者指出，"在特殊市场经济的情况下，处于调查中的这种国家的出口商要满足好几种额外的程序要求，如果它们想要获取相同待遇"。③ 例如，企业须填写和提交专门的特殊市场经济待遇申请表格，其中欧盟按照其规定的市场经济五个标准设计了各种复杂的问题，企业须结合其经营和管理状况就此作出详细的陈述。④ 有些企业因无法提供欧盟当局所要求的各类详尽的财务数据及其他运营资料，而遭到欧盟当局拒绝其申请。⑤ 在

① See the Swedish National Board of Trade, pp. 12 – 13.

② Silke Melanie Trommer, Special Market Economy, p. 571.

③ Trommers, Special Market Economies, p. 576.

④ See Trommers, Special Market Economies, p. 576.

⑤ See Stephen Green, China's quest for market economy status, Chatham House Briefing Note, May 2004, p. 5. http://www. chathamhouse. org. uk/files/3168_bnmay04. pdf.

此情形下，将会选择一个类比国家来计算其出口的正常价值，这就意味着它们不得不就欧盟选择的类比国家准备额外的陈述资料和信息。因此，"不仅与市场经济的出口商相比，而且甚至与来自传统的非市场经济国家的出口商相比，这些出口商要满足更复杂的程序要求"。①

2. 对中国向欧盟日益增多出口威胁的担心

担心中国对欧盟日益增多的出口威胁是迫使欧盟拒绝承认中国完全市场经济地位的另一重要因素。

中国和欧盟已经成为全球最大的两个市场。2006年中国成为欧盟第二大贸易伙伴，欧盟则是中国的第一大贸易伙伴。然而，在过去的20多年间，中欧贸易关系平衡发生了戏剧性的变化②。欧盟在一份官方文件中指出，"尽管欧洲公司从中国经济持续增长中获益，但它们在中国却一直面临严重的市场准入壁垒。中欧贸易关系是否还是一种互惠关系，这日益成为一个严峻的话题。"③ 在此形势下，欧盟将中欧关系定位为一种"竞争与伙伴"的双重关系。④

欧盟目前对华贸易政策的重中之重无疑是双方贸易关系的再次平衡、欧洲企业在中国更大的市场准入和知识产权法的加强。在2007年11月的中欧经济高峰会议上，欧盟委员会主席巴罗佐谈到中欧关系时指出，虽然他本人"想引导欧洲公民正面看待中国，而绝不是一种威胁，但是不断增长的中欧贸易赤字，增加了欧盟公民对全球化的焦虑，并越来越成为一个政治问题。的确，正在出现一种危险，即欧洲人开始视中国经济崛起为一种威胁"。⑤ 与此同时，曼得尔森在该峰会上进一步列举了当前中欧贸易关系中的几个感到失望的问题："令人沮丧，因为中国的市场准入壁垒，欧洲企业在中国每天损失大约5 500万欧元的贸易机会……令人沮丧，欧洲与中国如此巨大的贸易逆差。令人沮丧，欧洲销售给只有750万人口居住的瑞士的货物仍然多于销售给有13亿人居住的中国。令人沮丧，尽管知识产权的立法工作已经到位，国务院也付出了努力，在中国经营的欧洲企业仍然面临知识产权盗窃的严重问题。"⑥

---

① Trommers, Special Market Economies, p. 577.

② 根据 Eurostat 提供的数据，2007年中国出口欧盟产品总计约为2 310亿欧元，进口欧盟产品总计约为710亿欧元，中欧贸易收支为1 590亿欧元。http://www. euchinawto. org/index. php? option = com_content&task = view&id = 139&Itemid = 65&lang = zh_CN.

③④ COMMISSION WORKING DOCUMENT Accompanying COM (2006) 631 final: Closer Partners, Growing Responsibilities—A Policy paper on EU-china trade and investment: Competition and Partnership, p. 15. http://trade. ec. europa. eu/doclib/docs/2006/october/tradoc_130791. pdf.

⑤ José Manuel Barroso, President of the European Commission, The EU and China: shaping the future together, speech at Chinese Communist Party Central School, Beijing, 27 November 2007.

⑥ Peter Mandelson, Growing trade, shared challenges, EU – China Business Summit, Beijing, 27 November 2007.

为了消除欧洲公司和公民持有的这些"沮丧"和"担忧"甚至"威胁"观点，首先中欧贸易关系在真正互惠基础上的再次平衡，欧盟势必在外部和内部平行地采取相应的对策。

在外部，欧盟分别采取了如下一些双边和多边措施。在双边方面，年度中欧峰会、定期中欧经济峰会和各种定期或不定期的中欧高级贸易官员的会晤和对话等，都是经常使用的方式。当然，正在进行的中欧伙伴合作协定的谈判是应对贸易平衡和市场准入等问题最直接的交涉平台。与此同时，在多边方面，欧盟将继续利用 WTO，尤其是当前的多哈回合和 WTO 争端解决机制，来获取最大的贸易利益和中国市场份额。例如，欧盟针对中国有关金融信息服务和外国金融信息提供的措施曾经在 WTO 正式提出指控。[1]

在其内部，不难推定，欧盟将继续针对中国出口产品充分甚至更加严格地利用现行的单边贸易补救措施，以最大程度保护其相关产业。在其贸易补救措施中，最常用和最有效的措施之一就是针对中国的特殊反倾销/反补贴机制（另一个也许是针对中国的特殊保障措施）。其中的原因不难从法律和实际角度来分析得出。从法律角度来看，欧盟坚持对中国实施歧视性的反倾销程序并不存在任何法律上的危险。换言之，它对于中国至少在 2016 年以前，无论是哪一种途径，对其措施的合法性可能提出的指控并不感到有任何的担心，因为这种歧视性措施已经在《中国加入 WTO 议定书》中明确授权了。[2] 从实际角度来看，既然这种歧视性的反倾销机制的合法性还不能成功地被挑战，而实践证明在一定程度上是最有力和最有效的手段限制或减缓中国对欧出口的增长数量，对欧盟而言，就没有更有说服力的理由至少在 2016 年以前取消这一灰色贸易保护措施。否则，欧盟就必定会在其内部被指责是愚蠢的官僚机构。因此，依笔者看来，中国要在此前获得欧盟承认中国的完全市场经济地位的前景不容乐观。正如一位西方评论者所观察的，"欧盟的考虑似乎会更多地掺和政治因素。因此，有迹象表明，欧盟有可能将市场经济地位问题作为一个杠杆，以此获得中国在其他领域的让步，尽管这些领域不直接与该问题相关，但对于增进中国深入的经济改革和确保获得更好的市场准入具有意义。"[3]

3. 为满足欧盟非经贸企图向中国施压的筹码

欧盟固守其关于中国市场经济地位之特殊标准，不排除其旨在将该问题作为

---

① DISPUTE DS372, China — Measures Affecting Financial Information Services and Foreign Financial Information Suppliers. http://www.wto.org/english/tratop_e/dispu_e/cases_e/ds372_e.htm.

② See Section 15. Price Comparability in Determining Subsidies and Dumping, Protocol on Accession of the People's Republic of China. http://docsonline.wto.org/DDFDocuments/t/WT/L/432.doc.

③ Mathieu Rémond, "The EU's refusal to grant China 'Market Economy Status' (MES)", AEJ (2007) at 346.

向中国施压的一个筹码，迫使中国满足其贸易和经济领域以外的其他企图。

　　除了贸易赤字、市场准入和知识产权之外，欧盟一直关注中国的民主、人权、法治和良政等事项。尽管这些事项与欧盟的出口、投资和产业利益没有直接的关联，但欧盟在其内部的一体化和对外关系中却一直十分重视。虽然欧盟从来没有将其对中国市场经济地位的评估语与这些高度政治敏感的问题挂钩，但谁也不能确定欧盟官员在决定是否承认中国完全市场经济地位的过程中不将这些关切铭记在脑海里。作为一种常用的外交技巧，国际行为者在各种双边或多边场合，总是将其在某一领域的优势地位充分地运用到其处于劣势地位的其他领域，或其企图推行他们认为应该支配社会的特定价值或标准的领域。

　　欧洲既有其荣耀的文明史，也有两次世界大战的惨痛历史印迹，这在很大程度上促使欧洲近半个多世纪以来一直成为在国家、区域和全球范围内推动民主、人权、法治和良政的先驱力量。欧盟自1992年三个支柱形成以来，逐步明确地将民主、人权、法治和良政作为其核心价值予以尊重和促进。欧盟成员国不仅在现行的欧盟基本条约的序言中确认它们受"自由、民主和尊重人权与基本自由和法治原则"的约束，① 而且还将这些原则设定欧盟的基础。② 值得进一步关注的是，最近的《里斯本条约》通过以下改进更加重视这些基础。首先，该条约将关键词"原则"改为"价值"来界定这些基础。③ 其次，它通过加入一个新的第1a条来取代现行欧盟条约第6.1条的内容（作了一些修改）的方式，提升这些基础内容在基本条约结构中的地位。④ 还有，它利用第6条的如下规定进一步加强欧盟尊重人权和基本自由的约束：（1）"本联盟承认……2007年12月12日通过的《欧洲联盟基本权利宪章》中确立的各项权利、自由和原则，它们应具有与基本条约一样的法律价值"；（2）"本联盟应加入《欧洲保护人权和基本自由公约》"；（3）"《欧洲保护人权和基本自由公约》所保障的和源自成员国共有的宪法传统的基本权利，应构成本联盟法的一般原则"。⑤

　　在对外关系方面，"民主与人权"规定已经成为欧盟与一系列第三国之间新型的伙伴与合作协定中必不可少的范式条款，如欧盟及其成员国与非加太国家缔结的《第四洛美协定》bis和《科托努伙伴协定》⑥、欧盟与独联体国家之间的伙

---

① See Consolidated Version of the Treaty on European Union, Preamble.
② See Consolidated Version of the Treaty on European Union, Article 6. 1.
③ See Treaty of Lisbon, Article 1. 3.
④ Cf. Consolidated Version of the Treaty on European Union, Article 6. 1 and Treaty of Lisbon, Article 1. 3.
⑤⑥　See Treaty of Lisbon, Article 1. 8.

伴与合作协定①。可以预见，欧盟在正在进行的《中欧伙伴与合作协定》谈判中
会力图注入这一范式条款并将其给予中国完全的市场经济地位作为实现这一目标
的交涉筹码。最近，欧洲议会关于"3·14 西藏骚乱"的态度，有可能进一步增
强欧盟在这个问题上的决心。

4. 明显的政治和意识形态上的偏见

欧盟针对中国、俄罗斯和乌克兰在市场经济地位问题上的不同态度暴露了其
明显的政治和意识形态上的偏见。

笔者以为，中国政府努力争取欧盟和其他贸易伙伴承认其完全的市场经济地
位的标志性意义远远大于实际的经贸利益，因为中国产品遭受贸易伙伴的反倾销
措施在整个出口中的比例很小（例如，2003 年仅占出口产品的 0.5%②）。更主
要的是，中国将这一事项视为关系主权平等的问题和检验欧盟和其他发达的贸易
伙伴是否客观和公正地对待中国经济改革和社会主义市场经济建设成就的试
金石。

然而，欧盟和美国不给予中国完全市场经济地位的承认，反而承认俄罗斯③和
乌克兰④的同样请求，这的确令中国不快。众所周知，中国开始实行经济改革要
比俄、乌两国早得多，而且中国建设市场经济的成就和市场准入的程度都比这两
个国家要大。⑤ 中国早在 20 世纪 80 年代中期就开始谈判加入 GATT/WTO，并已
成为该多边贸易体制成员 9 年多，而该体制正是以市场经济作为其基础和取向而
著称。反观俄罗斯和乌克兰，前者直到 1993 年才申请加入 WTO，而且迄今还没

---

① See particularly the PCAs between the EC and its Member States with Georgia, Article 71; with Uzbek-
istan, Article 68; with Azerbaijan, Article 71; and with Armenia, Article 68. http://ec. europa. eu/external_rela-
tions/ceeca/pca/pca_georgia. pdf; http://ec. europa. eu/external_relations/ceeca/pca/pca_uzbekistan. pdf; ht-
tp://ec. europa. eu/external_relations/ceeca/pca/pca_azerbaijan. pdf; http://ec. europa. eu/external_relations/
ceeca/pca/pca_armenia. pdf.

② China – Market economy status in trade defence investigations-Brussels, 28 June 2004. http://
trade. ec. europa. eu/doclib/docs/2004/june/tradoc_117795. pdf.

③ 在 2005 年 5 月 29 日的欧俄峰会上，欧盟委员会主席普罗迪采取了一个无先例的举措，宣布欧盟
将给予俄罗斯一个完全的"市场经济"的正式地位和待遇，以承认俄罗斯近年来成功地进行的主要改革。
http://ec. europa. eu/external_relations/russia/summit_05_02/ip02_775. htm.

④ 2005 年 12 月 1 日，英国首相布莱尔（当时英国是欧洲理事会的轮值主席国）在欧乌峰会上宣布，
欧盟承认乌克兰为市场经济国家。http://www. rferl. org/featuresarticle/2005/12/be95f42f – e930 – 4f68 – 8ebc –
f8d6afe21b23. html. 2006 年 2 月 16 日乌克兰大众媒体报道，美国商务部副部长大卫·萨普森在基辅与乌政府
代表商讨双边贸易和投资关系时宣布，乌克兰已经是一个市场经济国家，承认其市场经济地位从 2006 年 2 月
1 日起生效。http://www. rferl. org/featuresarticle/2005/12/be95f42f – e930 – 4f68 – 8ebc – f8d6afe21b23. html.

⑤ 根据一项关于中国市场经济发展的研究显示，中国在 2003 年的市场化水平已达到 73.8%，大大
超过了市场经济 60% 的"临界水平"。该研究使用的是欧洲和美国在反倾销和《国际经济自由索引》（In-
ternational Economic Freedom Index）中采用的市场经济标准。http://www. chinadaily. com. cn/english/doc/
2005 – 08/19/content_470566.

有完成加入谈判。① 后者于 1993 年 11 月申请加入 WTO，直到 2008 年 5 月 16 日才如愿以偿。②

从上述简要比较中我们难免会有这样的印象：欧盟，当然还包括美国，在市场经济地位问题上，对中国和俄罗斯、乌克兰适用了双重标准。很明显，欧盟"在其评估中"对中国要比"对俄罗斯"和乌克兰"要苛刻得多。③ 欧盟对市场经济的评估和承认的这种双重标准，无论如何，难以使欧盟所谓的"纯技术性考虑"的辩解自圆其说。远非如此！欧盟的这些不同的决定只能从政治甚至意识形态方面寻找其逻辑解释。

对欧盟来讲，是否以及何时承认中国、俄罗斯和乌克兰的市场经济地位是一种政治战略决策。俄罗斯对欧盟出口主要是天然气和原材料，对欧盟的工业是一种互补和支持，而不是竞争，而"中国的出口更加多元和集中于制造的产品，对欧盟公司构成更大的威胁"。④ 还有，欧盟十分关切俄罗斯和乌克兰所扮演的重要地缘政治角色，尤其是在东盟和巴尔干地区。

乌克兰颇为容易和迅速地获得欧盟对其市场经济地位的承认，除了上述与俄罗斯类似的出口特点外，恐怕还有更明显的政治和意识形态取向。众所周知，乌克兰从 2004 年 11 月下旬到 2005 年 1 月发生的"橙色革命"⑤ 一直是得到欧盟和美国支持的，它们十分欣赏尤先科政权所采取的一系列亲西方的政策，如私有化计划、及时宣布申请加入北约和欧盟，等等。值得进一步注意的是，乌克兰从一开始就被列入欧盟的"欧洲邦邻政策"（European Neighborhood Policy，ENP）

---

① 俄罗斯于 1993 年 6 月提出申请加入 GATT，其申请于 1995 年转由 WTO 受理。http://www. wto. org/english/thewto_e/acc_e/a1_russie_e. htm.

② http://www. wto. org/english/thewto_e/countries_e/ukraine_e. htm.

③ See Mathieu Rémond，p. 348 and p. 354.

④ Stephen Green，China's Quest for Market Economy Status，China brief，Vol. 4，No. 16，5 August 2004，p. 4，quoted from Mathieu Rémond，p. 354.

⑤ 是指 2004 年 11 月下旬至 2005 年 1 月围绕乌克兰总统大选过程中由于严重贪污、影响选民和直接进行选举舞弊所导致的在乌克兰全国所发生的一系列抗议和政治事件。在 2004 年 10 月 31 日的乌克兰总统大选中由于没有任何候选人达到法律规定的 50% 选票的多数，因此在同年 11 月 21 日在得票最多的两名候选人维克托·尤先科和维克托·亚努科维奇之间举行重选。但是众多乌克兰国内外观察员报道说官方宣布的亚努科维奇获胜的结果是舞弊导致的，同时也是公众普遍感觉到的。这个选举舞弊导致了这场抗议。尤先科在选举活动中使用橙色作为其代表色，因此这场运动使用橙色作为抗议的颜色。迫于这些抗议运动，乌克兰最高法院宣布这次重选的结果无效，并规定在同年 12 月 26 日重选。乌克兰国内和国际的观察员均确认重选基本上没有任何问题。尤先科在这次重选中明显以 52% 选票的结果获胜。亚努科维奇获 44%。2005 年 1 月 23 日尤先科入职，标志着橙色革命的最终胜利。http://en. wikipedia. org/wiki/Orange_Revolution.

的参与国家之一，① 而这种地位只有特定的欧盟邻国才能享有。

四、WTO 成员关于中国完全市场经济地位的不同立场之非技术性隐含

如前所述，中国为获取国际社会承认其完全市场经济地位，积极开展了多层面的外交活动。迄今为止，大约有50%的 WTO 成员方对中国政府的请求给予了积极地回应，而另有50%的成员方仍然持否定态度。这种一半对一半的现象本身就说明承认中国的完全市场经济地位绝不是一个单纯的技术事项，虽然这个概念适用于反倾销调查的特定技术情形之中，即用于确定被控进口产品的正常价值。恰恰相反，这是一种政治决定，是对中国和欧盟的其他有关贸易伙伴的预先政治判断，并产生政治影响。

从中国政府的角度来看，它从来就不将这种承认视为一种纯粹的技术问题。中国入世之后，很快就意识到由于在《加入议定书》中作出的那些特殊或额外承诺（包括在反倾销和反补贴领域接受为期15年的歧视性待遇）而使其利益蒙受很大的损失。于是，通过双边途径争取 WTO 成员承认中国的市场经济地位成为中国外交的一个新议程。2003年5月22日，中国商务部部长致信欧盟委员会贸易委员，首次请求欧盟承认中国的完全市场经济地位。与此同时，中国政府向其他 WTO 成员作出了类似的努力。2004年4月14日，新西兰成为给予中国完全市场经济地位的首个发达国家。② 据称，中国抛出的最有吸引力的诱饵是中国将与承认中国市场经济地位的国家谈判缔结自由贸易区协定。③ 2008年4月7

---

① 欧盟于2004年制定了一项睦邻政策，以此加强同所有邻国的关系，为和平、稳定和繁荣的目标而共同努力。此项政策只在近邻国家中实施，欧盟希望与近邻国家保持特殊关系，与它们分享伟大目标。欧盟已经同邻国签署了一些合作协议，每项协议都有一个部长级联合委员会负责后续工作。然后，欧盟委员会和欧盟各成员国进一步制定符合每个成员国与其邻国希望和需要的行动计划。此项行动计划详细阐述了需要开展的合作行动，如果必要，考虑一项政治或经济的改革规划，尤其是短期和中期的，并最后确定补贴给每个项目的资金。这些项目以联合委员会以及不同小组委员会的方式由相关国家和欧盟共同管理。欧盟的睦邻政策旨在同邻国缔结一个密切的和互信的政治对话，并促进伙伴国家之间的经济一体化。欧盟近邻中有两种类型的国家：①申请入盟候选国：这些国家为到时候能加入欧盟而遵循一个特殊程序；②欧盟的"邻居"国家。2004年制定的睦邻政策针对没有进入入盟程序的欧盟直接邻居（阿尔及利亚、亚美尼亚、阿塞拜疆、白俄罗斯、埃及、格鲁吉亚、以色列、约旦、黎巴嫩、利比亚、摩尔多瓦、摩洛哥、巴勒斯坦、叙利亚、突尼斯和乌克兰）。http：//www. ambafrance-cn. org/spip. php？article5130 2008 – 8 – 31.

②③ http：//www. peopledaily. co. jp/GB/jingji/1045/2607626. html. Visited on 21 April 2008.

日，新西兰成为第一个与中国签订自由贸易区协定的发达国家。① 在此之前，中国已成功地与东盟国家、智利和巴基斯坦先后缔结自由贸易区协定，并都事先获得这些国家对中国完全市场经济地位的承认。此外，越来越多的国家（截至2010 年 9 月约为 30 个）或已经开始，或正准备同中国进行签订自由贸易区协定的谈判；这意味着它们已经承认或者正准备承认中国的完全市场经济地位。另外，中国还把这种承认视为它与一些准备加入 WTO 的国家进行双边谈判的一种先决条件。最后，值得注意的是，近年来关于承认中国市场经济地位的话题不仅仅是中国与欧盟和有关国家之间部长级或高级对话的核心议程之一，而且还是中国与欧盟和有关贸易伙伴之间定期举行的峰会的重要议题。

其实，欧盟及其他有关贸易伙伴给予中国非市场经济待遇而带来的经贸利益的负面影响并不是中国政府的主要关切，至少不是唯一的主要关切。在中国政府看来，该问题之政治意义超过了其经济意义。对中国政府而言，该问题直接影响了中国在国际社会的形象，关系到欧盟和其他主要经贸大国能否正确对待中国改革开放以来所取得的成就，尤其是关系到它们能否将中国的社会主义市场经济与资本主义国家的市场经济真正地平等对待，或者在给予这种市场经济地位时意识形态的偏见仍在起着关键作用。

欧盟当局多次宣称其不愿承认中国的市场经济地位只是反倾销调查中的一种技术性问题，而无关对中国经济制度的总体评估。如果再作进一步的分析，这种辩解难以自圆其说。

首先，欧盟有关市场经济的"五个标准"评定方法，一方面可以说是经济和技术性的，另一方面难免带有政治色彩，尽管这些标准的适用是以单个的中国公司而不是中国公司的整体为基础的。由于这"五个标准"缺乏详细的可操作性规则，在评价中国企业有关价格、成本和原材料供应方面"是否存在着明显的政府干预"时必然会带有各种主观因素，其中意识形态的偏见难免包含其中。而且，人民币汇率是否取决于市场，直接涉及中国的外汇政策，完全超出了有关公司本身的能力范围。因此，欧盟所谓的运用"五个标准"进行单个公司评估，从表面上看是一个技术性问题，但本质上是一种政治判断，因为这牵涉到中国的宏观经济政策。

其次，一旦某个中国企业不能充分有效地证明对其应适用市场经济待遇，其被控的产品会因此被作为来自于非市场经济的原产地来对待，欧盟当局采用一个"类似国家"同类产品的国内价格或出口价格作为从中国企业进口产品的正常价值。这

---

① 在签字仪式上，中国的温家宝总理向新西兰总理克拉克称赞道，新西兰在与中国的经贸关系上拥有"四个第一"的头衔，即：第一个完成中国入世双边谈判的国家、第一个承认中国完全市场经济地位的国家、第一个与中国展开自贸区谈判的发达国家、第一个与中国达成自贸协定的发达国家。http://news. xinhuanet. com/newscenter/2008 – 04/07/content_7935268. htm. Visited on 21 April 2008.

种所谓"类似国家"选择具有很大的随意性，因为欧盟在这方面并没有一个既定的标准。在此情形下，怎么能保证欧盟官员在选择"类似国家"的过程中只考虑技术性因素而不会掺入政治性因素呢？"实践中，迫于国内产业游说的压力，欧盟官员可以在针对非市场经济国家的调查中选择他们认为适当的任何价格体系⋯⋯他们经常选择那些价格相对较高的'类似国家'，而根本不考虑它们的实际发展水平、所生产货物的质量以及相关产品的优势和劣势"。① 这就是为何发达国家（美国、日本等等）或者高成本的发展中国家（如印度）的价格会经常被欧盟官员作为中国产品的替代国价格，为何中国企业在反倾销调查程序中难以获胜之原因所在。

从那些已给予中国完全市场经济地位的国家的实践来看，其决策选择也并非纯粹是基于某种技术上或经济利益层面的考虑。对其中有一些国家而言，从其经贸利益来看这个问题可能并不那么重要，因为它们国内市场缺乏从中国进口的某些产品，或者其国内没有相似或具有竞争关系的产业，因此没有必要运用反倾销措施来对付中国产品，更没有必要针对中国在这个方面采取歧视性待遇了。而对其中的另一些国家来说，尽管该问题对保护其本国产业有一定意义，但它们还有更为重要的政治与外交政策的考虑，例如希望能建立更长久的双边战略伙伴关系，或者欲增强贸易领域以外的其他双边合作或在多边机制中的合作，等等。

对于这些国家给予中国完全市场经济地位，我们还可以从中进一步揭示两点更深层的政治隐含。首先，他们在这个问题上与主要经贸大国持相反的立场，这本身就表明国际上并不存在统一的或唯一的市场经济标准，主要是一种自我判断，从而必定要受到决定作出者的政治意愿或其外交政策的影响。其次，这些国家对于中国的请求肯定的回应表明了他们从政治和法律上认可中国 30 年来实行"改革开放"政策所取得的成就。

可见，WTO 成员在中国完全市场经济地位问题上所产生的分歧和所持的不同立场的实际效果绝不仅仅是技术上的，甚至不局限于经贸利益（如其中的进口和出口、投资及其利润，等等），而且，如上文所述，它还对中国与这些贸易伙伴之间的长期关系或战略伙伴关系产生政治影响。正如本书第一作者在另一场合所预见的，承认中国完全的市场经济地位无疑是正在进行的《中欧伙伴协定》谈判中的关键和棘手的问题之一，同时也是决定这一新的框架协定命运的关键因素之一。②

---

① Mathieu Rémond, p. 347.

② See Zeng Lingliang, "A Preliminary Perspective of Negotiations of EU – China PCA: A New Bottle Carrying Old Wine or New Wine or Both?", Jean Monnet Seminar Series, University of Macau, 14 March 2008; European Law Jorunal (forthcoming in 2008).

中国和平发展的重大前沿国际法律问题研究

五、结论

综上多角度的分析，不难得出结论：欧盟是否承认或何时或如何承认中国完全市场经济地位不是一个纯粹的技术事项或问题。这并不像欧盟官员在不同场合反复澄清或强调的那样简单和直截了当，在其所谓的技术性观点和辩解背后，还有着更为复杂的背景、诱因和含义。

尽管可以说非市场经济这个概念只被技术性地用于反倾销和反补贴调查程序中，但因其起源于冷战时代共产主义和资本主义之间的地缘政治区别，导致它无法摆脱固有的歧视特性。[①] 由于"非市场经济"这个概念在 GATT/WTO 中一直缺乏明确和完善的规定，使得发达国家在这一方面有很大的自由裁量空间制定国内法或与目标国家签署专门协定，其行政当局在反倾销调查中，尤其在选择"类似国家"以确定来自像中国这样的"非市场经济"国家产品的正常价值方面，也享有很大的酌处权力。由于反倾销程序中这种自由裁量权使用时不能排除政治考虑，非市场经济国家的出口公司与那些市场经济国家的同行相比更容易受到指控，而且最终也最容易败诉。毫无疑问，中国出口商一直是最大的受害者，因为中国仍然被主要的经贸大国（集团）界定为最大的非市场经济体，尽管它已经取得了举世瞩目的社会主义市场经济建设成就。

正如斯奈德教授所尖锐指出的，"'非市场经济'这个概念对欧盟和中国之间的国际贸易关系，已经并将继续产生重大的负面影响。而且，会越来越变得弊大于利。从最好的结果来看，它产生误解；从最糟糕的结果推断，它对于任何真正懂得如何最佳驾驭正在发展的中欧贸易关系是一个严重的障碍。"[②] 为了把这种"消极影响"降低到最低程度，消除这个长期引起"误解"的概念，并搬走这一人为的"障碍"，确实需要双方领导人，尤其是欧盟领导人的勇气、决心、智慧以及灵活性。正在进行的《中欧伙伴协定》谈判，也许是双方一劳永逸地解决"完全市场经济地位"问题的一个很好的机会和恰当的平台。

既然"非市场经济"概念产生的冷战背景已经结束，它的继续存在对所有的贸易伙伴或国际贸易的发展都是弊大于利。相比于经济利益的损失，中国可能会更多地将之视为对中国形象的一种精神伤害。维持非市场经济概念和继续将之适用于反倾销和反补贴调查程序中只会加深和拓宽彼此间的不信任，增加贸易大战的风险，甚至阻碍双方在政治和社会领域的合作或至少导致此等合作的不确定

---

① See Zeng Lingliang, Francis Snyder, *The Origins of the Nonmarket Economy*, p. 421.
② See Zeng Lingliang, Francis Snyder, *The Origins of the Nonmarket Economy*, p. 372.

性。更进一步讲，人们不能想象在 21 世纪的时代仍有冷战的继续存在。因此，为了避免如此的误解和不必要的消极贸易影响甚至政治影响，欧盟和其他发达的 WTO 成员应当承认中国的完全市场经济地位，并对中国平等地适用 WTO 关于反倾销和反补贴措施和其他贸易救济措施的一般规定，因为这些规定足以应对各种类型的非公平贸易行为，而不论其原产地。

第四节　中国与东盟关系的国际法考量[*]

一、中国与东盟关系：现行法律框架巡礼

1. 1994 年的《互换函件》：正式合作关系的建立

一般都认为，中国与东盟的关系始于 20 世纪 90 年代初中国相继与印度尼西亚实现关系正常化、与新加坡和文莱建立外交关系。[①] 中国与所有东盟成员国建立或恢复外交关系，最终为中国与东盟之间关系的建立与发展奠定了基础。更为普遍的观点是，中国与东盟建立正式关系是 1991 年 7 月时任中国国务院副总理兼外交部长钱其琛应邀作为马来西亚的嘉宾，出席在吉隆坡举行的东盟部长会议（ASEAN Ministerial Meeting，AMM）。这是中国领导人首次出席东盟会议。但是，从法律角度来看，中国与东盟建立正式的合作关系应该是 1994 年 7 月 23 日，即：当时的东盟秘书长与中国外交部长在曼谷就建立联合经济贸易合作委员会（Joint Committee on Economic and Trade Cooperation）和联合科技合作委员会（Joint Committee on Cooperation in Science and Technology）的互换函件（Exchange of Letters）。[②] 此等互换函件是中国与东盟之间建立正式合作关系的法律确认。与此同

---

　　* 本节作为子项目成果发表于《武大国际法讲演集》第一卷，武汉大学出版社 2006 年版，其英文版发表于 John Wong，Zou Keyuan & Zeng Huaqun（eds.），CHINA-ASEAN RLATIONS：Economic and Legal Dimensions，World Scientific，2006，内容有适当修改和删减。

　　① See Lee Lai To，China's Relations with ASEAN：Partners in the 21st Century?，Pacifica Review，Volume 13，Number 1，February 2001（electronic vesion）；H. E. Ong Keng Yong（Secretary General of ASEAN），Keynote Address at the ASEAN-China Forum 2004，Developing ASEAN – China Relations：Realities and Prospects（electronic version），Singapore，23 June 2004，http://www. aseansec. org/16256. htm，2004 年 10 月 5 日访问。

　　② 此前的 1993 年 9 月，东盟秘书长曾应邀率领东盟代表团访问北京。正是在这次访问期间，双方就建立联合经济与贸易合作委员会和联合科技合作委员会达成一致。See association of southeast asian nations，ASEAN – China Dialogue，Overview of ASEAN – PRC Relations，http://202. 154. 12. 3/5874. htm，2004 年 9 月 28 日访问。

时，中国与东盟开始就共同关心的政治与安全问题建立协商制度。1996 年 7 月在
第 29 届东盟外长会议上，东盟赋予中国完全对话伙伴地位（full dialogue partner
status）。

2. 1997 年《联合声明》：睦邻伙伴关系的纲领性文件

1977 年 12 月中国与东盟举行了第一次 10 + 1 的非正式高峰会议，并发表了
题为"东盟—中国合作面向 21 世纪"的《东盟成员国国家元首/政府首脑与中
华人民共和国主席会议联合声明》（Joint Statement of the Meeting of Heads of
States/Governments of the Member States of ASEAN and the President of the People's
Republic of China）（以下简称 1997 年《联合声明》）。1997 年《联合声明》是双
方最高领导人通过法律形式向国际社会公开发表的政治宣言和庄严承诺，在中国
与东盟关系史上具有划时代的深远意义。

在 1997 年《联合声明》中，双方最高领导人约定，促进中国—东盟"睦邻友
好关系"（good-neighbourly and friendly relations），增进高层交流，加强所有领域的
对话与合作机制，以增强理解和相互信任。双方一致表示，将在平等互利原则和共
同分担责任的基础上，通过加强各种双边和多边合作促进经济增长、可持续发展和
社会进步，实现 21 世纪国家和地区的繁荣。双方承诺，将通过和平手段而非诉诸
武力或以武力相威胁解决彼此间的分歧或争端；尤其在南中国海问题上，将根据公
认的国际法包括 1982 年《联合国海洋法公约》，通过友好协商和谈判的方式解决
彼此间的争端；在寻求争端解决的过程中，积极探索在有争议地区进行合作的途
径；继续实行自我克制，不让现存的分歧阻碍友好关系和合作的发展。1997 年
《联合声明》宣示，中国支持东盟在国际和区域事务中的积极作用，尊重和支持东
盟为在东南亚建立"和平、自由和中立区"（zone of peace, freedom and neutrality）
的努力，欢迎《东南亚无核武区条约》（the Southeast Asia Nuclear Weapon-Free
Zone Treaty）的生效；双方还表示将就中国加入该条约的议定书继续进行磋商。东
盟各成员国再次确认继续坚持"一个中国"的政策，并相信一个稳定、和平和繁
荣的中国将构成世界尤其是亚太地区的长期和平、稳定和发展的重要因素。①

3. 2002 年《全面经济合作框架协定》：全面进入经贸实质合作的标志

正如现任东盟秘书长所断言的，虽然中国与东盟合作关系在 20 世纪 90 年代中期
已经正常化，但是双方之间真正进行实质性的合作直到 2001 年才开始启动。② 在

① See Joint Statement of the Meeting of Heads of State/Government of the Member States of ASEAN and the President of the People's Republic of China, Huala Lumpur, Malaysia, 16 December 1997, pp. 3, 5, 8 and 9.

② H. E. Ong Keng Yong（Secretary General）, Keynote Address at the ASEAN – China Forum 2004, Developing ASEAN – China Relations：Realities and Prospects（electronic version）, Singapore, 23 June 2004. http://www.aseansec.org/16256.htm. 2004 年 10 月 7 日访问。

453

2001 年 11 月举行的中国—东盟高峰会议上，当时的中国总理朱镕基正式提出 10 年之内建设中国—东盟自由贸易区的设想。东盟方面接受了这一提议。经过几轮的磋商，在 2002 年举行的高峰会议上，双方联合宣布了这一历史性的决定，并签署了《东南亚国家联盟与中华人民共和国全面经济合作框架协定》（Framework Agreement on Comprehensive Economic Co-operation Between the Association of Southeast Asian Nations and the People's Republic of China）（以下简称 2002 年《框架协定》）。[①]

2002 年《框架协定》在中国—东盟关系史上具有划时代的意义。它是调整双方之间关系的第一个正式的条约，成为规范双方未来以建立自由贸易区为核心的全面而实质性的经济合作关系最直接的法律文件。《框架协定》涉及货物贸易、服务贸易、投资和其他相关领域。它规定了中国—东盟自由贸易区的指导方针、基本原则、范围和模式，包括早期收获和给予老挝、柬埔寨、缅甸和越南等东盟新成员国特殊和区别待遇。从 2004 年开始，中国—东盟自由贸易区正式谈判启动，计划在 2010 年以前实现中国与东盟 6 个创始成员国（文莱、印度尼西亚、马来西亚、菲律宾、新加坡和泰国）之间的自由贸易区，在 2015 年以前实现中国与东盟其他欠发达成员国柬埔寨、老挝、缅甸和越南之间的自由贸易区。与此同时，2002 年《框架协定》第二部分明确规定了双方在以下五个经济部门或领域优先开展合作：农业、信息与通讯技术、人力资源开发、投资和湄公河流域开发。此外，2002 年《框架协定》还规定应将双方的经济合作扩展到其他领域，如银行、金融、旅游、工业合作、交通、基础电讯、知识产权、中小企业、环境、生物技术、渔业、森林与森林产品、采矿、能源和次区域合作，等等。

4. 2002 年《非传统安全合作宣言》：新型安全问题合作的基本法律依据

鉴于非传统安全问题越来越成为影响亚太地区和国际和平与稳定的重要因素及其日趋加剧的严重性，考虑到非传统安全问题的复杂性和根深蒂固的背景，中国和东盟领导人认识到有必要采取政治、经济、外交、法律、科学技术和其他手段相结合的系统方式和通过区域和全球合作的机制来应对非传统安全问题带来的挑战，并相信疆域相邻的中国和东盟在应对各种非传统安全问题上具有广泛的共同利益。为此，双方于 2002 年 11 月 4 日在柬埔寨发表了《中国与东盟在非传统安全问题领域合作联合宣言》（Joint Declaration of ASEAN and China on Cooperation in the Field of Non-Traditional Security Issues）（以下简称 2002 年《非传统安全合作宣言》及《宣言》）。

[①] 2003 年中国和东盟成员国代表 10 月 6 日签署了《修正东南亚国家联盟和中华人民共和国全面经济合作框架协定议定书》，对 2002 年《框架协定》的有关条款作出修改。

2002 年《非传统安全合作宣言》为中国和东盟在应对日益严重的诸多非传统安全问题上开展双边合作提供了直接的法律基础，是落实 1997 年《联合声明》有关"加强所有领域的对话与合作机制"政治承诺的具体行动之一。2002年《非传统安全合作宣言》规定了此等合作的宗旨，即：增强双方应对非传统安全问题的能力，促进双方稳定和发展，维护地区和平与安全。《宣言》明确地将打击非法毒品贩运、贩卖妇女儿童、海盗、恐怖主义、走私军火、洗钱、国际经济犯罪和网络犯罪等列为当前优先合作的领域或事项。《宣言》列举了以下五种合作形式：①增强信息交流；②增强人员交流与培训和加强能力建设；③增强在非传统安全问题上的实际运作；④增强对非传统安全问题的联合研究；⑤探索其他合作领域和模式。为此，《宣言》确定将制订中、长期合作计划和具体行动计划。

遵照 2002 年《非传统安全合作宣言》，经过一段时期的磋商，双方于 2004年 1 月 10 日在曼谷签署了《东盟成员国政府和中华人民共和国政府在非传统安全问题领域合作谅解备忘录》（Memorandum of Understanding Between the Governments of the Member Countries of the ASEAN and the Government of the People's Republic of China on Cooperation in the Field of Non-Traditional Security Issues）（以下简称 2004 年《非传统安全合作备忘录》及《备忘录》）。该《备忘录》是进一步深化和实施 2002 年《非传统安全合作宣言》的具体法律文件。其目标是：根据各自的国内法律和规章，开发实际战略，以增强每个国家和作为整体地区应对各种非传统安全问题挑战的能力。为此，2004 年《非传统安全合作备忘录》就2002 年《非传统安全合作宣言》中确定的五种合作方式逐一制定了具体的中、长期合作计划和措施，并且就实施机构、经费安排、保密事项、争端解决以及《备忘录》的中止、修订与修正、生效、期限和终止等具体事项分别做出了详细的规定。

5. 2002 年《南海各方行为宣言》：相互信任、克制和合作的庄严承诺

由于历史和现实中错综复杂的因素，中国与东盟部分成员国在南海某些岛屿问题上一直存在领土争端，而且时有摩擦发生。因此，主张对南海有关岛屿享有主权和管辖权的各方的行为，既影响有关各方之间和中国与东盟的双重关系，又影响整个亚太地区甚至全球的和平与安全。多年来，中国与东盟有关国家一直在寻求某种有利于和平和持久解决南海分歧与争端的途径。2002 年 11 月 4 日，中国与东盟成员国代表在柬埔寨举行的第八届东盟高峰会议期间签署了《南海各方行为宣言》（Declaration on the Conduct of Parties in the South China Sea）。《南海各方行为宣言》的签署标志着中国和东盟本着务实的态度在有争议的南海问题上正在建立一种相互信任、相互克制和相互合作的争端处理机制。

455

为防止南海有争议的领土出现紧张局势，杜绝或减少可能出现的军事冲突，《南海各方行为宣言》各方确认信守《联合国宪章》的宗旨与原则、《联合国海洋法公约》、《东南亚友好合作条约》、和平共处五项原则和其他公认的国际法原则；约定尊重和保证南海的航行自由；承诺采用和平手段而不诉诸武力来解决彼此间的领土争端；承诺对有争议的岛屿在活动上自我克制，建立和增强互信；约定防务官员之间交换意见，在自愿的基础上将军事演练活动事先通知对方，并对任何处在危险或危难中的人员提供人道待遇；一致同意在海洋环境保护与科学研究、航行安全、搜寻与救助行动和打击跨国犯罪等方面进行合作。

6. 2003 年中国加入《东南亚友好合作条约》：一个负责任大国的法律举措

2003 年 10 月初，在中国—东盟高峰会议上，中国总理温家宝出席了中国加入《东南亚友好合作条约》（Treaty of Amity and Cooperation in Southeast Asia）[①]的签字仪式，中国成为东南亚地区以外第一个加入该条约的大国。中国加入《东南亚友好合作条约》将对东南亚、亚太地区乃至整个世界的和平与安全产生积极和深远的影响。[②] 中国的这一非凡举措表明中国是一个负责任的大国，有利于减轻甚至消除东盟各国对中国崛起的担忧，使"中国威胁论"不能自圆其说，因为中国加入该条约是继续奉行独立自主和平外交路线，说明中国愿意与世界上的国家"结伴而不结盟"。中国加入该条约有利于中国与东盟关系的可持续发展，因为这使双边关系的纵横发展增添了更加稳固的国际法基础，标志着双边和睦邻友好合作关系的条约化和制度化，表明中国与东盟永远做好邻居、好伙伴的庄严承诺，从而使中国—东盟关系更加具有稳定性和连续性。中国加入该条约有利于和平解决中国—东盟之间的各种争端，因为该条约为缔约国规定了和平解决争端的基本原则、方法和程序。中国加入该条约有利于建立全球政治经济新秩序和区域一体化，因为这显示中国有诚意并用实际行动参与国际关系的民主化与法治化进程，意味着中国作为一个正在崛起的地区大国愿意与小国、弱国平等合作，共同构建和平、稳定和繁荣的美好未来。

7. 2003 年《战略伙伴联合宣言》：中国与东盟关系的新蓝图

2003 年 10 月 8 日在印度尼西亚巴厘岛举行的中国—东盟高峰会议的另一个重要成果是，双方领导人共同签署了《东盟和中华人民共和国国家/政府首脑面

---

① 该条约于 1976 年 2 月 24 日由东盟最初的 5 个成员国（新加坡、泰国、菲律宾、印度尼西亚和马来西亚）在印度尼西亚签署，后来加入东盟的成员国也陆续加入该条约。该条约最初只对东南亚国家开放，后经 1987 年和 1998 年两次修订，允许东南亚地区以外的国家加入。巴布亚新几内亚是第一个加入该条约的东南亚地区以外的国家。

② 曹云华：《远亲不如近邻——中国加入〈东南亚友好合作条约〉的意义》，中国人民大学书报复印资料中心：《中国外交》2004 年第 1 期，第 49 ~ 50 页；张锡镇：《中国外交的又一大手笔——中国与东盟建立战略伙伴关系并正式加入〈东南亚友好合作条约〉》，载《人民日报》，2003 年 10 月 9 日第 13 版。

向和平与繁荣战略伙伴关系联合宣言》（Joint Declaration of the Heads of State/
Government of the ASEAN and the People's Republic of China）（以下简称 2003 年
《战略伙伴联合宣言》）。该文件的签署和发表标志着中国与东盟的关系进入了一
个新的阶段，即：始从协商伙伴关系，经对话伙伴关系发展到战略伙伴关系，从
而使双方的睦邻友好关系上升到更高层次。

2003 年《战略伙伴联合宣言》庄严宣告：中国与东盟建立"面向和平与繁
荣的战略伙伴关系"（strategic partnership）。其宗旨是，通过在 21 世纪全面加深
和扩大中国—东盟合作关系，促进中国与东盟之间的友好、互利合作和睦邻关
系，从而为本地区的持久和平、发展和合作做出进一步的贡献。2003 年《战略
伙伴联合宣言》还明确宣告，此等战略伙伴关系是非结盟的（non-aligned）、非
军事的（non-military）和非排他的（non-exclusive），不妨碍各参与方与其他国家
和组织发展各种友好与合作关系。2003 年《战略伙伴联合宣言》规定，中国—
东盟战略伙伴关系是一种全方位的前瞻性的合作，重点是政治、经济、社会事
务、安全和国际与地区事务。为此，2003 年《战略伙伴联合宣言》的最后部分
就这些领域建立战略伙伴关系的主要内容和措施分别作出了原则性的规定。

二、中国与东盟关系：贯穿始终的一般国际法律准则

（一）确立国际法基本原则的支配地位

我们在分析中国—东盟关系法律文件时，不难发现它们有一个共同的特点，
即：在确认国际法基本原则的支配地位过程中尤其突出包含这些原则的重要国际
条约、国际组织章程和具有普遍性或代表性的国际法基本准则的名称。1997 年
《联合声明》中首次确认"《联合国宪章》、《东南亚友好合作条约》、'和平共处
五项原则'和公认的国际法应作为指导其各种关系的基本规范"。① 2002 年《非
传统安全合作宣言》重申这些条约或原则的名称，只是在措辞上略有不同：双
方在非传统安全领域的合作"应在遵守和平共处五项原则和《联合国宪章》及
《东南亚友好合作条约》所包含的其他公认的国际法规范……的基础上进行"。②
2002 年《各方南海行为宣言》也有类似的列举："各方重申其保证遵守《联合

---

① See Joint Statement of the Meeting of Heads of State/Government of the Member States of ASEAN and the
President of the People's Republic of China, 16 December 1997, p. 2.

② See Joint Declaration of ASEAN and China on Cooperation in the Field of Non-Traditional Security Issues,
4 November 2002, preamble.

国宪章》宗旨与原则、1982 年《联合国海洋法公约》、《东南亚友好合作条约》、和平共处五项原则和应作为调整国与国关系基本准则的其他公认的国际法原则"。① 2003 年《战略伙伴联合宣言》一如既往地重申："东盟—中国合作将继续以《联合国宪章》、《东盟友好合作条约》、'和平共处五项原则'和其他公认的调整国际关系的基本准则作为其指导方针"。②

通过上述阐释，我们从中还发现了一些耐人寻味的含义：

第一，上述有关中国东盟关系文件无一例外地提及《联合国宪章》，且绝大多数将其列为首位。这一方面说明：《联合国宪章》是当今国际法律文件中效力和权威最高的立法条约，其载明的七项原则不仅是联合国及其会员国必须遵守的基本准则，其载明的各项宗旨不仅是联合国及其会员国必须为之努力的目标，而且是全世界所有国家、国际组织和合作机制都必须奉行的基本原则和为之努力的目标。另一方面说明：中国与东盟之间在政治、安全、经济、社会事务、国际和区域事务等领域的合作关系，不论是过去的协商伙伴关系和对话伙伴关系阶段，还是现在和未来的战略伙伴关系时期，都必须与《联合国宪章》规定的宗旨相一致，以其规定的诸项原则作为最根本的行为准则。

第二，上述文件无一例外地提及"和平共处五项原则"，有的甚至将其列为首位。这充分表明：中国和缅甸、印度在 1954 年共同倡导的"和平共处五项原则"，经过半个世纪的实践检验，已经被公认为是现代国际关系基本准则的重要组成部分，甚至是最核心的内容。尤其令人瞩目的是，中国与东盟联合发表或签署的各种宣言或声明反复明确载入"和平共处五项原则"，这在中国与其他国家或国际组织之间的法律文件中是不多见的，甚至是独树一帜的。由此可见，"和平共处五项原则"在中国—东盟合作关系中的支配地位，毫无疑义地得到所有东盟成员国的认可。

第三，上述文件无一例外地提及《东南亚友好合作条约》，甚至在中国没有正式加入该条约之前所发表或签署的声明和宣言中就明确将该条约列为指导中国—东盟关系的基本文件范畴。其中的内涵是深刻的。这意味着：虽然该条约不是专门规范中国—东盟合作关系的文件，甚至其缔约方向东南亚地区以外的国家开放，但是双方确认中国—东盟的各种合作关系的根本宗旨是该条约宗旨的重要组成部分，更何况该条约确立的诸项原则本身是公认的国际法基本原则组成部分。即便如此，中国从一开始就认可《东南亚友好条约》在中国—东盟关系中的指导地位，尤其是在没有加入该条约之前就做出如此承诺，这在国际关系实践

---

① See Declaration on the Conduct of Parties in the South China See, p. 1.

② See Joint Declaration of the Heads of State/Government of the ASEAN and the People's Republic of China on Strategic Partnership for Peace and Prosperity, p. 5.

中同样是一种特殊的政治姿态和法律举止。

第四，上述文件无一例外地提及"其他公认的国际法原则"。这表明，双方对于调整中国—东盟关系的国际法基本原则坚持的是一种开放、与时俱进的政策和立场。首先，双方不仅确认那些明确列举的国际文件所载明的国际法基本原则，而且还认可未列举的其他国际习惯法或国际文件所包含的国际法基本原则，即使中国和东盟成员国或其中一方或几方不是该文件的参与方。其次，双方以一种发展的眼光来看待支配中国—东盟关系的国际法基本原则，即：不仅现行的国际法基本原则是调整彼此关系的指导原则，将来形成的国际法基本原则同样是指导相互关系的基本准则。当然，这些"其他原则"，无论现行的，还是将来的，都必须是国际社会"公认的"。

第五，唯有 2002 年《南海各方行为宣言》将 1982 年《联合国海洋法公约》作为应对南海问题的一般国际法指导文件。这显然是一个理所当然的特例。1982年《联合国海洋法公约》是现代海洋法领域的最重要的立法条约，是在近代、现代海洋习惯法和条约法基础上编纂而成的。中国与部分东盟成员国有关南海的领土、资源、航行等事项的分歧和争端的解决，在遵行其他公认的国际法基本原则的同时，无疑必须遵守 1982 年《联合国海洋法公约》这一最具权威性的专门性立法公约。

那么，中国—东盟关系法律文件中反复提及的这些国际法律文件主要包含了哪些一般国际法基本原则呢？概括起来，主要有：互相尊重独立、主权、平等、领土完整和民族特性原则；互不干涉内政或内部事务原则；放弃使用武力或以武力相威胁原则；和平解决分歧或争端原则；有效合作原则，等等。①

（二）突出双方经贸合作与 WTO 原则和规则的一致性

1. 基本宗旨的一致性

我们可以首先从中国—东盟自由贸易区与 WTO 在基本宗旨方面的一致性入手进行分析。

WTO 的宗旨主要包含在《建立世界贸易组织的马拉喀什协议》、1947 年《关贸总协定》、《哈瓦那宪章》和《服务贸易总协定》等法律文件的序言之中。

---

① See Treaty of Amity and Cooperation in Southeast Asia, Article2; Joint Statement of the Meeting of Heads of State/Government of the Member States of ASEAN and the President of the People's Republic of China, 16 December 1997, paras. 2 and 8; Joint Declaration of ASEAN and China on Cooperation in the Field of Non-Traditional Security Issues, preamble; Declaration on the Conduct of Parties in the South China Sea; Joint Declaration of the Heads of State/Government of the ASEAN and the People's Republic of China on Strategic Partnership for Peace and Prosperity, pp. 4 – 5.

从中可以概括出 WTO 的基本宗旨如下：①提供生活标准；②确保充分就业和实际收入与有效需求的大量和稳定增长；③扩大货物和服务的生产与贸易；④允许最佳利用世界资源和确保可持续发展；⑤确保发展中国家，特别是其中的最不发达国家在国际贸易增长中获得与其经济发展需要相称的份额。①

中国与东盟之间以建立自由贸易区为核心的经济合作，其基本目标可以从 2002 年《框架协定》和上述其他相关文件中识别出来。《框架协定》的序言清晰地表明，中国和东盟国家意欲建立自由贸易区和作出全面经济合作安排的目的是促进在 21 世纪更紧密的经济关系，即：最大限度地减少贸易壁垒；深化双方之间的经济联系；降低费用；增加区域内贸易与投资；增加经济效益；为双方的企业创造具有更多机会和更大经济规模的更大市场；增强双方对资本和智力的吸引力。该协议第 1 条以更加直接和简洁的措辞进一步将这些宗旨表述为：①加强和增进经济、贸易和投资合作；②逐步开放和促进货物贸易和服务贸易，并建立一个透明的、自由的和便利的投资制度；③为更紧密的经济合作探索新的领域和开发适当的措施；④为东盟新成员国提供更有效的经济融合，并在各方之间建立缩小差距的桥梁。

通过比较二者的基本宗旨，我们不难得出结论：以建立自由贸易区为基础的中国—东盟经济合作安排的宗旨，从根本上讲，完全符合 WTO 的各项宗旨，只不过在措辞上不一样。当然，WTO 的宗旨是全球性的，而中国—东盟自由贸易区的宗旨是双边的或区域的。但是，两种体制之宗旨的实现又是相互支撑的。

2. 一般规则和纪律的一致性

如本节前面所阐述的，中国与东盟之间达成的各种文件特别强调国际公法的一系列基本原则在双方关系的所有领域中的支配地位。除此之外，2002 年《框架协定》还专门制定了调整双方经济合作，尤其是建立中国—东盟自由贸易区的基本规则和一般纪律。所有这些规则和纪律或者与 WTO 相关条款的表述相同或相似，或者与 WTO 在含义上一致。《框架协定》中的有些条文甚至直接提及其与 WTO 规则和纪律的一致性。

最惠国待遇原则（Most-Favored Nation Treatment，MFN）是最好的例证。中国和那些已经是 WTO 成员的东盟成员国在中国—东盟自由贸易区中适用最惠国待遇原则是不存在问题的，因为这个原则在 WTO 法律体系中是一种自动适用的原则，且具有强制性。但是，最惠国待遇原则是否在中国与那些非 WTO 成员的东盟成员国之间适用则是一个可谈判的事项，而且取决于中国政府一方。后者对此的态度是十分肯定的。《框架协定》第 9 条规定："中国应从本协议签署之日

---

① 参见曾令良著：《世界贸易组织法》，武汉大学出版社 1996 年版，第 34 ~ 37 页。

起给予非 WTO 成员的东盟成员国以符合 WTO 规则和纪律的最惠国待遇。"

特殊和区别待遇原则是这方面的另一个例证。《框架协定》的缔约方，"认识到东盟成员国之间经济发展的不同阶段和需要灵活性，尤其是需要提供便利以增强东盟新成员国参与中国—东盟经济合作和扩大它们的出口，包括增强其国内能力、效率和竞争力"，① 承诺"向东盟新成员国提供特殊和区别待遇以及灵活性"，② 以促进"更紧密的经济合作"和"缩小发展差距"。③

3. 具体措施的一致性

根据 2002 年《框架协定》第 2 条的规定，建立中国—东盟自由贸易区和开展全面经济合作的主要措施可以概括如下：①逐步取消货物贸易的关税和非关税壁垒；②逐步实现服务贸易自由化；③建立公开和竞争性的投资制度。为此，如上所述，将给予东盟欠发达成员国一定的特殊和区别待遇以及灵活性。④ 作为保证或加强措施，缔约方还承诺建立有效的贸易与投资机制，如简化海关程序、开发相互承认安排和有效实施制度，等等。

毫无疑问，所有这些措施与 WTO 倡导的货物贸易、服务贸易和投资自由化的理念是一致的。这些措施甚至与相应的 WTO 多边贸易协议（《如关贸总协定》、《服务贸易总协定》、《与贸易有关的投资措施协定》，等等）的规定是相同的或具有同等效果。

此外，有些中国—东盟自由贸易区所采取的措施直接指向有关的 WTO 要求。在货物贸易方面，《框架协定》第 2（6）条明确规定，缔约各方做出的有关取消关税和非关税壁垒的承诺，包括"早期收获"，"应符合 WTO 要求取消缔约方之间实质上所有贸易的关税"。该条文同时还规定，中国—东盟自由贸易区内的保障措施、补贴与反补贴纪律、反倾销措施、与贸易有关的知识产权保护等，应以关贸总协定的原则、现行的关贸总协定纪律和与贸易有关的知识产权协定为基础。在服务贸易领域，《框架协定》第 4 条要求，中国—东盟自由贸易区内消除现行歧视措施、禁止新的歧视措施和扩大服务贸易自由化应符合服务贸易总协定。

最后，在中国—东盟自由贸易区中，"早期收获计划"的任何承诺的修改、保障行动、紧急措施和其他诸如反倾销及补贴与反补贴的贸易补救措施，尽管是临时的，也应依照有关的 WTO 规定来进行。⑤

① 2002 年《全面经济合作框架协议》，序言。
② 2002 年《全面经济合作框架协议》，第 2（4）条。
③ 2002 年《全面经济合作框架协议》，第 1（3）和（4）条。
④ 灵活性也将根据对等和互利原则给予所有缔约方的货物、服务和投资的敏感领域或部门。参见 2002 年《全面经济合作框架协议》，第 2（5）条。
⑤ 参见 2002 年《全面经济合作框架协议》，第 6.3（4）条。

461

4. 例外条款的一致性

关于例外条款问题，涉及两个层面。首先，涉及《框架协定》有关中国—东盟自由贸易区的例外规定，即：这些例外规定与有关 WTO 规定的一致性问题。其次，涉及中国—东盟自由贸易区本身与有关 WTO 规定的一致性，即：中国—东盟自由贸易区依照 WTO 法律制度的合法性或正当性问题。

就第一个层面而言，《框架协定》第 10 条在很大程度上是《关贸总协定》第 20 条、第 21 条和《服务贸易总协定》第 14 条、第 14 条之一的一种变换措辞。《框架协定》列举了四种 "一般例外"，即：①保护国家安全；②保护具有艺术、历史和文化古迹价值的物品；③保护公共道德；④保护人类、动物和植物的生命和健康。显然，上述第一种例外规定可与《关贸总协定》第 21 条和《服务贸易总协定》第 14 条之一所包含的 "安全例外" 相对应，不过措辞更加简洁。其余三项一般例外规定正好与《关贸总协定》第 20 条第 （6）、（1）、（2）款以及《服务贸易总协定》第 14 条第 （1）、（2）款的规定相对应。值得注意的是，《框架协定》第 10 条还规定了适用这些例外的一个重要前提，即：不应 "构成武断或不正当的歧视" 或 "对贸易的隐蔽限制"。这一前提规定与《关贸总协定》第 20 条和《服务贸易总协定》第 14 条的序言是类似的。①

让我们将讨论转到中国—东盟自由贸易区依照 WTO 的合法性或正当性问题。从实质上讲，建立自由贸易区与多边贸易体制最基本的原则——最惠国待遇是相悖的。但是，多边贸易体制从一开始就将自由贸易区作为最惠国待遇原则的一种例外而予以允许。与此同时，它也为这种例外规定了一些实质和程序上的条件。这种例外的法律依据和相关的条件主要体现在《关贸总协定第》24 条、1979 年 "授权条款" 和《服务贸易总协定》第 5 条。可见，建立中国—东盟自由贸易区依照 WTO 法律制度是一种合法的例外，如果它符合 WTO 上述条款规定的条件。

中国—东盟自由贸易区或 WTO 成员之间的任何其他自由贸易区或关税同盟或二者的过渡安排，其合法性或正当性的要求可以从上述条款和 WTO 争端解决机构所建立的法理中概括出如下几点：①贸易的实质性涵盖；②消除缔约方之间实质上所有货物贸易的关税和非关税壁垒和实质上服务贸易的所有现行歧视；③禁止缔约方之间任何新的关税和非关税壁垒和任何新的或更加严厉的歧视措施；④禁止提高对非缔约国货物贸易和服务贸易的总体壁垒水平；⑤及时通知WTO。

从上述最先列举的两个要求来看，《框架协定》协议第 3 （1）条和第 4 条已

---

① 关于 WTO 例外规定的全面、系统和详细分析，参见陈卫东著：《WTO 例外条款解读》，对外经济贸易大学出版社 2002 年版。

作出了适当的规定。前者明确规定："对于缔约方之间实质上所有货物贸易的关税和其他商业限制性规定……应予以取消。"后者类似地确认，有关的谈判应指向"逐步取消缔约方之间在服务贸易方面实质上所有的歧视和禁止缔约方之间新的更加严厉的歧视措施"。至于上述第四个要求，虽然《框架协定》中没有直接提及，但是似乎没有理由去怀疑中国—东盟自由贸易区在这方面的一致性。同样地，一旦中国—东盟自由贸易区得以建立，缔约方将会及时通知 WTO。

三、中国与东盟关系：法律上的欠缺和改进建议

一般认为，中国—东盟战略伙伴关系的快速发展主要是政治利益和经济利益的驱动。同样正确的是，这种战略伙伴关系的建立与发展不仅对双方来说是一件"双赢"的事，而且对于亚太地区甚至整个世界的稳定、安全和繁荣都具有重大意义。但是，我们必须牢记的是，这种具有深远意义的合作关系，如果在法律层面上不作出持续的努力，是不可能开展和深化的。因此，有必要经常地检讨中国—东盟关系的法律构架并使之不断完善。

1. 尚存的法律欠缺

我们可以自豪地断言：目前中国—东盟关系是历史上的最好时期。但是，依笔者看来，这种"双赢"关系的法制建设落后于其政治和经济层面。考察现行的中国—东盟关系的法律规制，其不足主要表现在如下几个方面：

首先，中国—东盟战略伙伴关系的各个领域之间在法律调整方面显然是不平衡的。一般说来，有关自由贸易区和其他经济合作部门的法律规制与政治、安全和社会合作领域相比，要先进一些，不论是从法制建设的速度来衡量，还是从法律的缜密程度来考究。

其次，从现行调整中国—东盟关系的法律渊源来看，"硬法"相对较少，大部分法律文件在表现形式和具体内容或措辞上属于"软法"性质。诚然，中国—东盟关系中的那些联合宣言、联合声明和备忘录等不只是具有政治意义，而且是一种能产生法律效果的政治承诺。[①] 尽管如此，这些文件在法律形式、内容和约束力等方面是不可与条约或协议相比拟的。除了《东南亚友好合作条约》之外，真正调整双方战略伙伴关系的条约目前只有 2002 年《全面经济合作框架协定》及其 2003 年议定书。

再次，从整体上看，目前中国—东盟关系的法律水平还处于初级阶段，缺乏

---

① 所谓软法，就是指那些法律文件虽然本身在法律上不具有约束力，但是可以产生法律效果，即：这些法律文件的签署方通常在实践中信守他们先前在这些文件中所作出的政治承诺。

系统的、可操作性的实施性法律规范和机制。检讨中国与东盟之间现行法律文件的内容，我们不难感受到的印象是，几乎每一个文件主要都是确立宗旨、原则、指导方针、一般纪律或总体计划，等等，期望以后通过相应的实施措施来完善。

最后，中国—东盟关系的法律层面中缺乏系统的争端解决机制。迄今为止，双方在这一方面只是达成了一些一般原则，即：承诺通过友好协商和谈判解决彼此间的分歧和争端。有些文件甚至排除其他和平解决争端的方式。例如，《中国与东盟成员国关于非传统安全合作谅解备忘录》第8条规定："有关本《谅解备忘录》的解释/实施/适用的任何争端或分歧，应通过缔约方之间的友好协商/谈判解决，不诉诸任何第三方。"虽然《全面经济合作框架协议》第11条规定"缔约方应在本协议生效的一年内为本协定的目的建立适当的正式争端解决程序和机制"，但是这种正式的程序和机制还没有出现；即使建立了，也只限于有关该框架协议适用的范围，不涉及战略伙伴关系的其他领域。

总之，迄今为止，中国—东盟关系的法律调整在整体上还没有达到一个法律体系的阶段。其完善需要双方今后不断地做出努力。

2. 若干完善的建议

第一，双方有关部门及官员应制订适当计划为现有法律文件制定相应的实施措施，尤其是那些已经做出如此明确要求的文件，更应加紧通过相关的实施性措施。这些实施措施应该尽可能详细和具有可操作性。诚然，制定实施措施的任务是相当艰巨的，其难度有时甚至超过了先前框架文件的制定，因为具体承诺的谈判往往要比原则性承诺的谈判困难得多。而且，随着中国—东盟关系的不断扩展，制定实施措施的任务就会越来越繁重。仅以中国—东盟自由贸易区为例，在货物贸易、服务贸易和投资领域，还需要双方在很多具体事项上谈判和缔结大量的子协定，如关税减让表、非关税取消、原产规则、海关估价、保障措施、紧急措施、反倾销、补贴与反补贴措施、标准与相符评估、技术壁垒、投资便利，等等。

第二，既然法律基础在经济合作领域尤其是在建立自由贸易区领域相对更加稳固，可以考虑率先在这些敏感性相对较弱的领域制定系统的可操作性措施，然后逐渐扩展到其他合作领域，如非传统安全、社会事务和南中国海行为，等等。这种"从易到难"的法律制定技术路线在深化中国—东盟关系的法律调整过程中，不啻是一个务实的选择。

第三，在中国—东盟自由贸易区的法律制度中引进国民待遇原则似乎是一种进取的选择。既然国民待遇与最惠国待遇一起，已经成为多边贸易体制和各种区域一体化安排的基本规范，似乎没有更具说服力的理由将国民待遇这一国际经济交往中普遍认可的原则排除于适用中国—东盟自由贸易区。当然，目前将国民待遇原则同时适用于自由贸易区的货物贸易、服务贸易和投资便利也许不太现实，但是至少可以从一个领域的适用逐步扩展到另一个领域。总之，有开端总比不作为的好。

第四，随着中国—东盟关系的不断深化和加强，一些合作领域的软法最好升级为硬法，以增强相关合作领域的法律基础。以《南海各方行为宣言》为例，正如本节先前所提及的，该宣言无疑是各方的庄严承诺以保证和平处理领土争端和制定基于自我克制、不使用武力或以武力相威胁和航行自由等原则的非正式行为法典。但是，由于这一庄严承诺是通过宣言的形式表现的，一些评论者将它视为一种非正式的和不具有约束力的行为法典。① 因此，在不远的将来，各方以条约或协定的形式取代现行的宣言，从法律角度来看，无疑是最佳选择。

第五，从长远来看，在中国—东盟战略伙伴关系的法律规制中建立一个动态的、由多种政治或外交方式和法律程序构成的争端解决机制，实属必要。长期以来，中国政府一直主张通过友好协商和谈判解决国与国之间的争端。几十年来，中国与外国签订的各种双边条约和协定在有关争端解决条款中总是将这一主张明确地予以规定。毫无疑问，友好协商和谈判方式在诸如营造争端解决气氛、争端解决的灵活性和争端方掌握争端解决的主动权等方面具有一定的优越性。但是，这种单一的争端解决模式似乎显得单调和僵硬，与当今国际争端解决方法、程序和机制的多样化趋势不相适应，也势必难以适应中国—东盟关系纵横发展的趋势。更重要的是，这种单一模式无法应对现实中的如下情势：即：有关争端通过友好协商和谈判仍然得不到解决。

诚然，友好协商和谈判在未来争端解决机制中应该是首选和必选的方式。但是，无论如何，将它规定为排他的方式是不可取的，应该有其他的政治或外交方法紧随其后，供当事方选择，如斡旋、调停、调解、调查委员会，等等。此外，仲裁和某种形式的准司法方法或程序也可供当事方选择利用。

四、结束语

如果说中国—东盟战略伙伴关系的法治一路顺风，显然是不切实际的。但是，这条法治之路一直朝着稳步、积极的方向完善，却是有目共睹的事实。2004年11月29~30日在万象举行的第十届东盟高峰会议上，中国与东盟领导人签署

① See Ralf Emmers, Asean, China and the South China Sea: an Opportunity Missed, Perspectives, Institute of Defence and Strategic Studies, Nanyang Technological University, Singapore, www. ntu. edu. sg/idss/Prospectives/ Research - 050228. htm. 2004 年 10 月 5 日访问。

和通过了一系列新的法律文件。① 所有这些新的法律文件都是这些年来双方签署或发表的协定、议定书、宣言、联合声明或备忘录的实施措施。它们向世界发送了一个最新的、强有力的信号：中国—东盟战略伙伴关系正在不断深化，将越来越朝着全面法治的方向发展。

从法律层面来观察，如下的一些最新迹象尤为令人瞩目：

在政治与安全合作领域，双方在原有基础上，进一步承诺增强《东南亚友好合作条约》的作用，将该条约确定为东南亚国家间关系的行为法典，并共同激励其他东盟对话伙伴国家加入该条约，以促进地区和平、安全、繁荣和彼此间的信任。② 我们欣喜地看到，继中国和印度之后，韩国和俄罗斯不久前也加入了《东南亚友好合作条约》。③ 中国承诺支持东南亚实现无核化，努力并重申将尽早签署《东南亚无核区条约议定书》，同时将在鼓励所有核武器拥有国签署该议定书方面发挥积极作用。④ 在实施《南海各方行为宣言》方面，一个重要的举措是，将建立一个工作组，起草实施该宣言的指导原则，并向东盟—中国高级官员会议提供政策与实施问题方面的建议。而且，还承诺在协商一致的基础上，致力于最终通过南中国海行为法典。⑤ 在非传统安全合作方面，将共同制定 2005 年的工作计划和今后的年度工作计划，以实施双方在这一领域先前达成的合作备忘录，其中特别强调依照各自的国内法，以适当的方式促进刑事执法机关和检察机关以及相关法律机制的联系与合作。⑥

在经济合作领域，东盟—中国自由贸易区建设在法律上取得了如下实质性的突破。一是签署了《货物贸易协定》，制定了关税减让和取消的双轨模式，即："通常轨道模式"（modality in the normal track）和"敏感轨道模式"（modality in

---

① 这些文件主要有：（1）《实施东盟—中国战略伙伴关系联合宣言行动计划》；（2）《第八届东盟—中国峰会主席声明》；（3）《东盟成员国政府与中华人民共和国政府交通合作谅解备忘录》；（4）《东盟与中国全面经济合作框架协议货物贸易协定》；（5）《东盟与中国全面经济合作框架协议争端解决机制协定》，等等。www. aseansec. org/4979. htm. 2005 年 2 月 10 日访问。

② Plan of Action to Implement the Joint Declaration on ASEAN – China Strategic Partnership for Peace and Prosperity, para. 1. 3. http://www. aeansec. org/16806. htm. 2005 年 2 月 10 日访问。

③ Chairman's Statement of the 8th ASEAN + China Summit, Vientiane, 29 November 2004, para. 4. http://www. aseansec. org/16749. htm. 2005 年 2 月 10 日访问。

④ Plan of Action to Implement the Joint Declaratioin on ASEAN – China Strategic Partnership for Peace and Prosperity, para. 1. 4. http://www. aseansec. org/16806. htm. 2005 年 2 月 10 日访问。

⑤ Plan of Action to Implement the Joint Declaration on ASEAN – China Strategic Partnership for Peace and Prosperity, para. 1. 5. http://www. aseansec. org/16806. htm. 2005 年 2 月 10 日访问。

⑥ Plan of Action to Implement the Joint Declaration on ASEAN – China Strategic Partnership for Peace and Prosperity, para. 1. 6. http://www. aseansec. org/16806. htm. 2005 年 2 月 10 日访问。

the sensitive track），① 并且制定了东盟—中国自由贸易区原产规则。② 二是签署了《争端解决机制协定》，为解决《全面经济合作框架协定》实施中的各种争端提供了系统的规则、程序和方法。该协定是中国同外国或国际组织之间在争端解决机制方面签署的第一个全面、系统的专约。协定在争端解决方法和程序规定方面尤其值得赞许：既坚持协商程序，又不排斥由第三方介入的调解或调停。协定关于仲裁的条款最多，篇幅最多，从仲裁庭的组成、建立、职责、程序，第三方参与，到仲裁程序中止与结束、仲裁裁决实施、减让或利益的补偿与终止，均作出了详尽的规定。可以预见，该协定的意义将远远超过中国—东盟战略伙伴关系本身。这意味着中国在对待国际争端解决方法的政策上正在发生重大变化，即：在继续重视友好协商这一政治和外交方法的同时，注重争端解决方法和程序的多样性以及法律的强制方法在解决国家间争端的重要地位与作用。

最后，对中国具有特殊政治、经济和法律意义的是，东盟领导人同意承认中国的完全市场经济地位，并承诺在东盟每一个成员国与中国的贸易关系中，不适用《中国加入 WTO 议定书》第 15 条和第 16 条以及《中国加入 WTO 工作组报告》第 242 段有关中国非市场经济地位的特殊规定。③ 这一庄严承诺无疑将极大地促进中国在国际上获取完全市场经济地位的普遍承认，从而尽早改变中国在遭受其他 WTO 成员在实施反倾销、反补贴和保障措施中所施加的歧视性待遇。

---

① Agreement on Trade in Goods of the Framework Agreement on Comprehensive Economic Co-operation Between the ASEAN and China, Annex I and Annex II. http://www. aseansec. org/4979. htm. 2005 年 2 月 10 日访问。

② Agreement on Trade in Goods of the Framework Agreement on Comprehensive Economic Co-operation Between the ASEAN and China, Annex III. http://www. aseansec. org/4979. htm. 2005 年 2 月 10 日访问。

③ Chairman's Statement of the 8th ASEAN + China Summit, "Deepening ASEAN – China Strategic Partnership", Vientiane, 29 November 2004, para. 15. http://www. aseansec. org/16749. htm. 2005 年 2 月 10 日访问。

467

参考文献

一、法律文件

（一）国内法律文件

I. 立法

1.《中华人民共和国宪法》

2.《中华人民共和国香港特别行政区基本法》

3.《中华人民共和国澳门特别行政区基本法》

4.《中华人民共和国专属经济区和大陆架法》

5.《中华人民共和国海洋环境保护法》

II. 部门规章

1.《国务院关于印发〈鼓励软件产业和集成电路产业发展若干政策〉的通知》

2.《关于鼓励软件产业和集成电路产业发展有关税收政策问题的通知》（财税〔2000〕25号）

3.《关于进一步鼓励软件产业和集成电路产业发展税收政策的通知》（财税〔2002〕70号）

4.《财政部　国家税务总局关于部分国内设计国外流片加工的集成电路产品进口税收政策的通知》（财税〔2002〕140号）

5.《集成电路设计企业及产品认定管理办法》

III. 地方立法

中共深圳市委、深圳市人民政府：《关于进一步推进企业履行社会责任的意见》（2007年5月9日）

（二）国际法律文件

I. 国际条约及协定

i. 中文

1.《公民权利和政治权利国际公约》

2.《经济、社会和文化权利国际公约》

3.《禁止酷刑和其他残忍、不人道或有辱人格的待遇或处罚公约》

4.《欧洲人权公约》

5.《美洲人权公约》

6.《关于在中印边境实际控制线地区军事领域建立信任措施的协定》

7.《部分禁止核试验条约》

8.《全面禁止核试验条约》

9.《中日政府间渔业协定和民间渔业安全作业议定书》

10.《关于防止和惩处侵害应受国际保护人员包括外交代表的罪行的公约》

11.《维也纳外交关系公约》

12.《联合国人员和有关人员安全公约》

13.《与贸易有关的知识产权协定》

14.《服务贸易总协定》

15.《保障措施协定》

ii. 英文

1. United Nations Convention on the Law of the Sea with Index and Final Act of the Third United Nations Conference on the Law of the Sea

2. Organization of African Unity：Convention on the Prevention and Combating of Terrorism

3. The United Nations Framework Convention on Climate Change

4. The Kyoto Protocol to the Framework Convention on Climate Change

II. 宣言

i. 中文

1.《2005 年世界首脑会议成果》

2.《中华人民共和国和东盟国家领导人共同宣言》

3.《联合国千年宣言》

4.《关于个人、群体和社会机构在促进和保护普遍公认的人权和基本自由方面的权利和义务宣言》

5.《南海各方行为宣言》

6.《给予殖民地国家和人民以独立的宣言》

7.《关于各国依联合国宪章建立友好关系及合作之国际法原则之宣言》

8.《维也纳宣言和行动纲领》

ii. 英文

1. Universal Declaration of Human Rights

2. ILO Tripartite Declaration of Principles concerning Multinational Enterprises

and Social Policy

3. ILO Declaration on Fundamental Principles and Rights at Work

III. 国际组织文件

1. UN General Assembly Resolution 2626 (XXV)

2. International Law Commission, Conclusions of the work of the Study Group on the Fragmentation of International Law: Difficulties arising from the Diversification of expansion of International Law, 2006, Yearbook of the International Law Commission, 2006, Vol. II, Part Two

3. O. A. S. Doc. A/6Doc. 88 Rev. 1, corr. 1

4. The South Asian Association for the Regional Cooperation: Convention on Suppression of Terrorism, Reprinted in U. N. Doc. A/51/136 (4 Nov. 1987)

5. 14 U. N. GAOR, U. N. Doc. A/CN. 4/143 (1962)

6. Juridical Regime of Historic Waters, Including Historic Bays, UN Doc. , A/CONF. 13/C. 1/L. 104, cited in UN Doc. A/CN. 4/143, 9 March 1962

7. Draft Articles on Responsibility of States for Internationally Wrongful Acts, adopted by the International Law Commission at its fifty-third session (2001), UN Doc A/55/10

8. OECD Guidelines for Multinational Enterprises, OECD Doc. OECD/GD (97) 40 (2000)

9. Communication from the Commission concerning Corporate Social Responsibility: A business contribution to Sustainable Development, COM (02) 347 final

10. Norms on the responsibilities of transnational corporations and other business enterprises with regard to human rights, E/CN. 4/Sub. 2/2003/12/Rev. 2, 26 August 2003

11. Report of the sessional working group on the working methods and activities of transnational corporations on its fourth session, E/CN. 4/Sub. 2/2002/13, 15 August 2002

12. Commentary on the Norms on the responsibilities of transnational corporations and other business enterprises with regard to human rights, E/CN. 4/Sub. 2/2003/38

13. Jo-Ann Crawford and Roberto V. Fiorentino, The Changing Landscape of Regional Trade Agreements, World Trade Organization, Geneva, Switzerland, Discussion Paper No. 8, 2005

14. Robert V. Fiorentino, Luis Verdeja and Christelle Toqueboeuf, The Changing Landscape of Regional Trade Agreements: 2006 Update, Regional Trade Agreements

470

Section, Trade Policies Review Division, World Trade Organization, Geneva, Switzerland, Discussion Paper No. 12, 2006

Ⅳ. 其他法律文件

1. Bureau of Oceans and International Environmental and Scientific Affairs, US Department of State, Straight Baseline Claim: China (Limits in the Seas No. 117, 9 July 1996)

2. Joint Declaration of the United Kingdom of Great Britain and Northern Ireland and the Government of the People's Republic of China on the Question of Hong Kong, signed in Beijing on 19 December 1984

3. Joint Declaration of the Government of the People's Republic of China and the Government of the Republic of Portugal on the Question of Macao, signed in Beijing in 1987

4. Declaration on the Establishment of the Shanghai Cooperation Organization

5. Agreement on Trade in Goods of the Framework Agreement on Comprehensive Economic Co-operation between the Association of Southeast Asian Nations and the People's Republic of China

6. Agreement on Trade in Services of the Framework Agreement on Comprehensive Economic Co-operation between the Association of Southeast Asian Nations and the People's Republic of China

7. Agreement on Dispute Settlement Mechanism of the Framework Agreement on Comprehensive Economic Co-operation between the Association of Southeast Asian Nations and the People's Republic of China

8. Free Trade Agreement between the Government of the People's Republic of China and the Government of the Islamic Republic of Pakistan

9. Agreement on Dispute Settlement Mechanism of the Framework Agreement on Comprehensive Economic Co-operation Between the Association of Southeast Asian Nations and the People's Republic of China

10. Commission Policy Paper for Transmission to the Council and the European Parliament: A Maturing Partnership – Shared Interests and Challenges in EU-China Relations (Updating the European Commission's Communications on EU-China Relations of 1998 and 2001), Brussels, 10. 09. 2003, COM (2003) 533

11. Joint Statement of the Meeting of Heads of State/Government of the Member States of ASEAN and the President of the People's Republic of China, 16 December 1997

12. Joint Declaration of ASEAN and China on Cooperation in the Field of Non-Traditional Security Issues, 4 November 2002

13. Plan of Action to Implement the Joint Declaration on ASEAN-China Strategic Partnership for Peace and Prosperity

14. Agreement on Trade in Goods of the Framework Agreement on Comprehensive Economic Co-operation between the ASEAN and China

二、案例

（一）国际法院及其他国际法庭

1. *Lotus Case*, (France v. Turkey), PCIJ, Ser. A, 1927

2. Judge Tanaka, *South West Africa case* (second phase) ICJ Reports (1966)

3. *Fisheries Case* (U. K. v. Norway), 1951 I. C. J. 132 (Judgement of Dec. 18)

4. *North Sea Continental Shelf* (Federal Republic of Germany v. Denmark; Federal Republic of Germany v. The Netherlands), Judgment of 20 February 1969, I. C. J. Reports 1969

5. *Case concerning the Barcelona Traction*, *Light & Power*, *Limited* (Second Phase), Judgment of 5 February 1970, ICJ Reports, 1970

6. *Nuclear Test Cases* (Australia v France and New Zealand v France) (Merits), ICJ Reports, 1974

7. *Continental Shelf* (Tunisia v. Libyan Arab Jamahiriya), 1982 ICJ, Vol. 18 (Judgement of Feb. 24)

8. Separate Opinion of Judge ad hoc Jimenez de Arechage, *Continental Shelf* (Tunisia v. Libyan Arab Jamahiriya), 1982 ICJ, Vol. 18 (Judgement of Feb. 24)

9. *The Continental Shelf* (Tunisia/Libya) Case, 1982 ICJ Rep.

10. *Frontiers Dispute Case* (Burkina Faso v Mali), ICJ Reports, 1986

11. *Military and Paramilitary Activities in and Against Nicaragua* (Nicaragua v. United States) (Merits), ICJ Reports, 1986

12. Bufano et al. , Judgement of Swiss Supreme Court of November 3, 1982, in Arréts du Tri (1989) 11 ECHR 439

13. *Land*, *Island and Maritime Frontier Dispute* (El Salvador/Honduras; Nicaragua intervening), ICJ Reports, 1992

14. Decision of October 2, 1995, para. 97, The ICTY in *Tadic Case* (Decision on Interlocutory Appeal)

15. *Furundzija Case*, Judgment of the ICTY, December 10, 1998

16. ICTY judgements in *Delalic et al.* , 16 November 1998

（二）世界贸易组织争端解决机构

1. Panel Report, Thailand—Restrictions on Importation of and Internal Taxes on Cigarettes（BISD 37S/200）, adopted 20 February 1990

2. Panel Report, United States – Standards for Reformulated and Conventional Gasoline, WT/DS2/R, adopted 20 May 1996

3. Appellate Body Report, United States – Standards for Reformulated and Conventional Gasoline, WT/DS2/AB/R

4. Appellate body Report, Canada – Certain Measures Concerning Periodicals, WT/DS31/Ab/R, adopted 30 July 1997

5. Appellate body Report, European Communities – Regime for the Importation, Sale and Distribution of bananas, WT/DS27/AB/R, adopted 25 September 1997

6. Panel Report, Indonesia – Certain Measures Affecting the Automobile Industry, WT/DS54/R, WT/DS55/R, WT/DS59/R, WT/DS64/R and Corr. 1, 2, 3, and 4, adopted 23 July 1998

7. Appellate Body Report, United States – Import Prohibition of Certain Shrimp and Shrimp Products, WT/DS58/AB/R, adopted 6 November 1998

8. Panel Report, Turkey – Restrictions on Imports of Textile and Clothing Products, WT/ DS34/R, adopted 19 November 1999

9. Report of the Appellate body, United States – Safeguard Measures on Imports of Fresh, Chilled or Frozen Lamb Meat from New Zealand and Australia, 1 May 2000

10. Appellate body Report, Canada – Certain Measures Affecting the Automotive Industry, WT/DS139/Ab/R, WT/DS142/Ab/R, adopted 19 June 2000

11. Report of the Panel, United States – Safeguard Measures on Imports of Fresh, Chilled or Frozen Lamb Meat from New Zealand and Australia, 21 December 2000

12. Appellate Body Report, Korea – Measures Affecting Imports of Fresh, Chilled and Frozen Beef, WT/DS161/AB/R, WT/DS169/AB/R, adopted 10 January 2001

13. Appellate Body Report, European Communities – Measures Affecting Asbestos and Asbestos-Containing Products, WT/DS135/AB/R, adopted 5 April 2001

14. Report of the Appellate body, United States – Definitive Safeguard Measures on Imports of Circular Welded Carbon Quality Line Pipe from Korea, 15 February 2002

15. Panel Report, United States—Preliminary Determinations With Respect To Certain Softwood Lumber From Canada, WT/DS257/R, 18 August, 2002

16. Panel Report, United States – Measures Affecting the Cross-Border Supply of Gambling and Betting Services, WT/DS285/R, adopted 20 April 2005

（三）仲裁裁决

1. Arbitral Award Rendered in Conformity with the Special Agreement Concluded on January 23，1925，Between the United States of America and the Netherlands Relating to the Arbitration of Differences Respecting Sovereignty over the Island of Palmas, April 4，1928

2. Eritrea-Yemen Arbitration Award，Phase I：Territorial Sovereignty and Scope of Dispute

三、书籍

（一）中文著作

1. 潘嘉玮：《加入世界贸易组织后中国文化产业政策与立法研究》，人民出版社 2006 年版。

2. 秦天宝：《遗传资源获取与惠益分享的法律问题研究》，武汉大学出版社 2006 年版。

3. 杨泽伟：《主权论——国际法上的主权问题及其发展趋势研究》，北京大学出版社 2006 年版。

4. ［比］约斯特·鲍威林著，周忠海、周丽瑛、马经、黄建中等译：《国际公法规则之冲突——WTO 法与其他国际法规则如何联系》，法律出版社 2005 年版。

5. 曾令良、饶戈平主编：《国际法》，法律出版社 2005 年版。

6. 曾令良、余敏友主编《全球化时代的国际法——基础、结构与挑战》，武汉大学出版社 2005 年版。

7. 曾令良主编：《21 世纪初的国际法与中国》，武汉大学出版社 2005 年版。

8. 陈东晓：《联合国：新议程和新挑战》，时事出版社 2005 年版。

9. 李渤：《新编外交学》，南开大学出版社 2005 年版。

10. 张玉国著：《国家利益与文化政策》，广东人民出版社 2005 年版。

11. 中华人民共和国外交部政策研究室编：《中国外交》（2005），世界知识出版社 2005 年版。

12. ［美］路易斯·亨金等著，胡炜、徐敏译：《真理与强权——国际法与武力使用》，武汉大学出版社 2004 年版。

13. 傅琨成著：《海洋法专题研究》，厦门大学出版社 2004 年版。

14. 李爱年、韩广等：《人类社会的可持续发展与国际环境法》，法律出版社 2004 年版。

15. 理论动态编辑部编著：《树立和落实科学发展观》，中共中央党校出版社 2004 年版。

16. ［奥］曼弗雷德·诺瓦克，毕小青、孙世彦等译：《民权公约评注》，三联书店 2003 年版。

17. ［法］亚特兰大·基斯著，张若思编译：《国际环境法》，法律出版社 2003 年版。

18. ［日］大沼保昭，王志安译：《人权、国家与文明》，三联书店 2003 年版。

19. ［英］巴瑞·布赞等著，朱宁译：《新安全论》，浙江人民出版社 2003 年版。

20. ［英］伊恩·布朗利著，曾令良、余敏友等译，余敏友、曾令良审校：《国际公法原理》，法律出版社 2003 年版。

21. 曾令良主编：《国际法学》，人民法院出版社 2003 年版。

22. 陈东：《跨国公司治理中的责任承担机制》，厦门大学出版社 2003 年版。

23. 陆忠伟著：《非传统安全论》，时事出版社 2003 年版。

24. 马大正：《国家利益高于一切》，新疆人民出版社 2003 年版。

25. 王拴乾主编：《辉煌新疆》，新疆人民出版社 2003 年版。

26. 余民才主编：《国际法专论》，中信出版社 2003 年版。

27. 古祖雪：《国际知识产权法》，法律出版社 2002 年版。

28. 门洪华：《和平的纬度：联合国集体安全机制研究》，上海人民出版社 2002 年版。

29. 邵沙平、余敏友主编：《国际法问题专论》，武汉大学出版社 2002 年版。

30. 外交部政策研究室编：《中国外交》（2002），世界知识出版社 2002 年版。

31. 伊恩·莱塞等著：《反新恐怖主义》，新华出版社 2002 年版。

32. ［德］沃尔夫刚·格拉夫·魏智通主编，吴越等译：《国际法》（第 2 版），法律出版社 2002 年版。

33. 陈卫东著：《WTO 例外条款解读》，对外经济贸易大学出版社 2002 年版。

34. 国际人权法教程项目组编写：《国际人权法教程》（第一卷），中国政法大学出版社 2002 年版。

35. ［美］熊玠著，余逊达、张铁军译：《无政府状态与世界秩序》，浙江人民出版社 2001 年版。

36. 江泽民：《论"三个代表"》，中央文献出版社 2001 年版。

37. 梁西：《国际组织法（总论）》（修订第五版），武汉大学出版社 2001 年版。

38. 袁古洁：《国际海洋划界的理论与实践》，法律出版社 2001 年版。

39. ［美］布鲁斯·E·克拉伯著，蒋兆康等译：《美国对外贸易法和海关法》（上），法律出版社 2000 年版。

40. 梁西主编：《国际法》修订第二版，武汉大学出版社 2000 年版。

41. 邵津主编：《国际法》，北京大学出版社、高等教育出版社 2000 年版。

42. 张爱宁主编：《国际法与案例解析》，人民法院出版社 2000 年版。

43. 曹建明等：《世界贸易组织》，法律出版社 1999 年版。

44. 梁淑英主编：《国际法教学案例》，中国政法大学出版社 1999 年版。

45. 王曦主编：《国际环境法资料选编》，民主与建设出版社 1999 年版。

46. 王逸舟主编：《全球化时代的国际安全》，上海人民出版社 1999 年版。

47. 吴士存：《南沙争端的由来与发展》，海洋出版社 1999 年版。

48. 许光建主编：《联合国宪章诠释》，山西教育出版社 1999 年版。

49. 卓泽渊著：《法的价值论》，法律出版社 1999 年版。

50. 王铁崖：《国际法引论》，北京大学出版社 1998 年版。

51. ［英］詹宁斯·瓦茨修订，王铁崖等译：《奥本海国际法》第一卷第二分册，中国大百科全书出版社 1998 年版。

52. 王曦编著：《国际环境法》，法律出版社 1998 年版。

53. ［德］拉德布鲁赫著，米健、朱林译：《法学导论》，中国大百科全书出版社 1997 年版。

54. ［韩］柳炳华著，朴国哲、朴永姬译：《国际法》（上），中国政法大学出版社 1997 年版。

55. 黄风：《中国引渡制度研究》，中国政法大学出版社 1997 年版。

56. 刘楠来等编：《人权的普遍性和特殊性》，社会科学文献出版社 1996 年版。

57. 王铁崖主编：《中华法学大辞典·国际法学卷》，中国检察出版社 1996 年版。

58. ［英］A. 米尔恩：《人的权利与人的多样性——人权哲学》，中国大百科全书出版社 1995 年版。

59. ［英］詹宁斯·瓦茨修订，王铁崖等译：《奥本海国际法》第一卷第二分册，中国大百科全书出版社 1995 年版。

60. ［美］保罗·A·萨谬尔森、威廉·D·诺得豪斯著，高鸿业等译：《经济学》（第 12 版），中国发展出版社 1992 年版。

61. 陈鲁直等主编：《联合国与世界秩序》，北京语言学院出版社 1992 年版。

62. 国家海洋局海洋发展战略研究所编：《南海诸岛学说讨论会论文选编》，海洋出版社 1992 年版。

63. 李龙、万鄂湘：《人权理论与国际人权》，武汉大学出版社 1992 年版。

64. 国家海洋局海洋管理监测司法规处编：《中华人民共和国海洋法规选编》，海洋出版社 1991 年版。

65. 黄惠康著：《国际法上的集体安全制度》，武汉大学出版社 1990 年版。

66. 杨金森、高之国编：《亚太地区的海洋政策》，海洋出版社 1990 年版。

67. 余劲松：《跨国公司的法律问题研究》，中国政法大学出版社 1989 年版。

68. 梅汝璈著：《远东国际军事法庭》，法律出版社 1988 年版。

69. 赵理海主编：《当代海洋法的理论与实践》，法律出版社 1987 年版。

70. 马英九：《从新海洋法论钓鱼台列屿与东海划界问题》，正中书局 1986 年版。

71. 陈体强：《国际法论文集》，法律出版社 1985 年版。

72. 戈尔－布思与帕克南修订，杨立义等译：《萨道义外交实践指南》（第 5 版），上海译文出版社 1984 年版。

73. 赵理海：《海洋法的新发展》，北京大学出版社 1984 年版。

74. 王铁崖编：《中外旧约章汇编》，香港三联书店 1982 年版。

75. ［英］M. 阿库斯特著，汪瑄、朱奇武等译：《现代国际法概论》，中国社会科学出版社 1981 年版。

76. ［英］劳特派特修订，王铁崖、陈体强译：《奥本海国际法》，上卷第二分册，商务印书馆 1981 年版。

77. 詹宁斯：《国际法上的领土取得问题》，法律出版社 1980 年版。

78. 《国际条约集》（1945～1947 年），世界知识出版社 1959 年版。

79. 《国际条约集》（1950～1952 年），世界知识出版社 1959 年版。

80. ［苏］克里洛夫：《联合国史料》第一卷，中国人民大学出版社 1955 年版。

（二）外文著作

1. A. Shearer, Starke's International Law, 11th edition, Butterworths, 1994.

2. A. H. Robertson, Human Rights in the World（4th），Manchester University Press, 1996.

3. Alastair Iain Johnston, Is China a Status Quo Power? International Security, Vol. No. 4, Spring 2003.

4. Andre de Hoogh, Obligations Erga Omnes and International Crimes, Hague: Kluwer Law International, 1996.

5. Andrew C. Mertha, The Politics of Piracy: Intellectual Property in Contemporary China（Cornell University Press, Ithaca and London, 2005）.

6. Anne-Marie Smith, Advances in Understanding International Peacekeeping, Washington: United States Institute of Peace, 1997.

7. Antonio Cassese, International Law, Oxford/New York: Oxford University

Press, 2001.

8. Arnold Wolfers (ed.), Discord and Collaboration, Baltimore: Johns Hopkins University Press, 1962.

9. Barry Eichengreen, Charles Wyplosz and Yung Chui Park (eds), China, Asia and the New World Economy (Oxford University Press, Oxford, 2008).

10. Benedetto Conforti, The Law and Practice of the United Nation, Kluwer Law International, 1996.

11. Black's Law Dictionary, Sixth Edition (St. Paul, Minn: West Publishing Co., 1990).

12. Brierly, The Law of Nations, 6th ed. Oxford: Clarendon Press. 1963.

13. Bruno Simma, The Charter of the United Nations: A commentary, Oxford University Press, 1995.

14. C. Wilfred Jenks, Law in the World Community, David McKay Company, New York, 1967.

15. C. B. Graber, M. Girsberger and M. Nenova (eds.), Free Trade versus Cultural Diversity: WTO Negotiations in the Field of Audiovisual Services, Schulthess, 2004.

16. D. P. O'Connell, The International Law of the Sea (Oxford: Clarendon Press, 1982).

17. David S. G. Goodman and Gerald Segal (eds), China Rising: Nationalism and Interdependence (Routledge, London, 1997).

18. David Shambaugh (ed.), Power Shift: China and Asia's New Dynamics (University of California Press, Berkeley, 2005).

19. Doak Barnett (with a Contribution by Ezra Vogel), Cadres, Bureaucracy and Political Power in Community China (Columbia University Press, New York and London, 1967).

20. Edith Terry (ed), Pearl River Super Zone: Tapping into the World's Fastest Growing Economy (SCMP Book Publishing, Hong Kong, 2003).

21. Emerich de Vatel, Law of Nations, Le droit des gens, Washington, 1906.

22. Epsey Cooke Farrell, The Socialist Republic of Vietnam and the Law of the Sea: An Analysis of Vietnamese Behaviour Within the Emerging International Oceans Regime (The Hague: Martinus Nijhoff, 1998).

23. Ewan Anderson, An Atlas of World Political Flashpoints: A Sourcebook of Geopolitical Crisis (London: Pinter Reference, 1993).

24. Faraj Abdullah Ahnish, The International Law of Maritime Boundaries and the Practice of States in the Mediterranean Sea (Oxford: Clarendon Press, 1993).

25. Fernando R. Teson, A Philosophy of International Law, Westview Press, 1998.

26. Francis Snyder (ed), Europe, India and China: Strategic Partners in a Changing World (Bruylant, Brussels, 2008).

27. Francis Snyder, The European Union and China, 1949 – 2008: Basic Documents and Commentary (Hart Publishing, Oxford, 2008).

28. G. Gidel, le droit international public de la mer (Chateauroux: Mellottée, 1932 – 1934).

29. G. McClanahan, Diplomatic Immunity: Principles, Practices, Problems, London: Hurst & Co., 1989.

30. Gino Segrè, Faust in Copenhagen: A Struggle for the Soul of Physics (Viking, New York, 2007).

31. Goodman. N. M, International Health Organizations and Their Work, London: Churchill Livingstone, 2nd edn., 1971.

32. Hanns J. Buchholz, Law of the Sea Zones in the Pacific Ocean (Singapore: Institute of Southeast Asian Studies, 1987).

33. Henry Gao & Donald Lewis (eds.), China's Participation in the WTO, Cameron May Ltd, 2005.

34. Henry W. C. Yeung, Transnational Corporations and Business Networks: Hong Kong Firms in the ASEAN Region (Routledge, London, 1998).

35. Ian Brownlie, Principles of Public International Law, 4th Ed. Clarendon Press. Oxford, 1990.

36. J. Ashley Roach & Robert W. Smith, United States Responses to Excessive Maritime Claims (The Hague: Martinus Nijhoff, 1996).

37. J. Kish, International Law and Espionage, The Hague: Martinus Nijhoff Publishers, 1995.

38. J. A. Cohen & Hungdah Chiu, People's China and International Law (Princeton: Princeton University Press, 1974).

39. Jack Donnelly, International Human Rights, Westview Press, 1993.

40. James Crawford and Donald R. Rothwell (eds.), The Law of the Asian Pacific Region, Martinus Nijhoff Publishers, 1995.

41. Jo Shaw, Law of the European Union, Second Edition, Macmillan, 1996.

42. John H. Jackson, Sovereignty, the WTO and Changing Fundamentals of International Law (Cambridge University Press, Cambridge, 2006).

43. John Wong and Lai Hongyi (eds), China into the Hu-Wen Era: Policy Initiatives and Challenges (World Scientific Publishing Company, Singapore, 2006).

44. John Wong, Zou Keyuan and Zeng Huaqun (eds), China – ASEAN Relations: Economic and Legal Dimensions (World Scientific Publishing Company, Singapore, 2006).

45. Joseph P. Lorenz, Peace, Power, and the United Nations: A Security System for the Twenty-first Century, Boulder: Westview Press, 1999.

46. Kenneth G. Lieberthal and David M. Lampton (eds), Bureaucracy, Politics and Decision-Making in Post-Mao China (University of California Press, Berkeley, 1992).

47. Kenneth Lieberthal and Michel Oksenberg, Policy Making in China: Leaders, Structures and Processes (Princeton University Press, Princeton, 1988).

48. Kevin A. Baumert and Nancy Kete, United States, Developing Countries, and Climate Protection: Leadership or stalemate? World Resources Institute Issue Brief, Washington, (June 2001).

49. Kofi Annan, We, the Peoples: The Role of the United Nations in the 21st Century, New York: UN Publications, April 3, 2000.

50. L. F. L. Oppenheim, International Law, 8th Edition (London and New York: Longmans, Green, 1955).

51. Leo J. Bouchez, The Regime of Bays in International Law (Leyden: A. W. Sythoff, 1964).

52. Ling Rong (ed), The Thinking of the New Century (CPC Central Party School Press, Beijing, 2002).

53. Lorand Bartels and Federico Ortino, Regional Trade Agreements and the WTO Legal System (Oxford University Press, Oxford, 2006).

54. Louis Henkin, International Law: Politics and Values, Martinus Nijhoff Publishers, 1995.

55. Lowell Dittmer and Samuel S. Kim (eds), China's Quest for National Identity (Cornell University Press, Ithaca, 1993).

56. Lucian W. Pye, The Dynamics of Chinese Politics (Oelgeschlager, Gunn & Hain, Cambridge MA, 1981).

57. Lucian W. Pye, The Spirit of Chinese Politics, Harvard University Press,

中国和平发展的重大前沿国际法律问题研究

1992.

58. M. Cherif Bassiouni (ed), International Terrorism: Multilateral Conventions (1937 – 2001), NY: Transnational Publishers, 2001.

59. Malcolm N. Shaw, International Law, Fifth Edition, Cambridge University Press, 2003.

60. Malcolm N. Shaw, International law (Fourth Edition), Cambridge Press, 1997.

61. Mark J. Valencia, Jon M. Van Dyke and Noel A. Ludwig, Sharing the Resources of the South China Sea, Martinus Nijhoff Publishers, 1997.

62. Mark W. Janes and Jone E. Noyes, International Law: Case and Commentary, West Publishing Co. , 1997.

63. Martin Dixon & Robert McCorquodale (eds.), Cases & Materials on International Law, Oxford University Press, 2003.

64. Maurizio Ragazzi, The Concept of International Obligations Erga Omnes, Oxford: Clarendon Press, 1997.

65. Merrill Wesley Clark, Jr. , Historic Bays and Waters: A Regime of Recent Beginnings and Continued Usage (New York: Oceana Publications, Inc. , 1994).

66. Merrill Wesley Clark, Jr. , Historic Bays and Waters: A Regime of Recent Beginnings and Continued Usage (New York: Oceana Publications, Inc. , 1994).

67. Michael C. van Praag, The Status of Tibet: History, Rights, and Prospects in International Law, Westview Press, 1987.

68. Michael J. Trebilcock & Robert Howse, The Regulation of International Trade (New York: Routledge, 1999).

69. Mitchell P. Strohl, The International Law of Bays (The Hague: Martinus Nijhoff, 1963).

70. Mitsuo Matsushita, Thomas J. Schoenbaum & Petros C. Mavroidis, The World Trade Organization-Law, Practice and Policy, Oxford University Press, 2003.

71. Mohammed Bedjaon General Editor, International law: Achievements and Prospects, Martinus Nijhoff Publishers UNESCO, 1998.

72. Office for Ocean Affairs and the Law of the Sea, United Nations, The Law of the Sea: Baselines: National Legislation with Illustrative Maps (New York: United Nations, 1989).

73. Peter J. Katzenstein (ed), The Culture of National Security: Norms and Identity in World Politics (Columbia University Press, New York, 1996).

74. Pitman B. Potter, The Chinese Legal System: Globalization and Local Legal Culture (Routledge, London, 2001).

75. R. R. Churchill & A. V. Lowe, The Law of the Sea (Manchester: Manchester University Press, 1983).

76. Rebecca M. M. Wallace, International Law: A Student Introduction, Sweet & Maxwell, 1997.

77. Richard N. Haass, Intervention: The Use of American Military Force in the Post-Cold War World, New York: Brookings Institution Press, 1999.

78. Rudolf Bernhardt (ed.), Encyclopedia of Public International Law, (Amsterdam: North-Holland Publishing Co., 1984).

79. Saw Swee-Hock (ed), ASEAN-China Economic Relations [ISEAS (Institute of Southeast Asian Studies) Publishing, Sinapore, 2007].

80. Selected Works of Deng Xiaoping, Volume II (1975 – 1982), Foreign Languages Press, Beijing, 1984, 2nd edition 1995.

81. Stanimir A. Alexandrov, Self-Defense against the Use of Force in International Law, 1996.

82. Surya P. Sharma, Territorial Acquisition, Disputes and International Law (The Hague: Martinus Nijhoff, 1997).

83. Terry Terriff, Stuart Croft, Lucy James and Patrick M. Morgen, Security Studies Today, New York: Polity Press 1999.

84. The Blue Helmets: A Review of United Nations Peacekeeping (2nd Edition), New York: UN Publications, 1990.

85. The United Nations: Concepts of Security (Department for Disarmament Affairs Report to the Secretary-General), New York: The United Nations, 1986.

86. Theodor Meron, The Humanization of International Law, Leiden: Martinus Nijhoff Publisher, 2006.

87. Thomas W. Robinson and David Shambaugh (eds), Chinese Foreign Policy. Theory and Practice (Clarendon Press, Oxford, 1994).

88. W. E. Butler, The Law of Soviet Territorial Waters (New York: Praeger, 1967).

89. World Trade Organization, WTO Analytical Index: Guide to WTO Law and Practice, Vol. 2 (Cambridge University Press for the WTO, Cambridge, 2nd edition 2007).

90. Yehuda Blum, Historic Titles in International Law (The Hague: Martinus

Nijhoff，1965）．

91. Yong Deng and Fei-Ling Wang（eds），China Rising：Power and Motivation in Chinese Foreign Policy（Rowman & Littlefield，Lanham，Maryland，2005）．

92. Zou Keyuan，China's Marine Legal System and the Law of the Sea（Leiden/Boston：Martinus Nijhoff，2005）．

93. Zou Keyuan，Law of the Sea in East Asia：Issues and Prospects（London/New York：Routledge，2005）．

（三）论文集

1. B. Simma，From Bilateralism to Community Interest in International Law，in Hague Academy of International Law，Vol. 6（1994）．

2. Marco Bronckers & Reinhard Quick，eds.，New Directions in International Economic Law - Essays in Honour of John H. Jackson，Kluwer Law International，2000．

3. Michael Byers（ed.），The Role of Law in International Politics—Essays in International Relations and International Law，Oxford University Press，2000．

4. Obiora Chinedu Okafor and Obijiofor Aginam（ed.），Humanizing Our Global Order：Essays in Honour of Ivan Head，University of Toronto Press，2003．

5. Sienho Yee and Wang Tieya（ed.），International Law in the Post-Cold War World—Essays in Memory of Li Haopei，Routledge，2001．

四、期刊论文

（一）国内论文

1. 曾令良：《论国际法的人本化趋势》，载《中国社会科学》2007 年第 1 期。

2. 吴化：《全球化与中国非法移民问题的治理》，载《太平洋学报》2007 年第 12 期。

3. 徐军华、李新：《非法移民国际法律控制的双边合作机制——以中国的实践为例》，载《湖北社会科学》2007 年第 5 期。

4. 徐军华：《非法移民问题的国际法思考》，载《法学评论》2007 年第 1 期。

5. 曾令良：《论中国和平发展与国际法的交互影响和作用》，载《中国法学》2006 年第 4 期。

6. 黄志雄：《WTO 自由贸易与公共道德第一案——安提瓜诉美国网络赌博服务争端评析》，载《法学评论》2006 年第 2 期。

7. 秦天宝：《国际法的新概念"人类共同关切事项"初探——以〈生物多样性公约〉为例的考察》，载《法学评论》2006 年第 5 期。

8. 曾令良：《论伊拉克战争的合法性问题与国际法的困惑》，载《珞珈法学论坛》2005 年第 4 卷。

　　9. 李东燕：《联合国的安全观与非传统安全》，载《国际政治》2005 年第 1 期。

　　10. 梁西：《国际困境：联合国安理会的改革问题——从日、德、印、巴争当常任理事国说起》，载《法学评论》2005 年第 1 期。

　　11. 刘振民：《在中国国际法学会 2005 年年会上的报告——当前的外交法律工作》（摘要），载《中国国际法学会通讯》2005 年第 2 期。

　　12. 马振岗：《国际格局中日显重要的中国因素》，载《国际问题研究》2005 年第 3 期。

　　13. 钱雪梅：《民族自决原则的国际政治限制及其含义》，载《民族研究》，2005 年第 6 期。

　　14. 吴汉东：《知识产权国际保护制度的变革与发展》，载《法学研究》2005 年第 3 期。

　　15. 杨朝飞：《解析我国和平发展的环境与资源问题》，载《中共中央党校学报》2005 年第 2 期。

　　16. 杨翠柏：《"承认"与中国对南沙群岛享有无可争辩的主权》，载《中国边疆史地研究》2005 年第 15 卷第 3 期。

　　17. 周华：《揭秘美国驻华大使》，载《世界知识》，2005 年第 22 期。

　　18. ［德］马蒂亚斯·海尔德根：《联合国与国际法的未来——现代国际法体系基本价值及其有效保障》，载《世界经济与政治》2004 年第 5 期。

　　19. 曹云华：《远亲不如近邻——中国加入〈东南亚友好合作条约〉的意义》，载中国人民大学书报复印资料中心：《中国外交》，2004 年第 1 期。

　　20. 车丕照：《和平发展与国际合作义务》，载《法学家》2004 年第 6 期。

　　21. 陈立虎、李晓琼：《从 SPS 协定看中国动植物检疫法的完善》，载《华东船舶工业学院学报》（社会科学版）2004 年第 4 卷第 3 期。

　　22. 冯昭奎：《要么双赢，要么双输——谈谈中日能源合作》，载《世界知识》2004 年第 13 期。

　　23. 何一鸣：《日本的能源战略体系》，载《现代日本经济》2004 年第 1 期。

　　24. 孔诰烽：《非典型肺炎"黄祸论"与全球管治》，载《读书》2004 年第 10 期。

　　25. 李双元、李欢：《公共健康危机所引起的医药可及性问题研究》，载《中国法学》2004 年第 6 期。

　　26. 刘学成：《非传统安全的基本特性及其应对》，载《国际问题研究》2004 年第 1 期。

　　27. 罗国强：《"和平崛起"与新世纪国际法的理论构建》，载《国际观察》

2004 年第 5 期。

28. 谭成文、张翠霞：《发达国家实施石油战略储备的做法》，载《宏观经济管理》2004 年第 4 期。

29. 熊光楷：《"9·11"以来国际反恐形势及特点》，载《国际战略研究》2004 年第 3 期。

30. 张波等：《中国能源安全现状及其可持续发展》，载《地质技术经济管理》2004 年第 1 期。

31. 张春：《人类安全观：内涵及国际政治意义》，载《现代国际关系》2004 年第 4 期。

32. 朱锋：《"非传统安全"解析》，载《中国社会科学》2004 年第 4 期。

33. 樊志彪：《试论现代国际法中的武装冲突法》，载《西安政治学院学报》2003 年第 16 卷第 2 期。

34. 金钟：《"台独"与民族自决权》，载香港《开放杂志》2003 年第 11 期。

35. 王逸舟：《王逸舟谈伊拉克危机（之三）》，载《世界知识》2003 年第 13 期。

36. 徐坚：《非传统安全问题与国际安全合作》，载《当代亚太》2003 年第 3 期。

37. 余敏友、孙立文、汪自勇、李伯军：《武力打击国际恐怖主义的合法性问题》，载《法学研究》2003 年第 6 期。

38. 程爱勤：《解析菲律宾在南沙群岛主权归属上的"邻近原则"——评菲律宾对南沙群岛的主权主张》，载《中国边疆史地研究》2002 年 12 月第 12 卷第 4 期。

39. 李长江：《在纪念〈中华人民共和国国境卫生检疫法〉颁布 15 周年座谈会上的讲话》（2001 年 11 月 30 日），载《中国国境卫生检疫杂志》2002 年第 25 卷第 1 期。

40. 梁西：《国际法律秩序的呼唤——"9·11"事件后的理性反思》，载《法学评论》2002 年第 1 期。

41. 秦天宝：《美国拒绝批准〈京都议定书〉的国际法分析》，载《珞珈法学论坛》2002 年第 2 卷。

42. 邱桂荣：《联合国的制裁制度》，载《国际信息资料》2002 年第 3 期。

43. 王建坤：《对"东突"问题的思考》，载《热点焦点》2002 年第 1 期。

44. 肖凤城：《国际法对人道主义干涉的否定与再考虑》，载《西安政治学院学报》2002 年第 15 卷第 1 期。

45. 郑成思：《传统知识与两类知识产权的保护》，载《知识产权》2002 年第 4 期。

46. 仲大军：《当前中国企业的社会责任》，载《中国经济快讯周刊》2002年第 38 期。

47. 庄贵阳：《清洁发展机制与中日合作前景：中国的视角》，载《世界经济》2002 年第 2 期。

48. 张雷：《论中国能源安全》，载《国际石油经济》2001 年第 3 期。

49. 曹云华：《东南亚国家的能源安全》，载《当代亚太》2000 年第 9 期。

50. 焦永科：《南海不存在重新划界问题》，载《海洋开发与管理》2000 年第 17 卷第 2 期。

51. 卓泽渊：《论法的价值》，载《中国法学》2000 年第 6 期。

52. 布特罗斯·加利：《联合国应当维持和平与促进发展》，载《现代外国哲学社会科学文摘》1999 年第 6 期。

53. 曾令良：《〈国际刑事法院规约〉与国际法的发展》，载《中国社会科学》1999 年第 2 期。

54. 郭玉军：《把握 21 世纪国际私法的发展趋势——评〈国际民商新秩序的理论建构〉》，载《法学研究》1999 年第 3 期。

55. 卢向前等编译：《新形势下的美国能源发展战略》，载《国际石油经济》1998 年第 6 期。

56. 宋燕辉：《美国对南海周边国家历史性水域之反应（下）》，载《问题与研究》1998 年第 37 卷第 11 期。

57. 于民：《美国石油供需情况的演变及其对我国的启示》，载《国际石油经济》1997 年第 1 期。

58. 翟玉成：《论国际法上主权问题的发展趋势》，载《法学评论》1997 年第 3 期。

59. 张军：《联合国采取执行和平行动的依据和方式问题》，载《中国国际法年刊》1997 年卷。

60. 黄惠康：《联合国宪章下的集体安全保障》，载《中国国际法年刊》1996 年卷。

61. 江泽民：《在中共中央举行的法律知识讲座上关于国际法的讲话（摘要）》，载《中国国际法年刊》1996 年卷。

62. 李金明：《我国人民开发经营西、南沙群岛的证据》，载《南洋问题》1996 年第 2 期。

63. 刘大群：《〈联合国气候变化框架公约〉评述》，载《中国国际法年刊》1995 年卷。

64. 钱文荣：《〈联合国宪章〉和国家主权问题》，载《世界经济与政治》1995 年第 8 期。

65. 连春城：《大陆架划界原则的问题》，载《中国国际法年刊》1993 年卷。

66. 黄亚英：《引渡中的政治犯罪问题》，载《中国国际法年刊》1990 年卷。

67. 张鸿增：《评国际法院对两个海洋划界案的判决》，载《中国国际法年刊》1986 年卷。

（二）国外论文

1. A. K. Schneider, Getting Along: *The Evolution of Dispute Resolution Regimes in International Trade Organizations*, Michigan Journal of International Law, 20, 1998 - 1999.

2. Adrian Emch, *Services Regionalism in the WTO: China's Trade Agreements with Hong Kong and Macao in the Light of Article V(6) GATS*, Legal Issues of European Integration, 33, 4, 2006.

3. Agata Antkiewicz and John Whalley, *BRICSAM and the non-WTO*, Review of International Organizations, 1, 2006.

4. Agata Antkiewicz and John Whalley, *China's New Regional Trade Agreements*, The World Economy, 28, 10, 2005.

5. Alain Pellet, *The Opinions of the Badinter Arbitration Committee: A Second Breath for the Self-Determination of Peoples*, European Journal of International Law, Vol. 3 No. 1, 1992.

6. Alan James, *Peacekeeping in the Post-Cold War Era*, International Journal, Vol. 50, No. 2, Spring 1999.

7. Alan Sykes, *The Safeguards Mess: A Critique of WTO Jurisprudence*, World Trade Review (2003).

8. Amelia Hadfield, *Janus Advances? An Analysis of EC Development Policy and the 2005 Amended Cotonou Partnership Agreement*, European Foreign Affairs Review, Vol. 12, Issue 1 (2007).

9. Andrea Gioia, *Tunisia's Claims over Adjacent Seas and the Doctrine of "Historic Rights"*, Syr. J. Int'l L. & Com., Vol. 11, 1984.

10. Anne-Marie Burley, *The Alien Tort Statute and the Judiciary Act of 1789: A Badge of Honor*, 83 American Journal of International Law (1989).

11. Anthony Burke, *Just war or ethical peace? Moral discourses of strategic violence after 9 /11*, International Affairs, Vol. 80, No. 2, March 2004.

12. Antoine Sautenet, *The Current Status and Prospects of the "Strategic Partner-*

ship" between the EU and China: Towards the Conclusion of a Partnership and Coopera-
tion Agreement, European Law Journal, 13, 6, 2007.

13. Barbara Kwiatkowska, The Eritrea/Yemen Arbitration: Landmark Progress in
the Acquisition of Territorial Sovereignty and Equitable Maritime Boundary Delimitation,
IBRU Boundary and Security Bulletin, Vol. 8 (1), 2000.

14. Bernadette Andreosso-O'Callaghan and Francoise Nicolas, Complementarity
and Rivalry in EU-China Economic Relations in the Twenty-First Century, European
Foreign Affairs Review, 12, 2007.

15. Bernard Hoekman and Richard Newfarmer, Preferential Trade Agreements,
Investment Disciplines and Investment Flows, Journal of World Trade, 39, 5, 2005.

16. Bruno Simma, Fragmentation in a Positive Light, in Diversity or Cacophony:
New Sources of Norms in International Law Symposium, Michigan Journal of Internation-
al Law, Vol. 25 No. 4, 2004.

17. Cary Horlick and Shannon Shuman, Non-Market Economy Trade and
U. S. Antidumping/Countervailing Duty Law, 18 International Lawyer 4 (Fall), 1984.

18. Chantal Thomas, Balance-Of-Payments Crises In The Developing World: Bal-
ancing Trade, Finance And Development In The New Economic Order, 15 American
University International Law Review, 2000.

19. Christophe Hillon, Mapping-Out New Contracting Relations between the Euro-
pean Union and Its Neighbours: Learning from the EU-Ukraine "Enhanced Agreement",
European Foreign Affairs Review, Vol. 12, issue 2 (2007).

20. Christopher C. Joyner, Legal Implications of the Concept of the Common Herit-
age of Mankind, 35 International Law & Comparative Law Quarterly, 1986.

21. Chyau Tuan and Linda Fung-Yee Ng, FDI and Industrial Restructuring in
Post-WTO Greater PRD: Implications on Regional Growth in China, The World Econo-
my, 27, 10, 2004.

22. Claudia T. Salazar, Applying International Human Rights Norms in the United
States: Holding Multinational Corporations Accountable in the United States for Interna-
tional Human Rights Violations under the Alien Tort Claim Act, 19 Saint John's Journal
of Legal Commentary (2004).

23. Daintith, European Community Law and the Redistribution of Regulatory Pow-
er in the United Kingdom, 1 European Law Journal 134, 1995.

24. Daniel C. Esty, Good Governance at the Supranational Scale: Globalizing Ad-
ministrative Law, The Yale Law Journal, Vol. 115, 2006.

25. Danwood M. Chirwa, *The Doctrine of State Responsibility as a Potential Means of Holding Private Actors Accountable for Human Rights*, 5 Melbourne Journal of International Law (2004).

26. David Roland Holst and John Weiss, *ASEAN and China: Export Rivals or Partners in Regional Growth*, The World Economy, 27, 8, 2006.

27. David Weissbrod, *Norms on the Responsibilities of Transnational Corporations and Other Business Enterprises with Regard to Human Rights*, 97 American Journal of International Law (2003).

28. *Decision of the Permanent Court of Arbitration in the Matter of the Maritime Boundary Dispute between Norway and Sweden*, American Journal of International Law, Vol. 4 (1910).

29. Dukgeun Ahn, *Korea on the GATT/WTO Dispute Settlement System: Legal battles for Economic Development*, 6 Journal of International Economic Law (2003).

30. Fernando R. Teson, *Collective Humanitarian Intervention*, 17 Mich. J. Int'l L. 1996.

31. Francesco Francioni, *The Status of the Gulf of Sirte in International Law*, Syr. J. Int'l L. & Com. , Vol. 11, 1984.

32. Francis, Snyder, *China, Regional Agreements and WTO Law*, Journal of World Trade, 43, 1, February 2009.

33. Frederic L. Kirgis, *The Security Council's First Fifty Years*, 189 A. J. I. L. (1995).

34. Freeman Dyson, *Working for the Revolution*, The New York Review of Books, LIV, 16, 25 October 2007.

35. Gerhard Hafner, *Pros and Cons Ensuing From Fragmentation of International Law*, Michigan Journal of International Law, Vol. 25, 2004.

36. H. Schult Nordholt, *Delimitation of the Continental Shelf in the East China Sea*, Netherlands International Law Review, 1985.

37. Hal F. Olson & Joseph Morgan, *Chinese Access to the Sea of Japan and International Economic Development in Northeast Asia*, Ocean & Coastal Management, Vol. 17, 1992.

38. Horst Siebert, *China: Coming to Grips with the New Global Player*, The World Economy, 30, 2007.

39. Huanguang Qiu, Jun Yang, Jikun Huang and Ruijian Chen, *Impact of China-ASEAN Free Trade Area on China's International Agricultural Trade and Its Regional*

Development, China & The World Economy, 15, 4, 2007.

40. J. Vander Kooi, *The ASEAN Enhanced Dispute Settlement Mechanism: Doing It "the ASEAN Way"*, New York International Law Review, 2007.

41. Jack M. Beard, *Military Action Against Terrorists Under International Law: America's New War On Terror: The Case For Self-Defense Under International Law*, 25 Harvard Journal of Law & Public Policy, 2002.

42. James McCall Smith, *The Politics of Dispute Settlement Design: Explaining Legalism in Regional Trade Pacts*, International Organization, 54, 1, Winter 2000.

43. Jane A. Meyer, *Collective Self-defense and Regional Security: Necessary Exceptions to a Globalist Doctrine*, 11 B. U. Int'l L. J. 2003.

44. Jianyu Wang, *China's Regional Trade Agreements: The Law, Geopolitics and Impact on the Multilateral Trading System*, Singapore Year Book of International Law, 8, 2004

45. John G. Ruggie, *The False Promise of Realism*, International Security, Vol. 20, No. 1, Summer 1995.

46. John M. Spinnato, *Historic and Vital Bays: An Analysis of Libya's Claim to the Gulf of Sidra*, Ocean Development and International Law, Vol. 13 (1), 1983.

47. John Mackinlay and Jarat Chopra, *Second Generation Multinational Operations*, Washington Quarterly, Vol. 15, No. 3, 1992.

48. John Owen Haley, *The Myth of the Reluctant Litigant*, Journal of Japanese Studies, Vol. 4, No. 2. Summer, 1978.

49. Jong-Wha Lee and Innwon Park, Free Trade Areas in East Asia, The World Economy, 28, 1, 2005.

50. Jose L. Tongzon, *ASEAN-China Free Trade Area: A Bane or Boon for ASEAN Countries*, The World Economy, 28, 2, 2005.

51. Joseph Gold, *Strengthening the Soft International Law of Exchange Arrangements*, 77 American Journal of International Law, July 1983.

52. Joseph Gold, *The "Sanctions" of the International Monetary Fund*, 66 American Journal of International Law, 1972.

53. Joseph Gold, *The Restatement of the Foreign Relations Law of the United States (Revised) and International Monetary Law*, 22 International Law, 1988.

54. Joseph Gold, *The Rule Of Law In The International Monetary Fund*, The International Monetary Fund Ser. No. 32, 1980.

55. Jutta Brunée and Stephan J. Toope, *Environmental Security and Freshwater*

490

Resources: *A Case for International Ecosystem Law*, 41 Yearbook of International Environmental Law, 6, 1995.

56. Kenneth W. Abbott, Robert O. Keohane, Andrew Moravcsik, Anne-Marie Slaughter, and Duncan Snidal, *The concept of legalization*, International Organization, 54, 2000.

57. L. L. Green, *Trends of the Law of Diplomatic Personnel*, 19 Canadian Yearbook of International Law 1981.

58. L. F. E. Goldie, *Historic Bays in International Law – An Impressionistic Overview*, Syr. J. Int'l L. & Com. , Vol. 11, 1984.

59. Laroushka Reddy, *A China – SACU FTA: What's in it for SA?* South African Foreign Policy Monitor, August-September 2004.

60. Laurence Henry, *The ASEAN Way and Community Integration: Two Different Models of Regionalism*, European Law Journal, 13, 6, November 2007.

61. Lee Lai To, *China's Relations with ASEAN: Partners in the 21st Century?* Pacifica Review, Volume 13, Number 1, February 2001.

62. Lee, Y. S. , *Revival of Grey-Area Measures? The US-Canada Softwood Lumber Agreement: Conflict with the WTO Agreement on Safeguards*, Journal of World Trade, Vol. 36, No. 1, 2002.

63. Li Zhaojie (James Li), *Traditional Chinese World Order*, Chinese Journal of International Law, 1, 2002.

64. Lucian W. Pye, *China: Erratic State, Frustrated Society*, Foreign Affairs, 69, Fall 1990.

65. Manuel Guitian, *The Unique Nature Of The Responsibilities Of The International Monetary Fund*, International Monetary Fund Pamphlet Series, Ser. No. 46, 2002.

66. Margot Light, *The Response to 11. 9 and the lessons of History*, International Relations, Vol. 16, No. 2, August 2002.

67. Marie Jego, *Menacé par la Chine, Gazprom veut rester ma? tre du gaz en Asia centrale*, Le Monde, vendredi 21 mars 2008.

68. Martti Koskenniemi, *The Place of Law in Collective Security*, 17 Mich. J. Int'l L. 1996.

69. Masahiro Kawai, *East Asian Economic Regionalism: Progress and Challenges*, Journal of Asian Econmics – International Journal, 16, 1, 2005.

70. Mathieu Rémond, *The EU's Refusal to Grant China's "Market Economy Status" (MES)*, Asia Europe Journal (AEJ), Vol. 5, No. 3 (2007).

71. Maurice Flory, *Adapting International Law to the Development of the Third World*, Journal of African Law, Vol. 26, No. 1 (Spring, 1982).

72. Michael J. Glennon, *Why the Security Council Failed*, Foreign Affairs, May/June 2003.

73. Morton Winston, *NGO Strategies for Promoting Corporate Social Responsibility*, 16 Ethics & international affairs (2002).

74. Nguyen Hong Thao, *China's Maritime Moves Raise Neighbours' Hackles*, Vietnam Law & Legal Forum, July 1998.

75. Niel Blokker, *Is the Authorization Authorized: Power and Practice of the UN security Council to Authorize the Use of Force by "Coalition of the Able and Willing"*, European Journal of International Law, Vol. 11, No. 3, 2000.

76. Paul De Grauwe and Zhaoyong Zhang, *Introduction: Monetary and Economic Integration in the East Asian Region*, The World Economy, 2006.

77. Philip Alston, *Resisting the Merger and Acquisition of Human Rights by Trade Law: A Reply to Petersmann*, European Journal of International Law, Vol. 13, No. 4, 2002.

78. Pirkko Kourula, *International Protection of Refugees and Sanctions: Humanizing the Blunt Instrument*, International Journal of Refugee Law, Vol. 9, No. 2, 1997.

79. Qingjiang Kong, *China's WTO Accession and the ASEAN-China Free Trade Area: The Perspective of a Chinese Lawyer*, Journal of International Economic Law, 7, 4, 2004.

80. Rahul Sen, *"New Regionalism" in Asia: A Comparative Analysis of Emerging Regional and Bilateral Trading Agreements involving ASEAN, China and India*, Journal of World Trade, 40, 2006.

81. Ramasaranya Chopparapu, *The European Union: A Model for East Asia?* Asia Europe Journal, 3, 2005.

82. Richard B. Lillich, *The role of the U. N. Security Council in Protecting Human Rights in Crisis Situations: U. N. Humanitarian Intervention in the Post-Cold War World*, Tulane Journal of International & Comparative Law, Vol. 3, 1994.

83. Richard Stubbs, *ASEAN plus Three: Emerging East Asian Regionalism?* Asian Survey, 42, 3, 2002.

84. Richard W. Edwards, *The Currency Exchange Rule Provisions of the Proposed Amended Articles of Agreement of the International Monetary Fund*, 97 American Journal of International Law, 2001.

85. Robert M. Barnett, *Exchange Rate Arrangements In The International Monetary Fund: The Fund As Lawgiver, Adviser, And Enforcer*, Temple International and Comparative Law Journal, Spring 1993.

86. Robert O. Keohane, Andrew Moravcsik and Anne-Marie Slaughter, *Legalized Dispute Resolution: Interstate and Transnational*, International Organization, 54, 2000.

87. Rosemary Foot, China in the ASEAN Regional Forum: Organization Process and Domestic Models of Thought, Asian Survey, 38, 5, May 1998.

88. Saadia M. Pekkanen, *Aggressive Legalism: The Rules of the WTO and Japan's Emerging Trade Strategy*, The World Economy 24, 2001.

89. Sean D. Murphy, *Terrorism and the concept of "armed attack" in article 51 of the U. N. Charter*, 43 Harvard International Law Journal 2002.

90. Seán Golden, *Socio-cultural Aspects of the Relationship between the EU and East Asia, with particular reference to China*, Asia Europe Journal, 4, 2006.

91. Sherry Broder and Jon Van Dyke, *Ocean Boundaries in the South Pacific*, 4 U. Haw. L. Rev. 1, 15 – 23 (1982).

92. Silke Melanie Trommer, *Special Market Economy: Undermining the Principles of the WTO?* Chinese Journal of International Law, Vol. 6, No. 3, 2007.

93. Sperduti, *Sul Regime Giuridico dei Mari*, 43 Rivista di Diritto Internazionale 58.

94. Stefano Inama, *The Association of South East Asian Nations—People's Republic of China Free Trade Area: Negotiating Beyond Eternity With Little Trade Liberalization?* Journal of World Trade, 39, 3, 2005.

95. Stéphanie Thomas, Nicolas Hyacinthe and Maryline Sadowsky, *Accord de libre-échange entre la Chine et Hong Kong: Quelles perspectives pour les entreprises de pays tiers*, Revue de droit des affaires internationales, 1, 2005.

96. Stephen Kabel, *Our Business is People (even if It kills them): the Contribution of Multinational Enterprises to the Conflict in the Democratic Republic of Congo*, 12 Tulane Journal of International and Comparative Law (2004).

97. Steven R. Ratner, *Corporations and Human Rights: A Theory of Legal Responsibility*, in 111 Yale Law Journal, 2002.

98. Sun Liang and Zhang Xiangchen, *Redefining Development, Reimagining Globalization: The WTO and China's New Economic Vision*, Journal of World Trade, 41, 6, 2007.

参考文献

99. Surya Deva, *Acting Extraterritorially to Tame Multinational Corporations for Human Rights Violations*: *Who Should'Bell the Cat?* 5 Melbourne Journal of International Law (2004).

100. Susan Ning and Ding Liang, *China's Free Trade Agreement (FTA) Policy and its Recent Developments*, King & Wood China Bulletin 2006, Special Issue, October, 2006.

101. Teh-Kuang Chang, *China's Claim of Sovereignty over Spratly and Parcel Islands*: *A Historical and Legal Perspective*, Case W. Res. J. Int'L L, Vol. 23, 1991.

102. Theodor Meron, *The Humanization of Humanitarian Law*, American Journal of International Law, Vol. 94, No. 2, 2000.

103. Thomas Cusack and Richard Stoll, *Collective Security and State Survival in the International System*, International Studies Quarterly, Vol. 38, No. 1, March 1994.

104. Thomas M. Franck, *Terrorism and The Right of Self-Defense*, 95 AJIL 2001.

105. Ugochukwu Chima Ukpabi, *Juridical Substance Or Myth Over Balance-Of-Payment*: *Developing Countries And The Role Of The International Monetary Fund In The World Trade Organization*, Journal of International Law, Winter 2005.

106. *Vietnam*: *Dispute regarding the Law on the Exclusive Economic Zone and the Continental Shelf of the People's Republic of China which was passed on 26 June 1998*, Law of the Sea Bulletin, No. 38, 1998.

107. Wang Tieya, *International Law in China*: *Historical and Contemporary Perspectives*, Recueil des Cours de l'Académie de Droit International de La Haye, Vol. 221, (1990 – II).

108. Wendy Dobson, *Deeper Integration in East Asia*: *Regional Institutions and the International Economic System*, The World Economy, 24, 8, 2001.

109. William Pesek, *Asian Euro? Don't Hold Your Breath*, International Herald Tribune, Saturday-Sunday, 10 – 11 May 2008.

110. Won-Mog Choi, *Legal Analysis of Korea-ASEAN Regional Trade Integration*, Journal of World Trade, 41, 3, 2007.

111. Won-Mog Choi, *Regional Economic Integration in East Asia*: *Prospect and Jurisprudence*, Journal of International Economic Law, 6, 1, 2003.

112. Xiaoling Hu and Yue Ma, *International Intra-Industry Trade of China*, Review of World Economics, 135, 1, March 1999.

113. Yann-huei Song & Peter Kien-hong Yu, *China's "Historic Waters" in the*

South China Sea：*An Analysis from Taiwan*，*R. O. C.*，The American Asian Review，Vol. 12（4），1994.

114. Yehuda Z. Blum，*Current Development*：*The Gulf of Sidra Incident*，American Journal of International Law，Vol. 80，1986.

115. Yuchun Lan，*The European Parliament and the China-Taiwan Issue*：*An Empirical Approach*，European Foreign Affairs Review，vol. 9，issue 1（2004）.

116. Zeng Lingliang，*A Preliminary Perspective on Negotiations for an EU-China PCA*：*A New Bottle Carrying Old Wine*，*or New Wine in Old Bottles*，*or Both*？European Law Journal，14，5，2008.

117. Zou Keyuan，*Implementing Marine Environmental Protection Law in China*：*Progress*，*Problems and Prospects*，Marine Policy，Vol. 33（3），2009.

118. Zou Keyuan，*Maritime Boundary Delimitation in the Gulf of Tonkin*，Ocean Development and International Law，Vol. 30，1999.

五、学位论文

1. 王曦：《论人类环境问题与现代国际法的发展》（武汉大学博士学位论文，分类号：D99，编号：10486，2000 年）。

2. 徐军华：《非法移民法律控制问题研究》，武汉大学博士学位论文。

3. Tran Thi Thuy Dong，*Aspects juridiques de la participation des Etats de l'ASEAN à l'OMC*，thèse pour le Doctorat en Droit Public，Université Paul Cézanne Aix-Marseille III，Aix-en-Provence，25 June 2007.

六、工作论文

1. Cheng-Chwee Kuik，Multilateralism in China's ASEAN Policy，SAIS Working Paper Series，WP/05/03，Paul H. Nitze School of Advanced International Studies（SIAS），Johns Hopkins University，Washington，D. C. ，October 2003.

2. David P. Fidler，International Law and Global Infectious Disease Control，CMH Working Paper Series Paper No. WG2：18，2001.

3. Razeen Sally，FTAs and the Prospects for Regional Integration in Asia，European Centre for International Political Economy，Brussels，ECIPE Working Paper，1，2006.

4. William E. James，Rules of Origin in Emerging Asia-Pacific Preferential Trade Agreements：Will PTAs Promote Trade and Development，Asia-Pacific Research and Training Network on Trade Working Paper Series，No. 19，August 2006.

5. World Health Organization（WHO），World Health Report，2004，Geneva：WHO.

七、报刊文章

I. 中文报刊

1. 国务院新闻办公室：《2002 年美国的人权记录》，载《人民日报》2003 年 4 月 4 日。

2.《美欲对近地太空实施军事占领》，载《参考消息》2003 年 6 月 12 日。

3. 张锡镇：《中国外交的又一大手笔——中国与东盟建立战略伙伴关系并正式加入〈东南亚友好合作条约〉》，载《人民日报》2003 年 10 月 9 日。

4.《胡锦涛在第十次全国驻外使节会议上的讲话》，载《人民日报》2004 年 8 月 30 日。

5. 高全立等：《积极探索能源产业可持续发展之路》，载《光明日报》2004 年 8 月 31 日。

6. 赵宏图：《东北亚能源合作前景广阔》，载《参考消息》2005 年 1 月 13 日。

7. 陶勇：《〈京都议定书〉成为国际法　中国面临巨大压力》，载《法制早报》2005 年 2 月 16 日。

8. 李爱明：《民工荒映射出了什么》，载《中华工商时报》2005 年 3 月 11 日。

9.《非洲人对中国心态复杂》，载《参考消息》2006 年 10 月 3 日。

II. 英文报刊

10. Arvind Panagariya, An India-China Free Trade Area? Economic Times, 20 April 2005.

11. Ben Russell, et al., Trade War: Blair Joins Global Attack On "Unjustified" Tariffs; European and Asian Leaders Prepare to Impose Tit-For-Tat Sanctions after American Move to Protect Steel Industry, The Independent (London), March 7, 2002.

12. David Teather, et al., US puts steel into trade war with EU: bush imposes 30% tariffs on imports, The Guardian (London), March 6, 2002.

13. Hu Xiao, Agreements pave way for China-Australia FTA, China Daily, 19 April 2005.

14. Jia Heping, FTA to help diversify China's energy sources, China Business Weekly, 15 July 2004.

15. Li Guanghui, China – ASEAN FTA necessary and beneficial, China Daily, 27 October 2006.

16. Paul Blustein, EU Challenges US Steel Tariffs at WTO, The Washington Post, March 8, 2002.

17. Ramtanu Maitra, Prospects Brighten for Kunming Initiative, Asia Times,

February 12，2003.

18. Stephen Chen，Plan for energy hub in Inner Mongolia，South China Morning Post，Thursday，3 January 2008.

19. Zhang Jin，FTA talks switched to fast track，China Daily，27 August 2004.

八、电子资料

（一）主要网站

1. http：//www. fmprc. gov. cn

2. http：//www. un. org

3. http：//www. chinanews. com

4. http：//news. sohu. com

5. http：//www. icj-cij. org

6. http：//www. pca-cpa. org

7. http：//www. iea. org

8. http：//www. globalsullivanprinciples. org

9. http：//www. sa-intl. org

10. http：//www. unglobalcompact. org

11. http：//isotc. iso. org

12. http：//www. hrw. org

13. http：//www. tid. gov. hk

14. http：//www. economia. gov. mo

15. http：//www. adb. org

16. http：//www. sectsco. org

17. http：//en. wikipedia. org

18. http：//www. tumenprogramme. org

19. http：//www. aseanregionalforum. org

20. http：//ec. europa. eu/trade

21. http：//www. aseansec. org

22. http：//www. wto. org

（二）其他资料

1. 《中国政府发布关于联合国改革问题的立场文件》，http：//news. xinhua-net. com/newscenter/2005 – 06/08/content_3056790. htm

2. 李兆杰：《国际法上的"人道主义干涉"问题》，http：//www. lawintsinghua. com/content/content. asp？id = 170

3. 联合国网站之维持和平专栏，http：//www. un. org/chinese/peace/peace-

497

keeping/faq/q9. htm

4. 《和平、发展、合作——李肇星外长谈中国新时期中国外交的旗帜》，http：//www. fmprc. gov. cn/chn/wjdt/zyjh/t208030. htm

5. 胡锦涛：《促进普遍发展，实现共同繁荣——在联合国成立60周年首脑会议发展筹资高级别会议上的讲话》，2005年9月14日，纽约。http://www. fmprc. gov. cn/chn/wjdt/zyjh/t212090. htm

6. 国务院新闻办公室：《2004年中国人权事业的进展》白皮书，2005年4月13日，http：//news. xinhuanet. com/newscenter/2005 – 04/13/content_2822246. htm

7. 《胡锦涛在伦敦金融城市长萨沃里举行的欢迎晚宴上的演讲》，2005年11月9日，http：//www. fmprc. gov. cn/chn/wjdt/zyjh/t220730. htm

8. 《国际法委员会第58届会议工作报告》，http：//untreaty. un. org/ilc/reports/2006/2006report. htm

9. 《安南秘书长在人权理事会上的讲话》，http：//www. un. org/chinese/hr/issue/hrc. htm

10. 陈清泰：《中国国家能源战略和政策》，http：//cssd. acca21. org. cn/2004/hot10. html

11. 姜志：《可持续发展：21世纪我国面临六大挑战》，http：//www. southcn. com/news/china/zgkx/200509060154. htm

12. 《企业社会责任及SA8000》，http：//www. sa8000. org. cn/TNC/555. html

13. 国家发展和改革委员会：《2006年中国国民经济和社会发展报告》，http：//www. ndrc. gov. cn/fzbps/W020060725382842057522. pdf

14. 《中国企业社会责任北京宣言》，http：//www. cerds. org/csr/article. asp？ id = 156

15. 《全球契约网络会议通讯》，http：//gcp. cec-ceda. org. cn/files/info _191. html

16. 美国国际经济协会《世界经济政策简讯》2004年9月文章：《美中贸易摩擦与人民币重估》（中），http：//www. drcnet. com. cn/DRCnet. common. web/docview. aspx？ docid = – 140260&leafid = 3008&Chnid = 1003

17. "Overview of Pan – Pearl River Delta Regional Cooperation", available at the website of the Macao Special Administrative Region Economic Services, http：//www. economia. gov. mo/web/DSE/public？ _nfpb = true& _ pageLabel = Pg _ EETR _ 9 _ 2 _ S&locale = en_US

18. Abdus Sattar Ghazali, India Alarmed As Chinese Built Gwadar Port of Paki-

stan Becomes Operational, http: //www. countercurrents. org/ghazali080208. htm

19. Alexandre de Freitas Barbosa and Ricardo Camargo Mendes, Economic Relations between Brazil and China: A Difficult Partnership, Dialogue on Globalisation, Briefing Papers, FES Brazil, Friedrich Ebert Stiftung, January 2006, available at http: //library. fes. de/pdf-files/iez/global/50190. pdf

20. also Yue-man Yeung, The Pan-PRD and ASEAN-China FTA as Agents of Regional Integration in Pacific Asia, Keynote address, Forum on A Tale of Two Regions: China's Pan-PRD and ASEAN, Gold Coast Hotel, Hong Kong, 4 November 2005, available at http: //www. hkpri. org. hk/passagesPDF/othersSpeech/2005/Prof. % 20Yeung's% 20Speech. pdf

21. Amnesty International Press Statement, Nongovernmental Organizations Welcome the New U. N. Norms on Transnational Business, Aug. 13, 2003, http: //web. amnesty. org/pages/ec-unnorms-eng

22. Archbishop Diarmuid Martin, Humanizing the Global Economy, Keynote Address, Pope John Paul II Cultural Center, Washington D. C. , January 28, 2002, http: //www. usccb. org/sdwp/international/martin. htm

23. Aron Mifsud-Bonnici, The Aim of Public International Law, http: //www. mifsudbonnici. com/lexnet/articles/publicint. htm

24. Center for Clean Air Policy, Greenhouse Gas Mitigation in Brazil, China and India: Scenarios And Opportunities Through 2025, ii-iii Washington, (November 2006), document available at http: //www. ccap. org/international/CCAP% 20Developing% 20Country% 20Project% 20 - % 20Synthesis% 20Report% 20 _ Nov% 202006_% 20FINAL. pdf

25. Central Intelligence Agency, The World Factbook - China, available at https: //www. cia. gov/library/publications/the-world-factbook/geos/ch. html

26. Charles Burack, Humanizing Globalization: A Report on the State of the World Forum 2000, http: //www. charlesburack. com/articlehuman. htm

27. Christopher Le Mon, "Did North Korea's Nuclear Test Violate International Law?" http: //www. opiniojuris. org/posts/1160382356. shtml

28. Elma Darlini Sulaiman (Attorney General's Chambers, Brunei Darussalam), "WTO and Regional Trade Liberalisation: Implications on ASEAN", available at www. aseanlawassociation. org/9GAdocs/w3_ Brunei. pdf

29. Guillaume Gaulier, Francoise Lemoine and DenizÜnal-Kesenci, China's Integration into East Asia: Production Sharing, FDI & High-Tech Trade, Working Paper,

Centre d'Etudes Prospectives et d'Informations Internationales, No. 2005 – 2009, June 2005, available at http: //www. cepii. fr/anglaisgraph/workpap/pdf/2005/wp05 – 09. pdf

30. Gus Mandigora, The Proposed SACU-China FTA: Opportunities and Threats for SACU's Manufacturing Sector, tralac, available at http: //rta. tralac. org/scripts/content. php? id = 4924

31. Human Rights Watch, U. N. : New Standards for Corporations and Human Rights, Aug. 13, 2003, http: // www. hrw. org/press/2003/08/un081303. htm

32. ICC Newsletter: Special Edition-Issue 10, http: //www. icc-cpi. int/library/about/newsletter/files/ICC-NL10 – 200611_En. pdf

33. IMF Policy Development and Review Department, Enhancing the Effectiveness of Surveillance: Operational Responses, the Agenda Ahead, and Next Steps, March 14 2003, available at: http: //www. imf. org/external/np/pdr/surv/2003/031403. htm

34. IMF, People's Republic of China: 2005 Article IV Consultation, available at: http: //www. imf. org/external/pubs/ft/scr/2005/cr04351. pdf/November 2005

35. Julien Levesque, The Kunming Initiative: Going Beyond Governmental Reluctance, Article no. 2473, 14 January 2008, available on the website of the Institute of Peace and Conflict Studies (IPCS), New Delhi, at http: //www. ipcs. org/print-Whatsnew. jsp? action = showView&kValue = 2473&status = article

36. Luis Moreno-Ocampo, Second Assembly of States Parties to the Rome Statute of the International Criminal Court: Report of the Prosecutor of the ICC (2003), http: //www. icc-cpi. int/library/organs/otp/030909_ prosecutor_ speech. pdf

37. Mona Haddad, Trade Integration in East Asia: The Role of China and Production Networks, World Bank Policy Research Working Paper No. 4160, 1 March 2007, available at http: //papers. ssrn. com/sol3/papers. cfm? abstract_id = 969237

38. Obijiofor. Aginam, International Law and Communicable Diseases, Bulletin of the World Health Organization 2002, from http: //www. who. int/bulletin/pdf/2002/bul-12-E-2002/80(12)946-951. pdf

39. Pan-PRD Intellectual Property Cooperation Agreement (Courtesy Translation), available on the website of the Hong Kong Government Intellectual Property Department at http: //www. ipd. gov. hk/eng/pub _ press/press _ releases/agreement _ eng. pdf

40. Pascal Lamy, Humanising Globalisation, Speech in Santiago, Chile, Janu-

ary 30，2006，http：//www. wto. org/english/news_e/sppl_e/sppl16_e. hm

41. Peng-Hong Cai，East Asian New Regionalism and China，PowerPoint presentation prepared for the Third Annual CEPII-IDB Conference，Washington DC，9 – 10 February 2006，available at http：//www. iadb. org/intal/aplicaciones/uploads/ponencias/Foro_BIC_CEPII_2006_01_Penghong. pdf

42. Po-Chuen Lam，Country Report：Hong Kong，China，Asian Development Bank Regional Seminar on Rules of Origin，2004，available at http：//www. adb. org/Documents/Events/2004/Rules_of_Origin/roo_hkg. pdf

43. Promoting a European framework for corporate social responsibility：Green Paper，http：//europa. eu. int/comm/employment_social/publications/2001/ke3701590 _en. pdf

44. Record of Consultations on Further Liberalisation under the Mainland – Hong Kong Closer Economic Partnership Arrangement，available at http：//www. ipd. gov. hk/eng/news/news/Record_of_Consultations_on_Further_Liberalization. pdf

45. Regional Trade Agreements Notified to the WTO and in Force as of 15 March 2008，http：//www. wto. org/english/tratop_e/region_e/a_z_e. xls

46. Report of the ASEAN-EU Vision Group：Transregional Partnership for Shared and Sustainable Prosperity，Ha Noi，Viet Nam，10 May 2006，available at http：//trade. ec. europa. eu/doclib/docs/2006/may/tradoc_128860. pdf

47. Resolving the Problem of Nuclear Proliferation by Addressing Both Symptoms and the Root causes—Statement by Ambassador SHA Zukang at the fourth IISS Global Strategic Review，2006 – 09 – 09，http：//www. china-un. cn/eng/xwdt/t271739. htm

48. Richard Baldwin，Managing the Noodle Bowl：The Fragility of East Asian Regionalism，Centre for Economic Policy Research，Discussion Paper Series，No. 5561，March 2006，available at www. cepr. org/pubs/dps/DP5561. asp

49. Ron Sandrey，The SACU-China FTA，17. 3. 2005，available at http：//www. tralac. org/scripts/content. php？id = 4917

50. S/PRST/2006/41，http：//www. un. org/chinese/aboutun/prinorgs/sc/sdoc/06/sprst 41. htm

51. Seung Wha Chang，Regional Trade Agreements and the WTO：WTO Consistency of East Asian RTAs，12 – 13 September 2005 PowerPoint presentation，available at http：//project. iss. u-tokyo. ac. jp/crep/pdf/ws05/5pp. pdf

52. Stephen Tully，Australian Inquiry into Corporate Responsibility for Complicity in Efforts to Manipulate Humanitarian Exceptions to Security Council Sanctions Re-

gimes, ASIL Insights, http: //www. asil. org/insights/2006/12/insights061220. html

53. Stiglitz, A Fair deal for the World: A Review of George Soros' On Globalization, New York Review of Books, May 23, 2002, at www. nybooks. com/aritcles/15403

54. Strategic Framework for Action on Trade Facilitation and Investment in the Greater Mekong Sub-Region, available on the Mofcom website at http: //tradeinservices. mofcom. gov. cn/en/b/2007 – 10 – 10/6577. shtml

55. Summary of the Pan – Pearl River Delta Regional Cooperation Framework Agreement, available at the website of the Macao Special Administrative Region Economic Services, http: //www. economia. gov. mo/web/DSE/public? _nfpb = true&_pageLabel = Pg_EETR_9_2_T&locale = en_US

56. The Cole Commission of Inquiry, Report of the Inquiry into certain Australian companies in relation to the UN Oil-for-Food Programme, 2006, www. oilforfoodinquiry. gov. au

57. The Report of the Joint Study Group on the Possible Trilateral Investment Arrangements among China, Japan and Korea, 23 December 2003, http: //www. meti. go. jp/policy/trade_policy/jck/data/041129ifdi-e. pdf

58. The statistics are given by The World Bank Group, "China Data Profile", http: //devdta. worldbank. org/external/CPProfile. asp? PTYPE = CP&CCODE = CHN

59. The World Bank Group, "China Data and Statistics", http: //web. worldbank. org/WBSITE/EXTERNAL/COUNTRIES/EASTASIPADIFICa

60. The World Bank Group, "China Quick Facts", http: //web. worldbank. org/WBSITE/EXTERNAL/COUNTRIES/EASTASIAPACIFICEXT/CHINAEXTN/0, contentMDK: 20680895 ~ pagePK: 1497618 ~ piPK: 217854 ~ theSitePK: 318950, 00. html

61. Thomas Orr, The China-Australia Free-Trade Negotiations: Implications for South Africa, Centre for Chinese Studies, University of Stellenbosch, available at http: //www. ccs. org. za/downloads7ACFTA%20Exec%20Summary. pdf

教育部哲学社会科学研究重大课题攻关项目
成果出版列表

书　名	首席专家
《马克思主义基础理论若干重大问题研究》	陈先达
《马克思主义理论学科体系建构与建设研究》	张雷声
《人文社会科学研究成果评价体系研究》	刘大椿
《中国工业化、城镇化进程中的农村土地问题研究》	曲福田
《东北老工业基地改造与振兴研究》	程　伟
《全面建设小康社会进程中的我国就业发展战略研究》	曾湘泉
《自主创新战略与国际竞争力研究》	吴贵生
《转轨经济中的反行政性垄断与促进竞争政策研究》	于良春
《当代中国人精神生活研究》	童世骏
《弘扬与培育民族精神研究》	杨叔子
《当代科学哲学的发展趋势》	郭贵春
《面向知识表示与推理的自然语言逻辑》	鞠实儿
《当代宗教冲突与对话研究》	张志刚
《马克思主义文艺理论中国化研究》	朱立元
《历史题材文学创作重大问题研究》	童庆炳
《现代中西高校公共艺术教育比较研究》	曾繁仁
《楚地出土战国简册［十四種］》	陳　偉
《中国市场经济发展研究》	刘　伟
《全球经济调整中的中国经济增长与宏观调控体系研究》	黄　达
《中国特大都市圈与世界制造业中心研究》	李廉水
《中国产业竞争力研究》	赵彦云
《东北老工业基地资源型城市发展接续产业问题研究》	宋冬林
《中国民营经济制度创新与发展》	李维安
《中国加入区域经济一体化研究》	黄卫平
《金融体制改革和货币问题研究》	王广谦
《人民币均衡汇率问题研究》	姜波克
《我国土地制度与社会经济协调发展研究》	黄祖辉
《南水北调工程与中部地区经济社会可持续发展研究》	杨云彦

书　名	首席专家
《我国民法典体系问题研究》	王利明
《中国司法制度的基础理论问题研究》	陈光中
《多元化纠纷解决机制与和谐社会的构建》	范　愉
《中国和平发展的重大前沿国际法律问题研究》	曾令良
《生活质量的指标构建与现状评价》	周长城
《中国公民人文素质研究》	石亚军
《城市化进程中的重大社会问题及其对策研究》	李　强
《中国农村与农民问题前沿研究》	徐　勇
《中国边疆治理研究》	周　平
《中国大众媒介的传播效果与公信力研究》	喻国明
《媒介素养：理念、认知、参与》	陆　晔
《新闻传媒发展与建构和谐社会关系研究》	罗以澄
《创新型国家的知识信息服务体系研究》	胡昌平
《教育投入、资源配置与人力资本收益》	闵维方
《创新人才与教育创新研究》	林崇德
《中国农村教育发展指标体系研究》	袁桂林
《高校思想政治理论课程建设研究》	顾海良
《网络思想政治教育研究》	张再兴
《高校招生考试制度改革研究》	刘海峰
《基础教育改革与中国教育学理论重建研究》	叶　澜
《中国青少年心理健康素质调查研究》	沈德立
《处境不利儿童的心理发展现状与教育对策研究》	申继亮
《WTO主要成员贸易政策体系与对策研究》	张汉林
《中国和平发展的国际环境分析》	叶自成
＊《马克思主义整体性研究》	逄锦聚
＊《中国现代服务经济理论与发展战略研究》	陈　宪
＊《面向公共服务的电子政务管理体系研究》	孙宝文
＊《西方文论中国化与中国文论建设》	王一川
＊《中国抗战在世界反法西斯战争中的历史地位》	胡德坤
＊《近代中国的知识与制度转型》	桑　兵
＊《中国水资源的经济学思考》	伍新木

书　名	首席专家
＊《转型时期消费需求升级与产业发展研究》	臧旭恒
＊《中国政治文明与宪政建设》	谢庆奎
＊《中国法制现代化的理论与实践》	徐显明
＊《知识产权制度的变革与发展研究》	吴汉东
＊《中国能源安全若干法律与政策问题研究》	黄　进
＊《农村土地问题立法研究》	陈小君
＊《中国转型期的社会风险及公共危机管理研究》	丁烈云
＊《边疆多民族地区构建社会主义和谐社会研究》	张先亮
＊《数字传播技术与媒体产业发展研究》	黄升民
＊《数字信息资源规划、管理与利用研究》	马费成
＊《公共教育财政制度研究》	王善迈
＊《非传统安全合作与中俄关系》	冯绍雷
＊《中国的中亚区域经济与能源合作战略研究》	安尼瓦尔·阿木提
＊《冷战时期美国重大外交政策研究》	沈志华

......

＊为即将出版图书